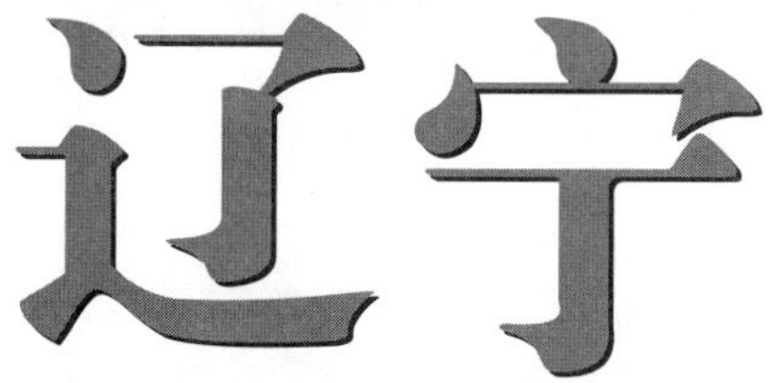

LIAONING

STATISTICAL YEARBOOK

辽宁统计年鉴2022

辽 宁 省 统 计 局
国家统计局辽宁调查总队
编

中国统计出版社
China Statistics Press

图书在版编目（CIP）数据

辽宁统计年鉴. 2022 = Liaoning Statistical Yearbook 2022 / 辽宁省统计局, 国家统计局辽宁调查总队编. -- 北京 : 中国统计出版社, 2022.11
ISBN 978-7-5230-0005-2

Ⅰ. ①辽… Ⅱ. ①辽… ②国… Ⅲ. ①统计资料－辽宁－2022－年鉴 Ⅳ. ①C832.31-54

中国版本图书馆 CIP 数据核字(2022)第 206061 号

辽宁统计年鉴 2022

作　　者/辽宁省统计局　国家统计局辽宁调查总队
责任编辑/高媛媛
执行编辑/且淑芬
封面设计/李　静
出版发行/中国统计出版社有限公司
通信地址/北京市丰台区西三环南路甲 6 号　邮政编码/100073
发行电话/邮购（010）63376909　书店（010）68783171
网　　址/http://www.zgtjcbs.com/
印　　刷/河北鑫兆源印刷有限公司
经　　销/新华书店
开　　本/880×1230 毫米　1/16
字　　数/942 千字
印　　张/31
版　　别/2022 年 11 月第 1 版
版　　次/2022 年 11 月第 1 次印刷
定　　价/390.00 元

《辽宁统计年鉴 2022》编委会和编辑出版人员

编者说明

一、《辽宁统计年鉴 2022》是一部信息高度密集的大型资料性年刊。本书收录了全省和各市 2021 年经济、社会、科技等方面的统计数据，以及重要年份和改革开放以来的主要统计数据。

二、全书分为二十四个部分，即：1. 行政区划和自然资源；2. 综合；3. 国民经济核算；4. 人口；5. 就业和工资；6. 固定资产投资；7. 能源；8. 财政；9. 物价；10. 人民生活；11. 城市建设；12. 环境保护；13. 农业；14. 工业；15. 建筑业；16. 运输和邮电；17. 国内贸易；18. 对外经济贸易；19. 旅游；20. 金融业；21. 服务业. 22. 教育和科技；23. 文化. 体育. 卫生；24. 其他社会活动。另附辽宁省与有关省市经济指标对比及各市主要经济指标。

三、本年鉴中所使用的计量单位均采用国际统一标准计量单位。

四、本年鉴中的资料大部分来自年度统计报表。全国及分省资料来自国家统计局出版的有关统计资料。

五、本年鉴中部分数据的合计数或相对数由于单位取舍不同产生的计算误差均未作机械调整。

六、本年鉴中凡带续表的资料，如有注解均加在最后一张续表下面，请使用时注意。

七、本年鉴表中的符合使用说明：“空格”表示该项统计指标数据不足本表最小单位数、数据不详或无该项数据；“#”表示其中的主要项。

目 录

一、行政区划和自然资源
Chapter 1 Administrative Division and Natural Resources

二、综合
Chapter 2 General Survey

三、国民经济核算
Chapter 3 National Economy Accounting

四、人口
Chapter 4 Population

五、就业和工资
Chapter 5 Employment and Wages

六、固定资产投资

Chapter 6 Investment in Fixed Assets

七、能源
Chapter 7　Energy

八、财政
Chapter 8 Government Finance

九、价格
Chapter 9 Prices

十、人民生活
Chapter 10 People's Living Conditions

十一、城市建设
Chapter 11 Urban Construction

十二、环境保护
Chapter 12 Environment Protection

十三、农业
Chapter 13 Agriculture

十四、工业
Chapter 14 Industry

十五、建筑业
Chapter 15　Construction

十六、运输和邮电
Chapter 16　Transport, Post and Telecommunication Services

十七、国内贸易
Chapter 17 Domestic Trade

十八、对外经济贸易
Chapter 18 Foreign Trade and Economy Cooperation

十九、旅游
Chapter 19 Tourism

二十、金融业
Chapter 20 Financial Intermediation

二十一、服务业
Chapter 21 Service

二十二、教育和科技
Chapter 22 Education, Science and Technology

二十三、文化、体育和卫生
Chapter 23　Culture, Sports and Public Health

二十四、其他社会活动
Chapter 24 Others Social Activities

附录
Appendix

一、行政区划和自然资源

Chapter 1 Administrative Division and Natural Resources

1-1 行政区划

(2021年末)

地 区	县级市	县	自治县	区	镇	乡	街道
全 省	**16**	**17**	**8**	**59**	**640**	**147**	**513**
沈 阳	1	2		10	53	11	112
大 连	2	1		7	33	10	102
鞍 山	1	1	1	4	52	3	40
抚 顺		1	2	4	27	18	25
本 溪			2	4	18	4	26
丹 东	2		1	3	59	2	20
锦 州	2	2		3	55	10	32
营 口	2			4	35	3	27
阜 新		1	1	5	60	4	17
辽 阳	1	1		5	30	4	14
盘 锦		1		3	21		27
铁 岭	2	3		2	78	2	14
朝 阳	2	2	1	2	82	40	28
葫芦岛	1	2		3	37	36	29

1-2 县区一览表

地 区	县(市)	区
沈 阳	新民市、康平县、法库县	和平、沈河、大东、皇姑、铁西、东陵、苏家屯、沈北新区、于洪、辽中区
大 连	瓦房店市、庄河市、长海县	中山、西岗、沙河口、甘井子、旅顺口、金州、普兰店
鞍 山	海城市、台安县、岫岩县(满)	铁东、铁西、立山、千山
抚 顺	抚顺县、新宾县(满)、清原县(满)	新抚、东洲、望花、顺城
本 溪	本溪县(满)、桓仁县(满)	平山、溪湖、明山、南芬
丹 东	东港市、凤城市、宽甸县(满)	元宝、振兴、振安
锦 州	凌海市、北镇市、义县、黑山县	古塔、凌河、太和
营 口	大石桥市、盖州市	站前、西市、老边、鲅鱼圈
阜 新	阜新县(蒙)、彰武县	海州、新邱、太平、细河、清河门
辽 阳	辽阳县、灯塔市	白塔、文圣、宏伟、弓长岭、太子河
盘 锦	盘山县	双台子、兴隆台、大洼
铁 岭	调兵山市、开原市、铁岭县、西丰县、昌图县	银州、清河
朝 阳	北票市、凌源市、朝阳县、建平县、喀左县(蒙)	双塔、龙城
葫芦岛	兴城市、绥中县、建昌县	连山、南票、龙港

1-3 自然状况及资源

指　　标	2021年
一、自 然 状 况	
经　纬　度	
东　　　经	118°53′～125°46′
北　　　纬	38°43′～43°26′
二、土地资源	
土地总面积	14.87万平方公里
农业用地面积	1235.95万公顷
1. 耕地面积	515.94万公顷
2. 园地面积	53.05万公顷
3. 林地面积	600.82万公顷
4. 牧草地面积	5.91万公顷
5. 其他农业用地	60.23万公顷
建设用地面积	152.99万公顷
1. 城镇村及工矿用地面积	133.84万公顷
2. 交通运输用地面积（不含农村道路）	16.83万公顷
3. 水库水面、水工建筑工地面积	2.32万公顷
未利用地面积	97.85万公顷
三、水　资　源	
省内流域面积	14.53万平方公里
#辽　　河	6.93万平方公里
鸭 绿 江	1.66万平方公里
沿海诸河	5.73万平方公里
第二松花江	0.05万平方公里
滦河及冀东沿海	0.16万平方公里
地 表 水:	
河川径流量	460.03亿立方米
#辽　　河	147.96亿立方米
鸭 绿 江	127.92亿立方米
沿海诸河	180.80亿立方米
第二松花江	1.40亿立方米
滦河及冀东沿海	1.95亿立方米
地 下 水:	
资　源　量	150.81亿立方米
水资源总量	511.67亿立方米

主要统计指标解释

森林面积 指生长着乔木和竹林，郁闭度在 0.3 以上(不包括 0.3)的林地面积，即有林地面积。它是反映森林资源总面积的重要指标。森林面积包括天然林面积和人工林面积。但不包括灌木林地和疏林面积。

森林覆盖率 通常是指森林面积占土地总面积之比，一般用百分数表示。但国家规定在计算森林覆盖率时，森林面积还包括灌木林面积、农田林网树占地面积以及四旁树木的覆盖面积。森林覆盖率，是反映一个国家或地区森林资源和绿化水平的重要指标。计算公式:

森林覆盖率(%)=（森林面积／土地总面积）×100%

本《年鉴》内所列森林覆盖率是按有林地面积计算的。

活立木总蓄积量 指全部土地上树木蓄积的总量。包括森林蓄积、疏林蓄积、散生木蓄积和四旁树蓄积。

森林蓄积量 指森林面积上生长着的林木树干材积总量。它是反映一个国家或地区森林资源总规模和水平的重要指标。

草地面积 指牧区和农区用于放牧牲畜或割草，植被盖度在 5%以上的草原、草坡、草山等面积。包括天然的和人工种植或改良的草地面积。

矿产保有储量 指探明的矿产储量(包括工业储量和远景储量)扣除已开采部分和地下损失量后的年底实有储量。它反映全省矿产资源的现状。

二、综　合

Chapter 2　General Survey

2-1 平均每天主要社会经济活动

指标	单位	2012年	2013年	2014年	2015年	2016年	2017年	2018年	2019年	2020年	2021年
一、全省每天创造财富											
地区生产总值(现价)	亿元	48.9	52.6	54.9	55.4	55.9	59.4	64.4	68.2	68.8	75.6
农林牧渔业总产值(现价)	亿元	10.1	10.6	10.8	11.1	10.3	10.6	11.1	12.0	12.6	13.5
一般公共预算收入	亿元	8.5	9.2	8.7	5.8	6.0	6.6	7.2	7.3	7.3	7.6
布	万米	126.4	112.3	186.3	95.9	43.8	35.6	29.4	24.7	21.9	19.2
机制纸及纸板	万吨	0.2	0.1	0.1	0.1	0.1	0.3	0.3	0.4	0.5	0.6
卷　烟	亿支	0.8	0.8	0.8	0.8	0.8	0.7	0.7	0.7	0.8	0.8
啤　酒	万升	723.6	745.2	745.2	663.0	638.4	602.7	584.4	567.1	468.5	468.5
发电量	亿千瓦小时	4.0	4.2	4.4	4.5	4.7	4.9	5.2	5.5	5.6	5.9
原　油	万吨	2.7	2.7	2.8	2.8	2.8	2.9	2.8	2.9	2.9	2.9
钢	万吨	14.2	17.4	17.8	16.1	16.5	17.6	18.8	20.2	20.8	20.6
水　泥	万吨	15.9	16.6	16.1	13.0	11.3	10.7	11.0	13.1	14.8	13.3
二、全省每天消费量											
城乡居民消费总额	亿元	17.6	19.7	21.6	22.9	23.6	23.8	25.0	26.5	24.6	26.8
每人平均消费额	元	41.5	46.4	51.0	54.1	55.7	56.5	59.5	63.2	58.9	64.5
三、其他经济活动量											
货物运输总量	万吨	583.4	590.1	634.9	571.4	591.8	615.1	629.3	506.7	491.0	520.2
旅客运输总量	万人	285.2	253.8	261.3	205.6	205.7	202.9	200.2	197.2	94.4	77.5
港口货物吞吐量	万吨	242.5	269.5	284.0	287.3	298.9	308.4	307.3	236.0	224.7	215.8
邮寄函件	万件	20.4	18.9	28.5	18.8	12.1	15.6	16.4	8.2	5.6	3.5
四、人口变动和婚姻											
出　生	人	942.0	882.4	1046.5	811.2	904.4	931.3	803.9	792.1	662.0	546.9
死　亡	人	1093.2	940.5	825.6	903.9	788.4	1828.1	838.4	826.6	1312.5	911.6
结　婚	对	1021.5	1012.7	945.5	868.4	856.3	799.6	769.2	700.2	614.5	587.5
离　婚	对	310.1	339.0	345.7	347.5	372.9	394.7	416.7	431.5	368.5	209.0

2-2 国民经济和社会发展总量与速度指标

指标	单位	2013年	2014年	2015年	2016年	2017年	2018年	2019年	2020年	2021年	2021年比上年增长(%)
人口与就业											
人口											
年底总人口	万人	4238.0	4244.2	4229.7	4232.0	4196.5	4191.9	4190.2	4165.9	4152.1	-0.3
男性人口	万人	2131.4	2132.2	2122.7	2121.7	2100.1	2095.3	2092.1	2075.9	2067.2	-0.4
女性人口	万人	2106.6	2112.0	2107.0	2110.3	2096.4	2096.6	2098.1	2090.0	2084.9	-0.2
就业											
从业人员数	万人	2518.9	2562.2	2409.9	2301.2	2284.7	2260.6	2238.4	2231.0	2190.0	-1.8
# 在岗职工人数	万人	648.1	626.9	583.5	526.6	488.7	469.4	465.8	446.7	434.2	-2.8
城镇登记失业人数	万人	39.6	41.0	46.2	47.3	42.7	44.4	45.6	50.7	47.7	-5.9
宏观经济											
地区生产总值	**亿元**	**19208.8**	**20025.7**	**20210.3**	**20392.5**	**21693.0**	**23510.5**	**24855.3**	**25011.4**	**27584.1**	**5.8**
第一产业	亿元	1973.4	2002.0	2053.7	1841.2	1902.3	2020.6	2178.0	2284.8	2461.8	5.3
第二产业	亿元	9204.2	9038.8	8344.6	7865.7	8328.9	9049.0	9475.9	9357.5	10875.2	4.2
第三产业	亿元	8031.2	8984.9	9811.9	10685.6	11461.8	12441.0	13201.4	13369.1	14247.1	7.0
人均地区生产总值	**元**	**43956**	**45915**	**46482**	**47069**	**50221**	**54657**	**58019**	**58629**	**65026**	**6.4**
固定资产投资											
固定资产投资总额	%	15.1	-1.5	-27.8	-63.5	0.1	3.7	0.5	2.6	2.6	
第一产业	%	-15.2	6.4	-27.4	-66.6	-2.0	-3.9	11.1	79.9	-5.6	
第二产业	%	9.3	0.6	-28.3	-70.4	2.0	12.2	-3.8	-5.1	5.1	
第三产业	%	21.2	-3.2	-27.4	-58.2	-0.8	-0.7	2.8	4.9	1.7	
财政											
一般公共预算收入	亿元	3343.8	3192.8	2127.4	2200.5	2392.8	2616.1	2652.4	2655.8	2765.6	4.1
一般公共预算支出	亿元	5197.4	5080.5	4481.6	4457.5	4879.4	5337.7	5745.1	6014.2	5879.2	-2.2
物价总指数(上年=100)											
商品零售价格总指数	%	101.6	101.0	100.5	101.0	100.7	101.4	101.7	101.1	101.9	1.9
居民消费价格总指数	%	102.4	101.7	101.4	101.6	101.4	102.5	102.4	102.4	101.1	1.1
产业											
农业											
乡村从业人员	万人	1217.1	1222.0	1214.8	1218.6	1213.4	1210.4	1184.7	1147.1	1100.6	-4.1
农林牧渔业总产值	亿元	3878.9	3949.4	4057.6	3764.1	3851.6	4061.9	4368.2	4582.6	4927.7	5.7
主要农产品产量											
粮食	万吨	2353.3	1873.2	2186.6	2315.6	2330.7	2192.4	2430.0	2338.8	2538.7	8.5
棉花	吨	455.0	87.0	94.0	92.0	76.4	22.0	22.0	4.0		
油料	万吨	68.3	57.8	58.7	79.4	81.5	78.1	97.7	99.7	116.2	16.6
甜菜	万吨	17.1	10.1	5.2	9.4	10.7	11.8	14.6	9.1	1.3	-86.3
水果	万吨	582.8	526.5	543.5	543.9	558.5	576.5	605.1	632.7	629.3	-0.5
肉类	万吨	363.4	364.1	358.3	352.4	385.4	377.1	367.8	378.3	435.4	15.1
水产品	万吨	504.9	515.7	523.7	479.9	479.4	450.8	455.0	462.3	482.4	4.3

注：1. 本表总量指标中的价值量指标除邮电业务总量指标外均按当年价格计算。
2. 本表速度指标中，地区生产总值和三次产业增加值及人均生产总值、农林牧渔业总产值等指标均按可比价格计算。
3. 住房面积为新口径住户调查汇总指标，与2013年数据不可比。
4. 2014年城镇居民和农村居民数据为实施城乡住户调查一体化改革之后发布的新口径数据，城乡居民收入均为人均可支配收入，相关指标定义与2013年及之前有所不同，数据不可比。2013年之前农村居民收入数据为农村居民人均纯收入。下同。
5. 社会消费品零售总额增速为可比口径。
6. 固定资产投资数据为比上年增长速度。

2-2 续表 1

指　　标	单位	2013年	2014年	2015年	2016年	2017年	2018年	2019年	2020年	2021年	2021年比上年增长(%)
工　　业											
主要工业产品产量											
布	亿米	1.0	6.8	3.5	1.6	1.3	1.1	0.9	0.8	0.7	
机制纸及纸板	万吨	48.8	41.2	36.0	54.1	106.9	118.7	134.2	186.3	201.8	
家用电冰箱	万台	84.8	157.0	147.1	145.7	146.0	132.7	178.2	156.9	170.8	
彩色电视机	万台	440.6	338.2	287.9	146.8	146.4	154.8	37.1	11.7		
原　油	万吨	1001.0	1021.9	1037.1	1017.3	1044.2	1036.9	1053.3	1049.4	1054.2	
发 电 量	亿千瓦小时	1516.0	1607.0	1626.8	1731.5	1805.7	1898.0	1996.0	2051.1	2147.0	
钢	万吨	6356.5	6507.8	5894.1	6040.5	6424.6	6873.9	7357.6	7609.4	7502.4	
成品钢材	万吨	6863.0	6962.2	6337.6	5874.8	6395.8	6899.1	7328.6	7566.5	7759.1	
水　泥	万吨	6066.3	5875.6	4751.6	4134.9	3900.3	4021.2	4763.6	5387.9	4851.4	
全部规模以上工业企业主要指标											
主营务业收入	亿元	51533.4	48801.6	33243.3	22039.0	23476.4	26489.9	31506.0	30666.5	36765.4	19.9
利润总额	亿元	2976.2	2107.6	1069.7	575.4	1063.3	1460.3	1354.0	1341.2	1842.0	37.3
建 筑 业											
建筑业企业人数	万人	197.9	174.4	135.2	127.0	104.9	74.5	67.2	60.9	56.0	-8.1
建筑业总产值	亿元	8629.7	7851.1	5413.8	3927.0	3688.3	3528.4	3554.6	3816.2	4044.9	6.0
施工房屋面积	万平方米	42289.0	47861.0	28937.1	20390.7	16506.0	13659.8	15312.8	16234.9	18129.7	11.7
竣工房屋面积	万平方米	19786.4	16514.4	10399.3	6855.1	5317.6	4310.0	4396.2	4021.3	3459.0	-14.0
交 通 运 输											
货运量合计	万吨	215375	231743	208563	215989	220916	229696	184954	179200	189857	5.9
铁　路	万吨	20484	19103	14541	16222	17734	19686	21184	23957	23148	-3.4
公　路	万吨	172923	189174	172140	177371	184273	189737	144556	138569	152596	10.1
水　运	万吨	13379	13810	13439	13464	14122	13918	12498	4797	3491	-27.2
空　运	万吨	9.6	12.0	13.5	14.0	14.4	14.7	15.0	9.6	8.9	-8.2
管　道	万吨	8579	9644	8429	8918	4773	6340	6701	11867	10613	-10.6
客运量合计	万人	92629	95364	75039	75077	74042	73083	71977	34440	28289	-17.9
铁　路	万人	13012	12820	12911.8	14040	14266	14422	15137	7063	7654	8.4
公　路	万人	78168	80789	60269	59054	57665	56355	54599	26211	19362	-26.1
水　运	万人	534	542	504	538	552	567	530	228	268	17.7
空　运	万人	915	1213	1354	1445	1559	1739	1711	939	1006	7.1
沿海主要港口货物吞吐量	万吨	98354	103675	104859	109081	112558	100530	86124	82004	78768	-3.9
邮 电 通 信 业											
函　件	亿件	0.70	1.00	0.69	0.44	0.57	0.60	0.30	0.21	0.13	-38.0
报刊期发数	万份	365.9	327.0	422.2	361.5	383.8	453.8	341.1	372.4		
国 内 商 业											
社会消费品零售总额	亿元	7186.7	7899.5	8364.8	8597.1	8696.4	9112.8	9670.6	8960.9	9783.9	9.2
对 外 贸 易											
进出口总额	亿美元	1142.8	1139.6	960.9	865.2	994.2	1144.3	1052.6	944.6	1194.8	26.5
出口额	亿美元	645.4	587.6	508.4	430.7	448.8	488.0	454.4	383.3	512.5	33.7
进口额	亿美元	497.4	552.0	452.5	434.6	545.5	656.3	598.2	561.3	682.3	21.6
国 际 旅 游											
接待旅游人数	万人	503.1	260.7	264.0	273.7	278.8	287.7	294.1	19.8		
旅游外汇收入	亿美元	34.8	16.2	16.8	17.4	17.8	17.4	17.4	1.2		
金　　融											
金融机构各项存款余额	亿元	39418.0	42053.1	47758.2	51692.5	54249.0	59016.0	62697.4	67988.2	69995.5	3.0
金融机构各项贷款余额	亿元	29722.0	33023.5	36282.8	38685.6	41278.7	44985.0	49582.6	52209.4	53134.8	1.8

2-2 续表 2

指 标	单位	2013年	2014年	2015年	2016年	2017年	2018年	2019年	2020年	2021年	2021年比上年增长(%)
教育、科技、文化											
教 育											
专任教师数											
高等教育	万人	6.5	6.7	6.7	6.7	6.5	6.4	6.4	6.5	6.4	-2.5
高中阶段教育	万人	6.9	7.8	7.0	7.1	7.2	7.2	7.2	7.1	7.3	2.6
义务教育	万人	24.4	24.2	24.1	24.1	24.2	23.8	23.9	23.9	24.3	1.7
在校学生数											
高等教育	万人	127.4	128.7	126.3	124.7	123.6	124.2	136.0	151.3	159.2	5.2
高中阶段教育	万人	103.1	105.1	96.0	94.4	94.4	89.5	86.7	85.1	87.7	3.1
义务教育	万人	311.0	304.9	302.1	297.6	292.1	295.2	297.8	298.5	297.6	-0.3
科 技											
研究与发展经费支出	亿元	445.9	435.2	363.4	372.7	429.9	460.1	508.5	549.0	600.4	9.4
技术市场成交额	亿元	180.0	250.9	292.0	340.8	409.0	499.9	571.2	645.1	778.6	20.7
家庭、生活、环境											
家 庭											
家庭总户数	万户	1505.5	1515.1	1512.1	1526.6	1520.3	1529.3	1540.4	1545.3	1552.2	0.4
城镇居民平均每户家庭人口	人	2.5	2.5	2.5	2.6	2.6	2.5	2.5	2.4	2.5	1.0
农村居民平均每户家庭人口	人	3.0	2.8	2.8	2.8	2.7	2.7	2.6	2.6	2.6	2.1
婚 姻											
结 婚 数	万对	37.0	34.5	31.7	31.3	29.2	28.1	25.6	22.4	21.4	-4.4
离 婚 数	万对	12.4	12.6	12.7	13.6	14.4	15.2	15.8	13.4	7.6	-43.3
居 住											
城镇居民人均住宅建筑面积	平方米	28.8	29.0	29.0	29.0	29.3	31.2	31.3	31.5	31.9	1.3
农村居民人均住房面积	平方米	30.8	32.0	32.6	33.7	34.5	34.9	36.3	36.8	36.9	0.1
生 活											
城镇常住居民人均可支配收入	元	25578	29082	31126	32876	34993	37342	39777	40376	43051	6.6
农村常住居民人均可支配收入	元	10523	11192	12057	12881	13747	14656	16108	17450	19217	10.1
储蓄存款余额	亿元	19857.9	21396.8	23995.8	25882.1	27768.1	31311.9	36133.6	42962.9	46671.3	8.6
工资和福利											
职工工资总额	亿元	3078.3	3135.9	3179.0	3045.8	3081.1	3267.6	3530.3	3697.1	3867.3	4.6
在岗职工平均工资	元	46310	49110	53458	57148	62545	69093	75264	82223	88474	7.6
卫 生											
卫生机构数	个	35546	35445	35247	36131	35768	36002	34238	34131	33051	-3.2
医 生	万人	10.3	10.2	10.5	11.0	11.5	12.0	12.4	12.6	13.2	4.8
医疗床位数	万张	24.2	25.6	26.7	28.4	29.8	31.4	31.4	31.5	32.3	2.6
市 政 建 设											
自来水供应量	亿吨	27.9	27.3	25.1	26.5	26.3	29.5	30.3	28.2	28.8	2.2
排水管道长度	公里	16420	16783	17074	18275	22419	23810	25102	25938	26759	3.2
城市煤气和天然气供气量	亿立方米	15.7	19.1	22.7	25.3	37.2	39.2	40.1	39.9	45.1	13.0
道路长度	公里	16244	16692	16914	16394	18684	21089	21408	23416	25993	11
园林绿地面积	公顷	120514	121982	124193	116601	128134	128772	133969	153811	155131	0.9
环 境											
工业固体废物综合利用量	万吨	11742.3	10719.2	10028.9	9363.2	11345.8	11674.1	11712.2	11477.8	13138.6	14.5

2-3 国民经济主要比例关系

单位：%

指标	2012年	2013年	2014年	2015年	2016年	2017年	2018年	2019年	2020年	2021年
地区生产总值产业比例										
第一产业	10.5	10.3	10.0	10.2	9.0	8.8	8.6	8.7	9.1	8.9
第二产业	49.8	47.9	45.1	41.3	38.6	38.4	38.5	38.3	37.4	39.4
第三产业	39.7	41.8	44.9	48.5	52.4	52.8	52.9	53.0	53.5	51.7
农林牧渔业总产值中五业比例										
农　业	38.1	38.7	38.7	44.3	42.2	42.1	43.1	43.8	44.9	45.1
林　业	3.4	3.3	3.6	3.8	3.6	3.6	3.7	2.7	2.6	2.5
牧　业	38.9	37.3	36.8	31.9	33.9	33.5	33.1	33.9	35.0	34.2
渔　业	15.5	16.2	15.9	15.1	14.9	15.4	15.5	15.3	13.5	14.6
农林牧渔专业及辅助性活动	4.2	4.5	4.9	4.9	5.4	5.4	4.6	4.3	4.0	3.7
货运周转总量比例										
铁　路	12.0	11.1	9.6	7.6	7.4	8.5	10.9	13.4	23.3	12.2
公　路	23.0	23.2	24.9	24.2	24.0	23.9	28.9	29.0	45.9	80.4
水　运	64.4	65.2	64.6	67.5	67.7	67.1	58.0	54.7	28.4	1.8
民　航	0.1	0.1	0.02	0.02	0.02	0.02	0.02	0.03	0.03	0.005
管　道	0.5	0.4	0.9	0.7	0.9	0.5	2.2	2.8	2.4	5.6
客运周转总量比例										
铁　路	49.3	53.3	51.5	54.0	54.4	54.4	53.2	55.5	49.7	56.6
公　路	38.9	33.8	31.8	28.0	26.8	25.6	24.2	23.9	24.4	16.3
水　运	0.7	0.6	0.6	0.5	0.5	0.5	0.5	0.5	0.3	0.3
民　航	11.1	12.3	16.1	17.5	18.3	19.4	22.1	20.1	25.6	26.8

2-4 按总人口平均的国民经济主要指标

指　标	单位	2012年	2013年	2014年	2015年	2016年	2017年	2018年	2019年	2020年	2021年
农林牧渔业总产值(现价)	元／人	8658	9145	9312	9577	8897	9140	9685	10422.7	11000.3	11848.4
一般公共预算收入	元／人	7307	7884	7528	5021	5201	5678	6237	6328.6	6375.0	6649.7
一般公共预算支出	元／人	10726	12254	11979	10578	10819	11579	12726	13708	14437	14136
粮食产量	公斤／人	511.8	554.8	441.7	516.1	547.3	553.1	522.7	579.8	561.4	610.4
油料产量	公斤／人	16.0	16.1	13.6	13.9	18.8	19.3	18.6	23.3	23.9	27.9
肉类产量	公斤／人	85.3	84.0	84.3	83.1	82.2	90.9	89.9	87.8	90.8	104.7
水产品产量	公斤／人	113.1	119.0	121.6	123.6	113.4	113.8	107.5	108.6	111.0	116.0
水果产量	公斤／人	130.4	137.4	124.1	128.3	128.6	132.5	137.5	144.4	151.9	151.3
布产量	米／人	10.8	9.7	16.0	8.3	3.8	3.1	2.6	2.1	1.9	1.7
纸及纸板产量	公斤／人	17.2	11.5	9.7	8.5	12.8	25.4	28.3	32.0	44.7	48.5
卷烟产量	支／人	650.4	657.6	684.7	686.1	659.2	638.6	640.8	647.1	658.4	670.4
钢产量	公斤／人	1218.5	1498.7	1534.5	1391.1	1427.7	1524.5	1638.9	1755.5	1826.6	1803.9
发电量	千瓦小时／人	3419.2	3574.4	3789.2	3839.7	4092.6	4284.8	4525.3	4762.5	4923.5	5162.4
原油产量	公斤／人	235.3	236.0	240.9	244.8	240.5	247.8	247.2	251.3	251.9	253.5
水泥产量	公斤／人	1366.8	1430.3	1385.4	1121.5	977.3	925.5	958.7	1136.6	1293.3	1166.5
社会消费品零售总额	元／人	15153	16944	18626	19743	20320	20636	21727	23074.1	21510.1	23524.8
出口总额	美元／人	1364	1522	1385	1200	954.2	1065.0	1163.5	1084.2	920.1	1232.3
高等学校在校学生	人／万人	289.5	300.20	303.8	297.6	294.7	282.4	296.0	324.6	363.2	382.8
普通中学在校学生	人／万人	544.0	512.20	501.3	480.1	469.3	449.9	463.3	448.9	444.8	449.8
医院床位数	张／万人	52.8	57.1	60.3	60.9	65.0	68.3	72.1	72.1	75.6	77.7
卫生技术人员数	人／万人	57.9	60.1	60.4	62.4	65.6	68.9	72.3	73.8	75.9	100.4
#医生	人／万人	23.7	24.4	24.0	24.7	25.1	26.4	27.6	28.5	30.2	31.7
储蓄存款余额	元／人	42277	46819	50451	56635	61175	65892	74655	86215	103130	112218

主要统计指标解释

可比价格 指在不同时期的价值指标对比时，扣除了价格变动的因素，以确切反映物量的变化。按可比价格计算有两种方法：一种是直接用产品产量乘某一年的不变价格计算；另一种是用价格指数换算。

不变价格 指用同类产品的年平均价格作为固定价格，来计算各年产品价值。按不变价格计算的产品价值消除了价格变动因素，不同时期对比可以反映生产的发展速度。新中国成立后，随着工农业产品价格水平的变化，国家统计局先后五次制定了全国统一的工业产品不变价格和农业产品不变价格，从1949年到1957年使用1952年工(农)业产品不变价格，从1957年到1971年使用1957年不变价格，从1971年到1981年使用1970年不变价格，从1981年到1990年使用1980年不变价格，从1990年开始使用1990年不变价格。

平均每年增长速度 在我国计算平均增长速度有两种方法，一种是习惯上经常使用的“水平法”，又称几何平均法，是以间隔期最后一年的水平同基期水平对比来计算平均每年增长(或下降)速度。另一种是“累计法”，又称代数平均法或方程法，是以间隔期内各年水平的总和同基期水平对比来计算平均每年增长(或下降)速度。

在一般正常情况下，两种方法计算的平均每年增长速度比较接近，但在经济发展不平衡，出现大起大落时，两种方法计算的结果差别较大。

本《年鉴》内所列的平均每年增长速度均用“水平法”计算。从某年到某年平均增长速度的年份，均不包括基期年在内。如建国四十三年的平均增长速度是以1949年为基期计算的，则写为1950—1992年平均增长速度，余类推。

各个计划时期 表内所用各个“时期”代表的年份如下：恢复时期为1950年到1952年；第一个五年计划时期(简称一五时期)为1953年到1957年；第二个五年计划时期(简称二五时期)为1958年到1962年；第三个五年计划时期(简称三五时期)为1966年到1970年；第四个五年计划时期(简称四五时期)为1971年到1975年；第五个五年计划时期(简称五五时期)为1976年到1980年；第六个五年计划时期(简称六五时期)为1981年到1985年；第七个五年计划时期(简称七五时期)为1986年到1990年；第八个五年计划时期(简称八五时期)为1991到1995年；第九个五年计划时期(简称九五时期)为1996年到2000年。第十个五年计划时期(简称十五时期)为2001年到2005年。第十一个五年计划时期(简称十一五时期)为2006年到2010年。第十二个五年计划时期(简称十二五时期)为2011年到2015年。

企业(单位)登记注册类型 是以在工商行政管理机关登记注册的各类企业为划分对象，以工商行政管理部门对企业登记注册的类型为依据，将企业登记注册类型分为内资企业、港澳台商投资企业和外商投资企业三大类。内资企业包括国有企业、集体企业、股份合作企业、联营企业、有限责任公司、股份有限公司、私营公司和其他企业；港澳台商投资企业和外商投资企业分别包括合资经营企业、合作经营企业、独资经营企业和股份有限公司。对不在工商行政管理部门进行登记注册的行政机关、事业单位和社会团体，主要按其经费来源和管理方式进行划分。

国有企业 指企业全部资产归国家所有，并按《中华人民共和国企业法人登记管理条例》规定登记注册的非公司制的经济组织。不包括有限责任公司中的国有独资公司。

集体企业 指企业资产归集体所有，并按《中华人民共和国企业法人登记管理条例》规定登记注册的经济组织。

股份合作企业 指以合作制为基础，由企业职工共同出资入股，吸收一定比例的社会资产投资组建，实行自主经营，自负盈亏，共同劳动，民主管理，按劳分配与按股分红相结合的一种集体经济组织。

联营企业 指两个及两个以上相同或不同所有制性质的企业法人或事业单位法人，按自愿、平等、互利的原则，共同投资组成的经济组织。联营企业包括国有联营企业、集体联营企业、国有与集体联营企业和其他联营企业。

有限责任公司 指根据《中华人民共和国公司登记管理条例》规定登记注册，由两个以上、五十个以下的股东共同出资，每个股东以其所认缴的出资额对公司承担有限责任，公司以其全部资产对其债务承担责任的经济组织。有限责任公司包括国有独资公司以及其他有限责任公司。

(1)国有独资公司：指国家授权的投资机构或者国家授权的部门单独投资设立的有限责任公司。

(2)其他有限责任公司：指国有独资公司以外的有限责任公司。

股份有限公司 指根据《中华人民共和国公司登记管理条例》规定登记注册，其全部注册资本由等额股份构成并通过发行股票筹集资本，股东以其认购的股份对公司承担有限责任，公司以其全部资产对其债务承担责任的经济组织。

私营企业 指由自然人投资设立或由自然人控股，以雇佣劳动为基础的营利性经济组织。包括按照《公司法》、《合伙企业法》、《私营企业暂行条例》规定登记注册的私营有限责任公司、私营股份有限公司、私营合伙企业和私营独资企业。

(1)私营独资企业：指按《私营企业暂行条例》的规定，由一名自然人投资经营，以雇佣劳动为基础，投资者对企业债务承担无限责任的企业。

(2)私营合伙企业：指按《合伙企业法》或《私营企业暂行条例》的规定，由两个以上自然人按照协议共同投资、共同经营、共负盈亏，以雇佣劳动为基础，对债务承担无限责任的企业。

(3)私营有限责任公司：指按《公司法》、《私营企业暂行条例》的规定，由两个以上自然人投资或由单个自然人控股的有限责任公司。

(4)私营股份有限公司：指按《公司法》的规定，由五个以上自然人投资，或由单个自然人控股的股份有限公司。

其他内资企业 指上述企业之外的其他内资经济组织。

政府对生产单位的单方面收入转移，因此视为负生产税处理，包括政府亏损补贴、粮食系统价格补贴、外贸企业出口退税收入等。

固定资产折旧 固定资产折旧是指一定时期内为弥补固定资产损耗按照核定的固定资产折旧率提取的固定资产折旧，或按国民经济核算统一规定的折旧率虚拟计算的固定资产折旧。它反映了固定资产在当期生产中的转移价值。各种类型企业和企业化管理的事业单位的固定资产折旧指实际计提并计入成本费用中的折旧费；不计提折旧的单位，如政府机关、非企业化管理的事业单位和居民住房的固定资产折旧则是按照统一规定的折旧率和固定资产原值计算的虚拟折旧。原则上，固定资产折旧应按固定资产的重置价值来计算，但是我国目前尚不具备对全社会固定资产进行重估的基础，所以暂时只能采用上述方法来计算。

营业盈余 营业盈余是指常住单位创造的增加值扣除劳动者报酬、生产税净额和固定资产折旧后的余额。它相当于企业的营业利润加上生产补贴，但要扣除从利润中开支的工资和福利等。

三、国民经济核算

Chapter 3 National Economy Accounting

3-1 生产总值

单位：亿元

年 份	生产总值	第一产业	第二产业	第三产业	人均生产总值(元)
1978	229.2	32.1	162.4	34.7	680
1979	245.0	40.3	165.9	38.8	717
1980	281.0	45.7	191.7	43.6	811
1981	288.5	48.7	186.9	52.9	823
1982	315.1	54.2	199.1	61.8	884
1983	364.0	71.5	219.0	73.4	1012
1984	438.2	79.6	267.4	91.2	1203
1985	518.6	74.2	327.1	117.3	1413
1986	605.3	92.0	356.7	156.6	1633
1987	719.1	108.4	415.8	194.9	1917
1988	881.0	140.4	491.1	249.6	2285
1989	1003.9	140.3	543.5	320.1	2574
1990	1062.7	166.6	539.2	356.9	2698
1991	1200.1	178.6	588.4	433.2	3027
1992	1473.0	192.1	739.7	541.3	3693
1993	2010.8	257.3	1036.3	717.2	5015
1994	2461.8	314.5	1255.2	892.1	6103
1995	2793.4	386.2	1385.8	1021.4	6880
1996	3157.7	466.2	1532.9	1158.6	7730
1997	3582.5	465.7	1738.3	1378.5	8725
1998	3881.7	520.9	1849.2	1511.6	9415
1999	4171.7	509.6	1994.7	1667.4	10086
2000	4669.1	491.7	2336.1	1841.2	11177
2001	5033.1	530.7	2431.5	2070.9	12015
2002	5458.2	574.1	2599.7	2284.4	13000
2003	5906.3	598.1	2841.0	2467.3	14041
2004	6469.8	774.4	2957.8	2737.6	15355
2005	7260.8	854.4	3443.9	2962.5	17210
2006	8390.3	908.6	4060.7	3421.1	19760
2007	10292.2	1077.3	5060.2	4154.7	24022
2008	12137.7	1215.7	6273.1	4648.9	28185
2009	12815.7	1297.3	6539.3	4979.1	29611
2010	13896.3	1468.9	7181.8	5245.5	31888
2011	16354.9	1693.4	8478.7	6182.9	37353
2012	17848.6	1869.3	8886.9	7092.4	40778
2013	19208.8	1973.4	9204.2	8031.2	43956
2014	20025.7	2002.0	9038.8	8984.9	45915
2015	20210.3	2053.7	8344.6	9811.9	46482
2016	20392.5	1841.2	7865.7	10685.6	47069
2017	21693.0	1902.3	8328.9	11461.8	50221
2018	23510.5	2020.6	9049.0	12441.0	54657
2019	24855.3	2178.0	9475.9	13201.4	58019
2020	25011.4	2284.8	9357.5	13369.1	58629
2021	27584.1	2461.8	10875.2	14247.1	65026

注：1.三次产业分类依据国家统计局2018年修订的《三次产业划分规定》。第一产业是指农、林、牧、渔业(不含农、林、牧、渔专业及辅助性活动)；第二产业是指采矿业(不含开采专业及辅助性活动)，制造业(不含金属制品、机械和设备修理业)，电力、热力、燃气及水生产和供应业，建筑业；第三产业即服务业，是指除第一产业、第二产业以外的其他行业。

2.按照我国国内生产总值(GDP)数据修订制度和国际通行作法，在第四次全国经济普查后，对2018年及以前年度的GDP历史数据进行了系统修订。

3.2021年GDP为快报数据。

3-2 生产总值指数

（上年=100）

年 份	生产总值	第一产业	第二产业	第三产业	人均生产总值
1978	110.7	96.9	115.4	102.7	109.3
1979	104.9	106.9	103.3	111.2	103.6
1980	109.2	103.8	110.0	109.9	107.6
1981	98.4	98.1	94.0	118.3	97.2
1982	105.3	106.6	102.5	113.8	103.7
1983	113.3	128.3	108.8	115.2	112.3
1984	116.8	105.0	119.5	119.5	115.4
1985	113.3	84.0	118.7	120.5	112.4
1986	108.3	111.7	103.5	120.5	107.2
1987	114.1	106.0	111.4	124.9	112.7
1988	111.7	106.9	111.7	113.7	108.7
1989	103.1	95.7	101.6	109.3	101.9
1990	100.9	114.5	97.0	104.1	100.1
1991	106.1	104.2	104.0	110.2	105.4
1992	112.1	104.2	113.6	113.4	111.4
1993	114.9	110.7	116.6	114.3	114.3
1994	111.2	102.1	113.8	111.1	111.2
1995	107.1	104.9	107.1	107.8	106.4
1996	108.6	112.6	107.8	108.4	107.9
1997	108.9	101.3	110.5	109.2	108.7
1998	108.3	113.0	107.6	107.9	107.9
1999	108.2	105.1	108.5	108.9	107.9
2000	108.9	98.4	110.7	109.6	108.6
2001	109.0	106.7	107.5	111.5	108.7
2002	110.2	108.4	109.8	111.3	110.0
2003	108.9	107.2	109.4	108.8	108.7
2004	110.4	107.9	113.0	107.9	110.2
2005	110.5	107.9	111.8	109.5	110.4
2006	111.5	106.3	113.7	110.5	110.8
2007	112.9	104.0	115.5	112.3	111.9
2008	110.7	106.5	113.2	108.8	110.1
2009	110.4	103.3	112.7	109.2	109.8
2010	110.3	105.8	112.6	108.4	109.5
2011	110.2	106.0	112.1	108.8	109.7
2012	108.9	104.9	109.2	109.6	108.9
2013	108.7	104.0	107.0	112.2	108.9
2014	105.7	102.2	105.0	107.3	105.9
2015	102.8	104.0	99.4	107.1	103.2
2016	100.5	98.3	95.4	105.3	100.9
2017	104.2	103.6	103.2	105.0	104.5
2018	105.6	103.0	107.3	104.8	106.0
2019	105.4	103.9	106.0	105.3	105.9
2020	100.6	103.2	101.6	99.2	101.0
2021	105.8	105.3	104.2	107.0	106.4

注：本表按不变价格计算。

3-3 生产总值指数

(1978年=100)

年 份	生产总值				人均生产总值
		第一产业	第二产业	第三产业	
1978	100.0	100.0	100.0	100.0	100.0
1979	104.9	106.9	103.3	111.2	103.6
1980	114.6	111.0	113.6	122.2	111.5
1981	112.8	108.9	106.8	144.6	108.4
1982	118.8	116.1	109.5	164.6	112.4
1983	134.6	148.9	119.1	189.7	126.2
1984	157.2	156.3	142.4	226.6	145.6
1985	178.0	131.3	169.0	273.0	163.7
1986	192.8	146.7	174.9	328.9	175.5
1987	219.9	155.5	194.8	410.8	197.7
1988	245.6	166.2	217.6	467.0	214.9
1989	253.1	159.1	221.1	510.6	219.0
1990	255.5	182.1	214.5	531.7	219.2
1991	271.1	189.8	223.1	585.7	231.1
1992	303.9	197.7	253.4	664.4	257.4
1993	349.3	218.9	295.5	759.4	294.2
1994	388.6	223.5	336.2	843.6	327.2
1995	416.0	234.5	360.1	909.3	348.2
1996	451.8	264.0	388.2	985.5	375.7
1997	491.8	267.4	429.0	1076.1	408.4
1998	532.8	302.2	461.6	1160.8	440.7
1999	576.5	317.6	500.8	1263.5	475.5
2000	627.5	312.5	554.5	1385.3	516.3
2001	684.0	333.5	596.1	1544.9	561.2
2002	754.1	361.5	654.5	1719.0	617.4
2003	821.2	387.5	715.7	1869.9	671.0
2004	906.7	418.1	808.8	2016.9	739.6
2005	1001.9	451.2	903.8	2209.5	816.2
2006	1117.1	479.6	1027.2	2441.5	904.2
2007	1261.2	498.8	1186.4	2740.9	1011.7
2008	1396.1	531.2	1342.4	2981.1	1114.2
2009	1541.3	548.7	1513.6	3254.8	1224.0
2010	1700.1	580.5	1703.5	3528.1	1340.8
2011	1873.5	615.4	1908.8	3840.1	1470.9
2012	2040.2	645.5	2084.4	4207.5	1602.4
2013	2217.7	671.3	2231.3	4722.8	1744.6
2014	2343.0	686.1	2344.0	5067.2	1846.7
2015	2409.8	713.6	2329.9	5427.4	1905.2
2016	2422.6	701.2	2223.7	5716.9	1922.2
2017	2523.7	726.5	2294.6	6005.1	2008.4
2018	2664.7	748.5	2461.3	6293.8	2129.5
2019	2809.6	777.7	2608.0	6628.8	2254.5
2020	2826.4	802.6	2649.8	6575.8	2277.0
2021	2990.3	845.2	2761.0	7036.1	2422.8

注：本表按不变价格计算。

3-4 生产总值构成

单位：%

年 份	生产总值	第一产业	第二产业	第三产业
1978	100.0	14.0	70.9	15.1
1979	100.0	16.5	67.7	15.8
1980	100.0	16.3	68.2	15.5
1981	100.0	16.9	64.8	18.3
1982	100.0	17.2	63.2	19.6
1983	100.0	19.6	60.2	20.2
1984	100.0	18.2	61.0	20.8
1985	100.0	14.3	63.1	22.6
1986	100.0	15.2	58.9	25.9
1987	100.0	15.1	57.8	27.1
1988	100.0	15.9	55.7	28.3
1989	100.0	14.0	54.1	31.9
1990	100.0	15.7	50.7	33.6
1991	100.0	14.9	49.0	36.1
1992	100.0	13.0	50.2	36.7
1993	100.0	12.8	51.5	35.7
1994	100.0	12.8	51.0	36.2
1995	100.0	13.8	49.6	36.6
1996	100.0	14.8	48.5	36.7
1997	100.0	13.0	48.5	38.5
1998	100.0	13.4	47.6	38.9
1999	100.0	12.2	47.8	40.0
2000	100.0	10.5	50.0	39.4
2001	100.0	10.5	48.3	41.1
2002	100.0	10.5	47.6	41.9
2003	100.0	10.1	48.1	41.8
2004	100.0	12.0	45.7	42.3
2005	100.0	11.8	47.4	40.8
2006	100.0	10.8	48.4	40.8
2007	100.0	10.5	49.2	40.4
2008	100.0	10.0	51.7	38.3
2009	100.0	10.1	51.0	38.9
2010	100.0	10.6	51.7	37.7
2011	100.0	10.4	51.8	37.8
2012	100.0	10.5	49.8	39.7
2013	100.0	10.3	47.9	41.8
2014	100.0	10.0	45.1	44.9
2015	100.0	10.2	41.3	48.5
2016	100.0	9.0	38.6	52.4
2017	100.0	8.8	38.4	52.8
2018	100.0	8.6	38.5	52.9
2019	100.0	8.8	38.1	53.1
2020	100.0	9.1	37.4	53.5
2021	100.0	8.9	39.4	51.7

3-5 分行业增加值

单位：亿元

行　业	2010年	2011年	2012年	2013年	2014年	2015年	2016年	2017年	2018年	2019年	2020年	2021年
总　计	**13896.3**	**16354.9**	**17848.6**	**19208.8**	**20025.7**	**20210.3**	**20392.5**	**21693.0**	**23510.5**	**24855.3**	**25011.4**	**27584.1**
按产业分类												
第一产业	1468.9	1693.4	1869.3	1973.4	2002.0	2053.7	1841.2	1902.3	2020.6	2178.0	2284.8	2461.8
第二产业	7181.8	8478.7	8886.9	9204.2	9038.8	8344.6	7865.7	8328.9	9049.0	9475.9	9357.5	10875.2
第三产业	5245.5	6182.9	7092.4	8031.2	8984.9	9811.9	10685.6	11461.8	12441.0	13201.4	13369.1	14247.1
按行业分类												
农林牧渔业	1526.5	1763.3	1951.8	2067.4	2104.8	2158.0	1945.8	2000.4	2109.6	2266.9	2370.3	2546.7
工业	6371.4	7499.4	7816.2	8039.6	7811.3	7115.7	6617.5	7039.0	7728.7	8052.2	7906.0	9339.8
建筑业	866.4	1053.1	1156.6	1263.8	1297.2	1298.5	1338.0	1388.2	1433.9	1480.1	1528.1	1646.0
批发和零售业	1037.1	1219.0	1343.7	1459.3	1667.6	1819.8	1920.7	1988.1	2046.9	2147.9	2002.8	2191.3
交通运输、仓储和邮政业	654.5	778.0	848.0	884.5	953.7	1045.3	1200.0	1255.7	1304.4	1311.2	1209.6	1293.6
住宿和餐饮业	206.7	229.9	242.3	250.3	261.8	268.5	284.9	287.8	296.3	316.9	265.8	308.7
金融业	534.5	633.1	806.8	1028.7	1218.1	1553.7	1650.4	1755.9	1856.6	1988.1	2064.5	2103.5
房地产业	603.5	724.0	870.6	988.8	1026.6	1057.3	1145.8	1254.6	1368.6	1491.9	1601.0	1641.1
其他	2095.7	2455.3	2812.7	3226.5	3684.5	3893.5	4289.3	4723.4	5365.5	5800.1	6063.3	6513.5

注：分行业分类采用《国民经济行业分类(GB/T4754-2017)》。

3-6 三次产业贡献率

单位：%

年　份	生产总值			
		第一产业	第二产业	第三产业
1991	100.0	10.8	33.3	55.9
1992	100.0	5.3	55.9	38.8
1993	100.0	10.3	56.0	33.7
1994	100.0	2.6	62.8	34.6
1995	100.0	8.8	52.6	38.6
1996	100.0	18.2	47.5	34.4
1997	100.0	1.9	61.6	36.6
1998	100.0	18.6	48.0	33.3
1999	100.0	7.8	54.3	38.0
2000	100.0	-2.2	63.7	38.5
2001	100.0	7.8	41.7	50.5
2002	100.0	8.4	47.2	44.4
2003	100.0	8.2	51.6	40.2
2004	100.0	7.6	61.7	30.7
2005	100.0	7.3	56.5	36.1
2006	100.0	6.4	56.3	37.3
2007	100.0	3.5	58.1	38.4
2008	100.0	6.3	60.8	32.9
2009	100.0	3.2	62.0	34.9
2010	100.0	5.2	62.9	31.9
2011	100.0	6.2	61.1	32.7
2012	100.0	5.6	54.3	40.1
2013	100.0	4.5	42.7	52.8
2014	100.0	3.6	46.4	50.0
2015	100.0	12.7	-10.9	98.1
2016	100.0	-33.3	-354.6	487.8
2017	100.0	8.6	30.0	61.5
2018	100.0	5.4	50.5	44.1
2019	100.0	6.9	43.2	49.8
2020	100.0	55.3	116.6	-71.9
2021	100.0	8.4	27.0	64.7

注：产业贡献率指各产业增加值增量与GDP增量之比。

3-7 三次产业对生产总值增长的拉动

单位：百分点

年 份	生产总值	第一产业	第二产业	第三产业
1991	6.1	0.7	2.0	3.4
1992	12.1	0.6	6.8	4.7
1993	14.9	1.5	8.4	5.0
1994	11.2	0.3	7.1	3.9
1995	7.1	0.6	3.7	2.7
1996	8.6	1.6	4.1	3.0
1997	8.9	0.2	5.5	3.2
1998	8.3	1.6	4.0	2.8
1999	8.2	0.6	4.5	3.1
2000	8.9	-0.2	5.6	3.4
2001	9.0	0.7	3.8	4.5
2002	10.2	0.9	4.8	4.5
2003	8.9	0.7	4.6	3.6
2004	10.4	0.8	6.4	3.2
2005	10.5	0.8	5.9	3.8
2006	11.5	0.7	6.5	4.3
2007	12.9	0.4	7.5	5.0
2008	10.7	0.7	6.5	3.5
2009	10.4	0.3	6.4	3.6
2010	10.3	0.5	6.5	3.3
2011	10.2	0.6	6.2	3.3
2012	8.9	0.5	4.8	3.6
2013	8.7	0.4	3.7	4.6
2014	5.7	0.2	2.6	2.8
2015	2.8	0.4	-0.3	2.8
2016	0.5	-0.2	-1.9	2.6
2017	4.2	0.4	1.2	2.6
2018	5.6	0.3	2.8	2.5
2019	5.4	0.4	2.4	2.7
2020	0.6	0.3	0.6	-0.4
2021	5.8	0.5	1.6	3.7

注：产业拉动指GDP增长速度与各产业贡献率之乘积。

3-8 各地区生产总值

(2021年)

地 区	生产总值(亿元)	第一产业	第二产业	第三产业	人均生产总值(元)	构成(%) 第一产业	第二产业	第三产业	指数(上年=100) 生产总值	第一产业	第二产业	第三产业
沈 阳	7249.7	326.3	2570.3	4353.0	79706	4.5	35.5	60.0	107.0	104.2	107.8	106.7
大 连	7825.9	513.3	3301.6	4011.0	104751	6.6	42.2	51.3	108.2	105.8	109.4	107.5
鞍 山	1888.1	120.3	789.4	978.4	57188	6.4	41.8	51.8	104.5	104.7	102.1	106.2
抚 顺	870.1	61.2	414.9	394.0	47338	7.0	47.7	45.3	101.0	102.1	97.5	104.4
本 溪	894.2	55.2	437.3	401.7	68340	6.2	48.9	44.9	105.8	103.2	104.3	107.6
丹 东	854.4	171.2	221.1	462.1	39402	20.0	25.9	54.1	106.3	106.6	104.4	106.9
锦 州	1148.3	212.9	296.4	639.0	42809	18.5	25.8	55.6	106.2	105.5	102.2	108.1
营 口	1403.2	117.6	634.9	650.7	60484	8.4	45.2	46.4	102.0	104.3	98.9	104.4
阜 新	544.7	122.5	146.3	275.9	33376	22.5	26.9	50.7	106.4	106.9	103.5	107.6
辽 阳	859.7	96.0	385.1	378.7	54105	11.2	44.8	44.0	99.0	103.6	93.0	103.7
盘 锦	1383.2	116.8	731.3	535.1	99443	8.4	52.9	38.7	100.5	105.2	95.2	107.2
铁 岭	716.0	172.8	203.0	340.2	30389	24.1	28.3	47.5	106.1	106.2	103.0	107.7
朝 阳	944.8	228.0	274.7	442.1	33086	24.1	29.1	46.8	105.5	107.0	102.1	106.7
葫芦岛	841.7	147.6	308.9	385.1	34823	17.5	36.7	45.8	106.0	104.0	107.7	105.5

主要统计指标解释

国内生产总值（GDP） 是按市场价格计算的国内生产总值的简称。它是一个国家(地区)所有常住单位在一定时期内生产活动的最终成果。国内生产总值有三种表现形态，既价值形态、收入形态和产品形态。从价值形态看，它是所有常住单位在一定时期内所生产的全部货物和服务价值超过同期投入的全部非固定资产货物和服务价值的差额，即所有常住单位的增加值之和；从收入形态看，它是所有常住单位在一定时期内所创造并分配给常住单位和非常住单位的初次分配收入之和；从产品形态看，它是最终使用的货物和服务减去进口货物和服务。在实际核算中，国内生产总值的三种表现形态表现为三种计算方法，即生产法、收入法和支出法。三种方法分别从不同的方面反映国内生产总值及构成。

三次产业 三次产业分类依据国家统计局2018年修订的《三次产业划分规定》。第一产业是指农、林、牧、渔业（不含农、林、牧、渔专业及辅助性活动）；第二产业是指采矿业（不含开采专业及辅助性活动），制造业（不含金属制品、机械和设备修理业），电力、热力、燃气及水生产和供应业，建筑业；第三产业即服务业，是指除第一产业、第二产业以外的其他行业。

四、人　口

Chapter 4　Population

4-1 人口数

单位：万人

年 份	年末总人口	按性别分	
		男	女
1978	3394.0	1735.3	1658.7
1980	3486.9	1779.2	1707.7
1981	3534.8	1803.2	1731.6
1982	3592.1	1832.0	1760.1
1983	3629.1	1852.9	1776.2
1984	3654.8	1866.6	1788.2
1985	3686.2	1883.2	1803.0
1986	3726.0	1904.1	1821.9
1987	3777.4	1930.4	1847.0
1988	3825.5	1955.5	1870.0
1989	3876.0	1979.5	1896.5
1990	3917.3	1999.1	1918.2
1991	3938.5	2009.8	1928.7
1992	3957.9	2018.9	1939.0
1993	3982.9	2031.6	1951.3
1994	4007.2	2043.6	1963.6
1995	4034.0	2056.9	1977.1
1996	4056.8	2067.5	1989.3
1997	4077.1	2076.9	2000.2
1998	4090.4	2083.1	2007.3
1999	4103.2	2088.4	2014.8
2000	4135.3	2103.3	2032.0
2001	4147.0	2109.1	2037.9
2002	4155.4	2111.6	2043.8
2003	4161.6	2113.2	2048.4
2004	4172.8	2117.3	2055.5
2005	4189.2	2123.4	2065.8
2006	4210.4	2132.5	2077.9
2007	4231.7	2141.5	2090.2
2008	4246.1	2146.9	2099.2
2009	4256.0	2149.9	2106.1
2010	4251.7	2144.7	2107.0
2011	4255.0	2143.6	2111.4
2012	4244.8	2136.5	2108.3
2013	4238.0	2131.4	2106.6
2014	4244.2	2132.2	2112.0
2015	4229.7	2122.7	2107.0
2016	4232.0	2121.7	2110.3
2017	4196.5	2100.1	2096.4
2018	4191.9	2095.3	2096.6
2019	4190.2	2092.1	2098.1
2020	4165.9	2075.9	2090.0
2021	4152.1	2067.2	2084.9

注：本表至4-6表为公安户籍统计数。

4-2 人口构成

单位：%

年 份	总人口	按性别分	
		男	女
1978	100	51.2	48.8
1980	100	51.0	49.0
1981	100	51.0	49.0
1982	100	51.0	49.0
1983	100	51.1	48.9
1984	100	51.1	48.9
1985	100	51.1	48.9
1986	100	51.1	48.9
1987	100	51.1	48.9
1988	100	51.1	48.9
1989	100	51.1	48.9
1990	100	51.0	49.0
1991	100	51.0	49.0
1992	100	51.0	49.0
1993	100	51.0	49.0
1994	100	51.0	49.0
1995	100	51.0	49.0
1996	100	51.0	49.0
1997	100	50.9	49.1
1998	100	50.9	49.1
1999	100	50.9	49.1
2000	100	50.9	49.1
2001	100	50.9	49.1
2002	100	50.8	49.2
2003	100	50.1	49.9
2004	100	50.7	49.3
2005	100	50.7	49.3
2006	100	50.6	49.4
2007	100	50.6	49.4
2008	100	50.6	49.4
2009	100	50.5	49.5
2010	100	50.4	49.6
2011	100	50.4	49.6
2012	100	50.3	49.7
2013	100	50.3	49.7
2014	100	50.2	49.8
2015	100	50.2	49.8
2016	100	50.1	49.9
2017	100	50.0	50.0
2018	100	50.0	50.0
2019	100	49.9	50.1
2020	100	49.8	50.2
2021	100	49.8	50.2

4-3 人口出生率、死亡率、自然增长率

单位：‰

年 份	出生率	死亡率	自然增长率
1978	18.0	5.3	12.7
1980	14.1	5.4	8.7
1981	16.6	5.3	11.3
1982	18.9	5.4	13.5
1983	13.4	5.0	8.4
1984	10.8	5.0	5.8
1985	11.9	5.3	6.6
1986	14.8	5.2	9.6
1987	17.3	5.3	12.0
1988	15.4	5.2	10.2
1989	14.6	5.2	9.4
1990	14.5	5.7	8.8
1991	9.9	5.2	4.7
1992	10.2	5.4	4.8
1993	10.0	5.6	4.4
1994	10.7	5.8	4.9
1995	9.9	5.5	4.4
1996	9.5	5.8	3.7
1997	8.9	5.7	3.2
1998	7.9	5.8	2.1
1999	8.0	6.0	2.0
2000	10.7	6.7	4.0
2001	7.1	5.3	1.8
2002	7.5	5.4	2.1
2003	6.2	5.6	0.6
2004	7.7	6.5	1.2
2005	7.8	5.8	2.0
2006	7.8	5.5	2.3
2007	8.2	5.8	2.4
2008	7.9	6.5	1.4
2009	7.6	6.8	0.8
2010	8.8	10.9	-2.1
2011	7.4	7.1	0.3
2012	8.1	9.4	-1.3
2013	7.6	8.1	-0.5
2014	9.0	7.1	1.9
2015	7.0	7.8	-0.8
2016	7.8	6.8	1.0
2017	8.1	15.9	-7.8
2018	7.0	7.3	-0.3
2019	6.9	7.2	-0.3
2020	5.8	11.5	-5.7
2021	4.8	8.0	-3.2

4-4 各地区年末总户数及总人口

单位：万户、万人

地区	总户数						总人口					
	2016年	2017年	2018年	2019年	2020年	2021年	2016年	2017年	2018年	2019年	2020年	2021年
全省	**1526.6**	**1520.3**	**1529.3**	**1540.4**	**1545.3**	**1552.2**	**4232.0**	**4196.5**	**4191.9**	**4190.2**	**4165.9**	**4152.1**
沈阳	268.1	271.8	278.8	285.3	290.4	294.2	733.9	736.5	745.1	755.4	761.7	765.3
大连	213.9	214.3	215.3	218.4	222.6	226.0	595.6	594.9	595.2	598.7	601.6	603.6
鞍山	120.1	120.3	120.8	121.4	121.4	121.4	345.7	344.0	341.8	339.8	336.4	333.4
抚顺	85.1	84.3	84.3	84.2	83.5	83.6	214.8	210.7	208.9	206.7	202.4	200.8
本溪	56.5	56.1	56.1	56.0	55.8	55.7	150.0	147.6	146.2	144.5	142.4	141.2
丹东	84.3	83.8	83.9	83.9	83.7	83.6	237.9	235.2	234.1	232.9	230.7	229.1
锦州	103.5	102.5	102.6	102.8	102.5	102.6	302.2	296.3	295.0	293.4	289.3	287.6
营口	88.7	88.5	88.7	88.8	88.7	88.7	232.8	231.8	231.4	230.8	229.2	228.1
阜新	67.8	68.0	67.4	68.2	67.7	67.9	188.9	186.2	185.0	183.7	181.8	180.2
辽阳	68.5	68.2	68.2	68.1	67.8	67.8	178.6	176.5	175.4	174.4	172.5	171.3
盘锦	47.2	47.1	47.2	47.4	47.4	47.6	130.1	129.6	129.9	130.0	129.3	129.3
铁岭	111.1	105.0	104.8	104.5	103.8	103.4	299.9	293.7	291.6	289.2	285.3	282.7
朝阳	113.0	111.7	111.8	111.9	111.1	110.8	341.1	336.5	335.9	334.9	330.9	328.1
葫芦岛	98.8	98.7	99.4	99.5	98.9	98.9	280.5	277.0	276.4	275.8	272.4	271.4

4-4 续表

单位：万户、万人

地区	男性人口						女性人口					
	2016年	2017年	2018年	2019年	2020年	2021年	2016年	2017年	2018年	2019年	2020年	2021年
全省	**2121.7**	**2100.1**	**2095.3**	**2092.1**	**2075.9**	**2067.2**	**2110.3**	**2096.4**	**2096.6**	**2098.1**	**2090.0**	**2084.9**
沈阳	362.6	363.3	367.0	371.5	373.9	375.2	371.3	373.2	378.1	383.9	387.8	390.1
大连	296.0	295.2	295.0	296.2	296.8	297.3	299.6	299.7	300.2	302.5	304.8	306.3
鞍山	173.8	172.8	171.4	170.2	168.3	166.6	171.9	171.2	170.4	169.6	168.1	166.8
抚顺	106.9	104.7	103.8	102.6	100.2	99.4	107.9	106.0	105.1	104.1	102.2	101.4
本溪	74.9	73.5	72.7	71.8	70.7	70.1	75.1	74.1	73.5	72.7	71.7	71.1
丹东	119.1	117.5	116.9	116.1	114.8	113.9	118.8	117.7	117.2	116.8	115.9	115.2
锦州	151.4	148.1	147.3	146.5	144.1	143.2	150.8	148.2	147.7	146.9	145.2	144.4
营口	117.8	117.1	116.8	116.4	115.4	114.8	115.0	114.7	114.6	114.4	113.8	113.3
阜新	93.8	92.3	91.7	90.9	89.9	89.0	95.1	93.9	93.3	92.8	91.9	91.2
辽阳	90.1	88.8	88.1	87.5	86.4	85.7	88.5	87.7	87.3	86.9	86.1	85.6
盘锦	65.0	64.5	64.6	64.5	64.0	64.0	65.1	65.1	65.3	65.5	65.3	65.3
铁岭	151.7	148.3	147.1	145.8	143.6	142.2	148.2	145.4	144.5	143.4	141.7	140.5
朝阳	174.7	172.3	172.0	171.4	169.2	167.7	166.4	164.2	163.9	163.5	161.7	160.4
葫芦岛	143.9	141.7	140.9	140.7	138.6	138.1	136.6	135.3	135.5	135.1	133.8	133.3

4-5 各地区人口自然变动情况

地区	平均人口(万人)						人口出生率(‰)					
	2016年	2017年	2018年	2019年	2020年	2021年	2016年	2017年	2018年	2019年	2020年	2021年
全省	**4230.8**	**4214.2**	**4194.2**	**4191.1**	**4178.1**	**4159.0**	**7.8**	**8.1**	**7.0**	**6.9**	**5.8**	**4.8**
沈阳	732.1	735.2	740.8	750.3	758.6	763.5	8.7	8.9	8.1	8.3	6.9	6.0
大连	594.6	595.3	595.0	597.0	600.1	602.6	9.4	9.6	8.4	8.3	6.8	5.4
鞍山	345.9	344.8	342.9	340.8	338.1	334.9	7.8	7.6	6.2	6.0	5.4	4.3
抚顺	215.3	212.7	209.8	207.8	204.6	201.6	6.5	6.4	5.4	5.2	4.2	3.3
本溪	150.6	148.8	146.9	145.3	143.4	141.8	6.5	6.2	5.2	5.2	4.2	3.4
丹东	238.0	236.5	234.7	233.5	231.8	229.9	7.5	7.1	6.3	6.1	5.2	4.3
锦州	302.4	299.3	295.6	294.2	291.4	288.5	6.0	6.6	5.8	5.7	4.6	3.9
营口	232.7	232.3	231.6	231.1	230.0	228.6	8.3	7.6	6.9	7.0	6.1	4.8
阜新	189.2	187.5	185.6	184.3	182.7	181.0	6.5	7.2	6.2	5.8	4.8	4.3
辽阳	178.8	177.6	176.0	174.9	173.4	171.9	6.2	7.7	6.0	5.8	5.2	4.1
盘锦	129.8	129.9	129.8	130.0	129.7	129.3	8.3	9.3	8.7	8.3	6.9	5.6
铁岭	300.1	296.8	292.6	290.4	287.3	284.0	5.9	6.2	5.3	5.1	4.2	3.6
朝阳	341.0	338.8	336.2	335.4	332.9	329.5	8.7	9.7	8.3	7.5	6.4	5.5
葫芦岛	280.3	278.7	276.7	276.1	274.1	271.9	8.7	9.1	7.3	6.6	6.3	5.2

4-5 续表

地区	人口死亡率(‰)						人口自然增长率(‰)					
	2016年	2017年	2018年	2019年	2020年	2021年	2016年	2017年	2018年	2019年	2020年	2021年
全省	**6.8**	**15.9**	**7.3**	**7.2**	**11.5**	**8.0**	**1.0**	**-7.8**	**-0.3**	**-0.3**	**-5.7**	**-3.2**
沈阳	7.6	11.2	8.7	8.3	10.1	9.3	1.1	-2.3	-0.6	0.04	-3.2	-3.3
大连	6.7	11.8	8.1	7.4	9.8	8.1	2.7	-2.2	0.3	0.9	-3.0	-2.7
鞍山	7.7	11.2	8.4	8.3	11.3	9.8	0.1	-3.6	-2.2	-2.3	-5.9	-5.5
抚顺	6.9	20.1	6.6	7.3	17.5	5.2	-0.4	-13.7	-1.2	-2.1	-13.3	-1.9
本溪	10.7	17.7	8.0	8.7	12.0	6.2	-4.2	-11.5	-2.8	-3.5	-7.8	-2.8
丹东	7.6	16.4	8.3	8.0	11.4	8.8	-0.1	-9.3	-2.0	-1.9	-6.2	-4.5
锦州	5.4	23.1	6.0	6.4	13.9	6.5	0.6	-16.5	-0.2	-0.7	-9.3	-2.6
营口	6.3	11.0	6.5	6.7	10.4	7.4	2.0	-3.4	0.4	0.3	-4.3	-2.6
阜新	7.3	19.3	8.2	8.0	10.3	8.5	-0.8	-12.1	-2.0	-2.2	-5.5	-4.2
辽阳	6.1	16.6	6.8	6.5	10.7	7.5	0.1	-8.9	-0.8	-0.7	-5.5	-3.4
盘锦	4.8	12.8	5.1	4.8	10.7	4.6	3.5	-3.5	3.6	3.5	-3.8	1.0
铁岭	5.4	22.6	5.9	6.5	11.2	7.7	0.5	-16.4	-0.6	-1.4	-7.0	-4.1
朝阳	5.9	20.1	5.3	5.5	12.9	9.8	2.8	-10.4	3.0	2.0	-6.5	-4.3
葫芦岛	6.5	21.1	5.9	5.4	13.6	5.7	2.2	-12.0	1.4	1.2	-7.3	-0.5

4-6 各地区分年龄人口数

(2021年)

单位：万人

地 区	总人口	0-17岁	18-34岁	35-59岁	60岁及以上
全 省	**4152.1**	**539.0**	**750.3**	**1746.0**	**1116.8**
沈 阳	765.3	105.6	135.5	321.6	202.6
大 连	603.6	83.9	102.5	250.3	166.9
鞍 山	333.4	41.5	59.7	139.9	92.3
抚 顺	200.8	20.8	31.4	86.7	61.9
本 溪	141.2	14.5	22.9	61.7	42.1
丹 东	229.1	26.0	40.0	97.8	65.3
锦 州	287.6	33.3	50.8	119.7	83.8
营 口	228.1	30.1	43.2	96.2	58.6
阜 新	180.2	21.4	33.6	78.5	46.7
辽 阳	171.3	19.4	30.1	73.5	48.3
盘 锦	129.3	17.7	24.9	55.8	30.9
铁 岭	282.7	32.5	52.9	123.7	73.6
朝 阳	328.1	51.8	67.3	132.3	76.7
葫芦岛	271.4	40.5	55.5	108.3	67.1

4-7 全省历年人口变动抽样调查推算数

年 份	总人口(万人)	出生率(‰)	死亡率(‰)	自然增长率(‰)	文盲率(%)	家庭户规模(人/户)
1990	3946	15.60	6.01	9.59	11.51	3.59
1991	3990	12.10	6.64	5.46		3.60
1992	4016	12.57	6.11	6.46		3.57
1993	4042	12.43	6.11	6.32		3.53
1994	4067	12.26	6.03	6.23	10.46	3.48
1995	4092	12.17	6.15	6.02	9.31	3.49
1996	4116	12.15	6.20	5.95	8.86	3.44
1997	4138	11.78	6.38	5.40	8.21	3.31
1998	4157	11.39	6.81	4.58	8.17	3.27
1999	4171	10.38	7.05	3.33	7.18	3.24
2000	4184	8.46	6.06	2.40	5.79	3.15
2001	4194	7.74	6.10	1.64	5.16	3.12
2002	4203	7.38	6.04	1.34	5.16	3.14
2003	4210	6.90	5.83	1.07	4.74	3.10
2004	4217	6.51	5.60	0.91	4.03	3.13
2005	4221	7.32	6.06	1.26	4.75	2.92
2006	4271	6.40	5.30	1.10	4.17	2.95
2007	4298	6.89	5.36	1.53	3.76	2.91
2008	4315	6.32	5.22	1.10	3.45	2.85
2009	4341	6.06	5.09	0.97	3.29	2.87
2010	4378	6.68	6.26	0.42	2.18	2.78
2011	4379	5.71	6.05	-0.34	2.37	2.72
2012	4375	6.15	6.54	-0.39	2.30	2.70
2013	4365	6.09	6.12	-0.03	1.99	2.70
2014	4358	6.49	6.23	0.26	1.92	2.64
2015	4338	6.17	6.59	-0.42	1.91	2.77
2016	4327	6.60	6.78	-0.18	1.96	2.70
2017	4312	6.49	6.93	-0.44	1.59	2.60
2018	4291	6.39	7.39	-1.00	1.65	2.49
2019	4277	6.45	7.25	-0.80	1.45	2.49
2020	4255	5.16	7.65	-2.49	1.01	2.29
2021	4229	4.71	8.89	-4.18	1.05	2.21

注：文盲率是指15岁及15岁以上人口中，文盲和半文盲人口所占比例。

4-8 全省历年人口变动抽样调查年龄构成指数

单位：%

年 份	0-14岁占总人口比重	15-64岁占总人口比重	65岁及以上占总人口比重	总负担系数	负担少儿系数	负担老年系数
1990	23.22	71.10	5.68	40.65	32.66	7.99
1991	23.33	70.48	6.19	41.88	33.10	8.78
1992	22.78	70.62	6.60	41.60	32.25	9.35
1993	22.00	71.21	6.79	40.44	30.90	9.54
1994	22.26	71.20	6.54	40.45	31.27	9.18
1995	21.37	71.61	7.02	40.15	29.96	10.19
1996	20.61	72.47	6.92	37.98	28.44	9.54
1997	19.12	73.63	7.25	36.62	25.95	10.67
1998	18.51	73.94	7.55	35.24	25.03	10.21
1999	18.48	73.71	7.81	35.67	25.07	10.60
2000	17.68	74.44	7.88	34.34	23.75	10.59
2001	17.68	74.44	7.88	34.34	23.75	10.59
2002	15.70	76.20	8.10	31.23	20.60	10.63
2003	15.90	75.60	8.50	32.27	21.03	11.24
2004	14.50	76.60	8.90	30.55	18.93	11.62
2005	14.18	76.08	9.74	31.44	18.64	12.80
2006	12.61	76.85	10.54	30.13	16.41	13.72
2007	12.68	76.69	10.63	30.40	16.54	13.86
2008	12.03	76.56	11.41	30.62	15.72	14.90
2009	11.14	77.43	11.43	29.15	14.38	14.77
2010	11.42	78.27	10.31	27.76	14.59	13.17
2011	11.09	78.26	10.65	27.78	14.17	13.61
2012	10.80	78.04	11.16	28.15	13.84	14.31
2013	10.62	77.86	11.52	28.43	13.63	14.80
2014	10.53	77.37	12.10	29.26	13.62	15.64
2015	10.39	76.79	12.82	30.22	13.52	16.70
2016	10.39	76.10	13.51	31.40	13.65	17.75
2017	10.27	75.38	14.35	32.65	13.62	19.03
2018	10.31	74.52	15.17	34.19	13.83	20.36
2019	10.24	73.53	16.23	36.00	13.93	22.07
2020	11.12	71.46	17.42	39.94	15.57	24.37
2021	10.79	70.42	18.79	42.02	15.33	26.69

主要统计指标解释

人口数 指一定时点、一定地区范围内有生命个人的总和。

年末人口数是指每年 12 月 31 日 24 时的人口数。

出生率(又称粗出生率) 指在一定时期内(通常为一年)平均每千人所出生的人数的比率，一般用千分率表示。计算公式:

出生率=（年出生人数／年平均人数）×1000‰

出生人数是指活产婴儿，即胎儿脱离母体时(不管怀孕月数)，有过呼吸或其他生命现象。

年平均人数是指年初、年末人口数的平均数，也可用年中人口数代替。

死亡率(又称粗死亡率) 指在一定时期内(通常为一年)某地区的死亡人数与同期平均人数(或期中人数)之比，一般用千分率表示。计算公式:

死亡率=（年死亡人数／年平均人数）×1000‰

人口自然增长率 指在一定时期内(通常为一年)人口自然增加数(出生人数减死亡人数)与该时期内平均人数(或期中人数)之比，一般用千分率表示。计算公式:

人口自然增长率=（本年出生人数-本年死亡人数／年平均人数）×1000‰

人口自然增长率=人口出生率-人口死亡率

五、就业和工资

Chapter 5 Employment and Wages

5-1 就业基本情况

单位：万人

指　　标	2010年	2011年	2012年	2013年	2014年	2015年	2016年	2017年	2018年	2019年	2020年	2021年
年末就业人员	**2317.5**	**2364.88**	**2423.8**	**2518.9**	**2562.2**	**2409.9**	**2301.2**	**2284.7**	**2260.6**	**2238.4**	**2231.0**	**2190.0**
第一产业	703.6	699.873	694.7	683.8	687.9	689.4	705.4	714.8	711.8		631.0	600.0
第二产业	641.5	645.082	651.1	724.2	710.5	635.2	572.6	560.1	534.0		496.0	493.0
第三产业	972.4	1019.92	1078.0	1110.9	1163.9	1085.3	1023.1	1009.8	1014.8		1104.0	1097.0
按城乡分就业人员												
城镇就业人员	1109	1141.8	1206.0	1301.8	1340.2	1195.1	1082.6	1071.2	1050.2	1053.7	1481.0	1483.0
乡村就业人员	1208.5	1223.08	1217.8	1217.1	1222.0	1214.8	1218.6	1213.4	1210.4	1184.7	750.0	707.0
城镇累计新就业人数	115.6	105.4	103.7	102.2	101.7	83.9	81.3	81.8	91.5	84.3	79.9	79.5
城镇登记失业人数	39.5	39.4	38.1	39.6	41.0	46.2	47.3	42.7	44.4	45.6	50.7	47.7
#失业女性	20.5	19.7	18.3	18.2	20.0	22.0	22.6	21.1	20.8	21.7	24.1	22.7
城镇登记失业率（%）	3.7	3.7	3.6	3.4	3.4	3.4	3.8	3.8	4.0	4.2	4.6	4.3

5-2 按三次产业分的就业人员

(年末数)

年 份	就业人员合计(万人)				构成(%,以合计为100)		
		第一产业	第二产业	第三产业	第一产业	第二产业	第三产业
1978	1254.1	595.3	433.4	225.4	47.4	34.6	18.0
1980	1441.7	597.1	564.7	279.9	41.4	39.2	19.4
1985	1769.1	634.3	726.4	408.4	35.9	41.0	23.1
1986	1799.2	640.4	735.3	423.5	35.6	40.9	23.5
1987	1835.4	630.7	770.7	434.0	34.4	42.0	23.6
1988	1858.6	625.1	784.2	449.3	33.6	42.2	24.2
1989	1874.8	638.2	777.1	459.5	34.0	41.5	24.5
1990	1897.3	646.0	778.2	473.1	34.0	41.0	25.0
1991	1938.3	666.3	788.5	483.5	34.4	40.7	24.9
1992	1957.8	652.6	797.4	507.8	33.3	40.7	26.0
1993	2006.1	640.3	827.4	538.4	31.9	41.3	26.8
1994	2009.3	627.7	773.3	608.3	31.2	38.5	30.3
1995	2027.8	632.7	787.5	607.6	31.2	38.8	30.0
1996	2031.8	644.7	751.8	635.3	31.7	37.0	31.3
1997	1967.1	639.7	716.7	610.7	32.5	36.4	31.1
1998	1958.8	657.9	684.7	616.2	33.6	35.0	31.4
1999	1994.4	651.5	658.3	684.6	32.7	33.0	34.3
2000	2052.0	685.4	649.6	717.0	33.4	31.7	34.9
2001	2069.3	686.7	625.9	756.7	33.2	30.2	36.6
2002	2025.3	697.6	580.6	747.1	34.4	28.7	36.9
2003	2018.9	700.8	568.8	749.3	34.7	28.2	37.1
2004	2097.3	721.2	586.8	789.3	34.4	28.0	37.6
2005	2120.3	722.1	596.0	802.2	34.1	28.1	37.8
2006	2128.1	716.2	590.2	821.7	33.7	27.7	38.6
2007	2180.7	705.7	601.4	873.6	32.4	27.6	40.0
2008	2198.2	700.7	605.0	892.5	31.9	27.5	40.6
2009	2277.1	697.5	619.2	960.4	30.6	27.2	42.2
2010	2317.5	703.6	641.5	972.4	30.3	27.7	42.0
2011	2364.9	699.9	645.1	1019.9	29.6	27.3	43.1
2012	2423.8	694.7	651.1	1078.0	28.7	26.9	44.5
2013	2518.9	683.8	724.2	1110.9	27.1	28.8	44.1
2014	2562.2	687.9	710.5	1163.9	26.8	27.7	45.4
2015	2409.9	689.4	635.2	1085.3	28.6	26.4	45.0
2016	2301.2	705.4	572.6	1023.1	30.7	24.9	44.5
2017	2284.7	714.8	560.1	1009.8	31.3	24.5	44.2
2018	2260.6	711.8	534.0	1014.8	31.5	23.6	44.9
2019	2238.4						
2020	2231.0	631.0	496.0	1104.0	28.3	22.2	49.5
2021	2190.0	600.0	493.0	1097.0	27.4	22.5	50.1

5-3 按登记类型和行业分城镇非私营单位就业人员人数

(2021年末) 单位：人

项目	就业人员人数合计	国有经济单位	城镇集体经济单位	其他经济单位
全省总计	**4579967**	**1782555**	**76659**	**2720753**
按执行会计标准类别分组				
企业	3009299	288327	62072	2658900
政府	1516928	1485201	11902	19825
按国民经济行业分组				
(一)农、林、牧、渔业	**72010**	**59657**	**3863**	**8490**
农业	54815	50843	3392	581
林业	3683	3624	15	44
畜牧业	1056	54	16	986
渔业	4454	449	432	3573
农、林、牧、渔专业及辅助性活动	8002	4687	8	3307
(二)采矿业	**185357**	**248**	**407**	**184702**
煤炭开采和洗选业	66592	12		66580
石油和天然气开采业	35807			35807
黑色金属矿采选业	30713	132	387	30194
有色金属矿采选业	5617	104		5513
非金属矿采选业	4659		20	4640
开采专业及辅助性活动	41969			41969
其他采矿业				
(三)制造业	**951138**	**18843**	**16359**	**915935**
农副食品加工业	35526	750	89	34687
食品制造业	18905	735	47	18123
酒、饮料和精制茶制造业	11525	228	20	11277
烟草制品业	1669	1669		
纺织业	6082	37		6045
纺织服装、服饰业	30547	433	383	29731
皮革、毛皮、羽毛及其制品和制鞋业	4776			4776
木材加工和木、竹、藤、棕、草制品业	6222	3	65	6154
家具制造业	10106	37	7	10062
造纸和纸制品业	5862	63	125	5674
印刷和记录媒介复制业	6054	725	311	5018
文教、工美、体育和娱乐用品制造业	3607	258	167	3182
石油、煤炭及其他燃料加工业	69099	127	482	68490
化学原料和化学制品制造业	48239	1456	910	45873
医药制造业	22886		50	22837
化学纤维制造业	1070			1070
橡胶和塑料制品业	34263	136	978	33148
非金属矿物制品业	39691	1248	877	37566
黑色金属冶炼和压延加工业	106165	492	2803	102870

5-3 续表 1 (2021年末) 单位：人

项 目	就业人员人数合计	国有经济单位	城镇集体经济单位	其他经济单位
有色金属冶炼和压延加工业	20468	510	67	19891
金属制品业	53266	1974	3410	47882
通用设备制造业	103696	1019	1362	101315
专用设备制造业	52977	1085	239	51653
汽车制造业	100393	242	51	100100
铁路、船舶、航空航天和其他运输设备制造业	35258	3820	1181	30257
电气机械和器材制造业	45847	249	238	45360
计算机、通信和其他电子设备制造业	52041	135	855	51051
仪器仪表制造业	13075		31	13044
其他制造业	2757	64		2693
废弃资源综合利用业	3407	937		2470
金属制品、机械和设备修理业	5658	411	1612	3635
(四)电力、热力、燃气及水生产和供应业	**147454**	**15576**	**486**	**131392**
电力、热力生产和供应业	105793	8392	251	97149
燃气生产和供应业	14292	70		14222
水的生产和供应业	27370	7113	235	20021
(五)建筑业	**270985**	**22468**	**16389**	**232129**
房屋建筑业	96355	2731	6077	87548
土木工程建筑业	109634	13648	4832	91154
建筑安装业	39700	5668	5052	28980
建筑装饰、装修和其他建筑业	25296	421	428	24447
(六)批发和零售业	**165824**	**13632**	**2510**	**149681**
批发业	60000	11013	1146	47840
零售业	105824	2619	1364	101841
(七)交通运输、仓储和邮政业	**301548**	**35175**	**1983**	**264390**
铁路运输业	104491			104491
道路运输业	110678	17243	1450	91985
水上运输业	18158	4984		13174
航空运输业	12626	3006		9620
管道运输业	193			193
多式联运和运输代理业	11936	531	123	11282
装卸搬运和仓储业	26555	2561	325	23669
邮政业	16910	6849	85	9976
(八)住宿和餐饮业	**46392**	**5040**	**487**	**40865**
住宿业	20329	4388	268	15673
餐饮业	26063	652	219	25192
(九)信息传输、软件和信息技术服务业	**139251**	**11673**	**55**	**127523**
电信、广播电视和卫星传输服务	52100	10786	41	41272
互联网和相关服务	4175	393		3782
软件和信息技术服务业	82977	493	14	82470

5-3 续表 2　　(2021年末)　　单位：人

项　目	就业人员人数合计	国有经济单位	城镇集体经济单位	其他经济单位
(十)金融业	**270399**	**36379**	**3089**	**230931**
货币金融服务	153591	33946	3089	116555
资本市场服务	1320	592		728
保险业	114299	1798		112500
其他金融业	1190	42		1148
(十一)房地产业	**113783**	**10350**	**1821**	**101612**
房地产业	113783	10350	1821	101612
(十二)租赁和商务服务业	**137536**	**20359**	**9033**	**108144**
租赁业	2289	39	30	2220
商务服务业	135247	20320	9003	105924
(十三)科学研究和技术服务业	**106716**	**47771**	**1265**	**57680**
研究和试验发展	19717	14863	112	4742
专业技术服务业	77444	27172	1008	49264
科技推广和应用服务业	9555	5737	145	3674
(十四)水利、环境和公共设施管理业	**83630**	**45599**	**368**	**37663**
水利管理业	9703	7521	165	2018
生态保护和环境治理业	5776	4043		1732
公共设施管理业	66323	32676	203	33445
土地管理业	1828	1360		468
(十五)居民服务、修理和其他服务业	**16197**	**4711**	**765**	**10721**
居民服务业	10258	3287	590	6382
机动车、电子产品和日用产品修理业	2210	122	91	1997
其他服务业	3729	1303	84	2343
(十六)教育	**541454**	**472430**	**8153**	**60871**
教育	541454	472430	8153	60871
(十七)卫生和社会工作	**346255**	**297610**	**8026**	**40619**
卫生	332661	290506	7093	35062
社会工作	13594	7103	933	5557
(十八)文化、体育和娱乐业	**42973**	**30505**	**416**	**12052**
新闻和出版业	11316	7797	364	3155
广播、电视、电影和录音制作业	11581	9314	11	2256
文化艺术业	12769	10885	32	1852
体育	2035	581	9	1445
娱乐业	5272	1928		3345
(十九)公共管理、社会保障和社会组织	**641065**	**634530**	**1183**	**5352**
#中国共产党机关	29664	29639	25	
国家机构	593715	587601	1112	5002
人民政协、民主党派	3411	3411		
社会保障	8991	8872	34	85
群众团体、社会团体和其他成员组织	5284	5006	12	266

5-4 各地区按行业分城镇非私营单位就业人员人数

(2021年末) 单位：人

行 业	沈阳	大连	鞍山	抚顺	本溪	丹东	锦州
总 计	**1199416**	**1003099**	**298812**	**198868**	**185513**	**174018**	**207523**
农、林、牧、渔业	506	3743	44	1317	616	1224	1093
采 矿 业	11743	1068	18326	19804	10068	1733	854
制 造 业	208629	297646	81455	42107	61067	31080	29698
电力、热力、燃气及水生产和供应业	63679	15433	6614	11812	7328	5976	6453
建 筑 业	86778	47305	31057	11990	11390	8000	13363
批发和零售业	63798	44349	9946	4232	4517	3864	5455
交通运输、仓储及邮政业	155926	56051	11389	7468	6168	8492	8089
住宿和餐饮业	19597	17238	1014	489	799	1318	676
信息转输、软件和信息技术服务业	28793	80265	2772	1766	2624	3715	2410
金 融 业	56130	64209	9901	9963	9565	15554	19788
房 地 产 业	34477	43846	4620	4985	1016	3764	3851
租赁和商务服务业	32397	39431	11252	4007	8614	6167	5707
科学研究和技术服务业	41621	27386	4441	4276	2535	2792	5226
水利、环境和公共设施管理业	27185	11546	4902	5112	998	2930	3155
居民服务、修理和其他服务业	4227	4777	877	553	360	1161	901
教育	129362	107054	33669	23619	16010	27377	32006
卫生和社会工作	92583	57850	28455	13278	11685	20190	17891
文化、体育和娱乐业	15915	9194	1214	1799	1089	1451	2305
公共管理、社会保障和社会组织	126072	74709	36865	30292	29064	27229	48603
国际组织							

5-4 续表 (2021年末) 单位：人

行 业	营口	阜新	辽阳	盘锦	铁岭	朝阳	葫芦岛
总 计	**188628**	**120506**	**165070**	**303998**	**170573**	**205018**	**158924**
农、林、牧、渔业	35	1009	5345	56154	66	517	342
采 矿 业	470	3358	5374	76855	32990	841	1874
制 造 业	45671	11178	37897	34686	13512	24526	31983
电力、热力、燃气及水生产和供应业	5427	5242	2148	4515	5044	3993	3789
建 筑 业	5637	6370	10155	19291	7083	6662	5907
批发和零售业	3844	2747	2686	5742	2595	7344	4706
交通运输、仓储及邮政业	22636	2390	2395	6961	3416	4831	5335
住宿和餐饮业	1070	464	301	1380	379	901	766
信息转输、软件和信息技术服务业	3570	2185	1501	2053	1977	3068	2554
金 融 业	16116	11113	11525	12741	10989	13329	9475
房 地 产 业	2051	1005	1360	5315	2341	2109	3044
租赁和商务服务业	2034	2808	3759	5173	3526	5490	7171
科学研究和技术服务业	1877	1625	2060	3581	1841	3303	4151
水利、环境和公共设施管理业	785	2903	4151	9723	2935	5070	2235
居民服务、修理和其他服务业	453	200	138	722	692	580	557
教育	21181	19100	16988	17362	26908	42629	28189
卫生和社会工作	15301	13113	12906	13323	16143	19968	13570
文化、体育和娱乐业	1267	1418	1374	833	1239	1628	2246
公共管理、社会保障和社会组织	39201	32279	43005	27587	36896	58231	31031
国际组织							

5-5 按登记注册类型和行业分城镇非私营单位在岗职工人数

(2021年末)　　单位：人

项　目	在岗职工人数合计	国有经济单位	城镇集体经济单位	其他经济单位
全省总计	**4342250**	**1705312**	**71760**	**2565178**
按执行会计标准类别分组				
企业	2837818	274080	58494	2505244
政府	1452920	1422840	10828	19252
按国民经济行业分组				
(一)农、林、牧、渔业	**66947**	**55484**	**3838**	**7625**
农业	50989	47033	3376	580
林业	3536	3492	15	29
畜牧业	1049	54	9	986
渔业	3588	434	430	2724
农、林、牧、渔专业及辅助性活动	7785	4471	8	3306
(二)采矿业	**184394**	**248**	**407**	**183739**
煤炭开采和洗选业	66592	12		66580
石油和天然气开采业	35493			35493
黑色金属矿采选业	30512	132	387	29993
有色金属矿采选业	5299	104		5195
非金属矿采选业	4598		20	4579
开采专业及辅助性活动	41900			41900
其他采矿业				
(三)制造业	**935771**	**17462**	**15814**	**902494**
农副食品加工业	33860	510	89	33261
食品制造业	18594	735	47	17812
酒、饮料和精制茶制造业	11119	173	20	10926
烟草制品业	1669	1669		
纺织业	6063	33		6030
纺织服装、服饰业	30171	433	348	29389
皮革、毛皮、羽毛及其制品和制鞋业	4762			4762
木材加工和木、竹、藤、棕、草制品业	6184	3	65	6116
家具制造业	9989	37	5	9947
造纸和纸制品业	5535	63	125	5347
印刷和记录媒介复制业	5904	681	271	4952
文教、工美、体育和娱乐用品制造业	3550	258	158	3134
石油、煤炭及其他燃料加工业	68460	127	480	67853
化学原料和化学制品制造业	47134	1104	910	45120
医药制造业	22637		50	22587
化学纤维制造业	1049			1049
橡胶和塑料制品业	33989	136	959	32894
非金属矿物制品业	39110	1233	832	37045
黑色金属冶炼和压延加工业	105501	445	2803	102254

5-5 续表 1 (2021年末) 单位：人

项　　目	在岗职工人数合计	国有经济单位	城镇集体经济单位	其他经济单位
有色金属冶炼和压延加工业	20402	510	67	19826
金属制品业	51821	1493	3140	47188
通用设备制造业	102216	1012	1314	99891
专用设备制造业	50939	1073	239	49627
汽车制造业	99671	220	51	99400
铁路、船舶、航空航天和其他运输设备制造业	34817	3748	1107	29961
电气机械和器材制造业	44205	241	238	43726
计算机、通信和其他电子设备制造业	51786	135	855	50796
仪器仪表制造业	12939		31	12908
其他制造业	2735	64		2671
废弃资源综合利用业	3341	937		2404
金属制品、机械和设备修理业	5617	389	1612	3616
(四)电力、热力、燃气及水生产和供应业	**144978**	**14999**	**439**	**129540**
电力、热力生产和供应业	103781	8086	233	95461
燃气生产和供应业	14198	70		14128
水的生产和供应业	27000	6842	206	19951
(五)建筑业	**245486**	**21713**	**15478**	**208296**
房屋建筑业	77219	2526	5630	69063
土木工程建筑业	106283	13355	4717	88212
建筑安装业	38534	5477	4966	28091
建筑装饰、装修和其他建筑业	23450	355	165	22930
(六)批发和零售业	**160655**	**13107**	**2439**	**145109**
批发业	58047	10539	1116	46393
零售业	102608	2569	1323	98716
(七)交通运输、仓储和邮政业	**297672**	**33761**	**1921**	**261990**
铁路运输业	104466			104466
道路运输业	108108	16394	1396	90317
水上运输业	18091	4944		13147
航空运输业	12626	3006		9620
管道运输业	193			193
多式联运和运输代理业	11796	518	120	11158
装卸搬运和仓储业	25976	2525	320	23130
邮政业	16417	6374	85	9958
(八)住宿和餐饮业	**33914**	**4989**	**351**	**28574**
住宿业	19782	4337	211	15234
餐饮业	14132	652	140	13340
(九)信息传输、软件和信息技术服务业	**135654**	**11615**	**55**	**123984**
电信、广播电视和卫星传输服务	49420	10728	41	38650
互联网和相关服务	3724	393		3331
软件和信息技术服务业	82511	493	14	82003

5-5 续表 2 (2021年末) 单位：人

项　目	在岗职工人数合计	国有经济单位	城镇集体经济单位	其他经济单位
(十)金融业	**198966**	**35359**	**2989**	**160618**
货币金融服务	151597	33831	2989	114777
资本市场服务	1299	588		711
保险业	45177	897		44280
其他金融业	892	42		850
(十一)房地产业	**109075**	**10179**	**1755**	**97141**
房地产业	109075	10179	1755	97141
(十二)租赁和商务服务业	**131681**	**19355**	**7630**	**104696**
租赁业	2223	38	30	2155
商务服务业	129458	19318	7600	102540
(十三)科学研究和技术服务业	**100873**	**44450**	**1230**	**55192**
研究和试验发展	18599	13869	112	4618
专业技术服务业	72876	24966	973	46936
科技推广和应用服务业	9398	5615	145	3638
(十四)水利、环境和公共设施管理业	**72202**	**39790**	**368**	**32044**
水利管理业	8542	6359	165	2018
生态保护和环境治理业	5678	3981		1697
公共设施管理业	56262	28156	203	27904
土地管理业	1720	1294		426
(十五)居民服务、修理和其他服务业	**15091**	**4633**	**711**	**9748**
居民服务业	9489	3208	557	5723
机动车、电子产品和日用产品修理业	2166	122	70	1975
其他服务业	3436	1303	84	2050
(十六)教育	**523331**	**457272**	**7776**	**58283**
教育	523331	457272	7776	58283
(十七)卫生和社会工作	**323875**	**277719**	**6969**	**39187**
卫生	311486	271194	6313	33979
社会工作	12389	6525	656	5207
(十八)文化、体育和娱乐业	**41166**	**29088**	**416**	**11662**
新闻和出版业	10720	7249	364	3107
广播、电视、电影和录音制作业	10895	8795	11	2089
文化艺术业	12563	10743	32	1788
体育	1967	572	9	1386
娱乐业	5020	1728		3292
(十九)公共管理、社会保障和社会组织	**620519**	**614088**	**1173**	**5258**
#中国共产党机关	29196	29171	25	
国家机构	574467	568444	1102	4921
人民政协、民主党派	3363	3363		
社会保障	8520	8401	34	85
群众团体、社会团体和其他成员组织	4973	4709	12	252

5-6 各地区按行业分城镇非私营单位在岗职工人数

(2021年末)　　单位：人

行　业	沈阳	大连	鞍山	抚顺	本溪	丹东	锦州
总　计	**1135276**	**940622**	**287927**	**194434**	**176715**	**163990**	**199105**
农、林、牧、渔业	481	2954	18	1317	616	1200	1093
采　矿　业	11743	1027	18255	19804	9893	1721	854
制　造　业	206203	291987	78807	41803	60665	30495	29192
电力、热力、燃气及水生产和供应业	63238	15142	6369	11628	6863	5578	6447
建　筑　业	71564	44912	28063	11833	10838	6479	13004
批发和零售业	62280	41810	9830	4223	4516	3423	5342
交通运输、仓储及邮政业	155347	54756	10668	7149	6144	8424	7992
住宿和餐饮业	13119	11600	962	450	773	1280	559
信息转输、软件和信息技术服务业	28652	79433	2772	1764	2410	3705	2410
金 融 业	42248	42441	9835	8971	6880	13903	15330
房 地 产 业	34285	40913	4457	4889	989	3716	2976
租赁和商务服务业	31266	36666	11147	3921	8587	5121	5707
科学研究和技术服务业	39383	25532	4394	4219	1905	2590	4838
水利、环境和公共设施管理业	24107	10951	4710	5087	996	2484	3155
居民服务、修理和其他服务业	3958	4376	868	545	337	875	901
教育	125128	99484	33456	23148	15995	26707	31163
卫生和社会工作	84725	55404	27504	12286	8883	18475	17375
文化、体育和娱乐业	15229	9018	1207	1766	1031	1446	2305
公共管理、社会保障和社会组织	122320	72215	34608	29632	28396	26368	48463
国际组织							

5-6 续表　　(2021年末)　　单位：人

行　业	营口	阜新	辽阳	盘锦	铁岭	朝阳	葫芦岛
总　计	**180985**	**111066**	**158152**	**284278**	**167395**	**193144**	**149160**
农、林、牧、渔业	35	796	5345	52223	32	494	342
采　矿　业	470	3358	5374	76496	32990	841	1570
制　造　业	45402	10800	37224	34259	13425	24197	31311
电力、热力、燃气及水生产和供应业	5425	5175	2145	4509	5023	3950	3488
建　筑　业	5631	6045	10077	18475	6873	6429	5263
批发和零售业	3714	2722	2676	5651	2569	7292	4608
交通运输、仓储及邮政业	22615	2326	2385	6851	3340	4760	4914
住宿和餐饮业	1055	435	301	1337	379	899	766
信息转输、软件和信息技术服务业	3563	1637	1495	2048	1968	1991	1806
金 融 业	9607	6133	7745	8610	9484	8667	9111
房 地 产 业	2023	1000	1243	5198	2313	2081	2993
租赁和商务服务业	2022	2808	3552	4904	3526	5441	7012
科学研究和技术服务业	1781	1601	2004	3465	1823	3251	4087
水利、环境和公共设施管理业	771	2870	4100	4970	2925	3236	1839
居民服务、修理和其他服务业	453	187	138	655	674	580	544
教育	21035	18920	16380	16470	26759	41639	27046
卫生和社会工作	14943	11933	11653	12600	15701	19496	12897
文化、体育和娱乐业	1255	1401	1374	766	1231	1599	1539
公共管理、社会保障和社会组织	39186	30918	42938	24792	36358	56301	28024
国际组织							

5-7 按行业分城镇非私营单位在岗职工人数

单位：万人

行业	2017年			2018年		
	在岗职工	#国有单位	#集体单位	在岗职工	#国有单位	#集体单位
总　计	**488.7**	**231.5**	**17.2**	**469.4**	**199.9**	**13.7**
农、林、牧、渔业	21.0	20.3	0.0	18.7	17.9	0.0
采　矿　业	23.4	4.6	0.4	21.5	0.1	0.3
制　造　业	115.5	11.8	5.4	108.7	4.3	4.3
电力、热力、燃气及水生产和供应业	13.7	5.9	0.1	16.1	2.8	0.1
建　筑　业	43.4	7.0	5.0	32.9	2.5	4.0
批发和零售业	19.3	2.5	0.6	19.3	1.8	0.6
交通运输、仓储及邮政业	35.0	19.1	0.5	32.4	15.1	0.3
住宿和餐饮业	5.6	1.7	0.1	5.3	1.3	0.1
信息转输、软件和信息技术服务业	12.5	1.2	0.02	12.3	1.1	0.04
金融业	18.9	5.7	1.9	18.1	4.3	1.2
房地产业	9.8	1.2	0.1	9.9	1.0	0.1
租赁和商务服务业	11.0	3.6	0.8	11.2	2.7	0.7
科学研究和技术服务业	11.6	7.8	0.3	10.0	6.0	0.2
水利、环境和公共设施管理业	11.5	10.1	0.2	8.6	6.3	0.1
居民服务、修理和其他服务业	2.2	1.5	0.1	3.1	2.2	0.1
教育	48.9	46.9	0.2	47.8	43.1	0.6
卫生和社会工作	28.8	25.5	1.1	29.3	26.0	0.9
文化、体育和娱乐业	4.5	3.4	0.1	3.9	2.9	0.02
公共管理、社会保障和社会组织	52.2	51.5	0.1	60.4	58.4	0.02
国际组织						

5-7 续表

单位：万人

行业	2019年			2020年			2021年		
	在岗职工	#国有单位	#集体单位	在岗职工	#国有单位	#集体单位	在岗职工	#国有单位	#集体单位
总　计	**465.8**	**176.8**	**11.3**	**446.7**	**170.2**	**8.4**	**434.2**	**170.5**	**7.2**
农、林、牧、渔业	16.5	14.6	0.3	7.1	6.1	0.3	6.7	5.5	0.4
采　矿　业	19.5	0.1	0.2	18.5	0.01	0.1	18.4	0.02	0.04
制　造　业	108.3	3.5	3.9	100.6	1.4	1.9	93.6	1.7	1.6
电力、热力、燃气及水生产和供应业	15.4	2.5	0.05	15.0	1.6	0.05	14.5	1.5	0.04
建　筑　业	27.4	1.5	3.0	25.9	2.2	2.2	24.5	2.2	1.5
批发和零售业	18.0	1.3	0.5	17.1	1.3	0.3	16.1	1.3	0.2
交通运输、仓储及邮政业	32.5	3.6	0.3	30.2	3.3	0.3	29.8	3.4	0.2
住宿和餐饮业	4.5	0.5	0.1	3.9	0.5	0.04	3.4	0.5	0.04
信息转输、软件和信息技术服务业	13.1	0.7	0.004	13.5	1.2	0.01	13.6	1.2	0.01
金 融 业	21.4	4.3	0.5	20.4	3.5	0.3	19.9	3.5	0.3
房 地 产 业	10.2	0.4	0.2	11.4	0.9	0.2	10.9	1.0	0.2
租赁和商务服务业	12.7	2.4	0.8	13.9	2.3	1.0	13.2	1.9	0.8
科学研究和技术服务业	9.3	3.7	0.2	9.8	4.6	0.1	10.1	4.4	0.1
水利、环境和公共设施管理业	6.0	3.2	0.04	7.1	3.9	0.04	7.2	4.0	0.04
居民服务、修理和其他服务业	2.2	1.0	0.1	1.5	0.4	0.1	1.5	0.5	0.1
教育	49.3	41.9	0.5	50.9	44.0	0.8	52.3	45.7	0.8
卫生和社会工作	29.7	24.5	0.6	30.9	26.3	0.7	32.4	27.8	0.7
文化、体育和娱乐业	4.3	2.9	0.1	4.2	2.8	0.04	4.1	2.9	0.04
公共管理、社会保障和社会组织	65.4	64.1	0.001	64.7	63.9	0.04	62.1	61.4	0.1
国际组织									

5-8 按行业分国有单位在岗职工人数

单位：万人

行　业	2009年	2010年	2011年	2012年	2013年	2014年	2015年
总　计	**271.2**	**271.6**	**294.6**	**298.8**	**279.8**	**281.2**	**268.9**
农、林、牧、渔业	26.4	26.6	25.0	23.8	22.1	22.5	21.6
采　矿　业	8.2	8.3	14.6	13.4	6.7	5.9	5.6
制　造　业	30.7	29.4	31.0	30.1	21.5	20.7	19.0
电力、热力、燃气及水生产和供应业	9.5	9.9	9.6	9.5	8.0	7.6	7.0
建　筑　业	9.2	10.1	13.4	14.8	11.3	13.2	10.9
批发和零售业	4.6	3.7	3.9	3.8	3.7	3.4	3.1
交通运输、仓储及邮政业	23.6	21.6	23.4	22.8	22.8	22.6	20.5
住宿和餐饮业	1.4	1.6	2.0	1.9	2.2	2.0	1.8
信息转输、软件和信息技术服务业	2.0	2.1	2.4	2.5	1.7	1.9	1.8
金 融 业	6.6	6.5	7.2	7.7	7.6	7.5	7.3
房　地　产　业	2.3	2.4	3.2	2.7	1.9	2.0	1.7
租赁和商务服务业	4.7	4.7	6.1	4.7	5.9	5.4	4.8
科学研究和技术服务业	8.7	9.2	10.4	12.0	11.4	11.4	10.9
水利、环境和公共设施管理业	9.6	10.3	11.7	12.0	12.3	12.8	12.8
居民服务、修理和其他服务业	1.4	2.0	2.0	1.7	1.5	1.7	1.6
教育	48.5	49.3	51.2	53.8	55.0	55.6	53.8
卫生和社会工作	21.0	21.9	24.2	26.4	28.8	29.7	28.8
文化、体育和娱乐业	4.9	4.5	4.6	4.5	4.3	4.0	3.9
公共管理、社会保障和社会组织	47.9	47.5	48.8	50.9	51.3	51.6	51.9
国际组织							

5-8 续表

单位：万人

行　业	2016年	2017年	2018年	2019年	2020年	2021年
总　计	**250.2**	**231.5**	**199.9**	**176.8**	**170.2**	**170.5**
农、林、牧、渔业	21.6	20.3	17.9	14.6	6.1	5.5
采　矿　业	7.2	4.6	0.1	0.1	0.0	0.0
制　造　业	14.6	11.8	4.3	3.5	1.4	1.7
电力、热力、燃气及水生产和供应业	6.9	5.9	2.8	2.5	1.6	1.5
建　筑　业	8.6	7.0	2.5	1.5	2.2	2.2
批发和零售业	2.8	2.5	1.8	1.3	1.3	1.3
交通运输、仓储及邮政业	18.6	19.1	15.1	3.6	3.3	3.4
住宿和餐饮业	1.7	1.7	1.3	0.5	0.5	0.5
信息转输、软件和信息技术服务业	1.4	1.2	1.1	0.7	1.2	1.2
金 融 业	7.0	5.7	4.3	4.3	3.5	3.5
房　地　产　业	1.7	1.2	1.0	0.4	0.9	1.0
租赁和商务服务业	4.6	3.6	2.7	2.4	2.3	1.9
科学研究和技术服务业	9.3	7.8	6.0	3.7	4.6	4.4
水利、环境和公共设施管理业	11.3	10.1	6.3	3.2	3.9	4.0
居民服务、修理和其他服务业	1.6	1.5	2.2	1.0	0.4	0.5
教育	49.7	46.9	43.1	41.9	44.0	45.7
卫生和社会工作	26.4	25.5	26.0	24.5	26.3	27.8
文化、体育和娱乐业	3.8	3.4	2.9	2.9	2.8	2.9
公共管理、社会保障和社会组织	51.3	51.5	58.4	64.1	63.9	61.4
国际组织						

5-9 按行业分城镇集体单位在岗职工人数

单位：万人

行业	2009年	2010年	2011年	2012年	2013年	2014年	2015年
总计	**30.3**	**29.6**	**32.1**	**33.0**	**34.6**	**31.5**	**26.9**
农、林、牧、渔业	0.2	0.1	0.1	0.1	0.1	0.1	0.04
采矿业	1.2	1.2	1.4	1.4	0.8	1.3	0.9
制造业	12.7	11.9	12.5	12.5	12.0	10.8	9.2
电力、热力、燃气及水生产和供应业	0.3	0.2	0.4	0.4	0.2	0.2	0.1
建筑业	5.9	6.0	7.6	8.9	10.6	9.2	7.4
批发和零售业	1.5	1.8	1.8	1.3	1.2	1.1	0.9
交通运输、仓储及邮政业	0.9	0.8	0.7	0.6	1.6	1.3	1.2
住宿和餐饮业	0.3	0.3	0.3	0.4	0.4	0.3	0.3
信息转输、软件和信息技术服务业							
金融业	2.3	2.3	2.4	2.4	2.3	2.3	2.5
房地产业	0.2	0.2	0.2	0.3	0.2	0.2	0.2
租赁和商务服务业	1.9	2.0	1.6	1.5	2.1	2.0	1.6
科学研究和技术服务业	0.4	0.3	0.3	0.3	0.6	0.4	0.4
水利、环境和公共设施管理业	0.2	0.2	0.3	0.3	0.4	0.3	0.2
居民服务、修理和其他服务业	0.3	0.3	0.4	0.3	0.2	0.2	0.2
教育	0.2	0.2	0.5	0.4	0.4	0.3	0.3
卫生和社会工作	1.5	1.4	1.4	1.6	1.4	1.4	1.2
文化、体育和娱乐业					0.1	0.1	0.1
公共管理、社会保障和社会组织	0.1	0.1	0.1	0.1	0.1	0.1	0.1
国际组织							

5-9 续表

单位：万人

行业	2016年	2017年	2018年	2019年	2020年	2021年
总计	**22.9**	**17.2**	**13.7**	**11.3**	**8.4**	**7.2**
农、林、牧、渔业	0.03	0.03	0.05	0.3	0.3	0.4
采矿业	0.7	0.4	0.3	0.2	0.1	0.0
制造业	7.0	5.4	4.3	3.9	1.9	1.6
电力、热力、燃气及水生产和供应业	0.2	0.1	0.1	0.05	0.05	0.04
建筑业	5.9	5.0	4.0	3.0	2.2	1.5
批发和零售业	0.8	0.6	0.6	0.5	0.3	0.2
交通运输、仓储及邮政业	1.0	0.5	0.3	0.3	0.3	0.2
住宿和餐饮业	0.2	0.1	0.1	0.1	0.04	0.04
信息转输、软件和信息技术服务业					0.01	0.01
金融业	2.8	1.9	1.2	0.5	0.3	0.3
房地产业	0.2	0.1	0.1	0.2	0.2	0.2
租赁和商务服务业	1.7	0.8	0.7	0.8	1.0	0.8
科学研究和技术服务业	0.4	0.3	0.2	0.2	0.1	0.1
水利、环境和公共设施管理业	0.2	0.2	0.1	0.04	0.04	0.04
居民服务、修理和其他服务业	0.2	0.1	0.1	0.1	0.1	0.1
教育	0.3	0.2	0.6	0.5	0.8	0.8
卫生和社会工作	1.3	1.1	0.9	0.6	0.7	0.7
文化、体育和娱乐业	0.1	0.1	0.02	0.1	0.04	0.04
公共管理、社会保障和社会组织	0.1	0.1	0.02	0.001	0.04	0.1
国际组织						

5-10 按行业分其他经济单位在岗职工人数

单位：万人

行　业	2009年	2010年	2011年	2012年	2013年	2014年	2015年
总　计	**183.5**	**192.3**	**230.5**	**240.6**	**333.7**	**314.2**	**287.8**
农、林、牧、渔业	0.6	0.9	1.0	0.6	0.5	0.5	0.4
采　矿　业	25.9	25.5	16.8	16.7	25.6	23.5	21.5
制　造　业	95.8	98.7	121.1	123.0	142.5	132.1	119.7
电力、热力、燃气及水生产和供应业	6.2	6.1	6.7	6.2	7.7	7.6	7.1
建　筑　业	13.0	13.0	23.3	31.4	72.6	64.7	54.8
批发和零售业	10.6	10.9	15.5	14.9	21.6	20.8	20.0
交通运输、仓储及邮政业	6.4	7.2	8.3	8.9	12.6	13.1	13.8
住宿和餐饮业	4.7	4.1	4.8	4.7	5.2	4.7	4.4
信息转输、软件和信息技术服务业	3.9	4.6	5.8	6.3	10.5	10.6	10.9
金 融 业	6.1	6.5	7.7	8.3	8.8	9.4	9.2
房　地　产　业	4.6	5.8	7.6	8.8	11.2	11.7	10.6
租赁和商务服务业	1.7	3.7	4.6	3.0	4.6	4.5	4.5
科学研究和技术服务业	1.4	1.8	2.4	2.8	4.1	4.2	4.0
水利、环境和公共设施管理业	0.4	0.4	0.7	0.8	1.0	1.0	1.2
居民服务、修理和其他服务业	0.4	0.5	0.6	0.6	1.0	0.9	0.7
教育	0.6	1.2	1.7	1.5	1.5	1.9	1.9
卫生和社会工作	0.8	0.9	1.2	1.2	1.4	1.6	1.6
文化、体育和娱乐业	0.3	0.4	0.4	0.4	1.0	1.0	0.9
公共管理、社会保障和社会组织	0.1	0.1	0.3	0.3	0.3	0.4	0.4
国际组织							

5-10 续表

单位：万人

行　业	2016年	2017年	2018年	2019年	2020年	2021年
总　计	**253.5**	**240.0**	**255.9**	**277.7**	**268.0**	**256.5**
农、林、牧、渔业	0.6	0.6	0.8	1.7	0.7	0.8
采　矿　业	16.6	18.4	21.1	19.2	18.3	18.4
制　造　业	107.5	98.2	100.1	100.9	97.3	90.2
电力、热力、燃气及水生产和供应业	7.2	7.7	13.1	12.9	13.3	13.0
建　筑　业	40.8	31.4	26.5	22.9	21.4	20.8
批发和零售业	17.4	16.3	16.8	16.1	15.5	14.5
交通运输、仓储及邮政业	14.9	15.3	17.0	28.5	26.6	26.2
住宿和餐饮业	4.1	3.7	3.9	3.9	3.4	2.9
信息转输、软件和信息技术服务业	10.7	11.2	11.2	12.4	12.3	12.4
金 融 业	9.2	11.3	12.6	16.6	16.6	16.1
房　地　产　业	9.5	8.4	8.8	9.5	10.4	9.7
租赁和商务服务业	4.7	6.6	7.7	9.5	10.6	10.5
科学研究和技术服务业	3.5	3.5	3.8	5.5	5.1	5.5
水利、环境和公共设施管理业	1.2	1.2	2.2	2.7	3.2	3.2
居民服务、修理和其他服务业	0.6	0.6	0.8	1.0	1.0	1.0
教育	1.8	1.7	4.1	6.8	6.1	5.8
卫生和社会工作	1.7	2.2	2.5	4.7	4.0	3.9
文化、体育和娱乐业	1.0	1.0	1.0	1.3	1.4	1.2
公共管理、社会保障和社会组织	0.5	0.6	2.0	1.3	0.8	0.5
国际组织						

5-11 按行业分城镇非私营单位从业人员工资总额

单位：万元

行业	2017年	2018年	2019年	2020年	2021年
总　计	32000462	33999458	36659706	38219434	39762639
农、林、牧、渔业	365050	343350	298413	158279	175348
采　矿　业	1520749	1621697	1615929	1614614	1780447
制　造　业	7329952	7812036	8148419	7969274	8023133
电力、热力、燃气及水生产和供应业	964343	1240161	1240433	1305849	1365063
建　筑　业	2463965	2166228	2002954	1886547	1937540
批发和零售业	1047109	1139823	1161296	1151035	1200641
交通运输、仓储及邮政业	2604938	2615798	2862708	2779782	2881333
住宿和餐饮业	251247	262763	212167	194629	185049
信息转输、软件和信息技术服务业	1167671	1263390	1445551	1585061	1696544
金 融 业	2402298	2465627	3035094	2973831	2933150
房 地 产 业	589084	656862	678342	786722	823772
租赁和商务服务业	546092	592303	683011	795205	821908
科学研究和技术服务业	898170	901429	960403	1063393	1126231
水利、环境和公共设施管理业	487037	410508	318248	400059	387901
居民服务、修理和其他服务业	93547	167209	107116	83891	88658
教育	3666348	3732138	4222322	4920042	5196513
卫生和社会工作	2096658	2218000	2491243	2801850	3119621
文化、体育和娱乐业	261540	265987	312695	390269	366259
公共管理、社会保障和社会组织	3244663	4124149	4863362	5359100	5653528

5-12 各地区城镇非私营单位从业人员工资总额

单位：万元

地区	2017年	2018年	2019年	2020年	2021年
全　省	**32000462**	**33999458**	**36659706**	**38219434**	**39762639**
沈　阳	8065618	9052086	9985541	11154277	11942559
大　连	7809264	8430343	9222128	9943239	10410050
鞍　山	2054197	2011812	2244509	2474473	2251201
抚　顺	1343330	1372243	1384826	1442981	1504706
本　溪	1081375	1092107	1182599	1168744	1334299
丹　东	830580	764088	1012147	1047538	1183056
锦　州	1341801	1377414	1422130	1578489	1500973
营　口	1306326	1294736	1366271	1366809	1449390
阜　新	777426	844592	789053	823551	829794
辽　阳	991907	1094554	1081334	1261359	1428036
盘　锦	1882467	2079511	2187657	2107291	2176967
铁　岭	1047187	1005677	1135733	1278503	1242906
朝　阳	1166627	1214951	1357662	1496137	1411950
葫 芦 岛	1087599	1075556	1042724	1076044	1096751

5-13 城镇非私营单位职工工资总额及指数

年份	绝对数(亿元)				指数(上年=100)			
	合计	国有经济单位	城镇集体经济单位	其他经济单位	合计	国有经济单位	城镇集体经济单位	其他经济单位
1990	217.8	158.1	55.3	4.4	112.3	113.6	108.2	122.2
1991	242.1	174.8	61.6	5.7	111.2	110.6	111.4	129.5
1992	282.0	204.1	70.1	7.8	116.5	116.8	113.8	136.8
1993	342.5	248.5	79.1	14.9	121.5	121.8	112.8	191.0
1994	439.7	319.4	90.4	29.9	128.4	128.5	114.3	200.7
1995	496.9	368.1	97.2	31.6	113.0	115.2	107.5	105.7
1996	525.3	394.2	94.6	36.5	105.7	107.1	97.3	115.4
1997	544.5	408.1	92.4	44.0	103.6	103.5	97.6	120.6
1998	521.3	384.9	71.7	64.7	95.7	94.3	197.6	147.0
1999	529.6	388.9	62.1	78.6	101.6	101.0	86.6	121.5
2000	553.1	404.2	57.1	91.8	104.4	103.9	91.9	116.8
2001	595.9	425.3	51.9	118.7	107.7	105.2	90.9	129.3
2002	635.9	437.8	43.7	154.4	106.7	102.9	84.1	130.1
2003	680.6	455.6	41.3	183.7	107.0	104.1	94.5	118.9
2004	759.8	501.0	40.8	218.1	111.6	110.0	98.8	118.7
2005	862.9	566.4	39.7	256.8	113.6	113.1	97.3	117.7
2006	973.0	631.9	44.0	297.1	112.8	111.6	110.8	115.7
2007	1143.0	745.1	46.4	351.5	117.5	117.9	105.5	118.3
2008	1396.4	892.0	53.7	450.7	122.2	119.7	115.8	128.2
2009	1552.5	912.5	56.4	583.6	111.2	102.3	105.0	129.5
2010	1771.8	1013.0	63.4	695.5	114.1	111.0	112.3	119.2
2011	2171.6	1186.5	83.5	901.6	122.6	117.1	131.7	129.6
2012	2466.9	1320.7	99.3	1046.9	113.6	111.3	119.0	116.1
2013	3078.3	1303.4	118.9	1656.0	124.8	98.7	119.7	158.2
2014	3135.9	1362.2	110.9	1662.9	101.9	104.5	93.2	100.4
2015	3179.0	1470.6	98.9	1609.5	101.4	108.0	89.2	96.8
2016	3045.8	1470.3	88.0	1487.4	95.8	100.0	89.0	92.4
2017	3081.1	1468.5	67.2	1545.5	101.2	99.9	76.3	103.9
2018	3267.6	1387.4	57.3	1822.9	106.1	94.5	85.3	117.9
2019	3530.3	1315.9	49.7	2164.7	108.0	94.8	86.9	118.8
2020	3697.1	1467.1	41.5	2188.4	104.7	111.5	83.5	101.1
2021	3867.3	1577.8	37.6	2251.9	104.6	107.5	90.5	102.9

5-14 各地区城镇非私营单位在岗职工工资总额

单位：万元

地　区	2017年	2018年	2019年	2020年	2021年
全　省	**30810984**	**32675646**	**35303469**	**36970965**	**38673458**
沈　阳	7656756	8541685	9525294	10828918	11632688
大　连	7457317	8051552	8781005	9512341	10036224
鞍　山	2001721	1959126	2178064	2423506	2205323
抚　顺	1316600	1348346	1357152	1418895	1486549
本　溪	1037680	1052405	1152304	1138232	1295865
丹　东	792452	740189	985416	1004294	1146957
锦　州	1326461	1355361	1379060	1522099	1463464
营　口	1287954	1280324	1320903	1319854	1408693
阜　新	744222	807445	746629	781997	791612
辽　阳	975607	1074150	1057133	1221594	1404150
盘　锦	1840852	2014779	2139701	2046170	2125672
铁　岭	1018836	973185	1115261	1255110	1230874
朝　阳	1119494	1164929	1309261	1457878	1377631
葫芦岛	1029804	1032343	1011200	1040077	1067756

5-15 按行业分城镇非私营单位

行业	2017年				2018年			
	在岗职工	国有单位	集体单位	其他单位	在岗职工	国有单位	集体单位	其他单位
总计	**30810984**	**14684535**	**671610**	**15454838**	**32675646**	**13874026**	**572800**	**18228819**
农、林、牧、渔业	359063	324278	1579	33206	326981	293540	1271	32169
采矿业	1516353	303325	9948	1203080	1618462	4418	9984	1604060
制造业	7198550	777170	186217	6235163	7604286	342082	159883	7102322
电力、热力、燃气及水生产和供应业	958326	445893	4366	508068	1233664	201666	3061	1028937
建筑业	2192635	365801	154974	1671859	1922535	160999	130124	1631413
批发和零售业	1010669	184481	20305	805883	1101749	155719	18146	927884
交通运输、仓储及邮政业	2582719	1509814	22445	1050459	2587035	1415400	13801	1157833
住宿和餐饮业	241226	95134	4067	142025	251550	71309	3134	177107
信息转输、软件和信息技术服务业	1138565	98185	1285	1039096	1232839	106796	1006	1125037
金融业	1999196	562704	140043	1296449	2025218	488229	102147	1434842
房地产业	567904	61941	5665	500298	632481	57301	5224	569957
租赁和商务服务业	532605	172652	32301	327652	573264	151602	28237	393424
科学研究和技术服务业	875923	558917	14179	302827	883837	486506	10512	386819
水利、环境和公共设施管理业	449165	386523	6768	55874	383815	266092	2892	114831
居民服务、修理和其他服务业	91793	70234	3927	17631	162653	124481	3480	34691
教育	3620570	3520315	13268	86987	3684832	3398360	34766	251706
卫生和社会工作	2019963	1871143	44086	104735	2149087	1981641	44127	123319
文化、体育和娱乐业	256420	194355	4178	57886	261284	202409	339	58536
公共管理、社会保障和社会组织	3199341	3181671	2009	15662	4040076	3965477	667	73932
国际组织								

在岗职工工资总额

单位：万元

2019年				2020年				2021年			
在岗职工	国有单位	集体单位	其他单位	在岗职工	国有单位	集体单位	其他单位	在岗职工	国有单位	集体单位	其他单位
35303469	**13158911**	**497490**	**21647068**	**36970965**	**14671345**	**415404**	**21884216**	**38673458**	**15778493**	**375799**	**22519166**
285104	227683	5708	51713	149083	115523	5364	28195	168609	123798	7081	37730
1612648	4489	6060	1602099	1609332	629	5992	1602711	1777975	1106	3456	1773413
8015098	310211	163812	7541075	7841387	141398	81662	7618327	7906467	182137	74483	7649847
1229855	147818	1468	1080570	1292852	100543	1282	1191027	1354864	126877	1277	1226710
1780430	75638	111488	1593304	1751311	149850	109156	1492306	1808817	149359	91817	1567641
1124099	134778	19751	969570	1121151	143525	12126	965500	1172816	165595	11013	996208
2845979	239280	17820	2588879	2764218	267870	18270	2478077	2868562	308778	8409	2551375
202294	23712	1866	176717	185807	25143	1684	158979	173517	26617	1386	145514
1407104	59087	191	1347826	1553496	153559	227	1399709	1670623	158631	243	1511750
2513058	491011	44637	1977410	2461644	378892	24415	2058337	2535841	403290	22895	2109655
657924	24617	8025	625283	765926	53360	7902	704664	806303	69933	8184	728187
668561	129933	38929	499699	776500	149307	42109	585084	794188	124732	34376	635080
918101	359591	12945	545566	1039310	497288	12406	529616	1102709	474421	9688	618600
286324	152801	1150	132372	369732	209840	1385	158507	363688	200579	1367	161743
100942	47050	5096	48797	81738	22784	4331	54624	84837	29697	3212	51928
4167084	3709005	27919	430161	4864594	4437370	45307	381917	5136661	4749136	49523	338003
2411263	2095458	27138	288667	2679847	2401353	36516	241977	2992099	2701684	37794	252621
305851	207472	3472	94906	382587	220634	1891	160063	359998	242218	2149	115631
4771749	4719280	15	52455	5280450	5202475	3377	74598	5594883	5539905	7446	47532

5-16 按行业分国有单位在岗职工工资总额

单位：万元

行　　业	2011年	2012年	2013年	2014年	2015年	2016年
总　　计	**11865251**	**13206768**	**13034309**	**13621500**	**14706366**	**14703452**
农、林、牧、渔业	265099	270911	270620	271213	292135	307853
采　矿　业	703659	716153	425472	415244	376610	450456
制　造　业	1317555	1282840	1077873	1176399	1083784	900623
电力、热力、燃气及水生产和供应业	479497	511155	460117	474773	487492	528246
建　筑　业	544472	703373	500314	595180	492684	413258
批发和零售业	150366	164424	201097	206215	200076	194839
交通运输、仓储及邮政业	1025582	1197445	1323104	1411434	1413056	1381109
住宿和餐饮业	54609	67680	83439	84241	80405	81144
信息转输、软件和信息技术服务业	124866	137158	103508	120405	119055	95685
金 融 业	555412	631795	664268	690192	832248	723471
房 地 产 业	95389	102396	67084	74851	74766	78138
租赁和商务服务业	162509	162716	194072	190032	191947	206344
科学研究和技术服务业	556603	653892	621211	635974	677000	620223
水利、环境和公共设施管理业	332004	361484	375441	391228	431270	404934
居民服务、修理和其他服务业	61949	64342	59478	62041	67871	68240
教育	2293052	2626435	2766091	2835573	3320257	3403922
卫生和社会工作	1009339	1217798	1437424	1522005	1705284	1731126
文化、体育和娱乐业	193796	198953	204423	188670	192996	200450
公共管理、社会保障和社会组织	1939494	2135821	2199274	2275829	2667432	2913391
国际组织						

5-16 续表

单位：万元

行　　业	2017年	2018年	2019年	2020年	2021年
总　　计	**14684535**	**13874026**	**13158911**	**14671345**	**15778493**
农、林、牧、渔业	324278	293540	227683	115523	123798
采　矿　业	303325	4418	4489	629	1106
制　造　业	777170	342082	310211	141398	182137
电力、热力、燃气及水生产和供应业	445893	201666	147818	100543	126877
建　筑　业	365801	160999	75638	149850	149359
批发和零售业	184481	155719	134778	143525	165595
交通运输、仓储及邮政业	1509814	1415400	239280	267870	308778
住宿和餐饮业	95134	71309	23712	25143	26617
信息转输、软件和信息技术服务业	98185	106796	59087	153559	158631
金 融 业	562704	488229	491011	378892	403290
房 地 产 业	61941	57301	24617	53360	69933
租赁和商务服务业	172652	151602	129933	149307	124732
科学研究和技术服务业	558917	486506	359591	497288	474421
水利、环境和公共设施管理业	386523	266092	152801	209840	200579
居民服务、修理和其他服务业	70234	124481	47050	22784	29697
教育	3520315	3398360	3709005	4437370	4749136
卫生和社会工作	1871143	1981641	2095458	2401353	2701684
文化、体育和娱乐业	194355	202409	207472	220634	242218
公共管理、社会保障和社会组织	3181671	3965477	4719280	5202475	5539905
国际组织					

5-17 按行业分城镇集体单位在岗职工工资总额

单位：万元

行业	2011年	2012年	2013年	2014年	2015年	2016年
总计	**834721**	**993036**	**1189056**	**1108534**	**988784**	**879960**
农、林、牧、渔业	3237	2551	2050	1667	1396	1343
采矿业	33614	35417	19196	33033	25449	19725
制造业	257035	301397	340693	310478	275927	231108
电力、热力、燃气及水生产和供应业	9066	10292	4443	4283	4161	6669
建筑业	252843	334392	433762	382296	294681	199320
批发和零售业	38938	28005	27132	28393	27774	25475
交通运输、仓储及邮政业	12483	13117	61587	53013	48675	42394
住宿和餐饮业	5937	9694	10033	10216	9486	7081
信息转输、软件和信息技术服务业	575	865	935	699	742	829
金融业	90799	110906	114233	123063	141054	174170
房地产业	5530	6869	6546	6990	9333	7547
租赁和商务服务业	35922	39721	56838	56791	49662	62424
科学研究和技术服务业	14838	17656	28836	23030	24597	21929
水利、环境和公共设施管理业	5230	7844	8701	7298	6828	7048
居民服务、修理和其他服务业	8886	8842	6148	5509	5719	6036
教育	14192	13706	12221	11148	12353	12875
卫生和社会工作	42084	48334	50541	45695	45462	49583
文化、体育和娱乐业	603	893	1873	1909	1959	2368
公共管理、社会保障和社会组织	2912	2536	3290	3023	3527	2038
国际组织						

5-17 续表

单位：万元

行业	2017年	2018年	2019年	2020年	2021年
总计	**671610**	**572800**	**497490**	**415404**	**375799**
农、林、牧、渔业	1579	1271	5708	5364	7081
采矿业	9948	9984	6060	5992	3456
制造业	186217	159883	163812	81662	74483
电力、热力、燃气及水生产和供应业	4366	3061	1468	1282	1277
建筑业	154974	130124	111488	109156	91817
批发和零售业	20305	18146	19751	12126	11013
交通运输、仓储及邮政业	22445	13801	17820	18270	8409
住宿和餐饮业	4067	3134	1866	1684	1386
信息转输、软件和信息技术服务业	1285	1006	191	227	243
金融业	140043	102147	44637	24415	22895
房地产业	5665	5224	8025	7902	8184
租赁和商务服务业	32301	28237	38929	42109	34376
科学研究和技术服务业	14179	10512	12945	12406	9688
水利、环境和公共设施管理业	6768	2892	1150	1385	1367
居民服务、修理和其他服务业	3927	3480	5096	4331	3212
教育	13268	34766	27919	45307	49523
卫生和社会工作	44086	44127	27138	36516	37794
文化、体育和娱乐业	4178	339	3472	1891	2149
公共管理、社会保障和社会组织	2009	667	15	3377	7446
国际组织					

5-18 按行业分其它单位在岗职工工资总额

单位：万元

行　业	2011年	2012年	2013年	2014年	2015年	2016年
总　计	**9015665**	**10469070**	**16559729**	**16629194**	**16095121**	**14874496**
农、林、牧、渔业	32984	26609	23733	26561	22604	32648
采　矿　业	869541	962226	1466476	1375433	1226909	982123
制　造　业	4417126	4982464	6626852	6664658	6467911	6281408
电力、热力、燃气及水生产和供应业	283178	318466	399824	419331	442335	453411
建　筑　业	842378	1189550	3543103	3164492	2752558	1945694
批发和零售业	482880	529776	855991	891501	905377	813618
交通运输、仓储及邮政业	380884	442178	683184	769552	886239	958054
住宿和餐饮业	121626	135490	163472	171374	154593	147932
信息转输、软件和信息技术服务业	355104	440455	789238	885420	940566	985595
金 融 业	537980	683486	753826	871571	935469	919370
房 地 产 业	248888	332886	529719	582535	559815	529130
租赁和商务服务业	161614	99597	200354	211339	224539	235963
科学研究和技术服务业	135564	157761	290447	328729	304550	289390
水利、环境和公共设施管理业	17553	22733	30178	37081	43507	48455
居民服务、修理和其他服务业	15090	16721	28977	28097	19157	19196
教育	54637	62234	63766	79196	80953	84549
卫生和社会工作	39900	43976	56388	64059	65135	79357
文化、体育和娱乐业	14117	16254	48035	49930	53234	56036
公共管理、社会保障和社会组织	4624	6209	6166	8336	9671	12566
国际组织						

5-18 续表

单位：万元

行　业	2017年	2018年	2019年	2020年	2021年
总　计	**15454838**	**18228819**	**21647068**	**21884216**	**22519166**
农、林、牧、渔业	33206	32169	51713	28195	37730
采　矿　业	1203080	1604060	1602099	1602711	1773413
制　造　业	6235163	7102322	7541075	7618327	7649847
电力、热力、燃气及水生产和供应业	508068	1028937	1080570	1191027	1226710
建　筑　业	1671859	1631413	1593304	1492306	1567641
批发和零售业	805883	927884	969570	965500	996208
交通运输、仓储及邮政业	1050459	1157833	2588879	2478077	2551375
住宿和餐饮业	142025	177107	176717	158979	145514
信息转输、软件和信息技术服务业	1039096	1125037	1347826	1399709	1511750
金 融 业	1296449	1434842	1977410	2058337	2109655
房 地 产 业	500298	569957	625283	704664	728187
租赁和商务服务业	327652	393424	499699	585084	635080
科学研究和技术服务业	302827	386819	545566	529616	618600
水利、环境和公共设施管理业	55874	114831	132372	158507	161743
居民服务、修理和其他服务业	17631	34691	48797	54624	51928
教育	86987	251706	430161	381917	338003
卫生和社会工作	104735	123319	288667	241977	252621
文化、体育和娱乐业	57886	58536	94906	160063	115631
公共管理、社会保障和社会组织	15662	73932	52455	74598	47532
国际组织					

5-19 按登记注册类型和行业分城镇非私营单位就业人员平均工资

(2021年末)　　单位：元

项　　目	就业人员合计	国有经济单位	城镇集体经济单位	其他经济单位
全省总计	**86062**	**90167**	**49395**	**84478**
按执行会计标准类别分组				
企业	83262	74773	46751	85058
政府	93134	93345	66681	93270
按国民经济行业分组				
(一)农、林、牧、渔业	**24231**	**21034**	**18722**	**49153**
农业	16989	16877	14734	38640
林业	50694	50863	57800	33917
畜牧业	37838	48909	48125	37044
渔业	66490	71141	49036	67891
农、林、牧、渔专业及辅助性活动	36381	37757	19250	34438
(二)采矿业	**92311**	**44418**	**44268**	**92569**
煤炭开采和洗选业	78877	47667		78883
石油和天然气开采业	129494			129494
黑色金属矿采选业	99705	42273	43781	100681
有色金属矿采选业	56294	46743		56470
非金属矿采选业	66643		65143	66649
开采专业及辅助性活动	82735		43667	83054
其他采矿业				
(三)制造业	**83631**	**100465**	**45882**	**83964**
农副食品加工业	64362	86843	52058	63942
食品制造业	67028	49185	48191	67807
酒、饮料和精制茶制造业	78927	96103	36250	78608
烟草制品业	245758	245758		
纺织业	47994	37027		48058
纺织服装、服饰业	49073	72156	37653	48891
皮革、毛皮、羽毛及其制品和制鞋业	67595			67595
木材加工和木、竹、藤、棕、草制品业	60613	30333	53754	60702
家具制造业	68518	30865	34286	68679
造纸和纸制品业	53846	90651	33117	53894
印刷和记录媒介复制业	57234	47356	30873	60275
文教、工美、体育和娱乐用品制造业	64544	132072	55112	60319
石油、煤炭及其他燃料加工业	117073	46368	57055	117629
化学原料和化学制品制造业	77890	91405	38055	78241
医药制造业	103097		42303	103225
化学纤维制造业	45419			45419
橡胶和塑料制品业	71331	40221	59344	71843
非金属矿物制品业	64586	110082	39513	63593
黑色金属冶炼和压延加工业	90949	102449	35289	92381

5-19 续表 1 (2021年末) 单位：元

项　　目	就业人员合计	国有经济单位	城镇集体经济单位	其他经济单位
有色金属冶炼和压延加工业	63116	76480	32398	62889
金属制品业	70034	54316	45863	72382
通用设备制造业	83119	64974	39058	83891
专用设备制造业	86130	44179	39074	87225
汽车制造业	99270	60024	53574	99393
铁路、船舶、航空航天和其他运输设备制造业	105962	137927	91747	102555
电气机械和器材制造业	73814	41048	35799	74193
计算机、通信和其他电子设备制造业	83737	88160	46287	84372
仪器仪表制造业	85063		38866	85173
其他制造业	55815	29881		56515
废弃资源综合利用业	77805	51858		87667
金属制品、机械和设备修理业	85797	121057	39582	102522
(四)电力、热力、燃气及水生产和供应业	**92673**	**82933**	**28664**	**94047**
电力、热力生产和供应业	101443	109600	33186	100915
燃气生产和供应业	76787	111943		76616
水的生产和供应业	67438	51700	24105	73486
(五)建筑业	**69565**	**67374**	**50048**	**71364**
房屋建筑业	60415	53239	43911	62196
土木工程建筑业	80529	71357	47069	83738
建筑安装业	71344	64289	65285	73699
建筑装饰、装修和其他建筑业	55392	62488	24361	55791
(六)批发和零售业	**71675**	**125620**	**43773**	**67279**
批发业	100483	140577	50906	92449
零售业	55661	63003	37525	55712
(七)交通运输、仓储和邮政业	**94245**	**86756**	**46656**	**95583**
铁路运输业	126708			126708
道路运输业	56257	53014	46472	57008
水上运输业	121505	135813		116252
航空运输业	129996	175515		115948
管道运输业	173541			173541
多式联运和运输代理业	122326	220664	94317	118119
装卸搬运和仓储业	81503	72522	29661	83239
邮政业	89327	94782	48247	85925
(八)住宿和餐饮业	**39671**	**53198**	**38134**	**38029**
住宿业	47973	52872	42649	46708
餐饮业	33069	55475	32766	32508
(九)信息传输、软件和信息技术服务业	**121947**	**136437**	**43957**	**120656**
电信、广播电视和卫星传输服务	106963	139848	41417	98554
互联网和相关服务	76416	128779		70938
软件和信息技术服务业	133786	69175	51429	134195

5-19 续表 2 (2021年末) 单位：元

项　目	就业人员合计	国有经济单位	城镇集体经济单位	其他经济单位
(十)金融业	**102613**	**110336**	**73661**	**101828**
货币金融服务	130063	112253	73661	136778
资本市场服务	168384	203805		140036
保险业	69116	48024		69434
其他金融业	80982	75405		81187
(十一)房地产业	**71733**	**69342**	**46018**	**72421**
房地产业	71733	69342	46018	72421
(十二)租赁和商务服务业	**59906**	**62471**	**45147**	**60668**
租赁业	83993	39410	49250	85210
商务服务业	59485	62515	45134	60136
(十三)科学研究和技术服务业	**106778**	**101792**	**76431**	**111708**
研究和试验发展	150109	151970	66629	146248
专业技术服务业	98880	79441	69063	110637
科技推广和应用服务业	80645	78378	136348	81920
(十四)水利、环境和公共设施管理业	**46720**	**46197**	**37133**	**47479**
水利管理业	64116	54306	26345	102444
生态保护和环境治理业	63098	50632		92950
公共设施管理业	42248	43260	45901	41183
土地管理业	62086	59586		69407
(十五)居民服务、修理和其他服务业	**54977**	**64204**	**44392**	**51695**
居民服务业	57152	59592	44012	57106
机动车、电子产品和日用产品修理业	44513	67436	41418	43238
其他服务业	55239	75949	50278	44305
(十六)教育	**96709**	**102279**	**61794**	**58314**
教育	96709	102279	61794	58314
(十七)卫生和社会工作	**90805**	**95568**	**52647**	**63751**
卫生	92661	96698	54460	67228
社会工作	45583	49461	38977	41764
(十八)文化、体育和娱乐业	**83719**	**80621**	**50326**	**92295**
新闻和出版业	87419	76194	50758	119009
广播、电视、电影和录音制作业	83707	90714	55909	54859
文化艺术业	71670	73769	49581	59827
体育	185371	49128	28000	243232
娱乐业	67554	97565		52614
(十九)公共管理、社会保障和社会组织	**87837**	**87872**	**63185**	**89180**
#中国共产党机关	91015	90964	151400	
国家机构	88002	88026	61188	91342
人民政协、民主党派	101681	101681		
社会保障	64871	65094	49412	44405
群众团体、社会团体和其他成员组织	81542	82531	88750	62683

5-20 各地区按行业分城镇非私营单位就业人员平均工资

(2021年末) 单位：元

行　业	沈阳	大连	鞍山	抚顺	本溪	丹东	锦州
总　计	**98661**	**103934**	**75389**	**74955**	**70967**	**67641**	**70816**
农、林、牧、渔业	56444	66162	25040	49865	61424	77782	60319
采　矿　业	74383	79888	100950	73945	73486	60925	53605
制　造　业	97507	90015	72908	86156	70918	50496	75528
电力、热力、燃气及水生产和供应业	105413	110787	55995	75104	93839	74281	64610
建　筑　业	79088	80656	63337	64927	51909	41261	60219
批发和零售业	72717	80007	60657	61345	58513	70654	59427
交通运输、仓储及邮政业	106033	110198	56851	55999	46925	52024	70233
住宿和餐饮业	42580	38019	33833	33158	34277	39731	32477
信息转输、软件和信息技术服务业	118473	134910	104104	99588	90510	84816	104035
金 融 业	123432	118836	122645	100208	84778	111692	86017
房 地 产 业	87641	81880	54532	46916	56603	41453	34462
租赁和商务服务业	64050	69090	73233	44598	56578	36235	45934
科学研究和技术服务业	117619	140240	102758	70987	54047	62273	66428
水利、环境和公共设施管理业	47780	69809	43173	33675	50918	47464	34276
居民服务、修理和其他服务业	59877	62450	63500	48459	27794	45465	43225
教育	103266	125702	84699	82736	81729	81055	85983
卫生和社会工作	110592	130523	67976	71119	70514	62627	73347
文化、体育和娱乐业	101482	111517	61074	47360	47118	62042	46930
公共管理、社会保障和社会组织	115029	126571	79213	77037	77426	75929	65480
国际组织							

5-20 续表 (2021年末) 单位：元

行　业	营口	阜新	辽阳	盘锦	铁岭	朝阳	葫芦岛
总　计	**75722**	**66514**	**83790**	**70887**	**71946**	**68117**	**68474**
农、林、牧、渔业	36422	48163	10599	18707	39639	59350	41182
采　矿　业	47225	58843	115510	105284	86064	87615	34235
制　造　业	68850	54213	79468	93017	51511	74316	69772
电力、热力、燃气及水生产和供应业	94604	73828	51255	63008	77674	88024	107585
建　筑　业	54560	60001	79012	63118	61206	47927	52204
批发和零售业	72144	73420	66835	59622	93585	63981	58836
交通运输、仓储及邮政业	75927	54820	56133	72292	67031	71218	54552
住宿和餐饮业	32837	33167	39060	44280	45566	35756	32792
信息转输、软件和信息技术服务业	74415	87661	113682	82551	95369	95383	93928
金 融 业	79599	63756	74920	81304	81358	70909	100747
房 地 产 业	51730	31873	58668	41041	39543	35292	41023
租赁和商务服务业	42563	43690	64015	48319	53705	42029	46914
科学研究和技术服务业	73584	62464	63034	93427	71453	72032	52675
水利、环境和公共设施管理业	67176	48155	46068	36251	53819	25671	36671
居民服务、修理和其他服务业	38447	44690	36825	39846	56058	50816	46504
教育	94671	90402	86109	75734	85485	82927	76941
卫生和社会工作	64917	66393	97840	82216	67192	59267	65034
文化、体育和娱乐业	59559	54493	60056	47346	43770	53080	58903
公共管理、社会保障和社会组织	83246	64807	103231	62878	62407	65503	67335
国际组织							

5-21 城镇非私营单位在岗职工平均工资及指数

年份	绝对数(亿元)				指数(上年=100)			
	合计	国有经济单位	城镇集体经济单位	其他经济单位	合计	国有经济单位	城镇集体经济单位	其他经济单位
1990	2180.0	2388.0	1740.0	2300.0	111.0	111.7	108.6	108.6
1991	2371.0	2582.0	1904.0	2741.0	108.8	108.1	109.4	119.2
1992	2715.0	2975.0	2134.0	3265.0	114.5	115.2	112.1	119.1
1993	3305.0	3593.0	2568.0	4071.0	121.7	120.8	120.3	124.7
1994	4269.0	4766.0	2940.0	5717.0	129.2	132.6	114.5	140.4
1995	4877.0	5434.0	3333.0	6349.0	114.2	114.0	113.4	111.1
1996	5269.0	5894.0	3462.0	6648.0	108.0	108.5	103.9	104.7
1997	5591.0	6226.0	3583.0	7266.0	106.1	105.6	103.5	109.3
1998	7161.0	7604.0	4972.0	8285.0	128.1	122.1	138.8	114.0
1999	7895.0	8370.0	5161.0	9122.0	110.2	110.1	103.8	110.1
2000	8811.0	9221.0	5721.0	10196.0	111.6	110.2	110.9	111.8
2001	10145.0	10609.0	6354.0	11258.0	115.1	115.1	111.1	110.4
2002	11659.0	12239.0	7094.0	12214.0	114.9	115.4	111.6	108.5
2003	13008.0	13603.0	7629.0	13665.0	111.6	111.1	107.5	111.9
2004	14922.0	15716.0	8466.0	15301.0	114.7	115.5	111.0	112.0
2005	17331.0	18360.0	9161.0	17550.0	116.1	116.8	108.2	114.7
2006	19624.0	20681.0	10888.0	19797.0	113.2	112.6	118.9	112.8
2007	23202.0	24748.0	12242.0	22834.0	118.2	119.7	112.4	115.3
2008	27729.0	29456.0	15365.0	27163.0	119.5	119.0	125.5	119.0
2009	31104.0	32572.0	17369.0	31266.0	112.2	110.6	113.0	115.1
2010	35057.0	36371.0	20237.0	35527.0	112.7	111.7	116.5	113.6
2011	38713.4	40553.0	24591.0	38462.3	110.4	111.5	121.5	108.3
2012	42502.9	44061.6	28634.4	42558.8	109.8	108.7	116.4	110.7
2013	46309.8	46889.8	32416.7	47305.0	109.0	106.4	113.2	111.2
2014	49110.4	48700.8	33417.9	51060.5	106.0	103.9	103.1	107.9
2015	53457.9	54737.9	35207.7	54023.9	108.9	112.4	105.4	105.8
2016	57148.3	58514.8	38248.3	57501.8	106.9	106.9	108.6	106.4
2017	62545.3	63403.8	39202.3	63369.8	109.4	108.4	102.5	110.2
2018	69093.5	69367.3	42502.4	70263.7	110.5	109.4	108.4	110.9
2019	75264.3	74539.4	44007.0	76975.9	108.9	107.5	103.5	109.6
2020	82223.0	86187.0	46830.0	80889.0	109.2	115.6	106.4	105.1
2021	88474.1	92654.0	50088.0	86840.0	107.6	107.5	107.0	107.4

5-22 按登记注册类型和行业分城镇非私营单位在岗职工平均工资

(2021年末)　　单位：元

项　目	在岗职工合计	国有经济单位	城镇集体经济单位	其他经济单位
全省总计	**88474**	**92654**	**50088**	**86840**
按执行会计标准类别分组				
企业	85573	76630	47173	87478
政府	95720	95928	69782	94991
按国民经济行业分组				
(一)农、林、牧、渔业	**25087**	**22209**	**18606**	**49256**
农业	17923	17892	14684	39089
林业	52177	52246	57800	41007
畜牧业	37655	48909	35222	37044
渔业	70439	71408	49154	73415
农、林、牧、渔专业及辅助性活动	36900	38716	19250	34442
(二)采矿业	**92680**	**44418**	**44268**	**92941**
煤炭开采和洗选业	78877	47667		78883
石油和天然气开采业	129968			129968
黑色金属矿采选业	100154	42273	43781	101145
有色金属矿采选业	59447	46743		59702
非金属矿采选业	66722		65143	66729
开采专业及辅助性活动	82972		43667	83294
其他采矿业				
(三)制造业	**83737**	**103216**	**46465**	**84015**
农副食品加工业	64774	88421	52058	64500
食品制造业	67134	49185	48191	67929
酒、饮料和精制茶制造业	80627	116123	36250	80054
烟草制品业	245758	245758		
纺织业	47790	39091		47836
纺织服装、服饰业	49066	72156	39241	48848
皮革、毛皮、羽毛及其制品和制鞋业	64854			64854
木材加工和木、竹、藤、棕、草制品业	60708	30333	53754	60799
家具制造业	68768	30865	40000	68922
造纸和纸制品业	55047	90651	33117	55141
印刷和记录媒介复制业	57741	48059	33335	60351
文教、工美、体育和娱乐用品制造业	64447	132072	54300	60153
石油、煤炭及其他燃料加工业	117708	46368	57336	118266
化学原料和化学制品制造业	78322	97481	38055	78600
医药制造业	103461		42303	103592
化学纤维制造业	45520			45520
橡胶和塑料制品业	70570	40221	59414	71050
非金属矿物制品业	64882	110878	39411	63854
黑色金属冶炼和压延加工业	90945	107901	35291	92361

5-22 续表 1 (2021年末) 单位：元

项目	就业人员合计	国有经济单位	城镇集体经济单位	其他经济单位
有色金属冶炼和压延加工业	62992	76480	32398	62761
金属制品业	70688	58733	47040	72628
通用设备制造业	82626	65010	39751	83366
专用设备制造业	86848	44357	39074	87992
汽车制造业	99208	60804	53574	99321
铁路、船舶、航空航天和其他运输设备制造业	105973	136263	97025	102587
电气机械和器材制造业	73465	40635	35799	73850
计算机、通信和其他电子设备制造业	82477	88964	46287	83088
仪器仪表制造业	84935		38866	85047
其他制造业	54814	29881		55492
废弃资源综合利用业	78508	51858		88949
金属制品、机械和设备修理业	85942	124653	39582	102642
(四)电力、热力、燃气及水生产和供应业	**93405**	**85044**	**29659**	**94578**
电力、热力生产和供应业	102360	112465	33496	101673
燃气生产和供应业	76809	111943		76636
水的生产和供应业	68021	52676	25482	73674
(五)建筑业	**71102**	**68305**	**50593**	**73123**
房屋建筑业	61565	53932	43569	63741
土木工程建筑业	81508	72048	47406	84811
建筑安装业	72297	65479	65467	74755
建筑装饰、装修和其他建筑业	55978	65112	32947	56009
(六)批发和零售业	**72173**	**126329**	**44629**	**67804**
批发业	101201	141745	51847	93188
零售业	56127	63363	38276	56175
(七)交通运输、仓储和邮政业	**95060**	**89621**	**46210**	**96101**
铁路运输业	126741			126741
道路运输业	57140	54962	45665	57695
水上运输业	121430	136134		116060
航空运输业	129996	175515		115948
管道运输业	173541			173541
多式联运和运输代理业	122521	225914	96175	118128
装卸搬运和仓储业	81786	73152	29827	83498
邮政业	91344	100172	48247	86016
(八)住宿和餐饮业	**50886**	**53450**	**38307**	**50601**
住宿业	48107	53155	43737	46758
餐饮业	54886	55475	29725	55125
(九)信息传输、软件和信息技术服务业	**123389**	**137184**	**43957**	**122136**
电信、广播电视和卫星传输服务	109611	140686	41417	101200
互联网和相关服务	87094	128779		82047
软件和信息技术服务业	133372	69175	51429	133781

5-22 续表 2 (2021年末) 单位：元

项　　目	就业人员合计	国有经济单位	城镇集体经济单位	其他经济单位
(十)金融业	**126318**	**113052**	**75092**	**130203**
货币金融服务	130787	112441	75092	137687
资本市场服务	169327	204899		140405
保险业	110841	78607		111491
其他金融业	96844	75405		97903
(十一)房地产业	**73194**	**70005**	**46914**	**73983**
房地产业	73194	70005	46914	73983
(十二)租赁和商务服务业	**60515**	**64247**	**44598**	**60998**
租赁业	84661	39387	49250	85906
商务服务业	60087	64295	44580	60456
(十三)科学研究和技术服务业	**110533**	**106724**	**77999**	**114411**
研究和试验发展	156104	159665	66629	147632
专业技术服务业	102570	83788	70703	113562
科技推广和应用服务业	81762	79292	136348	83344
(十四)水利、环境和公共设施管理业	**50127**	**49920**	**37133**	**50536**
水利管理业	69276	59523	26345	102444
生态保护和环境治理业	63570	50951		93994
公共设施管理业	45444	47116	45901	43729
土地管理业	63179	61012		69785
(十五)居民服务、修理和其他服务业	**56232**	**64591**	**45172**	**53106**
居民服务业	58394	60015	44762	58808
机动车、电子产品和日用产品修理业	44746	67436	42301	43415
其他服务业	57529	76021	50278	46558
(十六)教育	**98890**	**104657**	**63679**	**58401**
教育	98890	104657	63679	58401
(十七)卫生和社会工作	**93100**	**98176**	**54404**	**64360**
卫生	94935	99293	55669	67795
社会工作	47109	51799	42323	41885
(十八)文化、体育和娱乐业	**85806**	**83000**	**50326**	**93665**
新闻和出版业	90548	79859	50758	119832
广播、电视、电影和录音制作业	86487	93657	55909	56623
文化艺术业	72340	74529	49581	59730
体育	190897	49516	28000	252779
娱乐业	68774	105381		52345
(十九)公共管理、社会保障和社会组织	**89896**	**89940**	**64466**	**90301**
#中国共产党机关	92120	92069	151400	
国家机构	90094	90127	62460	92419
人民政协、民主党派	102770	102770		
社会保障	66795	67053	49412	44405
群众团体、社会团体和其他成员组织	84971	86074	88750	64298

5-23 各地区按行业分城镇非私营单位在岗职工平均工资

(2021年末) 单位：元

行业	沈阳	大连	鞍山	抚顺	本溪	丹东	锦州
总计	**101554**	**107390**	**76692**	**75893**	**72347**	**69622**	**72345**
农、林、牧、渔业	58293	69179	40420	49865	61424	79001	60319
采矿业	74383	80301	101117	73957	74372	61068	53605
制造业	97764	89510	73639	86465	71210	50726	76163
电力、热力、燃气及水生产和供应业	105792	111644	57528	75589	94923	76625	64662
建筑业	83047	81863	65138	65656	52839	41729	59666
批发和零售业	73117	81874	60353	61198	58525	70742	60022
交通运输、仓储及邮政业	106334	111440	59006	57958	46532	52370	70919
住宿和餐饮业	59037	52802	33430	32071	34903	39941	34052
信息转输、软件和信息技术服务业	118507	135348	104104	99681	95511	84921	104035
金融业	153841	156354	123241	103780	100319	122459	102198
房地产业	87443	85182	54542	47211	57295	41555	38621
租赁和商务服务业	65119	69803	73780	44715	56642	36444	45934
科学研究和技术服务业	121782	145911	103275	71220	64596	65828	69117
水利、环境和公共设施管理业	50461	71559	43964	33701	50993	52824	34276
居民服务、修理和其他服务业	61309	64782	63875	48182	27161	46080	43225
教育	105621	132058	85067	84113	81789	82151	87776
卫生和社会工作	113743	132948	68724	74541	76801	65202	73771
文化、体育和娱乐业	104136	112714	61322	47838	48150	62228	46930
公共管理、社会保障和社会组织	117426	129831	82592	78502	78640	77655	65623
国际组织							

5-23 续表 (2021年末) 单位：元

行业	营口	阜新	辽阳	盘锦	铁岭	朝阳	葫芦岛
总计	**77244**	**69134**	**86059**	**73940**	**72746**	**70786**	**71082**
农、林、牧、渔业	36422	56035	10599	19750	52740	61474	41182
采矿业	47225	58843	115510	105599	86064	87429	39155
制造业	68798	53463	79983	93743	51541	74494	70646
电力、热力、燃气及水生产和供应业	94470	74304	51287	63045	77845	88307	114795
建筑业	54565	53066	79903	64137	61396	48063	52738
批发和零售业	73546	73817	66866	58820	93758	64177	56687
交通运输、仓储及邮政业	75965	55843	56274	73355	68160	71903	58302
住宿和餐饮业	32873	33282	39060	44764	45566	35790	32792
信息转输、软件和信息技术服务业	74466	95423	114012	82638	95577	113470	111355
金融业	108934	95077	97774	104271	90700	97468	103391
房地产业	51841	31918	61255	41054	39321	35516	41152
租赁和商务服务业	42388	43690	66305	49224	53705	42127	47011
科学研究和技术服务业	74278	63126	63812	95727	71914	73860	53231
水利、环境和公共设施管理业	67848	48455	46201	48046	53956	29300	40209
居民服务、修理和其他服务业	38447	45649	36825	41474	56301	50816	47234
教育	95111	90968	88358	77996	85861	84462	79356
卫生和社会工作	65349	69271	103950	85011	67618	59946	66277
文化、体育和娱乐业	59925	54963	60056	49349	43933	53790	73112
公共管理、社会保障和社会组织	83270	66682	103396	67366	63068	67215	72245
国际组织							

5-24 按行业分城镇非私营单位

行业	2017年				2018年			
	在岗职工	国有单位	集体单位	其他单位	在岗职工	国有单位	集体单位	其他单位
总计	**62545**	**63404**	**39202**	**63370**	**69093**	**69367**	**42502**	**70264**
农、林、牧、渔业	17152	15968	46173	56063	17599	16493	28635	43619
采矿业	63600	69476	24758	63073	71634	35921	34631	72313
制造业	61978	64100	33737	63300	69565	79231	36924	70554
电力、热力、燃气及水生产和供应业	70380	75261	30003	67327	76189	70431	26970	77860
建筑业	47941	51497	32334	49405	56196	59782	35132	58654
批发和零售业	51787	74713	34404	48970	57089	83531	31178	55059
交通运输、仓储及邮政业	71873	78344	41388	65163	77594	93197	40177	65010
住宿和餐饮业	43374	55378	38918	37983	48005	56983	35456	45409
信息转输、软件和信息技术服务业	92621	79169	32938	94347	101038	100524	43163	101209
金融业	105622	98099	72768	115063	111850	111984	85615	114296
房地产业	57845	49430	45726	59272	63655	57335	41228	64694
租赁和商务服务业	48501	48528	38399	49778	51577	56045	38755	51219
科学研究和技术服务业	75516	71437	52303	86421	88529	81727	53743	100860
水利、环境和公共设施管理业	39110	38251	36944	46698	45166	41931	39672	55234
居民服务、修理和其他服务业	42157	46711	34330	31518	52707	55859	35155	45736
教育	74268	75154	55820	52066	77237	78869	56383	62884
卫生和社会工作	70589	73599	41795	48996	73590	76652	49282	50213
文化、体育和娱乐业	56687	57777	28975	57014	66924	69813	20293	59235
公共管理、社会保障和社会组织	61336	61816	30025	25087	66879	67882	44480	37398
国际组织								

在岗职工平均工资

单位：元

2019年				2020年				2021年			
在岗职工	国有单位	集体单位	其他单位	在岗职工	国有单位	集体单位	其他单位	在岗职工	国有单位	集体单位	其他单位
75264	**74539**	**44007**	**76976**	**82223**	**86187**	**46830**	**80889**	**88474**	**92654**	**50088**	**86840**
17237	15614	22714	30293	20951	18826	18429	40973	25087	22209	18606	49256
79513	35127	34451	80194	83771	46933	46707	84046	92680	44418	44268	92941
73407	87194	41274	74179	77380	100860	43630	77688	83737	103216	46465	84015
79640	60718	22544	83486	86617	62416	26062	89780	93405	85044	29659	94578
61211	49160	38316	64667	64987	66439	42702	67413	71102	68305	50593	73123
62007	99482	37506	59676	64914	107161	39540	61791	72173	126329	44629	67804
86645	65608	50741	89742	91104	79643	54241	93017	95060	89621	46210	96101
44269	48039	37087	43896	47093	50921	40196	46623	50886	53450	38307	50601
108575	87458	45524	109759	114574	122920	39504	113762	123389	137184	43957	122136
117214	115274	83543	118791	120003	107223	77092	123528	126318	113052	75092	130203
65111	56421	39767	66052	66800	63531	41285	67532	73194	70005	46914	73983
52541	54069	49472	52409	55190	64287	43913	54234	60515	64247	44598	60998
99162	98775	76190	100137	106131	107382	83707	105638	110533	106724	77999	114411
48221	46918	29724	50099	51278	53965	33707	48313	50127	49920	37133	50536
46970	47405	40539	47334	54151	62060	42080	52553	56232	64591	45172	53106
84836	88675	56368	63284	96094	101129	60046	63752	98890	104657	63679	58401
81481	85888	47345	62452	86964	91730	53876	61114	93100	98176	54404	64360
70188	71732	46114	68278	89649	78262	42208	114035	85806	83000	50326	93665
73039	73717	30000	39978	81586	81409	72634	96783	89896	89940	64466	90301

5-25 按登记注册类型分城镇非私营单位在岗职工平均工资

单位：元

年份	合计	国有经济单位	城镇集体经济单位	股份合作单位	联营单位	有限责任公司	股份有限公司	其他经济单位	港澳台商投资单位	外商投资单位
1995	4877	5434	3333							
1996	5269	5894	3462							
1997	5591	6226	3583							
1998	7161	7604	4972	5381	5547	7875	7946	5684	9133	9951
1999	7895	8370	5161	5817	6578	8534	8517	6380	10060	11487
2000	8811	9221	5721	6422	6460	9816	10003	4828	10539	12109
2001	10145	10609	6354	6584	8877	10826	11441	5643	12505	12766
2002	11659	12239	7094	8122	9173	11206	13960	9186	12805	14277
2003	13008	13603	7629	8685	8810	12839	16165	8422	13846	15060
2004	14922	15716	8466	10132	10439	14489	19009	9828	15902	15821
2005	17331	18360	9161	11364	10646	17148	21874	10163	17164	17448
2006	19624	20681	10888	13261	11843	19056	25312	10053	18959	19556
2007	23202	24748	12242	14640	15471	22074	29851	12089	21520	21826
2008	27729	29456	15365	18305	19166	26826	34466	17202	25307	26388
2009	31104	32572	17369	19927	20288	29670	39677	19546	29123	29626
2010	35057	36371	20237	23099	22486	33368	46281	23092	31241	34121
2011	38713	40553	24591	27409	27636	36064	51237	25964	36018	38513
2012	42503	44062	28634	32169	30429	39161	56226	30671	40261	44633
2013	46310	46890	32417	35876	41436	42822	59752	33430	46243	53836
2014	49110	48701	33418	38997	46224	45288	63899	34136	51234	60607
2015	53458	54738	35208	37630	51042	47358	67494	36212	54301	65640
2016	57148	58515	38248	39886	49509	49187	70908	40518	57220	72883
2017	62545	63404	39202	44551	56125	54026	79964	41825	65918	77409
2018	69093	69367	42502	46952	36103	63093	85689	51571	67750	85312
2019	75264	74539	44007	61417	44615	70431	95573	60009	69941	88963
2020	82223	86187	46830	74779	60741	74653	97941	64390	71679	92704
2021	88474	92654	50088	74876	64300	79830	105308	58951	81891	100274

注：1995-1997年为全部职工平均工资。

5-26 农民工基本情况

单位：%

指　　标	2009年	2010年	2011年	2012年	2013年	2014年	2015年	2016年	2017年	2018年	2019年	2020年	2021年
(一).性别													
1.男性	68.6	68.6	70.2	69.8	68.0	68.7	68.9	66.0	65.0	67.4	67.5	69.5	66.0
2.女性	31.4	31.4	29.8	30.2	32.0	31.3	31.1	34.0	35.0	32.6	32.5	30.5	34.0
(二).年龄													
1.16-18岁	1.5	1.5	2.5	1.4	4.3	2.0	1.5	1.4	0.8	0.6	0.7	0.5	1.3
2.19-22岁	12.0	9.1	9.6	7.8	10.6	6.5	6.4	7.6	6.4	4.6	3.7	3.7	6.8
3.23-25岁	10.7	12.6	11.6	10.7	11.5	9.0	9.7	7.2	7.5	5.0	5.6	6.2	8.0
4.26-30岁	13.7	12.6	9.6	10.5	9.9	10.9	11.8	11.8	11.6	8.1	6.4	6.4	7.3
5.31-40岁	21.4	21.4	22.3	21.8	13.1	21.7	17.6	15.4	16.4	21.0	20.3	19.7	9.9
6.41-50岁	22.7	23.7	26.9	29.1	29.6	28.5	30.0	32.3	30.6	29.9	29.9	27.4	31.3
7.51-60岁	15.5	16.1	14.8	15.4	16.4	16.8	18.5	19.6	21.4	23.2	25.8	27.7	27.9
8.61-65岁	1.8	2.2	1.7	1.9	3.1	3.2	3.2	3.5	3.9	5.1	5.2	5.0	4.4
9.66岁及以上	0.8	0.8	1.1	1.1	1.4	1.3	1.3	1.2	1.4	2.5	2.3	3.4	3.0
(三).婚姻状况													
1.已婚	71.9	71.5	72.7	74.1	74.2	73.5	73.4	74.3	75.2	78.0	79.8	76.9	79.4
2.未婚	26.3	26.5	25.3	24.2	22.3	23.3	24.2	23.3	22.5	17.2	16.3	18.0	16.6
3.离异	1.2	1.3	1.2	0.9	2.3	2.4	1.4	1.3	1.4	3.4	2.6	3.8	2.5
4.丧偶	0.5	0.6	0.8	0.6	1.2	0.9	0.7	1.1	0.9	1.5	1.2	1.3	1.5
5.其他	0.1		0.1	0.1			0.2						
(四).文化程度													
1.不识字或识字很少	0.5	0.4	0.1	0.2	0.4	0.4	0.4	0.4	0.7	0.7	0.6	0.5	0.2
2.小学	9.6	9.4	12.6	13.0	12.7	12.1	12.4	12.3	11.0	13.5	13.7	13.2	12.5
3.初中	69.1	68.8	73.8	72.2	71.5	70.6	69.7	68.9	68.6	66.9	67.6	66.4	66.9
4.高中及中专	14.4	14.5	9.1	9.2	9.8	10.2	10.1	9.8	10.3	10.0	10.7	10.2	10.2
5.大专及以上	6.5	6.9	4.4	5.4	5.7	6.8	7.4	8.5	9.4	8.8	7.4	9.8	10.2
(五).参加医疗保险情况													
1.农村新型农村合作医疗	86.0	86.9	88.6	88.7	86.5	86.5	83.9	83.7	81.9	79.1	72.0	62.8	60.0
2.城镇医疗保险	5.7	5.7	5.9	6.0	9.6	10.0	11.1	12.5	12.8	16.3			
3.商业医疗保险	1.1	0.7	1.7	1.9	0.7	0.9	1.0	1.2	0.8	1.5	1.6	1.7	1.2
4.其他医疗保险	0.9	0.9	0.3	0.7	0.7	0.8	1.0	0.9	1.0	0.3	0.3	0.3	0.2
5.没有参加任何医疗保险	6.5	6.4	4.9	4.5	3.4	3.4	4.0	2.9	4.3	4.0	3.1	2.6	2.6
(六).参加养老保险情况													
1.农村社会养老保险	5.0	9.9	35.2	38.6	54.9	53.6	51.5	49.2	46.9	52.5			
2.城镇基本养老保险	10.6	11.2	8.3	9.1	14.6	15.3	17.7	20.8	21.0	21.9			
3.商业养老保险	2.5	2.7	2.2	2.4	1.2	1.1	1.7	1.4	1.6	2.2	2.3	2.2	0.9
4.其他养老保险	2.6	2.9	2.7	2.6	2.4	2.6	2.1	2.6	2.7	1.7	3.2	2.9	3.3
5.没有参加任何养老保险	79.5	73.7	52.3	48.0	27.0	27.8	27.4	26.3	28.3	22.1	24.3	22.7	20.2

5-27 农民工就业情况

单位：%

指　　标	2009年	2010年	2011年	2012年	2013年	2014年	2015年
(一)农民工							
1.整劳动力	78.5	77.5	78.1	77.0	73.2	73.6	71.4
2.半劳动力	21.5	22.5	21.9	23.0	26.8	26.4	28.6
(二)从业地区							
1.乡内	51.3	51.1	56.4	57.5	56.0	54.4	52.3
2.县内乡外	**12.5**	**14.0**	**11.5**	**11.6**	**15.5**	**13.6**	**14.4**
3.省内县外	**29.5**	**28.8**	**25.9**	**24.6**	**23.2**	**25.3**	**25.9**
4.国内省外	5.4	4.5	5.9	5.8	4.8	6.5	7.2
5.国外	1.3	1.5	0.3	0.5	0.5	0.3	0.2
(三)从事的产业							
1.第一产业	0.9	1.0	0.8	0.7	0.9	0.7	0.8
2.第二产业	43.3	42.8	56.4	54.7	49.3	49.0	46.5
3.第三产业	55.8	56.2	42.8	44.5	49.8	50.3	52.7
(四)从事的行业							
1.农、林、牧、渔业	0.9	1.0	0.8	0.7	0.9	0.7	0.8
2.采矿业	5.1	5.4	5.4	5.8	4.1	3.8	3.4
3.制造业	22.1	19.7	30.9	29.6	25.5	25.8	24.6
4.电力、热力、燃气及水生产和供应业	1.1	1.5	1.6	1.8	1.9	2.4	2.9
5.建筑业	15.0	16.2	18.4	17.5	17.8	17.0	15.6
6.批发和零售业	13.7	14.2	13.7	12.0	14.2	15.0	13.7
7.交通运输、仓储和邮政业	9.6	9.9	8.9	9.9	9.8	9.6	10.2
8.住宿和餐饮业	6.7	6.6	5.9	5.9	8.1	7.7	7.1
9.信息传输、软件和信息技术服务业	2.1	1.6	0.7	1.2	1.3	1.5	1.8
10.金融业	0.3	0.3	0.1	0.3	0.5	0.4	0.7
11.房地产业	0.2	0.5	0.2	0.3	0.4	0.3	0.4
12.租赁和商务服务业	0.6	0.5	0.6	0.7	0.2	0.3	0.4
13.科学研究和技术服务			0.3	0.2		0.2	0.3
14.水利、环境和公共设施管理业	0.3	0.3	0.3	0.3	0.3	0.4	1.0
15.居民服务、修理和其他服务业	15.1	15.8	8.8	9.6	10.7	10.0	11.5
16.教育	2.0	1.8	0.4	1.1	1.4	1.5	1.9
17.卫生、社会工作	1.5	1.4	1.5	1.5	1.8	1.9	2.0
18.文化、体育和娱乐业	0.7	0.7	0.9	1.0	0.4	0.4	0.3
19.公共管理、社会保障和社会组织	3.0	2.6	0.3	0.5	0.7	1.2	1.6
20.国际组织							
(五)工作种类							
1.国家机关、党群组织、企业、事业单位负责人	1.8	1.6	1.2	1.3	0.8	0.6	0.7
2.专业技术人员	5.5	7.6	10.7	12.3	11.5	11.8	10.8
3.办事人员和有关人员	3.5	4.2	2.2	3.1	5.8	8.2	7.3
4.商业、服务业人员	35.0	34.0	30.9	29.9	26.8	26.7	25.8
5.农、林、牧、渔、水利业生产人员	1.8	0.8	0.9	0.6	1.8	0.9	1.0
6.生产、运输设备操作人员及有关人员	33.2	33.6	43.0	41.4	39.3	39.1	36.6
7.不便分类的其他从业人员	19.2	18.1	11.0	11.3	13.9	12.6	17.7
(六)从业时间　　　(月)							
1.本地非农自营	10.7	10.2	10.3	10.4	9.3	9.3	9.5
2.本地非农务工	12.1	11.7	10.8	10.2	9.0	8.8	9.3
3.外出从业	11.6	11.1	10.9	10.7	9.0	9.2	9.4
(七)从业收入　　　(元)							
1.本地非农自营	14443	16109	29245	32434	35949	39944	37099
2.本地非农务工	15300	16890	21080	23297	19976	22489	24877
3.外出从业	19729	22160	27069	30624	29547	31115	35201
#寄回带回	11091	12098	13424	15374	17996	18305	20716

5-27 续表 单位: %

指　　标	2016年	2017年	2018年	2019年	2020年	2021年
(一)农民工						
1.整劳动力	70.0	67.6	62.8	60.1	57.9	58.3
2.半劳动力	30.0	32.4	37.2	39.9	42.1	41.7
(二)从业地区						
1.乡内	54.4	55.9	55.8	53.8	51.7	61.5
2.县内乡外	13.2	13.2	12.7	14.0	15.7	10.9
3.省内县外	25.5	23.5	22.4	20.6	22.6	18.1
4.国内省外	6.6	7.1	8.5	11.1	9.4	9.0
5.国外	0.3	0.4	0.5	0.5	0.7	0.5
(三)从事的产业						
1.第一产业	1.3	1.2	0.6	1.0	1.2	1.2
2.第二产业	41.6	40.2	41.0	39.6	40.7	44.7
3.第三产业	57.1	58.6	58.3	59.4	58.1	54.2
(四)从事的行业						
1.农、林、牧、渔业	1.3	1.2	0.6	1.0	1.2	1.2
2.采矿业	3.5	3.8	3.4	3.9	4.0	3.4
3.制造业	20.9	20.8	20.4	19.4	20.0	24.9
4.电力、热力、燃气及水生产和供应业	2.0	1.8	2.6	1.8	2.3	2.5
5.建筑业	15.2	13.9	14.7	14.4	14.5	13.8
6.批发和零售业	15.8	16.3	13.7	14.1	14.2	11.7
7.交通运输、仓储和邮政业	9.1	10.3	8.8	9.3	9.4	9.9
8.住宿和餐饮业	5.9	6.2	8.4	9.1	7.1	5.9
9.信息传输、软件和信息技术服务业	1.5	1.8	2.4	2.1	2.9	1.3
10.金融业	0.8	1.0	0.4	0.5	0.5	1.1
11.房地产业	0.4	0.3	0.9	1.1	1.1	0.4
12.租赁和商务服务业	0.5	0.5	0.6	0.3	0.5	0.5
13.科学研究和技术服务	0.1	0.1	0.3	0.3	0.5	0.3
14.水利、环境和公共设施管理业	1.5	0.9	0.8	0.8	0.7	0.9
15.居民服务、修理和其他服务业	14.5	13.9	14.6	15.0	15.0	14.5
16.教育	2.2	2.2	2.3	1.5	1.2	2.0
17.卫生、社会工作	2.4	2.4	2.1	2.2	2.0	1.6
18.文化、体育和娱乐业	0.6	0.5	0.7	0.5	0.6	0.3
19.公共管理、社会保障和社会组织	1.8	2.0	2.4	2.6	2.4	3.7
20.国际组织						
(五)工作种类						
1.国家机关、党群组织、企业、事业单位负责人	0.7	0.5	0.3	0.3	0.2	0.2
2.专业技术人员	11.0	10.9	9.2	9.3	9.0	6.6
3.办事人员和有关人员	9.1	8.6	6.8	8.4	10.0	11.9
4.商业、服务业人员	26.8	29.6	28.4	30.4	35.8	41.1
5.农、林、牧、渔、水利业生产人员	1.7	1.4	1.2	1.6	1.4	1.9
6.生产、运输设备操作人员及有关人员	30.7	30.1	28.8	26.3	30.3	32.7
7.不便分类的其他从业人员	20.1	18.9	25.3	23.8	13.3	5.6
(六)从业时间　(月)						
1.本地非农自营	10.0	9.6	10.0	9.5	9.0	9.8
2.本地非农务工	9.4	9.7	9.3	9.3	8.9	9.6
3.外出从业	9.4	9.6	9.1	9.4	9.0	9.1
(七)从业收入　(元)						
1.本地非农自营	32308	33686	37733	39997	42397	46510
2.本地非农务工	24550	27260	24778	27812	29019	32602
3.外出从业	35579	37210	37475	39978	41353	45188
#寄回带回	20439	21349	22648	25883	27555	29614

5-28 本地农民工基本情况

单位：%

指 标	2009年	2010年	2011年	2012年	2013年	2014年	2015年	2016年	2017年	2018年	2019年	2020年	2021年
(一).性别													
1.男性	66.5	65.4	68.8	69.4	65.2	66.3	65.3	61.2	60.3	63.2	61.8	63.2	61.4
2.女性	33.5	34.6	31.2	30.6	34.8	33.7	34.7	38.8	39.7	36.8	38.2	36.8	38.6
(二).年龄													
1.16-18岁	0.3	0.6	1.2	0.6	1.3	1.0	0.0	0.1	0.3	0.1	0.1	0.1	0.2
2.19-22岁	3.6	1.9	3.1	2.5	3.5	1.3	1.9	2.0	1.9	1.6	0.7	0.7	1.6
3.23-25岁	3.6	7.0	3.4	3.3	7.4	2.5	2.3	1.7	2.9	1.4	1.7	2.3	1.7
4.26-30岁	9.0	6.7	7.3	7.1	7.8	7.6	6.8	7.1	7.2	4.8	3.8	3.5	2.9
5.31-40岁	23.3	22.8	27.3	24.5	15.5	23.4	19.3	16.7	16.1	18.2	16.7	15.9	17.4
6.41-50岁	32.3	32.0	33.8	36.8	35.9	35.4	37.4	40.4	37.5	34.7	33.6	31.6	36.1
7.51-60岁	23.8	23.7	20.1	20.7	21.4	21.8	25.4	25.4	26.7	28.7	32.2	32.5	31.6
8.61-65岁	2.6	3.7	1.8	2.8	4.8	4.7	4.4	4.8	5.4	6.6	7.4	7.5	4.8
9.66岁及以上	1.6	1.5	1.9	1.9	2.4	2.4	2.3	1.8	2.0	3.9	3.8	6.0	3.8
(三).婚姻状况													
1.已婚	91.9	89.8	90.9	91.1	87.8	89.8	91.9	91.7	90.6	90.7	91.6	89.1	89.9
2.未婚	6.7	8.4	6.5	6.9	7.8	6.6	6.2	6.8	7.7	4.9	4.9	6.3	6.1
3.离异	0.6	0.8	1.5	1.2	2.7	2.4	0.9	0.6	0.9	2.8	2.1	3.2	2.5
4.丧偶	0.8	1.1	0.9	0.7	1.8	1.2	1.0	0.9	0.7	1.6	1.5	1.3	1.6
5.其他			0.1	0.1									
(四).文化程度													
1.不识字或识字很少	0.5	0.1	0.1	0.4	0.5	0.6	0.4	0.6	0.7	0.8	0.8	0.3	0.1
2.小学	11.5	10.9	15.3	16.6	15.1	14.7	15.1	14.0	12.5	16.6	17.4	15.8	13.6
3.初中	71.0	70.1	77.2	75.0	72.9	71.8	72.1	72.9	72.9	69.1	69.6	69.7	72.0
4.高中及中专	9.2	9.6	4.7	4.6	8.7	9.2	9.4	9.1	9.7	10.2	9.2	10.1	9.5
5.大专及以上	7.9	9.3	2.7	3.5	2.9	3.7	3.0	3.5	4.2	3.3	3.0	4.1	4.8
(五).参加医疗保险情况													
1.农村新型农村合作医疗	85.8	87.3	89.5	89.8	84.0	85.1	83.3	83.4	83.2	80.1	70.3	58.7	58.1
2.城镇医疗保险	7.5	8.2	6.0	5.7	13.2	12.5	13.0	13.6	12.9	16.4			
3.商业医疗保险	0.9	0.4	0.9	0.8	0.8	1.2	1.1	1.5	1.0	1.8	1.7	1.8	1.1
4.其他医疗保险	0.5	0.6		0.4	0.3	0.1	0.5	0.6	0.6	0.1	0.2	0.3	0.1
5.没有参加任何医疗保险	6.6	6.5	4.7	4.3	2.7	2.3	2.9	2.3	3.0	3.0	3.0	2.0	2.3
(六).参加养老保险情况													
1.农村社会养老保险	5.1	9.0	36.9	41.1	52.7	52.9	52.6	49.3	47.6	57.5			
2.城镇基本养老保险	13.2	14.8	8.3	7.8	18.9	17.5	21.1	24.3	21.7	21.1			
3.商业养老保险	1.6	2.1	1.7	2.2	1.3	1.1	2.1	1.8	2.2	1.5	1.6	2.0	1.2
4.其他养老保险	2.3	2.4	2.5	2.5	1.7	2.9	2.6	3.7	3.7	2.3	4.3	4.0	3.3
5.没有参加任何养老保险	78.1	72.3	51.2	47.0	25.7	26.2	22.3	21.4	25.4	17.9	19.7	21.1	15.3

5-29 本地农民工就业情况

单位: %

指　　标	2009年	2010年	2011年	2012年	2013年	2014年	2015年
(一)从事的产业							
1.第一产业							
2.第二产业	38.4	36.2	55.4	54.1	48.1	47.5	44.5
3.第三产业	61.6	63.8	44.6	45.9	51.9	52.5	55.5
(二)从事的行业							
1.农、林、牧、渔业							
2.采矿业	7.6	9.0	7.7	8.5	5.4	6.1	5.7
3.制造业	21.6	18.3	33.7	32.9	29.6	27.8	27.6
4.电力、热力、燃气及水生产和供应业	1.2	1.9	1.5	1.6	1.9	2.9	3.4
5.建筑业	7.9	7.0	12.4	11.1	11.1	10.6	7.8
6.批发和零售业	17.4	18.7	17.5	14.7	18.9	19.8	17.7
7.交通运输、仓储和邮政业	10.2	10.9	10.7	13.0	11.8	12.0	12.2
8.住宿和餐饮业	4.3	2.7	3.3	2.8	5.3	4.8	5.4
9.信息传输、软件和信息技术服务业	0.3	0.1		0.2	0.1	0.1	0.2
10.金融业	0.2	0.3	0.1	0.1	0.5	0.1	0.5
11.房地产业		0.1			0.1		0.0
12.租赁和商务服务业	0.3	0.3	0.2	0.4	0.1	0.3	0.4
13.科学研究和技术服务						0.3	0.2
14.水利、环境和公共设施管理业	0.5	0.4	0.6	0.4	0.3	0.4	0.5
15.居民服务、修理和其他服务业	17.7	20.2	8.6	9.7	9.7	8.7	10.4
16.教育	2.6	2.7	0.5	1.3	1.9	2.1	2.3
17.卫生、社会工作	2.3	1.9	2.4	2.2	1.6	1.9	2.6
18.文化、体育和娱乐业	0.8	0.9	0.5	0.7	0.2	0.3	0.4
19.公共管理、社会保障和社会组织	5.0	4.3	0.2	0.5	1.3	1.9	2.7
20.国际组织							
(三)工作种类							
1.国家机关、党群组织、企业、事业单位负责人	2.0	2.2	1.0	0.4	1.1	0.9	1.2
2.专业技术人员	3.3	4.6	5.4	7.7	7.5	8.2	8.1
3.办事人员和有关人员	3.4	4.6	2.0	2.8	7.0	10.9	7.4
4.商业、服务业人员	40.7	40.7	34.2	35.6	29.0	28.0	27.7
5.农、林、牧、渔、水利业生产人员	2.2		0.2	0.1	1.5	0.4	0.3
6.生产、运输设备操作人员及有关人员	28.0	27.4	40.3	38.6	42.4	40.8	39.5
7.不便分类的其他从业人员	20.5	20.4	16.9	14.8	11.5	10.8	15.8

5-29 续表

单位: %

指　　标	2016年	2017年	2018年	2019年	2020年	2021年
(一)从事的产业						
1.第一产业						
2.第二产业	39.0	38.4	38.4	35.6	38.3	42.9
3.第三产业	61.0	61.6	61.6	64.4	61.7	57.1
(二)从事的行业						
1.农、林、牧、渔业						
2.采矿业	5.6	5.9	4.3	5.2	5.0	5.2
3.制造业	24.0	23.1	24.1	22.7	25.3	30.0
4.电力、热力、燃气及水生产和供应业	2.1	1.9	1.8	1.2	1.2	2.1
5.建筑业	7.4	7.5	8.3	6.5	6.8	5.6
6.批发和零售业	20.5	20.8	16.3	18.4	19.2	15.9
7.交通运输、仓储和邮政业	9.8	10.3	9.8	10.5	9.8	10.7
8.住宿和餐饮业	4.3	4.8	7.6	7.9	6.3	4.5
9.信息传输、软件和信息技术服务业	0.3	0.7	1.2	1.0	1.7	0.4
10.金融业	0.7	0.6	0.0	0.0	0.2	0.4
11.房地产业	0.0	0.0	0.5	0.4	0.8	
12.租赁和商务服务业	0.2	0.3	0.8	0.2	0.2	0.7
13.科学研究和技术服务						0.1
14.水利、环境和公共设施管理业	1.2	1.0	0.3	0.6	0.6	1.2
15.居民服务、修理和其他服务业	15.1	14.0	16.4	16.3	16.2	15.7
16.教育	2.5	2.2	2.9	1.6	0.7	0.9
17.卫生、社会工作	3.0	3.2	1.7	2.1	1.2	2.1
18.文化、体育和娱乐业	0.3	0.5	0.9	0.6	0.4	0.0
19.公共管理、社会保障和社会组织	3.0	3.4	3.2	4.7	4.2	4.5
20.国际组织						
(三)工作种类						
1.国家机关、党群组织、企业、事业单位负责人	1.2	0.9	0.4	0.3	0.3	0.2
2.专业技术人员	8.4	8.1	6.5	5.3	4.2	4.8
3.办事人员和有关人员	8.1	8.0	5.8	8.7	11.2	10.6
4.商业、服务业人员	28.5	31.3	29.8	29.8	34.9	42.5
5.农、林、牧、渔、水利业生产人员	0.3	0.2	0.9	1.5	0.9	1.2
6.生产、运输设备操作人员及有关人员	33.9	32.3	29.5	27.8	33.2	34.8
7.不便分类的其他从业人员	19.6	19.1	27.0	26.6	15.3	5.9

5-30 外出农民工基本情况

单位：%

指　标	2009年	2010年	2011年	2012年	2013年	2014年	2015年	2016年	2017年	2018年	2019年	2020年	2021年
(一).性别													
1.男性	70.9	71.9	72.1	70.3	71.5	71.5	72.8	71.6	70.8	72.7	74.1	76.3	75.7
2.女性	29.1	28.1	27.9	29.7	28.5	28.5	27.2	28.4	29.2	27.3	25.9	23.7	24.3
(二).年龄													
1.16-18岁	2.8	2.4	4.1	2.5	8.2	3.3	3.1	3.0	1.4	1.3	1.4	0.9	1.2
2.19-22岁	20.9	16.6	17.9	15.0	19.7	12.9	11.2	14.3	12.1	8.3	7.2	6.9	6.8
3.23-25岁	18.2	18.3	22.1	20.9	16.8	16.8	17.8	13.6	13.2	9.5	10.2	10.4	11.6
4.26-30岁	18.7	18.8	12.7	15.2	12.5	14.9	17.3	17.3	17.2	12.4	9.4	9.5	12.7
5.31-40岁	19.4	19.9	15.8	18.2	10.0	19.7	15.8	13.9	16.8	24.7	24.4	23.8	15.0
6.41-50岁	12.5	15.0	17.9	18.8	21.4	20.2	21.9	22.7	21.9	23.7	25.7	22.9	25.2
7.51-60岁	6.7	8.2	7.8	8.4	10.0	10.8	10.9	12.8	14.7	16.1	18.5	22.6	23.3
8.61-65岁	0.8	0.6	1.5	0.9	1.0	1.4	1.8	1.9	1.9	3.2	2.7	2.3	2.4
9.66岁及以上		0.2		0.2	0.2		0.2	0.5	0.7	0.7	0.6	0.6	1.8
(三).婚姻状况													
1.已婚	50.6	52.3	48.9	51.0	56.8	53.9	53.2	53.7	55.7	61.8	66.3	63.8	62.7
2.未婚	47.3	45.6	49.7	47.7	40.8	43.3	44.0	42.9	41.2	32.9	29.6	30.5	33.9
3.离异	1.8	1.9	0.8	0.6	1.9	2.4	2.0	2.1	1.9	4.1	3.2	4.3	2.4
4.丧偶	0.2	0.2	0.6	0.5	0.5	0.4	0.4	1.3	1.2	1.2	1.0	1.3	1.0
5.其他	0.2			0.2			0.4						
(四).文化程度													
1.不识字或识字很少	0.5	0.6	0.2		0.2	0.2	0.3	0.2	0.7	0.5	0.4	0.6	0.3
2.小学	7.6	7.8	9.2	8.2	9.7	9.0	9.3	10.3	9.1	9.6	9.4	10.4	11.0
3.初中	67.2	67.4	69.3	68.2	69.7	69.0	67.1	64.3	63.2	64.3	65.2	63.0	62.2
4.高中及中专	8.0	14.9	12.3	8.1	11.2	11.3	11.0	10.7	10.9	9.8	12.4	10.3	9.1
5.大专及以上	16.7	9.2	9.0	15.5	9.3	10.4	12.3	14.5	16.0	15.8	12.6	15.7	17.4
(五).参加医疗保险情况													
1.农村新型农村合作医疗	86.4	86.6	87.4	87.0	89.6	88.2	84.5	84.0	80.2	77.8	73.9	67.2	68.6
2.城镇医疗保险	4.9	5.1	5.8	6.5	4.9	7.0	9.0	11.2	12.7	16.1			
3.商业医疗保险	1.3	0.9	2.8	3.3	0.5	0.7	0.9	0.8	0.5	1.0	1.6	1.6	1.4
4.其他医疗保险	1.3	1.3	0.8	1.3	1.2	1.7	1.5	1.2	1.5	0.5	0.5	0.4	0.3
5.没有参加任何医疗保险	6.4	6.2	5.2	4.7	4.3	4.7	5.3	3.6	5.9	5.3	3.2	3.3	3.0
(六).参加养老保险情况													
1.农村社会养老保险	4.9	10.8	32.8	35.4	57.8	54.6	50.3	49.2	46.1	46.1			
2.城镇基本养老保险	7.9	7.4	8.3	10.7	9.1	12.7	14.0	16.6	20.0	23.0			
3.商业养老保险	3.4	3.3	2.9	2.5	1.1	1.2	1.3	1.0	0.8	3.1	3.0	2.4	0.6
4.其他养老保险	3.0	3.4	2.9	2.8	3.3	2.2	1.6	1.2	1.5	0.9	1.6	1.7	1.4
5.没有参加任何养老保险	81.0	75.1	53.7	49.3	28.8	29.8	33.0	32.3	32.1	27.5	27.7	24.3	26.4

5-31 外出农民工就业情况

单位：%

指　　标	2009年	2010年	2011年	2012年	2013年	2014年	2015年
(一)外出从业人员							
#1.整劳动力	91.0	89.5	88.0	88.5	85.0	84.5	84.0
2.半劳动力	9.0	10.5	12.0	11.5	15.0	15.5	16.0
#1.本年新外出的人数	16.4	14.1	20.7	12.8	22.1	11.7	9.5
2.上年外出从业过的人数	83.6	85.9	79.3	87.2	77.9	88.3	90.5
(二)外出地区							
1.本省	86.2	87.6	85.7	85.0	88.1	85.1	84.2
(1)乡外县内	25.6	28.7	26.5	27.2	34.9	29.7	29.9
(2)县外省内	60.6	58.9	59.2	57.8	53.2	55.4	54.3
2.省外	13.8	12.4	14.3	15.0	11.9	14.9	15.8
(三)输入地区							
1.东部地区	93.6	93.7	93.4	92.6	94.6	94.8	94.5
北　京	1.8	2.0	2.5	2.2	2.8	3.5	4.0
天　津	1.0	0.5	0.5	0.6	0.2	0.7	0.5
河　北	0.8	0.8	1.2	2.4	1.5	2.7	2.2
辽　宁	86.2	87.6	85.7	85.0	88.1	85.1	84.2
上　海	0.5	0.5	0.5	0.3	0.6	0.8	1.3
江　苏	0.7	0.5	0.8	0.8	0.2	0.2	0.3
浙　江	0.5	0.5	0.5	0.3	0.3	0.3	0.8
福　建		0.2	0.2	0.2	0.3	0.2	
山　东	1.1	0.6	1.5	0.5	0.5	0.6	0.6
广　东	1.0	0.6	0.2	0.3	0.2	0.6	0.6
海　南							
2.中部地区	2.6	1.9	2.9	3.2	2.2	2.7	3.1
山　西	0.3	0.3			0.3	0.6	0.3
吉　林	1.3	0.5	2.3	2.1	0.6	1.5	2.3
黑龙江	0.5	0.6	0.3	0.9	1.1	0.2	0.4
安　徽	0.3						
江　西						0.2	
河　南	0.2	0.3		0.2	0.2		
湖　北			0.2			0.2	0.2
湖　南		0.2	0.2				
3.西部地区	1.1	1.3	3.1	3.0	2.0	1.9	1.8
内蒙古	1.0	0.5	1.7	1.7	1.9	1.5	1.2
广　西			0.2			0.2	0.2
重　庆					0.2	0.1	0.1
四　川		0.2	0.3	0.3			0.1
贵　州		0.2					
云　南							
西　藏			0.2				
陕　西		0.2	0.3	0.3			0.3
甘　肃			0.3	0.3			

5-31 续表 1

单位：%

指　　标	2009年	2010年	2011年	2012年	2013年	2014年	2015年
青　海							
宁　夏							
新　疆	0.2	0.3	0.2	0.3		0.2	
4.其他地区	2.6	3.1	0.6	1.3	1.2	0.6	0.5
(四)外出地区类型							
1.直辖市	3.6	3.1	4.8	3.9	4.5	5.8	6.8
2.省会城市	21.2	21.8	21.2	20.2	20.6	18.5	22.6
3.地级市	38.4	38.1	38.8	38.1	32.6	35.1	37.4
4.县级市	19.2	20.4	23.9	23.1	33.2	30.8	24.6
5.建制镇	8.9	8.6	9.2	10.4	4.9	7.0	7.5
6.其他地区	8.7	8.0	2.1	4.3	4.1	2.7	1.2
(五)外出方式							
1.政府(单位)组织	2.3	1.3	2.0	1.6	0.8	0.5	0.6
2.中介组织介绍	4.8	4.2	2.6	2.4	2.9	2.4	3.1
3.亲朋好友介绍	53.2	52.5	47.2	45.7	42.5	40.6	40.1
4.自发	36.3	36.4	43.1	47.2	51.6	49.6	53.9
5.其他	3.4	5.6	5.1	3.2	2.2	7.0	2.3
(六)外出从事产业							
1.第一产业	1.8	2.0	1.8	1.7	2.2	1.5	1.7
2.第二产业	47.5	49.7	57.4	55.5	50.6	50.8	48.5
3.第三产业	50.7	48.3	40.8	42.8	47.2	47.8	49.9
(七)外出从事行业							
1.农、林、牧、渔业	1.8	2.0	1.8	1.7	2.2	1.5	1.7
2.采矿业	1.6	1.7	2.5	2.1	2.5	1.1	0.9
3.制造业	22.7	21.2	27.1	25.3	20.2	23.5	21.0
4.电力、热力、燃气及水生产和供应业	0.7	1.1	1.7	2.1	2.0	1.9	2.4
5.建筑业	22.5	25.7	26.1	26.1	26.0	24.3	24.1
6.批发和零售业	9.7	9.4	9.5	8.4	8.3	9.2	9.3
7.交通运输、仓储和邮政业	9.2	8.8	6.6	5.7	7.3	6.8	8.1
8.住宿和餐饮业	10.2	10.7	8.9	10.3	12.0	11.3	8.9
9.信息传输、软件和信息技术服务业	3.8	3.1	1.7	2.5	2.8	3.2	3.5
10.金融业	0.3	0.3	0.2	0.5	0.4	0.7	0.9
11.房地产业	0.7	0.8	0.6	0.6	0.5	0.7	0.7
12.租赁和商务服务业	0.8	0.8	1.1	1.3	0.3	0.3	0.4
13.科学研究和技术服务			0.8	0.5			0.4
14.水利、环境和公共设施管理业	0.2	0.2		0.2	0.4	0.3	1.5
15.居民服务、修理和其他服务业	12.2	11.3	8.9	9.5	11.7	11.6	12.9
16.教育	1.5	0.9	0.3	0.8	0.7	0.8	1.3
17.卫生、社会工作	0.7	0.8	0.5	0.6	2.0	1.9	1.3
18.文化、体育和娱乐业	0.7	0.5	1.4	1.4	0.8	0.6	0.2
19.公共管理、社会保障和社会组织	1.0	0.8	0.5	0.6	0.0	0.3	0.4
20.国际组织							
(八)外出从事的工作种类							

5-31 续表 2

单位：%

指 标	2009年	2010年	2011年	2012年	2013年	2014年	2015年
1.国家机关、党群组织、企业、事业单位负责人	1.1	0.9	1.2	1.3	0.4	0.3	
2.专业技术人员	8.5	10.7	15.0	16.3	16.5	15.8	13.7
3.办事人员和有关人员	4.4	3.8	2.5	3.5	4.2	5.1	7.4
4.商业、服务业人员	28.7	27.0	27.0	25.6	24.3	25.2	23.7
5.农、林、牧、渔、水利业生产人员	1.3	1.7	1.8	1.4	2.3	1.6	1.6
6.生产、运输设备操作人员及有关人员	37.8	40.1	40.6	38.5	35.4	37.3	33.7
7.不便分类的其他从业人员	18.1	15.8	11.8	13.4	16.8	14.7	19.8
(九)外出从业住所类型							
1.单位宿舍	32.3	32.8	37.1	34.3	26.7	32.2	31.0
2.工地工棚	14.0	13.3	13.7	14.5	15.5	9.7	12.0
3.生产经营场所	6.9	6.7	6.1	6.2	4.1	2.4	1.8
4.与人合租住房	12.5	12.2	10.6	10.6	12.0	11.2	10.4
5.独立租赁住房	10.2	10.5	6.3	7.0	7.7	5.9	6.8
6.务工地自购房	2.3	3.4	2.1	1.4	0.2	1.2	1.6
7.乡外从业但回家居住(老家)	16.3	15.8	19.2	21.6	31.1	35.2	33.5
8.其他	5.6	5.2	4.9	4.4	2.7	2.3	2.8
(十)外出从业时间							
1.从事当前工作的时间 (月/人)	32.5	35.1	28.6	29.4	40.4	41.1	45.0
#1年以下	33.5	23.0	34.7	28.6	28.0	23.1	19.4
1-2年	19.5	40.6	30.1	25.4	21.3	24.0	23.8
2-5年	34.2	25.2	24.2	36.5	29.2	31.6	31.3
5年及以上	12.8	11.1	11.0	9.5	21.6	21.3	25.6
2.每月平均工作的天数 (天/人)	26.9	26.8	26.3	25.9	25.7	25.8	25.9
3.每天平均工作的小时数 (小时/人)	9.1	9.2	8.9	8.9	8.9	8.8	9.0
#6小时以下		0.2	0.8	0.8	0.7	0.7	0.6
6-8小时	1.3	0.5	0.8	0.9	1.6	1.3	1.0
8-10小时	57.8	56.1	58.6	60.2	59.9	65.8	57.6
#8小时	54.0	49.8	53.2	57.8	50.8	58.2	52.6
10-12小时	31.2	33.4	36.2	32.5	32.6	28.0	34.8
12小时及以上	9.7	9.9	3.7	5.5	5.1	4.1	6.0
(十一)外出收支情况							
1.总收入 (元/人)	16327.4	19316.3	23713.8	27240.4	30432.7	31459.2	35200.8
2.月收入 (元/人)	1719.8	2127.6	2494.2	2779.7	3069.7	3132.0	3323.0
#800元以下	5.7	1.6	0.9	0.8	0.6	0.9	0.5
800-1200元	25.9	16.6	7.1	3.3	1.1	0.8	1.8
1200-1600元	27.6	22.9	19.6	13.9	6.0	3.2	5.0
1600-2400元	23.8	28.4	28.1	28.4	12.3	11.2	20.3
2400-3000元	6.4	11.1	11.2	13.7	31.9	31.3	12.9
3000元及以上	10.5	19.4	33.1	39.8	48.0	52.6	59.5
3.生活消费总支出 (元/人)	4160.2	5117.0	5893.1	7310.6	7006.2	7847.3	8791.5
4.每月平均居住支出 (元/人)	156.4	146.2	95.2	127.4	178.8	162.4	183.4

5-31 续表 3

单位：%

指　　标	2016年	2017年	2018年	2019年	2020年	2021年
(一)外出从业人员						
#1.整劳动力	81.9	79.4	76.4	74.1	70.9	69.6
2.半劳动力	18.1	20.6	23.6	25.9	29.1	30.4
#1.本年新外出的人数	12.8	10.6	17.6	13.9	10.3	20.0
2.上年外出从业过的人数	87.2	89.4	82.4	86.1	89.7	80.0
(二)外出地区						
1.本省	84.4	83.2	78.9	74.6	79.1	76.0
(1)乡外县内	29.0	29.7	28.2	29.3	32.2	28.0
(2)县外省内	55.4	53.5	50.7	45.2	46.9	48.0
2.省外	15.6	16.8	21.1	25.4	20.9	24.0
(三)输入地区						
1.东部地区	92.8	93.1	89.4	87.5	93.1	91.4
北　京	3.2	4.4		2.1	2.9	3.5
天　津	1.1	1.2	1.5	2.0	0.9	2.9
河　北	1.9	2.1	2.1	2.4	1.7	2.5
辽　宁	84.4	83.2	78.9	74.6	79.1	76.0
上　海	0.6	0.6	0.5	0.2	0.4	0.1
江　苏	0.3	0.2	0.3	1.2	0.9	0.7
浙　江	0.2	0.2	0.6	0.4	0.6	0.6
福　建		0.1	0.1	0.4	0.4	0.2
山　东	0.6	0.4	1.9	3.4	3.9	2.9
广　东	0.5	0.4	1.1	0.8	2.0	1.5
海　南	0.2	0.2	0.2	0.1	0.2	0.5
2.中部地区	3.7	3.9	3.3	4.8	2.3	4.2
山　西	0.3	0.2		0.6	0.6	0.5
吉　林	2.7	2.3	2.1	2.4	0.8	1.5
黑龙江	0.3	0.6	0.8	0.5	0.2	0.8
安　徽	0.1			0.3		0.3
江　西			0.1		0.2	0.6
河　南	0.2	0.5		0.4		
湖　北	0.2	0.2	0.1	0.5	0.1	
湖　南		0.1	0.1	0.1	0.4	0.5
3.西部地区	2.6	2.1	6.0	6.7	3.4	3.2
内蒙古	1.6	1.2	2.3	4.2	2.3	2.0
广　西	0.1		0.6	0.2		0.1
重　庆						
四　川			0.1	0.3		
贵　州		0.2	0.1	0.1		
云　南	0.1		0.3	0.1	0.2	0.0
西　藏			0.3	0.6		
陕　西	0.3	0.4	1.6	0.7	0.4	0.3
甘　肃	0.3	0.2				0.1

5-31 续表 4 单位：%

指　　标	2016年	2017年	2018年	2019年	2020年	2021年
青　海			0.1	0.1		0.3
宁　夏	0.2	0.1	0.2	0.2		
新　疆			0.3	0.1	0.4	0.4
4.其他地区	0.8	0.9	1.2	1.1	1.2	1.3
(四)外出地区类型						
1.直辖市	4.5	5.4	5.4	4.9	4.5	6.4
2.省会城市	21.9	22.1	23.0	25.3	23.9	26.0
3.地级市	37.0	37.2	40.9	37.3	39.8	32.4
4.县级市	26.3	24.4	23.1	23.6	23.0	26.3
5.建制镇	8.4	8.8	5.4	7.0	6.9	6.7
6.其他地区	1.8	2.1	2.1	2.0	1.9	2.3
(五)外出方式						
1.政府(单位)组织	1.0	1.4	0.6	1.1	1.0	0.3
2.中介组织介绍	1.8	2.1	2.6	1.9	1.5	2.2
3.亲朋好友介绍	35.7	30.8	26.4	25.1	25.1	27.4
4.自发	54.4	58.0	65.4	66.3	65.1	67.8
5.其他	7.1	7.7	5.0	5.5	7.5	2.3
(六)外出从事产业						
1.第一产业	2.9	2.6	1.4	2.0	2.6	3.0
2.第二产业	44.5	42.5	44.3	43.9	43.2	52.0
3.第三产业	52.6	54.9	54.2	54.1	54.3	45.0
(七)外出从事行业						
1.农、林、牧、渔业	2.9	2.6	1.4	2.0	2.6	3.0
2.采矿业	0.9	1.1	2.2	2.4	2.9	1.2
3.制造业	17.1	17.9	15.6	15.6	14.2	19.6
4.电力、热力、燃气及水生产和供应业	1.9	1.6	3.7	2.4	3.5	3.1
5.建筑业	24.6	22.0	22.9	23.4	22.6	28.1
6.批发和零售业	10.1	10.7	10.5	9.2	8.9	4.9
7.交通运输、仓储和邮政业	8.2	10.3	7.4	8.2	8.9	7.4
8.住宿和餐饮业	7.7	8.0	9.8	10.4	7.8	6.2
9.信息传输、软件和信息技术服务业	3.0	3.3	4.0	3.4	4.1	2.8
10.金融业	0.9	1.6	0.9	1.1	1.0	1.9
11.房地产业	0.8	0.7	1.4	1.8	1.5	0.9
12.租赁和商务服务业	0.9	0.9	0.3	0.3	0.7	0.6
13.科学研究和技术服务	0.3	0.3	0.6	0.7	0.9	0.5
14.水利、环境和公共设施管理业	1.6	0.8	1.4	1.0	0.8	0.8
15.居民服务、修理和其他服务业	13.9	13.9	12.2	13.5	13.7	12.2
16.教育	2.1	2.3	1.6	1.4	1.5	3.5
17.卫生、社会工作	1.8	1.3	2.6	2.3	2.9	1.2
18.文化、体育和娱乐业	1.0	0.6	0.5	0.5	0.8	0.7
19.公共管理、社会保障和社会组织	0.3	0.4	1.0	0.3	0.5	1.4
20.国际组织						
(八)外出从事的工作种类						

5-31 续表 5

单位：%

指 标		2016年	2017年	2018年	2019年	2020年	2021年
1.国家机关、党群组织、企业、事业单位负责人		0.0		0.2	0.4	0.2	0.2
2.专业技术人员		14.1	14.4	12.8	13.9	13.7	8.2
3.办事人员和有关人员		10.3	9.3	7.6	8.1	9.0	12.5
4.商业、服务业人员		24.7	27.5	27.0	31.0	37.8	35.4
5.农、林、牧、渔、水利业生产人员		3.3	3.0	1.6	1.4	2.0	3.1
6.生产、运输设备操作人员及有关人员		27.1	27.3	27.7	24.6	27.3	34.9
7.不便分类的其他从业人员		20.5	18.6	23.2	20.6	10.0	5.8
(九)外出从业住所类型							
1.单位宿舍		25.8	25.2	30.2	30.5	32.3	34.5
2.工地工棚		10.8	9.8	14.2	13.8	10.8	12.9
3.生产经营场所		3.3	4.2	4.0	4.5	5.7	2.6
4.与人合租住房		13.3	13.6	5.5	4.4	4.4	7.0
5.独立租赁住房		10.0	9.0	6.8	9.3	8.3	11.6
6.务工地自购房		1.1	1.1	1.4	1.6	1.7	1.1
7.乡外从业但回家居住(老家)		32.3	33.0	33.7	31.7	33.0	28.5
8.其他		3.4	4.2	4.1	4.1	3.9	1.7
(十)外出从业时间							
1.从事当前工作的时间	(月/人)	44.4	48.5	49.2	48.1	53.6	47.2
#1年以下		23.4	18.4	30.0	26.0	20.1	25.5
1-2年		20.4	20.1	17.5	20.7	17.4	25.6
2-5年		32.5	36.8	29.5	29.5	37.7	27.2
5年及以上		23.7	24.7	23.0	23.7	24.8	21.8
2.每月平均工作的天数	(天/人)	26.1	26.2	25.9	25.8	25.8	25.6
3.每天平均工作的小时数	(小时/人)	8.9	8.9	9.0	9.0	8.8	8.8
#6小时以下		0.6	0.6		0.6	0.9	1.0
6-8小时		0.9	0.3	0.9	1.7	1.1	0.8
8-10小时		59.9	62.2	60.0	61.3	64.7	67.2
#8小时		54.6	56.2	55.1	53.5	58.7	62.7
10-12小时		32.0	32.1	30.7	27.8	27.4	26.1
12小时及以上		6.6	4.7	8.4	8.6	5.9	5.0
(十一)外出收支情况							
1.总收入	(元/人)	36111.0	37581.8	38914.9	41074.9	41920.0	46626.9
2.月收入	(元/人)	3429.7	3637.8	3804.8	4030.8	4310.9	4598.1
#800元以下		0.5	0.1	0.3	0.1	0.1	0.3
800-1200元		0.4	0.2	0.6	1.0	1.0	0.3
1200-1600元		3.6	3.9	5.3	5.3	2.7	1.8
1600-2400元		7.5	7.0	15.5	12.3	12.6	9.7
2400-3000元		29.6	24.5	10.9	9.6	9.9	5.9
3000元及以上		58.4	64.4	67.4	71.7	73.6	81.7
3.生活消费总支出	(元/人)	9250.9	9478.5	8957.9	9996.8	9610.7	10983.1
4.每月平均居住支出	(元/人)	284.2	269.7				

主要统计指标解释

从业人员期末人数 指报告期最后一日在本单位工作，并取得工资或其他形式劳动报酬的人员数。该指标为时点指标，不包括最后一日当天及以前已经与单位解除劳动合同关系的人员，是在岗职工、劳务派遣人员及其他从业人员之和。

在岗职工 指在本单位工作且与本单位签订劳动合同，并由单位支付各项工资和社会保险、住房公积金的人员，以及上述人员中由于学习、病伤、产假等原因暂未工作仍由单位支付工资的人员。

劳务派遣人员 根据《中华人民共和国劳动合同法》规定，指与劳务派遣单位签订劳动合同，并被劳务派遣单位派遣到实际用工单位工作，且劳务派遣单位与实际用工单位签订《劳务派遣协议》的人员。

其他从业人员 指在本单位工作，不能归入在岗职工、劳务派遣人员中的人员。此类人员是实际参加本单位生产或工作并从本单位取得劳动报酬的人员。具体包括：非全日制人员、聘用的正式离退休人员、兼职人员、利用课余时间打工的在校学生等，以及在本单位中工作的外籍和港澳台方人员。

从业人员平均人数 指报告期内（年度、季度、月度）平均拥有的从业人员数。

从业人员工资总额 指本单位在报告期内（季度或年度）直接支付给本单位全部从业人员的劳动报酬总额。包括计时工资、计件工资、奖金、津贴和补贴、加班加点工资、特殊情况下支付的工资，是在岗职工工资总额、劳务派遣人员工资总额和其他从业人员工资总额之和。不论是计入成本的还是不计入成本的，不论是以货币形式支付的还是以实物形式支付的，均应列入工资总额的计算范围。需要明确的是工资总额不包括从单位工会经费或工会账户中发放的现金或实物。

工资总额是税前工资，包括单位从个人工资中直接为其代扣或代缴的个人所得税、社会保险基金和住房公积金等个人缴纳部分，以及房费、水电费等。

在岗职工工资总额 指本单位在报告期内直接支付给本单位全部在岗职工的劳动报酬总额。在岗职工工资总额由基本工资、绩效工资和奖金、工资性津贴和补贴、其他工资四部分组成。工资总额不包括病假、事假等情况的扣款。

劳务派遣人员工资总额 指实际用工单位（派遣人员的使用方）在一定时期内为使用劳务派遣人员而付出的劳动报酬总额，包括用工单位负担的基本工资、绩效工资和奖金、工资性津贴和补贴等，但不包括因使用派遣人员而支付的管理费用和其他用工成本。

其他从业人员工资总额 指本单位在报告期内直接支付给本单位其他从业人员的全部劳动报酬。

从业人员平均工资 指本单位从业人员在报告期内平均每人所得的工资额。

在岗职工平均工资 指本单位在岗职工在报告期内平均每人所得的工资额。

劳务派遣人员平均工资 指本单位劳务派遣人员在报告期内平均每人所得的工资额。

其他从业人员平均工资 指本单位其他从业人员在报告期内平均每人所得的工资额。

城镇登记失业人员 指有非农业户口，在一定的劳动年龄内(16 岁以上及男 50 岁以下、女 45 岁以下)，有劳动能力，无业而要求就业，并在当地就业服务机构进行求职登记的人员。

城镇登记失业率 是城镇登记失业人数与城镇从业人数与城镇失业人数之和的比。计算公式为:

城镇登记失业率=（城镇登记失业人数／城镇从业人数+城镇登记失业人数）×100%

六、固定资产投资

Chapter 6　Investment in Fixed Assets

6-1 全社会固定资产投资增长速度

单位:%

指 标	2012年	2013年	2014年	2015年	2016年	2017年	2018年	2019年	2020年	2021年
投资总额	**23.2**	**15.0**	**-1.5**	**-27.5**	**-62.7**	**-0.2**	**3.2**	**0.7**	**2.4**	**2.8**
1.按经济类型分										
国有经济	20.8	14.9	-4.2	-32.9	-67.2	15.6	-12.2	-9.8	4.0	16.0
集体经济	10.4	-28.1	-20.0	-15.2	-87.2	-36.4	11.2	-4.1	-28.5	-39.3
私营个体经济	26.6	21.6	3.9	-22.8	-68.0	-12.3	19.8	2.1	-1.0	5.4
其他经济	22.0	11.1	-5.1	-30.6	-52.1	5.0	-2.9	3.3	5.1	-3.4
2.按投资渠道分										
建设项目投资	21.3	13.4	16.6	-26.4	-69.2	-4.3	-1.7	-4.9	0.8	6.6
房地产开发投资	21.6	18.2	-17.8	-32.9	-41.1	9.3	13.5	9.0	5.1	-2.6
农户个人投资	2.1	5.1	-3.9	-8.7	-7.8	-9.3	-11.3	7.4	-5.6	10.4
3.按资金来源分										
国家预算内资金	-3.2	18.4	-1.5	-38.2	-56.6	1.3	-23.6	-7.3	31.5	25.8
国内贷款	17.9	8.4	-0.8	-31.5	-61.6	-12.2	21.0	-6.2	-9.8	-14.6
利用外资	12.4	-20.0	-36.7	-38.8	260.0	-51.5	32.8	-91.5	233.1	118.5
自筹投资	26.6	17.9	0.6	-31.7	-66.8	-11.8	-10.8	11.0	2.8	5.3
其他投资	23.0	7.3	-16.7	30.8	-57.1	78.2	25.8	-0.9	1.8	-1.3
4.按构成分										
建筑安装工程	20.8	23.2	3.2	-25.3	-63.0	-4.6	-11.5	0.6	6.2	8.3
设备、工具、器具购置	32.4	10.4	-7.8	-33.3	-69.5	16.7	11.6	-15.9	-7.5	10.3
其他费用	20.4	-17.4	-21.2	-33.3	-40.5	5.3	78.3	17.0	-0.6	-17.1
5.按建设性质分										
#新建	30.0	17.1	6.7	-29.5	-68.2	-3.3	-2.3	-4.7	-2.0	-2.7
扩建	10.0	5.9	-0.6	-23.5	-73.1	-7.2	6.0	-43.7	19.4	53.9
改建	7.3	-2.7	-7.9	-3.3	-76.6	40.2	-3.3	38.7	9.5	28.1
6.按产业分										
第一产业	12.0	-12.4	7.5	-22.9	-47.5	-4.5	-4.1	25.2	41.9	1.9
第二产业	26.2	9.3	0.6	-28.2	-70.4	2.0	12.2	-3.6	-5.2	5.2
第三产业	21.5	20.9	-3.3	-27.2	-57.5	-1.1	-1.2	2.0	4.3	1.6
7.按主要行业分										
#农业	12.0	-4.3	15.1	-22.9	-51.9	-5.7	-1.4	20.6	43.7	3.2
工业	24.0	12.9	1.5	-27.2	-70.7	1.5	12.3	-2.7	-5.5	5.4
#能源工业	52.9	4.1	-10.2	-29.2	-36.5	65.9	-2.6	23.1	-9.3	2.9
运输邮电业	17.8	50.0	12.8	-30.1	-47.7	-9.0	-17.9	-20.4	3.6	17.8
房屋建筑面积(万平方米)										
施工面积	68320.2	71452.5	68646.2	50479.7	31664.1	29721.8	27772.3	26508.1		
#住宅	34069.7	35972.2	32316.7	24045.6	20117.4	19728.4	18635.7	18000.6		
竣工面积	16867.6	18807.6	16931.0	13225.1	4819.9	4527.8	3880.3	3053.9		
#住宅	9103.7	8902.9	8176.7	4971.8	3141.4	3103.4	2572.8	1902.9		

注：从2011年开始统计范围为500万元的建设项目投资。

6-2 按主要行业分全社会固定资产投资增长速度

单位：%

指　　标	2012年	2013年	2014年	2015年	2016年	2017年	2018年	2019年	2020年	2021年
总　计	**23.2**	**15.0**	**-1.5**	**-27.5**	**-62.7**	**-0.2**	**3.2**	**0.7**	**2.4**	**2.8**
农、林、牧、渔业	12.0	-4.3	15.1	-22.9	-51.9	-5.7	-1.4	20.6	43.7	3.2
采　矿　业	25.0	-5.0	-5.1	-38.0	-67.5	16.9	-2.5	18.1	0.5	29.0
制　造　业	25.4	15.2	2.7	-25.9	-73.1	-13.4	20.7	-7.3	-7.0	-3.7
电力、热力、燃气及水生产和供应业	11.2	6.1	-6.3	-32.6	-43.0	83.3	-7.3	8.5	-2.6	25.4
建　筑　业	89.6	-46.1	-41.1	-84.7	-33.7	74.3	1.2	-84.8	146.5	-44.9
批发和零售业	43.4	33.6	3.9	-19.9	-74.4	-47.8	-40.7	-2.7	-23.7	8.6
交通运输、仓储及邮政业	17.7	50.0	12.8	-30.1	-47.7	-9.0	-17.9	-20.4	3.6	17.8
住宿和餐饮业	32.3	16.3	-18.4	-27.1	-75.0	-1.8	-43.3	-25.1	-21.2	-13.1
信息转输、软件和信息技术服务业	26.2	-8.0	73.9	-4.9	-68.9	-11.3	-24.0	76.3	29.9	-11.7
金 融 业	12.7	149.7	-33.6	-32.4	-81.9	-0.5	-46.3	33.5	-12.8	31.8
房 地 产 业	19.3	18.6	-16.2	-34.4	-40.6	7.4	11.8	8.1	4.7	-2.1
租赁和商务服务业	33.5	-26.9	39.3	-38.4	-72.9	2.2	-36.2	45.2	-15.2	-16.9
科学研究和技术服务业	49.6	20.9	33.9	-5.5	-82.2	-31.4	-30.3	44.6	-16.7	19.1
水利、环境和公共设施管理业	12.6	33.1	10.1	-15.3	-75.7	-11.0	-7.0	-11.2	6.9	6.5
居民服务、修理和其他服务业	34.2	-0.9	1.8	-34.4	-64.7	-39.2	-23.7	-9.7	-19.0	-28.4
教育	10.2	20.4	7.7	-29.9	-67.6	38.1	-2.7	-9.0	27.5	19.2
卫生和社会工作	74.1	-10.6	-12.1	-1.5	-47.4	39.0	-15.0	-9.0	-9.9	24.2
文化、体育和娱乐业	53.4	-0.7	-9.5	-28.5	-54.0	14.8	-33.2	-24.1	-11.5	16.9
公共管理、社会保障和社会组织	-1.1	-44.0	-6.1	-9.9	-54.0	-20.3	-16.9	-22.7	17.6	48.8

6-3 固定资产投资增长速度

单位：%

指 标	2012年	2013年	2014年	2015年	2016年	2017年	2018年	2019年	2020年	2021年
投资总额	**23.5**	**15.1**	**-1.5**	**-27.8**	**-63.5**	**0.1**	**3.7**	**0.5**	**2.6**	**2.6**
1. 按投资渠道分										
建设项目	24.2	14.1	4.3	-26.4	-69.2	-4.3	-1.7	-4.9	0.8	6.6
房地产开发	21.6	18.2	-17.8	-32.9	-41.1	9.3	13.5	9.0	5.1	-2.6
2. 按产业分										
第一产业	12.4	-15.2	6.4	-27.4	-66.6	-2.0	-3.9	11.1	79.9	-5.6
第二产业	26.3	9.3	0.6	-28.3	-70.4	2.0	12.2	-3.8	-5.1	5.1
第三产业	22.0	21.2	-3.2	-27.4	-58.2	-0.8	-0.7	2.8	4.9	1.7
3. 按隶属关系分										
中央项目	-1.0	1.4	-7.9	-30.5	-31.2	51.9	-14.5	41.5	-2.6	5.4
地方项目	24.7	15.6	-1.3	-27.7	-64.5	-2.9	5.4	-2.5	3.2	2.3
4. 按经济类型分										
国有经济	20.8	14.9	-4.2	-32.9	-67.2	15.6	-12.2	-9.8	4.0	16.0
非国有经济	24.3	15.2	-0.8	-26.5	-62.7	-3.0	7.6	2.5	2.4	0.2
5. 按构成分										
建筑安装工程	21.1	23.5	3.2	-25.5	-63.7	-4.4	-11.4	1.1	6.8	8.4
设备工器购置	32.6	10.1	-7.6	-33.6	-70.7	18.0	12.5	-17.2	-7.4	9.1
其它费用	21.0	-17.2	-21.2	-33.8	-41.6	5.9	81.8	15.4	-1.4	-17.8
6. 按建设性质分										
#新建	30.0	17.1	6.7	-29.5	-68.2	-3.3	-2.3	-4.7	-2.0	-2.7
扩建	10.0	5.9	-0.6	-23.5	-73.1	-7.2	6.0	-43.7	19.4	53.9
改建和技术改造	7.3	-2.7	-7.9	-3.3	-76.6	40.2	-3.3	38.7	9.5	28.1
房屋建筑面积										
房屋施工面积(万平方米)	63822.1	66871.5	64532.5	47369.5	30260.7	28465.1	26650.7	25768.0		
#住宅	30107.7	31953.6	28953.2	21779.8	19145.6	18829.2	17877.3	17482.6		
房屋竣工面积(万平方米)	12691.5	14548.6	13246.9	10341.5	3510.4	3328.2	2795.0	2316.2		
#住宅	5413.5	5155.7	5070.2	2675.2	2215.8	2247.1	1836.2	1386.6		
房屋面积竣工率	19.9	21.8	20.5	21.8	11.6	11.7	10.5	9.0		
#住宅	18.0	16.1	17.5	12.3	11.6	11.9	10.3	7.9		
项目个数										
施工项目 (个)	18448	16281	16642	16235	7003	6689	7200	8674	9875	11552
#新开工项目	12058	11369	11624	12401	4213	3822	3672	4494	5049	4964
投产项目 (个)	12128	10459	12190	13693	3070	3237	2751	3366	3002	4043
项目投产率	65.7	64.2	73.2	84.3	43.8	48.4	38.2	38.8	30.4	35.0

注：统计范围为500万元的建设项目投资，项目个数为建设项目。

6-4 按构成和建设性质分固定资产投资增长速度

单位：%

年份、地区	投资额	按构成分			按建设性质分	
		建筑安装工程	设备、工器具购置	其他费用	#新建	#改、扩建
2012	21.4	18.5	31.2	20.3	27.0	4.7
2013	14.7	23.9	8.5	-18.7	16.4	2.3
2014	6.9	11.0	3.5	-15.8	19.3	9.3
2015	-27.8	-25.5	-33.6	-33.8	-29.5	-16.2
2016	-63.5	-63.7	-70.7	-41.6	-68.2	-74.5
2017	0.1	-4.4	18.0	5.9	-3.3	11.1
2018	3.7	-11.4	12.5	81.7	-2.3	1.5
2019	0.5	1.1	-17.2	15.4	-4.7	-5.5
2020	2.6	6.8	-7.4	-1.4	-2.0	12.7
2021	2.6	8.4	9.1	-17.8	-2.7	36.9
沈阳	2.9	12.7	29.5	-22.7	-0.7	24.6
大连	1.2	3.0	13.2	-7.9	-0.7	29.1
鞍山	6.8	17.5	-13.1	-16.8	15.2	44.1
抚顺	-9.2	-5.9	8.8	-40.5	-7.9	28.4
本溪	4.0	7.6	9.8	-33.3	-3.7	40.3
丹东	16.8	33.9	3.3	-39.0	11.9	127.2
锦州	7.1	7.3	22.8	-7.7	3.3	13.3
营口	-4.4	-4.0	-9.2	7.4	-17.2	20.5
阜新	9.4	15.4	3.6	-11.1	0.7	88.4
辽阳	-8.4	-0.6	-25.9	-28.4	-19.0	1.0
盘锦	-4.3	2.4	-31.3	-7.2	-12.4	49.1
铁岭	16.4	10.3	61.5	-25.1	5.3	170.5
朝阳	14.5	17.0	21.5	-9.7	-6.5	96.0
葫芦岛	-9.7	-4.9	31.5	-40.5	2.4	10.8

注：2013年之前的年度数据为城镇口径。

6-5 按行业分固定资产投资增长速度

(2021年) 单位：%

行业	投资额	建筑安装工程投资	设备工器具购置	其他费用
全省合计	**2.6**	**8.4**	**9.1**	**-17.8**
农、林、牧、渔业	**-2.6**	**-4.5**	**-1.1**	**17.6**
农业	1.0	0.2	-17.8	49.7
林业	10.7	27.2	155.7	-5.6
畜牧业	-5.3	-10.8	12.5	27.3
渔业	-61.5	-60.5	-63.2	-43.8
农、林、牧、渔专业及辅助性活动	27.0	26.6	39.9	15.8
采矿业	**29.0**	**18.3**	**26.6**	**186.6**
煤炭开采和洗选业	62.8	-40.7	200.2	417.3
石油和天然气开采业	12.0	12.4	-26.9	
黑色金属矿采选业	66.8	40.5	12.2	191.4
有色金属矿采选业	27.6	81.3	-58.4	227.1
非金属矿采选业	21.0	16.2	23.0	93.3
开采辅助活动	99.4	230.8	-74.3	-93.8
其他采矿业	357.6			
制造业	**-3.7**	**-4.9**	**-3.7**	**3.8**
农副食品加工业	41.4	34.7	57.8	51.7
食品制造业	-8.9	-15.0	16.6	-27.2
酒、饮料和精制茶制造业	-9.8	-4.8	-25.0	29.9
烟草制品业				
纺织业	-23.3	11.7	-55.1	-38.7
纺织服装、服饰业	52.9	88.8	-8.3	-13.9
皮革、毛皮、羽毛及其制品和制鞋业	-27.3	-29.3	-19.1	-81.8
木材加工和木、竹、藤、棕、草制品业	-17.2	20.1	-47.1	-81.7
家具制造业	-10.8	21.5	-54.0	-42.6
造纸和纸制品业	45.6	23.2	59.5	164.3
印刷和记录媒介复制业	-5.3	15.9	-36.9	-48.6
文教、工美、体育和娱乐用品制造业	-82.4	-91.6	52.7	-72.0
石油加工、炼焦和核燃料加工业	-49.4	-59.8	-39.0	-38.1
化学原料和化学制品制造业	-12.9	2.4	-31.7	-10.8
医药制造业	67.8	11.9	15.9	654.6
化学纤维制造业	76.4	-51.0	413.1	55.0
橡胶和塑料制品业	-17.4	-11.2	-28.8	82.8
非金属矿物制品业	0.5	6.1	-3.7	-26.3
黑色金属冶炼和压延加工业	-1.0	10.3	-15.7	47.1
有色金属冶炼和压延加工业	-36.2	-32.8	-37.4	-65.1
金属制品业	9.4	16.7	3.4	-27.0
通用设备制造业	-1.6	-3.3	7.1	-21.3

6-5 续表 1 (2021年) 单位：%

行　业	投资额	建筑安装工程投资	设备工器具购置	其他费用
专用设备制造业	8.9	10.0	14.1	-22.4
汽车制造业	-2.7	-0.6	-0.2	-33.4
铁路、船舶、航空航天和其他运输设备制造业	16.8	-50.9	165.9	748.2
电气机械和器材制造业	4.4	-8.6	11.0	70.8
计算机、通信和其他电子设备制造业	106.2	366.0	66.3	434.5
仪器仪表制造业	-15.8	-1.2	-44.4	-30.5
其他制造业	483.9	799.0	110.9	21.4
废弃资源综合利用业	5.4	14.9	5.1	-45.2
金属制品、机械和设备修理业	346.0	-17.5	27259.1	
电力、热力、燃气及水生产和供应业	**25.4**	**20.4**	**51.1**	**4.1**
电力、热力生产和供应业	35.6	37.6	54.9	4.7
燃气生产和供应业	15.0	31.3	-2.8	-5.6
水的生产和供应业	-12.5	-16.6	10.9	5.3
建筑业	**-75.2**	**-69.1**	**-72.0**	**-93.3**
房屋建筑业	-69.3	103.4	3816.7	-97.3
土木工程建筑业	-74.9	-75.9	-75.3	-37.9
建筑安装业				
建筑装饰和其他建筑业				
批发和零售业	**18.6**	**50.0**	**-39.6**	**-40.9**
批发业	-7.0	5.8	-44.8	-16.3
零售业	30.9	69.9	-32.9	-50.3
交通运输、仓储和邮政业	**17.0**	**8.1**	**96.2**	**23.5**
铁路运输业	-50.5	-52.0	-36.2	-50.1
道路运输业	30.9	8.1	134.8	171.9
水上运输业	90.8	83.3	256.1	-21.5
航空运输业	-24.4	-52.6	662.6	-0.3
管道运输业	1643.3	2405.8	138.2	1099.6
装卸搬运和运输代理业	-2.7	-0.7	-13.7	-0.6
仓储业	-1.7	4.1	46.4	-44.0
邮政业	3.7	5.2	28.2	-92.3
住宿和餐饮业	**-12.8**	**-15.5**	**5.3**	**11.1**
住宿业	-4.8	-4.3	6.1	-26.8
餐饮业	-32.4	-44.1	4.0	97.7
信息传输、软件和信息技术服务业	**-11.7**	**-13.3**	**3.4**	**-39.6**
电信、广播电视和卫星传输服务	-28.2	-24.8	-50.6	-3.2
互联网和相关服务	357.3	607.9	519.6	-84.2
软件和信息技术服务业	80.4	33.4	272.8	-38.9
金融业	**31.8**	**10.9**	**73.7**	**297.0**
货币金融服务	17.9	-6.2	75.2	

6-5 续表 2 (2021年) 单位：%

行业	投资额	建筑安装工程投资	设备工器具购置	其他费用
资本市场服务				
保险业				
其他金融业	-86.7	-89.9		-77.8
房地产业	**-2.1**	**13.1**	**4.3**	**-27.2**
租赁和商务服务业	**-18.5**	**-26.7**	**-14.2**	**103.8**
租赁业	-9.7		171.4	
商务服务业	-18.6	-26.5	-20.5	103.8
科学研究和技术服务业	**19.1**	**17.3**	**39.5**	**-2.4**
研究和试验发展	82.0	86.2	118.8	-52.0
专业技术服务业	-24.2	-15.7	25.0	-85.9
科技推广和应用服务业	11.5	5.9	-25.6	138.9
水利、环境和公共设施管理业	**6.5**	**13.8**	**-3.7**	**-41.5**
水利管理业	1.3	-0.7	29.0	44.2
生态保护和环境治理业	-5.3	17.5	-50.0	-35.1
公共设施管理业	8.4	15.7	76.9	-46.8
土地管理业	35.8	30.8		28.0
居民服务、修理和其他服务业	**-28.7**	**-38.7**	**38.5**	**-7.3**
居民服务业	-19.1	-21.4	62.3	-25.6
机动车、电子产品和日用产品修理业	-69.6	-68.4	-82.1	4.7
其他服务业	-36.7	-60.4	454.9	174.7
教育	**19.2**	**16.1**	**104.5**	**19.4**
卫生和社会工作	**24.2**	**31.1**	**0.6**	**35.3**
卫生	24.1	27.7	-2.9	106.1
社会工作	25.1	48.1	189.5	-76.0
文化、体育和娱乐业	**4.9**	**-9.7**	**-65.8**	**509.8**
新闻和出版业				
广播、电视、电影和影视录音制作业	-21.1	-2.1	-98.3	
文化艺术业	-4.6	-7.6	52.7	61.3
体育	45.0	10.0	-98.4	1005.7
娱乐业	-18.6	-22.6	26.5	28.7
公共管理、社会保障和社会组织	**48.8**	**52.4**	**245.3**	**-58.8**
中国共产党机关	21.7	21.4		
国家机构	56.7	62.6	245.3	-59.4
人民政协、民主党派				
社会保障				
群众团体、社会团体和其他成员组织	-58.4	-58.8		
基层群众自治组织				

6-6 按行业、隶属关系和注册类型分固定资产投资增长速度

(2021年) 单位：%

行业	投资额						
		中央	地方	内资	港澳台商投资	外商投资	个体经营
全省合计	**2.6**	**5.4**	**2.3**	**2.1**	**-1.2**	**9.1**	**154.1**
农、林、牧、渔业	**-2.6**	**65.4**	**-3.1**	**-6.1**		**-68.6**	**99.3**
农业	1.0		2.2	-0.4			48.6
林业	10.7	40.5	9.2	10.7			
畜牧业	-5.3		-5.3	-10.6		-68.6	106.3
渔业	-61.5		-61.5	-61.3			-92.5
农、林、牧、渔专业及辅助性活动	27.0	274.3	19.9	25.0			
采矿业	**29.0**	**19.0**	**46.7**	**26.9**	**-99.5**	**476.6**	**20515.0**
煤炭开采和洗选业	62.8	-9.5	88.5	160.4			
石油和天然气开采业	12.0	14.6		4.7			
黑色金属矿采选业	66.8	66.4	67.0	65.3			14790.0
有色金属矿采选业	27.6	194.4	24.9	47.4		-67.2	
非金属矿采选业	21.0		21.0	21.0			
开采辅助活动	99.4		99.4	99.4			
其他采矿业	357.6		357.6	357.6			
制造业	**-3.7**	**38.3**	**-5.8**	**-8.8**	**29.1**	**23.1**	**331.9**
农副食品加工业	41.4	-46.3	42.4	44.6	-12.4	-42.0	339.9
食品制造业	-8.9		-8.9	-17.0	318.4	-9.1	
酒、饮料和精制茶制造业	-9.8	-93.5	-9.7	-11.4	-45.1	10470.0	-79.3
烟草制品业							
纺织业	-23.3		-23.3	-24.6	1.3		22.2
纺织服装、服饰业	52.9		52.9	49.4		97.6	408.7
皮革、毛皮、羽毛及其制品和制鞋业	-27.3		-27.3	-21.4		-28.8	
木材加工和木、竹、藤、棕、草制品业	-17.2		-17.2	-18.1			
家具制造业	-10.8		-10.8	-11.1		-88.9	302.6
造纸和纸制品业	45.6		45.6	-9.8	210.2		
印刷和记录媒介复制业	-5.3		-5.3	8.9	-48.3		
文教、工美、体育和娱乐用品制造业	-82.4		-82.4	-83.6			
石油加工、炼焦和核燃料加工业	-49.4	24.4	-65.6	-49.4		-13.3	
化学原料和化学制品制造业	-12.9	167.1	-16.4	-15.9	8.1	35.4	
医药制造业	67.8	303.3	66.8	83.0	0.1	-96.2	
化学纤维制造业	76.4		76.4	76.4			
橡胶和塑料制品业	-17.4		-17.4	-18.1	-4.0	-31.1	497.3
非金属矿物制品业	0.5	-95.8	1.0	-2.7	2414.7	21.5	255.4
黑色金属冶炼和压延加工业	-1.0	67.4	-8.9	-3.5	85.7		
有色金属冶炼和压延加工业	-36.2	-69.4	-34.6	-35.4	-89.5	122.5	
金属制品业	9.4	532.2	8.0	8.7	52.0	5.9	413.9
通用设备制造业	-1.6	21.3	-2.8	-8.5	141.6	42.0	583.3

6-6 续表 1 (2021年) 单位：%

行　　业	投资额						
		中央	地方	内资	港澳台商投资	外商投资	个体经营
专用设备制造业	8.9	8.9	8.8	2.1	11.9	88.3	
汽车制造业	-2.7	150.7	-3.1	22.8	-73.9	-11.7	
铁路、船舶、航空航天和其他运输设备制造业	16.8	228.3	-7.4	14.2		111.4	
电气机械和器材制造业	4.4		4.4	2.1	24.5	14.7	
计算机、通信和其他电子设备制造业	106.2		106.0	173.7	10.0	94.3	
仪器仪表制造业	-15.8	33.3	-16.0	-10.4		-58.5	
其他制造业	483.9		483.9	483.9			
废弃资源综合利用业	5.4	19.8	5.0	5.1			
金属制品、机械和设备修理业	346.0		293.7	346.0			
电力、热力、燃气及水生产和供应业	**25.4**	**-1.6**	**42.3**	**26.5**	**25.8**	**-55.3**	
电力、热力生产和供应业	35.6	4.9	61.5	40.1	-18.4	-64.6	
燃气生产和供应业	15.0	-60.7	85.0	15.9	0.2	359.3	
水的生产和供应业	-12.5	-82.5	-7.1	-22.6	679.1		
建筑业	**-75.2**	**-76.0**	**-74.8**	**-75.2**			
房屋建筑业	-69.3	-79.8	9266.7	-69.3			
土木工程建筑业	-74.9	-68.3	-76.0	-74.9			
建筑安装业							
建筑装饰和其他建筑业							
批发和零售业	**18.6**	**339.5**	**12.5**	**18.2**			**108.7**
批发业	-7.0	180.6	-14.2	-5.8			
零售业	30.9	619.3	24.9	29.6			108.7
交通运输、仓储和邮政业	**17.0**	**-18.7**	**27.5**	**16.9**	**-12.4**	**53.7**	**127.3**
铁路运输业	-50.5	-50.9	-45.6	-50.9		75.2	
道路运输业	30.9	22.0	32.4	30.9		-17.3	
水上运输业	90.8	15.3	93.8	89.5			
航空运输业	-24.4		-15.2	-24.4			
管道运输业	1643.3	617.5	1735.2	1643.3			
装卸搬运和运输代理业	-2.7		5.0	29.4			
仓储业	-1.7	1252.1	-8.1	-4.7	-12.4	155.5	127.3
邮政业	3.7	-56.3	9.2	3.7			
住宿和餐饮业	**-12.8**		**-12.8**	**-16.7**	**184.6**		**14980.0**
住宿业	-4.8		-4.8	-8.5			12700.0
餐饮业	-32.4		-32.4	-37.6	184.6		
信息传输、软件和信息技术服务业	**-11.7**	**-51.4**	**40.2**	**-41.8**	**1048.8**	**12.8**	
电信、广播电视和卫星传输服务	-28.2	-56.2	18.0	-62.8	961.3	6.0	
互联网和相关服务	357.3		275.9	281.9		1389.6	
软件和信息技术服务业	80.4		68.7	68.7		298.9	
金融业	**31.8**	**-46.0**	**35.8**	**31.8**			
货币金融服务	17.9	-62.0	22.2	17.9			

6-6 续表 2 (2021年) 单位：%

行 业	投资额						
		中央	地方	内资	港澳台商投资	外商投资	个体经营
资本市场服务							
保险业							
其他金融业	-86.7		-86.7	-86.7			
房地产业	**-2.1**	**20.9**	**-2.6**	**-0.5**	**-17.6**	**-14.6**	
租赁和商务服务业	**-18.5**	**96.1**	**-18.9**	**-18.8**	**-1.6**		
租赁业	-9.7		-9.7	-26.7			
商务服务业	-18.6	96.1	-18.9	-18.7	-7.9		
科学研究和技术服务业	**19.1**	**51.7**	**14.1**	**17.8**		**209.4**	
研究和试验发展	82.0	66.7	92.6	81.4			
专业技术服务业	-24.2	7.0	-24.6	-27.3			
科技推广和应用服务业	11.5	17.6	11.0	10.8		21.5	
水利、环境和公共设施管理业	**6.5**	**167.4**	**1.3**	**6.5**	**-48.6**	**248.6**	
水利管理业	1.3	37.6	-0.4	1.0		-7.3	
生态保护和环境治理业	-5.3	-41.9	-4.7	-5.0	-54.7	295.5	
公共设施管理业	8.4	216.2	1.6	8.3			
土地管理业	35.8		35.8	35.8			
居民服务、修理和其他服务业	**-28.7**	**-47.7**	**-28.0**	**-35.1**			**222.9**
居民服务业	-19.1	-46.8	-18.2	-29.4			515.7
机动车、电子产品和日用产品修理业	-69.6		-69.6	-68.9			-75.0
其他服务业	-36.7	-48.4	-35.6	-36.7			
教育	**19.2**	**-18.2**	**20.8**	**19.1**	**29.2**		
卫生和社会工作	**24.2**	**42.4**	**23.9**	**31.0**			**-36.4**
卫生	24.1	40.3	23.8	32.3			
社会工作	25.1		24.9	24.4			
文化、体育和娱乐业	**4.9**	**-96.4**	**16.4**	**4.5**			**-35.6**
新闻和出版业							
广播、电视、电影和影视录音制作业	-21.1		-21.1	-19.3			
文化艺术业	-4.6		-4.6	-4.6			
体育	45.0	-96.4	108.6	45.0			
娱乐业	-18.6		-18.6	-19.7			45.0
公共管理、社会保障和社会组织	**48.8**	**-23.7**	**55.5**	**48.8**			
中国共产党机关	21.7		21.7	21.7			
国家机构	56.7	-23.7	64.9	56.7			
人民政协、民主党派							
社会保障							
群众团体、社会团体和其他成员组织	-58.4		-58.4	-58.4			
基层群众自治组织							

6-7 各地区按主要行业分固定资产投资增长速度

单位：%

年份、地区	合计	农林牧渔业	采矿业	制造业	电力、热力、燃气及水生产和供应业	建筑业	批发和零售业	交通运输、仓储和邮政业	住宿和餐饮业	信息传输、软件和信息技术服务业
2012	21.4	-3.8	22.9	21.5	5.2	92.3	47.0	16.4	28.4	23.9
2013	14.7	-11.4	-8.1	13.2	8.1	-45.8	33.6	48.1	22.9	-6.7
2014	6.9	152.9	13.3	17.9	1.8	-38.7	7.3	21.4	-13.2	76.1
2015	-27.8	-26.7	-38.0	-26.0	-32.6	-91.5	-20.3	-30.3	-27.1	-4.9
2016	-63.5	-68.7	-67.5	-73.1	-43.0	29.8	-76.2	-48.0	-75.1	-68.9
2017	0.1	-4.6	16.9	-13.4	83.3	74.3	-51.5	-8.7	-1.9	-11.3
2018	3.7	1.0	-2.5	20.7	-7.3	1.2	-40.9	-18.0	-43.4	-24.0
2019	0.5	4.8	18.1	-7.3	8.2	-96.4	-1.3	-21.5	-25.3	76.3
2020	2.6	80.1	0.5	-7.0	-2.6	687.6	-23.5	3.0	-21.4	29.9
2021	2.6	-2.6	29.0	-3.7	25.4	-75.2	18.6	17.0	-12.8	-11.7
沈　阳	2.9	-21.8	70.8	17.3	18.1	-75.1	75.2	28.7	-0.4	-52.1
大　连	1.2	-29.8	-10.7	-23.1	49.5	-61.7	-15.6	19.1	1.6	115.8
鞍　山	6.8	20.3	102.1	8.9	-12.6		15.9	43.5	-11.7	139.5
抚　顺	-9.2	-53.7	56.2	9.6	21.9		-85.9	-58.3		5.8
本　溪	4.0	16.1	11.8	13.9	14.3		804.0	38.2	-18.0	69.4
丹　东	16.8	5.4	53.8	14.4	30.9	102.0	-41.1	74.2	-37.6	
锦　州	7.1	-5.6	-59.6	13.3	27.4		-43.2	12.6	-40.7	171.5
营　口	-4.4	60.5	47.6	-2.9	-36.3		69.9	11.3	-1.6	-58.9
阜　新	9.4	50.3	119.6	-14.8	27.2		-61.0	40.8	-12.5	-39.0
辽　阳	-8.4	41.4	-31.9	-26.2	-58.7		-74.3	236.6	-75.3	10.7
盘　锦	-4.3	-60.5	14.5	-12.3	-37.8		50.3	-19.4	-2.5	715.4
铁　岭	16.4	-12.6	265.7	9.7	51.2		36.1	52.0	-62.0	19.4
朝　阳	14.5	-3.2	80.6	-18.6	68.0		-23.8	4.0	6.6	38.8
葫芦岛	-9.7	-69.9	-8.0	-10.6	20.1		-62.7	-1.1		40.6

注：2013年之前的年度数据为城镇口径。

6-7 续表

单位：%

年份、地区	金融业	房地产业	租赁和商务服务业	科学研究和技术服务	水利、环境和公共设施管理业	居民服务、修理和其他服务业	教育	卫生、社会工作	文化、体育和娱乐业	公共管理、社会保障和社会组织
2012	11.2	23.6	-10.0	51.1	12.5	37.2	2.9	77.5	53.2	-4.1
2013	149.2	15.6	9.3	16.1	33.7	-2.6	10.6	-13.2	-4.0	-45.6
2014	-32.5	-16.3	41.0	41.6	14.6	5.2	27.1	-7.6	-3.5	4.2
2015	-32.4	-34.9	-38.4	-5.5	-15.3	-36.1	-29.9	-1.5	-28.5	-9.9
2016	-81.9	-41.5	-72.9	-82.2	-75.7	-62.4	-67.6	-47.4	-53.9	-54.0
2017	-0.5	8.3	2.2	-31.4	-11.0	-39.3	38.1	39.0	14.8	-20.3
2018	-46.3	12.9	-36.2	-30.3	-7.0	-23.9	-2.7	-15.0	-33.2	-16.9
2019	33.5	9.7	45.2	44.6	-11.2	-9.8	-9.0	-9.0	-24.1	-22.7
2020	-12.8	5.8	-17.4	-16.7	6.9	-19.1	27.5	-9.9	-1.4	17.6
2021	31.8	-2.1	-18.5	19.1	6.5	-28.7	19.2	24.2	4.9	48.8
沈　阳	62.3	-0.7	7.7	-5.3	-2.3	-49.6	25.4	69.7	-66.7	83.7
大　连	29.8	-3.1	-15.9	55.9	2.1	122.8	18.3	-7.7	83.1	290.2
鞍　山	-43.0	-17.6	-20.5	64.3	32.5	-50.0	22.1	-5.4	18.3	85.2
抚　顺		-20.5	-6.4	71.3	-1.6	-83.9	144.5	-36.2	-36.6	-12.2
本　溪	-98.8	-30.1	33.1	248.0	7.3	-86.6	-16.4	53.9	-1.0	41.2
丹　东		0.8	105.1	-21.5	67.3	-25.4	-11.9	199.3	664.4	108.2
锦　州		6.4	-42.1	155.1	-39.8	199.7	60.3	13.2	4.6	-28.3
营　口	-93.5	1.8	-27.0	54.8	-11.2	-70.0	29.4	-47.4	601.3	-22.8
阜　新		-5.3	407.4	124.0	-19.3	37.8	30.4	267.7	-12.1	-4.7
辽　阳		4.1	11.9	-13.8	43.7	58.9	53.6	109.5	51.7	3.1
盘　锦		10.5	-63.8	-60.4	23.8		-81.3	105.2	49.4	-65.0
铁　岭		-10.2	50.9		9.8		-46.5	495.0	-33.8	574.8
朝　阳		56.1	-49.3		42.6	73.3	-42.3	-10.5	-13.4	-10.8
葫芦岛		-20.9	-19.7	-69.7	18.4	-17.3	118.3	197.1	186.9	28.4

6-8 按构成和建设性质分建设项目投资增长速度

单位：%

年份、地区	投资额	按构成分			按建设性质分	
		建筑安装工程	设备、工器具购置	其他费用	#新建	#改、扩建
2012	21.3	18.7	32.6	9.0	27.0	4.7
2013	13.4	23.6	8.3	-27.0	16.4	2.3
2014	16.6	24.0	4.1	-0.1	19.3	9.3
2015	-26.4	-23.5	-33.0	-30.7	-29.5	-16.2
2016	-69.2	-69.7	-71.6	-53.5	-68.2	-74.5
2017	-4.3	-11.8	19.5	-2.2	-3.3	11.1
2018	-1.7	-7.6	13.2	-3.6	-2.3	1.5
2019	-4.9	-0.7	-18.2	12.0	-4.7	-5.5
2020	0.8	3.1	-6.3	5.6	-2.0	12.7
2021	6.6	5.4	9.3	7.1	-2.7	36.9
沈　阳	9.2	-1.9	29.5	43.2	-0.7	24.6
大　连	6.0	7.0	12.6	-11.4	-0.7	29.1
鞍　山	20.9	28.6	-12.3	57.0	15.2	44.1
抚　顺	-2.3	-4.9	6.3	3.8	-7.9	28.4
本　溪	14.7	16.9	11.8	3.6	-3.7	40.3
丹　东	31.4	37.8	6.6	36.8	11.9	127.2
锦　州	6.0	2.7	23.3	2.9	3.3	13.3
营　口	-7.4	-8.9	-8.6	18.0	-17.2	20.5
阜　新	16.4	23.5	3.7	6.2	0.7	88.4
辽　阳	-14.1	-12.4	-24.5	-2.9	-19.0	1.0
盘　锦	-7.5	-0.2	-31.5	-10.4	-12.4	49.1
铁　岭	28.0	18.5	60.1	5.2	5.3	170.5
朝　阳	5.4	7.1	22.2	-38.5	-6.5	96.0
葫芦岛	4.14	-2.58	36.03	-15.67	2.44	10.77

6-9 按行业和构成分建设项目投资增长速度

(2021年) 单位：%

行业	投资额	#新建	#扩建	#改建	建筑安装工程投资	设备工器具购置	其他费用
全省合计	**6.6**	**-2.7**	**53.9**	**28.1**	**5.4**	**9.3**	**7.1**
农、林、牧、渔业	**-2.6**	**-3.1**	**81.8**	**77.0**	**-4.5**	**-1.1**	**17.6**
农业	1.0	-0.8	132.6		0.2	-17.8	49.7
林业	10.7	1.9	48.5		27.2	155.7	-5.6
畜牧业	-5.3	-7.4	92.0	83.6	-10.8	12.5	27.3
渔业	-61.5	-40.3	-94.9		-60.5	-63.2	-43.8
农、林、牧、渔专业及辅助性活动	27.0	25.7	125.0		26.6	39.9	15.8
采矿业	**29.0**	**8.8**	**214.9**	**169.4**	**18.3**	**26.6**	**186.6**
煤炭开采和洗选业	62.8	-95.7		530.1	-40.7	200.2	417.3
石油和天然气开采业	12.0	4.4			12.4	-26.9	
黑色金属矿采选业	66.8	36.6	151.9	138.8	40.5	12.2	191.4
有色金属矿采选业	27.6	-25.9	1277.4	30.2	81.3	-58.4	227.1
非金属矿采选业	21.0	11.6	-16.0	107.8	16.2	23.0	93.3
开采辅助活动	99.4	-63.5		1362.5	230.8	-74.3	-93.8
其他采矿业	357.6						
制造业	**-3.7**	**-23.9**	**48.6**	**27.7**	**-4.9**	**-3.7**	**3.8**
农副食品加工业	41.4	23.4	48.9	385.9	34.7	57.8	51.7
食品制造业	-8.9	-32.0	-43.0	182.2	-15.0	16.6	-27.2
酒、饮料和精制茶制造业	-9.8	-13.1	112.1	6.6	-4.8	-25.0	29.9
烟草制品业							
纺织业	-23.3	-16.4	-36.4	-64.6	11.7	-55.1	-38.7
纺织服装、服饰业	52.9	54.4	6.8	188.6	88.8	-8.3	-13.9
皮革、毛皮、羽毛及其制品和制鞋业	-27.3	669.8	-93.2	-31.5	-29.3	-19.1	-81.8
木材加工和木、竹、藤、棕、草制品业	-17.2	-41.4	6251.6	286.2	20.1	-47.1	-81.7
家具制造业	-10.8	-34.8	394.0	54.3	21.5	-54.0	-42.6
造纸和纸制品业	45.6	15.6	60.4	45.4	23.2	59.5	164.3
印刷和记录媒介复制业	-5.3	-19.7	-80.2	631.4	15.9	-36.9	-48.6
文教、工美、体育和娱乐用品制造业	-82.4	-92.8	2775.0		-91.6	52.7	-72.0
石油加工、炼焦和核燃料加工业	-49.4	-71.6	31.4	38.5	-59.8	-39.0	-38.1
化学原料和化学制品制造业	-12.9	-18.2	-31.5	63.0	2.4	-31.7	-10.8
医药制造业	67.8	95.2	-45.0	36.0	11.9	15.9	654.6
化学纤维制造业	76.4	106.1	-97.4	-91.6	-51.0	413.1	55.0
橡胶和塑料制品业	-17.4	-29.0	-40.1	400.3	-11.2	-28.8	82.8
非金属矿物制品业	0.5	-14.3	12.2	81.3	6.1	-3.7	-26.3
黑色金属冶炼和压延加工业	-1.0	-38.1	-8.5	8.1	10.3	-15.7	47.1
有色金属冶炼和压延加工业	-36.2	-49.7	-64.1	145.8	-32.8	-37.4	-65.1
金属制品业	9.4	-16.2	63.6	154.5	16.7	3.4	-27.0
通用设备制造业	-1.6	-27.5	35.2	140.6	-3.3	7.1	-21.3

6-9 续表 1 (2021年) 单位：%

行业	投资额						
		#新建	#扩建	#改建	建筑安装工程投资	设备工器具购置	其他费用
专用设备制造业	8.9	-12.7	24.7	128.2	10.0	14.1	-22.4
汽车制造业	-2.7	-11.4	372.4	-40.2	-0.6	-0.2	-33.4
铁路、船舶、航空航天和其他运输设备制造业	16.8	-19.1	-33.9	63.4	-50.9	165.9	748.2
电气机械和器材制造业	4.4	10.1	-79.3	36.3	-8.6	11.0	70.8
计算机、通信和其他电子设备制造业	106.2	163.5	101.6	115.5	366.0	66.3	434.5
仪器仪表制造业	-15.8	-39.0	-5.0	19.5	-1.2	-44.4	-30.5
其他制造业	483.9	532.9	153.0		799.0	110.9	21.4
废弃资源综合利用业	5.4	-2.6	27.7	99.2	14.9	5.1	-45.2
金属制品、机械和设备修理业	346.0	13530.8		4.7	-17.5	27259.1	
电力、热力、燃气及水生产和供应业	**25.4**	**22.0**	**76.5**	**26.5**	**20.4**	**51.1**	**4.1**
电力、热力生产和供应业	35.6	35.0	39.1	47.3	37.6	54.9	4.7
燃气生产和供应业	15.0	-3.9		154.5	31.3	-2.8	-5.6
水的生产和供应业	-12.5	-25.4	185.6	-52.1	-16.6	10.9	5.3
建筑业	**-75.2**	**-79.8**		**-9.6**	**-69.1**	**-72.0**	**-93.3**
房屋建筑业	-69.3	-72.6			103.4	3816.7	-97.3
土木工程建筑业	-74.9	-80.5		-9.6	-75.9	-75.3	-37.9
建筑安装业							
建筑装饰和其他建筑业							
批发和零售业	**18.6**	**28.7**	**-21.3**	**-18.4**	**50.0**	**-39.6**	**-40.9**
批发业	-7.0	-1.0	-34.3	-22.9	5.8	-44.8	-16.3
零售业	30.9	42.7	-8.7	-16.7	69.9	-32.9	-50.3
交通运输、仓储和邮政业	**17.0**	**12.2**	**62.6**	**15.4**	**8.1**	**96.2**	**23.5**
铁路运输业	-50.5	-60.6	366.7	-63.6	-52.0	-36.2	-50.1
道路运输业	30.9	27.6	-78.2	12.3	8.1	134.8	171.9
水上运输业	90.8	74.1	158.9	452.1	83.3	256.1	-21.5
航空运输业	-24.4	-25.1			-52.6	662.6	-0.3
管道运输业	1643.3	2045.5		105.9	2405.8	138.2	1099.6
装卸搬运和运输代理业	-2.7	-1.5	-14.0		-0.7	-13.7	-0.6
仓储业	-1.7	-6.4	107.7	157.5	4.1	46.4	-44.0
邮政业	3.7	4.6	-15.3		5.2	28.2	-92.3
住宿和餐饮业	**-12.8**	**-6.7**	**-56.8**	**-18.0**	**-15.5**	**5.3**	**11.1**
住宿业	-4.8	-5.3	-40.5	15.3	-4.3	6.1	-26.8
餐饮业	-32.4	-10.7	-86.2	-71.2	-44.1	4.0	97.7
信息传输、软件和信息技术服务业	**-11.7**	**-27.8**	**5669.0**	**4.0**	**-13.3**	**3.4**	**-39.6**
电信、广播电视和卫星传输服务	-28.2	-43.5	7988.2	-71.8	-24.8	-50.6	-3.2
互联网和相关服务	357.3	326.9		613.7	607.9	519.6	-84.2
软件和信息技术服务业	80.4	88.0		23.2	33.4	272.8	-38.9
金融业	**31.8**	**-28.2**		**415.9**	**10.9**	**73.7**	**297.0**
货币金融服务	17.9	-49.1		521.0	-6.2	75.2	

6-9 续表 2 (2021年) 单位：%

行业	投资额	#新建	#扩建	#改建	建筑安装工程投资	设备工器具购置	其他费用
资本市场服务							
保险业							
其他金融业	-86.7	-89.9		-81.5	-89.9		-77.8
房地产业	**24.3**	**6.5**	**-15.5**	**33.3**	**29.0**	**115.6**	**-42.7**
租赁和商务服务业	**-18.5**	**-14.8**	**-64.5**	**-34.4**	**-26.7**	**-14.2**	**103.8**
租赁业	-9.7	4.4		-94.8		171.4	
商务服务业	-18.6	-14.8	-64.5	-33.6	-26.5	-20.5	103.8
科学研究和技术服务业	**19.1**	**22.7**	**28.8**	**-44.4**	**17.3**	**39.5**	**-2.4**
研究和试验发展	82.0	62.3		1422.3	86.2	118.8	-52.0
专业技术服务业	-24.2	-11.3	-59.3	-66.4	-15.7	25.0	-85.9
科技推广和应用服务业	11.5	17.4	38.6	-66.8	5.9	-25.6	138.9
水利、环境和公共设施管理业	**6.5**	**-0.6**	**86.4**	**40.5**	**13.8**	**-3.7**	**-41.5**
水利管理业	1.3	14.2	52.5	-53.1	-0.7	29.0	44.2
生态保护和环境治理业	-5.3	1.1	78.5	-67.4	17.5	-50.0	-35.1
公共设施管理业	8.4	-3.3	102.9	83.9	15.7	76.9	-46.8
土地管理业	35.8	5.5			30.8		28.0
居民服务、修理和其他服务业	**-28.7**	**-35.7**	**183.1**	**-0.5**	**-38.7**	**38.5**	**-7.3**
居民服务业	-19.1	-26.8	23.5	9.0	-21.4	62.3	-25.6
机动车、电子产品和日用产品修理业	-69.6	-75.4			-68.4	-82.1	4.7
其他服务业	-36.7	-36.7		-67.1	-60.4	454.9	174.7
教育	**19.2**	**15.6**	**-0.3**	**195.9**	**16.1**	**104.5**	**19.4**
卫生和社会工作	**24.2**	**31.0**	**-46.5**	**39.2**	**31.1**	**0.6**	**35.3**
卫生	24.1	30.2	-49.6	61.9	27.7	-2.9	106.1
社会工作	25.1	35.0	-5.5	-83.6	48.1	189.5	-76.0
文化、体育和娱乐业	**4.9**	**58.4**	**-62.3**	**-65.7**	**-9.7**	**-65.8**	**509.8**
新闻和出版业							
广播、电视、电影和影视录音制作业	-21.1	128.5			-2.1	-98.3	
文化艺术业	-4.6	42.5	-35.7	-42.4	-7.6	52.7	61.3
体育	45.0	319.1	604.2	-90.1	10.0	-98.4	1005.7
娱乐业	-18.6	-14.2	-88.9	74.5	-22.6	26.5	28.7
公共管理、社会保障和社会组织	**48.8**	**63.6**	**-52.4**	**121.6**	**52.4**	**245.3**	**-58.8**
中国共产党机关	21.7	-75.0	95.0	-89.1	21.4		
国家机构	56.7	61.3	-44.5	126.6	62.6	245.3	-59.4
人民政协、民主党派							
社会保障							
群众团体、社会团体和其他成员组织	-58.4	187.1			-58.8		
基层群众自治组织							

6-10 按行业、隶属关系和注册类型分建设项目投资增长速度

（2021年） 单位：%

行业	投资额	中央	地方	内资	港澳台商投资	外商投资	个体经营
全省合计	**6.6**	**3.3**	**7.1**	**4.5**	**47.9**	**20.7**	**154.1**
农、林、牧、渔业	**-2.6**	**65.4**	**-3.1**	**-6.1**		**-68.6**	**99.3**
农业	1.0		2.2	-0.4			48.6
林业	10.7	40.5	9.2	10.7			
畜牧业	-5.3		-5.3	-10.6		-68.6	106.3
渔业	-61.5		-61.5	-61.3			-92.5
农、林、牧、渔专业及辅助性活动	27.0	274.3	19.9	25.0			
采矿业	**29.0**	**19.0**	**46.7**	**26.9**	**-99.5**	**476.6**	**20515.0**
煤炭开采和洗选业	62.8	-9.5	88.5	160.4			
石油和天然气开采业	12.0	14.6		4.7			
黑色金属矿采选业	66.8	66.4	67.0	65.3			14790.0
有色金属矿采选业	27.6	194.4	24.9	47.4		-67.2	
非金属矿采选业	21.0		21.0	21.0			
开采辅助活动	99.4		99.4	99.4			
其他采矿业	357.6		357.6	357.6			
制造业	**-3.7**	**38.3**	**-5.8**	**-8.8**	**29.1**	**23.1**	**331.9**
农副食品加工业	41.4	-46.3	42.4	44.6	-12.4	-42.0	339.9
食品制造业	-8.9		-8.9	-17.0	318.4	-9.1	
酒、饮料和精制茶制造业	-9.8	-93.5	-9.7	-11.4	-45.1	10470.0	-79.3
烟草制品业							
纺织业	-23.3		-23.3	-24.6	1.3		22.2
纺织服装、服饰业	52.9		52.9	49.4		97.6	408.7
皮革、毛皮、羽毛及其制品和制鞋业	-27.3		-27.3	-21.4		-28.8	
木材加工和木、竹、藤、棕、草制品业	-17.2		-17.2	-18.1			
家具制造业	-10.8		-10.8	-11.1		-88.9	302.6
造纸和纸制品业	45.6		45.6	-9.8	210.2		
印刷和记录媒介复制业	-5.3		-5.3	8.9	-48.3		
文教、工美、体育和娱乐用品制造业	-82.4		-82.4	-83.6			
石油加工、炼焦和核燃料加工业	-49.4	24.4	-65.6	-49.4		-13.3	
化学原料和化学制品制造业	-12.9	167.1	-16.4	-15.9	8.1	35.4	
医药制造业	67.8	303.3	66.8	83.0	0.1	-96.2	
化学纤维制造业	76.4		76.4	76.4			
橡胶和塑料制品业	-17.4		-17.4	-18.1	-4.0	-31.1	497.3
非金属矿物制品业	0.5	-95.8	1.0	-2.7	2414.7	21.5	255.4
黑色金属冶炼和压延加工业	-1.0	67.4	-8.9	-3.5	85.7		
有色金属冶炼和压延加工业	-36.2	-69.4	-34.6	-35.4	-89.5	122.5	
金属制品业	9.4	532.2	8.0	8.7	52.0	5.9	413.9
通用设备制造业	-1.6	21.3	-2.8	-8.5	141.6	42.0	583.3

6-10 续表 1 (2021年) 单位：%

行业	投资额	中央	地方	内资	港澳台商投资	外商投资	个体经营
专用设备制造业	8.9	8.9	8.8	2.1	11.9	88.3	
汽车制造业	-2.7	150.7	-3.1	22.8	-73.9	-11.7	
铁路、船舶、航空航天和其他运输设备制造业	16.8	228.3	-7.4	14.2		111.4	
电气机械和器材制造业	4.4		4.4	2.1	24.5	14.7	
计算机、通信和其他电子设备制造业	106.2		106.0	173.7	10.0	94.3	
仪器仪表制造业	-15.8	33.3	-16.0	-10.4		-58.5	
其他制造业	483.9		483.9	483.9			
废弃资源综合利用业	5.4	19.8	5.0	5.1			
金属制品、机械和设备修理业	346.0		293.7	346.0			
电力、热力、燃气及水生产和供应业	**25.4**	**-1.6**	**42.3**	**26.5**	**25.8**	**-55.3**	
电力、热力生产和供应业	35.6	4.9	61.5	40.1	-18.4	-64.6	
燃气生产和供应业	15.0	-60.7	85.0	15.9	0.2	359.3	
水的生产和供应业	-12.5	-82.5	-7.1	-22.6	679.1		
建筑业	**-75.2**	**-76.0**	**-74.8**	**-75.2**			
房屋建筑业	-69.3	-79.8	9266.7	-69.3			
土木工程建筑业	-74.9	-68.3	-76.0	-74.9			
建筑安装业							
建筑装饰和其他建筑业							
批发和零售业	**18.6**	**339.5**	**12.5**	**18.2**			**108.7**
批发业	-7.0	180.6	-14.2	-5.8			
零售业	30.9	619.3	24.9	29.6			108.7
交通运输、仓储和邮政业	**17.0**	**-18.7**	**27.5**	**16.9**	**-12.4**	**53.7**	**127.3**
铁路运输业	-50.5	-50.9	-45.6	-50.9		75.2	
道路运输业	30.9	22.0	32.4	30.9		-17.3	
水上运输业	90.8	15.3	93.8	89.5			
航空运输业	-24.4		-15.2	-24.4			
管道运输业	1643.3	617.5	1735.2	1643.3			
装卸搬运和运输代理业	-2.7		5.0	29.4			
仓储业	-1.7	1252.1	-8.1	-4.7	-12.4	155.5	127.3
邮政业	3.7	-56.3	9.2	3.7			
住宿和餐饮业	**-12.8**		**-12.8**	**-16.7**	**184.6**		**14980.0**
住宿业	-4.8		-4.8	-8.5			12700.0
餐饮业	-32.4		-32.4	-37.6	184.6		
信息传输、软件和信息技术服务业	**-11.7**	**-51.4**	**40.2**	**-41.8**	**1048.8**	**12.8**	
电信、广播电视和卫星传输服务	-28.2	-56.2	18.0	-62.8	961.3	6.0	
互联网和相关服务	357.3		275.9	281.9		1389.6	
软件和信息技术服务业	80.4		68.7	68.7		298.9	
金融业	**31.8**	**-46.0**	**35.8**	**31.8**			
货币金融服务	17.9	-62.0	22.2	17.9			

6-10 续表 2 (2021年) 单位：%

行　　业	投资额						
		中央	地方	内资	港澳台商投资	外商投资	个体经营
资本市场服务							
保险业							
其他金融业	-86.7		-86.7	-86.7			
房地产业	**24.3**	**-48.5**	**26.5**	**26.5**	**71.6**		
租赁和商务服务业	**-18.5**	**96.1**	**-18.9**	**-18.8**	**-1.6**		
租赁业	-9.7		-9.7	-26.7			
商务服务业	-18.6	96.1	-18.9	-18.7	-7.9		
科学研究和技术服务业	**19.1**	**51.7**	**14.1**	**17.8**		**209.4**	
研究和试验发展	82.0	66.7	92.6	81.4			
专业技术服务业	-24.2	7.0	-24.6	-27.3			
科技推广和应用服务业	11.5	17.6	11.0	10.8		21.5	
水利、环境和公共设施管理业	**6.5**	**167.4**	**1.3**	**6.5**	**-48.6**	**248.6**	
水利管理业	1.3	37.6	-0.4	1.0		-7.3	
生态保护和环境治理业	-5.3	-41.9	-4.7	-5.0	-54.7	295.5	
公共设施管理业	8.4	216.2	1.6	8.3			
土地管理业	35.8		35.8	35.8			
居民服务、修理和其他服务业	**-28.7**	**-47.7**	**-28.0**	**-35.1**			**222.9**
居民服务业	-19.1	-46.8	-18.2	-29.4			515.7
机动车、电子产品和日用产品修理业	-69.6		-69.6	-68.9			-75.0
其他服务业	-36.7	-48.4	-35.6	-36.7			
教育	**19.2**	**-18.2**	**20.8**	**19.1**	**29.2**		
卫生和社会工作	**24.2**	**42.4**	**23.9**	**31.0**			**-36.4**
卫生	24.1	40.3	23.8	32.3			
社会工作	25.1		24.9	24.4			
文化、体育和娱乐业	**4.9**	**-96.4**	**16.4**	**4.5**			**-35.6**
新闻和出版业							
广播、电视、电影和影视录音制作业	-21.1		-21.1	-19.3			
文化艺术业	-4.6		-4.6	-4.6			
体育	45.0	-96.4	108.6	45.0			
娱乐业	-18.6		-18.6	-19.7			45.0
公共管理、社会保障和社会组织	**48.8**	**-23.7**	**55.5**	**48.8**			
中国共产党机关	21.7		21.7	21.7			
国家机构	56.7	-23.7	64.9	56.7			
人民政协、民主党派							
社会保障							
群众团体、社会团体和其他成员组织	-58.4		-58.4	-58.4			
基层群众自治组织							

6-11 各地区按主要行业分建设项目投资增长速度

单位：%

年份、地区	合计	农林牧渔业	采矿业	制造业	电力、热力、燃气及水生产和供应业	建筑业	批发和零售业	交通运输、仓储和邮政业	住宿和餐饮业	信息传输、软件和信息技术服务业
2012	21.3	-3.8	22.9	21.5	5.2	92.3	47.0	16.4	28.4	23.9
2013	13.4	-11.4	-8.1	13.2	8.1	-45.8	33.6	48.1	22.9	-6.7
2014	16.6	152.9	13.3	17.9	1.8	-38.7	7.3	21.4	-13.2	76.1
2015	-26.4	-26.7	-38.0	-26.0	-32.6	-91.5	-20.3	-30.3	-27.1	-4.9
2016	-69.2	-68.7	-67.5	-73.1	-43.0	29.8	-76.2	-48.0	-75.1	-68.9
2017	-4.3	-4.6	16.9	-13.4	83.3	74.3	-51.5	-8.7	-1.9	-11.3
2018	-1.7	1.0	-2.5	20.7	-7.3	1.2	-40.9	-18.0	-43.4	-24.0
2019	-4.9	4.8	18.1	-7.3	8.2	-96.4	-1.3	-21.5	-25.3	76.3
2020	0.8	80.1	0.5	-7.0	-2.6	687.6	-23.5	3.0	-21.4	29.9
2021	6.6	-2.6	29.0	-3.7	25.4	-75.2	18.6	17.0	-12.8	-11.7
沈阳	9.2	-21.8	70.8	17.3	18.1	-75.1	75.2	28.7	-0.4	-52.1
大连	6.0	-29.8	-10.7	-23.1	49.5	-61.7	-15.6	19.1	1.6	115.8
鞍山	20.9	20.3	102.1	8.9	-12.6		15.9	43.5	-11.7	139.5
抚顺	-2.3	-53.7	56.2	9.6	21.9		-85.9	-58.3		5.8
本溪	14.7	16.1	11.8	13.9	14.3		804.0	38.2	-18.0	69.4
丹东	31.4	5.4	53.8	14.4	30.9		-41.1	74.2	-37.6	
锦州	6.0	-5.6	-59.6	13.3	27.4		-43.2	12.6	-40.7	171.5
营口	-7.4	60.5	47.6	-2.9	-36.3		69.9	11.3	-1.6	-58.9
阜新	16.4	50.3	119.6	-14.8	27.2		-61.0	40.8	-12.5	-39.0
辽阳	-14.1	41.4	-31.9	-26.2	-58.7		-74.3	236.6	-75.3	10.7
盘锦	-7.5	-60.5	14.5	-12.3	-37.8		50.3	-19.4	-2.5	715.4
铁岭	28.0	-12.6	265.7	9.7	51.2		36.1	52.0	-62.0	19.4
朝阳	5.4	-3.2	80.6	-18.6	68.0		-23.8	4.0	6.6	38.8
葫芦岛	4.1	-69.9	-8.0	-10.6	20.1		-62.7	-1.1		40.6

6-11 续表

单位：%

年份、地区	金融业	房地产业	租赁和商务服务业	科学研究和技术服务	水利、环境和公共设施管理业	居民服务、修理和其他服务业	教育	卫生、社会工作	文化、体育和娱乐业	公共管理、社会保障和社会组织
2012	11.2	65.2	-10.0	51.1	12.5	37.2	2.9	77.5	53.2	-4.1
2013	149.2	-24.4	9.3	16.1	33.7	-2.6	10.6	-13.2	-4.0	-45.6
2014	-32.5	21.2	41.0	41.6	14.6	5.2	27.1	-7.6	-3.5	4.2
2015	-32.4	-68.0	-38.4	-5.5	-15.3	-36.1	-29.9	-1.5	-28.5	-9.9
2016	-81.9	-54.0	-72.9	-82.2	-75.7	-62.4	-67.6	-47.4	-53.9	-54.0
2017	-0.5	-36.5	2.2	-31.4	-11.0	-39.3	38.1	39.0	14.8	-20.3
2018	-46.3	-31.1	-36.2	-30.3	-7.0	-23.9	-2.7	-15.0	-33.2	-16.9
2019	33.5	90.4	45.2	44.6	-11.2	-9.8	-9.0	-9.0	-24.1	-22.7
2020	-12.8	51.3	-17.4	-16.7	6.9	-19.1	27.5	-9.9	-1.4	17.6
2021	31.8	24.3	-18.5	19.1	6.5	-28.7	19.2	24.2	4.9	48.8
沈　阳	62.3	49.9	7.7	-5.3	-2.3	-49.6	25.4	69.7	-66.7	83.7
大　连	29.8	2.3	-15.9	55.9	2.1	122.8	18.3	-7.7	83.1	290.2
鞍　山	-43.0	-1.2	-20.5	64.3	32.5	-50.0	22.1	-5.4	18.3	85.2
抚　顺		42.4	-6.4	71.3	-1.6	-83.9	144.5	-36.2	-36.6	-12.2
本　溪	-98.8	1166.6	33.1	248.0	7.3	-86.6	-16.4	53.9	-1.0	41.2
丹　东		21.1	105.1	-21.5	67.3	-25.4	-11.9	199.3	664.4	108.2
锦　州		-40.8	-42.1	155.1	-39.8	199.7	60.3	13.2	4.6	-28.3
营　口	-93.5	-18.7	-27.0	54.8	-11.2	-70.0	29.4	-47.4	601.3	-22.8
阜　新		243.3	407.4	124.0	-19.3	37.8	30.4	267.7	-12.1	-4.7
辽　阳		-11.1	11.9	-13.8	43.7	58.9	53.6	109.5	51.7	3.1
盘　锦		11.8	-63.8	-60.4	23.8		-81.3	105.2	49.4	-65.0
铁　岭		70.5	50.9		9.8		-46.5	495.0	-33.8	574.8
朝　阳		190.3	-49.3		42.6	73.3	-42.3	-10.5	-13.4	-10.8
葫芦岛		-5.3	-19.7	-69.7	18.4	-17.3	118.3	197.1	186.9	28.4

6-12 各地区建设项目500万元以上施工、投产项目个数

单位：个、%

年份、地区	施工项目	新开工项目	全部建成投产项目	项目建成投产率
2003	8200	6809	5420	66.1
2004	10485	8632	6244	59.6
2005	14339	10535	10068	70.2
2006	13477	10904	9670	71.8
2007	13193	10413	9157	69.4
2008	14749	12544	11710	79.4
2009	19388	16998	14519	74.9
2010	10263	8053	6684	65.1
2011	14690	10624	9063	61.7
2012	14698	9336	9485	64.5
2013	13000	8900	8308	63.9
2014	16642	11624	12190	73.3
2015	16235	12401	13693	84.3
2016	7003	4213	3070	43.8
2017	6689	3822	3237	48.4
2018	7200	3672	2751	38.2
2019	8674	4494	3366	38.8
2020	9875	5049	3002	30.4
2021	11552	4964	4043	35.0
沈　阳	2090	913	665	31.8
大　连	1305	498	360	27.6
鞍　山	1062	497	483	45.5
抚　顺	569	200	129	22.7
本　溪	671	345	220	32.8
丹　东	650	382	292	44.9
锦　州	782	442	412	52.7
营　口	763	324	353	46.3
阜　新	639	254	311	48.7
辽　阳	391	129	124	31.7
盘　锦	515	265	200	38.8
铁　岭	551	203	190	34.5
朝　阳	1093	362	210	19.2
葫芦岛	471	150	94	20.0

6-13 按行业分建设项目500万元以上施工、投产项目个数

(2021年)　　单位：个、%

行　业	施工项目	#新开工	全部建成投产项目	项目建成投产率
全省合计	**11552**	**4964**	**4043**	**35.0**
农、林、牧、渔业	**1196**	**649**	**612**	**51.2**
农业	363	219	200	55.1
林业	44	27	24	54.5
畜牧业	607	336	304	50.1
渔业	37	12	10	27.0
农、林、牧、渔专业及辅助性活动	145	55	74	51.0
采矿业	**261**	**135**	**106**	**40.6**
煤炭开采和洗选业	14	7	6	42.9
石油和天然气开采业	7	4	1	14.3
黑色金属矿采选业	94	56	32	34.0
有色金属矿采选业	42	17	15	35.7
非金属矿采选业	97	46	47	48.5
开采辅助活动	3	1	2	66.7
其他采矿业	4	4	3	75.0
制造业	**4457**	**1767**	**1379**	**30.9**
农副食品加工业	395	197	160	40.5
食品制造业	111	41	38	34.2
酒、饮料和精制茶制造业	56	29	17	30.4
烟草制品业	2	2	1	50.0
纺织业	45	18	16	35.6
纺织服装、服饰业	53	22	22	41.5
皮革、毛皮、羽毛及其制品和制鞋业	9	5	1	11.1
木材加工和木、竹、藤、棕、草制品业	52	20	21	40.4
家具制造业	25	12	4	16.0
造纸和纸制品业	38	17	16	42.1
印刷和记录媒介复制业	16	6	3	18.8
文教、工美、体育和娱乐用品制造业	23	13	9	39.1
石油加工、炼焦和核燃料加工业	332	88	54	16.3
化学原料和化学制品制造业	356	111	114	32.0
医药制造业	158	60	45	28.5
化学纤维制造业	15	7	4	26.7
橡胶和塑料制品业	176	79	67	38.1
非金属矿物制品业	624	304	280	44.9
黑色金属冶炼和压延加工业	249	75	44	17.7
有色金属冶炼和压延加工业	87	35	27	31.0
金属制品业	259	93	96	37.1
通用设备制造业	305	116	60	19.7

6-13 续表 1 (2021年) 单位：个、%

行　业	施工项目	#新开工	全部建成投产项目	项目建成投产率
专用设备制造业	250	97	63	25.2
汽车制造业	297	98	63	21.2
铁路、船舶、航空航天和其他运输设备制造业	70	26	24	34.3
电气机械和器材制造业	157	62	41	26.1
计算机、通信和其他电子设备制造业	120	65	31	25.8
仪器仪表制造业	43	20	13	30.2
其他制造业	14	3	5	35.7
废弃资源综合利用业	110	40	37	33.6
金属制品、机械和设备修理业	10	6	3	30.0
电力、热力、燃气及水生产和供应业	**1154**	**470**	**447**	**38.7**
电力、热力生产和供应业	865	380	370	42.8
燃气生产和供应业	65	26	14	21.5
水的生产和供应业	224	64	63	28.1
建筑业	**9**	**5**	**2**	**22.2**
房屋建筑业	3	1	1	33.3
土木工程建筑业	6	4	1	16.7
建筑安装业				
建筑装饰和其他建筑业				
批发和零售业	**214**	**101**	**85**	**39.7**
批发业	89	40	26	29.2
零售业	125	61	59	47.2
交通运输、仓储和邮政业	**696**	**289**	**246**	**35.3**
铁路运输业	19	5	2	10.5
道路运输业	386	180	165	42.7
水上运输业	45	7	5	11.1
航空运输业	11	2	1	9.1
管道运输业	8	4	2	25.0
装卸搬运和运输代理业	7	1	2	28.6
仓储业	210	89	69	32.9
邮政业	10	1		
住宿和餐饮业	**105**	**46**	**33**	**31.4**
住宿业	80	34	22	27.5
餐饮业	25	12	11	44.0
信息传输、软件和信息技术服务业	**188**	**105**	**62**	**33.0**
电信、广播电视和卫星传输服务	108	67	41	38.0
互联网和相关服务	36	18	12	33.3
软件和信息技术服务业	44	20	9	20.5
金融业	**17**	**8**	**5**	**29.4**
货币金融服务	11	7	5	45.5

6-13 续表 2 (2021年) 单位：个、%

行业	施工项目	#新开工	全部建成投产项目	项目建成投产率
资本市场服务	1			
保险业	2	1		
其他金融业	3			
房地产业	**280**	**130**	**84**	**30.0**
租赁和商务服务业	**171**	**51**	**45**	**26.3**
租赁业	4	1	3	75.0
商务服务业	167	50	42	25.1
科学研究和技术服务业	**134**	**50**	**38**	**28.4**
研究和试验发展	46	15	14	30.4
专业技术服务业	45	16	16	35.6
科技推广和应用服务业	43	19	8	18.6
水利、环境和公共设施管理业	**1597**	**745**	**561**	**35.1**
水利管理业	236	116	104	44.1
生态保护和环境治理业	157	48	38	24.2
公共设施管理业	1175	564	408	34.7
土地管理业	29	17	11	37.9
居民服务、修理和其他服务业	**62**	**27**	**17**	**27.4**
居民服务业	42	17	11	26.2
机动车、电子产品和日用产品修理业	7	4	2	28.6
其他服务业	13	6	4	30.8
教育	**372**	**141**	**136**	**36.6**
卫生和社会工作	**276**	**95**	**69**	**25.0**
卫生	211	64	54	25.6
社会工作	65	31	15	23.1
文化、体育和娱乐业	**184**	**56**	**54**	**29.3**
新闻和出版业				
广播、电视、电影和影视录音制作业	9	3	2	22.2
文化艺术业	48	12	16	33.3
体育	33	9	9	27.3
娱乐业	94	32	27	28.7
公共管理、社会保障和社会组织	**179**	**94**	**62**	**34.6**
中国共产党机关	4	2	1	25.0
国家机构	162	83	51	31.5
人民政协、民主党派				
社会保障	1		1	100.0
群众团体、社会团体和其他成员组织	10	8	7	70.0
基层群众自治组织	2	1	2	100.0

6-14 各地区按经济类型分建设项目投资增长速度

(2021年) 单位：%

地 区	总计	国有经济	集体经济	私营个体	联营经济	股份制经济	外商投资经济	港澳台商投资经济	其他经济
全 省	**6.6**	**14.9**	**-39.3**	**-0.5**	**239.3**	**4.8**	**20.7**	**47.9**	**-18.3**
沈 阳	9.2	-4.0	-14.6	18.7		19.1	-3.5	126.1	-16.0
大 连	6.0	57.7	-5.2	-57.3		18.4	51.9	45.6	0.3
鞍 山	20.9	46.8	12.8	16.7		4.3	-37.0	124.8	-19.8
抚 顺	-2.3	-19.0		-1.9		28.9	25.2	-11.7	-89.1
本 溪	14.7	41.9	-61.7	-1.5		20.7	260.2		-17.8
丹 东	31.4	43.2	187.8	18.5		75.3	119.9	49118.2	-26.2
锦 州	6.0	-42.1	0.0	32.4		56.6	-51.7	220.8	8.9
营 口	-7.4	-4.6	-92.0	5.5		-23.8	19.7	127.9	-12.6
阜 新	16.4	53.3		47.2		-39.7	-70.9	15.2	-10.2
辽 阳	-14.1	26.5		24.2		-54.5	-29.2	-60.4	50.6
盘 锦	-7.5	-30.3		-44.6		8.7	496.8	51.7	1.5
铁 岭	28.0	56.0		24.2		3.2	119.8	319.9	-62.4
朝 阳	5.4	18.7	-27.3	12.0		-9.7	-48.7	-61.9	6.4
葫芦岛	4.1	78.9	-50.6	27.1		-20.8	126.4		-89.1

6-15 房地产开发主要指标

单位：万元、万平方米

指　标	2009年	2010年	2011年	2012年	2013年	2014年	2015年
土地购置							
本年土地购置面积	2086.8	3134.6	3446.3	3199.5	2502.3	1670.8	957.0
本年完成投资额	**26405639**	**34657562**	**44875610**	**54558196**	**64507513**	**53013051**	**35586421**
#住　宅	19339201	24813478	34104876	39619482	46649928	38442622	26033152
本年资金来源小计	**32684449**	**50708103**	**55650848**	**63287555**	**74489873**	**58909738**	**42317830**
#国内贷款	4737260	6483457	7671009	8507560	8476357	7207044	5514326
利用外资	1149245	1742831	1920617	1178814	619242	706300	376069
自筹资金	15800648	27857536	27758717	33105096	40901661	33685015	22693216
房屋建筑面积							
施工面积	18579.1	26831.1	34364.3	38502.0	41625.6	38616.9	29283.2
竣工面积	4031.7	4497.4	6322.8	6438.2	6152.0	6147.0	3237.5
本年新开工面积	8305.4	12647.9	12444.3	13828.9	13444.5	8192.2	4699.4
#住　宅	6639.9	9870.4	9910	10644.0	10141.7	6137.7	3604.7
商品房屋销售额	**21685950**	**30633172**	**35691155**	**43627815**	**47592106**	**30920972**	**22549726**
#住　宅	18834702	25876571	30092300	36112089	39418642	25188711	19076264
商品房屋销售面积	**5375.5**	**6800.5**	**7541.5**	**8827.9**	**9292.3**	**5754.8**	**3916.2**
#住　宅	4864.2	6013.5	6624.1	7655.4	8014.8	4932.1	3477.3

6-15 续表

单位：万元、万平方米

指　标	2016年	2017年	2018年	2019年	2020年	2021年
土地购置						
本年土地购置面积	654.5	510.6	809.9	825.5	718.7	699.0
本年完成投资额	**20948451**	**22896691**	**25992713**	**28339503**	**29788629**	**29007225**
#住　宅	15054217	16739105	19444588	21883502	23032331	23209954
本年资金来源小计	**30808110**	**32851243**	**33733149**	**36897320**	**38338725**	**34534928**
#国内贷款	4513913	3813325	2739910	3599515	3828488	2527849
利用外资	27100	40200	2777	58132	80431	24244
自筹资金	13511401	11163652	11291945	13754252	13717563	13292952
房屋建筑面积						
施工面积	26364.1	25906.9	24216.8	23787.5	24002.8	25423.5
竣工面积	2709.3	2788.3	2273.9	1817.6	1848.2	2339.1
本年新开工面积	3733.6	3806.9	3961.7	4142.5	4404.1	4598.2
#住　宅	2800.8	2942.0	3118.6	3191.0	3396.9	3457.7
商品房屋销售额	**22569067**	**27716944**	**29673101**	**30490567**	**33662811**	**30663777**
#住　宅	19880253	24522296	26157528	28148583	31141104	28492829
商品房屋销售面积	**3711.9**	**4148.5**	**3934.6**	**3696.3**	**3743.2**	**3433.9**
#住　宅	3383.1	3797.0	3554.8	3412.5	3447.3	3148.6

6-16 房地产开发企业(单位)的土地购置

年份、地区	本年购置土地面积（万平方米）	本年土地成交价款（万元）
2000	1019.3	
2001	1107.1	
2002	1384.7	
2003	1668.7	1395759
2004	2256.9	1779227
2005	2432.8	2034432
2006	2316.9	2065722
2007	3323.6	2899565
2008	2953.8	3080834
2009	2086.9	2936827
2010	3134.6	4878841
2011	3446.3	5312808
2012	3199.5	4918076
2013	2502.3	5668331
2014	1670.8	4112281
2015	957.0	2460688
2016	654.5	1275173
2017	510.6	1170972
2018	809.9	2947261
2019	825.5	3470259
2020	718.7	3521892
2021	699.0	3325080
沈　阳	297.6	2001784
大　连	113.1	822977
鞍　山	55.4	90321
抚　顺	21.4	50428
本　溪	25.4	57928
丹　东	19.9	33041
锦　州	9.4	7517
营　口	10.3	17892
阜　新	18.9	21296
辽　阳	20.0	27460
盘　锦	2.7	8237
铁　岭	5.6	10742
朝　阳	67.9	121132
葫芦岛	31.2	54325

6-17 按用途分房地产开发建设投资

单位：万元

年份、地区	本年完成投资额	住宅	办公楼	商业营业用房	其他
2000	2649062	1812920	155384	445326	235432
2001	3230692	2275667	155329	511287	288409
2002	3883147	2758906	182161	632742	309338
2003	4863947	3434716	131670	866730	430831
2004	7207433	4942767	221662	1253815	789189
2005	8742525	6145405	258764	1502775	835581
2006	11421948	8388987	376442	1539711	1116808
2007	14975793	11658892	391338	1946253	979310
2008	20607952	15792147	668581	3006798	1140426
2009	26405639	19339201	867569	4321470	1877399
2010	34657562	24813478	1029344	5886469	2928271
2011	44875610	34104876	929622	6753253	3087859
2012	54558196	39619482	1633776	8627741	4677197
2013	64507513	46649928	1557668	10979210	5320707
2014	53013051	38442622	1792155	9507965	3270309
2015	35586421	26033152	1166064	6086438	2300767
2016	20948451	15054217	652536	3587950	1653748
2017	22896691	16739105	703978	3645296	1808312
2018	25992713	19444588	377866	3383677	2786582
2019	28339503	21883502	494867	3255188	2705946
2020	29788629	23032331	406327	3151523	3198448
2021	29007225	23209954	619351	2794124	2383796
沈阳	12226107	9998479	187082	1066038	974508
大连	7289512	5472842	362504	715844	738322
鞍山	1126316	919230	4052	159230	43804
抚顺	470740	402945	2719	35568	29508
本溪	312476	247059	591	31839	32987
丹东	1228535	980155	21290	165894	61196
锦州	765608	610294	2746	81615	70953
营口	1386411	1121804	13515	154012	97080
阜新	251286	214315	574	14564	21833
辽阳	525105	445544	8584	29251	41726
盘锦	817999	608574	1898	89399	118128
铁岭	310544	267621	12	22124	20787
朝阳	1083718	924015	9987	98689	51027
葫芦岛	1212868	997077	3797	130057	81937

6-18 按构成分房地产开发建设投资

单位：万元

年份、地区	建筑安装工程	设备、工具器具购置	其他费用	
				#土地购置费
2000	1966063	65137	617862	347314
2001	2351326	52831	826535	516854
2002	2724912	79696	1078539	581343
2003	3198149	68635	1597163	1024229
2004	4918594	89875	2198964	1267595
2005	5912043	139201	2691281	1682273
2006	7657084	113123	3651741	2021204
2007	11662016	170600	3143177	1971841
2008	15705901	351522	4550529	3002435
2009	20848847	358489	5198303	3606763
2010	26754213	543356	7359993	5080384
2011	36067442	1199549	7608619	5225988
2012	42611906	1127517	10818773	7405576
2013	53075712	1311337	10120464	5695472
2014	45249782	1103095	6660174	5351452
2015	31097914	441082	4047425	3081600
2016	17199915	411201	3337335	2580991
2017	18712988	344207	3839496	3043357
2018	15532807	313131	10146775	9508556
2019	16121837	390115	11827551	11048315
2020	18154274	257511	11376844	10517440
2021	20451846	263991	8291388	7158029
沈　阳	8489757	92314	3644036	3358401
大　连	4007380	53088	3229044	2590573
鞍　山	1000843	13081	112392	73528
抚　顺	400847	13456	56437	44395
本　溪	256008	7392	49076	44892
丹　东	1067588	5571	155376	126570
锦　州	605425	16436	143747	119195
营　口	1160935	5739	219737	212371
阜　新	209512	2588	39186	28372
辽　阳	449981	1730	73394	67609
盘　锦	676260	4762	136977	121718
铁　岭	277811	13661	19072	12031
朝　阳	858774	16585	208359	188284
葫芦岛	990725	17588	204555	170090

6-19 房地产开发企业(单位)的资金来源

单位：万元

年份、地区	本年资金来源小计	国内贷款	利用外资	自筹资金	其他资金	定金及预收款
2000	2837089	645522	55167	971842	1159178	910460
2001	3532286	689515	54351	124710	1545785	1179279
2002	4180547	800959	63316	1658685	1644787	1234539
2003	5582992	1332891	55561	2273464	1917688	1578904
2004	8490919	1366702	82619	3496051	3544047	2740905
2005	9372018	1267527	89308	4586225	3428958	2531636
2006	13002851	1728346	242602	5924162	5107741	3266026
2007	18703917	2598871	924053	8429379	6751614	4520319
2008	22029829	2769112	1140114	11475416	6645187	4543873
2009	32684449	4737260	1149245	15800648	10997296	7506860
2010	50708103	6483457	1742831	27857536	14624279	9666914
2011	55650848	7671009	1920617	27758717	18300505	10950702
2012	63287555	8507560	1178814	33105096	20496085	13905878
2013	74489873	8476357	619242	40901661	24492613	15809722
2014	58909738	7207044	706300	33685015	17311379	10962875
2015	42317830	5514326	376069	22693216	13734219	9089005
2016	30808110	4513913	27100	13511401	12755696	8673266
2017	32851243	3813325	40200	11163652	17834066	11941284
2018	33733149	2739910	2777	11291945	1528036	12597626
2019	36897320	3599515	58132	13754252	1196825	12678606
2020	38338725	3828488	80431	13717563	744239	14066826
2021	34534928	2527849	24244	13292952	548213	12984010
沈阳	12918718	1048184		5499424	151366	4419071
大连	11513830	1261498		2937064	137474	5178292
鞍山	1328020	39121		594684	16283	524260
抚顺	715380	29876		130496	3784	433380
本溪	343842	2000		152324	10931	116371
丹东	1409542	60768	14725	601125	85846	453241
锦州	756865			382470	8644	231309
营口	1217369	5520	9519	827630	24958	257770
阜新	250123	2995		187398	1160	49860
辽阳	580101	11688		332606	6651	152300
盘锦	891905	5713		292059	32760	388611
铁岭	351550	5500		190071		116010
朝阳	1004000	5849		553391	19858	266909
葫芦岛	1253683	49137		612210	48498	396626

6-20 房地产开发建设房屋建筑面积和竣工率

年份、地区	施工房屋面积（万平方米）	竣工房屋面积（万平方米）	房屋建筑面积竣工率（%）	竣工房屋价值（万元）
2000	3301.8	1618.9	49.0	1507495
2001	3971.2	1842.7	46.4	1818229
2002	4754.1	1984.3	41.7	2061219
2003	5314.1	2139.7	40.3	2301203
2004	6294.6	2303.6	36.6	2805817
2005	7058.9	2443.9	34.6	2931979
2006	8615.5	2907.8	33.8	3885888
2007	11615.1	3129.9	26.9	4453006
2008	14904.6	3826.1	25.7	6399392
2009	18579.1	4031.7	21.7	7524878
2010	26831.1	4497.4	16.8	9711392
2011	34364.3	6322.8	18.4	15176420
2012	38502.0	6438.2	16.7	15937814
2013	41625.6	6152.0	14.0	14908128
2014	38616.9	6147.0	15.9	15484701
2015	29278.2	3237.5	11.1	9101806
2016	26364.1	2709.3	10.3	7881953
2017	25906.9	2788.3	10.8	8468007
2018	24216.8	2273.9	9.4	5851669
2019	23787.5	1817.6	7.6	6229841
2020	24002.8	1848.2	7.7	6285700
2021	25423.5	2339.1	9.2	9990178
沈　阳	8120.5	1137.3	14.0	5067177
大　连	4099.9	406.0	9.9	2504123
鞍　山	1607.0	33.6	2.1	104935
抚　顺	1471.1	73.0	5.0	221694
本　溪	442.2	50.3	11.4	182005
丹　东	1075.4	92.3	8.6	270209
锦　州	873.0	35.5	4.1	177140
营　口	1500.8	71.7	4.8	215317
阜　新	677.9	29.7	4.4	74375
辽　阳	553.2	28.2	5.1	70754
盘　锦	898.6	64.2	7.1	194363
铁　岭	886.8	166.6	18.8	514843
朝　阳	1382.4	59.4	4.3	143444
葫芦岛	1834.7	91.2	5.0	249799

6-21 各地区房地产开发企业基本情况

年份、地区	开发公司个数(个)	#国有经济	#集体经济	#外商投资经济	#港澳台投资经济	年末从业人员人数(人)
2000	1417	293	161	73	109	42098
2001	1545	209	106	79	103	44612
2002	1635	158	81	70	94	47284
2003	1800	127	61	78	93	49497
2004	2303	121	65	105	126	53579
2005	2744	134	77	136	157	51692
2006	2771	113	56	150	165	56411
2007	2981	104	50	163	184	57032
2008	4841	142	96	261	254	70435
2009	3920	130	59	203	226	73829
2010	4181	126	57	211	245	79346
2011	3647	97	39	155	229	76248
2012	3961	105	39	142	256	92574
2013	4082	73	14	143	268	90809
2014	4021	66	12	141	263	97510
2015	3513	64	9	115	233	79235
2016	3256	63	6	100	222	73457
2017	3119	68	3	87	213	60468
2018	2998	56	3	68	180	56456
2019	2848	50	3	61	171	52406
2020	2865	61	4	62	174	49528
2021	2859	67	1	57	153	47107
沈 阳	598	14		24	51	13659
大 连	519	20		17	43	10072
鞍 山	248	10		8	21	3218
抚 顺	143	2	1	1	7	1611
本 溪	63	3				1259
丹 东	183	1		2	6	3079
锦 州	90	2			2	1380
营 口	240	2		4	3	2715
阜 新	132	3			2	996
辽 阳	83	2			2	1222
盘 锦	83	1			6	1726
铁 岭	130	4			7	1321
朝 阳	114					1439
葫芦岛	233	3		1	3	3410

6-22 各地区房地产开发经营情况

单位：万元

年份、地区	主营业务收入	土地转让收入	商品房屋销售收入	房屋出租收入	其他收入	利润总额
2000	2339911	33981	2156412	10251	139267	3473
2001	2573462	15737	2408399	13501	135825	-10552
2002	2882505	27624	2763036	13909	77936	-22649
2003	3675534	43475	3518507	15173	98379	-32804
2004	5347879	91369	5075229	76381	104900	88536
2005	6144218	20145	6025782	31680	66611	198983
2006	7223740	41758	7036720	42193	103069	282916
2007	8761740	68877	8575020	20793	97050	488180
2008	11731198	102669	11439215	52501	136813	1087841
2009	15404024	25404	15193794	44263	140563	1269888
2010	20597959	73968	20159693	135406	228891	1865672
2011	22947376	190599	22177928	204193	374656	2753903
2012	24747923	122510	24038626	169517	417271	2336588
2013	27519657	27437	26830178	240002	422040	3042733
2014	23276385	17870	22442900	362048	453567	1542985
2015	21030246	29793	20209384	432443	358625	415876
2016	20877138	64232	20025825	334776	452306	-543978
2017	22411088	70495	21799212	191964	294373	-8634
2018	24937659	596186	23513269	174482	528129	420321
2019	24925668	209590	23879442	184884	445574	1576904
2020	28600361	269086	27730880	156139	387000	2425176
2021	26207325	264261	25446309	209624	233984	356776
沈阳	10815163	501	10650519	103547	43136	577712
大连	7894267	244932	7452574	65634	102742	60302
鞍山	1105943	1002	1067804	8193	28945	4483
抚顺	684798		676795	2303	2573	-129097
本溪	257122	12	245914	167	11015	-21356
丹东	675122		666852	4900	1474	24830
锦州	576684		566561	6808	3315	-80229
营口	869223	17571	833265	3878	14501	-4820
阜新	425976	0.4	420896	819	4245	-9142
辽阳	407501		403914	2864	723	-8814
盘锦	830849		807909	5059	15721	14430
铁岭	345202	0.1	342439	1445	1314	-18461
朝阳	610006	242	609075	422	266	30780
葫芦岛	709470		701791	3585	4015	-83843

6-23 按用途分商品房屋实际销售面积

单位：万平方米

年份、地区	商品房销售面积	住宅	办公楼	商业营业用房	其他
2000	948.7	804.4	20.3	114.3	9.7
2001	1165.7	994.7	27.1	128.4	15.5
2002	1277.5	1120.4	20.7	127.7	8.7
2003	1499.1	1320.3	25.9	133.6	19.3
2004	2013.5	1798.4	17.2	164.0	33.9
2005	2564.5	2340.4	16.1	182.6	25.3
2006	3026.4	2749.9	24.1	201.6	50.8
2007	3830.4	3545.6	19.1	220.4	45.3
2008	4091.2	3731.2	35.9	268.0	56.1
2009	5375.5	4864.2	30.1	394.0	87.2
2010	6800.5	6013.5	64.7	510.0	212.2
2011	7541.5	6624.1	52.4	583.5	281.5
2012	8827.9	7655.4	79.1	775.9	317.5
2013	9292.3	8014.8	53.6	859.0	364.9
2014	5754.8	4932.1	71.2	522.8	228.7
2015	3916.2	3477.3	37.5	311.6	89.8
2016	3711.9	3383.1	34.6	216.7	77.5
2017	4148.5	3797.0	36.5	227.3	87.6
2018	3934.6	3554.8	18.7	257.6	103.4
2019	3696.3	3412.5	16.2	191.3	76.2
2020	3743.2	3447.3	22.9	171.1	101.9
2021	3433.9	3148.6	29.1	162.4	93.8
沈　阳	1092.7	985.1	14.9	44.6	48.1
大　连	687.7	627.2	11.9	27.1	21.5
鞍　山	265.4	240.7		22.2	2.5
抚　顺	117.4	112.2	0.02	3.8	1.3
本　溪	61.0	54.8		4.9	1.3
丹　东	166.1	161.0	0.02	4.5	0.5
锦　州	124.0	117.3		5.0	1.7
营　口	225.8	204.3	0.005	17.7	3.8
阜　新	73.7	67.3		3.2	3.2
辽　阳	80.9	78.6		2.2	0.1
盘　锦	117.5	104.9	1.1	7.8	3.6
铁　岭	91.6	86.9		3.3	1.4
朝　阳	173.7	167.1	1.1	3.1	2.4
葫芦岛	156.3	141.2		12.8	2.3

6-24 按用途分商品房屋实际销售额

单位：万元

年份、地区	商品房销售额	住宅	办公楼	商业营业用房	其他
2000	1969468	1514151	81327	350835	23155
2001	2478449	1988320	78822	387466	23841
2002	2732993	2231000	83089	398162	20742
2003	3434521	2813999	87307	488483	44732
2004	4866124	4165674	50524	564718	85208
2005	7174340	6205959	61993	829475	76913
2006	9278590	7909896	131269	1073899	163526
2007	13368797	11893975	90342	1208087	176393
2008	15376463	13338922	171558	1647920	218063
2009	21685950	18834702	187058	2356123	308067
2010	30633172	25876571	524527	3328874	903200
2011	35691155	30092300	307547	4078586	1212722
2012	43627815	36112089	763539	5464026	1288161
2013	47592106	39418642	363416	6365457	1444591
2014	30920972	25188711	414546	4173247	1144468
2015	22549726	19076264	334753	2656383	482326
2016	22569067	19880253	596740	1749358	342716
2017	27716944	24522296	399941	2224201	570506
2018	29673101	26157528	191322	2709306	614945
2019	30490567	28148583	149132	1794157	398695
2020	33662811	31141104	280015	1819139	422553
2021	30663777	28492829	258658	1439088	473202
沈　阳	12665707	11818444	99100	492274	255889
大　连	9453162	8831343	149281	353489	119049
鞍　山	1356378	1218217		130334	7827
抚　顺	695427	663500	109	27230	4588
本　溪	351471	306360		37832	7279
丹　东	1015330	975559	90	34044	5637
锦　州	674772	638644		30341	5787
营　口	1164728	1041550	24	109742	13412
阜　新	282117	257955		16706	7456
辽　阳	414417	398717		15304	396
盘　锦	576448	492427	5128	57913	20980
铁　岭	393618	365277		21199	7142
朝　阳	804326	764005	4926	25475	9920
葫芦岛	815876	720831		87205	7840

6-25 房地产开发企业(单位)施工、销售情况

(2021年)

指标	单位	合计	住宅	#90平米以下住房	144平米以上住房	办公楼	商业营业用房	其他
房屋施工面积	万平方米	25423.5	18823.3	6455.2	2739.4	516.5	3239.2	2844.5
#新开工面积	万平方米	4598.2	3457.7	824.8	391.0	64.3	423.3	652.9
房屋竣工面积	万平方米	2339.1	1909.4	690.2	227.7	20.1	192.5	217.1
#不可销售面积	万平方米	140.0	71.6	64.2	1.5	0.1	12.1	56.3
竣工房屋价值	亿元	999.0	802.2	252.4	127.6	17.8	95.4	83.6
出租房屋面积	万平方米	26.6	0.1	0.1	0.1	3.7	22.7	
商品房销售面积	万平方米	3433.9	3148.6	793.1	372.1	29.1	162.4	93.8
#现房销售面积	万平方米	698.6	588.1	246.6	102.8	15.9	69.8	24.9
期房销售面积	万平方米	2735.2	2560.6	546.5	269.2	13.2	92.6	68.9
商品房销售额	亿元	3066.4	2849.3	603.2	474.8	25.9	143.9	47.3
#现房销售额	亿元	471.3	401.7	150.2	108.6	10.1	49.3	10.2
期房销售额	亿元	2595.0	2447.6	453.0	366.2	15.7	94.6	37.1

6-26 房地产开发企业(单位)投资、资金和土地情况

单位：亿元

指　　标	2010年	2011年	2012年	2013年	2014年	2015年	2016年	2017年	2018年	2019年	2020年	2021年
计划总投资	14469.2	18410.7	22729.2	25890.1	26088.3	23120.5	21656.1	21645.0	21524.5	22277.2	23580.0	24746.3
自开始建设累计完成投资	8346.4	11320.6	14538.4	17852.6	19313.4	17402.3	15792.3	16242.4	15929.4	15876.7	16280.1	17266.4
本年完成投资	3465.8	4487.6	5455.8	6450.8	5301.3	3558.6	2094.8	2289.7	2599.3	2834.0	2978.9	2900.7
按构成分:												
建筑工程	2441.7	3247.1	3828.1	4734.0	3967.8	2762.5	1504.5	1642.6	1352.6	1485.7	1707.3	1959.6
安装工程	233.7	359.6	433.0	573.6	557.1	347.3	215.5	228.7	200.7	126.5	108.1	85.5
设备工器具购置	54.3	120.0	112.8	131.1	110.3	44.1	41.1	34.4	31.3	39.0	25.8	26.4
其他费用	736.0	760.9	1081.9	1012.0	666.0	404.7	333.7	383.9	1014.7	1182.8	1137.7	829.1
#旧建筑物购置费	29.7	25.2	31.4	40.7	7.2	3.4	2.5	2.8	2.4	0.8	3.9	0.9
土地购置费	508.0	522.6	740.6	569.5	535.1	308.2	258.1	304.3	950.9	1104.8	1051.7	715.8
按工程用途分:												
住　　宅	2481.3	3410.5	3961.9	4665.0	3844.3	2603.3	1505.4	1673.9	1944.5	2188.4	2303.2	2321.0
办公楼	102.9	93.0	163.4	155.8	179.2	116.6	65.3	70.4	37.8	49.5	40.6	61.9
商业营业用房	588.6	675.3	862.8	1097.9	950.8	608.6	358.8	364.5	338.4	325.5	315.2	279.4
其　　他	292.8	308.8	467.7	532.1	327.0	230.1	165.4	180.8	278.7	270.6	319.8	238.4
本年新增固定资产	1269.3	2138.8	2315.5	2212.4	2455.0	1311.9	1047.2	1039.5	749.3	869.2	809.7	1170.4
本年购置土地面积(万平米)	3134.6	3446.3	3199.5	2502.3	1670.8	957.0	654.5	510.6	809.9	825.5	718.7	699.0
本年土地成交价款	487.9	531.3	491.8	566.8	411.2	246.1	127.5	117.1	294.7	347.0	352.2	332.5

主要统计指标解释

全社会固定资产投资 固定资产投资是社会固定资产再生产的主要手段。通过建造和购置固定资产的活动，国民经济不断采用先进技术装备，建立新兴部门，进一步调整经济结构和生产力的地区分布，增强经济实力，为改善人民物质文化生活创造物质条件。这对我国的社会主义现代化建设具有重要意义。

固定资产投资额是以货币表现的建造和购置固定资产活动的工作量，它是反映固定资产投资规模、速度、比例关系和使用方向的综合性指标。全社会固定资产投资包括国有经济单位投资、城乡集体经济单位投资、各种经济类型的单位投资和城乡居民个人投资。按照我国现行计划管理体制，国有经济单位固定资产投资总额分为基本建设、更新改造、商品房屋建设投资和其他固定资产投资四个部分；城乡集体经济单位投资包括城镇集体所有制单位投资和农村集体所有制单位投资；各种经济类型的单位投资包括联营经济、股份制经济、中外合资经营、中外合作经营、外资、与大陆合资经营、与大陆合作经营、港澳台独资及其他经济类型的单位投资。城镇居民个人投资包括城市、县城、镇、工矿区所辖范围内的个人建房和农村个人建房及购买生产性固定资产的投资。

基本建设投资 基本建设是国有企业、事业单位以扩大生产能力或工程效益为主要目的的新建、扩建工程及有关工作。包括工厂、矿山、铁路、桥梁、港口、农田水利、商店、住宅、学校、医院等工程的建造和机器设备、车辆、船舶、飞机等的购置。

基本建设投资额是以货币表现的基本建设完成的工作量，是反映一定时期内基本建设规模和建设进度的综合性指标。它是根据工程的实际进度按预算价格(预算价格是编制施工图预算时所用的价格)计算的工作量，没有形成工程实体的建筑材料和没有开始安装的设备，都不计算投资完成额。

更新改造投资 更新改造是指国有企业、事业单位对原有设施进行固定资产更新和技术改造，以及相应配套的工程和有关工作(不包括大修理和维护工程)。更新改造投资是以货币表现的更新改造完成的工作量。根据我国现行统计制度，基本建设和更新改造的划分是：(1)列入基本建设计划的项目作为基本建设投资，列入更新改造计划的项目作为更新改造投资；(2)更新改造计划与基本建设计划结合安排的项目及未列入计划的项目，根据工程性质分别作为基本建设投资或更新改造投资。属于对企业、事业单位原有设施进行技术改造或更新的项目和增建主要生产车间、分厂等，其新增生产能力或效益尚未达到大中型标准的项目，以及由于城市环境保护和安全生产的需要而进行的迁建工程，作为更新改造投资。

其他固定资产投资 是指按照国家规定不纳入基本建设和更新改造计划管理，其总投资在五万元以上的固定资产投资。具体包括：国有经济单位用油田维护费和石油开发基金进行的油田维护和开发工程；煤炭、铁矿、森林工业等采掘采伐业用维检费进行的开拓延伸工程；交通部门用公路养路费对原有公路、桥梁进行改建的工程；商业部门用简易建筑费建造的仓库工程。

固定资产投资的资金来源 根据固定资产投资的资金来源不同，分为上年末结余资金、本年资金来源小计和各项应付款。其中本年资金来源小计又分为国家预算内资金、国内贷款、股票、债券、利用外资、自筹资金和其他资金来源七种：

(1)国家预算内资金指国家预算、地方财政、主管部门和国家专业投资公司拨给或委托银行贷给建设单位的基本建设拨款和中央基本建设基金，拨给企业单位的更新改造拨款，以及中央财政安排的专项拨款中用于基本建设的资金。

(2)国内贷款指报告期企、事业单位向银行及非银行金融机构借入的用于固定资产投资的各种国内借款。国内贷款包括：银行利用自有资金及吸收的存款发放的贷款、上级主管部门拨入的国内贷款、国家专项贷款(包括煤代油贷款、劳改煤矿专项贷款等)，地方财政专项资金安排的贷款、国内储备贷款、周转贷款等。

(3)股票是股份制企业通过发行股票筹集到的，用于固定资产投资的资金。

(4)债券是企业(公司)或金融机构通过发行各种债券筹集到的用于固定资产投资的资金，包括由银行代理国家专业投资公司发行的重点企业债券和重点建设债券。

(5)利用外资指报告期收到的用于固定资产投资的国外资金，包括统借统还、自借自还的国外贷款，中外合资项目中的外资，以及无偿捐赠等。其中，国家统借统还的外资，是指由我国政府出面同外国政府、团体或金融组织签订贷款协议、并负责偿还本息的国外贷款。

(6)自筹资金指建设单位报告期收到的，用于进行固定资产投资的上级主管部门、地方和本单位自筹资金。

(7)其他资金来源指报告期收到的除以上各种拨款、借款、自筹资金之外，其他用于固定资产投资的资金。

固定资产投资按国民经济行业分 建设项目归哪个行业，按其建成投产后的主要产品或主要用途及社会经济活动性质来确定。基本建设按建设项目划分国民经济行业，更新改造、国有经济单位其他固定资产投资及城镇集体投资根据整个企业、事业单位所属的行业来划分。一般情况下，一个建设项目或一个企业、事业单位只能属于一种国民经济行业。为了更准确地反映国民经济各行业之间的比例关系，联合企业(总厂)所属分厂属于不同行业的，原则上按分厂划分行业。

固定资产投资按建设性质分 建设项目的性质一般分为新建、扩建、改建、迁建、恢复。基本建设按建设项目划分建设性质，更新改造、国有经济单位其他固定资产投资及城镇集体投资按整个企业、事业单位的建设情况确定建设性质。目前基本建设和更新改造是根据我国现行的计划管理体制区分的，所以基本建设和更新改造都可以分别按新建、扩建等划分。

(1)新建一般是指从无到有、“平地起家”新开始建设单位。有的单位原有的基础很小，经过建设后其新增加的固定资产价值超过原有固定资产价值(原值)三倍以上的也算新建。

(2)扩建一般是指为扩大原有产品的生产能力，在厂内或其他地点增建主要生产车间(或主要工程)、独立的生产线或总厂之下的分厂的企业；事业单位和行政单位在原单位增建业务用房(如学校增建教学用房、医院增建门诊部或病床用房、行政机关增建办公楼等)也作为扩建。

(3)改建一般是指现有企业、事业单位为了技术进步，提高产品质量，增加花色品种，促进产品升级换代、降低消耗和成本，加强资源综合利用和三废治理、劳保安全等，采用新技术、新工艺、新设备、新材料等对现有设施、工艺条件进行技术改造或更新(包括相应配套的辅助性生产、生活福利设施)。有的企业为充分发挥现有生产能力，进行填平补齐而增建不增加本单位主要产品生产能力的车间等，也属于改建。

固定资产投资按用途分 固定资产投资按工程的经济用途分为用于第一产业、第二产业、第三产业和住宅四部分的建设，是研究不同用途的固定资产投资之间比例关系的重要指标。基本建设投资、国有经济单位其他固定资产投资及城镇集体投资的用途按单项工程确定，现有企业、事业单位更新改造投资的用途按更新改造项目确定。

固定资产投资按构成分 固定资产投资活动按其工作内容和实现方式分为建筑安装工程，设备、工具、器具购置，其他费用三个部分。

(1)建筑安装工程(建筑工作量)指各种房屋、建筑物的建造工程和各种设备、装置的安装工程。包括各种房屋建造工程，各种用途设备基础和各种工业窑炉的砌筑工程；为施工而进行的各种准备工作和临时工程以及完工后的清理工作等；铁路、道路的铺设，矿井的开凿及石油管道的架设等；水利工程；防空地下建筑等特殊工程；以及各种机械设备的安装工程；为测定安装工程质量，对设备进行的试行工作。在安装工程中，不包括被安装设备本身的价值。

(2)设备、工具、器具购置指购置或自制达到固定资产标准的设备、工具、器具的价值，固定资产的标准按财务部门规定。新建单位、扩建单位的新建车间按照设计和计划要求购置或自制的全部设备、工具、器具，不论是否达到固定资产标准均计入“设备、工具、器具购置中”。

(3)其他费用指除建筑安装工程和设备、工具、器具购置以外的投资完成额。它包括两种性质的费用，一种是属于增加固定资产的费用，主要有：建设单位管理费，土地、青苗等补偿费和安置补助费、勘察设计费，研究实验费、农林单位牲畜购置费、各种经济林木的营造费、办公和生活家具、器具购置费、引进技术和进口设备项目的其他费用、联合试运转费等；一种是属于不增加固定资产的费用，主要有：施工机械转移费、生产职工培训费、农业开荒费用及报废工程损失费等。

基本建设项目按大中小型划分 基本建设划分大中小型项目原则上应按照上级批准的设计任务书或初步设计所确定的总规模或总投资划分，没有正式批准设计任务书或初步设计的，按国家或省、自治区、直辖市年度基本建设投资计划中所列的总规模或总投资划分。上述两条均不具备的，按本年计划施工工程的建设总规模或总投资划分。生产单一产品的工业项目，按产品的设计能力划分的；生产多种产品的工业项目，按其主要产品的设计能力划分。品种繁多，难以按生产能力划分的，按全部计划投资额划分。划分标准以国家颁发的《大中小型建设项目划分标准》依据。国家曾在1958年、1962年、1977年和1979年先后五次修订《大中小型建设项目划分标准》，因此各历史时期的大中型项目数不完全可比。

施工项目 指报告期内曾进行建筑或安装工程施工活动的建设项目。包括报告期内新开工项目、报告期以前开工跨入报告期继续施工的项目以及报告期施过工并在报告期内全部建设投产或停缓建的项目。

全部建成投产项目 工业项目是指设计文件规定形成生产能力的主体工程及其相应配套的辅助设施全部建成，经负荷试运转，证明具备生产设计规定合格产品的条件，并经过验收鉴定合格或达到竣工验收标准，与生产性工程配套的生产福利设施可以满足近期正常生产的需要，正式移交生产的建设项目。非工业项目是指设计文件规定的主体工程和相应的配套工程全部建成，能够发挥设计规定的全部效益，经验收鉴定合格或达到竣工验收标准，正式移交使用的建设项目。

新增生产能力 指通过固定资产投资活动而增加的设计能力或工程效益，它是用实物形态表示的固定资产投资的成果。新增生产能力的计算，是以能独立发挥生产能力或效益的单项工程(或项目)为对象，当单项工程(或项目)建成，经有关部门鉴定合格，正式移交投入生产，即可计算新增生产能力。

新增生产能力或工程效益有以下几种表现形式:

(1)以建设项目或单项工程建成后的年产能力表示。如煤炭开采、石油开采等。

(2)以建设项目或单项工程建成后处理原料的能力表示。如选矿工程的年处理矿石能力，洗煤厂年洗原煤能力等。

(3)以新增的主要设备数量或容量表示。如棉纺绽数枚、发电机组容量等。

(4)以建筑物容积、容量、面积或长度表示。如水库容量、铁路公路里程等。

新增生产能力的数量一般按设计能力计算。设计能力是指设计文件中规定的在正常情况下能够达到的生产能力，而不论投产后的实际产量如何。以设备数量、建筑物容积、面积、长度等表示的新增生产能力(或效益)，则按建成的实际数量计算。

施工和竣工房屋建筑面积 房屋建筑面积是从房屋外墙线算起的各层平面面积的总和，包括房屋结构(如柱、墙)占用的面积和地下室面积。多层建筑按各自然层面积总和计算，包括房屋内的楼隔层，突出墙面的眺望间、门斗、有柱雨罩的面积。不包括突出墙面结构的构件、艺术装饰等所占的面积，如台阶等。凹阳台、挑阳台按其水平投影面积一半计算建筑面积。

竣工面积 指在报告期内房屋建筑按照设计要求已全部完工，达到住人和使用条件，经验收鉴定合格，正式移交使用单位的建筑面积。

房屋建筑面积竣工率 指一定时间内房屋竣工面积占同期房屋施工面积的比率。它是从房屋建筑施工速度的角度反映投资效果和建筑业经济效益的指标。

新增固定资产 指通过投资活动所形成的新的固定资产价值。包括已经建成投入生产或交付使用的工程价值和达到固定资产标准的设备、工具、器具的价值及有关应摊入的费用。它是以价值形式表示的固定资产投资成果的综合性指标，可以综合反映不同时期、不同部门、不同地区的固定资产投资成果。

建设项目投资率 指一定时期内全部建成投入生产项目个数占同期正式施工项目个数的比率。它是从项目建设速度的角度反映投资效果的指标。

固定资产交付使用率 指一定时期新增固定资产与同期完成投资额的比率。它是反映各个时期固定资产动用速度，衡量建设过程中投资效果的一个综合性指标。

未完工程占用率 指年末未完工程累计完成投资额占全年实际完成投资额的比率。它反映未完工程的相对规模，并可从资金占用的角度反映固定资产投资效果。由于未完工程是指已经开工，但尚未建成交付使用的工程，有个跨年度问题，因此未完工程占用率会出现大于 1 的情况。

七、能　源

Chapter 7　Energy

7-1 能源生产总量及构成

年 份	能源生产总量（万吨标准煤）	占能源生产总量的%			
		原煤	原油	天然气	水电、核电、其他能发电
1978	3890.7	78.9	14.0	5.6	1.5
1980	3765.8	70.8	20.2	6.3	2.7
1985	4953.2	66.2	26.6	4.1	3.1
1986	5011.4	63.4	29.1	4.0	3.5
1987	5094.9	60.5	32.1	4.1	3.3
1988	5410.9	60.6	33.5	4.0	2.0
1989	5766.6	61.7	33.3	4.0	2.0
1990	5958.9	61.1	32.8	3.9	2.2
1991	6082.4	61.4	32.3	3.9	2.4
1992	6233.4	61.8	31.8	4.5	1.9
1993	6327.2	62.8	32.1	4.6	0.5
1994	6384.8	61.6	33.6	4.4	0.4
1995	6239.3	59.5	35.6	4.1	0.8
1996	6610.8	63.0	32.5	3.6	0.9
1997	6638.7	63.3	32.4	3.8	0.5
1998	6422.5	64.3	32.3	2.9	0.5
1999	5649.5	60.4	36.2	3.0	0.4
2000	5380.5	59.1	37.2	3.3	0.3
2001	5376.8	59.4	36.8	3.3	0.5
2002	5809.8	63.6	33.2	2.8	0.4
2003	6288.3	66.7	30.3	2.6	0.4
2004	6749.9	70.3	27.1	1.9	0.7
2005	6219.8	67.4	29.0	2.5	1.1
2006	6513.4	69.8	26.9	2.4	0.9
2007	6311.2	69.2	28.0	1.9	0.9
2008	6257.5	69.7	27.4	1.8	1.1
2009	6037.8	73.3	23.7	1.8	1.2
2010	6769.5	73.9	22.2	1.6	2.3
2011	6890.0	75.5	20.7	1.4	2.4
2012	6393.3	72.8	22.4	1.5	3.4
2013	5521.1	65.7	25.9	2.0	6.4
2014	5147.7	62.1	28.4	2.1	7.5
2015	5578.1	55.3	26.6	1.6	16.6
2016	5290.0	50.1	27.5	1.4	21.1
2017	5086.4	45.1	29.3	1.3	24.3
2018	5240.9	40.3	28.4	1.5	29.9
2019	5416.7	39.2	27.8	1.5	31.5
2020	5438.1	37.6	27.6	1.8	33.0
2021	5826.3	32.5	25.8	1.8	39.8

注：1. 本表中2015年、2016年、2017年是第四次经济普查调整后数据，以前年度未进行调整。
2. 一次能源生产总量2015年后按照发电煤耗计算法计算，以前年度按照电热当量计算法计算。

7-2 能源消费总量及构成

年 份	能源消费总量（万吨标准煤）	占能源消费总量的%			
		煤炭	石油	天然气	水电、核电、其他能发电
1978	5261.5	64.6	30.2	4.2	1.0
1980	5272.1	67.8	25.8	4.5	1.9
1985	6325.1	78.7	15.2	3.7	2.4
1986	6360.3	79.4	14.6	3.2	2.8
1987	6475.8	81.5	12.7	3.2	2.6
1988	6824.6	83.0	12.3	3.1	1.6
1989	7000.1	83.1	12.8	3.3	0.8
1990	7170.8	82.2	12.8	3.3	1.7
1991	7218.0	83.0	11.7	3.3	2.0
1992	7191.6	83.7	10.7	3.9	1.7
1993	8695.5	74.6	21.8	3.3	0.3
1994	9204.6	76.0	20.9	2.9	0.2
1995	9381.7	77.1	19.6	2.7	0.6
1996	9417.6	79.6	17.3	2.5	0.6
1997	9191.6	82.0	14.9	2.7	0.4
1998	8873.7	82.5	14.6	2.6	0.3
1999	8869.9	80.5	16.7	2.6	0.2
2000	9877.2	77.5	19.8	2.5	0.2
2001	10356.9	73.8	23.7	2.2	0.3
2002	10333.5	77.8	19.8	2.2	0.2
2003	11430.7	78.6	18.8	2.3	0.3
2004	12454.0	79.2	19.0	1.5	0.3
2005	12883.3	71.3	24.1	1.5	3.1
2006	14228.0	71.4	24.3	1.2	3.1
2007	15757.9	73.2	22.6	1.2	3.0
2008	16925.7	73.1	22.7	1.3	2.9
2009	18172.5	73.0	22.5	1.2	3.3
2010	19856.4	67.9	27.3	1.3	3.5
2011	21492.1	65.3	29.0	2.4	3.3
2012	22313.9	61.3	31.6	3.8	3.2
2013	20499.6	62.5	28.2	5.0	4.4
2014	20585.7	62.1	28.2	5.4	4.4
2015	21362.5	57.4	29.8	3.4	9.4
2016	20847.1	57.1	29.7	3.2	10.0
2017	21365.4	55.5	29.8	3.9	10.9
2018	22321.4	54.2	29.3	4.4	12.1
2019	23749.5	53.9	29.5	4.2	12.4
2020	24849.5	53.7	30.3	3.9	12.1
2021	24930.8	52.3	29.3	4.4	14.1

注：1. 本表中2015年、2016年、2017年是第四次经济普查调整后数据，以前年度未进行调整。
2. 能源消费总量2015年后按照发电煤耗计算法计算，以前年度按照电热当量计算法计算。

7-3 能源生产弹性系数

年 份	能源生产比上年增长 %	电力生产比上年增长 %	能源生产弹性系数	电力生产弹性系数
1985	10.3	8.8	0.84	0.72
1990	3.3	3.6	3.30	3.60
1991	2.1	3.0	0.50	0.70
1992	0.5	9.5	0.40	0.80
1993	11.0	5.2	0.75	0.35
1994	0.9	-2.2	0.08	
1995	-2.1	1.3		0.18
1996	6.0	8.4	0.70	0.98
1997	0.4	8.9	0.45	1.00
1998	-3.3	-8.5		
1999	-12.0	-3.5		
2000	-4.8	5.3		0.59
2001	-0.1	2.5		0.27
2002	8.1	14.5	0.79	1.42
2003	8.2	10.7	0.71	0.93
2004	7.3	4.2	0.57	0.33
2005	0.3	4.0	0.02	0.33
2006	1.9	10.8	0.14	0.78
2007	-5.6	10.2		0.70
2008	-0.9	2.4		0.18
2009	-3.5	4.9		0.37
2010	12.1	12.2	0.85	0.86
2011	1.8	6.2	0.15	0.51
2012	-7.2	4.5		0.47
2013	-12.1	5.7		
2014	-6.8	2.8		
2015	-0.7	0.1		
2016	-5.2	9.8		19.60
2017	-3.8	2.8		0.70
2018	3.0	10.3	0.50	1.80
2019	3.4	2.7	0.60	0.50
2020	0.4	3.0	0.70	5.00
2021	7.1	5.7	1.20	1.00

注：1. 本表中2015年、2016年、2017年是第四次经济普查调整后数据，以前年度未进行调整。
2. 一次能源生产总量2015年后按照发电煤耗计算法计算，以前年度按照电热当量计算法计算。

7-4 能源消费弹性系数

年 份	能源消费比上年增长 %	电力消费比上年增长 %	能源消费弹性系数	电力消费弹性系数
1985	6.8	7.6	0.55	0.62
1990	1.4	2.6	1.40	2.60
1991	0.6	6.0	0.10	1.30
1992	1.0	10.0	0.10	0.90
1993	11.0	10.6	0.75	0.72
1994	8.2	-1.8	0.73	
1995	2.5	4.8	0.35	0.68
1996	0.4	8.4	0.04	0.98
1997	-2.5	7.6		0.85
1998	-3.5	-5.2		
1999	0.1	12.1	0.14	1.47
2000	14.1	4.8	1.58	0.54
2001	1.3	2.0	0.14	0.22
2002	-0.2	6.0		0.59
2003	7.2	5.5	0.63	0.48
2004	12.4	16.5	0.96	1.28
2005	12.0	5.0	0.97	0.40
2006	10.8	10.6	0.78	0.77
2007	9.9	10.7	0.68	0.74
2008	7.6	3.9	0.58	0.30
2009	7.4	5.4	0.56	0.41
2010	9.6	15.3	0.68	1.08
2011	8.4	8.5	0.69	0.70
2012	3.6	2.1	0.38	0.22
2013	3.7	5.7	0.43	0.66
2014	0.4	1.5	0.07	0.26
2015	-2.0	-2.6		
2016	-2.4	4.9		9.80
2017	2.5	4.3	0.60	1.02
2018	4.5	10.1	0.80	1.80
2019	6.4	3.8	1.19	0.70
2020	4.6	1.5	7.67	2.55
2021	0.3	6.1	0.05	1.05

注：1. 本表中2015年、2016年、2017年是第四次经济普查调整后数据，以前年度未进行调整。
2. 能源消费总量2015年后按照发电煤耗计算法计算，以前年度按照电热当量计算法计算。

7-5 按行业分主要能源品种消费量

(2021年)

行业	煤炭消费量(万吨)	焦炭消费量(万吨)	原油消费量(万吨)	汽油消费量(万吨)	煤油消费量(万吨)	柴油消费量(万吨)	燃料油消费量(万吨)	天然气消费量(亿立方米)	电力消费量(亿千瓦小时)
消费总量	**19183.61**	**3405.54**	**10412.73**	**824.65**	**34.48**	**1059.73**	**178.24**	**82.05**	**2673.73**
农、林、牧、渔业	**21.38**			**59.62**		**84.40**			**57.48**
采矿业	**918.66**	**9.20**	**13.04**	**1.89**		**38.70**	**0.72**	**16.98**	**157.45**
煤炭开采和洗选业	763.09		0.10	0.08		1.76		0.06	17.01
石油和天然气开采业	0.79		12.94	0.33		0.75		16.41	26.41
黑色金属矿采选业	79.21	9.20		0.16		17.92		0.12	87.60
有色金属矿采选业	45.85			0.06		1.48	0.72	0.22	9.93
非金属矿采选业	27.98			0.04		3.38			14.58
开采辅助活动	1.73			1.21		13.41		0.16	1.92
其他采矿业									
制造业	**7866.06**	**3396.34**	**10399.70**	**8.09**	**8.96**	**33.39**	**60.04**	**47.03**	**1356.00**
农副食品加工业	71.71	0.26		0.29		2.86	0.38	0.49	38.56
食品制造业	24.70	0.01		0.09		0.23		0.71	12.04
酒、饮料和精制茶制造业	10.58			0.04		0.06		0.20	4.29
烟草制品业								0.04	0.33
纺织业	6.22			0.03		0.03	0.03	0.22	6.95
纺织服装、服饰业	1.54	0.04		0.13		0.07		0.05	5.50
皮革、毛皮、羽毛及其制品和制鞋业				0.01		0.01		0.02	1.39
木材加工和木、竹、藤、棕、草制品业	0.60			0.07		0.10			9.01
家具制造业	0.03			0.02	0.001	0.03		0.01	4.16
造纸和纸制品业	101.95			0.03		0.38	0.14	0.16	15.19
印刷和记录媒介复制业	0.06			0.03		0.03	0.01	0.03	1.54
文教、工美、体育和娱乐用品制造业	0.02			0.02		0.01		0.01	1.15
石油、煤炭及其他燃料加工业	2156.24		10399.70	0.79	0.01	0.81	42.66	16.77	148.75
化学原料和化学制品制造业	423.99	3.72		0.81	0.41	1.73	0.39	7.24	89.99
医药制造业	26.96	0.04		0.11		0.10	0.12	0.65	9.32
化学纤维制造业	5.02			0.01		0.02		0.05	3.52
橡胶和塑料制品业	16.83	0.003		0.97		0.23	0.01	0.21	38.21
非金属矿物制品业	939.81	13.73		1.45	0.002	14.05	15.56	10.98	187.90
黑色金属冶炼和压延加工业	4029.06	3305.95		0.16		3.46	0.05	2.87	452.76
有色金属冶炼和压延加工业	27.16	20.57		0.10		5.12		2.44	114.34
金属制品业	14.26	50.53		0.28	0.001	0.90	0.01	1.47	62.17
通用设备制造业	1.06	0.18		0.63	0.03	0.46	0.02	0.47	52.39
专用设备制造业	0.03	0.35		0.34		0.37	0.001	0.20	12.82
汽车制造业	2.12	0.94		1.00		0.47	0.02	0.93	22.85
铁路、船舶、航空航天和其他运输设备制造业	1.40	0.02		0.11	8.50	0.50	0.49	0.08	12.06
电气机械和器材制造业	0.17	0.001		0.30	0.004	0.18	0.03	0.33	13.22
计算机、通信和其他电子设备制造业	0.02			0.10		0.03		0.32	21.12
仪器仪表制造业	0.18			0.14		0.02		0.01	1.36
其他制造业	0.88	0.004		0.01		0.04			8.05
废弃资源综合利用业	3.47			0.03		0.47		0.04	3.50
金属制品、机械和设备修理业	0.00			0.02		0.65	0.13	0.02	1.58
电力、燃气及水生产和供应业	**9926.07**			**0.99**		**1.87**	**0.19**	**0.65**	**372.50**
电力、热力的生产和供应业	9926.06			0.71		1.71	0.16	0.32	340.72
燃气生产和供应业	0.01			0.11		0.03		0.32	3.74
水的生产和供应业	0.01			0.17		0.13	0.04	0.01	28.04
建筑业	**0.34**			**1.05**		**4.82**	**1.52**	**0.03**	**22.75**
房屋和土木工程建筑业				0.05		0.51			12.52
建筑安装业	0.34			0.98		4.25	1.52	0.03	6.02
建筑装饰业									0.68
其它建筑业				0.02		0.06			3.53
交通运输、仓储和邮政业	**6.10**			**237.28**	**25.52**	**724.79**	**115.77**	**7.20**	**67.47**
铁路运输业	0.87			0.18		11.71	0.03	0.08	35.21
道路运输业	0.28			236.94		696.53	0.19	4.42	9.36
水上运输业	2.99			0.14		5.05	95.09	2.70	3.59
航空运输业				0.02	25.52	0.13	20.46		1.29
管道运输业	1.96								4.45
多式联运和运输代理业									3.45
装卸搬运和仓储业				0.01		11.38			9.13
邮政业									0.99
批发和零售业、贸易和餐饮业	**0.02**			**16.89**		**8.96**		**0.02**	**122.49**
其他行业	**97.68**			**143.64**		**159.27**			**194.99**
城乡居民生活	**347.31**			**355.21**		**3.52**		**10.14**	**322.60**

7-6 能源加工转换效率

单位：%

年 份	总效率	发电及电站供热	炼焦	炼油
1985	79.1	37.2	94.5	98.6
1990	82.7	48.1	97.1	98.0
1991	82.2	49.1	98.5	98.9
1992	81.0	48.3	97.5	86.3
1993	80.6	48.1	83.0	99.0
1994	75.2	46.0	72.6	97.0
1995	80.2	50.3	98.6	97.4
1996	77.6	46.0	90.6	98.0
1997	75.9	43.8	91.7	97.8
1998	76.9	44.9	96.0	99.6
1999	76.0	44.8	97.1	95.6
2000	75.3	41.9	93.2	96.7
2001	73.5	43.8	92.8	89.9
2002	76.8	42.8	98.1	98.0
2003	73.3	39.9	98.1	96.2
2004	72.4	38.2	92.3	96.6
2005	74.7	42.1	98.9	92.4
2006	74.1	43.0	96.7	93.6
2007	75.4	43.3	97.3	95.5
2008	75.9	43.5	97.8	95.0
2009	75.6	43.4	98.1	94.4
2010	77.4	46.2	97.3	95.2
2011	76.9	46.5	97.5	94.7
2012	78.6	47.5	97.4	95.7
2013	80.9	52.7	95.8	95.1
2014	81.9	52.8	96.5	97.0
2015	81.2	53.4	96.8	96.2
2016	82.6	54.4	96.6	96.0
2017	83.4	55.1	96.2	95.9
2018	83.7	55.9	96.8	94.0
2019	85.0	57.9	93.9	94.6
2020	86.7	58.5	96.9	96.3
2021	87.3	59.2	96.4	97.9

注：本表中2015年、2016年、2017年是第四次经济普查调整后数据，以前年度未进行调整。

7-7 平均每天能源消费量

能源品种	单位	2010年	2011年	2012年	2013年	2014年	2015年	2016年	2017年	2018年	2019年	2020年	2021年
煤 炭	万吨	46.32	49.46	49.91	49.67	49.32	46.65	46.29	48.18	49.05	51.26	52.10	52.56
焦 炭	万吨	8.67	9.28	9.43	8.77	9.03	8.73	8.18	8.46	8.99	9.17	9.55	9.33
原 油	万吨	17.97	18.37	19.18	17.75	17.44	17.64	19.28	19.54	22.47	27.11	28.11	28.53
燃料油	万吨	0.98	1.04	1.16	0.99	0.99	0.67	0.83	0.84	0.59	0.61	0.58	0.49
汽 油	万吨	1.63	1.94	2.14	1.81	1.93	2.26	2.23	2.17	2.35	2.41	2.18	2.26
煤 油	万吨	0.06	0.04	0.09	0.08	0.08	0.08	0.11	0.12	0.14	0.14	0.09	0.09
柴 油	万吨	2.64	3.02	3.35	2.80	2.90	3.04	2.76	2.83	2.85	2.86	2.75	2.90
天然气	亿立方米	0.05	0.11	0.17	0.14	0.15	0.15	0.13	0.17	0.2	0.2	0.20	0.22
电 力	亿千瓦小时	4.70	5.10	5.21	5.50	5.59	5.44	5.69	5.95	6.55	6.8	6.89	7.33

注：本表中2015年、2016年、2017年是第四次经济普查调整后数据，以前年度未进行调整。

7-8 综合能源平衡表

单位：万吨标准煤

指　标	2009年	2010年	2011年	2012年	2013年	2014年	2015年
一、可供本地区消费的能源量	**18172.45**	**19856.39**	**21492.07**	**22313.93**	**20499.56**	**20585.67**	**20585.67**
1.年初库存量	1572.40	1474.50	1670.64	1907.08	1725.08	1778.87	1778.87
2.一次能源生产量	6037.79	6769.52	6889.99	6393.34	5521.10	5147.66	5147.66
3.外省(区、市)调入量	12946.55	14076.39	17776.98	17124.83	15284.65	18102.45	18102.45
4.进口量	2947.55	3099.70	2665.47	3485.17	6342.11	4454.40	4454.40
5.境内轮船和飞机在境外加油量	47.80	59.43	75.80	82.09	59.53	56.49	56.49
6.本省(区、市)调出量(-)	-4336.85	-3933.12	-4884.43	-4264.85	-5821.08	-6861.03	-6861.03
7.出口量(-)	-795.18	-974.54	-726.50	-571.30	-785.01	-923.19	-923.19
8.境外轮船和飞机在境内加油量(-)	-93.91	-92.16	-84.07	-76.76	-46.09	-45.09	-45.09
9.年末库存量(-)	-1516.50	-1638.51	-1891.80	-1765.67	-1780.73	-1124.89	-1124.89
二、加工转换投入(-)产出(+)量	**-4661.20**	**-4496.71**	**-4450.23**	**-4277.36**	**-2906.01**	**-2507.35**	**-2507.35**
1.火力发电	-2916.90	-2813.32	-2941.65	-2938.61	-2391.30	-2392.16	-2392.16
2.供热	-521.81	-475.59	-483.23	-452.82	-439.18	-433.50	-433.50
3.煤炭洗选	-698.50	-700.73	-799.94	-721.06	-530.41	-469.41	-469.41
4.炼焦	-43.22	-61.70	-62.58	-68.38	-114.03	-96.49	-96.49
5.炼油	-447.83	-233.92	-297.45	-298.89	214.87	442.60	442.60
6.制气	363.66	-2.01	-1.53	-5.64	-23.31	-30.12	-30.12
7.天然气液化						-0.70	-0.70
8.煤制品加工			-2.79	-1.78	-0.01	-0.30	-0.30
9.回收能			340.18	351.24	1079.00	1214.93	1214.93
三、损失量	**103.73**	**203.89**	**201.80**	**202.01**	**209.36**	**192.24**	**192.24**
#运输和输配损失	103.73	203.89	201.80	202.01	209.36	192.24	192.24
四、终端消费量	**13407.52**	**15155.78**	**16840.05**	**17834.56**	**17384.18**	**17886.08**	**17886.08**
1.农、林、牧、渔业	249.85	266.73	284.55	287.59	283.99	287.54	287.54
2.工业	9708.30	10966.99	12217.15	12835.51	12344.40	12494.22	12494.22
3.建筑业	124.99	145.26	161.70	178.75	279.72	290.24	290.24
4.交通运输、仓储和邮政业	1445.64	1597.03	1746.40	1879.08	1775.40	1919.24	1919.24
5.批发和零售业、贸易和餐饮业	154.11	170.34	203.95	216.58	237.15	249.48	249.48
6.其他	488.99	581.15	664.28	724.06	759.88	826.25	826.25
7.生活消费	1235.64	1428.30	1562.02	1713.00	1703.64	1819.12	1819.12
城镇	1023.37	1175.58	1276.00	1393.40	1412.93	1508.33	1508.33
乡村	212.27	252.72	286.02	319.60	290.71	310.79	310.79
五、平衡差额							

注：1.本表中2015年、2016年、2017年是第四次经济普查调整后数据，以前年度未进行调整。
2.2015年后按照发电煤耗计算法计算，以前年度按照电热当量计算法计算。

7-8 续表

单位：万吨标准煤

指　标	2016年	2017年	2018年	2019年	2020年	2021年
一、可供本地区消费的能源量	**20847.06**	**21365.35**	**22321.45**	**23749.46**	**24849.49**	**24930.83**
1.年初库存量	1596.38	2723.92	3219.04	3522.70	3580.49	3738.96
2.一次能源生产量	5290.02	5086.36	5240.94	5416.71	5438.12	5826.34
3.外省(区、市)调入量	22239.71	24525.62	22833.62	28414.47	26868.71	27101.94
4.进口量	6189.82	6123.27	6227.09	5267.54	7695.64	5990.04
5.境内轮船和飞机在境外加油量	42.78	21.33	22.52		63.87	0.46
6.本省(区、市)调出量(-)	-10492.67	-12650.57	-11449.34	-15191.54	-14866.29	-13509.10
7.出口量(-)	-1214.53	-1200.00	-207.90	-125.43	-18.81	-23.91
8.境外轮船和飞机在境内加油量(-)	-46.89	-38.74	-42.10	-57.12	-101.34	-100.98
9.年末库存量(-)	-2757.55	-3225.84	-3522.42	-3497.86	-3810.90	-4092.93
二、加工转换投入(-)产出(+)量	**95.48**	**225.28**	**125.54**	**-183.18**	**300.01**	**568.34**
1.火力发电						
2.供热	-452.99	-492.31	-496.08	-509.57	-579.81	-576.89
3.煤炭洗选	-258.18	-167.51	-95.72	-101.80	-111.55	-101.75
4.炼焦	-90.57	-106.46	-89.89	-180.79	-88.66	-104.08
5.炼油	5.81	993.32	1787.48	2356.02	3574.46	2455.21
6.制气	-8.19	-10.51	-5.31	-148.68	-128.56	-127.86
7.天然气液化	-1.11	-1.26	-1.46	-0.64	-0.11	
8.煤制品加工	-0.51		-3.86	-9.41	-1.34	-1.03
9.回收能	1328.77	1476.83	1673.13	1719.90	1901.56	1931.11
三、损失量	**328.81**	**338.01**	**358.85**	**345.72**	**292.77**	**271.14**
##运输和输配损失	324.88	338.01	358.85	345.72	292.77	271.14
四、终端消费量	**20613.74**	**21252.62**	**22088.14**	**23220.57**	**24856.74**	**25228.04**
1.农、林、牧、渔业	343.56	357.96	366.85	380.06	380.40	392.95
2.工业	13885.68	14348.83	15072.22	16170.93	17999.56	18061.78
3.建筑业	295.52	290.03	274.82	255.60	256.29	260.91
4.交通运输、仓储和邮政业	2057.53	2147.81	2176.72	2175.78	1966.50	2078.59
5.批发和零售业、贸易和餐饮业	420.25	424.33	427.84	412.33	371.13	430.17
6.其他	1061.07	1061.86	1091.60	1101.85	1095.35	1169.75
7.生活消费	2550.14	2621.81	2678.08	2724.02	2787.52	2833.89
城镇	1968.76	2019.45	2051.12	2074.42	2136.42	2168.47
乡村	581.38	602.36	626.96	649.60	651.10	665.42
五、平衡差额						

主要统计指标解释

一次能源生产总量 指一定时期内全国（地区）一次能源生产量的总和，是观察全国（地区）能源生产水平、规模、构成和发展速度的总量指标。包括：原煤、原油、天然气、水电、核电及其他动力能（如风能、地热能等）发电量等。不包括低热值燃料生产量和由一次能源加工转换而成的二次能源产量。

能源生产总量 指一定时期内全省一次能源生产量的总和，是观察全省能源生产水平、规模、构成和发展速度的总量指标。一次能源生产量包括原煤、原油、天然气、水电及其他动力能(如风能、地热能等)发电量。不包括低热值燃料生产量、生物质能、太阳能等的利用和由一次能源加工转换而成的二次能源产量。

能源消费总量 指一定地域内（国家或地区）国民经济各行业和居民家庭在一定时期消费的各种能源的总和。能源消费总量分为三部分，即终端能源消费量、能源加工转换损失量和能源损失量。

(1) 终端能源消费量指一定时期内用于消费（而非用于加工转换产出其他能源）的各种能源之和。

(2) 能源加工转换损失量指一定时期内全国（地区）投入加工转换的各种能源数量之和与产出各种能源产品之和的差额。它是观察能源在加工转换过程中损失量变化的指标。

(3) 能源损失量指一定时期内能源在输送、分配、储存过程中发生的损失和由客观原因造成的各种损失量。不包括各种气体能源放空、放散量。

能源生产弹性系数 是研究能源生产量的增长与国民经济增长之间关系的指标。计算公式:

$$能源生产弹性系数=\frac{能源生产量年平均增长速度}{国民经济年平均增长速度}$$

本资料采用国内生产总值指标计算国民经济年平均增长速度。

电力生产弹性系数 是研究电力生产增长速度与国民经济增长速度之间关系的指标。计算公式:

$$电力生产弹性系数=\frac{电力生产量年平均增长速度}{国民经济年平均增长速度}$$

能源消费弹性系数 反映能源消费增长速度与国民经济增长速度之间关系的指标。计算公式:

$$能源消费弹性系数=\frac{能源消费量年平均增长速度}{国民经济年平均增长速度}$$

电力消费弹性系数 是反映电力消费增长速度与国民经济增长速度之间比例关系的指标。计算公式:

$$电力消费弹性系数=\frac{电力消费量年平均增长速度}{国民经济年平均增长速度}$$

能源加工转换效率 指一定时期内能源经过加工转换后，产出的各种能源产品的数量与投入加工转换的各种能源数量的比率。它是观察能源加工转换装置和生产工艺先进与落后、管理水平高低等的重要指标。计算公式:

$$能源加工转换效率=\frac{能源加工转换产出量}{能源加工转换投入量}\times 100\%$$

能源生产总量 指一定时期内全省一次能源生产量的总和，是观察全省能源生产水平、规模、构成和发展速度的总量指标。一次能源生产量包括原煤、原油、天然气、水电及其他动力能(如风能、地热能等)发电量。不包括低热值燃料生产量、生物质能、太阳能等的利用和由一次能源加工转换而成的二次能源产量。

八、财　政

Chapter 8　Government Finance

8-1 历年地方财政一般公共预算收入

单位：亿元

年 份	公共财政预算收入	各项税收	国有资本经营收入	国有企业计划亏补	其他各项收入
1980	86.9	41.6	43.3		2.0
1985	85.2	102.3	1.4	-20.2	1.7
1986	98.9	107.1	1.4	-13.3	3.7
1987	108.0	115.5	1.4	-14.8	5.9
1988	115.9	128.4	1.7	-24.9	10.7
1989	133.9	145.6	1.6	-29.7	16.4
1990	129.3	140.3	2.0	-31.0	18.0
1991	161.5	155.7	1.6	-30.2	34.4
1992	151.6	158.6	1.5	-24.5	16.0
1993	213.7	220.0	1.9	-24.8	16.6
1994	153.7	147.5	0.8	-17.3	22.7
1995	184.4	174.0	0.6	-18.0	27.8
1996	211.7	195.8	0.7	-17.1	32.3
1997	228.2	215.1	1.0	-16.6	28.7
1998	264.6	233.5	2.6	-13.1	41.6
1999	279.6	247.5	2.5	-11.2	40.8
2000	295.6	266.4	3.7	-9.7	35.2
2001	370.4	320.0	3.5	-4.7	51.6
2002	399.7	333.0	6.7	-3.5	63.5
2003	447.0	361.4	9.1	-3.3	79.8
2004	529.6	411.5	13.0	-2.9	108.0
2005	675.3	528.4	24.5	-3.0	125.4
2006	817.7	626.2	40.9	-3.0	153.6
2007	1082.7	815.7	57.8		209.2
2008	1356.1	1017.1	92.9		246.1
2009	1591.2	1184.0	145.7		261.5
2010	2004.8	1516.7	131.2		356.9
2011	2643.2	1974.9	142.8		525.5
2012	3105.4	2317.2	157.4		630.8
2013	3343.8	2521.6	180.9		641.3
2014	3192.8	2330.6	199.7		662.5
2015	2127.4	1650.4	23.0		453.9
2016	2200.5	1687.5	19.0		494.0
2017	2392.8	1812.4	5.1		575.3
2018	2616.1	1976.1	8.6		631.4
2019	2652.4	1929.5	10.5		712.4
2020	2655.8	1879.1	46.8		729.9
2021	2765.6	1970.9	9.6		785.1

注：1. 本表财政收入为当年财政决算数据。
2. 各项税收1983年利改税以后含企业所得税，1994年以后为新税制收入。
3. 国有资产经营收益1998年以前指国企上缴利润，1983年前含企业上缴的基本折旧。
4. 其他各项收入指行政性收费、罚没收入、海域场地矿区使用费收入、专项收入和其他各项收入。
5. 国有资本经营收入2007年以前为“国有资产经营收益”。

8-2 地方财政一般公共预算收入

单位：亿元

项　　目	2010年	2011年	2012年	2013年	2014年	2015年	2016年	2017年	2018年	2019年	2020年	2021年
合　　计	**2004.8**	**2643.2**	**3105.4**	**3343.8**	**3192.8**	**2127.4**	**2200.5**	**2392.8**	**2616.1**	**2652.4**	**2655.8**	**2765.6**
一、各项税收小计	**1516.7**	**1974.9**	**2317.2**	**2521.6**	**2330.6**	**1650.4**	**1687.5**	**1812.4**	**1976.1**	**1929.5**	**1879.1**	**1970.9**
增值税	188.8	218.3	216.7	248.4	291.3	286.2	534.6	785.8	836.3	783.3	726.9	738.2
营业税	453.8	556.2	606.5	657.0	562.2	471.3	238.9					
企业所得税	174.1	227.2	242.4	250.7	252.2	235.3	238.7	278.4	316.7	330.2	328.7	355.0
个人所得税	64.2	76.9	60.9	64.1	70.3	72.4	76.7	90.4	99.2	65.5	64.4	72.2
资源税	46.5	68.1	109.3	142.0	102.1	37.6	29.8	42.3	41.3	42.5	41.0	51.5
城市维护建设税	71.6	102.8	108.4	119.2	118.2	117.6	124.3	129.8	144.7	134.1	126.2	137.3
房产税	45.9	55.9	64.2	72.4	82.2	82.4	84.1	95.2	101.8	97.2	95.1	104.9
印花税	22.8	27.7	28.2	30.3	30.5	26.0	27.5	31.4	34.1	37.4	37.1	41.0
城镇土地使用税	108.1	145.7	221.9	246.3	248.1	125.4	125.2	139.1	142.6	132.9	135.7	145.1
土地增值税	77.6	128.8	190.4	190.2	177.6	46.1	60.1	65.7	76.4	90.1	92.1	91.3
车船税	12.3	15.0	19.9	23.6	26.3	28.8	31.3	34.3	37.1	41.1	44.9	46.2
耕地占用税	96.4	140.4	225.2	239.9	203.9	15.1	15.0	13.3	10.1	14.6	15.5	17.2
契税	152.9	209.8	217.5	235.6	163.8	105.0	100.3	105.4	130.6	153.6	163.6	161.4
烟叶税	0.5	0.8	1.1	1.4	1.5	1.1	0.9	1.3	0.7	0.5	0.8	0.5
其他税收收入	1.2	1.1	4.7	0.5	0.3	0.2	0.2		4.5	6.6	7.0	9.1
二、非税收入小计	**488.2**	**668.3**	**788.2**	**822.2**	**862.2**	**476.9**	**513.0**	**580.3**	**639.9**	**722.9**	**776.7**	**794.7**
专项收入	55.0	99.3	110.5	107.1	105.5	161.0	152.9	149.2	156.4	138.5	136.1	150.5
行政事业性收费收入	131.9	158.6	194.6	198.0	182.5	112.8	131.8	120.7	112.6	118.7	87.0	97.1
罚没收入	60.1	70.0	88.1	78.9	69.6	76.6	77.9	106.8	157.0	183.6	152.2	139.3
国有资本经营收入	131.2	142.8	157.4	180.9	199.7	23.0	19.0	5.1	8.6	10.5	46.8	9.6
国有资源有偿使用收入	97.8	171.4	206.3	225.6	257.5	87.5	85.2	153.5	151.2	194.4	298.2	344.5
其他收入	12.1	26.2	31.3	31.7	47.4	16.0	46.2	45.1	54.1	77.2	56.3	53.8

8-3 地方各项税收及附加收入

单位：亿元

税种分类	2010年	2011年	2012年	2013年	2014年	2015年	2016年	2017年	2018年	2019年	2020年	2021年
收入合计	**3504.6**	**4216.1**	**4749.4**	**4963.7**	**4822.6**	**3914.7**	**3961.1**	**4175.3**	**4850.1**	**4959.6**	**4635.3**	**5167.1**
一、税收合计	**3445.4**	**4125.0**	**4646.5**	**4856.0**	**4717.1**	**3812.0**	**3858.4**	**4069.2**	**4730.6**	**4845.1**	**4476.4**	**4967.9**
1. 增值税	1091.6	1208.2	1308.0	1353.1	1430.9	1143.3	1448.3	1884.5	2327.3	2275.4	2074.9	2234.9
#国内增值税	821.3	914.4	919.7	977.7	988.9	953.7	1183.4	1547.1	1661.0	1557.3	1454.8	1523.5
2. 消费税	495.0	493.8	557.5	525.6	525.0	652.5	537.8	493.9	541.1	734.1	565.0	764.7
#国内消费税	443.3	435.8	532.5	478.1	480.1	613.7	556.0	522.6	518.4	692.2	528.1	725.5
3. 营业税	453.8	556.3	606.7	655.9	562.4	471.4	265.3	9.6	4.0			
4. 个人所得税	160.5	192.4	152.3	159.8	174.2	180.1	190.9	224.7	248.0	163.8	163.3	183.0
5. 外商外国企业所得税	303.7	407.0	432.1	432.2	424.5	380.4	396.4	466.1	782.3	810.8	795.9	863.5
6. 企业所得税	128.2	158.0	167.2	183.8	199.5	184.4	194.2	223.4				
7. 资源税	46.4	68.1	109.2	141.9	102.0	37.5	29.8	42.1	41.0	42.2	40.8	51.3
8. 投资方向调节税			0.0									
9. 城市维护建设税	95.1	125.0	136.1	141.7	141.2	139.0	140.4	144.3	158.0	154.3	138.5	158.4
10. 房产税	45.9	55.9	64.2	72.4	82.2	82.4	84.1	95.2	101.8	97.2	95.1	104.9
11. 印花税	22.8	27.7	28.2	30.3	30.5	25.9	27.5	31.4	34.1	37.4	37.1	41.0
12. 城镇土地使用税	108.1	145.7	221.9	246.3	248.1	125.4	125.2	139.1	142.6	132.9	135.7	145.1
13. 土地增值税	77.6	128.8	190.4	190.2	177.6	46.1	60.1	65.7	76.4	90.1	92.1	91.3
14. 车船使用税	12.3	15.0	19.9	23.6	26.3	28.8	31.3	34.3	37.1	41.1	44.9	46.2
15. 耕地占用税	96.4	140.4	225.2	239.9	203.7	15.1	15.0	13.3	10.1	14.6	15.5	17.2
16. 契税	152.9	209.8	217.5	235.6	163.8	105.0	100.3	105.4	130.6	153.6	163.6	161.4
17. 车辆购置税	66.5	78.4	80.4	91.2	94.2	84.2	81.9	95.1	90.9	90.0	105.1	94.6
18. 烟叶税	0.5	0.8	1.1	1.4	1.5	1.1	0.9	1.3	0.7	0.5		
19. 关税	86.8	112.8	125.7	129.2	129.2	109.1	129.2					
20. 其他税收	1.2	0.9	3.1	2.0	0.4	0.2			4.5	7.3	8.8	10.5
二、非税收入合计	**59.2**	**91.1**	**103.0**	**107.6**	**105.5**	**102.7**	**102.6**	**106.1**	**119.5**	**114.5**	**158.9**	**199.1**
1. 教育费附加	43.0	55.9	60.8	63.3	63.1	61.4	61.5	63.7	70.4	68.1	61.6	70.7
2. 文化事业建设费	13.2	32.6	39.8	42.6	41.8	40.8	40.9	42.2	47.0	45.3	41.0	47.1
3. 地方教育费收入	1.5	1.9	2.0	1.5	0.2	0.2	0.1		1.4	1.1	0.2	0.0
4. 矿区使用费												
5. 罚没收入	0.9	0.5	0.3	0.3	0.3	0.2	0.1	0.2			0.1	
6. 其他收入	0.7	0.3	0.1	0.1	0.1	0.0	0.0		0.8	0.0	55.9	81.3

注：1. 本表按1994年新税制改革以来的地区实际税收收入整理。
2. 增值税和消费税含海关代征，不含出口退税绝对值；国内增值税和国内消费税不含海关代征，含出口退税绝对值。
3. 由于国地税合并，2018年数据来自国家税务总局辽宁省税务局，与往年不可比。
4. 由于税务部门口径发生变化，从2020年起将收入合计中其他收入变更为非税收入合计，与往年不可比。

8-4 各地区地方财政一般公共预算收入

(2021年)　　单位：万元

项　目	沈阳	大连	鞍山	抚顺	本溪	丹东	锦州
合　计	**7730203**	**7375978**	**1700188**	**769501**	**736123**	**817738**	**1093979**
一、各项税收小计	**6124273**	**5088278**	**1316254**	**562242**	**634906**	**526902**	**695155**
增值税	2123798	2006706	546157	264129	282300	187578	267599
企业所得税	1281614	1035913	183613	58366	101572	60235	55374
个人所得税	244817	269745	32762	15927	18165	14573	16053
资源税	24811	3829	120341	25161	57299	14124	14790
城市维护建设税	404364	367109	75162	46708	43897	27549	54232
耕地占用税	55159	9533	432	6413	1835	5697	26814
契税	618095	502726	63463	21635	20329	47603	45532
其他税收收入	1371615	892717	294324	123903	109509	169543	214761
二、非税收入小计	**1605930**	**2287700**	**383934**	**207259**	**101217**	**290836**	**398824**
专项收入	445748	370820	65158	42739	35168	24512	49187
行政事业性收费收入	204321	152320	28142	19829	15671	29391	30078
罚没收入	205198	267567	101968	27260	21019	50449	67715
国有资本经营收入		70949	2613	2393	756	233	2172
国有资源有偿使用收入	658786	1246602	166141	58710	27395	174889	237127
其他收入	91877	179442	19912	56328	1208	11362	12545

8-4 续表　　(2021年)　　单位：万元

项　目	营口	阜新	辽阳	盘锦	铁岭	朝阳	葫芦岛
合　计	**1414176**	**473348**	**986642**	**1585561**	**504358**	**843260**	**642334**
一、各项税收小计	**1123958**	**281834**	**703364**	**1066605**	**353175**	**637274**	**442663**
增值税	449527	104457	284034	439025	147585	240278	187329
企业所得税	176261	26321	96805	125485	29100	82647	38214
个人所得税	19484	8170	17642	21651	9436	15404	12537
资源税	5844	6100	80415	72822	11513	70636	7391
城市维护建设税	79951	16196	70502	86258	20976	32579	37399
耕地占用税	2652	23799	2335	441	13516	15806	7774
契税	60323	25243	32110	38832	25835	50103	37681
其他税收收入	329916	71548	119521	282091	95214	129821	114338
二、非税收入小计	**290218**	**191514**	**283278**	**518956**	**151183**	**205986**	**199671**
专项收入	65353	14648	65065	94649	19846	32907	39395
行政事业性收费收入	30790	14799	16657	80927	32771	45330	20445
罚没收入	41525	53035	28012	297672	37607	43824	28093
国有资本经营收入	161					13889	2358
国有资源有偿使用收入	117644	92672	163211	24640	55066	48299	93049
其他收入	34745	16360	10333	21068	5893	21737	16331

8-5 地方财政一般公共预算支出

单位：亿元

行　业	2009年	2010年	2011年	2012年	2013年	2014年	2015年	2016年	2017年	2018年	2019年	2020年	2021年
合　计	**2682.4**	**3195.8**	**3905.9**	**4558.6**	**5197.4**	**5080.5**	**4481.6**	**4577.5**	**4879.4**	**5337.7**	**5745.1**	**6014.2**	**5879.2**
一般公共服务	329.2	352.4	415.2	485.7	501.3	436.3	356.5	370.9	386.0	423.0	451.1	452.3	453.8
国　防	7.5	7.6	11.4	13.8	12.0	12.0	7.9	8.2	6.1	5.7	4.9	4.5	3.7
公共安全	154.2	191.3	210.3	228.8	244.6	235.7	256.7	297.1	301.7	354.5	390.0	382.9	385.2
教　育	346.7	405.4	544.1	728.8	669.5	604.5	610.2	634.0	648.1	653.9	702.4	741.2	703.6
科学技术	57.5	68.9	87.2	101.2	119.0	108.8	68.9	61.6	57.4	75.0	74.0	72.7	78.4
文化体育与传媒	76.3	56.8	68.6	79.3	95.3	92.6	88.6	84.7	86.4	71.6	86.0	89.7	84.4
社会保障和就业	518.1	579.8	657.4	727.7	824.0	895.9	995.1	1145.5	1340.5	1463.6	1441.3	1658.6	1649.6
医疗卫生	163.3	151.4	182.1	200.2	229.5	273.6	282.0	307.3	336.6	350.6	364.5	413.5	399.2
节能环保	55.7	77.4	74.2	93.3	108.6	106.1	116.8	87.2	106.5	94.2	129.7	97.9	80.4
城乡社区事务	289.7	360.3	442.6	595.2	807.3	849.5	494.3	392.7	409.6	462.5	546.4	558.7	532.6
农林水事务	240.7	289.0	329.2	405.0	466.5	443.9	446.1	480.7	459.2	461.7	502.6	504.8	409.4
交通运输	106.6	140.3	220.5	256.1	302.5	310.9	270.0	188.4	215.2	211.9	188.5	190.0	163.3
工业商业金融等事务	211.6	441.9	298.8	315.9	366.6	288.6	172.5	155.7	139.8	202.5	245.1	218.6	351.5
其他支出	125.4	73.4	364.3	327.6	450.7	422.2	315.9	363.4	386.1	507.0	618.5	628.7	584

注：由于口径调整，2018年工业商业金融等事务为资源勘探信息等支出、商业服务业等支出、金融支出之和。

8-6 各地区地方财政一般公共预算支出

(2021年) 单位：万元

行业	沈阳	大连	鞍山	抚顺	本溪	丹东	锦州
合计	**10323095**	**9800549**	**2911314**	**1641310**	**1326422**	**1983961**	**2144666**
一般公共服务	803637	795647	295468	163855	165356	215591	214792
国防	8023	4881	1548	868	1166	2878	1389
公共安全	789993	651392	137798	101125	126109	117626	82626
教育	1130135	1251675	382793	202168	178490	286400	271442
科学技术	234322	212689	6619	3882	2498	2404	9958
文化体育与传媒	210258	122309	28056	16777	24770	24262	21237
社会保障和就业	1817931	1953338	618181	420918	332284	398353	457244
医疗卫生（卫生健康）	839178	798452	239634	154734	100016	151406	178493
环境保护(节能环保)	133469	209379	60405	36982	6589	17814	19671
城乡社区事务	1118063	1401927	299373	107050	100959	221523	347184
农林水事务	563728	370157	232020	179844	86208	216742	224083
交通运输	151110	311691	59342	33117	29718	49584	83354
商业服务业等支出	1616953	567193	101128	25006	30161	44395	63380
其他支出	906295	1149819	448949	194984	142098	234983	169813

8-6 续表 (2021年) 单位：万元

行业	营口	阜新	辽阳	盘锦	铁岭	朝阳	葫芦岛
合计	**2556402**	**1425710**	**1609106**	**1964266**	**1952561**	**2807735**	**2346696**
一般公共服务	228447	158540	195743	159650	222841	267085	239502
国防	1915	1065	2271	978	1344	1898	2346
公共安全	127112	83645	75225	71484	93750	102648	104165
教育	267406	222120	201729	170650	301870	440862	335216
科学技术	7867	2944	9632	18120	7093	4571	3876
文化体育与传媒	51310	13266	16953	19584	19583	39682	18336
社会保障和就业	474124	304061	307000	283978	376852	518379	504524
医疗卫生（卫生健康）	186371	99169	151036	112603	141713	269422	218869
环境保护(节能环保)	63765	41823	20715	31313	28857	59500	23029
城乡社区事务	301507	83721	130067	482767	120825	263987	221335
农林水事务	171190	225307	157411	116829	398869	427046	268657
交通运输	52073	28369	41092	32025	52402	91409	59675
商业服务业等支出	202088	29627	59568	78552	17548	78977	30427
其他支出	421227	132053	240664	385733	169014	242269	316739

主要统计指标解释

财政总收入 指国家财政参与社会产品分配所取得的收入，是实现国家职能的财力保证。财政收入所包括的内容几经变化，目前主要包括:

（1）税收收入 包括增值税、营业税、企业所得税、个人所得税、资源税、固定资产投资方向调节税、城市维护建设税、房产税、印花税、城镇土地使用税、土地增值税、车船税、耕地占用税、契税、烟叶税、其他税收收入。

（2）非税收入 包括专项收入、行政事业性收费收入、罚没收入、国有资本经营收入、国有资源有偿使用收入、其他收入。

财政总支出 国家财政将筹集起来的资金进行分配使用，以满足经济建设和各项事业的需要，主要包括以下各项支出:

（1）一般公共服务 反映政府提供一般公共服务的支出。

（2）公共安全 反映政府维护社会公共安全方面的支出，有关事务包括武装警察、公安、国家安全、检察、法院、司法行政、监狱、劳教、国家保密、缉私警察等。

（3）教育支出 反映政府教育事务支出。有关具体教育事务包括教育行政管理、学前教育、小学教育、初中教育、普通高中教育、普通高等教育、初等职业教育、中专教育、技校教育、职业高中教育、高等职业教育、广播电视教育、留学生教育、特殊教育、干部继续教育、教育机关服务等。

（4）科学技术 反映政府用于科学技术方面的支出。

（5）文化体育与传媒 反映政府在文化、文物、体育、广播电视、新闻出版等方面的支出。

（6）社会保障和就业 反映政府在社会保障与就业方面的支出。有关事项包括社会保障与就业管理事务、民政管理事务、财政对社会保险基金的补助、补充全国社会保障基金、行政事业单位离退休、企业改革补助、就业补助、抚恤、退役安置、社会福利、残疾人事业、城市居民最低生活保障、其他城镇社会救济、农村社会救济、自然灾害生活补助、红十字事务等。

（7）医疗卫生 反映政府医疗卫生方面的支出。具体包括医疗卫生管理事务支出、医疗服务支出、医疗保障支出、疾病预防控制支出、卫生监督支出、妇幼保健支出、农村卫生支出等。

（8）环境保护 反映政府环境保护支出。具体包括: 环境保护管理事务支出、环境监测与监察支出、污染治理支出、自然生态保护支出、天然林保护工程支出、退耕还林支出、风沙荒漠治理支出、退牧还草支出、已垦草原退耕还草支出。

（9）城乡社区事务 反映政府城乡社区事务支出。具体包括: 城乡社区管理事务支出、城乡社区规划与管理支出、城乡社区公共设施支出、城乡社区住宅支出、城乡社区环境卫生支出、建设市场管理与监督支出等

（10）农林水事务 反映政府农林水事务方面的支出。具体包括农业、林业、水利、扶贫支出、农业综合开发支出等。

（11）交通运输 反映政府交通运输方面的支出。包括公路运输支出、水路运输支出、铁路运输支出、民用航空运输支出等。

（12）工业商业金融等事务 反映政府工业、商业、金融等事务支出。具体包括: 采掘业支出、制造业支出、电力支出、信息产业支出、旅游业支出、涉外发展支出、粮油事务支出、商业流通事务支出、物资储备支出、金融保险支出、烟草事务支出、安全生产支出、国有资产监督支出、中小企业发展支出、清洁生产支出等。

（13）其他支出　反映不能划分到上述功能科目的其他政府支出。包括预备费、年初预留、住房改革支出以及其他支出。

中央财政和地方财政　财政是国家为了实现其职能，凭借政治权力，对一部分社会产品进行分配和再分配的经济活动。中央财政和地方财政，是指财政体制上划分中央政府和地方政府以及地方各级政府之间财政管理权限的一项根本制度，它是经济管理体制的重要组成部分，它在财政管理体制中居于主导地位。它具体规定了各级政府筹集资金、支配使用资金的权力、范围和责任，使各级政府在财政管理上有责有权。这对于正确处理中央和地方之间，以及地方各级之间的分配关系，充分发挥各级政府的积极性，更好地完成国家财政收支任务，促进社会主义建设的发展有着极其重要的意义。中央财政收入和地方财政收入，是指中央和地方各级负责组织征收的收入，不是按财政体制计算的收入分成数。其收入中还包括了国外借款。

预算外资金　是指不纳入国家财政预算，由各地方、各部门、各企业、事业、行政单位，按国家规定范围自行筹集和使用的资金。它是国家财政预算内资金的补充财力。

九、价　格

Chapter 9　Prices

9-1 各种价格指数

(上年=100)

年　份	居民消费价格指数	城市居民消费价格指数	农村居民消费价格指数	商品零售价格指数	工业生产者出厂价格指数	工业生产者购进价格指数	固定资产投资指数
1980		104.4		105.9			
1985	110.7	111.4	106.7	110.0			
1986	106.7	107.0	105.0	106.0			
1987	108.6	109.8	105.6	109.0			
1988	119.3	119.6	115.9	119.3	122.4	133.9	
1989	118.2	117.2	120.1	118.4	121.2	133.3	
1990	103.3	103.1	104.1	102.7	103.8	117.6	105.9
1991	105.6	106.0	104.2	104.1	119.2	108.1	108.2
1992	106.7	108.1	102.3	106.0	112.1	116.6	120.9
1993	115.2	116.7	110.9	113.5	138.4	149.9	136.4
1994	124.3	126.1	120.9	120.6	119.9	118.2	117.4
1995	116.1	116.1	116.0	114.0	109.9	114.2	104.9
1996	107.9	108.2	106.8	105.4	102.8	103.7	102.2
1997	103.1	103.8	102.1	101.0	100.1	103.1	102.3
1998	99.3	99.8	98.7	97.6	95.8	99.3	99.8
1999	98.6	98.7	98.3	96.1	102.0	99.0	100.0
2000	99.9	100.0	99.7	98.4	108.8	103.9	101.1
2001	100.0	99.9	100.2	99.4	98.6	100.0	100.4
2002	98.9	98.9	98.7	97.4	97.8	98.3	100.7
2003	101.7	101.2	103.7	98.9	103.6	105.1	102.5
2004	103.5	102.8	106.3	101.9	107.1	112.1	104.8
2005	101.4	100.8	104.0	100.1	105.1	108.1	102.8
2006	101.2	101.1	101.6	101.3	104.1	104.2	102.1
2007	105.1	104.6	107.0	104.4	104.4	104.8	104.3
2008	104.6	104.4	105.5	105.3	110.9	111.5	109.1
2009	100.0	100.0	100.3	99.8	94.0	93.3	97.0
2010	103.0	102.8	104.0	103.2	107.4	108.6	103.3
2011	105.2	105.1	105.5	105.0	106.5	108.3	106.6
2012	102.8	102.9	102.5	102.2	99.9	99.0	101.0
2013	102.4	102.4	102.4	101.6	99.0	98.5	100.0
2014	101.7	101.8	101.4	101.0	98.2	98.0	99.7
2015	101.4	101.4	101.4	100.5	93.9	93.5	97.9
2016	101.6	101.5	101.8	101.0	98.8	97.9	99.2
2017	101.4	101.4	101.1	100.7	108.1	108.0	104.0
2018	102.5	102.6	102.0	101.4	104.8	104.5	103.5
2019	102.4	102.3	102.6	101.7	99.5	100.8	103.1
2020	102.4	102.2	103.4	101.1	97.0	98.2	
2021	101.1	101.1	100.7	101.9	113.6	115.0	

9-2 各种价格定基指数

年 份	居民消费价格指数(1984=100)	城市居民消费价格指数(1978=100)	农村居民消费价格指数(1984=100)	商品零售价格总指数(1978=100)	工业生产者出厂价格指数(1988=100)	工业生产者购进价格指数(1988=100)	固定资产投资指数(1990=100)
1979		101.7		101.4			
1980		106.2		105.4			
1981		112.3		108.8			
1982		113.9		110.1			
1983		115.8		111.8			
1984		120.0		116.2			
1985	110.7	133.7	106.7	127.8			
1986	118.1	143.1	112.0	135.5			
1987	128.3	157.1	118.3	147.7			
1988	153.0	187.9	137.1	176.2			
1989	180.9	220.2	164.7	208.6	121.2	133.3	
1990	186.8	227.0	171.4	214.3	125.8	156.8	
1991	197.3	240.6	178.6	223.0	150.0	169.5	108.2
1992	210.5	260.1	182.7	236.4	168.1	197.6	130.9
1993	242.5	303.6	202.7	268.3	232.7	296.2	178.6
1994	301.4	382.8	245.0	323.6	279.0	350.1	209.6
1995	350.0	444.4	284.2	368.9	306.6	399.8	219.9
1996	377.6	480.8	303.5	388.8	315.2	414.6	224.7
1997	389.3	499.1	309.9	392.7	315.5	427.4	229.9
1998	386.6	498.1	305.9	383.3	302.2	424.5	229.4
1999	381.2	491.6	305.0	368.4	308.3	420.2	229.4
2000	380.8	491.6	304.1	362.5	335.4	436.6	231.9
2001	380.8	491.1	304.7	360.3	330.7	436.6	232.9
2002	376.6	485.7	300.7	350.9	323.4	429.2	234.5
2003	383.0	494.0	311.9	347.0	335.1	451.1	240.6
2004	396.4	507.8	331.5	353.6	358.9	505.7	252.1
2005	401.9	511.9	344.8	354.0	377.2	546.7	259.2
2006	406.7	517.5	350.3	358.6	392.7	569.7	264.6
2007	427.4	541.3	374.8	374.4	409.9	596.9	275.9
2008	447.2	565.0	395.5	394.4	454.6	665.5	301.0
2009	447.2	565.0	396.7	393.6	427.3	621.0	291.9
2010	460.6	580.8	412.6	406.2	458.9	674.4	301.6
2011	484.6	610.4	435.3	426.5	488.7	730.3	321.5
2012	498.2	628.1	446.2	435.9	488.2	723.0	324.7
2013	510.2	643.2	456.9	442.9	483.3	712.2	324.7
2014	518.9	654.8	463.3	447.3	474.6	698.0	323.7
2015	526.2	664.0	469.8	449.5	445.6	652.6	316.9
2016	534.6	674.0	478.3	454.0	440.3	638.9	314.4
2017	542.1	683.4	483.6	457.2	476.0	690.0	327.0
2018	555.6	701.0	493.4	463.8	496.8	724.4	338.4
2019	568.7	717.3	506.1	471.5	494.3	730.2	348.9
2020	582.4	733.3	523.4	476.9	479.5	717.1	
2021	588.6	741.6	526.9	486.1	544.7	824.7	

9-3 居民消费价格分类指数

(2021年，上年=100)

项　　目	全省	城市	农村
居民消费价格总指数	**101.1**	**101.1**	**100.7**
一、食品烟酒	**100.3**	**100.6**	**98.7**
1. 食品	99.9	100.3	98.0
(1)粮食	102.1	102.5	101.1
大　米	101.1	101.4	100.3
面　粉	102.2	103.1	100.8
(2)薯类	101.6	101.1	103.5
(3)豆类	108.4	108.2	109.1
(4)食用油	104.8	105.3	103.3
(5)菜	107.7	107.7	108.2
鲜　菜	109.0	108.9	109.4
(6)畜肉类	85.1	86.5	79.4
猪　肉	67.0	67.1	66.6
(7)禽肉类	98.1	98.2	97.9
(8)水产品	105.6	105.5	106.3
(9)蛋类	114.7	114.3	116.6
鸡　蛋	116.9	116.6	118.4
(10)奶类	101.1	101.2	100.6
(11)干鲜瓜果类	102.5	102.4	103.2
鲜 瓜 果	103.3	103.2	103.9
(12)糖果糕点类	101.3	101.4	100.5
(13)调味品	100.5	100.7	100.1
(14)其他食品类	99.7	99.6	100.1
2. 茶及饮料	100.0	100.0	99.9
3. 烟酒	102.0	102.3	101.2
(1)烟草	101.9	102.2	101.2
(2)酒类	102.3	102.7	101.1
4. 在外餐饮	100.9	101.0	100.4
二、衣着	**100.5**	**100.6**	**99.8**
1. 服装	100.3	100.4	99.5
(1)衣着材料及配件	100.2	100.2	100.4
(2)衣着服务费	100.5	100.5	100.3
2. 鞋类	101.0	101.0	100.8
(1)鞋	101.0	101.0	100.8
(2)鞋类加工服务	100.0	100.0	100.0
三、居住	**100.6**	**100.4**	**101.2**
1. 租赁房房租	100.1	99.9	100.9

9-3 续表 1 (2021年，上年=100)

项　　目	全省	城市	农村
2. 住房保养维修及管理	101.3	101.5	100.6
(1)住房装潢材料	101.2	101.4	100.5
(2)住房维修管理费用	101.4	101.6	100.7
物业管理费	100.1	100.1	100.0
装潢维修费	102.8	104.2	100.9
3. 水电燃料	102.7	102.6	102.9
(1)水	100.3	100.3	100.0
(2)电	100.0	100.0	100.0
(3)燃气	102.1	101.4	104.8
(4)其他水电燃料类	105.1	104.7	109.7
4. 自有住房	99.6	99.4	100.6
四、生活用品及服务	**99.9**	**99.9**	**100.1**
1. 家具及室内装饰品	99.8	99.8	99.5
(1)家具	99.6	99.7	99.5
(2)室内装饰品	100.9	101.1	99.7
2. 家用器具	100.3	100.1	101.2
(1)大型家用器具	99.9	99.8	100.7
(2)小家电	102.4	102.2	103.4
3. 家用纺织品	99.8	99.7	100.3
(1)床上用品	99.7	99.6	100.4
(2)窗帘门帘	100.0	100.0	100.0
(3)其他家用纺织品	100.0	100.0	100.2
4. 家庭日用杂品	99.8	99.8	99.8
(1)洗涤卫生用品	100.8	100.8	100.9
(2)厨具餐具茶具	97.3	97.3	97.1
(3)其他家庭日用杂品	100.4	100.5	100.1
5. 个人护理用品	99.1	99.1	99.0
(1)化妆品	98.6	98.6	98.7
(2)其他护理用品类	100.0	100.1	99.7
6. 家庭服务	101.8	101.8	100.7
五、交通和通信	**104.7**	**104.8**	**104.4**
1. 交通	105.6	105.5	105.9
(1)交通工具	99.5	99.3	100.1
(2)交通工具用燃料	117.6	117.7	117.6
(3)交通工具使用和维修	101.0	101.2	100.5
(4)交通费	100.1	100.1	99.9
2. 通信	102.2	102.6	100.6
(1)通信工具	106.2	107.3	102.3
(2)通信服务	99.9	100.0	99.5
(3)邮递服务	99.2	98.9	100.2

9-3 续表 2

(2021年，上年=100)

项　目	全省	城市	农村
六、教育文化和娱乐	**102.3**	**102.3**	**102.2**
1. 教育	102.9	103.0	102.6
(1)教育用品	101.2	101.4	100.6
(2)教育服务	103.0	103.1	102.7
2. 文化娱乐	101.1	101.1	100.8
(1)文娱耐用消费品	101.3	101.3	101.3
(2)其他文娱用品	101.0	101.1	100.3
(3)文化娱乐服务	102.6	102.8	100.4
(4)旅游	100.1	100.1	102.3
七、医疗保健	**99.8**	**99.9**	**99.7**
1. 药品及医疗器具	98.7	98.9	97.7
(1)中药	100.7	100.9	100.0
(2)西药	97.9	98.0	97.8
(3)滋补保健品	100.3	100.2	101.1
(4)医疗卫生器具	97.4	98.8	91.1
(5)保健器具	100.0	99.7	101.4
2. 医疗服务	100.3	100.3	100.5
(1)综合医疗类	100.4	100.4	100.4
(2)诊断类	100.1	100.1	100.3
(3)治疗类	100.4	100.3	100.9
(4)康复类	101.0	100.9	101.2
(5)中医医疗服务类	102.7	103.6	100.3
(6)其他医疗服务	100.3	100.4	100.0
八、其他用品和服务	**99.3**	**99.3**	**99.2**
1. 其他用品	99.3	99.3	99.2
(1)首饰手表	99.3	99.3	99.2
(2)母婴用品	98.6	98.6	98.4
(3)其他杂项用品	99.6	99.6	99.7
2. 其他服务	99.2	99.2	99.2
(1)在外住宿	101.7	101.8	100.4
宾馆住宿	102.1	102.2	100.5
其他住宿	101.2	101.2	100.4
(2)美容美发洗浴	102.0	102.2	100.1
(3)养老服务	100.3	100.4	100.1
(4)金融及保险服务	97.0	96.7	98.6
(5)中介法律及其他服务	100.0	100.0	100.0

9-4 商品零售价格分类指数

(2021年，上年=100)

项　目	全省	城市	农村
商品零售价格指数	**101.9**	**102.0**	**101.8**
一、食品	**100.3**	**100.6**	**98.1**
1. 粮食	102.2	102.6	100.9
2. 薯类	101.3	101.1	103.0
3. 豆类	108.2	108.2	108.5
4. 食用油	104.7	105.0	103.5
5. 菜	108.1	108.0	108.5
6. 畜肉类	85.3	86.5	78.8
7. 禽肉类	98.0	97.9	98.2
8. 水产品	105.8	105.7	106.5
9. 蛋类	114.9	114.6	117.1
10. 奶类	101.3	101.4	100.5
11. 干鲜瓜果类	102.7	102.6	103.3
12. 糖果糕点类	101.3	101.4	100.5
13. 调味品	100.6	100.7	100.0
14. 其他食品类	99.7	99.6	100.1
15. 在外餐饮	101.0	101.1	100.4
二、饮料、烟酒	**101.8**	**101.9**	**101.2**
1. 茶及饮料	99.9	100.0	99.9
2. 烟草	102.1	102.2	101.3
3. 酒类	102.5	102.7	101.2
三、服装、鞋帽	**100.6**	**100.6**	**100.0**
1. 服装	100.4	100.5	99.7
2. 鞋帽袜	100.9	100.9	101.0
3. 其他衣着配件	100.3	100.2	100.9
四、纺织品	**99.9**	**99.8**	**100.5**
1. 服装材料	101.1	101.0	101.4
2. 床上用品	99.7	99.5	100.4
五、家用电器及音像器材	**100.8**	**100.7**	**101.6**
1. 家庭设备	100.5	100.3	101.4
2. 文娱用耐用消费品	101.6	101.5	102.1
3. 专业音像器材	100.8	100.8	100.9
六、文化办公用品	**101.1**	**101.1**	**100.8**
七、日用品	**99.8**	**99.8**	**99.8**
1. 日用百货	100.2	100.2	100.5
2. 厨具餐具茶具	97.3	97.3	97.3
3. 清洗用品	101.2	101.2	101.2
4. 其他日用品	100.1	100.1	99.5
八、体育娱乐用品	**100.6**	**100.6**	**100.2**
1. 体育户外用品	100.8	100.8	100.9
2. 娱乐用品	100.5	100.6	100.2
九、交通、通信用品	**101.9**	**102.1**	**100.5**
1. 交通运输机械	99.6	99.5	99.8
2. 通信器材	107.6	108.2	102.2
十、家具	**100.0**	**100.0**	**99.8**
十一、化妆品	**99.0**	**99.0**	**99.3**
十二、金银饰品	**98.5**	**98.4**	**98.7**
十三、中西药品及医疗保健用品	**98.8**	**99.0**	**97.1**
1. 医疗卫生器具	98.0	98.9	89.9
2. 中药	100.7	100.9	99.5
3. 西药	98.0	98.0	97.3
4. 保健器具及用品	100.0	100.0	100.9
十四、书报杂志及电子出版物	**99.7**	**99.6**	**100.6**
1. 教材及参考书	101.3	101.5	100.7
2. 书报杂志	101.2	101.2	100.0
3. 计算机办公软件	93.4	92.9	100.7
十五、燃料	**115.9**	**115.6**	**117.8**
1. 煤炭及制品	117.5	116.2	121.6
2. 石油及制品	115.5	115.4	115.9
十六、建筑材料及五金电料	**101.1**	**101.1**	**100.5**
1. 建筑装璜材料	101.2	101.3	100.4
2. 五金水暖	100.7	100.7	100.8

9-5 各市居民消费价格分类指数

(2021年，上年=100)

市名称	居民消费价格指数	食品烟酒	#粮食	#食用油	#菜类	#畜肉类	#水产品	#蛋类	#奶类	#干鲜瓜果类
全省	**101.1**	**100.3**	**102.1**	**104.8**	**107.7**	**85.1**	**105.6**	**114.7**	**101.1**	**102.5**
沈阳	101.3	100.7	104.4	104.6	107.0	86.8	106.0	108.3	100.6	102.7
大连	101.4	101.0	102.6	101.8	109.3	85.2	106.3	124.0	102.8	104.7
鞍山	101.4	101.4	101.2	101.7	112.4	83.8	107.9	110.6	101.7	104.4
抚顺	100.4	99.3	100.4	104.5	101.0	85.7	103.1	111.0	100.8	104.1
本溪	101.7	100.5	102.7	112.3	107.3	87.1	105.9	111.3	100.8	95.1
丹东	100.7	100.2	101.6	111.5	105.3	87.8	101.8	114.3	100.7	104.4
锦州	101.2	100.7	101.2	109.0	108.1	87.2	109.2	115.2	101.2	100.7
营口	100.7	100.1	102.3	107.7	106.4	89.0	102.8	119.4	103.3	95.6
阜新	100.6	99.9	103.0	110.3	111.1	87.8	102.3	115.9	100.0	97.6
辽阳	100.7	100.2	100.5	110.7	104.1	88.0	106.3	112.1	100.1	100.5
盘锦	100.4	99.4	99.6	109.0	108.1	88.2	103.1	114.2	98.2	98.0
铁岭	100.9	101.4	101.2	107.8	108.1	91.2	105.5	118.5	96.7	101.8
朝阳	100.9	100.8	101.5	105.0	116.0	86.6	102.8	116.4	103.6	105.2
葫芦岛	101.1	100.7	102.1	104.4	109.1	87.5	103.8	114.7	101.0	101.0

9-5 续表

(2021年，上年=100)

市名称	茶及饮料	烟酒	衣着	居住	生活用品及服务	交通和通信	教育文化和娱乐	医疗保健	其他用品和服务
全省	**100.0**	**102.0**	**100.5**	**100.6**	**99.9**	**104.7**	**102.3**	**99.8**	**99.3**
沈阳	100.6	104.4	100.8	99.6	100.4	105.4	103.6	99.6	99.6
大连	99.5	101.2	101.7	100.6	99.9	104.5	102.7	100.1	99.3
鞍山	99.1	103.9	101.1	101.9	99.8	103.9	100.4	99.9	99.6
抚顺	98.8	101.3	100.5	99.9	99.4	104.1	101.8	99.6	98.6
本溪	100.7	103.7	98.7	103.4	99.6	106.9	100.6	101.2	98.4
丹东	98.6	100.7	97.1	100.0	99.3	104.3	102.2	101.3	99.1
锦州	102.0	100.8	99.9	101.3	99.5	104.6	100.9	100.6	98.5
营口	101.7	102.4	99.8	100.1	99.7	104.0	101.6	99.8	100.4
阜新	100.0	100.3	101.2	100.2	100.9	104.3	102.5	96.9	98.6
辽阳	100.2	100.0	100.9	99.8	99.7	104.6	100.8	99.7	100.0
盘锦	98.4	100.6	97.1	102.4	97.7	105.1	99.2	99.8	99.9
铁岭	99.8	102.0	99.8	100.3	100.0	103.6	100.4	99.8	97.7
朝阳	101.7	101.1	99.2	101.3	100.7	103.9	100.5	100.2	97.5
葫芦岛	100.2	100.7	98.7	101.1	99.8	104.4	102.9	100.2	96.4

9-6 农业生产资料价格指数

(上年=100)

项　目	2010年	2011年	2012年	2013年	2014年	2015年	2016年	2017年	2018年	2019年	2020年
农业生产资料价格指数	**103.7**	**112.8**	**106.9**	**99.9**	**98.9**	**99.5**	**100.4**	**100.3**	**101.8**	**103.6**	**104.9**
1. 农用手工工具	104.9	105.0	106.8	101.8	103.1	100.3	100.1	100.9	99.7	100.0	99.6
2. 饲　　料	112.8	108.1	106.4	103.8	100.7	99.7	97.5	98.5	103.0	101.2	103.8
3. 饲养动物及其产品	99.6	135.5	104.2	91.6	97.9	106.5	131.2	100.1	77.3	141.9	158.4
4. 半机械化农具	102.9	102.2	101.3	100.1	100.1	99.2	99.4	100.0	100.3	100.5	100.5
5. 机械化农具	103.4	103.3	102.0	100.3	101.4	99.0	99.6	100.8	100.8	101.1	101.3
6. 化 学 肥 料	95.3	116.4	108.5	98.0	96.1	99.4	95.8	97.5	105.7	103.3	99.6
7. 农药及农药械	99.0	102.9	102.9	102.0	101.0	100.8	99.4	99.6	102.0	100.0	99.7
8. 农 机 用 油	112.5	111.7	104.4	99.8	97.6	84.9	98.5	109.7	113.8	94.5	86.0
9. 其他农业生产资料	103.6	108.2	111.6	104.2	101.8	100.4	101.6	100.4	100.9	101.0	100.7
10. 农业生产服务	108.4	108.2	106.6	104.0	102.9	101.3	99.8	102.0	102.9	101.8	101.0

9-7 各地区农村消费价格分类指数

(2021年，上年=100)

项　目	辽中	瓦房店	海城	凤城	昌图	建平	绥中
总 指 数	**99.8**	**101.0**	**100.2**	**100.9**	**100.5**	**100.7**	**102.0**
一、食品烟酒	98.6	98.9	97.7	98.9	98.3	100.5	98.5
二、衣着	94.9	100.3	101.5	100.0	100.1	100.2	99.6
三、居住	98.3	101.8	101.1	100.4	101.2	100.8	104.3
四、生活用品及服务	99.7	101.7	100.0	99.7	99.7	99.8	99.2
五、交通和通信	103.3	103.6	105.1	104.9	104.4	104.5	105.0
六、教育文化和娱乐	102.3	103.5	100.7	105.2	100.6	100.5	104.0
七、医疗保健	100.5	99.6	98.3	99.0	100.3	98.1	103.5
八、其他用品和服务	100.2	100.1	99.3	98.9	97.8	98.5	99.0

9-8 工业生产者出厂价格分类指数

(上年=100)

类别	2010年	2011年	2012年	2013年	2014年	2015年	2016年	2017年	2018年	2019年	2020年	2021年
全部工业产品出厂价格总指数	**107.4**	**106.5**	**99.9**	**99.0**	**98.2**	**93.9**	**98.8**	**108.1**	**104.8**	**99.5**	**97.0**	**113.6**
一、按轻重工业分												
1.轻　工　业	102.9	104.7	101.4	100.0	99.2	98.8	100.2	100.8	101.2	102.3	101.1	103.7
以农产品为原料	103.8	105.5	102.0	100.3	99.2	98.7	100.1	100.5	101.3	102.8	101.2	105.5
以非农产品为原料	102.0	101.7	99.1	98.9	99.0	99.1	100.6	102.1	100.6	100.2	100.5	99.7
2.重　工　业	109.2	106.9	99.6	98.8	97.9	92.9	98.4	109.8	105.6	98.9	96.1	115.1
采掘工业	120.3	110.2	95.5	97.3	96.5	88.2	102.4	119.0	110.6	105.1	96.0	126.2
原料工业	115.2	111.7	101.9	99.0	97.4	87.1	96.5	113.0	109.2	97.2	90.3	119.0
加工工业	103.5	104.6	99.2	98.8	98.3	95.7	98.8	107.6	103.6	98.9	98.4	110.8
二、按两大部类分												
1.生产资料	108.2	107.0	99.7	98.8	98.0	92.9	98.5	110.0	105.8	98.7	96.1	116.3
采掘工业	119.1	110.2	95.5	97.3	96.5	88.2	102.4	119.0	110.6	105.1	96.0	126.2
原料工业	115.8	111.9	101.8	98.9	97.3	87.0	96.2	112.9	109.3	97.1	90.0	119.1
加工工业	103.2	104.7	99.3	99.0	98.4	95.7	98.9	107.9	103.8	98.7	98.5	112.6
2.生活资料	103.0	104.1	101.2	99.8	99.2	98.9	100.0	100.7	100.8	102.9	100.9	101.3
食　品	104.3	106.8	101.9	100.0	99.3	99.3	100.3	99.6	102.0	104.4	101.1	103.5
衣　着	100.8	102.3	102.1	100.7	98.6	97.7	99.0	100.6	100.2	100.7	100.1	97.5
一般日用品	101.5	102.1	99.8	99.6	99.2	97.9	101.1	105.1	101.3	102.5	99.9	99.2
耐用消费品	102.4	100.6	100.1	99.1	99.4	99.3	99.1	100.5	98.5	101.0	101.1	100.3
三、按工业部门分												
1.冶金工业	109.4	108.3	94.6	97.4	95.7	88.8	101.7	122.5	108.1	98.7	99.4	127.8
2.电力工业	102.2	100.8	103.6	100.0	99.4	98.5	98.5	100.1	100.1	99.8	94.9	99.7
3.煤炭及炼焦工业	112.8	109.6	100.1	94.9	94.5	94.2	99.8	121.9	104.5	98.7	97.6	127.7
4.石油工业	125.1	119.4	105.4	99.4	96.7	77.8	92.5	116.1	116.3	96.3	83.4	123.4
5.化学工业	108.4	106.0	98.0	98.4	98.6	94.5	98.0	106.7	103.4	98.6	95.0	116.1
6.机械工业	99.3	102.5	100.1	99.4	99.3	98.9	98.6	100.2	100.3	100.9	99.6	101.3
7.建筑材料工业	102.8	104.4	103.5	100.0	99.4	98.2	98.2	106.9	104.2	97.7	93.3	102.6
8.森林工业	104.1	104.6	103.1	99.5	100.0	98.9	100.4	100.7	99.1	96.1	96.1	102.1
9.食品工业	103.9	106.6	102.1	100.5	99.3	98.8	100.0	99.7	101.5	103.9	101.7	106.4
10.纺织工业	111.2	106.9	98.4	99.9	99.1	98.4	99.4	102.9	99.5	101.3	97.2	98.5
11.缝纫工业	100.5	102.3	102.1	100.7	98.4	97.2	99.1	100.6	100.4	100.9	100.5	98.9
12.皮革工业	103.3	99.2	101.1	100.7	101.2	103.4	98.5	100.1	99.1	99.6	97.5	93.0
13.造纸工业	103.5	103.2	100.4	98.8	98.8	98.4	99.7	106.3	105.3	98.0	99.0	104.5
14.文教艺术用品工业	102.1	99.3	100.1	96.8	98.6	99.0	99.9	99.8	102.7	100.8	98.5	100.1
15.其他工业	103.0	104.3	99.7	96.8	100.9	98.2	98.4	124.0	120.4	95.2	102.2	115.0

9-9 工业生产者购进价格分类指数

(上年=100)

类别	2010年	2011年	2012年	2013年	2014年	2015年	2016年	2017年	2018年	2019年	2020年	2021年
全部原材料、燃料、动力购进总指数	**108.6**	**108.3**	**99.0**	**98.5**	**98.0**	**93.5**	**97.9**	**108.0**	**104.5**	**100.8**	**98.2**	**115.0**
1.燃料、动力类	112.4	109.6	101.1	97.0	98.1	86.8	94.2	113.8	109.7	98.2	91.5	126.5
2.黑色金属材料类	106.8	108.7	95.9	97.0	96.1	90.0	98.0	116.6	104.7	101.0	100.0	120.1
3.有色金属材料和电线类	111.1	108.9	97.4	95.0	97.1	96.3	99.9	112.2	105.2	100.3	102.6	112.3
4.化工原料类	108.1	107.3	96.5	97.8	98.9	96.1	97.1	106.1	104.6	97.6	95.1	117.4
5.木材及纸浆类	101.2	104.6	101.8	100.5	100.7	100.1	99.7	103.6	104.2	99.2	98.2	108.7
6.建筑材料类	105.3	109.4	103.3	99.8	99.5	98.1	98.4	108.3	112.1	102.8	99.0	108.3
7.其它工业原料及半成品类	104.4	103.0	99.7	100.5	97.9	94.5	99.1	101.3	100.4	99.7	99.9	102.2
8.农副产品类	110.8	114.6	99.3	100.6	98.8	96.6	100.3	101.1	100.1	110.2	104.6	108.7
9.纺织原料类	105.2	106.3	99.7	99.8	99.3	98.9	100.3	100.6	100.9	100.3	98.9	101.7

主要统计指标解释

商品零售价格指数 商品零售价格，是指工业、商业、餐饮业和其他零售企业向城乡居民、机关团体出售生活消费品和办公用品的价格。商品零售价格指数，是反映一定时期内商品零售价格变动趋势和变动程度的相对数，利用商品零售价格指数，可以全面掌握市场商品零售价格的变动状况，为国家制定经济政策提供参考依据，同时还可在此基础上编制出其他各种派生价格指数，为研究市场流通、进行国民经济核算提供科学依据。

商品零售价格指数的汇总计算公式为加权算术平均公式，权数资料来源于社会消费品销售额统计和重点调查资料。所选商品为十四个大类，必报商品为 304 种。

居民消费价格指数 居民消费价格，是指城乡居民支付生活消费品和服务项目消费的价格，是社会产品和服务项目的最终价格。居民消费价格指数，是反映一定时期内居民消费价格变动趋势和变动程度的相对数，利用居民消费价格指数，可以全面观察居民消费价格变动对居民生活的影响，为党政领导和决策部门掌握消费价格状况，研究和制定居民消费政策、价格政策、工资政策、货币政策以及进行国民经济核算提供科学依据。

居民消费价格指数还是反映通货膨胀程度的重要指标。

农产品收购价格指数 农产品收购价格，是指各种经济类型的工商企业和其他单位以及个人直接从农民个人和国有农业生产单位收购农产品的价格。农产品收购价格指数，是反映一定时期内农产品收购价格变动趋势和变动程度的相对数，利用这一指数，可以反映农产品收购价格的变动情况及其对农产品生产者、收购者货币收支的影响，为国家制定、检查农产品收购政策，研究收购价格水平，差价政策和比价政策提供科学依据。

农产品收购价格指数的计算公式为加权倒数平均公式，权数资料来源于农村住户主要农村产品出售量、农村住户出售畜禽及渔业产品情况、国家和社会其他农产品收购部门的收购金额或收购量资料、历年农产品收购金额资料等。所选商品为十一个大类，250 种商品。

农业生产资料价格指数 农业生产资料价格，是指工商企业、供销合作社和其他单位及个人向农民出售农业生产资料的价格，也是农业生产资料在流通领域中最后一个环节的价格。农业生产资料价格指数，是反映一定时期内农业生产资料价格变动趋势和变动程度的相对数。利用这一指数可以掌握农业生产资料价格的变动情况，为国家制定有关政策，保障农民利益，促进农业发展提供决策参考依据；同时，也为研究市场流通和新国民经济核算体系提供科学依据。1994 年以前，农业生产资料价格指数仅仅是商品零售价格指数的一个类别，此后，从商品零售价格指数中单列出来，独立编制。

农业生产资料价格指数的计算公式为加权算术平均公式。权数资料来源于供销合作社等部门的销售统计资料和农村住户调查资料中的农业生产资料购买数量和金额资料。所选商品为十个大类，49 种主要商品。

工业品出厂价格指数 是反映工业产品出厂价格水平变动趋势及变动程度的相对数，一般用百分数(%)表示。

原材料、燃料和动力购进价格指数 是反映工业企业作为生产投入，而从物资交易市场和能源、原材料生产企业购买原材料、燃料和动力产品时，所支付的价格水平变动趋势和程度的统计指标，是扣除工业企业物质消耗成本中的价格变动影响的重要依据。

十、人民生活

Chapter 10　People's Living Conditions

10-1 人民物质文化生活提高情况

项目	单位	2010年	2011年	2012年	2013年	2014年	2015年	2016年	2017年	2018年	2019年	2020年	2021年
就业													
每一农村劳动力负担人数	人	1.30	1.30	1.30	1.38	1.34	1.32	1.29	1.28	1.29	1.28	1.26	1.26
每一城镇就业者负担人数	人	1.95	2.03	1.99	1.84				1.26	1.29	1.29	1.25	1.25
收入													
农村常住居民人均可支配收入	元	6908	8297	9384	10523	11192	12057	12881	13747	14656	16108	17450	19217
城镇常住居民人均可支配收入	元	17713	20467	23223	25578	29082	31126	32876	34993	37342	39777	40376	43051
在岗职工平均工资	元	35057	38713	42503	46310	49110	53458	57148	62545	69093	75264	82223	88474
储蓄													
城乡居民年底储蓄存款余额	亿元	13690	15530	17967	19858	21397	23996	25882	27768	31312	36134	42963	46671
平均每人储蓄存款余额	元	32184	36512	42277	46819	50451	56635	61175	65892	74655	86215	103130	112218
住房													
农村平均每人住房面积	平方米	27.3	29.0	29.5	30.8	32.0	32.6	33.7	34.5	34.9	36.3	36.8	36.9
城市平均每人建筑面积	平方米	26.9	27.3	27.3	28.8	29.0	29.0	29.0	29.3	31.2	31.3	31.5	31.9
交通、邮电													
每人每年函件交寄	件	2.0	2.1	1.7	1.7	2.5	1.6	1.0	1.4	1.4	0.7	0.5	0.03
城市公用事业													
自来水普及率	%	97.4	98.4	98.5	98.8	98.7	98.8	99.0	97.7	98.4	98.6	99.5	99.5
燃气普及率	%	94.2	95.5	96.0	96.2	96.2	94.8	96.1	95.1	95.7	96.2	97.6	97.0
文化													
每百户拥有彩色电视机													
城镇	台	123.1	115.7	114.7	106.9	107.5	108.0	108.5	109.2	104.7	111.7	105.4	101.5
农村	台	111.7	112.1	112.2	109.5	109.8	111.0	112.0	112.4	108.8	108.7	108.3	104.2
教育													
学龄儿童入学率	%	99.9	99.9	99.9	99.9	99.9	99.9	99.9	99.9	99.9	99.9	99.9	99.9
每万人口有大学生	人	206.8	279.0	289.5	300.2	303.8	297.6	294.7	282.4	296.0	324.6	363.2	382.8
卫生													
每万人拥有医院病床	张	48.0	51.0	52.8	57.1	60.3	60.9	65.0	68.3	72.1	72.1	75.5	76.4
每万人拥有医生	人	22.0	23.3	23.7	24.4	24.0	24.7	25.1	26.4	27.6	28.5	30.4	31.2

注：1. 表中2014-2016年住房面积为新口径住户调查汇总指标，与2013年数据不可比。
2. 2014-2016年城镇居民和农村居民数据为实施城乡住户调查一体化改革之后发布的新口径数据，城乡居民收入均为人均可支配收入，相关指标定义与2013年及之前有所不同，数据不可比。2013年之前农村居民收入数据为农村居民人均纯收入。下同。

10-2 城乡居民家庭人均收入及恩格尔系数

年　份	城镇常住居民人均可支配收入(元)	指数(1978=100)	农村常住居民人均可支配收入(元)	指数(1978=100)	城镇居民家庭恩格尔系数(%)	农村居民家庭恩格尔系数(%)
1978	363.3	100.0	185.2	100.0		63.8
1979			235.0	126.9		60.5
1980	493.9	136.0	273.0	147.4		56.3
1981	508.1	139.9	306.6	165.6		53.8
1982	529.4	145.7	334.3	180.5		54.7
1983	548.7	151.0	452.5	244.3		53.0
1984	636.1	175.1	477.4	257.8		54.9
1985	704.3	193.9	485.7	262.3	54.7	51.6
1986	881.9	242.8	533.2	287.9	53.6	51.0
1987	992.4	273.2	599.3	323.6	53.6	50.7
1988	1204.0	331.4	699.6	377.8	50.7	48.5
1989	1417.3	390.1	740.2	399.7	54.3	49.5
1990	1551.0	426.9	836.2	419.2	55.3	54.1
1991	1705.6	469.5	896.7	484.2	55.9	52.6
1992	1936.0	532.9	995.1	537.3	54.4	51.7
1993	2299.5	633.0	1161.0	626.9	50.5	55.1
1994	3047.0	838.7	1423.5	768.6	51.5	58.0
1995	3691.4	1016.1	1756.5	948.4	51.9	60.3
1996	4207.2	1158.1	2150.0	1160.9	50.1	56.5
1997	4518.1	1243.6	2301.5	1242.7	48.1	55.4
1998	4617.2	1270.9	2579.8	1393.0	44.6	52.8
1999	4898.6	1348.4	2501.0	1350.4	43.4	50.6
2000	5357.8	1474.8	2355.6	1271.9	40.7	46.5
2001	5797.0	1595.7	2557.9	1381.2	39.7	45.6
2002	6524.6	1795.9	2751.3	1485.6	38.8	45.0
2003	7240.6	1993.0	2934.2	1584.3	39.4	43.2
2004	8007.6	2204.1	3307.1	1785.7	40.4	46.4
2005	9107.6	2506.9	3690.2	1992.6	38.8	41.6
2006	10369.6	2854.3	4090.4	2208.6	38.8	41.2
2007	12300.4	3385.7	4773.4	2577.4	37.8	39.6
2008	14392.7	3961.7	5576.5	3011.0	39.0	40.6
2009	15761.4	4338.4	5958.0	3217.1	38.0	36.7
2010	17712.6	4875.5	6908.0	3730.0	35.1	38.2
2011	20466.8	5633.6	8297.5	4480.3	35.5	39.1
2012	23222.7	6392.2	9383.7	5066.8	35.0	38.4
2013	25578.2	7040.5	10522.7	5681.8	32.2	32.9
2014	29081.7		11191.5		28.3	28.3
2015	31125.7		12056.9		28.3	28.2
2016	32876.1		12880.7		27.6	26.9
2017	34993.4		13746.8		27.5	26.7
2018	37341.9		14656.3		26.8	26.7
2019	39777.2		16108.3		26.9	26.6
2020	40375.9		17450.3		29.5	29.7
2021	43050.8		19216.6		28.8	30.0

10-3 城镇居民家庭基本情况

单位：人、元

指标	2010年	2011年	2012年	2013年	2014年	2015年	2016年	2017年	2018年	2019年	2020年	2021年
一、平均每户家庭人口	**2.71**	**2.64**	**2.67**	**2.51**	**2.52**	**2.55**	**2.59**	**2.57**	**2.48**	**2.47**	**2.45**	**2.47**
二、平均每人全部年收入												
#可支配收入	17713	20467	23223	25578	29082	31126	32876	34993	37342	39777	40376	43051
1. 工资性收入	11713	13094	14846	15882	16240	17127	18316	19257	20626	22120	22801	24608
2. 经营净收入	1798	2285	2710	3010	3422	3612	3951	4406	4639	4461	3667	4254
3. 财产性收入	250	334	493	674	2148	2149	1833	1874	1846	2094	2145	2208
4. 转移性收入	6254	7167	7866	8339	7272	8238	8777	9457	10231	11101	11763	11980
三、平均每人消费性支出	**13280**	**14790**	**16594**	**18030**	**20520**	**21557**	**24996**	**25379**	**26448**	**27355**	**24849**	**28438**
1. 食品支出	4658	5255	5809	5804	5817	6092	6902	6988	7081	7356	7334	8184
2. 衣着支出	1587	1855	2042	2101	1987	2066	2321	2168	2122	2030	1718	1994
3. 家庭设备用品及服务	786	929	1070	1146	1235	1359	1558	1537	1610	1621	1373	1638
4. 医疗保健支出	1080	1208	1310	1343	1631	1762	2314	2380	2627	2828	2595	2905
5. 交通和通信支出	1773	1899	2323	2589	2434	2769	3447	3771	3551	3395	3017	3433
6. 教育和文化娱乐服务支出	1496	1615	1844	2258	2276	2419	3019	3164	3410	3692	2371	3398
7. 居住支出	1315	1386	1433	1936	4428	4416	4633	4511	5146	5446	5504	5947
8. 其它商品和服务支出	586	643	762	853	711	674	803	861	900	988	938	939

注：表中2013年后数据为新口径住户调查汇总指标，与2013年数据不可比，下同。

10-4 城镇居民家庭平均每人可支配收入

(2021年) 单位：元

指　标	合计	低收入户	中低收入户	中等收入户	中高收入户	高收入户
可支配收入	**43051**	**17855**	**30491**	**39770**	**51040**	**84185**
一、工资性收入	**24608**	**12425**	**18310**	**20337**	**27954**	**48134**
(一)工资	22879	12105	17579	19226	25736	43351
(二)实物福利	236	93	168	187	302	476
(三)其他	1494	227	563	924	1916	4307
二、经营净收入	**4254**	**1934**	**3023**	**3289**	**3269**	**10651**
(一)第一产业经营净收入	535	295	297	361	307	1532
1. 农业	401	404	268	270	185	918
2. 林业	15	16	9	2	72	-28
3. 牧业	116	-125	21	76	50	642
4. 渔业	2			13	0.1	0.2
(二)第二产业经营净收入	170	51	49	27	353	415
(三)第三产业经营净收入	3550	1588	2676	2902	2609	8704
三、财产净收入	**2208**	**789**	**1183**	**1652**	**2407**	**5545**
(一)利息净收入	97	-72	-35	37	36	589
(二)红利收入	75	48	10	11	27	300
(三)储蓄性保险净收益	2					10
(四)转让承包土地经营权租金净收入	22	34	37	19	14	1
(五)出租房屋财产性收入	331	88	105	227	191	1156
(六)出租机械、专利、版权等资产的收入	10		3			53
(七)其他财产净收入	-1	-3	-2	-9	-1	11
(八)房屋虚拟租金	1672	694	1066	1368	2141	3425
四、转移净收入	**11980**	**2708**	**7975**	**14491**	**17410**	**19855**
(一)转移性收入	15031	4942	10216	16827	20561	25510
1. 养老金或离退休金	13344	3680	9168	15628	18745	22182
2. 社会救济和补助	148	204	47	18	158	317
3. 政策性生活补贴	59	39	11	44	84	128
4. 报销医疗费	504	108	178	361	792	1219
5. 家庭外出从业人员寄回带回收入	243	362	227	159	105	346
6. 赡养收入	449	338	343	394	503	709
7. 其他经常转移收入	256	173	207	202	150	587
8. 从政府和组织得到的实物产品和服务折价	9	7	9	7	11	12
9. 现金政策性惠农补贴	20	32	26	15	11	11
(二)转移性支出	3051	2235	2241	2336	3151	5655

10-5　各地区城镇常住居民人均可支配收入

单位：元

地　区	2010年	2011年	2012年	2013年	2014年	2015年	2016年	2017年	2018年	2019年	2020年	2021年
全　省	**17713**	**20467**	**23223**	**25578**	**29082**	**31126**	**32876**	**34993**	**37342**	**39777**	**40376**	**43051**
沈　阳	20541	23326	26431	29074	34233	36643	38995	41359	44054	46786	47413	50566
大　连	21293	24276	27539	30238	33591	35889	38050	40587	43550	46468	47380	50531
鞍　山	18423	21297	24194	26662	27846	29943	31443	33320	35619	37756	37980	41018
抚　顺	15303	18069	20545	22702	25035	26818	28467	30346	32470	34581	35058	37512
本　溪	16775	19752	22466	24960	25972	27720	29137	31001	32955	35130	36048	39004
丹　东	14536	17123	19625	21745	22931	24724	26111	27944	29873	31994	32346	34804
锦　州	17375	20171	22995	25340	25214	27040	28484	30412	32490	34699	35216	37329
营　口	18055	20894	23986	26600	28222	30458	32318	34419	37035	39405	39793	42300
阜　新	12711	14994	17123	19058	21195	22662	23980	25707	27609	29514	30438	32842
辽　阳	16570	19469	22259	24619	24382	26389	28133	30198	32222	34574	34814	36868
盘　锦	21035	24266	27533	30148	30857	32465	34322	36484	39111	41575	42788	45398
铁　岭	13730	16203	18587	20576	19276	20689	21788	23337	24994	26743	27634	29955
朝　阳	12961	14958	17112	18891	19634	21211	22381	23926	25462	27015	27997	30041
葫芦岛	17371	20159	22941	25304	23010	24768	26338	27969	29879	32031	32756	34852

10-6　城镇居民家庭平均每人总支出

(2021年)

单位：元

指　标	合计	低收入户	中低收入户	中等收入户	中高收入户	高收入户
家庭总支出	**39934**	**23328**	**30169**	**35152**	**43281**	**73533**
(一)消费支出	28438	17140	22187	26731	32257	47588
1. 食品烟酒	8184	5322	7267	8502	9177	11456
2. 衣着	1994	1171	1605	1874	2105	3485
3. 居住	5947	3505	4168	5241	6814	10884
4. 生活用品及服务	1638	824	1202	1474	1939	3018
5. 交通通信	3433	1914	2299	3176	3527	6814
6. 教育文化娱乐	3398	2658	3205	2885	3320	5178
7. 医疗保健	2905	1374	1802	2699	4081	5065
8. 其他用品和服务	939	372	637	880	1293	1687
(二)财产性支出	201	127	158	173	238	337
1. 生活贷款利息支出	198	124	156	164	237	332
2. 其他财产性支出	4	3	2	9	1	5
(三)转移性支出	3051	2235	2241	2336	3151	5655
1. 个人所得税	108	2	34	28	70	450
2. 社会保障支出	2633	2061	1998	2125	2762	4475
#个人缴纳的养老保险	1846	1429	1416	1482	1946	3141
个人缴纳的医疗保险	624	574	499	546	607	931
个人缴纳的失业保险	77	23	44	58	103	175
其他社会保障支出	85	35	40	40	106	228
3. 外来从业人员寄给家人的支出	2	1	1	7	1	1
4. 赡养支出	192	101	99	102	219	482
5. 其他转移性支出	116	69	109	73	99	247
(四)购置资产及非经常性转移支出	4185	1433	2635	3808	5127	8829
1. 购置资产支出	1029	62	114	768	1621	2941
2. 非经常性转移支出	3156	1370	2522	3040	3507	5888

10-7 各地区城市居民平均每人全年消费支出

单位：元

地　区	2010年	2011年	2012年	2013年	2014年	2015年	2016年	2017年	2018年	2019年	2020年	2021年
全　省	**13280**	**14790**	**16594**	**18030**	**20520**	**21557**	**24996**	**25379**	**26448**	**27355**	**24849**	**28438**
沈　阳	16961	18147	20003	24634	22520	26532	27655	29958	32235	34137	31562	36834
大　连	16580	18846	20417	23071	24782	25824	27119	27191	29928	31485	30158	34678
鞍　山	13710	14909	16389	17456	16975	18537	21384	21838	22657	23363	21160	24750
抚　顺	10007	12440	13768	15343	17353	18061	20632	22119	23635	24799	22929	25583
本　溪	12119	13982	16065	17863	20134	21294	22763	23533	24893	25858	23841	27541
丹　东	11323	12725	14490	13773	15219	16315	17904	19569	20645	21492	20108	22881
锦　州	11802	13652	16968	14279	15118	17630	19203	20278	21184	21860	20019	22795
营　口	12223	12994	16453	16467	16674	18215	20478	21404	23143	23925	21488	23802
阜　新	9047	11127	12797	14914	15849	16575	17763	18586	19511	20598	18991	22070
辽　阳	11071	12651	15090	15259	15908	17319	20042	21466	22582	23598	20967	24526
盘　锦	13923	15213	18153	18883	18882	20323	21897	23364	25735	26872	24534	28204
铁　岭	10323	12039	14386	11590	12817	13820	14816	15927	17083	18052	17122	19770
朝　阳	9318	10334	11376	12009	12586	13219	16114	17146	18053	18640	17349	20015
葫芦岛	10969	12132	12991	13345	14182	15103	16056	17003	18006	19105	18245	20836

注：由于居民收支调查一体化改革，2013年后消费数据为全省城镇常住居民新口径数据，与2012年以前的老口径数据不匹配。

10-8 城镇居民家庭平均每人消费支出

(2021年)

单位：元

指　标	合计	低收入户	中低收入户	中等收入户	中高收入户	高收入户
消费支出	**28438**	**17140**	**22187**	**26731**	**32257**	**47588**
一、食　品	**8184**	**5322**	**7267**	**8502**	**9177**	**11456**
1. 食品	5378	3785	4848	5750	6065	6872
2. 烟酒	606	396	545	628	627	896
3. 饮料	180	108	153	160	200	302
4. 饮食服务	2020	1034	1721	1963	2285	3386
二、衣　着	**1994**	**1171**	**1605**	**1874**	**2105**	**3485**
1. 衣类	1550	900	1239	1466	1630	2727
2. 鞋类	444	270	366	409	475	758
三、生活用品及服务	**1638**	**824**	**1202**	**1474**	**1939**	**3018**
1. 家具及室内装饰品	202	59	127	180	273	417
2. 家用器具	367	165	265	323	429	717
3. 家用纺织品	139	80	113	138	161	220
4. 家庭日用杂品	352	231	311	348	386	520
5. 个人用品	447	271	351	418	501	750
6. 家庭服务	131	17	35	66	188	393
四、医疗保健	**2905**	**1374**	**1802**	**2699**	**4081**	**5065**
1. 医疗器具及药品	973	548	700	925	1180	1651
2. 医疗服务	1932	826	1102	1773	2901	3414
五、交通通信	**3433**	**1914**	**2299**	**3176**	**3527**	**6814**
交　通	2533	1315	1562	2307	2518	5432
通　信	900	598	737	869	1009	1383
六、教育文化娱乐	**3398**	**2658**	**3205**	**2885**	**3320**	**5178**
1. 教育	2399	2252	2485	2029	2220	3067
2. 文化娱乐	999	406	720	856	1100	2110
七、居　住	**5947**	**3505**	**4168**	**5241**	**6814**	**10884**
1. 租赁房房租	134	63	120	171	123	214
2. 住房维修及管理	852	526	380	660	871	1984
3. 水电燃料及其他	1457	1074	1312	1401	1616	2000
八、其它商品和服务	**939**	**372**	**637**	**880**	**1293**	**1687**
1. 其他用品	373	137	197	395	544	669
2. 其他服务	566	235	440	485	750	1019

10-9 城镇居民家庭平均每人消费支出构成

(2021年) 单位：%

指　　标	合计	低收入户	中低收入户	中等收入户	中高收入户	高收入户
消费支出	**100.0**	**100.0**	**100.0**	**100.0**	**100.0**	**100.0**
一、食　　品	**28.8**	**31.1**	**32.8**	**31.8**	**28.5**	**24.1**
1.食品	18.9	22.1	21.8	21.5	18.8	14.4
2.烟酒	2.1	2.3	2.5	2.4	1.9	1.9
3.饮料	0.6	0.6	0.7	0.6	0.6	0.6
4.饮食服务	7.1	6.0	7.8	7.3	7.1	7.1
二、衣　　着	**7.0**	**6.8**	**7.2**	**7.0**	**6.5**	**7.3**
1.衣类	5.4	5.3	5.6	5.5	5.1	5.7
2.鞋类	1.6	1.6	1.6	1.5	1.5	1.6
三、生活用品及服务	**5.8**	**4.8**	**5.4**	**5.5**	**6.0**	**6.3**
1.家具及室内装饰品	0.7	0.3	0.6	0.7	0.8	0.9
2.家用器具	1.3	1.0	1.2	1.2	1.3	1.5
3.家用纺织品	0.5	0.5	0.5	0.5	0.5	0.5
4.家庭日用杂品	1.2	1.4	1.4	1.3	1.2	1.1
5.个人用品	1.6	1.6	1.6	1.6	1.6	1.6
6.家庭服务	0.5	0.1	0.2	0.2	0.6	0.8
四、医疗保健	**10.2**	**8.0**	**8.1**	**10.1**	**12.7**	**10.6**
1.医疗器具及药品	3.4	3.2	3.2	3.5	3.7	3.5
2.医疗服务	6.8	4.8	5.0	6.6	9.0	7.2
五、交通通信	**12.1**	**11.2**	**10.4**	**11.9**	**10.9**	**14.3**
交　　通	8.9	7.7	7.0	8.6	7.8	11.4
通　　信	3.2	3.5	3.3	3.3	3.1	2.9
六、教育文化娱乐	**11.9**	**15.5**	**14.4**	**10.8**	**10.3**	**10.9**
1.教育	8.4	13.1	11.2	7.6	6.9	6.4
2.文化娱乐	3.5	2.4	3.2	3.2	3.4	4.4
七、居　　住	**20.9**	**20.4**	**18.8**	**19.6**	**21.1**	**22.9**
1.租赁房房租	0.5	0.4	0.5	0.6	0.4	0.5
2.住房维修及管理	3.0	3.1	1.7	2.5	2.7	4.2
3.水电燃料及其他	5.1	6.3	5.9	5.2	5.0	4.2
八、其它商品和服务	**3.3**	**2.2**	**2.9**	**3.3**	**4.0**	**3.5**
1.其他用品	1.3	0.8	0.9	1.5	1.7	1.4
2.其他服务	2.0	1.4	2.0	1.8	2.3	2.1

10-10 城镇居民家庭平均每人食品消费情况(含自产自用)

(2021年) 单位：千克

品　　名	合计	低收入户	中低收入户	中等收入户	中高收入户	高收入户
小　　麦	58.8	54.2	57.9	62.1	62.6	58.0
稻　　谷	58.8	66.2	63.1	63.8	53.0	45.2
猪　　肉	25.9	23.4	25.8	29.1	27.4	24.1
牛　　肉	4.8	2.8	4.7	5.5	5.7	5.6
羊　　肉	2.0	1.3	1.7	2.0	2.2	2.8
鸡	4.9	4.3	5.0	5.3	5.2	4.6
鲜　　蛋	17.9	15.3	17.0	19.8	19.7	18.4
鱼　　类	10.7	7.3	10.0	12.6	13.0	11.4
虾贝蟹类	7.3	4.3	6.3	7.9	9.3	9.8
藻　　类	0.6	0.4	0.5	0.6	0.7	0.8
鲜　　菜	122.8	98.9	120.7	133.8	140.9	124.3
白　　酒	2.5	1.9	2.4	2.9	2.5	2.8
啤　　酒	14.1	9.8	12.9	15.6	15.8	17.8
果　　酒	0.2	0.0	0.1	0.2	0.2	0.4
茶　　叶	0.2	0.1	0.2	0.2	0.2	0.3
鲜 瓜 果	81.5	62.4	75.1	87.1	90.3	97.7
糕　　点	7.1	5.8	6.4	7.7	7.5	8.8
鲜　　奶	17.6	13.3	15.4	18.9	20.3	21.4
酸　　奶	6.1	4.4	4.8	6.2	7.4	8.2
奶　　粉	0.5	0.5	0.3	0.4	0.6	0.6

10-11 城镇居民家庭平均每百户年末耐用品拥有量

(2021年)

品　　名	单位	合计	低收入户	中低收入户	中等收入户	中高收入户	高收入户
1. 家用汽车	辆	40.1	35.5	33.2	33.7	44.4	53.9
2. 摩托车	辆	5.0	9.6	5.2	5.7	2.7	1.9
3. 助力车	台	18.9	34.3	23.3	15.8	12.2	8.7
4. 洗衣机	台	96.9	94.9	96.6	95.4	98.0	99.4
5. 电冰箱(柜)	台	99.9	98.2	100.2	98.6	100.3	102.3
6. 微波炉	台	59.8	44.6	55.9	59.3	65.6	73.6
7. 彩色电视机	台	101.5	98.7	99.5	101.5	102.1	105.8
#接入有线电视	台						
8. 空调	台	73.0	54.3	65.2	67.4	82.0	96.2
9. 热水器	台	89.6	80.5	86.9	90.3	93.4	97.1
#太阳能热水器	台						
10. 消毒碗柜	台						
11. 洗碗机	台	3.5	2.2	2.0	3.4	3.6	6.4
12. 排油烟机	台	88.1	78.7	87.1	88.2	92.0	94.6
13. 固定电话	线	9.8	8.8	8.3	9.2	12.0	10.6
14. 移动电话	部	213.4	225.2	215.8	208.1	212.5	205.4
#接入互联网	部	194.1	203.4	194.4	185.6	194.8	192.3
15. 计算机	台	45.8	34.5	40.6	41.4	47.5	65.2
#接入互联网	台	42.1	31.8	36.1	37.3	43.5	61.9
16. 摄像机	台						
17. 照相机	台	12.7	4.4	8.7	9.5	14.1	26.8
18. 中高档乐器	架	7.4	3.1	3.1	4.9	9.6	16.3
19. 健身器材	台	4.2	1.7	2.8	3.4	4.6	8.7
20. 组合音响	套	7.3	1.8	2.5	5.7	8.9	17.4

10-12 农民家庭基本情况

单位：人、元

指　　标	2010年	2011年	2012年	2013年	2014年	2015年
调查户人口						
1. 平均每户常住人口	3.18	3.20	3.15	3.04	2.80	2.80
2. 平均每户整、半劳动力	2.45	2.47	2.42	2.20	2.09	2.12
3. 平均每个劳动力负担人口(含本人)	1.30	1.30	1.30	1.38	1.34	1.32
平均每人全年收入						
1. 总收入	10903	13898	15275	17280	20136	21756
2. 可支配收入	6908	8297	9384	10523	11191	12057
3. 现金收入	9908	12855	14171	16925	19267	20612
平均每人全年支出	**9605**	**12241**	**13327**	**16055**	**20783**	**22127**
家庭经营费用支出	3619	4834	5176	6266	7841	8522
购置生产性固定资产支出	403	609	571	448	866	894
税费支出	2	9	10	1		
生活消费支出	4490	5406	5998	7159	7801	8873
财产性支出	80	1	23	4	11	27
转移性支出	1003	1371	1538	2172	500	569

10-12 续表

单位：人、元

指　　标	2016年	2017年	2018年	2019年	2020年	2021年
调查户人口						
1. 平均每户常住人口	2.80	2.74	2.68	2.60	2.55	2.61
2. 平均每户整、半劳动力	2.16	2.14	2.09	2.03	2.03	2.07
3. 平均每个劳动力负担人口(含本人)	1.29	1.28	1.29	1.28	1.26	1.26
平均每人全年收入						
1. 总收入	24246	24335	24368	28000	29139	32713
2. 可支配收入	12881	13747	14656	16108	17450	19217
3. 现金收入	22858	23094	23257	26593	27812	30946
平均每人全年支出	**26682**	**25846**	**25291**	**28847**	**27186**	**32572**
家庭经营费用支出	9949	9224	8280	10144	9948	11320
购置生产性固定资产支出	1767	1327	1190	2181	1123	1717
税费支出						
生活消费支出	9953	10787	11455	12030	12311	14606
财产性支出	14	16	18	25	32	22
转移性支出	620	536	689	786	805	985

10-13 农民家庭人均总收入与常住居民人均可支配收入

单位：元

指 标	2010年	2011年	2012年	2013年	2014年	2015年	2016年	2017年	2018年	2019年	2020年	2021年
一、人均总收入	**10903**	**13898**	**15275**	**17280**	**20136**	**21756**	**24246**	**24335**	**24368**	**28000**	**29139**	**32713**
(一)工资性收入	2650	3180	3630	4209	4362	4730	5071	5423	5645	6224	6511	7109
(二)家庭经营收入	7384	9632	10497	11874	13681	14676	16368	15855	15268	18094	18726	21157
(三)财产性收入	234	245	246	283	250	259	271	313	353	309	329	419
(四)转移性收入	635	842	901	914	1842	2090	2536	2744	3102	3374	3573	4029
二、人均可支配收入	**6908**	**8297**	**9384**	**10523**	**11191**	**12057**	**12881**	**13747**	**14656**	**16108**	**17450**	**19217**
(一)工资性收入	2650	3180	3630	4209	4362	4730	5071	5423	5645	6224	6511	7109
(二)家庭经营净收入	3486	4271	4783	5160	5252	5574	5636	5819	6264	7013	7875	8667
1. 农业	2189	2708	3219	3408	3025	3167	3034	2960	3135	3401	3656	4143
2. 林业	18	24	32	67	155	148	148	184	143	171	186	188
3. 牧业	665	826	711	759	795	886	1050	1159	1214	1339	1800	1801
4. 渔业	52	15	20	60	89	87	102	116	131	171	177	223
(三)财产性净收入	234	245	246	283	235	232	258	297	334	284	297	397
(四)转移性净收入	538	601	724	870	1342	1521	1916	2208	2413	2587	2767	3044

10-13 续表

单位：元

指 标	构成(%)											
	2010年	2011年	2012年	2013年	2014年	2015年	2016年	2017年	2018年	2019年	2020年	2021年
一、人均总收入	**100.0**	**100.0**	**100.0**	**100.0**	**100.0**	**100.0**	**100.0**	**100.0**	**100.0**	**100.0**	**100.0**	**100.0**
(一)工资性收入	24.4	22.9	23.8	24.4	21.7	21.7	20.9	22.3	23.2	22.2	22.3	21.7
(二)家庭经营收入	67.7	69.3	68.7	68.7	67.9	67.5	67.5	65.2	62.7	64.6	64.3	64.7
(三)财产性收入	2.1	1.8	1.6	1.6	1.2	1.2	1.1	1.3	1.4	1.1	1.1	1.3
(四)转移性收入	5.8	6.0	5.9	5.3	9.1	9.6	10.5	11.3	12.7	12.0	12.3	12.3
二、人均可支配收入	**100.0**	**100.0**	**100.0**	**100.0**	**100.0**	**100.0**	**100.0**	**100.0**	**100.0**	**100.0**	**100.0**	**100.0**
(一)工资性收入	38.4	38.3	38.7	40.0	39.0	39.2	39.4	39.4	38.5	38.6	37.3	37.0
(二)家庭经营净收入	50.5	51.5	51.0	49.0	46.9	46.2	43.8	42.3	42.7	43.5	45.1	45.1
1. 农业	31.7	32.6	34.3	32.4	27.0	26.3	23.6	21.5	21.4	21.1	21.0	21.6
2. 林业	0.3	.3	0.3	.6	1.4	1.2	1.1	1.3	1.0	1.1	1.1	1.0
3. 牧业	9.6	10.0	7.6	7.2	7.1	7.4	8.1	8.4	8.3	8.3	10.3	9.4
4. 渔业	0.8	.2	0.2	.6	0.8	0.7	0.8	0.8	0.9	1.1	1.0	1.2
(三)财产性净收入	3.3	3.0	2.6	2.7	2.1	1.9	2.0	2.2	2.3	1.8	1.7	2.1
(四)转移性净收入	7.8	7.2	7.7	8.3	12.0	12.6	14.9	16.1	16.5	16.1	15.9	15.8

10-14 各地区农村常住居民人均可支配收入

单位：元

地　区	2010年	2011年	2012年	2013年	2014年	2015年	2016年	2017年	2018年	2019年	2020年	2021年
全　省	**6908**	**8297**	**9384**	**10523**	**11191**	**12057**	**12881**	**13747**	**14656**	**16108**	**17450**	**19217**
沈　阳	10022	11575	13045	14467	12521	13486	14385	15461	16530	18124	19598	21662
大　连	12317	14213	15990	17717	13547	14667	15664	16865	18103	19974	21558	23763
鞍　山	9250	11146	12617	14207	12093	13117	14161	15075	16137	17759	19065	21038
抚　顺	7203	8780	10062	11310	10971	11766	12545	13379	14249	15596	16813	18477
本　溪	7845	9524	10800	12204	11726	12667	13574	14540	15463	16970	18336	20215
丹　东	8340	10033	11428	12822	11528	12493	13450	14469	15439	16954	18439	20218
锦　州	7756	9447	10788	12137	11723	12599	13539	14493	15384	16817	18188	20010
营　口	8863	10662	12080	13675	12609	13631	14587	15594	16748	18494	20202	22128
阜　新	6372	7615	8772	9939	10566	11109	11812	12548	13443	14849	16183	17933
辽　阳	8095	9844	11183	12379	11156	12036	12969	13921	14873	16247	17666	19404
盘　锦	9750	11437	12935	14462	12723	13763	14845	15938	17136	18890	20579	22583
铁　岭	7739	9271	10569	11869	10888	11683	12531	13377	14208	15552	17001	18812
朝　阳	6142	7536	8689	9949	9754	10514	11193	11893	12681	13953	15159	16813
葫芦岛	6597	7901	8983	9927	9556	10233	10986	11727	12483	13721	14862	16365

10-15 农民家庭人均总支出

单位：元

指　标	2010年	2011年	2012年	2013年	2014年	2015年	2016年	2017年	2018年	2019年	2020年	2021年
总支出	**9605**	**12241**	**13327**	**16055**	**20783**	**22127**	**26682**	**25846**	**25291**	**28847**	**27186**	**32572**
(一)家庭经营费用支出	3619	4834	5176	6266	7841	8522	9949	9224	8280	10144	9948	11320
(二)购置生产性固定资产支出	403	609	571	448	866	894	1767	1327	1190	2181	1123	1717
(三)税费支出	2	9	10	1								
(四)生活消费支出	4490	5406	5998	7159	7801	8873	9953	10787	11455	12030	12311	14606
1.食品	1714	2116	2300	2519	2211	2499	2679	2883	3063	3194	3660	4376
2.衣着	369	446	518	584	532	599	637	695	656	710	699	895
3.居住	745	860	980	1279	1492	1666	1906	2201	2246	2385	2412	2845
4.家庭设备、用品及服务	185	225	251	299	332	397	459	513	568	593	530	645
5.医疗保健	414	483	549	790	1026	1065	1139	1251	1529	1657	1946	1645
6.交通和通信	449	578	669	850	1050	1351	1664	1745	1820	1770	1109	2235
7.文教娱乐用品及服务	500	550	557	633	1014	1122	1274	1295	1325	1424	1719	1630
8.其他商品和服务	113	148	176	204	144	175	195	204	247	297	236	335
(五)财产性支出	80	1	23	4	11	27	14	16	18	25	32	22
(六)转移性支出	1003	1371	1538	2172	500	569	620	536	689	786	805	985

10-15 续表

单位：元

指　标	构成%											
	2010年	2011年	2012年	2013年	2014年	2015年	2016年	2017年	2018年	2019年	2020年	2021年
总 支 出	**100.0**	**100.0**	**100.0**	**100.0**	**100.0**	**100.0**	**100.0**	**100.0**	**100.0**	**100.0**	**100.0**	**100.0**
(一)家庭经营费用支出	37.7	39.5	38.8	39.0	37.7	38.5	37.3	35.7	32.7	35.2	36.6	34.8
(二)购置生产性固定资产支出	4.2	5.0	4.3	2.8	4.2	4.0	6.6	5.1	4.7	7.6	4.1	5.3
(三)税费支出		0.1	0.1	0.003								
(四)生 活 消 费 支 出	46.7	44.2	45.0	44.6	37.5	40.1	37.3	41.7	45.3	41.7	45.3	44.8
1. 食　品	17.8	17.3	17.3	15.7	10.6	11.3	10.0	11.2	12.1	11.1	13.5	13.4
2. 衣　着	3.8	3.7	3.9	3.6	2.6	2.7	2.4	2.7	2.6	2.5	2.6	2.7
3. 居　住	7.8	7.0	7.4	8.0	7.2	7.5	7.1	8.5	8.9	8.3	8.9	8.7
4. 家庭设备、用品及服务	1.9	1.8	1.9	1.9	1.6	1.8	1.7	2.0	2.2	2.1	1.9	2.0
5. 医 疗 保 健	4.3	4.0	4.1	4.9	4.9	4.8	4.3	4.8	6.0	5.7	7.2	6.9
6. 交 通 和 通 信	4.7	4.7	5.0	5.3	5.1	6.1	6.2	6.8	7.2	6.1	4.1	5.0
7. 文教娱乐用品及服务	5.2	4.5	4.2	3.9	4.9	5.1	4.8	5.0	5.2	4.9	6.3	5.0
8. 其他商品和服务	1.2	1.2	1.3	1.3	0.7	0.8	0.7	0.8	1.0	1.0	0.9	1.0
(五)财产性支出	0.8	0.0	0.2	0.0	0.1	0.1	0.1	0.1	0.1	0.1	0.1	0.1
(六)转移性支出	10.4	11.2	11.5	13.5	2.4	2.6	2.3	2.1	2.7	2.7	3.0	3.0

10-16　农村居民人均食品消费情况

单位：公斤

指　标	2010年	2011年	2012年	2013年	2014年	2015年	2016年	2017年	2018年	2019年	2020年	2021年
一、谷物和薯类	**171.5**	**169.7**	**158.5**	**130.7**	**138.2**	**143.0**	**140.5**	**135.6**	**135.4**	**138.5**	**166.1**	**181.5**
#小　麦	36.9	38.3	36.1	31.7	41.2	42.3	44.4	42.0	43.4	43.6	51.5	58.6
稻　谷	92.6	103.6	98.4	79.0	80.9	82.5	79.2	74.1	71.9	72.6	84.2	95.6
玉　米	26.7	15.8	16.1	11.6	8.7	9.4	7.4	8.9	8.4	11.4	19.3	17.3
薯　类	1.7	1.0	0.7	2.4	2.3	3.2	3.1	3.5	3.6	3.6	3.9	4.0
二、豆类及豆制品	**11.1**	**7.0**	**6.2**	**11.5**	**7.0**	**7.4**	**10.4**	**10.0**	**10.2**	**11.2**	**12.4**	**12.1**
大　豆	6.2	2.7	1.9	1.8	1.8	1.6	2.9	2.3	2.9	3.2	2.8	1.9
三、蔬菜及菜制品	**150.3**	**111.8**	**103.1**	**95.4**	**102.0**	**120.1**	**110.9**	**96.4**	**91.7**	**92.2**	**101.5**	**124.6**
四、油 脂 类	**7.6**	**9.0**	**9.3**	**9.6**	**10.0**	**10.5**	**11.2**	**11.3**	**10.4**	**10.2**	**11.3**	**11.9**
植 物 油	7.0	8.6	8.8	9.3	9.6	10.2	10.9	10.9	10.1	10.0	11.1	11.4
动 物 油	0.6	0.4	0.5	0.3	0.4	0.3	0.3	0.4	0.3	0.3	0.3	0.4
五、肉禽及其制品	**20.5**	**18.6**	**19.6**	**20.7**	**21.3**	**22.4**	**24.9**	**25.7**	**27.7**	**22.8**	**25.4**	**38.9**
#猪　肉	15.8	14.2	15.2	15.6	16.9	16.9	17.8	18.4	21.1	19.2	16.1	27.2
牛　肉	0.4	0.5	0.5	0.5	0.4	0.5	0.7	0.7	0.9	1.0	1.3	1.8
羊　肉	0.3	0.2	0.2	0.2	0.2	0.5	0.8	0.6	0.6	0.5	0.6	0.7
家　禽	2.0	1.5	1.5	2.3	2.1	2.7	3.4	3.4	3.1	3.7	4.9	5.8
肉禽制品	2.0	2.2	2.2	2.1	-	-	-					
六、蛋类及蛋制品	**8.7**	**8.3**	**8.5**	**7.3**	**7.2**	**9.2**	**10.2**	**10.3**	**8.7**	**9.6**	**14.1**	**15.2**
七、奶及奶制品	**2.8**	**3.7**	**3.5**	**4.7**	**4.4**	**4.8**	**5.1**	**4.9**	**5.2**	**5.7**	**6.1**	**7.9**
八、水 产 品	**4.9**	**5.2**	**5.2**	**6.2**	**5.4**	**6.0**	**7.1**	**7.0**	**6.8**	**7.7**	**8.2**	**9.2**
鱼　类	3.5	3.9	3.8	4.3	3.9	4.1	4.8	4.5	4.8	5.2	6.0	6.3
虾、贝、蟹类	0.9	0.8	0.9	1.2	0.9	1.2	1.4	1.6	1.2	1.6	1.4	1.9
藻　类	0.2	0.1	0.2	0.2	0.2	0.2	0.2	0.2	0.2	0.3	0.3	0.3
其　他	0.3	0.3	0.3	0.5	0.4	0.5	0.6	0.6	0.5	0.6	0.7	0.7
九、食　糖	**0.9**	**0.6**	**0.7**	**0.8**	**0.8**	**0.9**	**1.1**	**1.1**	**1.0**	**1.1**	**1.2**	**1.3**
十、酒	**12.8**	**15.1**	**15.3**	**14.6**	**15.5**	**17.2**	**19.8**	**19.6**	**16.8**	**17.1**	**17.1**	**17.6**
#白　酒	3.6	4.2	4.0	4.2	4.3	4.8	5.0	5.1	4.6	4.4	4.8	4.4
啤　酒	9.2	10.8	11.2	10.4	11.2	12.4	14.7	14.5	12.2	12.7	12.2	13.2
果　酒	0.04	0.04	0.03	0.03	0.03	0.03	0.03	0.04	0.02	0.02	0.04	0.02
十一、糖　果					**0.2**	**0.3**	**0.3**	**0.3**	**0.3**	**0.3**	**0.3**	**0.5**
十二、水果及水果制品	**21.6**	**21.0**	**25.9**	**13.9**	**28.8**	**31.2**	**36.9**	**35.9**	**32.3**	**36.3**	**39.6**	**50.6**
十三、坚果及果仁制品	**0.5**	**0.6**	**0.9**	**1.3**	**1.3**	**1.7**	**2.4**	**2.6**	**2.5**	**2.8**	**3.1**	**3.9**

10-17 农民家庭平均每百户年末耐用消费品拥有量

品 名	单位	2010年	2011年	2012年	2013年	2014年	2015年	2016年	2017年	2018年	2019年	2020年	2021年
洗衣机	台	76.2	79.0	80.7	76.5	76.5	80.1	85.9	87.9	89.2	90.1	90.7	94.9
电冰箱	台	58.7	77.9	82.0	77.1	79.9	86.0	97.3	99.2	99.0	100.3	100.5	103.4
空调机	台	1.0	2.3	2.2	1.7	1.7	2.1	3.5	4.6	8.3	13.9	14.1	26.4
抽油烟机	台	10.7	10.1	11.3	12.1	9.6	12.5	16.6	19.3	24.3	25.1	25.9	32.9
吸尘器	台	1.6	1.0	1.0					0.3	1.7	1.4	1.5	2.2
微波炉	台	7.3	7.1	7.8	8.4	7.1	8.7	11.7	12.5	12.4	12.9	12.5	16.6
热水器	台	10.3	14.1	15.9	13.7	12.0	16.3	21.1	23.0	26.9	30.6	31.5	37.4
自行车	辆	101.6	79.7	81.8	23.3								
摩托车	辆	59.2	63.2	64.0	53.5	60.0	63.9	63.2	62.1	58.3	55.9	54.5	50.6
汽车(生活用)	台	1.4	3.0	3.9	8.0	8.9	11.6	16.6	17.5	18.3	20.4	21.7	30.8
电话机	部	92.5	80.8	80.7	64.6	71.5	63.7	58.2	54.1	36.2	29.8	25.5	16.7
移动电话	部	117.7	150.6	158.1	161.8	174.7	191.2	208.8	213.4	216.6	220.9	219.6	231.5
彩色电视机	台	111.7	112.1	112.2	109.5	109.8	111.0	112.0	112.4	108.8	108.7	108.3	104.2
摄像机	台	1.2	1.0	1.4	0.7	0.5	0.8	0.8					
照相机	架	7.3	5.6	6.0	4.9	3.8	4.1	3.9	3.7	2.2	2.2	2.1	1.5
家用计算机	台	10.0	16.7	20.2	20.1	22.1	28.9	34.5	36.2	25.6	25.5	26.3	23.0
中高档乐器	件	0.7	0.1	0.1	0.2	0.4	0.4	0.6	0.6	1.1	1.1	0.9	0.6

主要统计指标解释

可支配收入 指调查户在调查期内获得的、可用于最终消费支出和储蓄的总和，即调查户可以用来自由支配的收入。可支配收入既包括现金，也包括实物收入。按照收入的来源，可支配收入包含四项，分别为：工资性收入、经营净收入、财产净收入和转移净收入。计算公式为：

可支配收入=工资性收入+经营净收入+财产净收入+转移净收入

工资性收入 指就业人员通过各种途径得到的全部劳动报酬和各种福利，包括受雇于单位或个人、从事各种自由职业、兼职和零星劳动得到的全部劳动报酬和福利。

经营净收入 指住户或住户成员从事生产经营活动所获得的净收入，是全部经营收入中扣除经营费用、生产性固定资产折旧和生产税之后得到的净收入。计算公式具体为：

经营净收入=经营收入－经营费用－生产性固定资产折旧－生产税

财产净收入 指住户或住户成员将其所拥有的金融资产、住房等非金融资产和自然资源交由其他机构单位、住户或个人支配而获得的回报并扣除相关的费用之后得到的净收入。财产净收入包括利息净收入、红利收入、储蓄性保险净收益、转让承包土地经营权租金净收入、出租房屋净收入、出租其他资产净收入和自有住房折算净租金等。

转移净收入 计算公式为：转移净收入=转移性收入－转移性支出

转移性收入 指国家、单位、社会团体对住户的各种经常性转移支付和住户之间的经常性收入转移。包括养老金或退休金、社会救济和补助、政策性生产补贴、政策性生活补贴、救灾款、经常性捐赠和赔偿、报销医疗费、住户之间的赡养收入，以及本住户非常住成员寄回带回的收入等。

转移性支出 指调查户对国家、单位、住户或个人的经常性或义务性转移支付。包括缴纳的税款、各项社会保障支出、赡养支出、经常性捐赠和赔偿支出以及其他经常转移支出等。

消费支出 指住户用于满足家庭日常生活消费需要的全部支出，包括用于消费品的支出和用于服务性消费的支出。根据用途不同，消费支出可划分为食品烟酒、衣着、居住、生活用品及服务、交通通信、教育文化娱乐、医疗保健、其他用品及服务八大类。根据来源不同，消费支出可划分为现金消费支出、实物消费支出（含自产自用、来自单位、来自政府和其他社会组织）。

城镇居民家庭就业人口 指城镇居民从事社会劳动并取得劳动报酬或经营收入的人口。就业人口包括通过国家统筹规划和指导由劳动部门介绍就业，自愿组织起来就业和自谋职业等方式，在国有制、集体所有制、中外合资、中外合作、外资在华独资的企事业单位和私营企业单位工作或从事个体劳动的有固定性职业或临时性职业的人口。被聘用和留用的离退休人员也计入就业人口。本指标可以反映城镇居民的就业情况，是计算就业面、负担系数的重要资料。

农村居民家庭整半劳动力 指农村常住居民家庭成员中有劳动能力并经常参加实际劳动的人员。是生产的基本要素指标之一，是发展生产增加农民家庭收入的重要源泉。按规定，农村男 18 周岁至 50 周岁、女 18 周岁至 45 周岁为整劳动力；男 16 周岁至 17 周岁、51 周岁至 60 周岁、女 16 周岁至 17 周岁、46 周岁至 55 周岁为半劳动力。农民家庭整半劳动力，既包括在上述规定劳动年龄内和在劳动年龄以外有劳动能力并经常参加实际劳动的男女整半劳动力；也包括农民家庭常住人员中属于职工的劳动力。但不包括在劳动年龄内已丧失劳动能力的人员。

城乡储蓄存款余额 城乡储蓄存款，包括城镇居民储蓄存款和农民个人储蓄存款两部分。不包括居民的手存现金和工矿企业、部队、机关团体等集团存款。储蓄存款余额，是指城乡居民存入银行及农村信用社储蓄的时点数(存入数扣除取出数的余额)，如月末、季末或年末数额。

十一、城市建设

Chapter 11 Urban Construction

11-1 城市公用事业基本情况

指　　标	单位	2010年	2011年	2012年	2013年	2014年	2015年	2016年	2017年	2018年	2019年	2020年	2021年
自来水全年供水总量	亿吨	26.2	26.6	27.5	27.9	27.3	25.1	26.5	26.3	29.5	30.3	28.2	28.8
#生 活 用 水 量	亿吨	9.1	9.9	10.4	10.8	10.7	11.1	11.9	8.0	8.5	8.6	9.2	9.4
人均日生活用水量	升	121.0	126.0	128.1	128.7	131.8	135.5	146.3	136.0	148.1	145.2	146.8	153.0
用 水 普 及 率	%	97.4	98.4	98.5	98.8	98.7	98.8	99.0	97.7	98.4	98.6	99.5	99.5
道 路 长 度	公里	14238	14468	15513	16244	16692	16914	16394	18684	21089	21408	23416	25993
道 路 面 积	万平米	23658	24727	26200	28091	28997	30585	29277	33748	37427	38362	39887	48003
排水管道长度	公里	14070	14906	15945	16420	16783	17074	18275	22419	23810	25102	25938	26759
公用煤气、液化气													
人工煤气全年供气总量	亿立米	5.5	5.7	6.0	5.9	6.4	5.7	4.9	4.4	4.4	3.5	3.2	3.1
#家庭用量	亿立米	3.8	3.8	4.0	4.0	4.1	3.8	3.5	3.1	3.0	2.7	2.5	2.1
煤气管道长度	公里	5476	5580	5465	5567	5835	5428	5661	4767	5260	4708	3818	3881
天然气全年供气总量	亿立米	6.6	7.7	8.6	9.8	12.7	17.0	20.4	32.9	34.8	36.7	36.7	42.0
液化气家庭用量	亿立米	23.6	23.8	25.0	23.1	22.5	21.0	21.5	19.3	20.5	18.8	14.3	12.3
燃气普及率	%	94.2	95.5	96.0	96.2	96.2	94.8	96.1	95.1	95.7	96.2	97.6	97.0
城 市 绿 化													
园林绿地面积	公顷	92751	95968	118297	120514	121982	124193	116601	128134	128772	133969	153811	155131
公园个数	个	316	322	338	347	374	379	439	564	530	582	685	754
公园面积	公顷	11005	11693	12222	12877	13829	13629	14595	18062	18700	20167	22895	33131
清 洁 卫 生													
生活垃圾清运量	万吨	837.3	876.0	929.9	927.1	917.1	933.2	933.1	988.8	990.0	1105.2	1108.5	1141.4
生活垃圾无害化处理量	万吨								975.1	976.6	1071.4	1092.8	1139.5

注：人均指标按全部城镇人口计算，2000年以前是按城镇人口中的非农人口计算。

11-2 各地区城市设施水平

年份、城市	城市用水普及率 (%)	城市燃气普及率 (%)	人均城市道路面积 (平方米)	人均公园绿地面积 (平方米)
2000	98.2	89.3	6.5	5.7
2001	86.9	76.8	6.9	5.0
2002	87.1	82.0	7.1	5.7
2003	87.9	85.6	7.4	6.3
2004	93.0	87.2	7.7	7.1
2005	93.8	88.1	8.0	7.5
2006	96.7	92.3	8.9	8.3
2007	96.9	92.0	9.6	9.0
2008	96.9	92.4	10.0	9.4
2009	97.2	93.7	10.4	9.8
2010	97.4	94.2	11.2	10.2
2011	98.4	95.5	11.3	10.6
2012	98.5	96.0	11.6	10.9
2013	98.8	96.2	12.1	11.1
2014	98.7	96.2	12.8	11.6
2015	98.8	94.8	13.4	11.5
2016	99.0	96.1	13.0	11.3
2017	97.7	95.1	13.5	11.9
2018	98.4	95.7	14.8	12.0
2019	98.6	96.2	15.0	11.8
2020	99.5	97.6	16.1	13.2
2021	99.5	97.0	19.5	13.5
沈　阳	99.9	99.7	17.8	13.7
大　连	99.5	96.6	20.8	14.0
鞍　山	99.8	99.1	21.0	12.9
抚　顺	99.6	97.2	17.3	12.6
本　溪	98.6	96.0	21.8	12.4
丹　东	100.0	97.2	17.8	12.9
锦　州	99.0	99.1	10.9	12.5
营　口	99.7	98.8	27.6	11.4
阜　新	100.0	80.2	22.7	12.2
辽　阳	99.7	97.2	18.9	11.3
盘　锦	100.0	100.0	25.6	15.7
铁　岭	98.4	92.2	13.3	14.0
朝　阳	97.7	88.6	14.6	15.1
葫芦岛	97.7	99.0	32.3	17.5

11-3 各地区城市建设情况

年份、城市	建成区面积（平方公里）	征用土地面积（平方公里）	城市人口密度（人/平方公里）
2000	1558.6	22.6	1174
2001	1612.4	11.2	1236
2002	1660.4	21.2	1246
2003	1694.6	36.6	1244
2004	1737.3	38.7	1256
2005	1779.9	71.9	1243
2006	1859.6	77.2	2163
2007	1917.6	72.0	1945
2008	1955.5	226.7	1916
2009	2030.7	83.8	1922
2010	2220.5	128.2	1814
2011	2276.5	185.7	1712
2012	2329.1	194.8	1624
2013	2386.5	105.4	1663
2014	2422.0	70.0	1615
2015	2462.0	67.9	1590
2016	2798.2	28.2	1485
2017	2970.0	25.6	1763
2018	3027.1	71.5	1767
2019	3091.2	29.6	1787
2020	3105.5	35.8	1775
2021	3077.4	44.1	1789
沈阳	640.5	15.5	3532
大连	528.1	3.3	2252
鞍山	245.1	1.8	2115
抚顺	148.7	0.4	2083
本溪	132.3	0.3	658
丹东	133.4	1.6	1567
锦州	144.9	0.0	2219
营口	254.6	4.5	1678
阜新	110.2		1594
辽阳	134.9	2.0	1102
盘锦	126.1	1.1	2774
铁岭	155.0	9.3	1721
朝阳	168.5	0.6	685
葫芦岛	155.2	3.7	1184

11-4 各地区城市市政设施情况

年份、城市	年末实有道路长度(公里)	年末实有道路面积(万平方米)	城市桥梁(座)	道路照明灯(千盏)	城市排水管道长度(公里)	城市污水日处理能力(万立方米)
2000	9249	10152	1253	298	8354	110.7
2001	9462	13793	1260	372	8394	122.9
2002	9875	14270	1247	482	8880	200.4
2003	10204	14885	1326	635	9120	249.0
2004	10407	15635	1300	664	9308	306.1
2005	10556	16337	1232	786	10519	347.1
2006	11096	17623	1314	804	10860	365.6
2007	11530	19452	1395	947	11655	385.6
2008	12111	20546	1406	1270	12192	416.8
2009	12866	21857	1462	1337	13350	444.8
2010	14238	23658	1514	1380	14070	503.1
2011	14468	24727	1549	1446	14906	547.2
2012	15513	26200	1612	1487	15945	606.0
2013	16244	28091	1682	1558	16420	748.2
2014	16692	28997	1663	1562	16783	767.7
2015	16914	30585	1637	1581	17074	787.1
2016	16394	29277	1862	1283	18275	831.4
2017	18684	33748	1970	1421	22419	880.9
2018	21089	37427	1930	1347	23810	1090.0
2019	21408	38362	2078	1464	25102	1014.9
2020	23416	39887	2119	1484	25938	1102.6
2021	25993	48003	2136	1482	26759	1110.4
沈阳	6153	11172	546	251	7432	322.5
大连	4678	9200	569	413	4647	213.6
鞍山	2025	4041	74	82	1402	81.5
抚顺	1077	2013	120	46	1089	68.5
本溪	1355	2345	106	61	813	75.0
丹东	995	1967	93	40	995	23.0
锦州	1000	1683	44	64	1188	48.0
营口	2113	3875	98	100	2296	47.2
阜新	957	1906	42	33	975	30.5
辽阳	1437	1942	109	84	1417	49.1
盘锦	1059	2216	97	116	1477	32.3
铁岭	727	1413	96	77	1046	47.5
朝阳	848	1609	70	73	1158	37.3
葫芦岛	1568	2620	72	41	825	34.5

11-5 各地区城市供水情况

年份、城市	年末供水综合生产能力(万立方米/日)	年末供水管道长度(公里)	全年供水总量(万立方米)			用水人口(万人)	人均日生活用水量(升)
				#生产用水	#生活用水		
2000	1393	20627	308500	163667	103812	1751	162.4
2001	1351	21708	297247	164091	101406	1734	160.2
2002	1338	21602	279644	136908	95501	1755	149.1
2003	1347	21999	280510	131973	94322	1780	145.2
2004	1357	23636	281080	126676	101877	1896	147.2
2005	1339	23211	282618	130232	103683	1929	147.3
2006	889	22093	193825	45301	73794	1736	134.1
2007	1333	25422	283174	121342	91560	1963	127.9
2008	1384	26850	294792	121806	91717	2001	125.8
2009	1386	27735	288732	120376	92470	2042	124.2
2010	1391	29123	261879	92543	90763	2060	121.0
2011	1355	31487	266033	87156	99151	2158	126.0
2012	1339	32062	274953	97403	104179	2233	128.1
2013	1320	33118	278710	98206	107547	2295	128.7
2014	1338	36706	272641	93146	107482	2246	131.8
2015	1289	38265	251064	87408	110770	2251	135.5
2016	1238	39313	265148	77677	118880	2227	146.3
2017	1059	37437	245093	42383	79196	2399	136.0
2018	2018	41126	294762	64714	84856	2488	148.1
2019	1345	41307	302873	70682	85868	2526	145.2
2020	1294	44703	281675	64454	92012	2463	146.8
2021	1422	42485	287788	72208	93940	2449	152.9
沈　阳	368	4943	77505	13555	30166	627	202.4
大　连	185	6879	47800	6446	16650	440	146.4
鞍　山	70	4202	18375	5298	6323	192	123.5
抚　顺	115	2821	21659	9299	4189	116	160.8
本　溪	144	1686	20890	14058	3028	106	109.6
丹　东	69	2495	12073	2473	4611	111	132.6
锦　州	71	2588	13339	1660	4637	153	146.5
营　口	54	4866	16064	4625	4950	140	129.5
阜　新	48	2386	8185	1603	1747	84	90.9
辽　阳	43	1475	11186	860	4865	102	165.5
盘　锦	91	2195	13794	6864	2543	86	130.5
铁　岭	43	2135	8494	986	3475	105	125.7
朝　阳	94	1979	10912	2636	3182	107	129.8
葫芦岛	27	1836	7515	1845	3574	79	140.1

11-6 各地区城市燃气情况

年份、城市	人工煤气生产能力(万立米/日)	管道长度(公里)			全年供气总量			用气人口(万人)		
		人工煤气	液化石油气	天然气	人工煤气(万立米)	液化石油气(吨)	天然气(万立米)	人工煤气	液化石油气	天然气
2000	163.1	4470	195	2950	81957	379194	24923	422.1	568.8	409.9
2001	201.5	4595	217	3169	58642	387530	30764	458.5	645.8	427.6
2002	218.7	4718	254	3355	61430	377990	30701	511.6	698.5	441.5
2003	230.5	4871	290	4286	69121	432358	30338	541.6	734.4	456.5
2004	214.4	4535	198	5214	61112	456355	37698	474.7	726.8	575.9
2005	190.8	4897	437	4979	63614	402659	36817	531.5	713.1	566.6
2006	168.9	4702	478	5610	54347	487296	53495	474.1	718.5	629.5
2007	273.9	4828	550	5940	55785	456504	54085	486.6	718.7	657.3
2008	293.9	5033	589	6364	61958	396282	57736	503.3	693.7	710.5
2009	293.9	5081	626	6941	54441	398309	60035	523.7	693.6	751.1
2010	321.2	5476	644	7405	55177	395058	66173	542.4	652.1	797.0
2011	313.2	5580	656	9059	56625	504938	76601	573.6	665.9	852.4
2012	254.6	5465	690	10160	59736	516426	85701	556.7	665.7	955.9
2013	335.6	5567	670	12426	59264	495244	97745	573.6	639.4	1021.2
2014	338.0	5835	679	13468	63604	492406	126814	591.3	601.1	995.7
2015	317.0	5428	666	15018	57394	468889	170434	530.9	558.9	1068.0
2016	317.0	5661	641	15979	48835	492499	204093	506.3	500.7	1154.7
2017	271.7	4767	564	26633	43621	687206	328632	401.3	472.3	1499.3
2018	213.2	5260	557	29030	44139	715285	347682	399.3	441.3	1578.5
2019	212.8	4708	513	30030	34685	711074	366514	360.9	436.5	1668.2
2020	178.1	3818	327	31786	31917	579654	366866	288.9	376.9	1750.7
2021	180.0	3881	341	33994	30895	550668	419760	239.2	353.6	1796.5
沈阳			31	11199		58369	118443		44.3	581.7
大连	80.0	1284	146	5847	12782	309963	56910	50.4	41.6	334.8
鞍山	37.7	2033		706	13743	40705	24353	136.3	33.5	20.9
抚顺				683		24542	44116		35.4	77.5
本溪				1139		5514	11291		17.9	85.4
丹东	62.0	553	4	651	4270	12764	4209	50.7	20.3	36.8
锦州			50	1971		12325	18121		25.1	128.2
营口				2302		16873	40087		33.0	106.0
阜新				601		3986	5456		11.1	56.4
辽阳			3	1577		9652	25204		23.8	76.2
盘锦				1704		8220	13879		1.9	84.6
铁岭			47	1995		6966	21448		17.4	81.0
朝阳	0.3	11	61	892	100	13688	13286	1.9	44.4	51.2
葫芦岛				2728		27102	22957		4.1	76.1

11-7 各地区城市集中供热情况

年份、城市	供热能力		供热总量		管道长度(公里)		供热面积(万平方米)
	蒸汽(吨/小时)	热水(兆瓦)	蒸汽(万吉焦)	热水(万吉焦)	一级管网	二级管网	
2000	11569	19154	2201	11388			20030
2001	11435	20564	2747	12888			22048
2002	10911	29269	3437	19616			24963
2003	10975	30874	3999	19719			29669
2004	11844	30488	5269	18729			38150
2005	12583	36051	6435	22508			47621
2006	10967	43765	5936	26157			46773
2007	11718	39717	5886	28036			54118
2008	11612	46395	6253	31218			60990
2009	12013	51183	6479	35643			68464
2010	13186	55770	6521	39613			74526
2011	11544	59855	6599	41926			81581
2012	13038	62826	6320	42748			87108
2013	12787	68631	6521	43494			92109
2014	12776	69158	7505	44083			96587
2015	12933	71834	7208	49005			104543
2016	12915	74373	7340	51245			108760
2017	18396	75906	12103	51441	13289	39845	125698
2018	19519	75893	12966	53540	14831	44277	134650
2019	17607	80350	11340	51235	15123	43879	129564
2020	18306	85344	12125	56277	15366	48388	142098
2021	19494	86449	11496	58722	15144	51825	150311
沈阳	774	25915	247	18914	3493	11426	39615
大连	7987	13413	4110	8964	3760	7299	29895
鞍山	105	6281	55	5507	1058	4450	11259
抚顺	120	3720	90	3065	733	2578	6474
本溪	100	3647	54	1975	605	2443	4513
丹东	2405	1846	1746	1289	346	2332	6161
锦州	590	4449	416	3902	1049	4120	10534
营口	2789	2216	1624	983	616	1748	5761
阜新	634	2726	715	1996	447	3835	5360
辽阳	987	1982	525	2351	449	1888	5057
盘锦	1210	1430	1209	1274	572	1791	5935
铁岭	700	3609	303	2254	727	2620	7448
朝阳	653	11180	255	3472	630	1813	6602
葫芦岛	440	4035	146	2775	661	3480	5695

11-8 各地区城市园林绿化情况

年份、城市	城市园林绿地面积(公顷)	#公园绿地	公园(个)	公园面积(公顷)
2000	61432	8977	197	4751
2001	65394	10002	206	5852
2002	61519	11451	212	6083
2003	65211	12654	225	6946
2004	71797	14513	247	7862
2005	74583	15387	259	8300
2006	63535	16426	260	9814
2007	76888	18291	270	10287
2008	78841	19351	283	9959
2009	84145	20501	294	10263
2010	92751	21593	316	11005
2011	95968	23174	322	11693
2012	118297	24710	338	12222
2013	120514	25708	347	12877
2014	121982	26406	374	13829
2015	124193	26233	379	13629
2016	116601	25500	439	14595
2017	128134	29630	564	18062
2018	128772	30200	530	18700
2019	133969	30308	582	20167
2020	153811	32714	685	22895
2021	155131	33131	754	24187
沈　阳	25384	8589	157	5481
大　连	41476	6176	185	5416
鞍　山	8870	2487	27	1364
抚　顺	5056	1462	23	892
本　溪	24258	1335	31	893
丹　东	5222	1434	30	1139
锦　州	5666	1934	49	741
营　口	8949	1601	39	1913
阜　新	3577	1024	20	674
辽　阳	5242	1162	19	492
盘　锦	4749	1358	37	856
铁　岭	5802	1497	75	1830
朝　阳	5207	1656	36	1608
葫芦岛	5671	1416	26	888

11-9 各地区城市环境卫生情况

年份、城市	清扫保洁面积(万平方米)	生活垃圾清运量(万吨)	生活垃圾无害化处理量(万吨)	市容环卫专用车辆总数(台)	公共厕所(座)	#三类以上
2000	16588	838		3009	10523	
2001	16574	768		2997	9211	
2002	17772	774		3017	10352	
2003	18590	791		2920	9529	
2004	18931	779		2883	10077	
2005	19588	769		3313	9661	
2006	21864	756		3381	8321	753
2007	24282	771		4058	7889	851
2008	25620	797		4134	7868	1041
2009	27546	813		4457	6948	1337
2010	28122	837		4998	6322	1493
2011	132135	876		5200	5863	1653
2012	33403	930		5323	5582	1713
2013	35713	927		5743	5500	1810
2014	33721	917		6097	5353	1896
2015	36637	933		6535	5056	1839
2016	38296	933		7005	5393	2004
2017	42686	989	975	8677	5531	2211
2018	48292	990	977	11300	5482	2613
2019	45707	1105	1071	12074	5962	3021
2020	51451	1108	1093	12279	5838	3640
2021	50044	1141	1132	12950	6606	4330
沈　阳	14571	296	296	5105	1196	1117
大　连	8205	253	253	1887	1179	1002
鞍　山	3826	85	85	468	400	186
抚　顺	1681	44	42	472	177	123
本　溪	1350	31	31	293	500	131
丹　东	1634	53	48	647	388	217
锦　州	2562	56	55	767	474	209
营　口	3618	62	62	945	410	353
阜　新	1355	26	26	377	332	242
辽　阳	2015	35	35	358	249	34
盘　锦	2486	43	43	369	193	154
铁　岭	1765	39	39	323	288	151
朝　阳	3386	64	64	506	391	270
葫芦岛	1590	52	52	433	429	141

主要统计指标解释

年底自来水生产能力 指年底城建部门管理的自来水厂和自备水源的社会单位取水、净化、送水、出厂输水干管等环节的实际生产能力。

年底供水管道长度 指从送水泵到用户水表之间所有管道的长度。

全年供水总量 指公用自来水厂和自备水源的社会单位全年的供水总量，包括有效供水量及损失水量。

生活用水量 指居民日常生活与公共福利设施的用水量。包括居民、饮食店、旅馆、医院、理发店、浴池、洗衣店、游泳池、商店、学校、机关、部队等单位的用水量。

城市人口用水普及率 指城市用水的非农业人口数(不包括临时人口和流动人口)与城市非农业人口总数之比。计算公式:

用水普及率=（城市用水的非农业人口数／城市非农业人口数）×100%

人工煤气生产能力 指城市煤气厂制气、净化、输送等环节的综合实际生产能力。

全年供气总量 指全年售给各类用户的全部煤气量。包括工业用量、家庭用量和其他用量。

城市用气普及率 指使用煤气(包括人工煤气、液化石油气、天然气)的城市非农业人口数(不包括临时人口和流动人口)与城市非农业人口总数之比。计算公式:

城市煤气普及率=（城市用气的非农业人口数／城市非农业人口总数）×100%

城市供热能力 指热电厂、热力公司和达到标准的集中采暖锅炉房向城市输送的供热源的设计能力。每小时向城市输送的蒸汽、热水能力。

城市供热总量 指热电厂、热力公司和达到标准的集中采暖锅炉房全年向城市输送的全部蒸汽、热水量。

城市供热管道长度 指热电厂、热力公司 和达到标准的集中采暖锅炉房管理的集中供热热源到用户之间的全部供气、供热水的管道长度。

年底实有铺装道路长度 指除土路外，路面经过铺装宽度在3.5米以上的道路，包括高级、次高级道路和普通道路。

城市桥梁 指城市范围内，修建在河道上的桥梁和道路与道路立交、道路跨越铁路的立交桥，以及人行天桥，包括永久性桥和半永久性桥，不包括临时性桥、铁路桥、涵洞。

城市下水道总长度 指所有排水总管、干管、支管及暗渠、检查井、连接井进出口等长度之和。

城市污水日处理能力 指污水处理厂每昼夜处理污水量的设计能力。

年末实有公共汽(电)车 指年底可参加营运的全部车辆数，包括年底营运车辆数和库存查封未参加营运的车辆，不包括非营运车辆，如架线车、油罐车、工程车、货车及其他专用车辆和借人的客运车辆。

营运线路长度 指设置的固定营运线路长度，包括郊区营运线路长度。不包括临时行驶的线路长度。

城市园林绿地面积 指城市公共绿地、专用绿地、生产绿地、防护绿地、郊区风景名胜区的全部面积。

公共绿地 指供游览休息的各种公园、动物园、植物园、陵园以及花园、游园和供游览休息用的林荫道绿地、广场绿地。不包括一般栽植的行道树及林荫道的面积。

十二、环境保护

Chapter 12 Environment Protection

12-1 环境保护基本情况

指　　标	单位	2010年	2011年	2012年	2013年	2014年	2015年
废水排放总量	万吨	215868.5	232247.0	238786.4	234508.2	262879.0	260044.6
#工业废水排放量	万吨	71284.4	90457.1	87167.5	78285.6	90630.8	83140.3
生活污水排放量	万吨	144584.1	141699.0	151495.1	156106.5	172114.9	176707.2
工业废气排放量	亿标立方米	27088.7	31700.8	31917.0	29443.5	34527.5	34016.5
二氧化硫排放量	万吨	91.4	112.6	105.9	102.7	99.5	96.9
#工业	万吨	78.5	104.9	97.9	94.7	92.6	86.9
生活	万吨	12.9	7.7	8.0	8.0	6.8	9.9
烟粉尘排放量	万吨	61.9	69.3	72.6	67.1	112.1	100.0
#工业	万吨	39.8	59.1	62.6	57.3	95.8	83.7
生活	万吨	22.1	7.0	7.0	7.1	13.7	13.9
一般工业固体废物产生量	万吨	17419.6	28269.6	27279.7	26759.4	28666.3	32434.4
危险废物产生量	万吨	106.0	78.5	73.2	104.6	98.1	72.3
工业固体废物综合利用量	万吨	8417.5	10747.8	11861.8	11742.3	10719.2	10028.9
工业固体废物综合利用率	%	47.7	37.9	43.4	43.8	37.1	30.7
工业固体废物排放量	万吨	2.9	8.2	10.4	9.1	5.9	7.5

12-1 续表

指　　标	单位	2016年	2017年（初步数据）	2018年（初步数据）	2019年（初步数据）	2020年（初步数据）	2021年（初步数据）
废水排放总量	万吨	228221.6	237971.0	235181.1	235374.7	179453.4	179913.0
#工业废水排放量	万吨	57639.2	51284.1	39554.7	32799.6	29029.5	30296.5
生活污水排放量	万吨	170438.4	186557.2	195427.5	202429.9	150192.4	149322.9
工业废气排放量	亿标立方米	32804.3	50501.9	42666.9	43162.9	55096.3	66370.2
二氧化硫排放量	万吨	50.8	39.0	30.0	25.6	20.6	16.3
#工业	万吨	40.2	28.9	20.1	16.2	14.4	10.2
生活	万吨	10.6	10.1	10.0	9.4	6.2	6.1
烟粉尘排放量	万吨	64.9	55.7	49.6	41.8	28.9	27.9
#工业	万吨	50.9	42.1	36.1	31.5	12.8	11.5
生活	万吨	11.7	11.2	11.5	10.0	15.5	15.3
一般工业固体废物产生量	万吨	22821.8	27465.6	26525.8	25808.1	25526.0	24610.0
危险废物产生量	万吨	75.4	106.2	133.3	141.8	137.5	212.6
工业固体废物综合利用量	万吨	9363.2	11345.8	11674.1	11712.2	11477.8	13138.6
工业固体废物综合利用率	%	40.9	39.1	43.6	45.3	45.0	53.4
工业固体废物排放量	万吨	6.0	1.5	0.2	4.5	10.5	5.2

12-2 各地区废水排放及处理情况

(2021年初步数据)

地　区	工业企业数 (个)	废水治理设施数 (套)	工业废水排放总量 (万吨)	生活污水排放量 (万吨)
全　省	**6176**	**1945**	**30296.5**	**149322.9**
沈　阳	1094	380	5161.0	50712.9
大　连	1148	474	7137.3	27393.9
鞍　山	530	98	1508.5	14295.7
抚　顺	221	45	2173.4	5461.6
本　溪	209	98	1505.2	3372.8
丹　东	323	139	572.1	5460.2
锦　州	306	80	1673.2	5512.5
营　口	676	161	1730.1	3365.1
阜　新	240	93	637.7	4132.2
辽　阳	252	85	1634.1	7474.4
盘　锦	238	57	2737.2	3245.8
铁　岭	198	86	1301.3	7809.6
朝　阳	506	77	381.3	2834.4
葫芦岛	235	72	2144.3	8251.9

12-3 各地区工业废气排放及处理情况

(2021年初步数据)

地　区	废气治理设施数 (套)	工业废气排放总量 (亿标立方米)	工业二氧化硫排放量 (吨)	工业烟粉尘排放量 (吨)
全　省	**12514**	**66370.2**	**102055.9**	**115373.4**
沈　阳	2364	2748.1	8642.9	3584.5
大　连	2069	5006.1	9266.9	7609.2
鞍　山	1470	25619.6	15107.6	22077.3
抚　顺	302	1135.1	5671.8	7578.6
本　溪	562	6043.0	11142.9	11638.8
丹　东	406	758.1	2125.8	2774.7
锦　州	695	2080.5	5944.9	6321.9
营　口	1612	7268.9	15882.4	17262.6
阜　新	418	899.7	4212.6	3538.9
辽　阳	450	1813.6	3899.0	8265.1
盘　锦	398	1163.3	1931.8	1662.2
铁　岭	411	1171.0	4230.8	3870.6
朝　阳	918	9253.3	10533.1	15773.2
葫芦岛	439	1410.0	3463.6	3415.7

12-4 各地区工业固体废物产生及处理利用情况

(2021年初步数据)　　单位：万吨

地区	一般工业固体废物产生量	一般工业固体废物综合利用量	一般工业固体废物贮存量	一般工业固体废物处置量	一般工业固体废物倾倒丢弃量	危险废物产生量	危险废物利用处置量	危险废物本年末贮存量
全省	**24610.01**	**13138.64**	**4273.11**	**7538.97**	**5.19**	**212.57**	**203.36**	**26.42**
沈阳	916.62	851.08	7.78	67.48		11.20	11.34	0.98
大连	632.26	616.26	1.40	14.81		22.65	22.68	0.08
鞍山	4533.24	3309.76	1178.17	45.15	0.17	5.73	5.70	0.27
抚顺	2261.96	569.90	198.60	1493.74		11.88	12.95	0.80
本溪	3223.11	1641.50	226.97	1587.40	0.001	32.96	33.04	0.60
丹东	416.55	85.82	296.11	34.99	0.0007	6.22	0.37	9.91
锦州	308.54	235.52	14.18	61.18	0.0006	8.43	9.36	1.38
营口	1026.80	1016.25	2.92	8.62		4.79	4.32	1.72
阜新	314.85	269.72	36.26	14.35		59.47	59.56	0.08
辽阳	7745.53	2234.47	1458.74	4053.68		9.97	10.03	0.16
盘锦	184.05	178.30	0.19	8.98	0.000001	21.41	23.01	2.78
铁岭	766.46	619.35	207.71	6.95	0.0005	0.35	0.37	0.02
朝阳	1824.76	1132.30	567.95	138.04	5.02	12.03	5.17	6.868
葫芦岛	455.27	378.40	76.13	3.61		5.47	5.47	0.77

主要统计指标解释

工业废水排放量 指经过企业厂区所有排放口排到企业外部的工业废水量。包括生产废水、外排的直接冷却水、超标排放的矿井地下水和与工业废水混排的厂区生活污水，不包括外排的间接冷却水(清污不分流的间接冷却水应计算在内)。

工业废水排放达标量 指报告期内废水中各项污染物指标都达到国家或地方排放标准的外排工业废水量，包括未经处理外排达标的，经废水处理设施处理后达标排放的，以及经污水处理厂处理后达标排放的。

工业废水排放达标率 指工业废水排放达标量占工业废水排放量的百分率，计算公式为:

工业废水排放达标率=工业废水排放达标量/工业废水排放量 × 100%

城镇生活污水排放量 指城镇居民每年排放的生活污水。用人均系数法测算。测算公式为:

城镇生活污水排放量=城镇生活污水排放系数 × 市镇非农业人口 × 365

城镇生活污水中化学需氧量（COD)产生量 指城镇居民每年排放的生活污水中的 COD 的产生量。用人均系数法测算。测算公式为:

城镇生活污水中 COD 产生量=城镇生活污水中 COD 产生系数 × 市镇非农业人口 × 365

化学需氧量(COD) 测量有机和无机物质化学所消耗氧的质量浓度的水污染指数。

测量有机和无机物质化学所消耗氧的质量浓度的水污染指数。

工业废气排放量 指报告期内企业厂区内燃料燃烧和生产工艺过程中产生的各种排入大气的含有污染物的气体的总量，以标准状态(273K，101325Pa)计算。测算公式为:

工业废气排放量=燃料燃烧过程中废气排放量+生产工艺过程中废气排放量

生活及其他 SO_2 排放量 以生活及其他煤炭消费量和其含硫量为基础，根据以下公式计算:

生活及其他 SO_2 排放量=生活及其他煤炭消费量 × 含硫量 × 0.8 × 2

工业排放量 指报告期内企业在燃料燃烧和生产工艺过程中排入大气的 SO_2 总量，计算公式为:

工业 SO_2 排放量=燃料燃烧过程中 SO_2 排放量+生产工艺过程中 SO_2 排放量

工业烟尘排放量 指企业厂区内燃料燃烧过程中产生的烟气中夹带的颗粒物排放量。

生活及其他烟尘排放量 指除工业生产活动以外的所有社会、经济活动及公共设施的经营活动中燃烧所排放的烟尘纯重量。以生活及其他煤炭消费量为基础进行测算。

工业粉尘排放量 指企业在生产工艺过程中排放的能在空气中悬浮一定时间的固体颗粒物排放量。如钢铁企业的耐火材料粉尘、焦化企业的筛焦系统粉尘、烧结机的粉尘、石灰窑的粉尘、建材企业的水泥粉尘等。不包括电厂排入大气的烟尘。

工业固体废物产生量 指报告期内企业在生产过程中产生的固体状、半固体状和高浓度液体状废弃物的总量，包括危险废物、冶炼废渣、粉煤灰、炉渣、煤矸石、尾矿、放射性废物和其他废物等；不包括矿山开采的剥离废石和掘进废石(煤矸石和呈酸性或碱性的废石除外)。酸性或碱性废石指采掘的废石其流经水、雨淋水的 pH 值小于 4 或 pH 值大于 10.5 者。

危险废物 指列入国家危险废物名录或根据国家规定的危险废物鉴别标准和鉴别方法认定的，具有爆炸性、易燃性、易氧化性、毒性、腐蚀性、易传染疾病等危险特性之一的废物。

工业固体废物综合利用量 指报告期内企业通过回收、加工、循环、交换等方式，从固体废物中提取或者使其转化为可以利用的资源、能源和其他原材料的固体废物量(包括当年利用往年的工业固体废物贮存量)，如用作农业肥料、生产建筑材料、筑路等。综合利用量由原产生固体废物的单位统计。

工业固体废物综合利用率 指工业固体废物综合利用量占工业固体废物产生量(包括综合利用往年贮存

量)的百分率。计算公式为:

工业固体废物综合利用率=工业固体废物综合利用量/(工业固体废物产生量+综合利用往年贮存量) × 100%

工业固体废物贮存量 指报告期内企业以综合利用或处置为目的，将固体废物暂时贮存或堆存在专设的贮存设施或专设的集中堆存场所内的数量。专设的固体废物贮存场所或贮存设施必须有防扩散、防流失、防渗漏、防止污染大气、水体的措施。

工业固体废物处置量 指报告期内企业将固体废物焚烧或者最终置于符合环境保护规定要求的场所，并不再回取的工业固体废物量(包括当年处置往年的工业固体废物贮存量)。处置方式有填埋(其中危险废物应安全填埋)、焚烧、专业贮存场(库)封场处理、深层灌注、回填矿井及海洋处置(经海洋管理部门同意投海处置)等。

工业固体废物排放量 指报告期内企业将所产生的固体废物排到固体废物污染防治设施、场所以外的数量，不包括矿山开采的剥离废石和掘进废石(煤矸石和呈酸性或碱性的废石除外)。

“三废”综合利用产品产值 指报告期内利用“三废”作为主要原料生产的产品价值(现行价)；已经销售或准备销售的应计算产品价值，留作生产自用的不应计算产品价值。

十三、农　业

Chapter 13　Agriculture

13-1 农村基层组织和农业基本情况

指　标	单位	2012年	2013年	2014年	2015年	2016年	2017年	2018年	2019年	2020年	2021年
乡村户数	万户	720.1	719.2	721.9	718.9	717.4	714.8	714.1	708.3	705.3	689.8
乡村从业人员	万人	1217.8	1217.1	1222.0	1214.8	1218.6	1213.4	1210.4	1184.7	1147.1	1100.6
#农林牧渔业	万人	660.0	652.0	655.5	659.7	675.3	684.5	685.6	705.2	695.9	690.2
农业机械总动力	万千瓦	2678.0	2788.5	2886.9	2983.6	2325.6	2377.3	2243.0	2353.8	2471.3	2552.6
农用大中型拖拉机	台	190581	208000	223374	231500	242600	250658	171282	176753	191889	205266.0
农用大中型拖拉机	万千瓦	510.3	564.2	612.4	655.3	694.2	731.7	655.6	796.8	839.8	916.0
小型拖拉机	台	308368	322500	332527	340100	327600	327634	407713	402153	394466	385334.0
小型拖拉机	万千瓦	304.8	314.2	322.9	326.3	314.2	307.6	483.0	526.7	535.8	527.0
渔用机动船	艘	45770	43343	40902	40095	37000	36521	34585	33432	29607	27292
渔用机动船	万千瓦	151.1	155.6	156.7	169.7	157.2	153.0	160.0	157.6	158.7	175.4
化肥施用量(折纯)	万吨	146.9	151.8	151.6	152.1	148.1	145.5	145.0	139.9	137.6	135.0
农作物总播种面积	千公顷	4095.5	4154.4	4219.8	4335.5	4242.7	4172.3	4207.1	4217.1	4287.8	4329.0
粮　食	千公顷	3359.5	3412.4	3480.3	3605.2	3515.0	3467.5	3484.0	3488.7	3527.2	3543.6
谷　物	千公顷	3195.9	3262.9	3342.7	3477.8	3356.8	3291.8	3311.2	3303.2	3344.1	3369.1
#稻　谷	千公顷	599.0	577.9	492.1	469.2	476.4	492.7	488.4	507.1	520.4	520.6
小　麦	千公顷	4.5	3.4	3.3	3.0	2.9	3.6	2.4	2.4	3.1	2.7
玉　米	千公顷	2504.6	2603.1	2758.7	2922.4	2789.8	2692.0	2713.0	2675.0	2699.3	2724.2
豆　类	千公顷	95.2	85.6	70.1	64.3	79.2	85.3	82.8	93.4	116.2	113.5
薯　类	千公顷	68.4	63.9	67.4	63.1	79.0	90.4	90.0	92.1	66.9	61.0
油　料	千公顷	243.6	243.8	249.5	254.9	278.1	278.4	290.9	293.5	309.6	334.8
棉　花	千公顷	0.2	0.2	0.1		0.1	0.1	0.01	0.01	0.002	
糖　料	千公顷	1.9	3.2	2.0	1.7	1.8	2.0	2.0	2.4	1.5	0.2
烟　叶	千公顷	11.3	11.4	11.2	9.8	9.5	8.0	6.4	5.0	5.2	4.3
蔬　菜	千公顷	388.4	379.3	368.2	358.4	332.1	308.6	313.4	312.1	325.6	328.8
果园面积	千公顷	389.9	391.8	402.8	413.2	359.1	350.7	352.1	352.7	358.4	347.0

注：1.2007—2017年粮食作物和经济作物数据为第三次全国农业普查核定数据。
2.2016年和2017年棉花数据为抽样调查数据。

13-2 主要农牧渔业生产情况

指 标	单位	2014年	2015年	2016年	2017年	2018年	2019年	2020年	2021年
农产品产量									
粮 食	万吨	1873.2	2186.6	2315.6	2330.7	2192.4	2430.0	2338.8	2538.7
谷 物	万吨	1815.7	2134.7	2260.0	2261.3	2131.6	2375.7	2283.5	2485.3
#稻谷	万吨	395.3	402.7	410.4	422.0	418.0	434.8	446.5	424.6
小麦	万吨	1.6	1.4	1.1	1.3	1.4	1.4	1.7	1.1
玉米	万吨	1385.8	1697.1	1810.1	1789.4	1662.8	1884.4	1793.9	2008.4
豆 类	万吨	15.4	15.3	16.2	21.0	20.0	22.8	25.6	26.9
薯 类	万吨	42.1	36.7	39.4	48.4	40.8	31.4	29.7	26.5
油 料	万吨	57.8	58.7	79.4	81.5	78.1	97.7	99.7	116.2
#花 生	万吨	55.4	55.4	75.9	80.0	76.8	96.4	98.7	115.5
油菜籽	吨	1653.3	1978.6	1335.6	1302.0	1404.0	1446.3	1167.4	1086.3
棉 花	吨	87.0	94.0	92.0	76.4	22.0	22.0	4.0	
麻 类	吨	6512.8	7326.9	8141.0	423.0	51.0	8.0		
甜 菜	吨	100842.4	51831.2	93526.0	106986.0	118110.0	145845.0	91493.0	12574.5
烟 叶	吨	30852.3	25818.7	30471.8	26255.0	17660.0	13548.0	15619.1	11360.5
#烤 烟	吨	29411.1	24249.9	28985.8	24853.0	14883.4	12447.0	13334.1	9323.5
柞蚕茧	吨	50774.5	52631.6	44160.6	46162.8	45058.0	41149.2	35683.1	
园林水果	万吨	526.5	543.5	543.9	558.5	576.5	605.1	632.7	629.3
农产品单位面积产量									
谷 物	公斤/公顷	5431.7	6138.1	6732.6	6869.5	6437.6	7192.0	6828.4	7376.9
花 生	公斤/公顷	2303.6	2240.1	2814.5	2945.5	2685.2	3335.3	3224.6	3475.4
甜 菜	公斤/公顷	49591.9	29957.5	51135.0	52663.5	59203.0	60291.4	61404.7	60167.5
烤 烟	公斤/公顷	2802.1	2651.4	3238.2	3366.8	2750.7	2736.3	2934.4	2693.8
大牲畜年末头数	万头	350.1	323.3	264.4	290.8	306.0	314.6	323.9	325.4
#牛	万头	209.7	208.2	202.0	227.8	248.3	264.4	279.7	290.9
马	万头	20.5	17.0	7.3	6.9	6.2	5.5	5.1	4.4
驴	万头	105.5	86.3	48.3	49.9	46.4	40.1	35.6	27.3
骡	万头	14.5	11.8	6.8	6.2	5.2	4.5	3.5	2.8
肉猪出栏头数	万头	2434.0	2249.9	2151.8	2627.2	2495.8	2240.2	2175.2	2851.8
猪年底头数	万头	1336.2	1225.6	1160.1	1308.0	1262.2	1055.2	1284.2	1308.6
羊年底只数	万只	623.5	692.9	658.1	792.6	772.8	783.6	809.5	811.1
山羊	万只	335.8	368.6	349.0	418.8	407.9	398.7	404.2	411.5
绵羊	万只	287.7	324.3	309.1	373.8	364.9	384.9	405.3	399.6
肉类产量	万吨	364.1	358.3	352.4	385.4	377.1	367.8	378.3	435.4
#猪牛羊肉	万吨	357.4	352.1	347.8	253.0	244.2	225.8	221.4	277.1
猪肉	万吨	206.0	191.0	180.8	220.9	210.1	189.4	183.5	238.8
牛肉	万吨	27.3	24.3	23.7	25.1	27.5	29.6	31.0	31.5
羊肉	万吨	7.0	6.5	6.4	7.0	6.6	6.8	6.9	6.9
奶类	万吨	115.4	122.1	123.4	120.7	132.6	134.7	137.1	139.3
#牛奶	万吨	112.1	119.8	122.2	119.7	131.8	133.9	136.7	138.9
禽蛋	万吨	250.5	244.6	251.0	270.4	297.2	307.9	331.9	325.3
水产品总产量	万吨	515.7	523.7	479.9	479.4	450.8	455.0	462.3	482.4
海水产品	万吨	419.7	424.4	392.3	391.8	367.0	343.4	377.9	397.0
淡水产品	万吨	96.0	99.3	87.6	87.6	83.8	85.1	84.5	85.4

注：1. 各类农产品产量为第三次全国农业普查结果核定数据。
2. 粮食和畜牧数据为抽样调查数据，其他品种产量为全面调查报表数。
3. 2010-2015年水产品产量为部门核定数据，2016—2017年水产品产量为依据农业普查结果修订的部门核定数据。

13-3 农村基层组织情况

年份、地区	乡村户数 (万户)	乡村人口数 (万人)	乡村从业人员 (万人)
1990	631.4	2337.5	869.4
1991	641.4	2345.5	888.1
1992	645.0	2342.9	891.3
1993	646.9	2320.0	892.9
1994	651.6	2311.7	894.2
1995	655.5	2311.1	903.0
1996	656.1	2302.9	907.5
1997	660.4	2298.8	921.4
1998	663.8	2289.9	933.2
1999	674.6	2315.5	938.8
2000	680.1	2311.5	966.0
2001	685.3	2318.6	977.5
2002	685.9	2314.5	993.5
2003	692.1	2325.6	1016.3
2004	696.2	2338.9	1083.8
2005	695.6	2331.4	1113.5
2006	689.2	2289.3	1132.9
2007	701.1	2323.5	1153.6
2008	703.8	2320.4	1164.7
2009	710.7	2327.6	1180.5
2010	722.9	2328.2	1208.5
2011	722.5	2322.9	1223.1
2012	720.1	2310.5	1217.8
2013	719.2	2301.7	1217.1
2014	721.9	2305.4	1222.0
2015	718.9	2289.6	1214.8
2016	717.4	2292.4	1218.6
2017	714.8	2276.3	1213.4
2018	714.1	2269.5	1210.4
2019	708.3	2235.5	1184.7
2020	705.3	2162.4	1147.1
2021	689.8	2083.2	1100.6
沈阳	80.5	240.4	120.4
大连	83.3	246.5	115.6
鞍山	51.8	170.5	92.2
抚顺	25.4	73.0	41.2
本溪	16.2	51.9	27.1
丹东	42.5	129.0	70.1
锦州	59.5	184.7	100.9
营口	48.3	128.4	73.4
阜新	33.4	100.1	60.1
辽阳	33.3	91.0	50.5
盘锦	16.1	44.8	25.3
铁岭	59.8	183.2	95.7
朝阳	78.1	249.6	135.5
葫芦岛	61.7	190.0	92.7

13-4 农林牧渔业总产值

单位：亿元

年 份	农林牧渔业总产值	农业	林业	牧业	渔业	农、林、牧、渔专业及辅助性活动
1978	49.2	38.9	1.1	7.1	2.1	
1979	59.9	45.8	1.4	10.6	2.1	
1980	73.5	55.6	2.5	13.2	2.2	
1985	118.1	74.6	4.2	31.3	8.0	
1986	142.0	95.0	4.2	32.3	10.5	
1987	169.2	108.3	4.9	39.6	16.4	
1988	227.4	131.8	5.0	67.7	22.9	
1989	222.8	125.4	4.8	69.8	22.8	
1990	273.8	163.5	6.6	75.5	28.2	
1991	295.9	175.3	6.9	80.6	33.1	
1992	330.1	193.8	7.5	88.6	40.2	
1993	425.7	245.7	9.4	117.4	53.3	
1994	546.8	294.2	11.0	171.9	69.7	
1995	691.8	382.7	12.9	206.0	90.2	
1996	804.7	449.5	13.9	224.7	116.6	
1997	834.7	433.8	15.1	247.1	138.6	
1998	969.8	534.7	17.4	269.6	148.1	
1999	977.1	510.9	18.5	282.4	165.2	
2000	967.4	463.5	19.7	304.2	180.0	
2001	1045.7	503.1	21.8	332.3	188.5	
2002	1132.5	540.1	27.9	361.3	203.2	
2003	1215.0	497.3	38.4	422.0	224.0	33.3
2004	1510.5	611.3	40.7	548.3	272.2	38.0
2005	1671.6	640.1	44.5	636.5	306.7	43.8
2006	1738.1	713.0	52.3	615.3	292.6	64.9
2007	2093.0	824.5	59.9	813.6	321.8	73.3
2008	2395.1	869.2	68.4	1009.2	364.6	83.7
2009	2572.4	871.6	68.5	1100.0	424.5	107.8
2010	2907.1	1071.0	80.2	1168.4	465.4	122.1
2011	3343.8	1208.7	103.7	1369.7	523.8	138.0
2012	3679.5	1401.5	123.4	1429.5	571.0	154.1
2013	3878.9	1500.0	129.9	1446.6	627.6	174.7
2014	3949.4	1529.8	144.1	1452.2	628.7	194.5
2015	4057.6	1796.5	155.9	1292.8	611.5	200.8
2016	3764.1	1589.9	134.0	1277.6	559.5	203.1
2017	3851.6	1620.5	140.3	1289.2	592.2	209.4
2018	4061.9	1749.4	149.5	1346.2	628.5	188.4
2019	4368.2	1912.0	117.4	1479.5	669.6	189.7
2020	4582.6	2056.8	121.0	1604.7	617.5	182.5
2021	4927.7	2222.5	120.9	1683.9	719.9	180.4

注：1. 2007-2017年全省农、林、牧、渔业产值为第三次全国农业普查核定数据。
2. 本表按当年价格计算。2003年以后数据按新的国民经济行业分类标准和新的产值计算方法计算。2016年以后数据按季度核算方法计算。

13-5 农林牧渔业总产值指数

(1952年=100)

年 份	农林牧渔业合计	农业	林业	牧业	渔业
1952	100	100	100	100	100
1978	200.0	197.4	489.6	189.7	298.3
1979	206.7	204.0	536.2	199.3	283.2
1980	222.2	206.9	564.9	209.1	279.9
1985	270.0	223.4	734.9	465.3	463.3
1986	288.6	250.0	659.1	444.2	524.0
1987	303.6	263.0	700.2	441.5	664.2
1988	337.0	274.8	627.6	591.3	748.9
1989	322.6	249.9	613.2	606.5	837.7
1990	371.9	309.4	738.0	603.3	885.4
1991	388.5	319.7	737.8	636.8	947.0
1992	419.7	340.3	795.3	699.0	1044.3
1993	474.4	386.3	866.4	827.1	1091.3
1994	473.8	335.1	939.8	1008.3	1126.1
1995	530.7	373.1	1001.3	1111.7	1327.5
1996	612.3	453.8	1065.4	1166.2	1595.9
1997	629.7	426.7	1137.1	1282.3	1802.0
1998	730.9	529.5	1263.6	1407.3	1979.1
1999	755.4	512.8	1319.5	1514.1	2212.7
2000	749.2	470.2	1349.4	1603.6	2302.3
2001	799.0	510.1	1474.7	1710.3	2373.3
2002	865.1	547.2	1856.1	1861.5	2547.0
2003	926.3	570.2	2120.4	2028.8	2726.9
2004	999.5	607.2	2250.0	2225.9	2933.0
2005	1074.5	630.3	2493.0	2473.0	3164.7
2006	1149.7	653.0	2744.8	2683.2	3436.9
2007	1195.3	682.4	2882.0	2764.0	3591.6
2008	1273.4	709.0	3040.6	2985.2	3932.8
2009	1315.4	695.4	3238.2	3152.3	4278.8
2010	1391.5	734.3	3451.9	3288.4	4663.9
2011	1475.5	815.1	3762.6	3327.9	4943.8
2012	1548.3	869.7	3969.5	3431.1	5162.9
2013	1613.1	918.5	4216.7	3455.1	5558.8
2014	1653.1	932.3	4436.5	3534.6	5724.9
2015	1715.3	1076.8	4485.3	3306.0	5724.9
2016	1679.3	1022.9	4144.4	3395.3	5576.1
2017	1729.7	1058.7	4235.6	3531.1	5782.4
2018	1774.7	1084.2	4417.7	3651.1	6002.1
2019	1827.9	1146.0	3768.3	3702.3	6272.2
2020	1882.7	1168.9	3971.8	3898.5	6491.7
2021	1990.1	1212.1	3951.9	4296.1	6848.8

注：1.2007-2017年全省农、林、牧、渔业产值为第三次全国农业普查核定数据。
2.本表按当年价格计算。2003年以后数据按新的国民经济行业分类标准和新的产值计算方法计算。2016年以后数据按季度核算方法计算。

13-6 农林牧渔业总产值指数

(上年=100)

年 份	农林牧渔业总产值	农业	林业	牧业	渔业	农、林、牧、渔专业及辅助性活动
1978	106.4	110.1	84.3	94.0	103.5	
1979	103.4	103.3	109.5	105.0	94.9	
1980	101.9	101.4	105.4	104.9	98.8	
1985	90.8	80.3	92.2	124.8	118.0	
1986	106.9	111.9	89.7	95.5	113.1	
1987	105.2	105.2	106.2	99.4	126.7	
1988	111.0	104.5	89.6	133.9	112.7	
1989	95.7	90.9	97.7	102.6	111.9	
1990	115.3	123.8	120.4	99.5	105.7	
1991	104.5	103.3	100.0	105.6	106.9	
1992	108.0	106.4	107.8	109.8	110.3	
1993	113.0	113.5	108.9	118.3	104.5	
1994	99.9	86.7	108.5	121.9	103.2	
1995	112.0	111.3	106.5	110.3	117.9	
1996	115.4	121.6	106.4	104.9	120.2	
1997	102.8	94.0	106.7	110.0	112.9	
1998	116.1	124.1	111.1	109.7	109.8	
1999	103.3	96.9	104.4	107.6	111.8	
2000	99.2	91.7	102.3	105.9	104.0	
2001	106.6	108.5	109.3	106.7	103.1	
2002	108.3	107.3	125.9	108.8	107.3	
2003	107.1	104.2	114.2	109.0	107.1	110.8
2004	107.9	106.5	106.1	109.7	107.6	110.3
2005	107.5	103.8	110.8	111.1	107.9	109.2
2006	107.0	103.6	110.1	108.5	108.6	119.7
2007	104.0	104.5	105.0	103.0	104.5	104.0
2008	106.5	103.9	105.5	108.0	109.5	107.6
2009	103.3	98.1	106.5	105.6	108.8	103.2
2010	105.8	105.6	106.6	104.3	109.0	109.0
2011	106.0	111.0	109.0	101.2	106.0	107.0
2012	104.9	106.7	105.5	103.1	104.4	109.2
2013	104.2	105.6	106.2	100.7	107.7	109.0
2014	102.5	101.5	105.2	102.3	103.0	108.5
2015	103.8	115.5	101.1	93.5	100.0	102.0
2016	97.9	95.0	92.4	102.7	97.4	100.0
2017	103.0	103.5	102.2	104.0	103.7	91.9
2018	102.6	102.4	104.3	103.4	103.8	94.5
2019	103.0	105.7	85.3	101.4	104.5	99.1
2020	103.0	102.0	105.4	105.3	103.5	92.3
2021	105.7	103.7	99.5	110.2	105.5	98.4

注：1.2007-2017年全省农、林、牧、渔业产值为第三次全国农业普查核定数据。
2.本表按当年价格计算。2003年以后数据按新的国民经济行业分类标准和新的产值计算方法计算。2016年以后数据按季度核算方法计算。

13-7 各地区农林牧渔业总产值及指数

(2021年)

地　区	农林牧渔业总产值	农业	林业	牧业	渔业
一、绝对数(亿元)					
全　省	**4927.7**	**2222.5**	**120.9**	**1683.9**	**719.9**
沈　阳	657.3	304.8	9.7	286.8	27.7
大　连	1021.6	307.9	1.7	239.1	396.3
鞍　山	214.3	106.2	0.8	95.8	6.5
抚　顺	115.3	69.7	5.7	35.4	0.3
本　溪	109.9	34.6	41.6	27.4	3.8
丹　东	303.5	116.8	6.3	78.6	89.1
锦　州	456.6	197.3	0.8	222.3	29.2
营　口	211.7	77.9	3.6	60.2	67.4
阜　新	299.3	114.3	9.6	169.7	0.5
辽　阳	184.6	120.5	1.1	45.2	13.0
盘　锦	205.0	85.8	0.2	49.9	64.5
铁　岭	367.1	154.9	2.7	203.9	3.3
朝　阳	484.4	223.9	20.3	231.5	0.4
葫芦岛	284.2	117.4	5.3	96.9	56.5
二、指数(以上年为100)					
全　省	**105.7**	**103.7**	**99.5**	**110.2**	**105.5**
沈　阳	104.4	102.8	102.3	106.6	101.5
大　连	106.0	103.9	106.5	110.7	105.9
鞍　山	105.0	104.0	114.2	106.6	96.8
抚　顺	101.9	101.3	100.1	103.3	115.0
本　溪	103.3	103.7	105.7	102.1	100.8
丹　东	107.5	113.5	108.9	106.1	101.9
锦　州	106.0	107.9	103.6	104.6	108.9
营　口	104.7	106.6	100.0	108.1	103.3
阜　新	107.6	104.7	94.1	110.6	100.3
辽　阳	103.6	101.5	129.6	108.9	103.9
盘　锦	105.7	106.7	120.5	101.9	108.0
铁　岭	106.9	105.5	105.2	108.9	106.0
朝　阳	107.8	109.0	101.5	108.2	95.3
葫芦岛	104.3	106.2	100.9	103.2	102.4

注：1. 绝对数按当年价格计算。指数按可比价计算。
2. 全省产值数据依据抽样调查数据与部门数据核算，各市产值数据依据抽样调查和全面调查数据核算。

13-8 农业机械和农产品加工机械拥有量

机械名称	单位	2012年	2013年	2014年	2015年	2016年
农业机械总动力	万千瓦	2678.0	2788.5	2886.9	2983.6	2325.6
农用大中型拖拉机	台	190581	208000	223374	231500	242600
小 型 拖 拉 机	台	308368	322500	332527	340100	327600
机 引 犁	万部	10.4	11.3	11.6	11.9	11.3
机 引 耙	万部	3.0	3.0	2.7	2.7	2.6
机 引 播 种 机	万部	20.1	21.3	20.9	21.2	21.8
机动水稻插秧机	台	26324	32896	34038	35500	35700
农 用 水 泵	万台	127.3	125.3	121.9	121.5	117.5
节 水 灌 溉 机 械	套	123306	125200	132176	133300	131600
联 合 收 割 机	台	10922	14500	18630	24500	26578
机 动 脱 粒 机	万台	13.8	14.7	14.9	14.8	14.6
谷 物 烘 干 机	台	545	751	1149	1302	1590
粮食加工机械	万台	14.7	14.9	14.9	15.0	14.9
棉花加工机械	万台	0.02	0.01	0.01	0.01	0.01
油料加工机械	万台	0.7	0.7	0.7	0.7	0.7
饲草料加工机械	万台	17.0	17.1	17.1	17.1	16.8

13-8 续表

机械名称	单位	2017年	2018年	2019年	2020年	2021年
农业机械总动力	万千瓦	2377.3	2243.0	2353.8	2471.3	2552.6
农用大中型拖拉机	台	250658	171282	176753	191889	205266
小 型 拖 拉 机	台	327634	407713	402153	394466	385334
机 引 犁	万部	10.9	10.2	10.1	10.0	10.1
机 引 耙	万部	2.6	2.4	2.2	2.2	2.2
机 引 播 种 机	万部	22.0	17.6			18.7
机动水稻插秧机	台	36167	38015	39254	40440	40790
农 用 水 泵	万台	118.4	116.3	115.8	113.5	114.0
节 水 灌 溉 机 械	套	129954	125259	134891	136449	138154
联 合 收 割 机	台	28598	30758	32928	32928	36418
机 动 脱 粒 机	万台	14.2	14.2	13.4	13.4	13.2
谷 物 烘 干 机	台	1530	1629	1656	1671	1676
粮食加工机械	万台	14.7	14.9	15.1	14.8	14.9
棉花加工机械	万台	0.01	0.01	0.01	0.01	0.01
油料加工机械	万台	0.7	0.7	0.7	0.8	0.8
饲草料加工机械	万台	15.9	16.0	15.9	16.0	18.0

13-9 机耕面积、化肥施用量

年 份	机耕面积(万公顷)	化肥施用量(万吨)	
		实物量	折纯量
1978	204.5	205.8	
1980	208.4	298.4	
1985	187.7	273.4	70.9
1986	194.5	264.0	70.1
1987	207.8	265.2	67.3
1988	219.8	273.6	70.1
1989	219.2	281.8	74.6
1990	236.3	301.1	81.4
1991	251.8	313.4	85.1
1992	258.1	320.6	90.5
1993	256.7	320.7	95.1
1994	250.4	325.7	100.2
1995	246.3	334.9	103.1
1996	249.8	346.5	110.7
1997	260.9	344.2	113.0
1998	265.0	349.1	114.1
1999	278.8	353.8	116.7
2000	290.9	334.6	109.4
2001	277.2	329.2	109.8
2002	275.4	330.8	111.4
2003	272.1	329.3	112.6
2004	277.8	341.2	117.9
2005	297.9	354.2	119.9
2006	301.0	358.5	121.2
2007	301.2	370.1	127.5
2008	321.0	385.5	128.8
2009	328.9	392.8	133.6
2010	342.0	403.4	140.1
2011	373.3	418.3	144.6
2012	384.5	428.3	146.9
2013	388.8	432.6	151.8
2014	381.9	433.7	151.6
2015	388.7	432.9	152.1
2016	380.9	420.2	148.1
2017	383.9	410.8	145.5
2018	430.9	407.8	145.0
2019	397.5		139.9
2020	398.0		137.6
2021	393.2		135.0

13-10 各地区化肥施用量

(2021年) 单位：万吨

地 区	合计	氮肥	磷肥	钾肥	复合肥
全 省	**135.0**	**43.8**	**8.6**	**10.6**	**72.0**
沈 阳	18.5	6.5	1.2	2.1	8.7
大 连	14.0	4.3	1.1	1.7	6.9
鞍 山	9.9	2.2	0.3	0.6	6.8
抚 顺	3.2	1.5	0.4	0.3	1.0
本 溪	1.1	0.7	0.1	0.1	0.3
丹 东	6.1	3.1	0.3	0.4	2.3
锦 州	15.9	6.1	0.7	1.1	8.0
营 口	4.9	2.3	0.6	0.7	1.4
阜 新	14.2	3.7	0.2	0.6	9.7
辽 阳	4.7	1.5	0.5	0.4	2.3
盘 锦	3.8	1.4	0.3	0.3	1.7
铁 岭	21.3	3.2	0.8	0.7	16.6
朝 阳	9.7	4.7	1.3	0.7	3.0
葫芦岛	7.7	2.7	0.9	0.9	3.2

注：本表数据为折纯量。

13-11 灌溉、水库和除涝、治水、治碱情况

指 标	单位	2012年	2013年	2014年	2015年	2016年	2017年	2018年	2019年	2020年	2021年
年底灌区数	处	73	221	220	220	220	219	208	183	179	161
#50万亩以上	处	4	6	6	6	6	6	5	5	5.0	6
30-50万亩	处	6	5	5	5	5	5	6	6	6.0	5
灌区耕地面积	万公顷	50.1			57.9	56.0	51.5	48.2	49.8	49.2	60.1
#50万亩以上	万公顷	17.4			21.0	21.0	21.0	20.3	20.1	20.1	28.7
30-50万亩	万公顷	14.9			10.1	7.9	7.9	8.9	10.2	10.2	12.7
水库座数	座	905	911	833	803	798	797	795	783	776	757
大型水库	座	33	33	34	35	35	35	35	34	34	37
中型水库	座	74	76	76	77	77	77	75	76	76	76
小型水库	座	798	802	723	691	686	685	685	673	666	644
水库总容量	亿立方米	358.1			364.0	366.6	366.8	371.4	370.2	370.1	373.9
大型水库	亿立方米	326.8			333.5	336.1	336.1	341.4	340.0	340.0	344.0
中型水库	亿立方米	20.9			20.0	21.2	21.3	20.6	20.9	20.9	20.9
小型水库	亿立方米	10.3			10.4	9.3	9.4	9.4	9.2	9.2	9.1
除涝面积	千公顷	993.1	911.2	911.0	911.5	931.2	931.6	931.6	931.7	931.7	968.6
本年新增除涝面积	千公顷	15.8	2.2	1.6	2.6	19.7	0.5	0.0	0.2		
治理水土流失面积	万平方公里	6.7	4.5	4.7	4.9	5.0	5.2	5.4	5.6	5.7	5.9
本年水土流失治理面积	千公顷	265.9	233.8	217.3	170.7	166.5	209.0	176.7	175.7	170.2	214.0
堤防长度	万公里	2.2	2.0	2.1	2.1	2.1	2.1	2.2	2.2	2.2	2.1
堤防保护耕地面积	千公顷	2046.6			1461.2	1469.2	1479.4	1495.7	1502.9	1514.9	1515.5

注：1. 大型水库为库容1亿立方米以上；中型水库为库容1千万至1亿立方米；小型水库为库容10万至1千万立方米。
2. 年底灌区数中往年不包含万亩以下灌区，2013年以后包含。

13-12 各地区农田水利情况

地 区	耕地灌溉面积(千公顷)					规模以上机电井数(眼)							
	2014年	2015年	2016年	2017年	2018年	2014年	2015年	2016年	2017年	2018年	2019年	2020年	2021年
全 省	**1474.0**	**1520.3**	**1573.0**	**1610.6**	**1619.3**	**161388**	**165444**	**166365**	**172426**	**165015**	**165886**	**163262**	**164046**
沈 阳	255.9	261.7	262.5	264.6	267.1	26082	27558	27558	27409	27409	27409	24584	25609
大 连	72.5	73.6	74.7	75.8	74.1	19007	19298	18967	19118	10835	10835	10835	10832
鞍 山	74.4	74.4	74.4	74.5	74.5	4001	4001	4081	4082	4082	4051	4045	4045
抚 顺	37.1	40.4	43.5	37.3	34.2	1831	1835	1835	1835	1835	1835	1835	1835
本 溪	17.2	17.2	17.3	17.4	16.4	419	430	430	430	430	430	430	416
丹 东	79.2	79.2	79.4	81.6	80.0	1408	1391	1391	1391	1393	1396	1396	1396
锦 州	169.3	181.9	188.9	198.0	201.3	16758	17865	18745	19634	19974	20031	20037	20037
营 口	73.7	73.7	74.1	75.1	75.1	12268	12268	12268	12283	12283	12286	12286	12286
阜 新	128.0	138.9	144.4	151.5	157.1	26561	26599	26611	27136	27210	27239	27262	27259
辽 阳	72.4	72.5	72.9	73.5	74.9	4062	3958	3958	3958	3958	3964	3965	3977
盘 锦	95.5	96.2	98.2	98.2	96.2	1081	1022	1022	1022	1022	1022	1022	1022
铁 岭	165.9	172.2	175.4	176.5	177.8	17450	17708	18102	18525	18645	18688	18691	18692
朝 阳	158.4	168.2	195.0	206.9	210.4	16392	17349	17376	17812	18106	18631	18815	19080
葫芦岛	74.6	70.3	72.3	80.0	80.4	14068	14162	14021	17791	17833	18069	18059	17560

13-13 各地区水利设施和除涝治碱面积

(2021年)

地 区	水库数(座)	水库总库容量(亿立方米)	除涝面积(千公顷)
全 省	**757**	**373.9**	**931.8**
沈 阳	30	6.9	324.4
大 连	189	25.1	53.6
鞍 山	17	0.9	97.7
抚 顺	116	25.8	
本 溪	24	60.1	
丹 东	57	162.0	39.5
锦 州	23	9.7	105.4
营 口	33	2.7	48.1
阜 新	48	5.2	30.1
辽 阳	3	14.2	58.0
盘 锦	6	1.4	84.2
铁 岭	81	22.0	88.4
朝 阳	64	20.9	0.4
葫芦岛	66	17.0	1.9

13-14 农作物播种面积

单位：千公顷

年 份	农作物总播种面积				占总播种面积比重(%)			粮食作物						
		粮食作物	经济作物	其他作物	粮食作物	经济作物	其他作物		水稻	小麦	玉米	高粱	谷子	薯类
1980	3914.8	3221.1	392.1	301.5	82.3	10.0	7.7	3221.1	385.7	40.9	1416.2	558.3	190.1	42.5
1985	3705.8	2889.5	532.3	283.9	78.0	14.4	7.6	2889.5	480.2	11.8	1198.0	416.7	210.1	72.3
1986	3663.7	3036.9	338.3	288.4	82.9	9.2	7.9	3036.9	510.1	20.5	1258.5	441.3	205.9	65.7
1987	3620.6	3130.8	199.3	290.5	86.5	5.5	8.0	3130.8	548.4	27.2	1341.1	448.4	188.7	64.0
1988	3603.2	3101.3	203.7	298.1	86.1	5.6	8.3	3101.3	553.7	34.4	1318.0	450.5	179.4	70.6
1989	3594.5	3083.5	211.8	299.2	85.8	5.9	8.3	3083.5	553.4	55.0	1313.2	420.3	177.3	73.6
1990	3618.9	3121.6	204.9	292.4	86.3	5.7	8.1	3121.6	543.3	112.8	1365.7	395.0	169.3	73.7
1991	3638.1	3089.9	257.5	290.7	84.9	7.1	8.0	3089.9	542.2	147.2	1372.4	367.5	147.2	78.8
1992	3633.1	3051.5	281.7	299.9	84.0	7.7	8.3	3051.5	556.6	165.7	1384.0	342.0	120.4	88.0
1993	3630.0	3049.2	224.6	356.2	84.0	6.1	9.9	3049.2	484.1	183.1	1416.2	326.0	120.1	99.9
1994	3623.5	3026.4	226.8	370.3	83.5	6.3	10.2	3026.4	458.7	162.4	1464.6	321.7	109.0	95.9
1995	3623.7	3030.9	210.4	382.4	83.6	5.8	10.6	3030.9	472.6	171.3	1517.5	308.3	102.8	102.5
1996	3627.8	3073.1	165.8	388.9	84.7	4.6	10.7	3073.1	478.1	177.9	1576.7	300.2	104.9	110.0
1997	3627.0	3037.1	181.1	408.8	83.7	5.0	11.3	3037.1	491.7	167.9	1573.4	257.6	106.1	105.6
1998	3630.2	3039.2	178.4	412.6	83.7	4.9	11.4	3039.2	496.0	150.2	1638.0	222.8	100.8	109.6
1999	3643.1	3055.3	163.3	424.5	83.9	4.5	11.7	3055.3	501.5	152.9	1677.8	202.5	89.6	130.5
2000	3622.0	2858.6	248.0	515.4	78.9	6.8	14.2	2858.6	489.7	117.5	1422.5	188.6	86.9	167.1
2001	3559.9	2758.1	279.9	522.0	77.5	7.9	14.7	2758.1	449.5	86.1	1366.3	163.0	130.5	151.1
2002	3577.0	2658.6	327.8	590.6	74.3	9.2	16.5	2658.6	457.1	47.2	1395.1	168.8	101.6	145.1
2003	3476.6	2563.6	344.6	568.4	73.7	9.9	16.3	2563.6	392.0	19.8	1401.4	125.3	111.2	138.8
2004	3666.5	2965.8	242.2	458.5	80.9	6.6	12.5	2965.8	492.1	19.9	1835.9	106.4	94.2	103.4
2005	3801.0	3179.7	199.4	421.9	83.7	5.2	11.1	3179.7	538.1	21.4	2076.7	107.8	86.6	93.2
2006	3627.2	3089.7	118.6	418.9	85.2	3.3	11.5	3089.7	624.9	8.0	1983.1	95.7	82.8	103.5
2007	3736.4	3135.4	185.2	415.7	83.9	5.0	11.1	3135.4	649.7	11.6	2041.2	80.8	78.0	93.4
2008	3725.9	3046.2	241.1	438.6	81.8	6.5	11.8	3046.2	637.2	9.0	1966.2	65.5	68.6	87.4
2009	3810.6	3147.2	229.8	433.6	82.6	6.0	11.4	3147.2	624.8	7.1	2092.5	81.4	74.7	83.9
2010	3950.1	3242.9	255.5	451.7	82.1	6.5	11.4	3242.9	633.9	5.7	2277.4	57.3	62.3	70.9
2011	3997.5	3269.2	268.6	459.8	81.8	6.7	11.5	3269.2	607.0	4.9	2372.2	45.4	48.9	71.4
2012	4095.5	3359.5	257.7	478.3	82.0	6.3	11.7	3359.5	599.0	4.5	2504.6	37.4	38.1	68.4
2013	4154.4	3412.4	259.4	482.6	82.1	6.2	11.6	3412.4	577.9	3.4	2603.1	32.7	36.0	63.9
2014	4219.8	3480.3	263.8	475.7	82.5	6.3	11.3	3480.3	492.1	3.3	2758.7	36.6	40.8	67.4
2015	4335.5	3605.2	267.6	462.6	83.2	6.2	10.7	3605.2	469.2	3.0	2922.4	33.3	38.2	63.1
2016	4242.7	3515.0	290.8	436.9	82.8	6.9	10.3	3515.0	476.4	2.9	2789.8	36.9	38.2	79.0
2017	4172.3	3467.5	288.6	416.3	83.1	6.9	10.0	3467.5	492.7	3.6	2692.0	36.1	54.0	90.4
2018	4207.1	3484.0	299.3	423.7	82.8	7.1	10.1	3484.0	488.4	2.4	2713.0	37.6	55.3	90.0
2019	4217.1	3488.7	301.0	427.4	82.8	7.1	10.1	3488.7	507.1	2.4	2675.0	41.1	62.3	92.1
2020	4287.8	3527.2	316.3	444.3	82.3	7.4	10.4	3527.2	520.4	3.1	2699.3	44.6	66.3	66.9
2021	4329.0	3543.6	339.3	446.1	81.9	7.8	10.3	3543.6	520.6	2.7	2724.2	44.0	68.4	61.0

注：2007-2017粮食及经济作物播种面积均为第三次全国农业普查核定数据。

13-14 续表

单位：千公顷

年 份			经济作物									其他作物	
	大豆	其他杂粮		棉花	油料	#花生	葵花籽	麻类	甜菜	烟叶	#烤烟		#蔬菜
1980	472.9	114.7	392.1	38.5	303.2	97.5	169.6	25.5	11.1	9.6	8.7	301.5	202.1
1985	393.0	107.5	532.3	39.1	447.5	251.7	77.7	2.7	13.7	18.6	10.1	283.9	217.3
1986	410.3	124.6	338.3	17.9	280.6	161.6	81.5	2.7	12.9	15.7	7.2	288.4	230.6
1987	395.2	117.8	199.3	4.6	151.3	86.6	50.1	2.5	16.1	14.3	8.4	290.5	234.2
1988	381.5	113.3	203.7	10.3	135.4	83.8	42.9	2.5	25.9	18.6	12.4	298.1	241.5
1989	370.3	120.5	211.8	16.2	132.0	83.2	37.4	1.7	17.0	31.7	24.1	299.2	248.3
1990	349.0	112.8	204.9	19.1	125.1	78.0	37.7	1.8	22.5	26.0	20.3	292.4	253.3
1991	326.2	81.6	257.5	55.4	142.6	92.6	31.8	1.6	25.1	23.0	18.0	290.7	255.0
1992	302.3	74.8	281.7	74.9	142.7	90.4	25.5	1.5	20.8	24.3	19.6	299.9	267.8
1993	325.1	94.5	224.6	24.6	141.3	91.6	21.5	0.9	23.2	24.1	17.5	356.2	294.6
1994	318.6	95.4	226.8	25.7	144.4	102.9	22.2	0.7	28.8	18.7	13.5	370.3	318.3
1995	273.0	82.9	210.4	31.0	131.8	94.1	22.0	0.8	30.2	16.6	13.4	382.4	330.6
1996	239.2	86.1	162.4	12.4	95.1	67.1	20.4	0.4	27.2	27.3	24.8	388.9	342.2
1997	249.2	85.5	181.1	19.5	98.2	69.1	22.5	0.3	23.8	33.2	29.0	408.8	354.2
1998	249.6	72.2	178.4	20.5	122.4	91.0	21.9	0.2	17.1	15.2	13.0	412.6	353.2
1999	235.1	65.2	163.4	6.9	122.1	89.0	25.0	0.4	13.7	17.0	15.3	424.5	369.9
2000	301.9	84.5	248.0	7.3	199.5	142.8	28.2	0.7	16.5	18.4	16.7	515.4	413.2
2001	290.4	121.2	279.9	7.3	235.4	184.1	32.1	0.2	18.0	11.5	10.1	522.0	412.9
2002	266.6	77.1	327.8	2.9	286.1	227.9	37.5	0.1	13.1	13.0	11.8	590.6	467.3
2003	285.2	89.9	344.6	3.9	312.0	253.3	40.7	0.5	1.1	12.8	11.0	568.4	450.1
2004	244.4	69.6	242.2	4.4	205.2	173.3	19.8	0.2	0.9	11.6	10.4	458.5	378.4
2005	184.9	71.0	199.4	2.3	164.3	140.6	15.8	0.1	1.5	16.1	15.1	421.9	353.1
2006	128.9	41.8	118.6	1.5	106.6	96.1	7.4		0.8	8.3	7.5	418.9	354.0
2007	122.2	58.5	185.2	0.8	173.3	155.9	9.8	0.1	1.3	9.7	8.7	415.7	336.9
2008	159.1	53.3	241.1	0.8	226.8	208.8	9.8	0.3	2.0	11.2	10.7	438.6	353.6
2009	135.2	47.5	229.8	0.6	214.9	198.2	8.9	0.4	1.8	12.1	11.3	433.6	353.6
2010	95.3	40.0	255.5	0.3	243.0	227.5	8.1	0.5	1.1	10.6	9.6	451.7	363.3
2011	87.1	32.3	268.6	0.3	255.4	239.3	8.9	0.6	1.7	10.5	9.7	459.8	369.0
2012	78.6	29.0	257.7	0.2	243.6	232.1	5.6	0.8	1.9	11.3	10.5	478.3	388.4
2013	73.2	22.2	259.4	0.2	243.8	233.1	5.6	0.9	3.2	11.4	10.9	482.6	379.3
2014	63.5	17.7	263.8	0.1	249.5	240.3	4.6	1.0	2.0	11.2	10.5	475.7	368.2
2015	59.9	16.0	267.6		254.9	247.5	3.6	1.2	1.7	9.8	9.1	462.6	358.4
2016	69.5	22.3	290.8	0.1	278.1	269.8	4.2	1.3	1.8	9.5	9.0	436.9	332.1
2017	74.3	24.4	288.6	0.1	278.4	271.7	4.1	0.1	2.0	8.0	7.4	416.3	308.6
2018	73.5	24.0	299.3	0.01	290.9	286.1	3.4	0.01	2.0	6.4	5.4	423.7	313.4
2019	83.9	24.8	301.0	0.01	293.5	289.2	3.2	0.01	2.4	5.0	4.5	427.4	312.1
2020	103.2	23.4	316.3	0.002	309.6	306.2	2.6		1.5	5.2	4.5	444.3	325.6
2021	103.9	18.7	339.3		334.8	332.3	1.8		0.2	4.3	3.5	446.1	328.8

13-15 各地区农作物播种面积

(2021年) 单位：千公顷

地 区	农作物总播种面积	粮食作物	水稻	小麦	玉米	高粱	谷子	薯类	大豆
全 省	**4328.9**	**3543.6**	**520.6**	**2.7**	**2724.2**	**44.0**	**68.4**	**61.0**	**103.9**
沈 阳	676.5	542.3	121.9	0.8	398.1	1.5	0.9	8.6	9.0
大 连	327.8	268.6	19.4	0.1	194.1	0.4	1.0	13.5	39.1
鞍 山	257.9	213.7	35.3	0.1	169.3	0.1	0.1	2.4	6.3
抚 顺	137.7	120.7	13.2		101.9	0.02	0.03	1.9	3.5
本 溪	60.7	50.5	7.7		39.9	0.03	0.1	1.4	1.4
丹 东	209.9	179.6	48.3	0.1	118.3	0.1	0.04	4.0	8.4
锦 州	476.9	363.5	36.2	0.07	312.1	1.4	0.7	6.9	5.0
营 口	112.1	93.4	41.1		47.8	0.1	0.3	1.6	2.4
阜 新	471.1	367.0	3.2	0.2	324.0	6.7	13.0	1.8	11.3
辽 阳	159.5	134.1	46.1		85.2	0.02	0.01	1.8	0.9
盘 锦	133.6	121.3	108.4	0.02	11.5	0.0003		0.6	0.8
铁 岭	543.2	489.7	38.5	0.1	438.5	0.2	0.07	5.5	6.8
朝 阳	497.5	447.0	0.10	1.2	348.8	32.1	49.7	3.4	4.7
葫芦岛	264.7	152.1	1.4		134.7	1.4	2.6	7.5	4.3

13-15 续表 (2021年) 单位：千公顷

地 区		经济作物						其他作物
	其他杂粮	棉花	油料			甜菜	烟叶		蔬菜
				花生	向日葵(籽)			烤烟	
全 省	**18.7**		**334.8**	**332.3**	**1.8**	**0.2**	**4.3**	**3.5**	**328.8**
沈 阳	1.6		32.0	31.9	0.1	0.1			62.5
大 连	0.9		15.9	15.9					36.4
鞍 山	0.1		12.2	12.2			0.01		26.4
抚 顺	0.1		0.4	0.4			0.3		6.5
本 溪	0.03		0.2	0.2					4.6
丹 东	0.3		3.0	2.7			1.6	1.5	13.7
锦 州	1.3		67.8	67.7		0.03			38.7
营 口	0.1		0.1	0.1	0.002				12.8
阜 新	6.8		78.2	78.1	0.1		0.003	0.003	18.0
辽 阳	0.03		5.6	5.6					15.5
盘 锦	0.00		1.8	1.8					9.8
铁 岭	0.1		26.8	26.8			1.2	0.8	17.1
朝 阳	7.1		2.8	1.2	1.6	0.1	1.1	1.1	43.4
葫芦岛	0.2		87.8	87.8					23.5

13-16 主要农产品产量

年 份	粮食(万吨)								
		水稻	小麦	玉米	高粱	谷子	薯类	大豆	其他杂粮
1978	1117.2	206.8	9.4	560.0	225.2	30.0	18.5	53.5	13.8
1980	1221.6	235.3	5.5	653.6	226.8	23.3	10.5	53.6	13.0
1985	976.0	263.0	2.8	448.1	150.7	29.9	15.8	54.6	11.2
1986	1222.2	323.8	4.0	607.3	168.4	27.9	15.3	63.5	12.0
1987	1276.2	340.7	5.6	671.5	159.0	25.7	13.5	49.2	11.1
1988	1307.2	340.2	8.2	680.6	161.6	20.0	18.8	44.4	13.6
1989	1018.2	283.8	15.3	496.7	106.9	16.2	12.1	24.1	13.1
1990	1494.7	375.7	44.3	812.3	180.8	30.5	19.4	43.5	14.5
1991	1532.4	403.4	49.8	848.6	181.2	23.3	24.6	37.5	13.1
1992	1568.4	417.7	65.5	864.5	152.7	18.5	26.2	32.4	11.1
1993	1696.0	389.6	66.5	989.1	178.1	24.4	34.5	52.2	14.0
1994	1337.1	297.7	49.5	613.9	181.5	25.5	28.3	48.3	14.4
1995	1423.5	255.3	63.3	804.5	156.6	22.2	35.9	40.3	12.4
1996	1660.1	366.1	59.4	1047.3	183.0	29.1	42.5	43.6	15.8
1997	1313.5	389.4	56.5	674.7	100.3	18.7	39.5	35.1	11.3
1998	1828.9	407.5	61.4	1205.3	141.6	28.6	47.8	52.8	15.0
1999	1648.8	415.8	59.2	988.3	77.1	13.2	51.0	39.3	9.5
2000	1140.0	375.5	35.4	547.9	51.6	9.3	61.5	47.9	8.7
2001	1394.4	341.2	15.7	833.7	74.5	25.7	54.7	55.2	19.2
2002	1510.4	359.2	11.5	889.4	83.1	23.3	60.3	52.6	31.0
2003	1498.3	310.6	6.1	930.5	58.9	24.4	66.2	63.7	16.4
2004	1720.0	382.4	6.9	1352.1	62.0	26.9	50.6	59.2	15.6
2005	1745.8	414.5	8.9	1340.3	70.8	30.8	48.0	43.5	11.6
2006	1797.0	426.6	3.1	1211.5	41.0	17.9	48.2	38.0	8.6
2007	1843.9	496.7	5.0	1192.7	36.7	22.0	49.3	30.0	11.6
2008	1879.4	489.1	4.3	1240.3	28.7	18.4	44.8	42.8	11.0
2009	1613.0	481.4	3.7	1026.1	19.6	12.9	38.1	24.7	6.5
2010	1804.0	428.2	2.8	1251.9	28.6	20.1	39.5	26.3	6.7
2011	2103.9	461.3	2.6	1511.7	28.0	17.0	48.7	24.7	9.8
2012	2175.0	459.6	2.1	1615.7	22.3	12.1	36.3	21.2	5.8
2013	2353.3	451.2	1.7	1812.1	20.5	11.5	33.7	18.1	4.6
2014	1873.2	395.3	1.6	1385.8	18.4	11.5	42.1	13.3	5.1
2015	2186.6	402.7	1.4	1697.1	18.7	11.9	36.7	13.4	4.7
2016	2315.6	410.4	1.1	1810.1	21.5	13.5	39.4	14.8	4.8
2017	2330.7	422.0	1.3	1789.4	24.6	19.9	48.4	19.3	5.8
2018	2192.4	418.0	1.4	1662.8	28.2	18.6	40.8	18.0	4.6
2019	2430.0	434.8	1.4	1884.4	26.2	24.0	31.4	21.3	6.5
2020	2338.8	446.5	1.7	1793.9	20.6	18.7	29.7	23.9	3.9
2021	2538.7	424.6	1.1	2008.4	24.4	24.9	26.5	25.1	3.7

注：2007-2017粮食及经济作物产量均为第三次全国农业普查核定数据。

13-16 续表

年份	棉花(吨)	油料(吨)			麻类(吨)	甜菜(吨)	烟叶(吨)		蔬菜及食用菌(万吨)
			#花生	葵花籽				#烤烟	
1978	23372.0	105271.0	44811.0	41080.0	14994.0	63376.0	31280.0	29483.0	652.0
1980	21348.0	282529.0	137440.0	13142.0	9487.0	127239.0	23617.0	22361.0	548.7
1985	24166.0	540147.0	402737.0	76731.0	2446.0	226775.0	34143.0	18424.0	589.5
1986	11647.0	316211.0	221858.0	76336.0	2054.0	218267.0	27137.0	10370.0	700.9
1987	3337.0	192045.0	130062.0	54351.0	1660.0	283685.0	28869.0	15692.0	756.1
1988	6381.0	167916.0	133437.0	29448.0	2875.0	481603.0	36383.0	22094.0	784.8
1989	7808.0	70809.0	46084.0	20354.0	2334.0	233945.0	45378.0	31376.0	790.0
1990	13595.0	174537.0	133427.0	33939.0	2586.0	497538.0	44005.0	31575.0	861.3
1991	41987.0	202878.0	153230.0	38066.0	2011.0	585929.0	39022.0	28525.0	893.5
1992	27949.0	176256.0	129402.0	29663.0	2494.0	523226.0	44297.0	32283.0	1003.2
1993	19439.0	218478.0	168448.0	27973.0	1234.0	538234.0	49878.0	31591.0	1162.7
1994	16727.0	244305.0	200079.0	29192.0	1050.0	392366.0	35721.0	23534.0	1130.6
1995	23666.0	197717.0	162764.0	22518.0	1039.0	504147.0	31959.0	21913.0	1268.1
1996	10813.0	170003.0	134450.0	28367.0	396.0	585516.0	56091.0	50344.0	1438.6
1997	15067.0	160745.0	134136.0	21826.0	294.0	400727.0	60890.0	51527.0	1492.2
1998	17876.0	233611.0	198115.0	28422.0	210.0	416120.0	31319.0	26182.0	1588.1
1999	4574.0	197797.0	166326.0	24736.0	355.0	263581.0	32487.0	29938.0	1650.8
2000	5604.0	295527.0	256249.0	12685.0	883.0	286894.0	31507.0	28589.0	1757.0
2001	7508.0	462553.0	420504.0	22994.0	245.0	355910.0	23548.0	19787.0	1826.6
2002	2983.0	564529.0	507904.0	34245.0	155.0	397226.0	28679.0	25987.0	2098.6
2003	3481.0	614049.0	548406.0	40844.0	611.0	33964.0	26487.0	22945.0	2148.2
2004	4742.0	459299.0	419110.0	24153.0	606.0	27427.0	26932.0	24243.0	2034.6
2005	2685.0	368411.0	330103.0	27337.0	114.0	62379.0	34234.0	31742.0	1954.8
2006	2000.0	257100.0	245000.0	9064.0	12.0	30000.0	26900.0	24200.0	2129.8
2007	1209.0	448918.1	421977.8	13648.0	823.1	50471.3	27080.1	21564.6	2066.4
2008	1175.0	623150.9	591090.6	14799.5	1646.2	73295.4	30732.3	29149.4	2102.7
2009	594.0	446733.2	423017.9	7088.8	2449.3	60779.2	30342.7	28439.9	2328.9
2010	545.0	636911.5	605492.8	15857.4	3256.4	48928.5	26257.1	23104.7	2188.2
2011	570.0	711268.9	675259.2	19527.9	4070.5	77353.4	29117.0	26695.3	2292.5
2012	464.0	682089.3	651066.4	14582.5	4884.6	97300.9	32083.2	29628.7	2362.1
2013	455.0	683260.1	650937.6	14791.2	5698.7	170652.5	32507.0	31234.0	2463.0
2014	87.0	578378.6	553619.5	8372.8	6512.8	100842.4	30852.3	29411.1	2331.5
2015	94.0	587310.2	554328.8	7787.2	7326.9	51831.2	25818.7	24249.9	2184.5
2016	92	793958.3	759264.5	10393.3	8141.0	93526.0	30471.8	28985.8	1849.9
2017	76.4	814563.4	800159.4	9430.5	423.0	106986.0	26255.0	24853.0	1797.8
2018	22.0	781256.0	768191.5	10167.3	51.0	118110.0	17660.0	14883.4	1852.3
2019	22.0	976734.7	964441.6	10310.2	8.0	145845.0	13548.0	12447.0	1885.4
2020	4.0	996593.0	987414.5	7809.3		91493.0	15619.1	13334.1	1960.0
2021		1161823.4	1154932.2	5590.2		12574.5	11360.5	9323.5	1990.2

13-17 各地区主要农产品产量

(2021年)

地区	粮食(万吨)	水稻	小麦	玉米	高粱	谷子	薯类	大豆	其他杂粮
全省	**2538.7**	**424.6**	**1.1**	**2008.4**	**24.4**	**24.9**	**26.5**	**25.1**	**3.7**
沈阳	418.6	94.5	0.3	317.2	0.6	0.3	3.3	2.2	0.2
大连	132.9	9.7	0.1	107.2	0.1	0.3	4.8	10.5	0.1
鞍山	136.6	23.8	0.05	110.4	0.05	0.04	0.9	1.3	0.0
抚顺	83.6	7.2		74.9	0.01	0.01	0.7	0.7	0.02
本溪	34.6	5.3		28.4	0.01	0.03	0.5	0.3	0.004
丹东	115.5	37.7	0.03	74.4	0.05	0.02	1.4	1.9	0.03
锦州	261.5	28.7	0.03	226.9	0.6	0.2	3.3	1.3	0.4
营口	75.0	38.9		34.8	0.0	0.1	0.5	0.6	0.01
阜新	265.4	3.1	0.1	248.8	4.1	4.5	1.0	2.2	1.6
辽阳	109.0	37.1		70.8	0.009	0.002	0.7	0.3	0.008
盘锦	115.5	104.3	0.008	10.5	0.00008		0.4	0.2	0.001
铁岭	416.0	33.0	0.07	378.4	0.1	0.03	2.6	1.8	0.03
朝阳	300.0	0.1	0.4	258.8	18.2	18.5	1.9	0.9	1.2
葫芦岛	74.6	1.1		66.7	0.5	0.9	4.4	0.9	0.0

13-17 续表

(2021年)

地区	棉花(吨)	油料(吨)	#花生	#葵花籽	麻类(吨)	甜菜(吨)	烟叶(吨)	#烤烟	蔬菜及食用菌(万吨)
全省		**1161823.4**	**1154932.2**	**5590.2**		**12574.5**	**11360.5**	**9323.5**	**1990.2**
沈阳		119252.2	119044.5	133.0		2866.5			390.8
大连		73530.0	73419.0						179.6
鞍山		44763.0	44763.0				10.0		195.8
抚顺		1722.5	1722.5				645.0		33.2
本溪		800.7	800.7						17.7
丹东		13184.5	12689.5				3647.0	3567.0	63.4
锦州		223028.0	222706.0			1630.0			265.6
营口		272.0	267.0	5.0					66.8
阜新		230168.0	229704.3	272.2			13.5	13.5	74.3
辽阳		25039.6	25027.6						76.7
盘锦		5997.1	5997.1						59.5
铁岭		101948.0	101948.0				3590.0	2349.0	76.0
朝阳		10733.0	5544.0	5180.0		8078.0	3455.0	3394.0	275.6
葫芦岛		311384.9	311299.2						215.2

13-18 主要农产品单位面积产量

(按播种面积计算)

单位：公斤/亩

年 份	粮食	水稻	小麦	玉米	高粱	谷子	薯类	大豆	其他杂粮
1978	224	367	93	279	238	95	161	69	86
1980	253	407	89	308	271	82	165	76	76
1985	225	365	158	249	241	95	146	93	69
1986	268	427	129	322	254	90	155	103	64
1987	272	421	136	334	236	91	141	83	63
1988	281	419	159	344	239	74	178	78	80
1989	220	348	185	252	170	61	110	44	59
1990	319	461	262	397	305	120	176	83	86
1991	331	491	226	412	329	105	208	77	85
1992	343	500	264	416	298	103	199	71	80
1993	371	536	242	466	364	135	231	107	99
1994	295	433	204	279	376	156	197	101	100
1995	313	360	246	353	339	144	233	98	100
1996	360	511	222	443	406	185	257	122	122
1997	288	528	224	286	259	118	249	94	88
1998	401	548	273	491	424	189	291	141	139
1999	360	553	258	393	254	98	261	111	97
2000	266	511	201	257	182	71	245	106	69
2001	337	506	122	407	305	131	241	127	106
2002	379	524	163	425	328	153	277	132	268
2003	390	528	206	443	313	146	318	149	122
2004	395	518	232	491	389	190	326	162	149
2005	381	514	278	430	438	237	343	157	187
2006	357	455	258	407	286	144	310	197	137
2007	392	510	285	390	303	188	352	164	132
2008	411	512	317	421	293	179	341	180	138
2009	342	514	341	327	160	115	303	122	92
2010	371	450	329	366	332	214	371	184	112
2011	429	507	357	425	411	232	455	189	202
2012	432	512	314	430	398	212	354	180	133
2013	460	521	324	464	417	213	352	165	139
2014	359	535	322	335	335	187	417	140	192
2015	404	572	310	387	375	207	387	149	195
2016	439	574	253	433	388	236	330	142	144
2017	448	571	234	443	451	245	358	173	160
2018	420	571	383	409	501	224	302	163	128
2019	464	572	385	470	425	257	227	169	173
2020	442	572	361	443	307	188	296	154	112
2021	478	544	266	492	370	243	290	161	133

13-18 续表　　(按播种面积计算)　　单位：公斤/亩

年　份	棉花	油料			麻类	甜菜	烟叶		蔬菜
			#花生	#向日葵				#烤烟	
1978	16	33	69	37	28	428	147	160	1956
1980	37	62	94	52	25	767	164	171	1811
1985	41	81	107	61	59	1101	122	122	1808
1986	43	75	92	62	51	1131	122	96	2026
1987	48	85	100	72	44	1178	135	125	2152
1988	41	83	106	46	76	1240	130	119	2167
1989	32	36	37	36	88	917	96	87	2121
1990	48	93	114	60	97	1473	113	104	2267
1991	51	95	110	80	83	1554	113	106	2336
1992	25	82	95	78	113	1674	122	109	2498
1993	53	103	123	87	93	1547	138	120	2631
1994	43	113	130	88	80	908	128	116	2368
1995	51	100	115	68	91	1115	128	109	2557
1996	58	119	134	92	71	1437	137	135	2803
1997	52	109	129	65	77	1121	122	119	2809
1998	58	127	145	87	88	1618	137	134	2998
1999	44	108	125	66	60	1278	127	130	2975
2000	51	99	120	30	88	1157	114	114	2835
2001	69	131	152	48	74	1319	137	130	2949
2002	69	132	149	61	110	2015	147	147	2994
2003	59	131	144	67	75	2132	138	139	3088
2004	72	149	161	81	210	2078	155	155	3585
2005	78	149	156	115	158	2791	141	141	3691
2006	89	161	170	82	73	2500	216	215	4011
2007	100	173	180	93	409	2561	187	166	4089
2008	94	183	189	101	410	2469	183	182	3964
2009	65	139	142	53	418	2239	167	168	4390
2010	120	175	177	131	423	3054	165	161	4015
2011	131	186	188	147	423	2980	185	184	4142
2012	139	187	187	173	423	3471	189	188	4054
2013	173	187	186	178	423	3589	191	192	4329
2014	104	155	154	121	423	3306	184	187	4222
2015		154	149	144	423	1997	175	177	4064
2016	125	190	188	164	423	3409	214	216	3713
2017	109	195	196	154	189	3511	219	224	3883
2018	153	179	179	197	300	3947	185	183	3940
2019	147	222	222	213	107	4019	180	182	4027
2020	133	215	215	200		4093	200	196	4013
2021		231	232	207		4019	178	180	4035

13-19 各地区主要农产品单位面积产量

(按播种面积计算，2021年)　　单位：公斤/公顷

地　区	粮食	水稻	小麦	玉米	高粱	谷子	薯类	大豆
全　省	**7164**	**8156**	**3989**	**7373**	**5547**	**3639**	**4346**	**2413**
沈　阳	7718	7749	4129	7968	3678	3576	3822	2494
大　连	4948	4993	6045	5523	3709	3135	3558	2688
鞍　山	6394	6742	4792	6522	4916	3721	3951	2096
抚　顺	6928	5469		7352	4199	4106	3515	2138
本　溪	6851	6937		7135	3239	3114	3732	1864
丹　东	6433	7807	4047	6289	3957	4610	3417	2264
锦　州	7192	7941	4352	7271	4471	2639	4786	2527
营　口	8031	9475		7284	2786	3126	3481	2409
阜　新	7232	9630	4994	7679	6165	3496	5137	1970
辽　阳	8126	8061		8310	3753	1700	4057	2843
盘　锦	9519	9625	3726	9158	2753		6760	2641
铁　岭	8494	8580	5425	8631	3961	4136	4655	2631
朝　阳	6712	9956	3272	7421	5675	3720	5808	1819
葫芦岛	4902	8169		4950	3902	3331	5882	2108

13-19 续表　　(按播种面积计算，2021年)　　单位：公斤/公顷

地　区	棉花	油料	#花生	#向日葵	甜菜	烟叶	#烤烟	蔬菜
全　省		**3470**	**3475**	**3064**	**60280**	**2672**	**2694**	**60534**
沈　阳		3723	3734	1099	52500			62495
大　连		4625	4632					49395
鞍　山		3656	3656			1000		74195
抚　顺		4105	4105			2104		51329
本　溪		3589	3589					38812
丹　东		4435	4776			2315	2316	46416
锦　州		3288	3290		47941			68637
营　口		2211	2207	2500				52034
阜　新		2943	2943	3110		4500	4500	41305
辽　阳		4446	4450					49511
盘　锦		3337	3337					60394
铁　岭		3804	3804			2875	2814	44553
朝　阳		3810	4628	3209	67317	3120	3134	63497
葫芦岛		3545	3547					91647

13-20 水果、蚕茧、人参、芦苇生产情况

指　标	单位	2010年	2011年	2012年	2013年	2014年	2015年	2016年	2017年	2018年	2019年	2020年	2021年
一、水　果													
果园面积	千公顷	344.6	350.4	389.9	391.8	402.8	413.2	359.1	350.7	352.1	352.7	358.4	347.0
#苹果园	千公顷	117.9	123.7	125.7	142.0	146.4	153.2	141.4	140.0	137.1	136.5	139.3	133.4
梨　园	千公顷	95.9	97.1	99.6	112.9	113.3	112.6	99.5	93.3	91.2	91.2	87.9	84.7
葡萄园	千公顷	26.1	27.1	33.9	34.9	34.7	35.2	40.7	31.7	32.7	32.3	32.5	31.9
水果产量	万吨	469.0	514.7	554.2	582.8	526.5	543.5	543.9	558.5	576.5	605.1	632.7	629.3
#苹　果	万吨	187.0	213.5	224.2	236.9	213.2	218.4	240.0	240.9	237.0	248.8	267.3	260.5
梨	万吨	112.2	124.7	136.0	143.7	122.6	127.4	120.9	116.2	126.3	130.5	133.0	132.1
葡　萄	万吨	62.6	66.5	75.2	79.3	79.1	81.2	66.5	70.5	76.2	78.2	79.8	76.2
二、蚕　业													
柞蚕茧产量	吨	49847	54827	50856	51674	50774.5	52631.6	44160.6	46162.8	45058.2	41149.2	35683.1	
桑蚕茧产量	吨	102.0	103.0	107.0	77.0	58.0	131.1	100.0			41.0	73.8	
三、人　参													
人参产量	吨	409.0	1568.0	1164.0	1252.0	1494.0	1356.0	831.0	1208.0	3716.3	3645.0	4419.9	4514.9
四、芦　苇													
芦苇产量	万吨	46.9	51.9	46.2	46.0	41.8	41.2	35.3	34.2	30.3	30.5	33.4	

注：水果及人参数据为第三次全国农业普查核定数据。

13-21 水果、蚕茧、人参产量

单位：吨

年 份	水果总产量					蚕茧总产量			人参总产量
		#苹果	#梨	#葡萄	#山楂		柞蚕茧	桑蚕茧	
1978	**937915**	**656750**	**227700**	**7130**		**40587**	**40521**	**66**	
1980	782677	610133	109907	6244		56757	56634	123	775
1985	806799	547791	173077	20902	14342	26996	26945	51	985
1986	803832	546862	171840	23521	14717	24790	24760	30	1302
1987	933062	637092	177808	35017	21571	39137	39086	51	1813
1988	958557	621544	195066	53092	24643	34825	34768	57	2639
1989	**1003137**	**655737**	**174370**	**72170**	**33395**	**39415**	**39348**	**67**	**2437**
1990	1112886	759244	166806	73567	36562	40772	40641	131	2766
1991	1011230	570542	204839	89895	50659	23982	23812	170	2704
1992	1527272	979434	222916	121829	73918	26124	25926	198	2719
1993	1888380	1196127	300099	146162	97312	36486	36349	137	3720
1994	1845580	1069137	323985	158210	99411	27808	27720	178	2073
1995	2199889	1277295	402963	153317	98566	32988	32805	183	1431
1996	2480339	1505993	477330	185421	80719	29411	29158	253	1226
1997	2641058	1611487	471870	193380	79456	39685	39532	153	2141
1998	**2985505**	**1674628**	**610898**	**275557**	**85093**	**44563**	**44455**	**108**	**1304**
1999	2566685	1469839	424605	307453	71638	28760	28720	40	1297
2000	2499660	1231479	455404	430282	67148	39051	38959	92	1218
2001	2416697	1134657	509942	396991	61151	43870	43790	80	1492
2002	2344015	1005142	412724	522061	59314	41998	41652	34	2132
2003	2678104	1089937	515892	586124	54253	44402	44362	40	3001
2004	3076521	1222119	605679	613683	61482	39152	38867	285	2316
2005	3292674	1299595	690345	581711	64756	43359	43200	159	2462
2006	3437027	1301399	705232	587191	62783	44266	44075	191	2390
2007	3961160	1551508	874282	625421	66256	48285	48025	260	1892
2008	4048864	1557388	929453	625343	64934	53710	53516	194	326
2009	4394204	1772595	995836	626051	86032	50366	50142	224	368
2010	4689651	1869830	1122422	626453	84087	49949	49847	102	409
2011	5147264	2135040	1247338	664602	92281	54930	54827	103	1568
2012	5541880	2242259	1359918	751771	82659	50963	50856	107	1164
2013	5828258	2368618	1436851	793201	93482	51751	51674	77	1252
2014	5264833	2131783	1225859	791331	73052	50833	50775	58	1494
2015	5434806	2183614	1273636	811744	70193	52763	52632	131	1356
2016	5438788	2400071	1208673	664607	58023	44261	44161	100	831
2017	5584868	2409450	1161854	705477		46163	46163		1208
2018	5765040	2370382	1262571	762276	47378	45058	45058		3716
2019	6051286	2487640	1305134	782405	45725	41190	41149	41	3645
2020	6327000	2673179	1329510	797563	50647	35757	35683	74	4420
2021	6293000	2604941	1320507	762463		39185	39103	82	4514.91

13-22 林业生产情况

指　　标	单位	2012年	2013年	2014年	2015年	2016年	2017年	2018年	2019年	2020年	2021年
造　林　面　积	千公顷	246.7	233.3	226.5	202.9	142.4	144.2	168.0	157.6	158.0	138.2
封山育林面积	千公顷	1101.4	1368.3	100.1	100.3	55.3	55.3	485.4	333.0	55.3	53.3
#本年新封面积	千公顷			100.1	100.3	55.3	55.3	55.3	55.3	55.3	53.3
零　星　植　树	万株	7330.3	6645.7	5979.1	5149.3	6018.3	6527.5	3586.2	6000.0	6000.0	6000.0
育　苗　面　积	千公顷	21.3	21.1	39.4	36.8	30.4	30.7	28.1	22.0	24.5	23.6
#当年新育	千公顷	6.0	6.4	8.3					3.0	24.5	3.5
当年苗木产量	亿株	41.6	41.7	31.1	20.4	21.0	21.1	19.0	16.0	22.4	18.7
中、幼林抚育作业面积	千公顷		95.6	60.5	100.0	93.4	94.0	99.4	46.7	46.7	21.3
商品材采运量	万立方米	191.0	178.2	200.0	166.8	187.1	194.5	171.0	107.0	118.0	116.0

13-23 各地区造林面积

单位：千公顷

地　区	2012年	2013年	2014年	2015年	2016年	2017年	2018年	2019年	2020年	2021年
全　省	**246.7**	**233.3**	**226.5**	**202.9**	**142.4**	**144.3**	**168.0**	**157.6**	**158.0**	**138.2**
沈　阳	10.3	16.7	8.7	9.5	3.7	3.2	11	8.7	3.9	1.4
大　连	10.0	20.7	4.2	3.0	2.0	1.3	2.3	1.3	1.3	1.3
鞍　山	6.3	9.7	6.1	3.3	0.9	2.6	4	2.6	2.1	3.5
抚　顺	6.1	6.3	9.8	7.9	7.5	8.5	14.7	10.5	5.9	8.6
本　溪	2.0	2.4	3.5	2.9	3.2	1.8	1.1	0.4	0.2	0.4
丹　东	1.5	5.1	7.0	6.9	3.8	3.6	9.7	3	4.2	3.3
锦　州	31.4	33.5	27.1	27.4	19.1	12.5	8.5	5.5	10.2	12.6
营　口	11.1	7.7	4.4	0.3	0.4	0.3	0.3	0.2	0.2	0.3
阜　新	45.4	35.3	50.0	18.3	11.6	10.8	8.5	6.2	15.7	9.1
辽　阳	5.4	4.6	2.9	4.5	0.5	2.1	2.5	1.3	0.5	0.3
盘　锦	0.7									0.3
铁　岭	37.0	20.8	19.6	20.2	12.7	13.8	14.4	11.1	7.5	15.3
朝　阳	39.2	41.7	55.5	66.4	48.9	56	63.8	87.4	84.1	69.7
葫芦岛	40.3	28.6	27.6	32.2	27.7	27.2	26.8	19	21.8	11.5
厅直单位		0.2	0.2	0.1	0.5	0.6	0.4	0.4	0.4	0.6

13-24 大牲畜头数

单位：万头

年 份	大牲畜年末头数					
		#役畜	牛	马	驴	骡
1978	287.3	193.7	136.0	61.4	52.7	37.2
1980	279.1	177.3	130.6	61.9	46.9	39.7
1985	303.3	216.4	134.9	56.9	70.3	41.2
1986	313.9	219.5	140.2	56.1	75.3	42.3
1987	315.2	254.6	140.7	53.7	77.9	42.9
1988	319.1	217.4	142.8	51.9	80.8	43.6
1989	323.8	217.3	147.7	49.4	83.1	43.6
1990	326.1	217.2	150.9	47.0	84.4	43.8
1991	326.0	220.1	149.4	46.1	86.6	43.9
1992	331.6	214.2	155.4	45.1	87.5	43.6
1993	368.3	219.3	192.0	44.7	89.0	42.6
1994	438.9	228.6	261.2	44.3	91.2	42.2
1995	476.4	232.3	301.6	42.2	92.6	40.0
1996	505.4	244.4	330.9	42.2	93.5	38.9
1997	366.7	182.2	193.5	39.5	96.2	37.5
1998	382.1	187.9	209.3	40.6	95.2	37.0
1999	399.8	198.9	228.1	39.9	95.8	35.9
2000	420.7	212.8	254.0	37.0	95.3	34.4
2001	411.7	208.0	251.1	35.7	93.5	31.5
2002	421.5	198.7	264.8	34.4	92.9	29.4
2003	455.0	196.6	301.9	33.3	91.9	28.0
2004	476.9	192.6	329.1	31.3	91.8	24.8
2005	495.9	193.8	344.7	28.2	98.9	24.1
2006	427.1	165.7	281.5	26.7	95.9	23.0
2007	455.0	10.7	310.3	26.9	96.2	21.6
2008	451.4	9.8	283.6	27.8	116.2	23.8
2009	450.1	9.2	288.5	26.5	113.9	21.2
2010	438.3	9.2	279.1	26.9	112.1	20.1
2011	423.6	8.6	263.9	24.8	116.3	18.5
2012	401.1	7.8	243.8	22.9	117.4	17.0
2013	376.8	7.0	226.7	22.2	111.9	16.1
2014	350.1	6.8	209.7	20.5	105.5	14.5
2015	323.3	6.8	208.2	17.0	86.3	11.8
2016	264.4	6.5	202.0	7.3	48.3	6.8
2017	290.8	6.4	227.8	6.9	49.9	6.2
2018	306.0		248.3	6.2	46.4	5.2
2019	314.6		264.4	5.5	40.1	4.5
2020	323.9		279.7	5.1	35.6	3.5
2021	325.4		290.9	4.4	27.3	2.8

13-25 肉类产量和猪羊头数

年 份	猪牛羊肉产量（万吨）	肉猪出栏头数（万头）	猪年末存栏头数（万头）	羊年末只数（万只）		
					山羊	绵羊
1978		554.3	1184.6	138.2	28.1	110.1
1980	42.9	656.3	1057.5	194.7	36.6	158.1
1985	57.0	647.4	1035.6	193.6	35.5	158.1
1986	58.1	650.9	1031.7	215.5	39.5	176.0
1987	57.3	626.4	930.4	233.7	47.0	186.7
1988	68.9	691.4	1065.4	274.2	60.9	213.3
1989	71.9	733.4	1089.6	294.9	74.3	220.6
1990	78.8	797.2	1093.5	267.2	73.4	193.8
1991	88.8	865.0	1137.7	239.5	75.7	163.8
1992	99.7	945.4	1222.0	247.9	73.7	174.2
1993	115.4	1020.9	1228.6	264.4	88.8	175.6
1994	144.5	1254.4	1340.1	302.0	115.8	186.2
1995	173.9	1461.6	1468.4	373.2	146.5	226.7
1996	190.4	1640.6	1426.5	403.1	164.1	238.9
1997	126.9	1131.0	953.3	292.6	133.7	158.9
1998	138.8	1223.9	1039.9	318.1	146.3	171.7
1999	148.4	1320.3	1123.4	347.8	159.3	188.5
2000	156.5	1413.8	1270.7	386.1	187.3	198.8
2001	169.0	1525.2	1291.8	449.4	212.6	236.8
2002	182.8	1648.7	1304.3	548.4	251.9	296.5
2003	198.6	1754.3	1365.8	730.8	319.7	411.1
2004	216.8	1894.6	1498.0	819.2	387.4	431.8
2005	238.8	2063.2	1642.4	830.2	426.3	404.0
2006	231.0	2245.4	1416.1	673.9	410.9	263.0
2007	230.3	2222.2	1402.1	655.8	339.3	316.5
2008	242.6	2398.8	1524.2	639.0	365.6	273.4
2009	247.6	2451.2	1516.0	655.0	409.1	245.9
2010	251.7	2483.8	1451.4	650.2	367.1	283.1
2011	243.7	2408.6	1439.9	624.1	345.6	278.5
2012	242.5	2430.8	1418.8	602.4	327.4	275.0
2013	239.8	2434.5	1419.6	595.5	324.7	270.8
2014	240.3	2434.0	1336.2	623.5	335.8	287.7
2015	221.7	2249.9	1225.6	692.9	368.6	324.3
2016	210.9	2151.8	1160.1	658.1	349.0	309.1
2017	253.0	2627.2	1308.0	792.6	418.8	373.8
2018	244.2	2495.8	1262.2	772.8	407.9	364.9
2019	225.8	2240.2	1055.2	783.6	398.7	384.9
2020	221.4	2175.2	1284.2	809.5	404.2	405.3
2021	277.1	2851.8	1308.6	811.1	411.5	399.6

注：2007-2017年为第三次全国农业普查核定数据。

13-26 畜牧业生产情况

指　标	单位	2012年	2013年	2014年	2015年	2016年	2017年	2018年	2019年	2020年	2021年
一、畜产品产量											
1. 猪牛羊出栏头数											
肉猪出栏头数	万头	2430.8	2434.5	2434.0	2249.9	2151.8	2627.2	2495.8	2240.2	2175.2	2851.8
出售和自宰的牛	万头	204.8	193.8	180.7	160.6	155.2	159.9	175.1	188.1	195.8	198.7
出售和自宰的羊	万只	600.7	594.7	626.7	574.6	569.6	620.8	583.6	601.6	603.5	604.1
2. 肉类总产量	万吨	369.7	363.4	364.1	358.3	352.4	385.4	377.1	367.8	378.3	435.4
#猪　肉	万吨	205.1	204.1	206.0	191.0	180.8	220.9	210.1	189.4	183.5	238.8
牛　肉	万吨	30.8	29.1	27.3	24.3	23.7	25.1	27.5	29.6	31	31.5
羊　肉	万吨	6.6	6.6	7.0	6.5	6.4	7.0	6.6	6.8	6.9	6.9
禽　肉	万吨	120.1	116.4	117.1	130.3	136.8	129.9	130.5	139.8	154.6	156.2
兔　肉	万吨	0.3	0.2	0.3	0.3	0.05	0.1	0.1	0.1	0.05	0.05
3. 其他畜产品产量											
奶　类	万吨	112.0	108.1	115.4	122.1	123.4	120.7	132.6	134.7	137.1	139.3
#牛　奶	万吨	106.6	103.3	112.1	119.8	122.2	119.7	131.8	133.9	136.7	138.9
蜂　蜜	万吨	0.1	0.1	0.1	0.1	0.2	0.3	0.3	0.3	0.2	0.2
禽　蛋	万吨	257.9	251.6	250.5	244.6	251.0	270.4	297.2	307.9	331.9	325.3
二、牲畜年末头数											
1. 大牲畜	万头	401.1	376.8	350.1	323.3	264.4	290.8	306.0	314.6	323.9	325.4
牛	万头	243.8	226.7	209.7	208.2	202.0	227.8	248.3	264.4	279.7	290.9
马	万头	22.9	22.2	20.5	17.0	7.3	6.9	6.2	5.5	5.1	4.4
驴	万头	117.4	111.9	105.5	86.3	48.3	49.9	46.4	40.1	35.6	27.3
骡	万头	17.0	16.1	14.5	11.8	6.8	6.2	5.2	4.5	3.5	2.8
2. 猪	万头	1418.8	1419.6	1336.2	1225.6	1160.1	1308.0	1262.2	1055.2	1284.2	1308.6
3. 羊	万只	602.4	595.5	623.5	692.9	658.1	792.6	772.8	783.6	809.5	811.1
山　羊	万只	327.4	324.7	335.8	368.6	349.0	418.8	407.9	398.7	404.2	411.5
绵　羊	万只	275.0	270.8	287.7	324.3	309.1	373.8	364.9	384.9	405.3	399.6

13-27 各地区牲畜饲养情况

(2021年)

地 区	牛(万头)	马(万头)	驴(万头)	骡(万头)	肉猪出栏头数(万头)	猪年末头数(万头)	羊年末只数(万只)
沈 阳	93.9	0.3	0.8	0.1	364.2	212.8	88.2
大 连	16.8	0.1	0.4	0.2	296.5	170.0	35.2
鞍 山	16.1	0.2	0.5	0.1	150.2	83.7	36.7
抚 顺	7.2	0.1	0.0	0.2	46.8	35.7	29.7
本 溪	4.1	0.0	0.1	0.1	46.2	29.6	16.9
丹 东	7.7	0.2	0.3	0.2	70.2	57.0	24.5
锦 州	26.2	1.2	2.4	0.6	340.1	197.7	64.5
营 口	5.8	0.1	0.2	0.02	34.3	34.8	77.8
阜 新	53.5	1.1	8.5	0.4	210.1	115.7	227.9
辽 阳	7.9	0.1	0.2	0.04	91.0	62.1	19.4
盘 锦	2.7	0.003	0.1	0.0001	44.2	31.7	4.5
铁 岭	54.6	0.3	0.3	0.2	462.0	216.6	32.5
朝 阳	61.4	0.4	11.2	0.4	477.6	244.5	213.3
葫芦岛	18.4	0.2	2.3	0.2	211.6	123.5	106.5

注：分市数据为全面调查取得。

13-28 各地区畜产品产量

(2021年)

地 区	肉类总产量(万吨)				奶类(万吨)		绵羊毛(吨)	山羊毛(吨)	羊绒(吨)	禽蛋(万吨)	蜂蜜(吨)
		猪肉	牛肉	羊肉		#牛奶					
沈 阳	70.9	31.8	16.7	1.7	41.3	41.3	1221.5	43.8	26.9	18.9	2.0
大 连	98.3	25.3	1.6	0.5	5.0	4.9	3.4	140.9	79.1	25.2	9.8
鞍 山	53.5	13.0	1.0	0.4	1.4	1.4	8.9	335.9	153.4	36.0	45.8
抚 顺	11.2	4.3	0.6	0.3	0.2	0.2	17.8	197.9	181.8	4.2	352.3
本 溪	6.7	4.0	0.2	0.1	0.1	0.1	6.0	219.3	138.3	2.2	87.6
丹 东	45.0	6.0	0.5	0.1	4.5	4.5	1.5	264.1	123.6	16.1	89.9
锦 州	55.2	29.3	6.1	1.4	22.3	22.3	971.2	4.0	0.62	21.1	112.7
营 口	24.2	2.8	0.6	0.7	0.2	0.2	18.8	937.2	322.7	10.3	167.8
阜 新	45.0	18.2	11.1	5.6	22.8	22.6	994.6	4.4	4.4	14.4	33.7
辽 阳	15.6	7.3	0.9	0.2	1.0	0.9	94.2	165.1	74.4	13.9	34.0
盘 锦	15.0	3.9	0.2	0.05	1.0	1.0	20.5	0.1		3.9	
铁 岭	62.2	40.6	6.7	0.5	7.7	7.7	92.2	110.4	22.5	7.9	93.9
朝 阳	92.3	41.9	12.5	6.1	2.2	2.2	2258.3	283.6	46.8	24.2	463.2
葫芦岛	38.9	18.9	2.5	2.1	1.3	1.3	462.5	290.3	93.6	6.6	285.2

注：分市数据为全面调查取得。

13-29 水产品生产情况

指　　标	2018年	2019年	2020年	2021年
水产品养殖面积(千公顷)	870.2	839.6	839.3	853.0
海水养殖面积	693.2	661.8	650.7	661.6
海上养殖	479.4	482.2	452.1	458.8
滩涂养殖	123.1	112.2	109.5	112.6
其他养殖	90.7	86.0	89.0	90.2
内陆水域养殖面积	177.0	177.8	188.6	191.4
#池　塘	37.2	38.0	38.0	36.3
水　库	84.0	83.0	95.1	99.8
河　沟	6.3	5.9	5.7	4.8
水产品产量(万吨)	450.1	455.0	462.3	482.4
海水产品产量	367.0	343.4	377.9	397.0
#海洋捕捞	80.6	75.2	71.4	72.1
人工养殖	286.3	294.7	306.5	324.9
#鱼　类	7.2	7.1	7.0	6.7
甲壳类	4.1	4.1	3.0	2.6
贝　类	229.4	223.9	233.3	248.3
藻　类	34.2	46.8	47.1	50.5
其　他	11.5	12.9	16.1	16.8
淡水产品产量	83.8	85.1	84.5	85.4
#天然生产	3.9	3.9	4.4	3.7
人工养殖	79.9	81.2	80.1	81.7
#鱼　类	73.2	72.8	71.7	73.3
甲壳类	6.0	7.7	8.0	8.2

13-30 水产品产量

单位：万吨

年 份	水产品合计	海水产品		淡水产品		比重(%)	
			#人工养殖		#人工养殖	海水	淡水
1978	46.9	46.2	10.7	0.7	0.7	98.5	1.5
1980	42.1	41.2	11.3	0.9	0.7	97.9	2.1
1985	58.3	55.2	16.7	3.1	2.5	94.7	5.3
1986	67.0	63.2	24.5	3.8	3.4	94.3	5.7
1987	80.6	75.9	32.1	4.7	4.5	94.2	5.8
1988	94.7	88.8	43.2	5.9	5.7	93.8	6.2
1989	101.2	94.8	48.1	6.4	6.0	93.7	6.3
1990	107.3	100.7	51.4	6.6	6.0	93.8	6.2
1991	114.1	106.4	54.9	7.7	6.9	93.3	6.7
1992	132.2	122.6	65.5	9.6	8.8	92.7	7.3
1993	151.7	139.7	73.8	12.0	11.3	92.1	7.9
1994	167.8	151.3	76.5	16.5	15.8	90.2	9.8
1995	197.9	178.4	87.3	19.5	15.8	90.1	9.9
1996	258.0	235.3	111.2	22.7	21.6	91.2	8.8
1997	285.1	258.0	112.3	27.1	24.6	90.5	9.5
1998	312.7	281.4	120.8	31.3	28.5	90.0	10.0
1999	333.8	296.8	139.2	37.0	31.3	88.9	11.1
2000	338.5	302.3	152.1	36.1	29.1	89.3	10.7
2001	350.8	310.5	160.9	40.3	36.8	88.5	11.5
2002	374.8	327.0	178.2	47.8	44.6	87.2	12.8
2003	382.0	330.8	182.8	51.1	48.0	86.6	13.4
2004	402.5	346.1	197.0	56.4	52.2	86.0	14.0
2005	425.3	364.1	212.1	61.2	56.9	85.6	14.4
2006	351.3	296.0	177.6	55.3	52.5	84.3	15.7
2007	361.3	302.1	185.5	59.2	55.1	83.6	16.4
2008	494.9	411.6	263.8	83.3	78.4	83.2	16.8
2009	534.7	437.9	289.6	96.8	91.1	81.9	18.1
2010	429.1	348.4	231.5	80.6	75.0	81.2	18.8
2011	453.9	368.3	243.5	85.7	81.1	81.1	18.9
2012	480.8	391.5	263.6	89.3	84.1	81.4	18.6
2013	504.9	411.0	282.8	93.9	88.5	81.4	18.6
2014	515.7	419.7	289.1	96.0	90.4	81.4	18.6
2015	523.7	424.4	294.2	99.3	93.7	81.0	19.0
2016	479.9	392.3	308.5	87.6	83.0	81.7	18.3
2017	479.4	391.8	308.1	87.6	83.0	81.7	18.3
2018	450.8	367.0	286.4	83.8	79.9	81.4	18.5
2019	455	343.4	294.7	85.1	81.2	75.5	18.7
2020	462.3	377.9	306.5	84.5	80.1	81.7	18.3
2021	482.4	397	324.9	85.4	81.7	82.3	17.7

13-31 国营农场基本情况

指 标	单位	2012年	2013年	2014年	2015年	2016年	2017年	2018年	2019年	2020年	2021年
一、农 场 数	个	109	109	109	109	106	106	104	103	104	104
职 工 人 数	万人	30.5	30.5	29	28	29	29	21	21	20	18
二、耕 地 面 积	万公顷	15.5	15.5	15.5	16.1	15.8	15.3	15.8	16.1	16.1	16.2
三、农业机械总动力	万千瓦	113.6	115.5	118.1	120.1	124.9	127.4	102.2	102.0	103.2	105.7
四、农业机械拥有量											
大中型农用拖拉机	台	4097	4340	4489	5051	5516	5561	4984	5479	5789	5981
小型及手扶拖拉机	台	11815	11997	11753	11585	10404	10528	9179	8999	8338	8415
农用排灌动力机械	台	19514	20139	21434	18746	15142	14549	13868	13577	13755	13927
联 合 收 割 机	台	738	926	1061	1973	1183	1579	1116	1115	1228	1279
农 用 载 重 汽 车	辆	1362	1389	1456	1580	1601	1655	1282	1228	1246	1273
五、农用化肥施用量(折纯)	吨	81233	99534	100980	115594	128614	127357	81774	79477	73939	75786
六、农 业 总 产 值	亿元	159.4	178.5	192.6	177.3	174.0	180.0	171.0	177.0	179.0	198.0
七、盈 亏 总 额	亿元	3.6	3.8	4.1	3.4	2.6	1.6	0.01	1.1	2.6	2.1
八、农作物总播种面积	万公顷	16.9	17.2	17.0	17.1	17.2	16.8	16.1	16.1	16.1	16.0
#粮食作物	万公顷	14.9	15.3	15.2	15.3	15.1	14.4	14.2	14.4	14.3	14.4
棉 花	公顷										
油 料	公顷	4268	4197	2627	3724	4307	4974	4647	5133	6087	5739
糖 料	公顷	35	24	30	14	48	67	53	162	404	10
年末实有果园面积	公顷	13044	13115	12069	11586	11981	11988	11518	10417	8753	9127
九、主要农产品产量											
#粮食作物	万吨	133.8	139.0	139.4	141.4	142.4	140.3	119.4	129.7	130.0	133.0
棉 花	吨										
油 料	吨	13995	13927	5969	11102	14363	16982	13005	16988	18537	19453
糖 料	万吨	0.2	0.1	0.1	0.04	0.2	0.3	0.3	1.0	2.0	0.1
水 果	万吨	16.0	18.8	17.6	17.4	16.9	15.9	15.9	14.6	11.9	12.8
十、畜牧业、渔业生产											
1. 大牲畜年末头数	万头	12.3	10.5	10.4	8.7	8.8	8.5	6.5	6.1	6.9	6.3
2. 猪年末头数	万头	81.4	107.6	101.7	105.3	101.0	103.2	62.0	32.8	48.5	51.7
3. 羊年末只数	万只	14.2	13.0	12.8	10.3	13.0	15.4	18.5	14.5	13.0	13.2
#绵 羊	万只	7.4	7.3	6.8	4.4	6.4	7.5	8.7	9.2	8.6	8.0
4. 畜产品产量											
猪牛羊肉产量	万吨	27.1	29.8	31.2	33.2	34.3	34.9	4.9	4.8	5.8	7.6
#猪肉产量	万吨	13.8	12.4	12.8	13.6	14.8	15.7	3.7	3.4	5.1	5.8
牛 奶 产 量	万吨	13.9	14.9	14.7	14.0	13.1	12.4	2.8	2.9	2.8	3.1
禽 蛋 产 量	万吨	8.3	8.8	9.3	9.8	10.0	10.1	3.6	2.4	3.2	3.8
羊 毛 产 量	吨	191	217	257	264	268	273	168	237	186	190
5. 水产品总产量	万吨	44.4	48.8	49.8	46.3	39.6	40.3	28.8	35.2	35.0	36.0

主要统计指标解释

农林牧渔业总产值 指以货币表现的农、林、牧、渔业全部产品和对农林牧渔业生产活动进行的各种支持性服务活动的价值总量，它反映一定时期内农林牧渔业生产总规模和总成果。1993 年以前农林牧渔业总产值包括农、林、牧、副、渔五业，从 1993 年起取消副业，将野生动物的捕猎划入牧业，野生植物采集和农民家庭兼营商品性工业划归农业。从 2003 年起，执行新的国民经济行业分类标准，农林牧渔业总产值中包括了农、林、牧、渔及农林牧渔服务业产值，2018 年以后农林牧渔服务业产值改称农林牧渔专业及辅助性活动产值。农业中取消了家庭兼营商品性工业产值，将野生林产品的采集划归林业。第一、二、三次农业普查以后，根据农业普查结果，对农业、牧业、渔业产值进行了修订。2010 年执行《统计用产品分类目录》，对 2009 年的农业、林业产值做了相应调整。

农林牧渔业总产值采用“产品法”进行计算，通常是按农、林、牧、渔业产品及其副产品的产量分别乘以各自单位产品价格求得；少数生产周期较长，当年没有产品或产品产量不易统计的，则采用间接方法匡算其产值；然后将四业产品产值及农林牧渔专业及辅助性活动产值相加即为农林牧渔业总产值。

粮食产量 指日历年度内生产的全部粮食数量。按收获季节包括夏收粮食、早稻和秋收粮食，按作物品种包括谷物、豆类和薯类。其产量计算方法：谷物按脱粒后的原粮计算，豆类按去豆荚后的干豆计算；薯类(包括甘薯和马铃薯，不包括芋头和木薯)1964 年以前按每 4 公斤鲜薯折 1 公斤粮食计算，从 1964 年开始改为按 5 公斤鲜薯折 1 公斤粮食计算；城市郊区作为蔬菜的薯类(如马铃薯等)按鲜品计算，并且不作粮食统计。1989 年以前全国粮食产量数据主要靠全面报表取得，1989 年开始使用抽样调查数据。

谷物 指籽实主要供作粮食的作物。这类作物包括稻谷、小麦、玉米、谷子、高粱和其他谷物，不包括豆类和薯类作物。

油料产量 指全部油料作物的生产量。包括花生、油菜籽、芝麻、向日葵籽、胡麻籽（亚麻籽）和其他油料。不包括大豆、木本油料和野生油料。花生以带壳干花生计算。

水产品产量 指渔业（捕捞和养殖）生产活动的最终有效成果，包括全部海水和淡水鱼类、甲壳类（虾、蟹）、贝类、头足类、藻类和其他类渔业产品的最终产量。水产品产量是通过各级渔业主管部门逐级上报取得数据。1995 年及以前，贝类中牡蛎按鲜肉计算；蚶、蛤、蛏按 5 斤鲜品折 1 斤计算。1996 年以后则统一按鲜品计算。

猪、牛、羊、禽肉产量 指当年出栏并已屠宰、除去头蹄下水后带骨肉(即胴体重)的重量。1996 年以前为全面统计并逐级上报数据。1996 年第一次农业普查以后，根据普查结果，对畜牧业主要年报数据进行了修正。1999 年，国家统计局在部分地区开展了猪、牛、羊、禽等主要畜禽品种的抽样调查，并用抽样数据作为国家定案数据使用。未开展抽样调查的地区，仍使用各级统计部门逐级上报数据。2008 年，建立了主要畜禽监测调查制度，猪、牛、羊、禽等主要畜禽数据均以抽样调查数为法定数据。

期初(末)畜禽存栏头(只)数 指报告期初(末)饲养的大牲畜、猪、羊、家禽等畜禽的数量。数据上报方式及数据调整情况同猪、牛、羊、禽肉产量。

农作物播种面积 指日历年度内收获农作物在全部土地（耕地或非耕地）上的播种或移植面积。凡是本年内收获的农作物，无论是本年还是上年播种，都算为播种面积，但不包括本年播种，下年收获的农作物面积。

农用化肥施用量 指本年内实际用于农业生产的化肥数量，包括氮肥、磷肥、钾肥和复合肥。化肥施用量要求按折纯量计算数量。折纯量是指把氮肥、磷肥、钾肥分别按含氮、含五氧化二磷、含氧化钾的百分之百成份进行折算后的数量。复合肥按其所含主要成分折算。公式为:

折纯量=实物量 × 某种化肥有效成份含量的百分比

农业机械总动力 指全部农业机械动力的额定功率之和。农业机械是指用于种植业、畜牧业、渔业、农产品初加工、农用运输和农田基本建设等活动的机械及设备。农机总动力按使用能源不同分为以下四部分:

柴油发动机动力:指全部柴油发动机额定功率之和;

汽油发动机动力:指全部汽油发动机额定功率之和;

电动机动力:指全部电动机(含潜水电泵的电动机)额定功率之和;

其他机械动力:指采用柴油、汽油、电力之外的其他能源,如水力、风力、煤炭、太阳能等动力机械功率之和。

十四、工　业

Chapter 14　Industry

14-1 规模以上工业企业单位数

单位：个

分 类	2010年	2011年	2012年	2013年	2014年	2015年	2016年	2017年	2018年	2019年	2020年	2021年
总 计	**23832**	**16914**	**17347**	**17305**	**15707**	**12304**	**8025**	**6626**	**6621**	**7610**	**7755**	**8499**
在总计中												
内资企业	**20921**	**14881**	**15378**	**15430**	**13984**	**10791**	**6768**	**5400**	**5393**	**6440**	**6610**	**7350**
国有企业	387	250	241	161	133	113	83	70	63	41	96	108
中央企业	75	67	65	42	33	28	22	21	14	14	31	33
地方企业	312	183	176	119	100	85	61	49	49	27	65	75
集体企业	1166	689	632	529	417	291	122	88	88	95	83	64
股份合作企业	261	160	134	85	72	53	38	23	23	19	17	18
联营企业	33	24	22	15	11	5	4	4	4	2	4	1
有限责任公司	2601	2022	2158	2657	2596	2289	1830	1799	1792	2034	1524	1578
股份有限公司	432	332	337	391	374	333	298	281	279	306	230	198
私营企业	15898	11172	11653	11512	10319	7660	4366	3131	3139	3942	4647	5379
其他企业	143	232	201	80	62	47	27	4	5	1	9	4
港、澳、台商投资企业	601	482	470	464	435	380	329	323	322	294	297	304
合资经营企业(港或澳、台资)	356	290	280	275	257	215	178	181	180	151	140	148
合作经营企业(港或澳、台资)	28	22	17	15	14	12	5	6	6	7	8	9
港、澳、台商独资经营企业	204	163	164	164	155	144	137	124	124	124	137	133
港、澳、台商投资股份有限公司	13	7	8	9	9	8	8	10	10	9	8	9
其他港、澳、台商投资企业			1	1		1	1	2	2	3	4	5
外商投资企业	2310	1551	1499	1411	1288	1133	928	903	906	876	848	845
中外合资经营企业	1142	779	734	682	620	536	406	383	385	334	304	302
中外合作经营企业	128	93	92	76	63	49	33	36	36	28	20	19
外资企业	1010	655	646	628	580	525	468	465	466	495	513	514
外商投资股份有限公司	30	19	20	21	19	17	13	10	10	13	9	9
其他外商投资企业		5	7	4	6	6	8	9	9	6	2	1
在总计中												
国有控股企业	852	630	635	651	624	606	589	637	614	681	731	808
在总计中												
大型企业	147	247	296	300	278	221	201	204	193	198	202	206
中型企业	1358	1578	1914	1972	1796	1331	979	960	950	942	966	961
小型企业	22327	14250	14555	14358	13633	9492	6845	5462	5478	6470	6587	7332

注：规模以上工业企业统计范围1998年至2006年为全部国有和年主营业务收入500万元及以上的非国有工业法人单位；2007年至2010年为年主营业务收入500万元及以上的工业法人单位；从2011年开始，为年主营业务收入2000万元及以上的工业法人单位。以下相关表均同。

14-2 规模以上工业企业从业人员平均人数

单位：万人

分 类	2010年	2011年	2012年	2013年	2014年	2015年	2016年	2017年	2018年	2019年	2020年	2021年
总　　计	**401.7**	**368.9**	**405.8**	**400.6**	**369.4**	**305.2**	**212.3**	**199.1**	**183.2**	**192.0**	**190.5**	**186.3**
在总计中												
内资企业	**326.1**	**303.7**	**338.4**	**338.3**	**311.1**	**253.3**	**168.7**	**157.1**	**141.7**	**153.7**	**153.7**	**149.7**
国有企业	49.6	38.9	47.2	28.0	25.1	28.3	18.5	15.1	12.8	2.4	3.5	3.2
中央企业	32.4	26.5	30.3	22.3	20.2	19.5	15.5	13.2	11.0	1.4	1.9	1.6
地方企业	17.2	12.4	17.0	5.8	4.9	8.8	2.9	1.9	1.8	1.0	1.6	1.5
集体企业	16.8	13.8	13.1	10.4	8.6	6.3	4.0	3.1	2.6	2.7	1.4	0.9
股份合作企业	2.1	2.0	2.0	1.0	0.8	0.7	0.4	0.3	0.2	0.2	0.2	0.2
联营企业	1.4	0.7	0.7	0.8	0.1	0.0	0.3	0.3	0.2	0.04	0.03	0.01
有限责任公司	81.9	77.6	78.9	101.4	92.6	79.7	74.9	74.1	64.3	77.7	70.3	61.4
股份有限公司	19.5	25.5	28.7	31.0	30.0	28.8	25.9	25.8	24.2	24.2	22.8	21.4
私营企业	153.9	142.3	165.8	164.9	153.1	108.9	44.7	38.6	37.2	46.4	55.5	62.6
其他企业	1.0	2.8	2.0	0.8	0.7	0.6	0.1	0.04	0.1	0.04	0.1	0.01
港、澳、台商投资企业	16.3	13.9	14.2	13.5	12.8	12.1	10.5	11.2	10.4	9.0	8.7	8.2
合资经营企业(港或澳、台资)	9.8	7.1	7.5	7.0	6.4	5.9	5.4	5.6	5.2	4.4	4.3	4.1
合作经营企业(港或澳、台资)	1.0	0.7	0.6	0.5	0.4	0.3	0.3	0.2	0.1	0.2	0.1	0.3
港、澳、台商独资经营企业	5.3	6.0	5.9	5.8	5.7	5.6	4.5	5.1	4.8	4.0	3.9	3.4
港、澳、台商投资股份有限公司	0.2	0.2	0.2	0.2	0.3	0.3	0.3	0.3	0.3	0.3	0.3	0.3
其他港、澳、台商投资企业		0.01	0.1	0.1	0.01	0.01	0.03	0.04	0.04	0.05	0.04	0.1
外商投资企业	59.4	51.4	53.2	48.9	45.5	39.7	33.1	30.7	31.0	29.4	28.1	28.5
中外合资经营企业	26.9	21.7	23.8	22.9	21.4	18.7	15.0	12.9	13.2	11.7	10.3	10.1
中外合作经营企业	2.6	2.6	2.8	2.3	1.9	1.3	0.9	1.1	0.9	0.7	0.5	0.4
外资企业	28.6	26.1	25.3	22.2	20.7	18.4	16.5	16.1	16.2	16.7	17.0	16.9
外商投资股份有限公司	1.3	0.9	1.2	1.3	1.3	1.2	0.4	0.4	0.4	0.3	0.36	1.2
其他外商投资企业		0.1	0.1	0.1	0.1	0.1	0.2	0.2	0.2	0.1	0.02	0.01
在总计中												
国有控股企业	111.9	103.3	113.8	113.6	103.5	100.6	91.2	88.0	75.7	74.3	73.6	66.6
在总计中												
大型企业	119.7	120.2	141.8	140.0	127.4	114.5	97.3	92.8	81.5	83.2	79.8	73.8
中型企业	91.8	88.7	105.7	106.9	99.3	72.8	56.2	54.2	49.9	52.5	54.6	51.7
小型企业	190.2	150.9	157.5	152.0	142.7	107.1	58.8	52.1	51.8	56.4	56.1	60.8

14-3 规模以上工业企业主要指标

(2021年) 单位：亿元

经济类型	企业单位数(个)	资产总计	流动资产合计	固定资产原价	负债合计	流动负债合计
总　计	**8499**	**45261.1**	**23631.8**	**25611.0**	**27756.5**	**21562.9**
按登记注册类型分						
内资企业	7350	36130.4	17885.1	21474.3	23071.2	17704.7
国有企业	108	1205.6	617.4	797.1	856.6	619.9
中央企业	33	881.1	491.7	575.8	614.5	480.2
地方企业	75	324.5	125.7	221.2	242.1	139.7
集体企业	64	59.3	47.8	15.1	39.4	38.7
股份合作企业	18	30.9	20.0	11.4	11.3	11.2
联营企业	1	0.6	0.6		0.6	0.6
有限责任公司	1578	18808.2	8224.1	10974.6	12207.4	8962.4
国有独资公司	151	5718.8	1352.3	3746.4	3376.9	2353.2
其他有限责任公司	1427	13089.4	6871.8	7228.2	8830.6	6609.2
股份有限公司	198	5120.8	2176.0	5342.4	2805.7	2106.4
私营企业	5379	10903.7	6798.2	4333.7	7149.0	5964.2
私营独资企业	270	187.9	123.0	69.5	130.7	100.2
私营合伙企业	15	8.0	4.6	4.4	5.2	4.6
私营有限责任公司	4926	10035.2	6225.6	4068.5	6697.4	5586.5
私营股份有限公司	168	672.6	444.9	191.3	315.8	272.9
其他企业	4	1.3	1.1	0.2	1.2	1.2
港、澳、台商投资企业	304	2785.3	1702.5	1006.6	1668.8	1383.8
合资经营企业(港或澳、台资)	148	1728.2	1067.4	570.3	1110.5	906.2
合作经营企业(港或澳、台资)	9	31.0	24.1	10.0	20.0	18.2
港、澳、台商独资经营企业	133	897.1	535.4	373.3	482.5	423.0
港、澳、台商投资股份有限公司	9	124.4	73.1	50.5	53.6	34.2
其他港、澳、台商投资企业	5	4.5	2.6	2.5	2.2	2.2
外商投资企业	845	6345.4	4044.3	3130.2	3016.5	2474.4
中外合资经营企业	302	3426.9	2042.3	1726.8	1869.3	1472.2
中外合作经营企业	19	22.7	11.2	19.2	16.8	15.0
外资企业	514	2628.4	1851.1	1346.5	1001.7	870.3
外商投资股份有限公司	9	267.1	139.4	37.5	128.6	116.7
其他外商投资企业	1	0.4	0.3	0.1	0.2	0.2
按企业规模分						
大型企业	206	23903.8	11206.4	15770.9	14039.6	10603.9
中型企业	961	8828.1	4997.8	4452.6	5677.3	4622.4
小型企业	7332	12529.2	7427.7	5387.6	8039.6	6336.6

注：1. 按照国家统计报表制度规定，2019年之前的数据为主营业务收入、主营业务成本和主营业务税金及附加，2019年之后(含2019年)的数据为营业收入、营业成本和税金及附加。以下相关表均同。

2. 企业规模划分按《统计上大中小微型企业划分办法(2017)》标准执行。以下相关表均同。

14-3 续表 (2021年) 单位：亿元

经济类型	所有者权益合计	实收资本	营业收入	营业成本	税金及附加	利税总额
总 计	**17504.7**	**10031.9**	**36765.4**	**31070.5**	**1218.9**	**1842.0**
按登记注册类型分						
内资企业	13059.4	8024.7	28775.6	24821.4	1057.7	816.5
国有企业	349.0	246.6	575.9	483.3	55.2	-26.3
中央企业	266.7	172.8	437.6	355.2	54.0	-6.6
地方企业	82.4	73.8	138.4	128.1	1.1	-19.7
集体企业	19.9	7.2	44.5	38.3	0.5	2.5
股份合作企业	19.6	5.6	19.5	16.2	0.1	1.1
联营企业	0.01		0.2	0.2		0.01
有限责任公司	6600.8	4643.9	12099.1	10675.0	354.5	188.9
国有独资公司	2341.9	1488.8	2183.0	1958.5	23.3	59.1
其他有限责任公司	4258.8	3155.1	9916.1	8716.5	331.2	129.9
股份有限公司	2315.0	1056.0	5779.8	4726.3	492.9	167.6
私营企业	3754.8	2065.5	10254.5	8880.3	154.5	482.7
私营独资企业	57.3	29.8	224.0	198.4	1.2	12.7
私营合伙企业	2.8	1.5	8.6	7.5	0.1	0.2
私营有限责任公司	3337.9	1924.4	9637.5	8379.6	149.1	433.7
私营股份有限公司	356.8	109.8	384.4	294.9	4.1	36.1
其他企业	0.1	0.04	2.0	1.9		0.03
港、澳、台商投资企业	1116.5	643.0	1540.7	1296.1	9.0	114.5
合资经营企业(港或澳、台资)	617.7	357.6	922.1	832.7	5.4	39.5
合作经营企业(港或澳、台资)	11.0	7.7	25.5	21.2	0.1	2.5
港、澳、台商独资经营企业	414.6	246.3	506.3	393.2	3.0	47.2
港、澳、台商投资股份有限公司	70.8	29.5	83.2	46.0	0.5	25.2
其他港、澳、台商投资企业	2.3	1.8	3.6	3.0	0.0	0.2
外商投资企业	3328.9	1364.3	6449.1	4953.1	152.2	910.9
中外合资经营企业	1557.6	468.1	3770.8	2871.8	128.2	484.6
中外合作经营企业	5.9	9.3	17.9	15.6	0.2	-0.5
外资企业	1626.7	851.8	2562.5	1989.3	22.8	420.3
外商投资股份有限公司	138.5	34.9	97.6	76.2	1.0	6.4
其他外商投资企业	0.2	0.1	0.3	0.2		0.03
按企业规模分						
大型企业	9864.2	4928.7	20877.9	17403.2	1103.5	1342.0
中型企业	3150.8	1787.7	6459.1	5497.9	51.3	224.9
小型企业	4489.8	3315.5	9428.4	8169.5	64.2	275.0

14-4 各地区规模以上工业企业主要指标

单位：亿元

年份、地区	企业单位数（个）	流动资产合计	固定资产原价	流动负债合计	所有者权益合计	实收资本
1998	6249	2668.7	4537.0	2912.9	2283.4	1484.1
1999	5816	2983.0	5141.1	3165.2	2947.6	1746.3
2000	6017	3155.9	5372.8	3220.9	3066.3	2056.6
2001	5847	3354.5	6112.0	3475.6	3461.0	2288.3
2002	6017	3540.9	6543.9	3695.9	3598.9	2419.7
2003	6842	3843.5	6814.1	4003.9	3776.3	2418.0
2004	10635	4770.4	7543.1	5036.8	4519.9	3316.5
2005	11510	5330.4	8202.5	5323.1	4852.4	3225.6
2006	14754	6476.9	9191.3	6237.1	5845.2	3546.9
2007	16556	7895.4	10923.0	7817.3	7001.7	3911.9
2008	17269	8851.4	12731.7	8957.7	8314.2	4791.0
2009	23364	11357.3	15419.8	10906.7	10478.3	5778.9
2010	23832	13283.4	18742.1	12600.8	12082.4	6072.1
2011	16914	14645.8	19977.7	13164.4	13298.8	6664.3
2012	17347	15899.6	21748.4	14388.7	14448.1	6982.2
2013	17305	17432.9	25688.1	16626.0	16076.5	7662.3
2014	15707	17387.9	26848.3	16935.3	16266.4	7977.0
2015	12304	17661.4	24422.9	17820.0	14743.9	7792.6
2016	8025	17310.9	20790.8	17665.9	12286.2	7211.6
2017	6626	18183.3	20901.9	18266.6	12738.4	7819.8
2018	6621	17859.1				
2019	7610	20750.9	24085.5	19951.6	15329.4	9234.0
2020	7755	21561.1	25320.6	20267.4	16390.9	9491.5
2021	8499	23631.8	25611.0	21562.9	17504.7	10031.9
沈阳	1774	5809.4	3749.2	5065.6	3349.8	1780.0
大连	2073	6043.8	6055.2	4419.6	4452.8	2521.3
鞍山	786	1808.3	1839.3	1717.4	2583.0	839.9
抚顺	281	565.7	1147.4	543.9	504.1	204.7
本溪	246	1043.9	1330.2	1099.4	806.0	328.3
丹东	412	456.3	453.4	386.9	301.4	142.5
锦州	359	493.7	582.5	477.7	326.1	229.5
营口	677	1841.6	1612.7	1625.6	1391.2	1056.0
阜新	245	393.9	498.1	424.8	237.9	199.3
辽阳	275	1446.0	956.2	1393.5	922.0	622.5
盘锦	335	1976.0	2950.7	1898.1	1044.1	887.1
铁岭	333	502.7	702.8	531.6	352.4	263.2
朝阳	411	481.8	715.7	553.7	445.1	296.9
葫芦岛	291	728.1	749.0	829.7	345.6	238.7

14-4 续表 单位：亿元

年份、地区	营业收入	营业成本	税金及附加	销售费用	利润总额
1998	3090.5	2608.8	54.8	78.9	-16.5
1999	3429.7	2875.1	55.1	92.3	58.2
2000	4311.9	3623.5	65.4	109.2	176.2
2001	4580.3	3892.9	62.9	114.4	144.5
2002	5013.9	4221.4	71.2	136.0	156.2
2003	6340.9	5321.4	84.7	163.2	236.0
2004	8540.7	7264.6	99.4	199.9	430.8
2005	10747.3	9409.1	120.6	236.7	356.0
2006	13998.0	12223.9	160.4	282.3	449.8
2007	17965.8	15213.2	235.0	380.9	852.7
2008	22355.5	19640.1	249.4	428.7	658.2
2009	27870.1	23760.5	578.1	539.4	1382.0
2010	36049.6	30578.9	702.1	703.6	2371.4
2011	42845.4	36381.1	734.5	835.4	2511.2
2012	48199.9	41147.0	872.3	973.4	2435.7
2013	51533.4	44185.0	882.6	1098.7	2976.2
2014	48801.6	42575.1	929.6	1039.0	2107.6
2015	33243.3	28635.1	878.1	819.9	1069.7
2016	22039.0	18553.1	742.2	689.2	575.4
2017	23476.4	19569.1	748.0	684.7	1063.3
2018	26489.9	22092.7	833.3	774.6	1460.3
2019	31506.0	26806.8	881.9	827.9	1354.0
2020	30666.5	26095.0	764.0	739.2	1341.2
2021	36765.4	31070.5	1218.9	744.7	1842.0
沈阳	6832.4	5384.1	201.4	282.2	537.9
大连	8719.1	7222.5	273.0	186.5	593.8
鞍山	3411.4	3020.8	31.0	36.3	226.3
抚顺	1237.4	1009.6	60.4	22.3	50.8
本溪	2467.4	2232.7	16.6	39.8	45.5
丹东	601.2	512.9	4.9	15.7	24.2
锦州	1026.7	846.0	63.2	21.5	28.4
营口	2593.4	2282.6	17.5	44.3	144.8
阜新	425.0	362.6	3.3	10.3	9.7
辽阳	1438.5	1170.3	111.7	16.5	75.5
盘锦	3977.3	3394.6	346.5	28.4	26.6
铁岭	708.6	640.6	7.2	9.4	-9.7
朝阳	1073.7	937.0	10.6	18.4	61.8
葫芦岛	1144.9	983.1	67.8	13.2	25.2

14-5 各地区规模以上工业企业主要经济效益指标

单位：%

年份、地区	总资产贡献率	资产负债率	工业成本费用利润率
1998	4.9	65.6	-0.5
1999	5.2	60.4	1.7
2000	7.1	60.5	4.3
2001	6.1	58.7	3.3
2002	6.3	59.2	3.2
2003	7.3	58.8	3.9
2004	8.5	58.3	5.3
2005	7.8	58.2	3.5
2006	8.2	57.5	3.4
2007	10.7	58.6	5.1
2008	8.7	58.6	7.2
2009	11.7	58.4	5.4
2010	14.8	58.1	7.2
2011	14.8	57.2	6.3
2012	14.5	57.9	5.4
2013	15.0	57.9	6.1
2014	11.9	58.0	4.5
2015	8.2	61.7	3.3
2016	6.6	64.5	2.7
2017	8.0	64.9	4.6
2018	9.5	63.3	5.7
2019	7.6	62.8	4.6
2020	7.0	61.8	4.7
2021	8.9	61.3	5.5
沈　阳	9.6	64.5	8.9
大　连	9.5	59.4	7.5
鞍　山	7.0	48.7	7.1
抚　顺	12.5	59.5	4.5
本　溪	6.5	62.2	1.9
丹　东	5.8	61.5	4.2
锦　州	12.0	66.4	3.1
营　口	6.9	56.7	5.9
阜　新	4.0	68.9	2.4
辽　阳	9.9	64.7	5.9
盘　锦	13.3	70.7	0.7
铁　岭	2.0	64.8	-1.4
朝　阳	9.2	61.1	6.2
葫芦岛	8.7	73.8	2.4

14-6 按行业分规模以上工业企业主要指标

(2021年) 单位：亿元

行业	企业单位数(个)	资产总计	流动资产合计	负债合计	营业收入	营业成本	税金及附加	利润总额
总计	**8499**	**45261.1**	**23631.8**	**27756.5**	**36765.4**	**31070.5**	**1218.9**	**1842.0**
煤炭开采和洗选业	11	634.6	283.0	382.7	176.0	124.8	8.4	13.0
石油和天然气开采业	1	379.7	-57.6	236.8	295.6	222.3	18.8	9.9
黑色金属矿采选业	180	3172.0	818.3	1353.8	908.8	572.2	34.2	226.4
有色金属矿采选业	115	227.8	144.7	154.0	141.0	100.9	3.4	16.6
非金属矿采选业	105	194.4	104.5	97.9	87.7	58.9	2.2	7.3
开采专业及辅助性活动	14	243.1	75.8	118.9	161.8	157.2	4.9	-3.7
其他采矿业								
农副食品加工业	762	1258.8	844.2	830.6	2351.9	2224.9	4.1	29.3
食品制造业	151	377.7	215.3	250.5	278.7	226.4	2.3	-25.6
酒、饮料和精制茶制造业	51	174.1	101.8	75.4	157.9	108.7	6.5	19.0
烟草制品业	1	59.6	42.1	21.1	90.3	25.8	51.8	1.6
纺织业	104	130.3	90.0	74.1	76.8	64.7	0.5	2.2
纺织服装、服饰业	204	124.3	90.1	66.2	126.4	106.3	0.8	2.9
皮革、毛皮、羽毛及其制品和制鞋业	18	40.6	29.2	25.1	38.1	32.1	0.2	1.1
木材加工和木、竹、藤、棕、草制品业	134	84.5	53.8	53.5	102.8	93.7	0.6	1.7
家具制造业	47	108.7	71.1	66.2	69.8	62.5	0.4	0.5
造纸和纸制品业	85	182.6	88.4	110.1	153.7	135.4	0.9	7.3
印刷和记录媒介复制业	71	59.0	35.2	25.8	55.7	47.4	0.3	2.4
文教、工美、体育和娱乐用品制造业	43	45.2	31.7	25.9	33.2	28.7	0.2	0.3
石油、煤炭及其他燃料加工业	130	4212.1	2382.3	3180.3	6709.6	5433.8	827.5	199.2
化学原料和化学制品制造业	592	2665.5	1170.9	1632.0	2714.6	2394.4	9.2	102.3
医药制造业	156	924.2	512.6	361.7	566.3	276.6	5.4	79.6
化学纤维制造业	12	42.1	17.2	26.7	24.8	22.6	0.2	-0.2
橡胶和塑料制品业	304	625.9	301.8	347.9	487.5	401.9	3.4	34.0
非金属矿物制品业	1000	1977.9	1225.4	1190.2	1264.1	1023.1	10.1	92.1
黑色金属冶炼和压延加工业	209	4197.1	1914.9	2259.2	5891.4	5475.4	26.2	208.6
有色金属冶炼和压延加工业	215	2302.2	1412.6	1400.5	1245.2	1172.8	6.8	8.4
金属制品业	594	1322.3	984.5	936.3	1093.2	959.8	5.4	41.2
通用设备制造业	798	2031.4	1392.4	1194.8	1250.1	1024.5	9.6	9.7
专用设备制造业	414	1391.1	943.3	862.4	708.6	570.9	5.2	45.5
汽车制造业	388	3687.9	2329.9	2274.7	3661.5	2731.0	128.6	534.7
铁路、船舶、航空航天和其他运输设备制造业	150	3274.3	2427.1	2319.3	1218.0	1111.1	4.8	-84.3
电气机械和器材制造业	435	1155.9	767.5	655.3	837.4	711.0	4.0	33.8
计算机、通信和其他电子设备制造业	174	1078.4	855.0	365.0	764.0	551.7	9.2	245.9
仪器仪表制造业	126	220.5	154.9	92.8	139.5	100.1	1.0	15.9
其他制造业	20	27.5	19.5	14.5	23.0	18.2	0.2	1.3
废弃资源综合利用业	70	116.4	73.5	60.2	289.1	278.7	3.6	10.9
金属制品、机械和设备修理业	30	92.3	70.2	72.1	65.9	54.1	0.4	2.0
电力、热力生产和供应业	423	5214.8	1196.4	3832.8	2225.6	2137.0	14.8	-71.0
燃气生产和供应业	73	322.1	118.8	188.6	170.3	141.9	1.0	15.0
水的生产和供应业	89	882.5	299.9	520.8	109.9	87.4	2.2	5.3

注：工业行业分类按《国民经济行业分类》(GB/T 4754-2017)标准划分。以下相关表均同。

14-7 按行业分规模以上工业企业主要经济效益指标

(2021年) 单位：%

行　　业	总资产贡献率	资产负债率	工业成本费用利润率
总　　计	**8.9**	**61.3**	**5.5**
煤炭开采和洗选业	6.4	60.3	8.5
石油和天然气开采业	12.6	62.4	3.8
黑色金属矿采选业	10.7	42.7	34.2
有色金属矿采选业	12.4	67.6	13.5
非金属矿采选业	7.3	50.4	9.3
开采专业及辅助性活动	2.2	48.9	-2.3
其他采矿业			
农副食品加工业	3.6	66.0	1.3
食品制造业	-3.8	66.3	-9.7
酒、饮料和精制茶制造业	18.2	43.3	14.4
烟草制品业	103.8	35.4	4.5
纺织业	3.3	56.9	3.0
纺织服装、服饰业	5.6	53.2	2.4
皮革、毛皮、羽毛及其制品和制鞋业	6.0	61.9	3.1
木材加工和木、竹、藤、棕、草制品业	4.0	63.3	1.7
家具制造业	1.4	60.9	0.7
造纸和纸制品业	7.1	60.3	4.9
印刷和记录媒介复制业	7.0	43.7	4.4
文教、工美、体育和娱乐用品制造业	1.7	57.2	1.0
石油、煤炭及其他燃料加工业	27.5	75.5	3.5
化学原料和化学制品制造业	6.3	61.2	4.0
医药制造业	12.3	39.1	16.6
化学纤维制造业	0.7	63.5	-0.9
橡胶和塑料制品业	7.5	55.6	7.5
非金属矿物制品业	7.5	60.2	7.9
黑色金属冶炼和压延加工业	7.8	53.8	3.7
有色金属冶炼和压延加工业	2.5	60.8	0.7
金属制品业	4.8	70.8	3.9
通用设备制造业	2.8	58.8	0.8
专用设备制造业	5.2	62.0	6.7
汽车制造业	20.6	61.7	17.8
铁路、船舶、航空航天和其他运输设备制造业	-2.3	70.8	-7.0
电气机械和器材制造业	5.0	56.7	4.2
计算机、通信和其他电子设备制造业	24.2	33.9	39.6
仪器仪表制造业	9.9	42.1	12.6
其他制造业	7.2	52.7	5.9
废弃资源综合利用业	34.8	51.7	3.8
金属制品、机械和设备修理业	3.5	78.1	3.3
电力、热力生产和供应业	1.1	73.5	-3.1
燃气生产和供应业	6.3	58.6	9.3
水的生产和供应业	1.8	59.0	4.6

14-8 国有及国有控股工业企业主要指标

(2021年) 单位：亿元

行业	资产总计	流动资产合计	负债合计	营业收入	营业成本	税金及附加	利润总额
总计	**21315.1**	**8949.4**	**13377.4**	**16489.3**	**13908.6**	**824.1**	**576.6**
煤炭开采和洗选业	605.1	269.3	365.0	160.4	116.4	7.8	9.0
石油和天然气开采业	379.7	-57.6	236.8	295.6	222.3	18.8	9.9
黑色金属矿采选业	2690.7	502.9	1127.2	541.9	355.5	18.9	126.2
有色金属矿采选业	19.7	4.3	16.4	14.0	6.2	0.6	3.2
非金属矿采选业	58.4	19.8	14.4	5.0	4.1	0.1	-0.3
开采专业及辅助性活动	235.3	70.7	113.6	157.1	153.3	4.8	-3.8
其他采矿业							
农副食品加工业	189.1	127.1	153.5	321.7	298.2	0.5	8.1
食品制造业	116.9	84.4	114.9	53.1	48.9	0.3	-40.6
酒、饮料和精制茶制造业	13.7	6.5	12.5	10.5	7.4	1.2	0.4
烟草制品业	59.6	42.1	21.1	90.3	25.8	51.8	1.6
纺织业	1.3	0.6	0.3	0.7	0.6	0.02	0.04
纺织服装、服饰业	9.5	6.8	4.3	8.8	4.7	0.1	1.0
皮革、毛皮、羽毛及其制品和制鞋业							
木材加工和木、竹、藤、棕、草制品业	0.7	0.4	2.2	0.6	0.6		0.1
家具制造业	3.7	2.0	1.5	1.3	1.2	0.02	-0.1
造纸和纸制品业	23.6	10.8	25.7	11.6	11.6	0.1	-0.9
印刷和记录媒介复制业	7.9	5.4	2.6	6.4	5.2	0.1	0.3
文教、工美、体育和娱乐用品制造业	4.4	3.2	2.1	2.1	1.7	0.02	-0.2
石油、煤炭及其他燃料加工业	1408.7	553.5	920.8	3515.2	2705.5	547.5	125.2
化学原料和化学制品制造业	310.3	101.8	156.7	263.5	207.2	2.2	-2.8
医药制造业	112.0	85.1	9.6	28.8	6.2	0.4	10.8
化学纤维制造业	23.6	7.8	17.1	12.3	12.1	0.2	-0.8
橡胶和塑料制品业	37.9	23.0	22.8	31.6	27.7	0.2	1.7
非金属矿物制品业	221.8	87.1	111.9	103.6	86.2	1.1	5.2
黑色金属冶炼和压延加工业	2660.9	1103.1	1401.7	4063.8	3818.2	18.6	118.6
有色金属冶炼和压延加工业	135.8	62.5	95.2	211.7	200.1	1.3	-6.1
金属制品业	197.2	138.8	116.9	225.1	187.5	1.2	19.4
通用设备制造业	637.4	436.0	506.1	303.3	265.6	2.9	-48.7
专用设备制造业	476.1	332.6	316.0	173.2	145.2	1.6	5.7
汽车制造业	2362.1	1453.8	1602.8	2453.4	1766.6	121.5	379.8
铁路、船舶、航空航天和其他运输设备制造业	3106.9	2300.4	2224.0	1105.7	1015.7	4.0	-89.7
电气机械和器材制造业	70.8	54.5	51.4	38.7	30.4	0.2	1.7
计算机、通信和其他电子设备制造业	46.9	34.7	24.7	30.3	24.6	0.2	1.5
仪器仪表制造业	25.0	13.9	12.4	11.4	8.1	0.1	1.0
其他制造业	5.1	3.5	3.5	2.4	1.8		0.2
废弃资源综合利用业	41.5	24.9	19.4	87.4	82.0	1.0	3.3
金属制品、机械和设备修理业	67.1	47.7	53.5	46.2	36.8	0.2	1.1
电力、热力生产和供应业	4024.9	661.2	2961.2	1919.8	1864.6	12.4	-73.9
燃气生产和供应业	180.7	66.0	96.7	98.4	81.9	0.7	12.0
水的生产和供应业	743.0	259.0	438.9	82.5	71.0	1.7	-2.7
在总计中:							
中央企业	13961.9	5182.5	8397.0	11571.7	9947.2	678.1	244.6
地方企业	7353.2	3766.9	4980.4	4917.6	3961.4	146.0	332.1
在总计中:							
大型企业	15092.7	5961.1	8656.6	13391.6	11135.8	796.8	718.0
中型企业	3076.2	1382.9	2404.4	1601.4	1448.8	16.1	-96.1
小型企业	3146.3	1605.5	2316.3	1496.3	1324.0	11.1	-45.3

14-9 各地区国有控股工业企业主要指标

(2021年) 单位：亿元

行 业	企业单位数(个)	资产总计	流动资产合计	营业收入	营业成本	税金及附加	利润总额
沈 阳	205.0	5409.9	3419.5	3797.5	2908.2	181.4	344.8
大 连	171.0	4158.3	2071.6	2456.3	2004.5	212.3	-20.9
鞍 山	67.0	3429.8	719.7	1847.8	1644.3	19.7	139.0
抚 顺	40.0	626.7	218.4	568.2	451.8	54.3	3.5
本 溪	56.0	1666.5	796.6	2113.4	1980.5	10.4	-10.1
丹 东	17.0	172.3	45.8	92.8	85.7	1.4	-1.7
锦 州	28.0	323.8	116.7	412.2	308.4	59.7	8.3
营 口	27.0	585.4	196.7	588.0	536.5	6.5	31.9
阜 新	28.0	266.6	75.6	86.0	71.6	1.1	-1.6
辽 阳	28.0	498.2	133.2	652.6	483.0	103.3	25.3
盘 锦	28.0	1156.5	294.8	1202.3	992.5	95.9	30.3
铁 岭	42.0	574.1	257.5	266.7	243.3	4.8	-20.5
朝 阳	40.0	591.9	188.9	585.4	525.2	4.1	36.4
葫芦岛	30.0	776.7	373.9	711.8	601.8	65.2	10.6

14-10 各地区国有控股工业企业主要经济效益指标

单位：%

年份、地区	总资产贡献率	资产负债率	工业成本费用利润率
1998	4.6	66.0	-1.4
1999	4.6	60.0	0.8
2000	6.6	60.9	4.0
2001	5.6	59.6	2.6
2002	5.6	61.0	2.2
2003	6.8	59.5	3.1
2004	8.4	58.1	5.8
2005	7.5	59.3	2.8
2006	7.3	57.8	2.6
2007	8.9	60.9	4.1
2008	4.2	63.1	3.7
2009	7.6	65.4	2.0
2010	9.8	66.0	3.3
2011	9.0	66.3	2.0
2012	7.9	67.3	0.1
2013	8.1	67.7	1.9
2014	7.8	66.8	1.4
2015	6.4	69.2	-0.9
2016	6.6	64.5	2.7
2017	8.3	67.5	2.7
2018	11.0	65.5	4.5
2019	7.9	63.4	2.4
2020	6.3	62.5	1.6
2021	8.8	62.8	3.9
沈　阳	11.7	72.2	10.7
大　连	6.2	66.5	-1.0
鞍　山	6.1	44.0	8.0
抚　顺	12.9	66.2	0.7
本　溪	3.7	64.4	-0.5
丹　东	2.2	82.6	-1.8
锦　州	24.3	75.1	2.5
营　口	8.7	45.1	5.8
阜　新	3.3	66.6	-1.9
辽　阳	31.5	61.9	4.9
盘　锦	15.0	57.9	2.8
铁　岭	-0.5	65.3	-7.6
朝　阳	9.1	58.0	6.7
葫芦岛	11.4	71.0	1.7

14-11 按行业分外商投资工业企业主要指标

(2021年) 单位：亿元

行 业	资产总计	负债合计	营业收入
总 计	**45261.1**	**27756.5**	**36765.4**
煤炭开采和洗选业	634.6	382.7	176.0
石油和天然气开采业	379.7	236.8	295.6
黑色金属矿采选业	3172.0	1353.8	908.8
有色金属矿采选业	227.8	154.0	141.0
非金属矿采选业	194.4	97.9	87.7
开采专业及辅助性活动	243.1	118.9	161.8
其他采矿业			
农副食品加工业	1258.8	830.6	2351.9
食品制造业	377.7	250.5	278.7
酒、饮料和精制茶制造业	174.1	75.4	157.9
烟草制品业	59.6	21.1	90.3
纺织业	130.3	74.1	76.8
纺织服装、服饰业	124.3	66.2	126.4
皮革、毛皮、羽毛及其制品和制鞋业	40.6	25.1	38.1
木材加工和木、竹、藤、棕、草制品业	84.5	53.5	102.8
家具制造业	108.7	66.2	69.8
造纸和纸制品业	182.6	110.1	153.7
印刷和记录媒介复制业	59.0	25.8	55.7
文教、工美、体育和娱乐用品制造业	45.2	25.9	33.2
石油、煤炭及其他燃料加工业	4212.1	3180.3	6709.6
化学原料和化学制品制造业	2665.5	1632.0	2714.6
医药制造业	924.2	361.7	566.3
化学纤维制造业	42.1	26.7	24.8
橡胶和塑料制品业	625.9	347.9	487.5
非金属矿物制品业	1977.9	1190.2	1264.1
黑色金属冶炼和压延加工业	4197.1	2259.2	5891.4
有色金属冶炼和压延加工业	2302.2	1400.5	1245.2
金属制品业	1322.3	936.3	1093.2
通用设备制造业	2031.4	1194.8	1250.1
专用设备制造业	1391.1	862.4	708.6
汽车制造业	3687.9	2274.7	3661.5
铁路、船舶、航空航天和其他运输设备制造业	3274.3	2319.3	1218.0
电气机械和器材制造业	1155.9	655.3	837.4
计算机、通信和其他电子设备制造业	1078.4	365.0	764.0
仪器仪表制造业	220.5	92.8	139.5
其他制造业	27.5	14.5	23.0
废弃资源综合利用业	116.4	60.2	289.1
金属制品、机械和设备修理业	92.3	72.1	65.9
电力、热力生产和供应业	5214.8	3832.8	2225.6
燃气生产和供应业	322.1	188.6	170.3
水的生产和供应业	882.5	520.8	109.9
在总计中			
大型企业	23903.8	14039.6	20877.9
中型企业	8828.1	5677.3	6459.1
小型企业	12529.2	8039.6	9428.4

14-12 按行业分的大中型工业企业主要指标

(2021年)　　单位：亿元

行业	资产总计	流动资产合计	负债合计	营业收入	营业成本	税金及附加	利润总额
总　计	**32731.9**	**16204.2**	**19716.9**	**27337.0**	**22901.1**	**1154.7**	**1567.0**
煤炭开采和洗选业	634.6	283.0	382.7	176.0	124.8	8.4	13.0
石油和天然气开采业	379.7	-57.6	236.8	295.6	222.3	18.8	9.9
黑色金属矿采选业	2837.6	655.6	1201.0	665.5	398.1	25.9	181.1
有色金属矿采选业	113.3	70.8	78.0	59.0	35.8	1.6	10.9
非金属矿采选业	80.5	35.1	25.0	15.6	9.8	0.2	2.4
开采专业及辅助性活动	238.0	72.2	115.3	157.0	153.1	4.8	-3.8
其他采矿业							
农副食品加工业	417.0	239.4	263.2	850.1	809.2	1.8	5.6
食品制造业	238.6	138.7	161.5	190.2	155.6	1.4	-27.5
酒、饮料和精制茶制造业	91.0	60.1	31.7	100.0	64.2	4.0	14.6
烟草制品业	59.6	42.1	21.1	90.3	25.8	51.8	1.6
纺织业	33.4	19.8	22.3	19.2	16.8	0.2	-0.4
纺织服装、服饰业	71.3	54.4	33.4	58.3	47.9	0.4	1.8
皮革、毛皮、羽毛及其制品和制鞋业	30.0	23.7	13.3	30.8	24.7	0.2	2.2
木材加工和木、竹、藤、棕、草制品业	14.6	8.7	6.8	17.7	15.1	0.2	0.7
家具制造业	65.3	41.7	47.4	53.4	48.2	0.3	0.7
造纸和纸制品业	92.7	36.2	41.7	73.6	62.6	0.6	6.3
印刷和记录媒介复制业	2.6	1.9	0.7	2.3	1.9	0.01	0.2
文教、工美、体育和娱乐用品制造业	8.1	5.5	2.8	6.2	4.6	0.1	0.3
石油、煤炭及其他燃料加工业	3787.3	2073.3	2839.0	6303.3	5051.1	825.0	200.5
化学原料和化学制品制造业	1867.6	704.4	1204.0	1893.2	1716.5	5.0	39.0
医药制造业	679.9	389.6	242.7	421.7	201.7	3.7	68.9
化学纤维制造业	24.7	8.5	17.3	13.7	13.1	0.2	-0.7
橡胶和塑料制品业	417.1	170.3	229.4	293.6	232.8	2.2	28.2
非金属矿物制品业	836.6	485.9	433.5	444.5	340.7	3.7	49.8
黑色金属冶炼和压延加工业	3856.8	1742.5	2027.7	5486.9	5094.1	24.8	207.1
有色金属冶炼和压延加工业	1724.0	1106.2	1145.3	768.0	722.5	4.3	11.1
金属制品业	780.2	611.0	601.2	534.4	466.1	2.8	26.3
通用设备制造业	1267.3	871.9	762.7	675.1	551.7	5.7	-18.3
专用设备制造业	901.4	612.4	525.0	431.9	352.6	3.2	30.3
汽车制造业	3221.1	2031.7	1978.0	3231.5	2364.4	126.2	513.6
铁路、船舶、航空航天和其他运输设备制造业	2244.1	1620.6	1401.6	880.9	802.6	3.8	2.4
电气机械和器材制造业	576.0	372.0	326.4	426.1	351.2	2.3	26.4
计算机、通信和其他电子设备制造业	882.3	715.1	264.0	619.6	436.5	8.4	235.9
仪器仪表制造业	94.3	64.7	37.0	59.0	42.6	0.4	7.6
其他制造业	21.2	15.1	11.5	15.3	11.8	0.1	1.1
废弃资源综合利用业	18.0	9.6	4.3	21.0	18.2	0.2	1.8
金属制品、机械和设备修理业	66.0	47.0	53.3	51.7	42.1	0.3	1.1
电力、热力生产和供应业	3315.8	561.5	2462.2	1774.0	1752.2	10.6	-82.4
燃气生产和供应业	165.1	50.4	113.7	71.9	62.2	0.5	1.3
水的生产和供应业	577.2	209.2	352.8	59.2	54.1	1.1	-3.9

14-13 按行业分的大中型工业企业主要经济效益指标

(2021年) 单位：%

行　业	总资产贡献率	资产负债率	工业成本费用利润率
总　计	**10.5**	**60.2**	**6.3**
煤炭开采和洗选业	6.4	60.3	8.5
石油和天然气开采业	12.6	62.4	3.8
黑色金属矿采选业	9.6	42.3	38.3
有色金属矿采选业	15.7	68.9	22.8
非金属矿采选业	4.1	31.1	18.3
开采专业及辅助性活动	2.1	48.5	-2.4
其他采矿业			
农副食品加工业	3.3	63.1	0.7
食品制造业	-8.1	67.7	-15.3
酒、饮料和精制茶制造业	25.2	34.9	18.1
烟草制品业	103.8	35.4	4.5
纺织业	0.7	66.6	-2.1
纺织服装、服饰业	5.1	46.9	3.1
皮革、毛皮、羽毛及其制品和制鞋业	10.7	44.3	7.5
木材加工和木、竹、藤、棕、草制品业	6.5	46.3	4.2
家具制造业	2.1	72.6	1.4
造纸和纸制品业	10.8	45.0	9.2
印刷和记录媒介复制业	12.8	26.9	11.6
文教、工美、体育和娱乐用品制造业	5.2	35.0	4.3
石油、煤炭及其他燃料加工业	30.3	75.0	3.8
化学原料和化学制品制造业	4.3	64.5	2.1
医药制造业	13.6	35.7	19.9
化学纤维制造业	-2.4	69.8	-5.2
橡胶和塑料制品业	8.8	55.0	10.7
非金属矿物制品业	8.7	51.8	12.6
黑色金属冶炼和压延加工业	8.2	52.6	3.9
有色金属冶炼和压延加工业	3.0	66.4	1.4
金属制品业	4.4	77.1	5.2
通用设备制造业	0.5	60.2	-2.8
专用设备制造业	5.1	58.2	7.4
汽车制造业	22.6	61.4	19.8
铁路、船舶、航空航天和其他运输设备制造业	0.2	62.5	0.3
电气机械和器材制造业	6.8	56.7	6.6
计算机、通信和其他电子设备制造业	28.1	29.9	48.5
仪器仪表制造业	9.8	39.2	14.1
其他制造业	7.7	54.5	7.8
废弃资源综合利用业	14.3	23.9	9.7
金属制品、机械和设备修理业	2.4	80.7	2.4
电力、热力生产和供应业	0.3	74.3	-4.5
燃气生产和供应业	2.0	68.9	1.8
水的生产和供应业	0.5	61.1	-5.1

14-14 各地区大中型工业企业主要指标

单位：亿元

年份、地区	企业单位数（个）	资产总计	流动资产合计	负债合计	营业收入	营业成本	税金及附加	利润总额
1998	1331	5699.6	2189.1	3705.7	2378.7	2005.5	49.1	-25.3
1999	847	5933.9	2259.5	3409.1	2568.7	2146.1	47.7	50.1
2000	857	5908.6	2313.0	3515.2	3196.4	2681.9	56.3	142.5
2001	869	6398.3	2471.5	3645.9	3398.3	2874.1	55.3	118.9
2002	883	6718.0	2605.1	3879.9	3671.3	3072.4	61.5	121.1
2003	810	6879.7	2771.1	3870.7	4751.5	3937.5	76.4	195.0
2004	964	8343.7	3372.6	4668.2	6349.3	5352.9	88.5	367.2
2005	1013	9209.8	3981.2	5374.2	8000.3	6991.0	105.9	268.3
2006	1085	10721.6	4726.2	6162.7	9733.0	8502.6	134.5	307.4
2007	1164	12761.7	5744.3	7591.3	11597.6	9788.6	194.1	547.3
2008	1135	14960.8	6548.0	9206.4	13787.3	12304.2	173.4	217.7
2009	1383	17995.9	8089.6	11147.8	15120.8	12831.0	477.8	655.1
2010	1505	20118.9	9398.5	12554.8	18663.0	15734.4	588.1	1113.9
2011	1825	21237.7	10030.9	13100.4	21459.1	18213.6	602.5	1058.9
2012	2210	24664.7	11531.0	15391.4	24719.2	21022.8	724.3	974.8
2013	2272	27329.3	12510.9	17031.5	26269.4	22245.9	679.1	1329.0
2014	2074	26779.7	12244.7	16601.8	24419.2	20789.1	709.0	886.8
2015	1552	27483.2	12966.2	17999.5	18031.0	15065.5	772.1	404.5
2016	1180	26485.4	12851.0	17711.8	15256.2	12549.4	704.4	371.5
2017	1164	27549.9	13171.9	17896.0	17935.3	14798.0	710.5	861.5
2018	1143	26703.7	12590.5	16790.5	20266.6	16729.5	789.6	1227.3
2019	1140	30601.4	14615.3	19085.0	24341.0	20633.3	829.6	1113.2
2020	1168	31528.9	15035.8	19259.7	23004.5	19502.6	711.1	1052.4
2021	1167	32731.9	16204.2	19716.9	27337.0	22901.1	1154.7	1567.0
沈阳	205	6544.9	3937.4	4250.1	4768.2	3607.2	191.0	451.5
大连	339	8509.0	4508.6	4955.8	6823.4	5631.2	262.8	605.5
鞍山	105	4014.7	1232.7	1843.8	2519.0	2220.2	23.4	198.0
抚顺	39	866.1	357.4	477.8	928.4	736.5	58.2	47.4
本溪	44	1738.6	847.7	1091.9	2144.5	1975.3	11.4	16.5
丹东	78	361.3	205.4	193.7	265.8	225.5	2.4	14.4
锦州	46	589.6	270.1	384.7	678.2	536.1	61.1	15.5
营口	85	2185.3	1229.7	1134.7	1801.0	1580.3	12.6	126.5
阜新	40	322.5	165.3	198.9	235.5	207.8	1.5	0.0
辽阳	43	1955.9	1136.1	1399.5	1077.1	858.7	107.8	52.3
盘锦	33	2760.7	1469.9	1970.2	3173.8	2661.3	342.6	-0.4
铁岭	31	486.3	232.1	310.1	300.2	278.0	4.6	-13.6
朝阳	43	644.2	240.9	386.2	706.9	631.8	5.2	39.9
葫芦岛	35	674.5	330.4	484.5	806.6	680.1	66.2	12.1

14-15 主要工业产品产量

产品名称	单位	2010年	2011年	2012年	2013年	2014年	2015年
化学纤维	万吨	19.9	16.4	18.4	17.9	19.8	29.0
#合成纤维	万吨	11.5	9.4	11.5	11.1	15.2	23.9
纱	万吨	15.4	13.8	12.9	10.3	13.8	8.3
布	亿米	7.2	7.2	4.6	4.1	6.8	3.5
#棉布	亿米	4.7	4.7	2.5	2.3	3.7	2.4
棉混纺布	亿米	1.1	0.8	0.7	0.4	1.6	0.5
绒线(俗称毛线)	吨	2191.0	2402.7	1526.1	2796.0	4725.7	4801.1
蚕丝	吨	7182.0	4184.3	2462.5	2310.4	4504.2	2948.0
机制纸及纸板	万吨	88.5	76.2	73.3	48.8	41.2	36.0
自行车	万辆	1.2		5.0	10.0	4.7	7.0
日用玻璃制品	万吨	24.7	3.7	2.0	2.2	16.3	18.2
白炽灯泡	亿只	1.4	1.5	2.1	2.0	1.9	1.9
合成洗涤剂	万吨	12.2	13.8	14.7	16.5	16.5	12.6
原盐	万吨	161.6	114.5	141.9	127.7	165.2	178.7
糖	万吨	6.1	2.3	5.4	4.1	4.5	8.3
卷烟	亿支	265.3	274.5	276.4	278.9	290.4	290.7
白酒	亿升	6.4	6.8	8.1	5.5	5.0	4.6
啤酒	亿升	24.8	26.2	26.4	27.2	27.2	24.2
精制食用植物油	万吨	193.7	171.8	236.4	244.9	263.6	240.8
化学药品原药	万吨	13.2	11.9	14.4	18.0	21.8	11.3
家用电冰箱	万台	87.8	102.2	101.5	84.8	157.0	147.1
彩色电视机	万台	576.9	557.5	500.4	440.6	338.2	287.9
农用氮、磷、钾化肥	万吨	75.1	67.5	83.2	77.2	71.9	64.7
#氮肥	万吨	67.1	65.8	82.1	77.2	71.9	64.7
磷肥	万吨	5.1	1.6	0.8			
化学农药原药	万吨	3.0	2.1	2.1	1.8	2.5	1.3
乙烯	万吨	91.8	106.8	103.1	128.5	155.2	160.5
合成橡胶	万吨	3.7	4.0	2.5	2.4	1.3	0.5
橡胶轮胎外胎	万条	1507.9	1669.9	1767.2	1956.7	2155.8	2448.2
交流电动机	万千瓦	830.5	758.4	612.8	505.4	460.9	334.2
金属切削机床	台	14	17	12	10	11	10
数控机床	台	4	5	5	5	6	6
汽车	辆	71	76	87	108	122	117
#载货汽车	辆	10	12	12	17	15	9
摩托车	辆	33045	34900	27900	1575	278	
滚动轴承	万套	19798.0	16811.0	19938.0	17248.4	15330.1	14059.9
原煤	万吨	6641.6	7005.1	6431.3		4906.4	4635.4
原油	万吨	950.0	1000.0	1000.0	1001.0	1021.9	1037.1
汽油	万吨	1057.7	1017.5	1088.1	1069.0	1057.7	1128.5
柴油	万吨	2379.9	2284.8	2358.0	2396.5	2331.0	2270.9
天然气	亿立方米	8.0	7.2	7.2	7.2	7.0	5.8
发电量	亿千瓦小时	1295.1	1369.9	1453.1	1516.0	1607.0	1626.8
生铁	万吨	5508.1	5450.2	5338.2	5968.6	6307.5	6059.0
粗钢	万吨	5389.8	5424.8	5178.4	6356.5	6507.8	5894.1
钢材	万吨	5669.4	5761.1	5924.2	6863.0	6962.2	6337.6
#铁道用钢材	万吨	91.2	76.0	77.5	91.5	86.2	79.8
线材(盘条)	万吨	572.1	688.6	664.8	750.5	895.4	882.6
铁合金	万吨	83.2	89.7	92.9	95.3	129.5	113.0
焦炭	万吨	1875.8	2027.0	2127.8	2146.6	2141.5	2097.2
水泥	万吨	4790.9	5791.1	5809.0	6066.3	5875.6	4751.6
平板玻璃	万重量箱	1635.3	2258.0	2523.4	3015.7	2529.8	1186.8
硫酸(折100%)	万吨	84.4	78.9	74.6	75.5	180.7	147.3
纯碱(碳酸钠)	万吨	13.2	33.8	45.4	46.8	56.2	55.0
烧碱(折100%)	万吨	56.4	56.2	56.7	56.4	64.8	64.6
合成氨	万吨	79.1	82.9	103.4	106.0	99.8	92.6

注：1. 2007年及以前卷烟产量的计量单位为万箱、啤酒及白酒产量的计量单位为万吨；从2009年起自行车产量中不仅包括两轮自行车，还包括电动自行车。

2. 能源产品产量为规上工业企业产量。从2020年起，工业产品产量为规上工业企业产量。

14-15 续表

产品名称	单位	2016年	2017年	2018年	2019年	2020年	2021年
化学纤维	万吨	27.5	26.5	20.5	23.7	18.8	23.4
#合成纤维	万吨	22.4	22.1	20.5	23.7	18.8	23.4
纱	万吨	6.5	5.1	4.4	4.1	2.5	3.0
布	亿米	1.6	1.3	1.1	0.9	0.8	0.7
#棉布	亿米	0.8	0.5	0.4	0.4	0.4	0.4
棉混纺布	亿米	0.2	0.2	0.1	0.1	0.1	0.1
绒线(俗称毛线)	吨	2519.2	1565.1	1394.4	1920.3	407.1	374.7
蚕丝	吨	1508.6	1066.0	1183.0	1162.4	564.6	426.8
机制纸及纸板	万吨	54.1	106.9	118.7	134.2	186.3	201.8
自行车	万辆						
日用玻璃制品	万吨	1.1	0.4	0.4	0.5	0.4	0.4
白炽灯泡	亿只	1.8	2.0	2.1	2.0	1.4	1.0
合成洗涤剂	万吨	9.9	13.0	7.4	7.1	7.4	7.6
原盐	万吨	146.1	152.5	75.5	95.8	93.0	95.7
糖	万吨	0.5	0.7	0.3			
卷烟	亿支	278.9	269.1	268.7	271.2	274.3	278.8
白酒	亿升	0.8	0.3	0.1	0.2	0.1	0.1
啤酒	亿升	23.3	22.0	21.3	20.7	17.1	17.1
精制食用植物油	万吨	193.0	158.2	128.8	173.8	201.9	206.9
化学药品原药	万吨	5.2	5.1	4.4	7.4	6.9	7.1
家用电冰箱	万台	145.7	146.0	132.7	178.2	156.9	170.8
彩色电视机	万台	146.8	146.4	154.8	37.1	11.7	
农用氮、磷、钾化肥	万吨	58.8	46.0	33.1	38.2	35.6	37.1
#氮肥	万吨	58.8	46.0	33.1	36.8	34.0	33.9
磷肥	万吨						
化学农药原药	万吨	1.0	1.1	0.9	1.3	1.5	2.9
乙烯	万吨	162.7	157.2	176.2	187.0	355.7	440.1
合成橡胶	万吨	3.7	5.6	8.1	10.8	13.6	11.0
橡胶轮胎外胎	万条	2724.5	2829.5	2760.6	2896.8	2893.1	3078.0
交流电动机	万千瓦	190.9	244.1	312.2	319.8	251.3	264.3
金属切削机床	台	9	6	4	2.5	2.8	3.8
数控机床	台	7	4	3	1.7	1.9	2.6
汽车	辆	113	97	96	79.1	74.8	80.9
#载货汽车	辆	5	5	3	2.1	0.9	0.5
摩托车	辆						
滚动轴承	万套	11966.9	11670.4	6915.6	7747.1	8151.5	10604.9
原煤	万吨	4082.1	3611.0	3375.9	3292.0	3091.5	3087.7
原油	万吨	1017.3	1044.2	1036.9	1053.3	1049.4	1054.2
汽油	万吨	1212.1	1316.5	1592.8	1789.1	1766.9	2091.8
柴油	万吨	2044.3	2015.2	2177.4	2146.8	2223.1	2468.3
天然气	亿立方米	5.4	5.1	5.7	6.2	7.3	7.9
发电量	亿千瓦小时	1731.5	1805.7	1898.0	1996.0	2051.1	2147.0
生铁	万吨	6160.1	6121.9	6331.8	6909.6	7235.2	7024.7
粗钢	万吨	6040.5	6424.6	6873.9	7357.6	7609.4	7502.4
钢材	万吨	5874.8	6395.8	6899.1	7328.6	7566.5	7759.1
#铁道用钢材	万吨	78.3	82.0	73.9	74.9	75.5	58.1
线材(盘条)	万吨	806.2	943.6	1076.4	1140.9	1248.1	1174.6
铁合金	万吨	43.1	55.3	53.5	84.4	65.2	67.5
焦炭	万吨	2131.5	2215.6	2213.7	2281.4	2297.1	2293.8
水泥	万吨	4134.9	3900.3	4021.2	4763.6	5387.9	4851.4
平板玻璃	万重量箱	1403.4	4299.3	4422.1	5055.5	4682.7	5242.8
硫酸(折100%)	万吨	130.9	127.2	139.6	153.2	142.4	158.3
纯碱(碳酸钠)	万吨	50.4	44.6				
烧碱(折100%)	万吨	70.7	71.9	76.3	76.7	76.5	77.6
合成氨	万吨	82.1	67.1	47.0	50.1	41.3	42.1

14-16 各地区主要工业产品产量

年份、地区	化学纤维(万吨)	纱(万吨)	布(亿米)	绒线(俗称毛线)(吨)	毛机织物(呢绒)(万米)	蚕丝(吨)	机制纸及纸板(万吨)	自行车(万辆)	手表(万只)	白炽灯泡(亿只)
1990	15.6	109.8	6.5	5087.0	1840.0	2905.0	77.5	97.2	430.4	1.2
1991	15.8	110.1	6.4	4099.0	1781.1	2667.0	75.1	85.5	467.7	1.5
1992	17.1	112.0	6.0	4981.0	1672.7	1917.0	79.1	125.9	359.9	1.5
1993	15.7	99.3	5.6	3524.0	1431.4	2280.0	75.4	195.4	554.5	1.1
1994	17.9	18.2	5.4	2785.0	1548.6	3292.0	82.3	190.7	397.7	3.3
1995	19.8	18.0	5.8	2725.0	1185.0	3484.0	97.5	112.1	409.9	3.7
1996	20.7	16.9	4.7	4449.0	745.4	4550.0	95.7	87.9	316.4	4.3
1997	28.1	17.2	5.4	1902.0	648.5	3588.0	84.2	55.1	212.4	1.4
1998	30.5	14.3	4.7	1970.0	373.2	1996.0	72.0	53.1	98.0	1.3
1999	29.2	15.2	5.3	1655.0	606.1	1328.0	58.8	16.3	97.0	1.1
2000	34.2	18.3	5.0	1633.0	479.0	2414.0	55.2	46.2	69.0	0.5
2001	36.0	16.0	4.3	1179.0	230.3	1675.0	62.9	15.2	69.2	1.3
2002	33.5	16.4	5.0	1491.0	168.1	2110.0	52.0	2.2	86.0	1.5
2003	26.3	15.6	3.4	1447.0	109.2	1640.0	59.1			1.4
2004	30.7	17.2	4.3	1840.0	379.8	3297.0	72.6	1.4	152.8	1.8
2005	24.1	18.7	5.7	1541.0	106.0	2191.0	83.4	0.4	169.6	1.8
2006	22.5	18.2	5.4	1811.0	118.4	2592.0	67.5		145.1	5.1
2007	21.1	18.0	7.7	1015.0	60.3	2955.0	87.5		133.4	6.2
2008	17.0	16.8	4.7		54.1	3045.0	56.9		139.3	8.1
2009	21.4	16.0	5.0	1736.6	88.6	4812.0	77.2		9.1	1.1
2010	19.9	15.4	7.2	2191.0	74.0	7182.0	88.5	1.2	5.7	1.4
2011	16.4	13.8	7.2	2402.7		4184.3	76.2		6.2	1.5
2012	18.4	12.9	4.6	1526.1		2462.5	73.3	5.0		2.1
2013	17.9	10.3	4.1	2796.0		2310.4	48.8	10.0		2.0
2014	19.8	13.8	6.8	4725.7		4504.2	41.2	4.7		1.9
2015	29.0	8.3	3.5	4801.1		2948.0	36.0	7.0		1.9
2016	27.5	6.5	1.6	2519.2		1508.6	54.1			1.8
2017	26.5	5.1	1.3	1565.1		1066.0	106.9			2.0
2018	20.5	4.4	1.1	1394.4		1183.0	118.7			2.1
2019	23.7	4.1	0.9	1920.3	79.0	1162.4	134.2			2.0
2020	18.8	2.5	0.8	407.1	18.0	564.6	186.3			1.4
2021	23.4	3.0	0.7	374.7		426.8	201.8			1.0
沈　阳		0.8					95.7			1.0
大　连		0.7		374.7			38.0			
鞍　山	2.3		0.4			82.8	0.7			
抚　顺	0.3	0.4								
本　溪										
丹　东	0.1						7.0			
锦　州	15.3						2.6			
营　口	0.7	0.3	0.1			344.0				
阜　新										
辽　阳	4.7	0.3					0.9			
盘　锦							5.1			
铁　岭							51.8			
朝　阳		0.5	0.2							
葫芦岛										

注：1.1993年以前纱产量的计量单位为万件。2007年及以前卷烟产量的计量单位为万箱、啤酒产量的计量单位为万吨。从2009年起自行车产量中不仅包括两轮自行车，还包括电动自行车。
2.能源产品产量为规上工业企业产量
3.从2020年起，工业产品产量为规上工业企业产量。

14-16 续表 1

年份、地区	合成洗涤剂(万吨)	原盐(万吨)	成品糖(万吨)	卷烟(亿支)	罐头(万吨)	啤酒(亿升)	家用电冰箱(万台)	彩色电视机(万台)	原煤(万吨)	原油(万吨)	天然气(亿立方米)
1990	5.3	129.9	3.2	50.6	5.8	55.0	16.4	115.1	5101.0	1368.7	20.4
1991	4.2	240.4	3.6	42.8	7.6	64.3	11.8	59.6	5234.7	1374.2	20.6
1992	4.3	293.2	5.4	45.3	8.8	78.5	10.3	73.2	5394.6	1387.8	21.1
1993	2.9	282.9	5.2	40.3	4.0	62.8	12.0	49.9	5566.8	1420.1	23.8
1994	3.5	275.9	3.8	40.3	7.6	108.0	12.2	54.3	5509.3	1502.5	21.2
1995	2.9	230.9	3.8	43.2	8.2	113.4	14.2	47.7	5626.4	1552.7	21.1
1996	6.9	232.5	4.0	40.3	8.1	118.8	9.4	56.7	6040.6	1504.3	19.6
1997	5.7	286.1	5.3	40.5	6.0	128.7	6.9	73.2	5883.8	1504.1	19.1
1998	6.8	190.9	5.1	41.8	4.1	129.1	8.5	173.2	5785.7	1452.1	15.6
1999	6.3	282.2	4.5	33.2	2.7	144.3	13.2	229.3	4779.3	1430.3	14.3
2000	7.0	275.9	2.1	23.0	2.9	149.7	23.1	374.7	4454.9	1401.1	14.7
2001	9.1	284.6	4.0	31.0	2.8	144.2	14.7	378.0	4468.2	1385.0	14.7
2002	10.4	280.6	4.2	38.0	3.4	137.1	51.6	404.9	5180.8	1351.2	13.3
2003	9.7	166.6	5.1	41.3	5.2	149.4	106.8	446.0	5871.0	1332.0	13.3
2004	9.8	200.6	3.8	45.9	10.7	155.4	116.3	346.2	6641.9	1283.2	10.3
2005	8.9	180.6	4.2	45.9	5.6	184.6	120.4	550.2	6395.0	1261.0	11.7
2006	14.0	191.3	1.3	47.8	7.3	200.4	133.5	333.9	7367.3	1226.5	11.9
2007	14.7	216.2	1.4	51.1	7.6	231.0	134.3	423.2	6349.1	1207.2	8.7
2008	12.4	184.2	2.0	260.4	7.5	23.5	139.3	500.2	6415.5	1199.3	8.7
2009	10.5	152.5	5.6	260.3	16.4	24.7	96.2	441.4	6624.2	1000.0	8.1
2010	12.2	161.6	6.1	265.3	20.0	24.8	87.8	576.9	6641.6	950.0	8.0
2011	13.8	114.5	2.3	274.5	25.2	26.2	102.2	557.5	7005.1	1000.0	7.2
2012	14.7	141.9	5.4	276.4	40.8	26.4	101.5	500.4	6431.3	1000.0	7.2
2013	16.5	127.7	4.1	278.9	41.0	27.2	84.8	440.6		1001.0	7.2
2014	16.5	165.2	4.5	290.4	59.0	27.2	157.0	338.2	4906.4	1021.9	7.0
2015	12.6	178.7	8.3	290.7	40.8	24.2	147.1	287.9	4635.4	1037.1	5.8
2016	9.9	146.1	0.5	278.9	28.0	23.3	145.7	146.8	4082.1	1017.3	5.4
2017	13.0	152.5	0.7	269.1	18.9	22.0	146.0	146.4	3611.0	1044.2	5.1
2018	7.4	75.5	0.3	268.7	14.0	21.3	132.7	154.8	3375.9	1036.9	5.7
2019	7.1	95.8		271.2	15.2	20.7	178.2	37.1	3292.0	1053.3	6.2
2020	7.4	93.0		274.3	14.9	17.1	156.9	11.7	3091.5	1049.4	7.3
2021	7.6	95.7		278.8	16.2	17.1	170.8		3087.7	1054.2	7.9
沈 阳	1.9			278.8	3.7	8.1	90.3		692.0		
大 连	3.0	76.5			10.5	1.2	80.5				
鞍 山					1.2	1.7					
抚 顺	2.6					1.0			388.1	46.2	
本 溪						1.8					
丹 东					0.8	0.5					
锦 州						0.8			135.6		
营 口		19.2				0.9					
阜 新						0.3			175.4		
辽 阳											
盘 锦						0.5				1008.0	7.9
铁 岭						0.3			1696.5		
朝 阳											
葫芦岛											

14-16 续表 2

年份、地区	发电量(亿千瓦小时)	#水电	生铁(万吨)	粗钢(万吨)	钢材(万吨)	铁合金(万吨)	水泥(万吨)	平板玻璃(万重量箱)	硫酸(折100%)(万吨)	纯碱(碳酸钠)(万吨)	烧碱(折100%)(万吨)
1990	435.8	35.5	1145.5	1216.3	939.9	16.0	1092.0	995.3	74.1	76.2	28.3
1991	448.3	40.3	1227.8	1262.5	978.8	15.9	1312.2	1022.4	81.2	71.2	29.4
1992	489.1	32.4	1262.7	1349.9	1082.9	20.3	1644.4	1188.5	86.2	72.4	29.7
1993	505.3	27.4	1314.0	1413.3	1270.3	21.4	1947.9	1350.2	78.6	74.8	27.8
1994	504.0	18.5	1274.1	1340.6	1186.9	24.1	1891.2	1299.0	95.8	73.9	30.5
1995	540.1	41.7	1337.1	1335.9	1074.2	30.4	1911.0	1233.3	106.9	69.1	26.3
1996	583.9	45.2	1358.5	1369.3	1210.3	30.2	1743.1	1591.6	108.7	71.9	37.5
1997	615.2	28.8	1358.1	1354.9	1223.5	23.9	1829.0	1494.2	108.7	71.2	33.4
1998	608.1	21.6	1419.0	1406.5	1149.2	19.5	1663.7	1546.9	100.0	69.2	32.5
1999	610.5	25.5	1448.9	1492.2	1235.6	14.3	1711.1	1536.8	105.5	72.1	30.9
2000	645.6	14.9	1555.4	1553.8	1443.2	13.3	1954.9	1475.3	119.9	74.1	33.4
2001	662.1	22.7	1593.7	1660.7	1655.2	13.6	2090.5	1537.7	118.8	76.5	37.2
2002	725.3	14.5	1886.4	1942.5	2086.7	12.9	2145.8	1470.9	113.1	82.5	45.0
2003	837.0	22.9	2061.0	2169.0	2334.0	17.2	2332.0	1362.0	110.6	80.0	48.3
2004	874.9	38.6	2547.8	2612.8	2657.9	48.6	2495.7	1785.2	121.7	80.7	48.1
2005	904.2	56.7	3113.9	3059.0	3235.9	36.4	2680.7	1854.0	120.7	74.9	53.6
2006	1013.4	47.0	3759.5	3702.3	3848.9	52.3	3341.4	1650.9	107.6	47.4	62.6
2007	1115.0	43.8	4057.6	4140.3	4364.3	61.6	3893.2	1941.2	105.6	32.8	63.4
2008	1139.0	41.8	4101.5	4068.6	4285.3	60.2	4074.4	2275.2	90.5	24.7	55.1
2009	1162.5	28.8	5062.2	4783.2	4943.4	77.0	4704.8	1674.2	81.1		45.8
2010	1295.1	44.0	5508.1	5389.8	5669.4	83.2	4790.9	1635.3	84.4	13.2	56.4
2011	1369.9	31.7	5450.2	5424.8	5761.1	89.7	5791.1	2258.0	78.9	33.8	56.2
2012	1453.1	38.2	5338.2	5178.4	5924.2	92.9	5809.0	2523.4	74.6	45.4	56.7
2013	1516.0	37.6	5968.6	6356.5	6863.0	95.3	6066.3	3015.7	75.5	46.8	56.4
2014	1607.0	19.7	6307.5	6507.8	6962.2	129.5	5875.6	2529.8	180.7	56.2	64.8
2015	1626.8	8.8	6059.0	5894.1	6337.6	113.0	4751.6	1186.8	147.3	55.0	64.6
2016	1731.5	16.2	6160.1	6040.5	5874.8	43.1	4134.9	1403.4	130.9	50.4	70.7
2017	1805.7	25.7	6121.9	6424.6	6395.8	55.3	3900.3	4299.3	127.2	44.6	71.9
2018	1898.0	27.6	6331.8	6873.9	6899.1	53.5	4021.2	4422.1	139.6		76.3
2019	1996.0	27.7	6909.6	7357.6	7328.6	84.4	4763.6	5055.5	153.2		76.7
2020	2051.1	33.0	7235.2	7609.4	7566.5	65.2	5387.9	4682.7	142.4		76.5
2021	2147.0	36.5	7024.7	7502.4	7759.1	67.5	4851.4	5242.8	158.3		77.6
沈阳	189.6				30.8	0.6	209.1				19.3
大连	653.7		124.7	154.3	154.2		1184.3	333.8	4.8		
鞍山	70.0		2017.9	2261.8	2469.2	5.3	265.2				
抚顺	86.8	0.1	404.4	459.3	448.1	2.1	140.6				
本溪	82.9	13.2	1745.6	1744.9	1906.3	2.5	158.8	2862.3			
丹东	83.7	23.2			0.8	0.6	208.7		8.5		
锦州	81.3			18.2	16.7	24.4	155.4		11.4		
营口	158.1		1683.9	1749.6	1629.9	16.3	196.9	1391.8	45.5		14.7
阜新	101.9		5.6				99.6				
辽阳	47.1		319.7	308.4	274.5	2.9	1129.7				
盘锦	39.1						148.7				
铁岭	194.9			0.4	1.8	1.0	414.2				
朝阳	150.0		723.0	805.6	815.0	8.9	308.7	654.9	4.5		
葫芦岛	207.9				11.7	2.9	231.6		83.6		43.6

14-16 续表 3

年份、地区	农用氮、磷、钾化肥(万吨)			化学农药原药(万吨)	乙烯(万吨)	碳化钙(电石,折300升/千克)(万吨)	初级形态塑料(万吨)	橡胶轮胎外胎(万条)	金属切削机床(万台)	汽车(万辆)	铁路机车(台)
		#氮肥	#磷肥								
1990	63.4	55.0	8.3	1.5	8.4	6.4	14.0	191.8	1.6	2.4	
1991	60.3	51.4	8.9	1.5	14.9	6.8	24.3	223.5	1.8	4.2	
1992	62.8	50.9	11.9	1.5	20.4	5.2	30.0	311.1	2.1	6.1	
1993	54.8	49.6	5.2	1.2	25.1	6.1	39.1	426.7	2.4	5.1	
1994	79.1	67.0	10.3	1.2	28.8	6.8	42.0	292.4	1.7	3.0	238
1995	78.2	70.1	7.8	2.3	32.1	8.9	51.3	303.7	1.4	2.5	257
1996	82.0	73.9	6.9	1.7	35.3		58.5	309.5	1.3	2.8	300
1997	84.7	74.3	8.9	2.1	35.7	3.2	65.7	361.2	1.1	3.9	274
1998	76.8	70.7	4.2	1.9	38.7	2.6	71.5	472.9	0.9	4.3	
1999	87.2	78.5	5.2	2.3	39.7	1.4	80.9	499.6	0.9	5.8	
2000	97.6	82.4	8.4	2.2	41.7	2.6	94.1	576.0	1.6	8.2	63
2001	97.9	86.6	8.7	2.2	40.2	2.2	99.7	621.2	2.1	7.9	58
2002	88.8	80.9	6.1	2.6	44.2	4.3	104.6	643.5	3.1	9.0	71
2003	91.7	82.6	6.9	2.1	47.9	5.3	117.4	787.1	5.6	13.0	
2004	88.1	85.4	2.8	1.8	48.2	11.6	129.5	935.7	9.4	14.3	242
2005	89.6	84.9	4.7	2.7	47.1	1.9	121.6	1095.6	11.3	15.0	202
2006	87.7	79.7	7.9	3.6	49.3	6.9	122.6	1141.8	13.1	29.0	256
2007	89.4	84.7	4.7	4.0	42.3	18.4	126.9	1263.3	15.0	37.7	310
2008	89.1	85.1	3.9	4.0	46.2	11.8	117.3	1275.8	14.6	34.1	406
2009	85.8	70.4	5.4	4.5	48.0	8.9	108.6	1281.9	14.1	50.9	435
2010	75.1	67.1	5.1	3.0	91.8	8.7	150.7	1507.9	13.6	70.8	589
2011	67.5	65.8	1.6	2.1	106.8	14.0	177.9	1669.9	16.9	75.5	701
2012	83.2	82.1	0.8	2.1	103.1	13.7	175.2	1767.2	12.0	87.3	486
2013	77.2	77.2		1.8	128.5	5.8	208.4	1956.7	10.4	108.0	437
2014	71.9	71.9		2.5	155.2	7.4	300.3	2155.8	11.4	121.8	485
2015	64.7	64.7		1.3	160.5	6.8	321.6	2448.2	9.9	116.6	402
2016	58.8	58.8		1.0	162.7	19.3	352.4	2724.5	9.3	113.2	161
2017	46.0	46.0		1.1	157.2	4.3	320.8	2829.5	6.4	97.1	271
2018	33.1	33.1		0.9	176.2	4.5	362.5	2760.6	4.0	95.5	298.0
2019	38.2	36.8		1.3	187.0	4.3	403.2	2896.8	2.5	79.1	389.0
2020	35.6	34.0		1.5	355.7	3.9	542.7	2893.1	2.8	74.8	267.0
2021	37.1	33.9		2.9	440.1	4.1	610.0	3078.0	3.8	80.9	326.0
沈　阳				1.4	6.6		33.0	1552.4	1.9	80.3	
大　连				0.1	164.2		145.5	1110.4	1.5	0.1	326.0
鞍　山	1.7	1.7					4.5	33.8			
抚　顺					89.1		150.2				
本　溪	3.3	3.3				4.1					
丹　东				0.2					0.1	0.4	
锦　州	1.8						1.8				
营　口	0.8	0.8		0.5			35.8				
阜　新											
辽　阳					22.3		13.4				
盘　锦	1.5				157.9		213.8				
铁　岭							0.5		0.2		
朝　阳								381.4		0.1	
葫芦岛	28.0	28.0		0.7			11.4				

主要统计指标解释

工业 指从事自然资源的开采，对采掘品和农产品进行加工和再加工的物质生产部门。具体包括：(1)对自然资源的开采，如采矿、晒盐等(但不包括禽兽捕猎和水产捕捞)；(2)对农副产品的加工、再加工，如粮油加工、食品加工、缫丝、纺织、制革等；(3)对采掘品的加工、再加工，如炼铁、炼钢、化工生产、石油加工、机器制造、木材加工等，以及电力、燃气及水的生产和供应等；(4)对工业品的修理、翻新，如机器设备的修理等。

工业统计调查单位为工业法人单位。

工业法人单位指从事工业生产经营活动的法人单位。工业法人单位应同时具备以下条件：①依法成立，有自己的名称、组织机构和场所，能够独立承担民事责任；②独立拥有（或授权）使用资产，承担负债，有权与其他单位签订合同；③具有包括资产负债表在内的账户，或者能够根据需要编制账户。

企业登记注册类型 是以在市场监管部门登记注册的各类企业为划分对象，以市场监管部门对企业登记注册的类型为依据，将企业登记注册类型分为内资企业、港澳台商投资企业和外商投资企业三大类。内资企业包括国有企业、集体企业、股份合作企业、联营企业、有限责任公司、股份有限公司、私营企业和其他企业；港澳台商投资企业和外商投资企业分别包括合资经营企业、合作经营企业、独资经营企业、股份有限公司和其他企业等。

国有企业 指企业全部资产归国家所有，并按《中华人民共和国企业法人登记管理条例》规定登记注册的非公司制的经济组织。不包括有限责任公司中的国有独资公司。

集体企业 指企业资产归集体所有，并按《中华人民共和国企业法人登记管理条例》规定登记注册的经济组织。

股份合作企业 指以合作制为基础，由企业职工共同出资入股，吸收一定比例的社会资产投资组建，实行自主经营，自负盈亏，共同劳动，民主管理，按劳分配与按股分红相结合的一种集体经济组织。

联营企业 指两个及两个以上相同或不同所有制性质的企业法人或事业单位法人，按自愿、平等、互利的原则，共同投资组成的经济组织。联营企业包括国有联营企业、集体联营企业、国有与集体联营企业和其他联营企业。

有限责任公司 指根据《中华人民共和国公司登记管理条例》规定登记注册，由两个以上、五十个以下的股东共同出资，每个股东以其所认缴的出资额对公司承担有限责任，公司以其全部资产对其债务承担责任的经济组织。有限责任公司包括国有独资公司以及其他有限责任公司。

股份有限公司 指根据《中华人民共和国公司登记管理条例》规定登记注册，其全部注册资本由等额股份构成并通过发行股票筹集资本，股东以其认购的股份对公司承担有限责任，公司以其全部资产对其债务承担责任的经济组织。

私营企业 指由自然人投资设立或由自然人控股，以雇佣劳动为基础的营利性经济组织。包括按照《公司法》、《合伙企业法》以及《个人独资企业法》规定登记注册的私营独资企业、私营合伙企业、私营有限责任公司、私营股份有限公司和个人独资企业。

其他企业 指上述企业之外的其他内资经济组织。

与港澳台商合资经营企业 指港澳台地区投资者与内地企业依照原《中华人民共和国中外合资经营企业法》及有关法律的规定，按合同规定的比例投资设立，分享利润、分担风险和亏损的企业。

与港澳台商合作经营企业 指港澳台地区投资者与内地企业依照原《中华人民共和国中外合作经营企

业法》及有关法律的规定，依照合作合同的约定进行投资或提供条件设立，分配利润、分担风险和亏损的企业。

港澳台商独资经营企业 指依照原《中华人民共和国外资企业法》及有关法律的规定，在内地由港澳台地区投资者全额投资设立的企业。

港澳台商投资股份有限公司 指根据国家有关规定，经商务部（原外经贸部）批准设立，并且其中港、澳、台商的股本占公司注册资本的比例达 25%以上的股份有限公司。凡其中港、澳、台商的股本占公司注册资本的比例小于 25%的，属于内资中的股份有限公司。

其他港澳台商投资企业 指在中国境内参照原《外国企业或个人在中国境内设立合伙企业管理办法》和《外商投资合伙企业登记管理规定》，依法设立的港、澳、台商投资合伙企业等。

中外合资经营企业 指外国企业或外国人与中国内地企业依照原《中华人民共和国中外合资经营企业法》及有关法律的规定，按合同规定的比例投资设立，分享利润和分担风险和亏损的企业。

中外合作经营企业 指外国企业或外国人与中国内地企业依照原《中华人民共和国中外合作经营企业法》及有关法律的规定，依照合作合同的约定进行投资或提供条件设立，分配利润、分担风险和亏损的企业。

外资企业 指依照原《中华人民共和国外资企业法》及有关法律的规定，在中国内地由外国投资者全额投资设立的企业。

外商投资股份有限公司 指根据国家有关规定，经商务部（原外经贸部）批准设立，并且其中外资的股本占公司注册资本的比例达 25% 以上的股份有限公司。凡其中外资股本占公司注册资本的比例小于 25%的，属于内资企业中的股份有限公司。

其他外商投资企业 指在中国境内依照原《外国企业或个人在中国境内设立合伙企业管理办法》和《外商投资合伙企业登记管理规定》，依法设立的外商投资合伙企业等。

国有控股企业 即原来的国有及国有控股企业，根据企业实收资本中国有经济成分的出资人的实际投资情况，或国有经济成分的出资人对企业资产的实际控制、支配程度进行分类。以下情况为国有控股：（1）在企业的全部实收资本中，国有经济成分的出资人拥有的实收资本（股本）所占企业全部实收资本（股本）的比例大于 50%的国有绝对控股。（2）在企业的全部实收资本中，国有经济成分的出资人拥有的实收资本（股本）所占比例虽未大于 50%，但相对大于其他任何一方经济成分的出资人所占比例的国有相对控股；或者虽不大于其他经济成分，但根据协议规定拥有企业实际控制权的国有协议控股。（3）投资双方各占 50%，且未明确由谁绝对控股的企业，若其中一方为国有经济成分的，一律按国有控股处理。

资产总计 指企业过去的交易或者事项形成的、由企业拥有或者控制的、预期会给企业带来经济利益的资源。包括企业拥有的土地、办公楼、厂房、机器、运输工具、存货等实物资产和现金、存款、应收账款和预付账款等金融资产。资产一般按流动性分为流动资产和非流动资产。其中流动资产可分为货币资金、交易性金融资产、应收票据、应收账款、预付款项、其他应收款、存货等；非流动资产可分为长期股权投资、固定资产、无形资产及其他非流动资产等。来源于会计“资产负债表”中“资产总计”项目的期末余额数。

流动资产合计 资产满足以下条件之一应归为流动资产：（1）预计在一个正常营业周期中变现、出售或耗用，主要包括存货、应收账款等；（2）主要为交易目的而持有；（3）预计在资产负债表日起一年内（含一年）变现；（4）自资产负债日起一年内，交换其他资产或清偿负债的能力不受限制的现金或现金等价物。包括货币资金、应收票据、应收账款、存货等项目。来源于会计“资产负债表”中“流动资产合计”项目的期末余额数。

负债合计 指企业过去的交易或者事项形成的，预期会导致经济利益流出企业的现时义务。包括银行贷款、借款、应付账款、应付职工工资、应付职工福利费、应交税金等企业负有偿还责任的债务。负债一般按偿还期长短分为流动负债和非流动负债。来源于会计“资产负债表”中“负债合计”项目的期末余额数。

流动负债合计 负债满足下列条件之一的应归为流动负债:（1）预计在一个正常营业周期中清偿;（2）主要为交易目的而持有;（3）自资产负债表日起一年内到期应予清偿;（4）企业无权自主地将清偿推迟至资产负债表日后一年以上。包括短期借款、应付票据、应付账款、应付职工薪酬、应交税费等项目。来源于会计“资产负债表”中“流动负债合计”项目的期末余额数。

所有者权益合计 指企业资产扣除负债后由所有者享有的剩余权益。公司的所有者权益又称股东权益。包括实收资本、资本公积、盈余公积、未分配利润等。来源于会计“资产负债表”中“所有者权益合计”项目的期末余额数。

实收资本 指企业各投资者实际投入的资本（或股本）总额，包括货币、实物、无形资产等各种形式的投入。实收资本按投资主体可分为国家资本、集体资本、法人资本、个人资本、港澳台资本和外商资本。来源于会计“资产负债表”中“所有者权益”项下“实收资本”的期末余额数。

固定资产原价 指固定资产的成本，包括企业在购置、自行建造、安装、改建、扩建、技术改造某项固定资产时所发生的全部支出总额。来源于会计“固定资产”科目的期末借方余额。

营业收入 指企业从事销售商品、提供劳务和让渡资产使用权等生产经营活动形成的经济利益流入。营业收入包括“主营业务收入”和“其他业务收入”。来源于会计“利润表”中“营业收入”项目的本年累计数。

营业成本 指企业从事销售商品、提供劳务和让渡资产使用权等生产经营活动发生的实际成本。包括企业（单位）在报告期内从事销售商品、提供劳务等日常活动发生的各种耗费。包括“主营业务成本”和“其他业务成本”。来源于会计“利润表”中“营业成本”项目的本年累计数。

税金及附加 指企业因从事生产经营活动按税法规定应缴纳的消费税、城市维护建设税、资源税、环境保护税、教育费附加、房产税、城镇土地使用税、车船税、印花税等相关税费。来源于会计“利润表”中“税金及附加”项目的本年累计数。

销售费用 指企业在销售商品和材料、提供劳务的过程中发生的各种费用，包括保险费、包装费、展览费和广告费、商品维修费、预计产品质量保证损失、运输费、装卸费等以及为销售本企业商品而专设的销售机构（含销售网点、售后服务网点等）的职工薪酬、业务费、折旧费等经营费用。

利润总额 指企业在一定会计期间的经营成果，是生产经营过程中各种收入扣除各种耗费后的盈余，反映企业在报告期内实现的盈亏总额。来源于会计“利润表”中“利润总额”项目的本年累计数。

从业人员平均人数 指报告期内（年度）平均拥有的从业人员数。不得用期末人数替代。

总资产贡献率 计算公式为:

总资产贡献率（%）=（利润总额+税金及附加+利息净支出+应交增值税）÷资产总计×100

资产负债率 计算公式为:

资产负债率（%）=负债总额÷资产总额×100%

工业成本利润率 计算公式为:

工业成本费用利润率=利润总额÷（营业成本+销售费用+管理费用+研发费用+财务费用）×100

十五、建筑业

Chapter 15 Construction

15-1 建筑业企业概况

年 份	有施工的企业	内资企业			港澳台商投资企业	外商投资企业
			国有企业	集体企业		
企业单位数(个)						
1985	892	892	192	700		
1990	1537	1537	294	1243		
1991	1509	1509	302	1207		
1992	1652	1652	340	1312		
1993	2425	2396	464	1908	8	21
1994	2757	2715	554	2130	9	33
1995	2648	2607	568	1999	13	28
1996	2410	2368	562	1747	23	19
1997	2387	2329	554	1712	26	32
1998	2366	2299	557	1447	38	29
1999	2626	2547	580	1465	39	40
2000	2738	2667	556	1463	38	33
2001	2662	2585	555	1027	47	30
2002	2505	2426	448	657	42	37
2003	2716	2633	397	526	35	48
2004	3124	3044	373	409	30	50
2005	3299	3215	348	370	33	51
2006	3435	3357	319	350	28	50
2007	3493	3417	298	324	28	48
2008	4265	4189	293	318	24	52
2009	4785	4704	282	299	24	57
2010	5417	5345	277	335	21	51
2011	5534	5460	253	253	24	50
2012	6428	6359	274	323	24	44
2013	6724	6654	189	298	30	40
2014	6711	6649	178	283	27	35
2015	6477	6416	170	256	27	34
2016	6374	6324	153	236	20	29
2017	6619	6573	161	220	19	26
2018	6286	6249	109	175	15	22
2019	6667	6634	106	169	12	20
2020	5638	5615	114	124	7	16
2021	5816	5792	111	94	11	13
年末从业人员(人)						
1985	69.26	69.26	36.63	32.63		
1990	97.07	97.07	44.81	52.26		
1991	97.34	97.34	45.27	52.07		
1992	108.55	108.55	47.86	60.69		
1993	159.70	159.70	46.80	63.90		
1994	135.20	135.20	40.08	45.07		
1995	89.66	89.66	37.48	49.49		
1996	102.69	102.69	48.63	52.43		
1997	107.35	107.35	50.39	54.87		
1998	98.51	97.66	43.88	44.89	0.44	0.41
1999	103.22	102.26	43.08	43.78	0.39	0.57
2000	95.99	95.06	35.96	40.55	0.42	0.51
2001	98.62	97.40	31.26	31.48	0.83	0.39
2002	95.14	94.07	25.97	23.72	0.58	0.49

注：1.施工企业总产值即是施工产值。
2.1996年建筑业统计范围为资质等级四级以上。
3.从1996年以后，农村建筑队改为建筑业企业资质等级四级以下即非等级企业。
4.2004年以后数据，建筑业部分的所有指标口径均为总承包与专业承包企业。
5.有施工的企业，而不是全部企业。

15-1 续表

年 份	有施工的企业	内资企业	国有企业	集体企业	港澳台商投资企业	外商投资企业
2003	96.68	95.04	22.41	19.80	0.34	1.30
2004	100.35	98.79	19.85	15.58	0.32	1.24
2005	91.72	89.92	19.27	13.07	0.36	1.44
2006	99.65	97.65	16.79	12.37	0.80	1.20
2007	99.35	97.08	15.67	10.90	0.42	1.85
2008	109.31	107.61	16.26	11.24	0.42	1.28
2009	132.61	130.66	16.21	12.82	0.46	1.49
2010	165.80	163.80	16.71	14.00	0.33	1.72
2011	171.70	168.24	18.10	11.67	1.63	1.83
2012	203.19	201.83	15.85	13.15	0.48	0.87
2013	197.88	196.44	10.69	11.14	0.40	1.03
2014	174.45	173.28	11.54	8.86	0.58	0.59
2015	135.18	134.24	9.89	7.02	0.44	0.50
2016	127.02	125.70	6.07	7.21	1.02	0.31
2017	104.89	103.98	4.75	6.21	0.62	0.29
2018	74.54	73.72	1.88	4.55	0.60	0.22
2019	67.20	66.65	1.57	3.53	0.45	0.10
2020	60.89	60.47	2.44	2.52	0.35	0.07
2021	55.96	55.60	2.18	1.38	0.31	0.05
建筑业总产值(亿元)						
1980	18.4	18.4	14.5	3.9		
1985	49.6	49.6	30.4	19.2		
1990	126.6	126.6	74.5	52.1		
1991	144.1	144.1	82.6	61.5		
1992	217.3	217.3	120.5	96.8		
1993	318.7	317.3	162.5	144.7	0.4	1.0
1994	385.2	383.0	209.0	168.5	0.4	1.8
1995	407.3	405.0	222.3	176.8	0.4	1.9
1996	400.5	396.9	174.3	130.9	1.7	1.9
1997	429.1	425.1	245.7	169.5	1.7	2.3
1998	419.0	412.7	216.9	143.8	4.1	2.2
1999	489.3	476.7	224.9	160.0	7.2	5.4
2000	598.1	584.9	252.1	176.3	7.7	5.5
2001	761.2	581.5	262.8	162.9	114.8	64.9
2002	839.3	819.9	265.3	140.7	10.1	9.3
2003	1017.1	981.7	285.5	131.6	6.6	28.8
2004	1245.1	1209.8	323.7	104.3	4.6	30.7
2005	1481.7	1447.0	386.6	114.0	6.2	28.5
2006	1775.0	1716.7	387.9	130.2	16.8	41.5
2007	2100.0	2038.7	413.7	133.2	10.7	50.6
2008	2505.2	2467.4	492.0	139.4	9.8	37.8
2009	3384.6	3333.2	565.0	172.0	8.8	42.6
2010	4690.3	4637.5	601.9	219.4	7.1	45.7
2011	6218.3	6086.1	682.4	308.7	71.2	61.0
2012	7543.3	7490.1	750.2	344.8	17.2	35.7
2013	8629.7	8574.7	500.9	346.1	23.3	31.7
2014	7851.1	7802.8	383.7	295.8	23.1	25.3
2015	5413.8	5378.6	268.7	172.6	18.3	16.9
2016	3927.0	3854.1	194.3	123.3	63.2	9.6
2017	3688.3	3646.9	204.1	96.7	33.5	7.9
2018	3528.4	3484.3	69.3	75.1	37.6	6.5
2019	3554.6	3508.5	68.8	69.4	41.4	4.6
2020	3816.2	3788.1	95.3	64.0	24.7	3.5
2021	4044.9	4012.4	103.0	55.9	29.1	3.4

15-2 建筑施工企业个数(不含劳务分包)

(2021年) 单位：个

地区	企业个数	按登记注册类型分组						
		国有企业	集体企业	股份合作企业	联营企业	有限责任公司	股份有限公司	私营企业
全省	**5816**	**111**	**94**	**17**	**2**	**738**	**39**	**4790**
沈阳	1782	29	17	1	1	177	12	1537
大连	1326	11	9	10		134	6	1147
鞍山	324	14	20	1	1	63	4	220
抚顺	136	4	8	1		29	1	93
本溪	166	4	2			33		127
丹东	278	11	5	1		23	5	233
锦州	262	6	7	1		42	1	204
营口	307	3		1		22	2	278
阜新	196	7	2			38	3	145
辽阳	160	3	14	1		17	2	123
盘锦	260	1				60	2	196
铁岭	142	4	5			30		102
朝阳	263	7	1			50		204
葫芦岛	214	7	4			20	1	181

15-2 续表 (2021年) 单位：个

地区	按登记注册类型分组			按经济组织类型分组			
	其他企业	港澳台商投资企业	外商投资企业	独资企业	合作伙伴企业	股份有限公司	有限责任公司
全省	**1**	**10**	**13**	**240**	**26**	**89**	**5460**
沈阳		5	3	56	3	34	1689
大连		3	6	26	13	13	1274
鞍山	1			38	3	7	276
抚顺				13	1	3	119
本溪				7		2	157
丹东				18	1	7	252
锦州			1	14	1	2	245
营口		1		3	1	7	296
阜新			1	10	1	4	181
辽阳				19	1	2	138
盘锦				3		3	253
铁岭			1	11		2	129
朝阳		1		9		1	253
葫芦岛			1	13	1	2	198

15-3 建筑施工企业主要经济指标

(2021年)

指　标	单位	合计	按登记注册类型分组						
			国有企业	集体企业	股份合作企　业	联营企业	有限责任公　司	股份有限公　司	私营企业
施工企业单位个数	个	5816	111	94	17	2	738	39	4790
全部从业人员年期末人数	万人	56.0	2.2	1.4	0.1		19.1	2.0	30.9
固定资产原价	亿元	696.3	37.0	11.5	2.2	0.2	310.4	14.2	306.1
年末自有施工机械设备台数	万台	11.7	0.8	0.1			5.4	0.3	4.9
年末自有施工机械设备净值	亿元	66.4	0.1	0.4			33.6	0.6	31.6
年末自有施工机械设备总功率	万千瓦	59.6	0.8	4.4			18.5	0.9	34.5
建筑业总产值	亿元	4044.9	103.0	55.9	2.7	2.2	1923.2	110.5	1814.0
资产合计	亿元	6650.9	307.6	90.3	15.0	1.6	3066.0	144.7	2915.4
流动资产合计	亿元	5570.7	222.3	74.3	13.5	1.0	2603.4	113.3	2445.3
#实收资本	亿元	1039.9	42.0	13.5	2.1		364.1	19.5	573.6
#固定资产本年折旧	亿元	35.2	1.9	0.4			16.4	0.4	15.7
#营业收入	亿元	3785.2	164.8	54.0	2.3	2.3	1685.1	89.1	1762.8
#营业成本	亿元	3682.5	154.8	56.0	2.3	2.2	1606.8	101.0	1737.4
#应付职工薪酬	亿元	360.2	16.9	8.7	0.4	0.1	169.5	9.8	151.7
#营业税金及附加	亿元	25.8	0.8	0.7			12.5	0.4	11.1
#管理费用	亿元	200.6	11.4	3.8	0.3	0.1	68.7	2.9	109.6
#财务费用	亿元	41.9	1.80	0.1	0.1		18.4	0.5	20.3
#营业利润	亿元	32.7	1.5	-0.2	-0.1		-2.4	1.9	32.7
房屋建筑施工面积	万平方米	18129.7	40.8	222.3	0.8		7945.0	538.4	9381.9
#本年新开工房屋建筑面积	万平方米	5456.4	21.2	109.3	0.7		1840.0	236.8	3247.8
房屋建筑竣工面积	万平方米	3459.0	35.9	77.2			920.4	85.6	2339.1
利润总额	亿元	36.1	2.4	-0.3	-0.1		0.4	1.1	32.8
应交增值税	亿元	78.9	2.8	1.7	0.1		30.0	2.0	41.9
利税总额	亿元	119.4	4.6	2.4	0.1		48.9	2.5	60.3
全员劳动生产率	–								
按总产值计算	元/人	71318	225931	6120	910003		120439	204800	60372
技术装备率	元/人	1170	201	45	467		2107	1141	1051
动力装备率	千瓦/人	0.1	0.2		0.1		0.1	0.2	0.1
房屋建筑面积竣工率	%	0.2	0.9	0.3			0.1	0.2	0.2
产值利润率	%	0.9	2.3	-0.5	-2.3	1.2		1.0	1.8
产值利税率	%	3.0	4.4	4.4	2.8	1.3	2.5	2.2	3.3
亏损企业个数	个	1792	32	35	8		217	13	1474

15-3 续表

(2021年)

指标	单位	按登记注册类型分组			按经济组织类型分组			
		其他企业	港澳台商投资企业	外商投资企业	独资企业	合作伙伴企业	股份有限公司	有限责任公司
施工企业单位个数	个	1	10	13	240	26	89	5460
全部从业人员年期末人数	万人		0.3	0.1	4.0	0.1	2.5	49.4
固定资产原价	亿元		10.3	4.5	59.0	2.4	20.9	614.0
年末自有施工机械设备台数	万台				1.0		0.4	10.3
年末自有施工机械设备净值	亿元				1.6		1.1	63.7
年末自有施工机械设备总功率	万千瓦		0.5		5.7		0.9	53.0
建筑业总产值	亿元	0.8	29.1	3.4	193.1	6.4	162.6	3682.8
资产合计	亿元	0.8	99.3	10.2	499.1	17.8	236.9	5897.1
流动资产合计	亿元	0.8	91.6	5.1	389.6	15.7	194.7	4970.7
#实收资本	亿元	0.2	22.7	2.2	78.4	2.4	36.6	922.4
#固定资产本年折旧	亿元		0.2	0.1	2.6		0.8	31.8
#营业收入	亿元		22.6	2.2	245.0	5.7	145.2	3389.3
#营业成本	亿元	1.3	18.2	2.5	233.0	6.7	152.8	3289.9
#应付职工薪酬	亿元		2.4	0.6	28.6	0.6	12.6	318.4
#营业税金及附加	亿元		0.2		1.8		0.6	23.4
#管理费用	亿元		3.3	0.5	18.7	0.4	5.4	176.0
#财务费用	亿元		0.5	0.1	2.5	0.1	0.6	38.8
#营业利润	亿元		-0.8	0.1	0.4		3.7	28.6
房屋建筑施工面积	万平方米		0.5		268.7	2.6	622.6	17235.7
#本年新开工房屋建筑面积	万平方米		0.5		134.8	0.7	258.4	5062.4
房屋建筑竣工面积	万平方米		0.5	0.3	118.3	1.3	110.8	3228.6
利润总额	亿元		-0.4	0.1	1.7		3.0	31.4
应交增值税	亿元		0.3	0.1	4.9	0.1	3.0	70.9
利税总额	亿元		0.5	0.2	7.6	0.2	4.1	107.6
全员劳动生产率	–							
按总产值计算	元/人		51301		18994	2137273	203275	80503
技术装备率	元/人		3		154	713	1315	1393
动力装备率	千瓦/人		0.1		0.1	0.1	0.1	0.1
房屋建筑面积竣工率	%		1.0		0.4	0.5	0.2	0.2
产值利润率	%	3.4	-1.2	3.7	0.9	-0.1	1.9	0.9
产值利税率	%	3.7	1.7	4.6	3.9	2.5	2.5	2.9
亏损企业个数	个		4.0	9.0	79.0	12.0	29.0	1672.0

15-4 建筑业总产值

(2021年) 单位：千元

地区	建筑业总产值	按登记注册类型分组						
		国有企业	集体企业	股份合作企业	联营企业	有限责任公司	股份有限公司	私营企业
全省	**404489933**	**10295215**	**5590955**	**273001**	**222422**	**192317546**	**11054101**	**181403000**
沈阳	171351567	3026936	795060	10196	37106	89000770	5586983	69978585
大连	94692832	1153284	122754	143474		41235877	3122224	48726766
鞍山	28943069	861546	2046297	81456	185316	18647001	80528	6956718
抚顺	7882946	298446	374639	4716		4285607	101113	2818425
本溪	7094294	152779	38143			3292602		3610770
丹东	8950293	553535	306888	3520		938357	184835	6963158
锦州	9769946	2040515	619823	7539		1933605	8526	5157698
营口	11952213	47883		6100		687159	48267	11162237
阜新	8202723	509581	31746			3216174	216845	4225377
辽阳	16725776	58954	643111	16000		12095162	12522	3900027
盘锦	17905989	357509				10271671	1613309	5663206
铁岭	5421037	95902	87594			2394209		2812857
朝阳	8711810	415157	419670			3032523		4826011
葫芦岛	6885438	723188	105230			1286829	78949	4601165

15-4 续表 (2021年) 单位：千元

地区	按登记注册类型分组			按经济组织类型分组			
	其他企业	港澳台商投资企业	外商投资企业	独资企业	合作伙伴企业	股份有限公司	有限责任公司
全省	**84207**	**2905279**	**343913**	**19309361**	**641182**	**16255301**	**368283795**
沈阳		2823253	92678	6957679	48602	9347613	154997673
大连		63010	125443	1346755	155986	3635059	89555032
鞍山	84207			2925179	350979	128799	25538112
抚顺				679105	4716	122058	7077067
本溪				192120		203756	6698418
丹东				872777	3520	206148	7867848
锦州			2240	2660476	7539	79526	7022405
营口		567		47883	6100	123346	11774884
阜新			3000	610757	45110	218640	7328216
辽阳				719764	16000	12522	15977490
盘锦				382076		2054837	15468782
铁岭			30475	243771		3240	5174026
朝阳		18449		835911		5808	7870091
葫芦岛			90077	835108	2630	113949	5933751

15-5 建筑业企业资产

(2021年) 单位：千元

地区	资产合计	按登记注册类型分组						
		国有企业	集体企业	股份合作企业	联营企业	有限责任公司	股份有限公司	私营企业
全省	**665085021**	**30756477**	**9031825**	**1501215**	**161670**	**306601465**	**14470906**	**291535876**
沈阳	232801479	12233940	846856	104254	89173	115925685	6544145	87124069
大连	154606858	4800810	548170	150076		71981193	4944676	71808832
鞍山	41020744	2038714	1932213	931640	72497	25456434	315038	10197761
抚顺	16092635	361550	505424	14517		5688617	156335	9366192
本溪	10647678	205607	37648			5503767		4900656
丹东	35282695	1562339	161972	62512		2672127	698570	30125175
锦州	20794929	5467957	723884	204271		5195481	27756	9019252
营口	22161871	107693		14418		1815486	15734	20179336
阜新	11788663	987075	30241			3407930	235702	7081843
辽阳	25707710	287414	1524721	19527		14290028	10094	9575926
盘锦	50737259	330055				38317168	1327324	10760707
铁岭	15648553	510160	444416			9238750		5403512
朝阳	15739892	815083	1793451			5683822		7416897
葫芦岛	12054055	1048080	482829			1424977	195532	8575718

15-5 续表 (2021年) 单位：千元

地区	按登记注册类型分组			按经济组织类型分组			
	其他企业	港澳台商投资企业	外商投资企业	独资企业	合作伙伴企业	股份有限公司	有限责任公司
全省	**76447**	**9928528**	**1018607**	**49909481**	**1779357**	**23688950**	**589705228**
沈阳		9720480	212877	22846291	194127	13598916	196162145
大连		148205	224896	5419759	160831	5392725	143633543
鞍山	76447			4025555	1080584	338982	35575623
抚顺				874006	14517	341810	14862302
本溪				263523		260488	10123667
丹东				1727355	62512	754339	32738489
锦州			156328	6191841	204271	159846	14238971
营口		29204		107693	14418	162664	21877096
阜新			45872	1027758	27603	266097	10467205
辽阳				1832981	19527	10094	23845108
盘锦				345251		2084765	48305238
铁岭			51715	1101976		65854	14480723
朝阳		30639		2608836		15838	13115218
葫芦岛			326919	1536656	967	236532	10279900

15-6 各地区建筑业企业负债

(2021年)　　单位：千元

地区	负债合计	按登记注册类型分组						
		国有企业	集体企业	股份合作企业	联营企业	有限责任公司	股份有限公司	私营企业
全　省	**491250850**	**23104036**	**7016993**	**1250683**	**151419**	**244070565**	**10062944**	**199717667**
沈　阳	175530411	10337855	353098	87945	80579	96546127	4051235	58972901
大　连	109780844	1611785	364548	55727		56854766	3902693	46733274
鞍　山	30421103	1358089	1469386	866191	70840	20365409	162102	6076917
抚　顺	13095469	303698	426109	1081		4376211	108959	7879411
本　溪	7563527	104824	26731			4600786		2831186
丹　东	29047150	1115781	86482	37512		2344754	512439	24950182
锦　州	16602714	4871959	512416	184059		5073919	26025	5810241
营　口	14979090	69365		6367		1343199	11406	13527078
阜　新	8166528	810917	39265			2339743	210772	4723212
辽　阳	21425739	202463	1308973	11801		13340523	6026	6555953
盘　锦	33704972	309465				24750438	898518	7746549
铁　岭	12162681	374453	350843			7979064		3434993
朝　阳	9906561	551598	1704098			3193408		4451724
葫芦岛	8864061	1081784	375044			962218	172769	6024046

15-6 续表　　(2021年)　　单位：千元

地区	按登记注册类型分组			按经济组织类型分组			
	其他企业	港澳台商投资企业	外商投资企业	独资企业	合作伙伴企业	股份有限公司	有限责任公司
全　省	**52169**	**5181882**	**642490**	**35468936**	**1489339**	**16370641**	**437921932**
沈　阳		5030561	70110	15784449	168824	9090411	150486727
大　连		123913	134138	2027010	62451	4116143	103575240
鞍　山	52169			2873429	989200	177925	26380549
抚　顺				737992	1081	192511	12163885
本　溪				141776		47599	7374152
丹　东				1204255	37512	552602	27252781
锦　州			124095	5384375	184059	88053	10946227
营　口		21675		69365	6367	94888	14808470
阜　新			42619	861544	27090	223605	7054289
辽　阳				1523853	11801	6026	19884059
盘　锦				310617		1573929	31820424
铁　岭			23328	835165		28894	11298622
朝　阳		5733		2255753		1736	7649072
葫芦岛			248200	1459353	954	176319	7227435

15-7 各地区建筑业企业实收资本

(2021年) 单位：千元

地区	实收资本合计	按登记注册类型分组						
		国有企业	集体企业	股份合作企业	联营企业	有限责任公司	股份有限公司	私营企业
全省	**103985491**	**4198813**	**1346500**	**212750**	**1657**	**36411536**	**1946889**	**57358769**
沈阳	33465278	1151156	171141	61600		13432579	1353559	14928436
大连	29749568	1293567	86747	58980		8200276	360000	19709432
鞍山	7008946	438076	390466	50000	1657	3605502	92500	2410745
抚顺	3447027	24971	70111			1916880		1435065
本溪	2414043	62975	10250			1062782		1278036
丹东	2746497	75689	60492	25000		313250	91100	2180966
锦州	3677536	650697	106775	6000		795106	1100	2077858
营口	4060320	78066		5100		282612		3687013
阜新	1672265	81963	3167			482994	23500	1078901
辽阳	4062327	61305	281006	6070		1913478	110	1800358
盘锦	4555881	500				2304597	10000	2238784
铁岭	2377626	93311	100300			1251949		932066
朝阳	2747198	112927	50000			622290		1941978
葫芦岛	2000979	73610	16045			227241	15020	1659131

15-7 续表 (2021年) 单位：千元

地区	按登记注册类型分组			按经济组织类型分组			
	其他企业	港澳台商投资企业	外商投资企业	独资企业	合作伙伴企业	股份有限公司	有限责任公司
全省	**20000**	**2268541**	**218036**	**7841557**	**237420**	**3663553**	**92240961**
沈阳		2226109	140698	3577074	61600	2587238	27239366
大连		14900	25666	1401285	61980	488720	27797583
鞍山	20000			836254	71657	97040	6003995
抚顺				95432		92000	3259595
本溪				83225		41000	2289818
丹东				136181	25000	92420	2492896
锦州			40000	757472	6000	51119	2862945
营口		7529		78066	5100	47323	3929831
阜新			1740	85130		43500	1543635
辽阳				342998	6070	110	3713149
盘锦				502		92030	4461349
铁岭				193611			2184015
朝阳		20003		163172		14102	2569924
葫芦岛			9932	91155	13	16951	1892860

15-8 各地区建筑业企业主营业务税金及附加与应交增值税

(2021年) 单位：千元

地区	税金合计	按登记注册类型分组						
		国有企业	集体企业	股份合作企业	联营企业	有限责任公司	股份有限公司	私营企业
全省	**10161585**	**358670**	**232429**	**7409**	**2189**	**4145449**	**214935**	**5138684**
沈阳	3494227	201786	59036	34	1198	1325991	138690	1723168
大连	2142930	16090	7780	3503		799237	32021	1278808
鞍山	692900	23903	72326	532	991	367793	1837	222663
抚顺	350108	9357	38741	415		160165	7616	133814
本溪	262420	4005	2271			133037		123107
丹东	263227	8476	3076	139		26370	5275	219891
锦州	317747	13510	14766	2509		81329	2859	202164
营口	293354	1170		54		11036	362	280588
阜新	178843	20955	3956			52907	3942	96986
辽阳	352173	1306	17606	223		181841	268	150929
盘锦	1018020	6285				775800	20901	215033
铁岭	257791	4106	7199			124013		121631
朝阳	283591	20331	1721			70446		190379
葫芦岛	254254	27390	3951			35484	1164	179523

15-8 续表 (2021年) 单位：千元

地区	按登记注册类型分组			按经济组织类型分组			
	其他企业	港澳台商投资企业	外商投资企业	独资企业	合作伙伴企业	股份有限公司	有限责任公司
全省	**2855**	**46717**	**12247**	**643395**	**14601**	**341645**	**9161943**
沈阳		42992	1332	307613	1352	237010	2948252
大连		2867	2624	26053	3864	50091	2062922
鞍山	2855			97414	4378	2614	588494
抚顺				48558	415	7779	293356
本溪				6327		3459	252634
丹东				11693	139	5719	245676
锦州			610	28276	2509	3727	283235
营口		144		1170	54	1081	291049
阜新			97	24957	1643	4339	147904
辽阳				19322	223	268	332360
盘锦				6329		23918	987772
铁岭			842	12153		4	245634
朝阳		714		22060		294	261237
葫芦岛			6742	31470	24	1342	221418

15-9 各地区建筑业企业利润总额

(2021年) 单位：千元

地 区	利润总额	按登记注册类型分组						
		国有企业	集体企业	股份合作企 业	联营企业	有限责任公 司	股份有限公 司	私营企业
全 省	**3613278**	**237407**	**-25882**	**-6197**	**2613**	**35403**	**111002**	**3278844**
沈 阳	3595649	130094	8070	-676	752	1523823	138817	1834658
大 连	708912	32521	1963	-2100		369751	-50326	358977
鞍 山	-2375185	25522	14791	775	1861	-2448889	1544	26363
抚 顺	297527	9834	2642	-253		359521	5103	-79320
本 溪	9645	22958	7394			-74011		53304
丹 东	69152	-22679	-172	-2226		-13549	9771	98007
锦 州	56247	5808	7855	-1761		-25597	2165	70125
营 口	351064	-5563		12		-44217	828	400378
阜 新	40962	3956	-152			-55300	1123	92103
辽 阳	106912	1256	-69653	32		2859	-379	172797
盘 锦	402551	3507				347487	6897	44659
铁 岭	-9316	1566	284			-33087		29576
朝 阳	278974	55316	436			92795		130344
葫芦岛	80184	-26689	660			33817	-4541	46873

15-9 续表 (2021年) 单位：千元

地 区	按登记注册类型分组			按经济组织类型分组			
	其他企业	港澳台商投资企业	外商投资企 业	独资企业	合作伙伴企 业	股份有限公 司	有限责任公 司
全 省	**2848**	**-35549**	**12788**	**173406**	**-881**	**303641**	**3137111**
沈 阳		-30990	-8899	109117	1037	293491	3192004
大 连		-4268	2394	34491	-2686	-26705	703812
鞍 山	2848			40223	5484	1547	-2422439
抚 顺				12954	-253	4414	280412
本 溪				30365		11438	-32158
丹 东				-22861	-2226	10336	83903
锦 州			-2348	13663	-1761	1009	43336
营 口		-374		-5563	12	1992	354623
阜 新			-768	2895	-393	1548	36912
辽 阳				-68172	32	-379	175431
盘 锦				3061		9127	390362
铁 岭			-7655	-6402		-282	-2632
朝 阳		83		55156		446	223372
葫芦岛			30064	-25521	-127	-4341	110173

15-10 各地区建筑业企业利税总额

(2021年) 单位：千元

地区	利税总额	按登记注册类型分组						
		国有企业	集体企业	股份合作企业	联营企业	有限责任公司	股份有限公司	私营企业
全省	**11939817**	**457856**	**243456**	**7666**	**2842**	**4888025**	**246092**	**6025287**
沈阳	4119229	271432	61652	34	1386	1521973	177411	2039681
大连	2458222	16611	8036	3637		930854	21417	1470453
鞍山	905458	26222	75174	654	1456	541700	2023	255113
抚顺	418718	9701	38991	415		212825	8891	147895
本溪	275981	4008	2295			137422		132256
丹东	328583	10507	3109	139		28852	5868	280108
锦州	363832	17824	15917	2509		101391	2976	222605
营口	395756	1208		55		12168	383	381798
阜新	202691	24501	4080			58586	4079	111348
辽阳	467388	1308	20942	223		246776	269	197870
盘锦	1089579	7479				821440	21611	239048
铁岭	289179	4432	7457			140225		136223
朝阳	339320	33695	1830			88630		214451
葫芦岛	285881	28928	3973			45183	1164	196438

15-10 续表 (2021年) 单位：千元

地区	按登记注册类型分组			按经济组织类型分组			
	其他企业	港澳台商投资企业	外商投资企业	独资企业	合作伙伴企业	股份有限公司	有限责任公司
全省	**3116**	**49519**	**15957**	**755666**	**15792**	**409342**	**10759016**
沈阳		44318	1342	381682	1560	301054	3434933
大连		4343	2871	26938	3998	43117	2384169
鞍山	3116			102633	5226	2853	794746
抚顺				49163	415	9056	360084
本溪				6355		4609	265017
丹东				13814	139	8316	306314
锦州			610	33741	2509	4663	322919
营口		144		1208	55	1256	393237
阜新			97	28627	1643	4487	167934
辽阳				22665	223	269	444231
盘锦				7524		27524	1054530
铁岭			842	12737		364	276078
朝阳		714		35536		303	303481
葫芦岛			10195	33043	24	1471	251343

15-11 各地区总承包与专业承包建筑企业个数、设备及人数

(2021年)

地 区	建筑业企业个数（个）	年末自有机械设备总功率（万千瓦）	年末自有机械设备净值（万元）	劳动生产率（元/人）
全 省	**5816**	**424.0**	**594376.2**	**578784**
沈 阳	1782	155.5	218978.2	668786
大 连	1325	52.3	88747.8	608378
鞍 山	324	43.8	51464.5	708157
抚 顺	136	19.5	21630.6	439504
本 溪	166	6.0	17079.5	368841
丹 东	277	25.9	24245.8	444580
锦 州	263	9.8	9374.5	347722
营 口	308	11.0	27968.7	436164
阜 新	195	11.7	10062.3	635771
辽 阳	160	38.5	47066.8	436590
盘 锦	261	30.0	50257.9	690205
铁 岭	142	7.1	5834.6	332538
朝 阳	263	6.0	11416.0	408296
葫芦岛	214	6.8	10249.0	371503

15-12 各地区国有总承包与专业承包建筑企业个数、设备及人数

(2021年)

地 区	建筑业企业个数（个）	年末自有机械设备总功率（万千瓦）	年末自有机械设备净值（万元）	劳动生产率（元/人）
全 省	**111**	**24.7**	**33108.3**	**451307**
沈 阳	29	14.6	17623.2	384813
大 连	11			1361610
鞍 山	14	0.2	258.8	339592
抚 顺	4	0.2	319.1	569553
本 溪	4			462967
丹 东	11	2.0	1100.1	587617
锦 州	6	2.0	4162.8	393618
营 口	3			228014
阜 新	7	1.3	1415.9	568095
辽 阳	3	2.3	2854.5	132779
盘 锦	1			4205988
铁 岭	4	0.2	81.1	194923
朝 阳	7	1.4	2546.8	383694
葫芦岛	7	0.6	2746.0	527105

15-13 各地区集体总承包与专业承包建筑企业个数、设备及人数

(2021年)

地 区	建筑业企业个数(个)	年末自有机械设备总功率(万千瓦)	年末自有机械设备净值(万元)	劳动生产率(元/人)
全 省	**94**	**2.7**	**14484.6**	**304751**
沈 阳	17	1.1	8120.7	187780
大 连	9			123000
鞍 山	20			567627
抚 顺	8	0.4	637	447063
本 溪	2			183380
丹 东	5		4630	1227552
锦 州	7		12.7	399628
营 口				
阜 新	2			147656
辽 阳	14	1.0	1069.7	265419
盘 锦				
铁 岭	5	0.2	14.5	100337
朝 阳	1			193218
葫芦岛	4			107487

15-14 各地区总承包与专业承包建筑企业施工及竣工产值

(2021年) 单位：千元

地 区	建筑业总产值	建筑工程产值	安装工程产值	其他产值	竣工产值
全 省	**404489933**	**330804819**	**56721582**	**16963532**	**152344697**
沈 阳	171351567	143888983	20601866	6860718	51802479
大 连	94692832	79115197	13182276	2395359	31742010
鞍 山	28943069	22380782	4021724	2540563	8423468
抚 顺	7882946	6407234	991478	484234	3916526
本 溪	7094294	5218146	1577418	298730	2323737
丹 东	8950293	7789828	888562	271903	4102769
锦 州	9769946	7865473	1655650	248823	4511673
营 口	11952213	10449338	1225904	276971	5396699
阜 新	8202723	7167202	554692	480829	3581500
辽 阳	16725776	15435403	763120	527253	17341205
盘 锦	17905989	8301637	8695873	908479	7506690
铁 岭	5421037	3531886	987555	901596	2771601
朝 阳	8711810	7626914	792837	292059	4740717
葫芦岛	6885438	5626796	782627	476015	4183623

15-15 各地区国有总承包与专业承包建筑企业施工及竣工产值

(2021年) 单位：千元

地区	建筑业总产值				竣工产值
		建筑工程产值	安装工程产值	其他产值	
全 省	**10295215**	**7081089**	**2616109**	**598017**	**5032239**
沈 阳	3026936	2106645	841728	78563	2194504
大 连	1153284	1132007	6614	14663	79413
鞍 山	861546	222161	327485	311900	576168
抚 顺	298446	298446			29160
本 溪	152779	103779	49000		49000
丹 东	553535	523007	29028	1500	411051
锦 州	2040515	1107912	932603		45317
营 口	47883	47883			12758
阜 新	509581	509581			442937
辽 阳	58954	8954	50000		6096
盘 锦	357509	357509			357509
铁 岭	95902	76921		18981	26981
朝 阳	415157	332749		82408	205757
葫芦岛	723188	253535	379651	90002	595588

15-16 各地区集体总承包与专业承包建筑企业施工及竣工产值

(2021年) 单位：千元

地区	建筑业总产值				竣工产值
		建筑工程产值	安装工程产值	其他产值	
全 省	**5590955**	**4007586**	**531464**	**1051905**	**2534402**
沈 阳	795060	743289	51771		198786
大 连	122754	95561	804	26389	25880
鞍 山	2046297	702486	342070	1001741	867568
抚 顺	374639	357639	17000		269125
本 溪	38143	38143			38143
丹 东	306888	306688	200		259800
锦 州	619823	596050		23773	266125
营 口					
阜 新	31746	22405	9341		31746
辽 阳	643111	562391	80720		259896
盘 锦					
铁 岭	87594	87592		2	77914
朝 阳	419670	419670			188870
葫芦岛	105230	75672	29558		50549

15-17 各地区总承包与专业承包建筑企业施工及竣工房屋面积

(2021年)

单位：万平方米、万元

地 区	房屋建筑施工面积	#本年新开工面积	房屋建筑竣工面积	房屋建筑竣工价值
全 省	**18129.7**	**5456.4**	**3459.0**	**5864423.5**
沈 阳	10050.8	2573.8	1323.4	2499720.8
大 连	4230.6	1281.5	839.6	1515131.8
鞍 山	550.2	203.3	173.7	269703.9
抚 顺	115.8	33.7	70.6	117638.9
本 溪	120.2	62.4	66.5	94625.3
丹 东	867.7	262.3	159.5	231409.1
锦 州	250.8	121.5	143.2	202779.3
营 口	440.9	203.4	182.9	321088.6
阜 新	173.8	65.0	97.6	110538.4
辽 阳	335.0	192.2	59.0	97707.3
盘 锦	49.6	21.7	23.5	33486.7
铁 岭	113.3	44.9	52.6	57363.6
朝 阳	427.4	188.3	129.4	141112.3
葫芦岛	403.7	202.3	137.5	172117.5

15-18 各地区国有总承包与专业承包建筑企业施工及竣工房屋面积

(2021年)

单位：万平方米、万元

地 区	房屋建筑施工面积	#本年新开工面积	房屋建筑竣工面积	房屋建筑竣工价值
全 省	**40.8**	**21.2**	**35.9**	**28028.2**
沈 阳	11.7	8.6	9.8	5218.0
大 连	0.7	0.7	0.7	1239.0
鞍 山	1.7	0.8	1.7	2937.6
抚 顺				
本 溪	3.0	1.3		
丹 东	2.7	1.8	2.7	5240.0
锦 州				
营 口				
阜 新				
辽 阳				
盘 锦				
铁 岭	0.8		0.8	900.1
朝 阳				
葫芦岛	20.1	8.1	20.1	12493.5

15-19 各地区集体总承包与专业承包建筑企业施工及竣工房屋面积

(2021年)　　单位：万平方米、万元

地　区	房屋建筑施工面积	#本年新开工面积	房屋建筑竣工面积	房屋建筑竣工价值
全　省	**222.3**	**109.3**	**77.2**	**106458.0**
沈　阳	34.6	24.9	2.0	1575.0
大　连	20.4	1.0		40.5
鞍　山	3.6	3.6	3.6	5394.7
抚　顺	6.0	6.0	6.0	11000.0
本　溪				
丹　东	34.9	23.3	15.6	25980.0
锦　州	32.9	21.7	20.5	23335.5
营　口				
阜　新	1.9		1.9	2240.5
辽　阳	16.9	12.5	6.9	13630.5
盘　锦				
铁　岭	4.7	4.0	4.0	4374.3
朝　阳	66.6	12.3	16.7	18887.0
葫芦岛				

15-20 各地区总承包与专业承包建筑企业年末资产负债

(2021年)　　单位：千元

地　区	流动资产合　计	固定资产原　价	固定资产累计折旧	资产总计	流动负债合　计	长期负债合　计	负债合计	所有者权益合计
全　省	**557065112**	**69631627**	**38704233**	**665085021**	**441019977**	**30742076**	**491250850**	**173922492**
沈　阳	197379206	19711502	11029461	232801479	161590778	6934505	175530411	57273394
大　连	129115671	17174566	10720311	154606858	103060686	4676267	109780844	44826015
鞍　山	34225611	5229873	2994840	41020744	28214972	1756985	30421103	10589429
抚　顺	13374321	2454356	1842305	16092635	11039935	1622138	13095469	2997166
本　溪	8291353	1834693	1072099	10647678	6644969	607854	7563527	3084152
丹　东	28316654	3002891	1436231	35282695	15854807	12173959	29047150	6235545
锦　州	17018231	2127415	926322	20794929	15209729	607195	16602714	4192215
营　口	18500352	2199978	1018199	22161871	14142785	54780	14979090	7182781
阜　新	8847870	1394135	711765	11788663	7258283	81601	8166528	3717064
辽　阳	22425157	4346624	2931974	25707710	21009021	366466	21425739	4281971
盘　锦	44069121	5245872	2014260	50737259	29513440	1275111	33704972	17032287
铁　岭	13140734	1160442	640395	15648553	10918572	72256	12162681	3485872
朝　阳	12146446	2121916	613317	15739892	8883927	234595	9906561	5834607
葫芦岛	10214385	1627364	752754	12054055	7678073	278364	8864061	3189994

15-21 各地区国有总承包与专业承包建筑企业年末资产负债

(2021年)

单位：千元

地　区	流动资产合　计	固定资产原　价	固定资产累计折旧	资产总计	流动负债合　计	长期负债合　计	负债合计	所有者权益合计
全　省	**22227773**	**3697944**	**2004589**	**30756477**	**19670045**	**2453958**	**23104036**	**7652441**
沈　阳	8622353	1362605	753609	12233940	7878070	1902873	10337855	1896085
大　连	1785875	503533	293544	4800810	1571438	380	1611785	3189025
鞍　山	1709193	322279	149712	2038714	1137500	173067	1358089	680625
抚　顺	334098	20796	12182	361550	241554	61917	303698	57852
本　溪	143546	74034	32814	205607	53549	82	104824	100783
丹　东	1171640	432619	153747	1562339	1078009	10190	1115781	446558
锦　州	4948816	373672	254407	5467957	4706068	165890	4871959	595998
营　口	47747	49787	22510	107693	69165	200	69365	38328
阜　新	810749	158765	75126	987075	798543		810917	176158
辽　阳	266998	77704	60349	287414	181716	20747	202463	84951
盘　锦	327608	447	72	330055	309465		309465	20590
铁　岭	430926	90149	27329	510160	374453		374453	135707
朝　阳	646868	144582	101658	815083	432986	118612	551598	263485
葫芦岛	981356	86972	67530	1048080	837529		1081784	-33704

15-22 各地区集体总承包与专业承包建筑企业年末资产负债

(2021年)

单位：千元

地　区	流动资产合　计	固定资产原　价	固定资产累计折旧	资产总计	流动负债合　计	长期负债合　计	负债合计	所有者权益合计
全　省	**7430322**	**1152016**	**482174**	**9031825**	**6600072**	**113419**	**7016993**	**2014832**
沈　阳	664903	230994	95735	846856	339181		353098	493758
大　连	458236	103740	31777	548170	364547		364548	183622
鞍　山	1825077	201341	126382	1932213	1456935	1219	1469386	462827
抚　顺	427615	68008	40973	505424	425386	373	426109	79315
本　溪	24837	18686	12912	37648	26731		26731	10917
丹　东	98723	61105	2442	161972	83301	1181	86482	75490
锦　州	376063	77173	19208	723884	404910	107506	512416	211468
营　口								
阜　新	28762	4510	3501	30241	38945	320	39265	-9024
辽　阳	1227698	304178	97912	1524721	1306176	2797	1308973	215748
盘　锦								
铁　岭	349867	13727	7319	444416	201168		350843	93573
朝　阳	1722806	41715	22603	1793451	1704098		1704098	89353
葫芦岛	225735	26839	21410	482829	248694	23	375044	107785

15-23 各地区总承包与专业承包建筑企业损益及分配

(2021年) 单位：千元

地区	主营业务收入	主营业务成本	主营业务税金及附加	其他业务利润	管理费用	营业利润	利润总额	应收工程款	亏损企业个数(个)
全省	**399025819**	**347973269**	**2275832**	**398112**	**20056172**	**3268783**	**3613278**	**128553514**	**1792**
沈阳	174818574	153715555	688339	85975	8756208	3408124	3595649	47036289	458
大连	88925392	77894526	332306	76352	4167814	569995	708912	41014028	499
鞍山	28208663	25308241	148126	35453	1488797	-2387193	-2375185	5254291	107
抚顺	8419348	6896119	73313	148812	479202	297429	297527	4729386	42
本溪	6856505	6000290	44177	1164	379161	18143	9645	1624355	47
丹东	7884855	6491329	34804	14865	594427	118037	69152	2850981	96
锦州	11799909	10244616	53987	1479	705258	24014	56247	3777743	75
营口	12435346	10413329	79388	-4545	558427	347754	351064	5399947	78
阜新	6337084	5242136	33075	3486	366959	37889	40962	2132781	48
辽阳	14954706	13788842	40680	16008	559588	94449	106912	3380241	58
盘锦	16163430	12928369	619175	4631	780313	356395	402551	4751926	95
铁岭	5958574	4925350	33806	4304	311218	480	-9316	2502074	55
朝阳	9103859	7983432	48352	10128	468461	279202	278974	1508434	70
葫芦岛	7159574	6141135	46304		440339	104065	80184	2591038	64

15-24 各地区国有总承包与专业承包建筑企业损益及分配

(2021年) 单位：千元

地区	主营业务收入	主营业务成本	主营业务税金及附加	其他业务利润	管理费用	营业利润	利润总额	应收工程款	亏损企业个数(个)
全省	**16915881**	**15026157**	**73812**	**41197**	**1141926**	**152248**	**237407**	**4163767**	**32**
沈阳	8159580	7524452	38894	9108	419316	38008	130094	2084698	13
大连	1737200	1554886	3088	15108	90740	32045	32521	230731	2
鞍山	923924	767131	7378	3358	82115	22533	25522	80110	4
抚顺	322015	288801	1374		20014	11853	9834	19843	1
本溪	162850	123098	1358	1247	14842	24335	22958	15306	1
丹东	423232	277419	1841	8964	68301	-21594	-22679	61927	3
锦州	2998909	2691400	7940	1513	205983	-9602	5808	631864	2
营口	8684	6893	803		7523	-5514	-5563	15361	1
阜新	477754	409752	3983		49124	3490	3956	431012	1
辽阳	80002	64528	169	214	8866	1283	1256	166929	
盘锦	357521	334400	868		6514	3507	3507	177596	
铁岭	121027	107978	292		10309	2091	1566	4570	
朝阳	402173	257432	1244	1685	36423	54324	55316	13180	
葫芦岛	741010	617987	4580		121856	-4511	-26689	230640	4

15-25 各地区集体总承包与专业承包建筑企业损益及分配

(2021年)

单位：千元

地区	主营业务收入	主营业务成本	主营业务税金及附加	其他业务利润	管理费用	营业利润	利润总额	应收工程款	亏损企业个数(个)
全省	**5937602**	**4982189**	**64532**	**1067**	**379202**	**-24347**	**-25882**	**1146754**	**35**
沈阳	749805	678596	28579		25636	14579	8070	173732	6
大连	208328	193263	1114		11058	2564	1963	78756	3
鞍山	2322264	1803467	6731	590	68183	6789	14791	120465	5
抚顺	515717	381103	18753		116025	2533	2642	182393	3
本溪	40007	27027	319		5177	7356	7394	9272	
丹东	83612	59590	302		4593	-130	-172	8311	2
锦州	603941	583851	2400		15874	8040	7855	228078	2
营口									
阜新	36381	32128	318		3786	-208	-152	20234	1
辽阳	770311	739076	2519	477	88861	-69005	-69653	303890	9
盘锦									
铁岭	95639	71355	1191		9638	1875	284	21623	3
朝阳	386018	362589	1721		13292	679	436		
葫芦岛	125579	50144	585		17079	581	660		1

主要统计指标解释

建筑业统计单位 指从事房屋、构筑物建造和设备安装活动的生产单位，根据不同的组织方式，建筑业统计的调查单位分为法人建筑业企业和附营建筑施工单位。法人建筑业企业是指专门组织的独立核算的法人建筑业企业，它应同时具备的条件是：①依法成立，有自己的名称、组织机构和场所，能够承担民事责任；②独立拥有和使用资产，承担负债，有权与其他单位签订合同；③独立核算盈亏，能够编制资产负债表。另一种调查单位是其他行业的企业、事业单位为完成本单位固定资产建造任务而自行组织的附营建筑施工单位，它应同时具备的条件是：①具有一个场所，从事或主要从事建筑安装活动；②单独组织生产经营活动；③在企业内部单独核算收支。

建筑业总产值(即自行完成施工产值) 指建筑业企业或附属施工单位自行完成的按工程进度计算的建筑安装生产总值。施工产值包括：

①建筑工程产值：指列入建筑工程预算内的各种工程价值。

②设备安装工程产值：指设备安装工程价值。

③房屋、构筑物修理产值：指房屋、构筑物修理所完成的价值，但不包括被修理房屋、构筑物本身的价值和生产设备的修理价值。

④非标准设备制造产值：指加工制造没有定型的、非标准的生产设备的加工费和原材料价值，不论是现场还是附属加工厂为本单位承建工程制造的非标准设备的价值，都应计算产值。

竣工产值 指在报告期内，按照设计所规定的工程内容全部完成，达到了设计规定的交工条件，经有关部门检查验收鉴定合格的单位工程价值之和。

房屋建筑施工面积 指在报告期内施工的全部房屋建筑面积。包括本期内新开工的、上期施工跨入本期继续施工、上期停建本期复工的房屋建筑面积；不包括上期开工后又停工，本期未施工的房屋建筑面积。

房屋建筑竣工面积 指在报告期内，按照设计所规定的工程内容全部完成，达到了设计规定的交工条件，经有关部门检查验收鉴定合格的房屋建筑面积。

住宅竣工面积 指房屋建筑竣工面积中供居住用的房屋建筑竣工面积。

自有机械设备年末总台数 指归本企业(或单位)所有，属于本企业固定资产的生产性机械设备年末总台数。包括施工机械、生产设备、运输设备以及其他设备。

自有机械设备年末总功率 指本企业(或单位)自有施工机械、生产设备、运输设备以及其他设备等列为在册固定资产的生产性机械设备年末总功率，按设定能力或查定能力计算。包括机械本身的动力和为该机械服务的单独动力设备，如电动机等。计量单位用千瓦，动力换算可按 1 马力=0.735 千瓦折合成千瓦数。电焊机、变压器、锅炉不计算动力。

工程结算收入 指企业(或单位)按工程的分部分项自行完成的建筑产品价值并已与甲方在报告期内办理结算手续的工程价款收入，以及向甲方收取的除工程价款以外的按规定列作营业收入的各种款项，如临时设施费、劳动保险费、施工机械调迁费等以及向甲方收取的各种索赔款。

工程结算利润 指已结算工程实现的利润。如为亏损以“-”号表示。其计算公式为：

工程结算利润=工程结算收入-工程结算成本-工程结算税金及附加

企业总收入 指与企业生产经营直接有关的各项收入，包括工程结算收入和其他业务收入，即：

企业总收入=工程结算收入+其他业务收入

十六、运输和邮电

Chapter 16 Transport, Post and Telecommunication Services

16-1 交通运输业基本情况

指　　标	2010年	2011年	2012年	2013年	2014年	2015年	2016年	2017年	2018年	2019年	2020年	2021年
运输线路长度(公里)												
铁路营业里程	3988	4035	4757	4875	4899	5328	5340	5543	6153	6141	6195	6302
公路通车里程	101545	104026	104679	110072	114504	119362	119688	121722	122044	123830	129928	129996
内河航道里程	813	813	813	813	813	813	813	813	813	813	813	813
民航定期航班航线里程	242959	255196	244980	294175	25484833	31505963	33101550	31431252	442702	526390	386398	315502
#国际航线	45094	51294	34188	39564	32166	32259	34896	25985	50813	41205	46719	515
客运量总计(万人)	102241	99328	104113	92629	95364	75039	75077	74042	73083	71977	34440	28289
铁路	13298	12016	12018	13012	12820	12912	14040	14266	14422	15137	7063	7654
公路	87699	86013	90650	78168	80789	60269	59054	57665	56355	54599	26211	19362
水运	490	549	588	534	542	504	538	552	567	530	228	268
民用航空	754	750	857	915	1213	1354	1445	1559	1739	1711	939	1006
货运量总计(万吨)	163303	190329	212957	215375	231743	208562	215989	220916	229696	184954	179200	189857
铁路	18622	18716	17388	20484	19103	14541	16222	17734	19686	21184	23957	23148
公路	127361	151773	174355	172923	189174	172140	177371	184273	189737	144556	138569	152596
水运	10434	11632	12631	13379	13810	13439	13464	14122	13918	12498	4797	3491
民用航空	10	9	10	10	12	14	14	14	15	15	10	9
管道	6876	8199	8573	8579	9644	8429	8918	4773	6340	6701	11867	10613
民用汽车拥有量(万辆)	347.9	402.2	449.6	482.8	538.6	596.8	666.7	731.3	800.1	864.3	934.3	1003.2
载客汽车辆数(万辆)	225.7	276.2	328.6	379.9	436.5	496.1	568.5	633.1	698.4	757.8	818.9	881.9
载货汽车辆数(万辆)	67.4	76.9	82.2	73.5	80.0	82.7	87.1	90.2	94.1	99.2	111.1	116.8
私人汽车拥有量(万辆)	242.3	288.9	334	377.8	434.1	491.9	559.8	624.7	690.6	753.4	821.6	889.2
民用运输船舶拥有量(艘)												
#机动船	553	546	557	524	528	493	462	468	461	447	315	331
驳船	11	10	17	10	7	7	9	10	10	9	4	8
沿海主要港口货物吞吐量(万吨)	67952	78374	88502	98354	103675	104859	109076	112558	100530	86124	82004	78768

注：1.2014年民航加入深航沈阳分公司数据。下同。
2.2013年、2014年管道加入中国石油管道锦州输油气分公司数据。下同。
3.2013年、2014年铁路货运量和货物周转量加入地方铁路数据。下同。
4.2018年民航定期航班航线里程数据因深圳航空系统升级不能再提供数据，因此数据不可比。16-02表同本表。
5.按照交通运输部下发的“道路货物运输量专项调查数据推算方法”，根据交通运输部反馈的2019年辽宁省道路货物运输量专项调查数据结果，对2019年我省公路货运量和货物周转量进行调整。

16-2 运输线路长度

单位：公里

年 份	铁路营业里程	#辽宁省	公路通车里程	#有铺装路面简易铺装路面	#高速公路	内河航道里程	民航通航里程	#国内航线
1990	8798	3702	40109	10172	375	508	99545	89199
1991	8993	3758	40195	11471	375	508	136027	129195
1992	8993	3758	41548	13644	391	508	204870	200822
1993	8993	3758	41638	15382	406	508	271841	258947
1994	8807	3758	42763	17155	420	508	305884	242445
1995	8811	3568	43434	18590	509	508	277945	259264
1996	8811	3568	43753	19365	509	508	321207	246776
1997	8813	3569	44041	20171	509	508	179369	166238
1998	8796	3558	44483	21419	707	508	124089	110587
1999	8798	3558	45020	23023	877	813	192148	170339
2000	8800	3556	45547	24264	1068	813	219198	201702
2001	8792	3548	46603	25664	1068	813	192148	170339
2002	8809	3565	48051	27557	1637	813	239243	211331
2003	8887	3939	50095	30600	1637	813	238429	191061
2004	9299	3939	52415	34838	1637	813	335729	276409
2005	9282	3922	53521	37930	1773	813	329166	255545
2006	9309	3927	97191	43333	1849	813	376435	312239
2007	9321	3934	98101	46738	1975	813	248179	204584
2008	9431	3928	101144	52762	2747	813	200359	167458
2009	9437	3962	101117	62497	2833	813	243991	200273
2010	9460	3988	101545	63324	3056	813	242959	197865
2011	9843	4035	104026	65636	3300	813	255196	199802
2012	10948	4757	104679	68762	3912	813	244980	210792
2013	11580	4875	110072	71425	4023	813	294175	254611
2014	11727	4899	114504	72382	4172	813	25484833	25447867
2015	12894	5328	119362	78155	4195	813	31505963	31472704
2016	12906	5340	119688	81253	4195	813	33101550	33066654
2017	13100	5543	121722	85759	4212	813	31431252	31405267
2018	13839	6153	122044	94376	4331	813	442702	380695
2019	14212	6141	123830	98778	4331	813	526390	485185
2020	14368	6195	129928	103951	4331	813	386398	339679
2021	14583	6302	129996	114272	4348	813	315502	314987

16-3 旅客运输量

单位：万人

年 份	总计	铁路	公路	水运	民航
1990	44547	15823	28367	302	55
1991	46643	14733	31480	355	75
1992	50908	15083	35263	465	97
1993	49756	15072	34050	521	113
1994	50223	15366	34223	502	132
1995	52228	13928	37591	533	176
1996	55828	11884	43193	553	198
1997	53430	10403	42276	540	211
1998	51140	9960	40468	474	238
1999	49239	9937	38382	595	325
2000	51555	10174	40385	616	380
2001	52259	10038	41207	602	412
2002	54339	9701	43554	626	458
2003	50813	8706	41076	542	489
2004	58099	9591	47370	637	501
2005	60599	9503	49917	650	529
2006	64543	9883	53317	714	629
2007	71322	10417	59562	651	692
2008	90729	11958	77510	597	664
2009	96172	13336	81585	543	708
2010	102241	13298	87699	490	754
2011	99328	12016	86013	549	750
2012	104113	12018	90650	588	857
2013	92629	13012	78168	534	915
2014	95364	12820	80789	542	1213
2015	75039	12912	60269	504	1354
2016	75077	14040	59054	538	1445
2017	74042	14266	57665	552	1559
2018	73083	14422	56355	567	1739
2019	71977	15137	54599	530	1711
2020	34440	7063	26211	228	939
2021	28289	7654	19362	268	1006

16-4 旅客周转量

单位：亿人公里

年 份	总计	铁路	公路	水运	民航
1990	369.3	254.9	97.4	5.9	11.1
1991	392.8	259.1	111.5	6.9	15.3
1992	503.7	285.2	125.9	8.7	19.6
1993	465.9	306.0	121.3	8.7	29.9
1994	471.4	312.8	120.4	7.7	30.5
1995	451.5	292.5	109.9	8.6	40.5
1996	457.0	261.2	149.5	9.4	36.9
1997	460.9	271.5	145.5	9.2	34.7
1998	476.3	276.7	159.1	7.3	33.2
1999	496.4	291.9	149.6	11.9	43.0
2000	534.4	314.1	159.9	10.7	49.7
2001	562.4	326.5	167.1	8.4	60.4
2002	585.5	340.1	173.8	8.6	63.0
2003	545.3	306.9	164.1	7.2	67.0
2004	662.2	370.4	194.9	8.4	88.5
2005	673.1	381.4	210.1	8.4	73.2
2006	747.2	412.6	236.6	9.2	88.8
2007	806.1	436.6	263.5	8.4	97.6
2008	892.6	465.9	323.0	7.8	95.9
2009	940.0	483.5	350.1	7.0	99.4
2010	1014.0	510.1	388.8	6.4	108.7
2011	1065.4	549.0	399.7	7.0	109.7
2012	1099.4	542.2	427.2	7.5	122.5
2013	1074.7	572.7	362.4	6.5	133.1
2014	1181.5	609.0	375.6	6.5	190.4
2015	1119.4	604.7	313.1	6.0	195.7
2016	1145.1	623.4	306.7	6.0	209.0
2017	1166.5	634.9	298.9	6.1	226.7
2018	1204.4	641.3	291.5	6.0	265.6
2019	1180.7	655.3	282.4	6.0	237.0
2020	580.7	288.5	141.7	1.6	148.9
2021	589.5	333.5	96.1	1.9	158.0

注：1.铁路1978以前为沈阳、锦州两路局合计数，1979年以后扣除长春分局数，1983年以后为辽宁境内数，1988年以后还包括地方铁路。
2.公路、水运口径同客运量。

16-5 货物运输量

单位：万吨

年 份	总计	铁路	公路	水运	民航	管道
1990	76326.3	14306	56105	1521	1.3	4393
1991	79057.3	14624	58197	1861	2.3	4373
1992	81084.0	14852	59739	2145	2.0	4346
1993	91578.0	14953	69964	2325	2.0	4334
1994	89876.0	14096	68953	2396	3.0	4428
1995	88464.9	13073	68524	2649	3.2	4216
1996	84823.0	13053	65174	2472	4.0	4120
1997	99588.0	12972	80471	2145	5.0	3995
1998	83478.0	12100	65481	1977	5.4	3915
1999	84625.0	12162	66253	2542	7.4	3660
2000	83603.9	12523	64515	3091	8.9	3466
2001	82295.0	12990	63281	2726	6.8	3292
2002	83573.1	13126	64101	3071	8.1	3264
2003	85825.6	13135	65981	3649	9.0	3052
2004	91401.6	13844	70164	4447	8.6	2938
2005	97748.4	14271	74799	5730	9.4	2939
2006	109140.0	15750	82142	7518	11.0	3719
2007	120615.2	16552	90387	8778	11.2	4887
2008	126938.7	17400	92938	9267	10.4	7323
2009	139541.3	18262	105088	9651	9.5	6531
2010	163303.2	18622	127361	10434	10.2	6876
2011	190329.0	18716	151773	11632	8.9	8199
2012	212956.6	17388	174355	12631	9.6	8573
2013	215375.0	20484	172923	13379	9.6	8579
2014	231743.0	19103	189174	13810	12.0	9644
2015	208562.7	14541	172140	13439	13.5	8429
2016	215989.0	16222	177371	13464	14.0	8918
2017	220916.4	17734	184273	14122	14.4	4773
2018	229695.7	19686	189737	13918	14.7	6340
2019	184954.0	21184	144556	12498	15.0	6701
2020	179199.6	23957	138569	4797	9.6	11867
2021	189856.8	23148	152596	3491	8.9	10613

16-6 货物周转量

单位：亿吨公里

年 份	总计	铁路	公路	水运	民航	管道
1990	1062.5	943.3	150.8	289.3	0.2	218.9
1991	1791.1	980.1	174.2	419.6	0.3	216.9
1992	1947.6	1023.2	207.6	501.3	0.4	215.1
1993	2078.8	1044.1	227.8	593.7	0.6	212.7
1994	2085.8	1038.2	221.3	605.8	0.6	219.9
1995	2090.2	1011.4	198.5	671.1	0.7	208.5
1996	1929.0	1003.6	245.1	479.4	0.9	200.0
1997	1846.7	1047.8	297.6	316.1	0.7	191.5
1998	1568.3	900.7	206.5	314.7	0.9	145.5
1999	1794.3	926.2	207.7	531.2	1.2	127.9
2000	1809.2	962.4	209.4	572.4	1.1	63.9
2001	1861.8	976.7	215.8	607.9	1.1	60.3
2002	1914.3	970.6	221.8	661.0	1.4	59.6
2003	2426.5	1012.8	226.5	1130.6	1.6	55.0
2004	2995.6	1154.2	327.0	1461.1	1.7	51.6
2005	3400.6	1194.8	415.6	1738.2	1.6	50.5
2006	4090.9	1206.0	474.7	2361.6	1.8	46.7
2007	5865.1	1293.3	568.1	3956.6	1.8	45.2
2008	7076.8	1342.5	1354.2	4333.0	1.8	45.3
2009	7793.8	1302.1	1550.5	4896.8	1.6	42.8
2010	9071.2	1398.3	1930.3	5695.7	1.7	45.2
2011	10464.3	1540.7	2328.5	6529.4	1.5	64.2
2012	11616.2	1399.6	2675.4	7483.3	1.6	56.3
2013	12087.6	1344.0	2792.0	7837.2	1.6	112.8
2014	12353.5	1180.4	3074.9	7979.5	2.1	116.6
2015	11790.1	893.6	2850.7	7963.2	2.3	80.3
2016	12221.2	899.5	2936.8	8275.8	2.4	106.7
2017	12913.7	1088.1	3058.6	8608.9	2.5	155.6
2018	10898.0	1183.1	3152.3	6317.6	2.6	242.4
2019	9183.3	1230.3	2662.5	5027.3	2.7	260.5
2020	5556.5	1296.0	2548.3	1575.8	1.8	134.6
2021	4639.8	1240.7	2719.5	559.1	1.7	118.8

16-7 铁路机车车辆年末实有数

指　标	单位	2010年	2011年	2012年	2013年	2014年	2015年	2016年	2017年	2018年	2019年	2020年	2021年
中央铁路													
机车台数总计	台	1705	2111	2041	2011	2048	1946	2099	2029	1968	1905	1861	1861
内燃机车	台	1282	1444	1453	1415	1379	1272	1282	1163	1062	990	911	905
客车辆数总计	辆	4608	4751	5094	5100	4933	6606	6671	6657	6567	6431	6304	6239
软座车	辆	333	407	646	707		1426	1426	1489	1528	1692	1636	1604
硬座车	辆	1887	1854	1849	1650	1766	1853	1725	1703	1654	1536	1498	1483
软卧车	辆	348	354	374	379	418	457	484	471	447	425	400	399
硬卧车	辆	1714	1793	1872	1831	2071	2216	2353	2311	2268	2161	2156	2149
餐车	辆	212	221	220	210	230	250	269	268	257	226	226	389
辽宁省境内各分局													
机车台数总计	台	990	1205	1146	1111	1175	1190	1212	1205	1227	1167	1090	1104
内燃机车	台	567	538	558	515	506	518	515	503	541	481	414	428
客车辆数总计	辆	3006	3013	3226	3475	3067	4467	4473	4437	4335	4158	4115	4102
软座车	辆	303	65	615	690		1402	1402	1430	1478	1576	1524	1472
硬座车	辆	1208	1180	1158	1105	1172	1179	1069	1039	993	874	836	823
软卧车	辆	209	531	238	248	255	272	299	292	270	248	237	246
硬卧车	辆	1090	1036	1016	1093	1211	1211	1279	1258	1194	1106	1155	1191
餐车	辆	128	125	119	126	138	140	153	153	141	114	118	125

16-8 辽宁省辖区铁路主要站旅客发送量

单位：万人

车站名称	2010年	2011年	2012年	2013年	2014年	2015年	2016年	2017年	2018年	2019年	2020年	2021年
总　计	**13298.0**	**12016.4**	**12017.5**	**13011.6**	**12819.7**	**12911.8**	**14040.2**	**14265.6**	**14421.8**	**15137.1**	**7062.8**	**7654.1**
开原	157.3	143.3	140.1	127.7	138.5	144.9	146.9	142.9	138.0	139.9	55.2	51.4
铁岭	297.3	233.2	200.0	187.7	210.6	217.5	220.2	221.8	204.5	199.9	76.7	72.8
沈阳	1433.3	1500.5	1618.8	1808.2	2025.6	2182.6	2445.6	2587.9	2675.1	2936.5	1313.6	1294.0
苏家屯	142.5	92.2	94.8	98.6	92.8	84.9	79.8	81.1	78.8	76.0	25.8	21.0
辽阳	284.0	199.4	218.7	311.1	313.7	332.7	346.4	364.0	370.3	376.9	172.8	187.8
黑山	0.3	0.2										
鞍山	484.5	462.0	441.1	392.6	362.7	335.4	323.7	329.7	353.5	335.2	121.6	118.8
海城	236.9	229.1	216.4	203.0	181.2	160.7	152.5	144.3	165.7	164.3	67.7	67.4
大石桥	168.9	179.1	175.0	152.1	138.8	127.7	124.6	124.1	126.5	120.0	49.2	43.5
瓦房店	233.5	279.6	272.6	240.5	215.2	199.0	199.9	204.5	216.4	207.1	81.6	75.3
金州	247.9	209.0	224.5	199.5	173.4	133.7	176.4	190.7	198.2	200.4	83.2	86.4
南关岭	1.9	1.7	1.7	1.3	1.6	0.4						
周水子	58.8	64.6	127.7	108.7	74.9	15.5	0.1					
大连	1247.9	1350.9	1219.7	1103.9	1073.4	1006.8	953.4	928.7	927.7	896.4	309.4	332.1
皇姑屯	103.0	68.7	2.8									
大成	12.2	4.8	0.8	0.7	1.0	0.9	0.2					
抚顺北	84.0	87.1	107.7	112.9	99.6	154.0	151.3	132.5	98.0	99.8	26.6	23.4
大官屯	0.9	1.5	2.0	1.7	2.6	3.3	2.8	2.2	2.0	1.4	0.2	0.2
沈阳东	0.9	1.4	1.0	0.7	0.2	0.2	0.2	0.0		0.3	0.1	0.2
沈阳北	1894.3	1709.8	1541.1	1820.0	1950.2	2071.6	2079.0	2031.0	2077.0	2066.5	986.0	1155.9
营口	65.5	64.8	66.6	38.4	35.7	27.3	25.0	24.6	27.0	27.2	7.6	3.8
旅顺	3.8	3.2	3.3	1.8	0.4					0.1		
丹东	262.0	254.3	239.2	227.6	203.7	275.6	481.6	471.0	473.0	481.3	198.1	223.8
凤凰城	104.2	111.9	116.1	112.6	106.6	86.4	44.8	40.1	33.0	30.3	6.1	5.2
本溪	1179.4	850.4	920.3	901.4	707.0	654.8	756.3	748.1	711.0	724.0	520.9	542.8
本溪湖	6.8											
安平	157.0	17.0	17.2	15.4	0.9	0.8	0.7	6.6	6.0	5.8	2.7	1.0
裕国(沈阳西)	1.0	0.6	0.2	0.2	0.3	0.6	0.2	1.3				
锦州	464.6	475.6	466.4	499.3	458.5	433.8	442.2	438.5	422.0	441.5	180.8	175.2
葫芦岛	176.8	173.1	175.1	183.5	167.9	162.4	164.8	164.3	173.0	170.3	68.3	66.5
大虎山	85.8	90.9	87.8	94.8	97.5	93.9	93.6	89.6	88.0	85.0	34.9	32.7
渤海	0.5	0.4	0.3	0.1								
盘锦	84.4	84.8	90.9	112.4	165.1	173.4	197.9	217.3	224.0	236.5	101.3	117.5
朝阳	86.9	84.3	83.7	82.7	76.9	74.9	65.9	59.5	56.7	113.9	79.8	122.7
阜新南(阜新)	140.6	139.2	145.3	161.4	146.3	135.8	136.6	149.2	199.0	149.3	99.1	138.6

16-9　辽宁省辖区铁路主要站货物发送量

单位：万吨

车站名称	2010年	2011年	2012年	2013年	2014年	2015年	2016年	2017年	2018年	2019年	2020年	2021年
总　计	**18622.0**	**18716.2**	**17387.5**	**20484.4**	**19102.8**	**14540.7**	**14657.2**	**15758.7**	**17799.6**	**19359.9**	**21952.6**	**21081.4**
开原	33.1	73.0	23.4	34.3	25.7	33.5	33.7	41.7	58.2	74.0	73.2	61.4
铁岭	132.2	16.9	11.5	14.1	22.8	50.2	150.3	32.4	27.0	27.1	32.5	34.8
沈阳	0.1				0.1							
苏家屯	135.2	52.6	36.3	26.2	37.9	46.4	19.1	33.6	31.8	42.4	58.8	19.6
辽阳	28.5	68.6	37.2	24.5	7.1	6.9	27.6	14.9	5.1	16.3	50.7	57.6
黑山	4.0	0.2		1.8	1.2	1.2	0.4	0.5	0.1			
鞍山					2.3	6.1	6.2	1.8				
海城	62.2	62.9	61.6	43.4	23.6	16.2	17.1	11.0	14.3	38.3	69.4	29.1
大石桥	409.4	112.8	106.5	83.4	73.5	42.7	28.7	34.9	34.3	38.9	45.6	37.0
瓦房店	1.2	2.5	0.8	0.9	6.4	29.2	24.3	3.1	5.6	2.3	0.8	0.8
金州	47.6	34.3	22.0	25.6	41.6	58.0	24.6	15.9	37.5	56.7	177.7	153.4
南关岭	14.4	21.8	16.2	9.2	6.9	7.3	34.6	18.0	6.2	4.0	7.1	1.9
周水子	2.1	2.1	1.3	0.4	0.4	1.8	2.4	3.6	1.3	0.2	0.1	0.1
大成	101.4	68.5	44.2	32.3	17.1	4.1	4.4		3.4	1.8	0.6	0.6
抚顺北	10.3	6.7	3.1	2.9	2.3	4.0	1.4	1.6	4.9	24.9	16.9	1.7
大官屯	571.4	512.8	470.1	581.6	563.8	558.6	484.9	363.2	389.7	439.0	448.7	368.8
沈阳东	81.6	82.2	67.9	68.9	75.0	89.5	122.4	120.5	63.2	43.5	44.8	39.6
营口	101.3	90.1	67.1	67.7	38.0	15.4	10.4	7.9	1.4	2.3	1.1	1.2
甘井子	403.9	380.5	292.7	215.4	221.5	101.2	63.2	65.2	75.6	75.9	63.4	67.0
旅顺	2.3	2.1	2.0	1.6	1.7	1.7	51.5	2.0	10.9	3.3	4.8	0.5
丹东	303.9	275.4	317.8	446.3	575.5	956.1	61.8	35.6	39.9	41.0	57.5	47.7
凤凰城	5.2	7.2	5.8	5.2	1.5	2.0	2.4	2.2	2.2	4.6	0.5	0.3
本溪	1075.7	1078.0	1030.3	1083.9	1062.0	760.2	794.2	878.3	940.0	933.5	982.9	1011.9
本溪湖	143.6	114.0	138.1	130.7	104.9	158.3	125.6	106.9	113.0	131.3	128.2	132.8
安平	342.4	394.1	463.5	431.8	431.3	445.8	450.3	419.9	430.7	419.7	357.5	376.3
裕国(沈阳西)									0.1	0.2	0.2	0.2
锦州	303.3	334.8	338.4	342.6	249.9	161.4	164.0	183.7	230.2	132.3	132.9	147.1
葫芦岛	252.5	273.8	242.9	157.1	185.2	194.2	155.6	172.9	230.6	164.8	77.7	171.2
大虎山	1.8	0.0	0.2	0.6	0.1	0.4	0.6	0.4	0.1			
渤海	110.3	118.9	152.4	186.1	198.2	237.0	202.9	188.6	168.3	174.6	127.1	105.9
盘锦	150.5	177.7	175.7	227.6	173.3	140.8	124.1	121.8	78.9	114.1	69.0	95.9
朝阳	32.3	36.9	30.7	23.6	7.4	27.0	30.5	6.6	0.9			
阜新南(阜新)	818.7	782.2	638.7	683.6	599.6	431.7	294.9	167.7	123.7	105.2	101.4	118.5

16-10 民用车辆拥有量

(2021年末) 单位：辆

指　　标	总计	总计中:			总计中:			报废
		营运	非营运	校车	进口	个人	新注册	
合　　计	**11253722**	**1017918**	**10216166**	**9118**	**561255**	**9897773**	**694029**	**70234**
一、汽车	**10032402**	**792491**	**9221278**	**9118**	**554880**	**8892105**	**632088**	**58681**
1. 载客汽车	8818920	156720	8643567	9118	549486	8193890	536791	36693
#大型	72350	45312	19530	7508	643	5348	3464	3244
中型	34202	2498	30094	1610	519	13994	520	1391
小型	8667778	108909	8549354		545289	8131602	532806	30951
微型	44590	1	44589		3035	42946	1	1107
#轿车	5843513	107921	5726762		179230	5538755	297207	20516
2. 载货汽车	1167591	629194	538397		5159	681256	92192	21332
#重 型	387482	350582	36900		680	105743	37257	14971
中 型	41100	31590	9510		85	23634	1502	1429
轻 型	715016	239167	475849		4393	531107	51591	4626
微 型	142	53	89		1	96	1	24
3. 其它汽车	45891	6577	39314		235	16959	3105	656
二、电车	**35**	**35**						
无轨	35	35						
有轨								
三、摩 托 车	**1017682**	**30891**	**985786**		**5893**	**983383**	**49263**	**6974**
普通	1008071	30830	976239		5893	974728	47382	6960
轻便	9611	61	9547			8655	1881	14
四、拖拉机								
五、挂车	**198347**	**193830**	**4517**		**412**	**20281**	**11829**	**4554**
六、其它类型车	**5256**	**671**	**4585**		**70**	**2004**	**849**	**25**

16-11 公路线路年底到达数

(2021年)

单位：公里

指标	公路里程总计	等级公路					
		合计	专用公路		一般公路		
			高速	一级	二级	三级	四级
本年年底到达数	**130590**	**126174**	**4348**	**3545**	**18669**	**29383**	**70230**
#1. 干线公路	20192	20186	4348	2569	12385	854	30
国道	9948	9948	3559	1418	4844	127	
省道	10244	10239	789	1151	7541	727	30
2. 县道	8676	8676		808	5018	2795	55
3. 乡道	29951	29951		48	800	21652	7452
4. 专用公路	814	798		11	69	351	367

16-12 船舶拥有量

单位：艘、吨

指标	2010年	2011年	2012年	2013年	2014年	2015年	2016年	2017年	2018年	2019年	2020年	2021年
民用船舶拥有量												
水运船舶	553	564	574	534	535	500	471	478	461	456	319	339
净载重吨	7202719	7655909	8113429	8095948	8070791	8089683	8491190	8669011	10102917	10568619	1175603	1311714
#拖轮	4	5	11	8	13	11	11	11	7	6	5	6
驳船	11	10	17	10	7	7	9	10	10	9	4	8
净载重吨	40011	32719	31006	31108	21721	21721	30668	34197	34197	29197	5488	36530

16-13 全社会水运客货运输量

年 份	货运量 (万吨)	货运周转量 (万吨公里)	客运量 (万人)	旅客周转量 (万人公里)
1990	1521	2892885	302	59396
1991	1861	4196000	355	59296
1992	2145	5013673	465	86880
1993	2325	5936798	521	86605
1994	2426	6152164	501	78201
1995	2649	6711204	533	86146
1996	2472	4794110	553	94208
1997	2145	3161179	540	91795
1998	1977	3147000	474	73000
1999	2542	4528000	595	119000
2000	3091	5724000	616	107000
2001	2726	6079116	602	84299
2002	3071	6609993	626	86095
2003	3649	11305708	542	71790
2004	4447	14611161	637	84187
2005	5730	17381637	650	83902
2006	7518	23616152	714	91583
2007	8778	39565875	651	84116
2008	9267	43330070	597	77776
2009	9651	48968411	543	70385
2010	10434	56957104	490	63899
2011	11632	65293536	549	70435
2012	12631	74833231	588	75042
2013	13379	78371594	534	65178
2014	13810	79795252	542	65215
2015	13439	79631726	504	59666
2016	13464	82758208	538	60053
2017	14122	86089164	552	60609
2018	13918	63175894	567	60473
2019	12498	50272669	530	60059
2020	4797	15758197	228	15991
2021	3491	5590882	268	18865

16-14 沿海港口码头长度和泊位数

港 名	2010年	2011年	2012年	2013年	2014年	2015年	2016年	2017年	2018年	2019年	2020年	2021年
港口码头长度(米)	**63654**	**67353**	**73168**	**70622**	**74807**	**82113**	**80664**	**81551**	**81551**	**81883**	**84582**	**87283**
#大连港	37563	37855	40749	38149	39449	43956	40765	41101	41101	41101	43218	43268
营口港	13533	15465	16898	16363	17432	18966	18975	18975	18975	18975	18975	18875
丹东港	4814	5326	6407	6407	7723	7626	7971	7626	7626	7626	7626	7626
锦州港	5530	5530	5530	6119	6119	6274	6119	6119	6119	6119	6119	6686
港口码头泊位(个)	**371**	**384**	**399**	**388**	**397**	**443**	**411**	**415**	**415**	**416**	**426**	**432**
#大连港	225	223	231	217	217	247	222	223	223	223	231	229
营口港	68	76	82	76	80	90	86	86	86	86	86	85
丹东港	33	40	38	45	47	42	42	42	42	42	42	42
锦州港	21	21	21	23	23	24	23	23	23	23	23	25

注：码头泊位包括浮筒泊位。

16-15 沿海港口吞吐量

指 标	2010年	2011年	2012年	2013年	2014年	2015年	2016年	2017年	2018年	2019年	2020年	2021年
货物吞吐量(万吨)	**67952**	**78374**	**88502**	**98354**	**103675**	**104859**	**109081**	**112558**	**100530**	**86124**	**82004**	**78768**
#大连港	31399	33691	37426	40746	42337	41482	43660	45517	46784	36641	33401	31553
营口港	22579	26085	30107	32013	33073	33849	35217	36267	37001	23818	23821	22997
进 港	32998	37140	44631	50339	51995	53311	54201	55369	53941	38174	38065	35654
#外 贸	16845	17369	12168	14046	15465	17117	17642	18978	22350	21667	24738	21626
内 贸	16153	19771	32463	36294	36530	36194	36560	36391	31591	16507	13328	14028
出 港	34954	41235	43871	48014	51680	51548	54880	57189	58235	47950	43939	43113
#外 贸	4748	5324	5433	5736	6692	6817	6791	7569	7535	7248	6125	5628
内 贸	30205	35911	38438	42279	44988	44731	48089	49620	50700	40702	37814	37485
旅客进出港量(万人)	**630.7**	**703.5**	**662.2**	**631.3**	**608.2**	**571.4**	**542.1**	**587.2**	**604.5**	**619.5**	**241.2**	**264.7**
进 港	320.4	354.0	332.5	311.6	310.7	283.7	259.9	286.8	300.4	307.8	123.6	129.9
出 港	310.3	349.5	329.7	319.7	297.5	287.7	282.2	300.3	304.1	311.7	117.7	134.7

16-16 民用航空运输量

指　　标	单位	2010年	2011年	2012年	2013年	2014年	2015年
(一)客运量	**万人**	**753.7**	**750.5**	**857.3**	**915.1**	**1212.6**	**1353.5**
国际航线	万人	98.5	90.6	96.1	97.8	105.3	128.9
国内航线	万人	655.3	658.4	761.2	818.5	1098.9	1224.6
#地区航线	万人	7.3	8.7	9.6	9.5	15.1	16.1
(二)旅客周转量	**万人公里**	**1086836.0**	**1096744.2**	**1222682.4**	**1322338.5**	**1903916.7**	**1956278.6**
国际航线	万人公里	132347.0	125136.7	126835.0	124194.3	135100.7	202384.1
国内航线	万人公里	954490.0	968947.7	1095847.4	1198144.2	1749004.5	1753894.5
#地区航线	万人公里	17751.0	19819.7	21176.2	21126.3	31161.6	33443.2
(三)货(邮)运量	**吨**	**102411.0**	**88692.6**	**95692.6**	**96032.6**	**120527.0**	**135263.6**
国际航线	吨	8976.0	8914.6	8935.5	8731.9	8635.6	9609.6
国内航线	吨	93436.0	79745.7	86757.1	87300.7	111573.2	125654.0
#地区航线	吨	438.0	485.3	337.6	409.7	446.8	589.7
(四)货邮周转量	**万吨公里**	**17059.0**	**15223.6**	**15998.3**	**16034.7**	**20691.0**	**23279.2**
国际航线	万吨公里	1355.0	1114.8	1138.0	1083.9	1107.9	1351.0
国内航线	万吨公里	15704.0	14103.3	14860.3	14950.8	19496.6	21928.2
#地区航线	万吨公里	118.0	128.5	87.7	102.9	108.6	136.3
(五)总周转量	**万吨公里**	**108442.0**	**112727.9**	**124473.0**	**124688.5**	**170728.5**	**200990.8**
国际航线	万吨公里	12723.0	12221.9	12918.8	11602.1	13011.1	19136.2
国内航线	万吨公里	95719.0	100264.3	111554.2	244318.3	155899.6	181854.7
#地区航线	万吨公里	1249.0	1885.7	1955.0	1866.0	2912.8	2997.0

16-16 续表

指　　标	单位	2016年	2017年	2018年	2019年	2020年	2021年
(一)客运量	**万人**	**1444.6**	**1559.2**	**1738.7**	**1710.8**	**938.9**	**966.4**
国际航线	万人	137.2	96.9	112.5	120.3	15.3	
国内航线	万人	1307.4	1462.3	1626.2	1590.6	923.6	966.4
#地区航线	万人	13.2	14.1	15.2	11.7	0.2	
(二)旅客周转量	**万人公里**	**2089908.0**	**2266632.6**	**2655731.0**	**2368017.4**	**1488855.7**	**1533831.0**
国际航线	万人公里	220709.4	147572.0	189220.8	183713.4	25666.8	
国内航线	万人公里	1869198.6	2119060.5	2466510.2	2184304.0	1463049.6	1533831.0
#地区航线	万人公里	27656.8	29230.6	31331.7	24255.0	418.5	
(三)货(邮)运量	**吨**	**141830.1**	**143757.9**	**147153.8**	**149501.3**	**96539.6**	**64214.8**
国际航线	吨	9389.0	7069.3	6516.1	4795.6	1539.9	49.9
国内航线	吨	132441.1	136688.6	140637.7	144705.7	94994.0	64164.9
#地区航线	吨	476.6	702.2	774.9	586.7	19.4	
(四)货邮周转量	**万吨公里**	**24341.2**	**24681.6**	**25984.0**	**26881.7**	**18172.9**	**16227.4**
国际航线	万吨公里	1415.9	991.4	952.1	580.6	158.7	2.9
国内航线	万吨公里	22925.3	23690.2	25031.9	26301.1	18012.6	16224.5
#地区航线	万吨公里	114.6	149.1	166.4	122.3	3.9	
(五)总周转量	**万吨公里**	**201908.5**	**215522.7**	**242496.6**	**242103.0**	**140494.0**	**142199.5**
国际航线	万吨公里	20728.4	13020.7	15850.4	15690.9	2365.0	2.9
国内航线	万吨公里	181180.1	202501.9	226646.2	226412.1	138115.4	142196.6
#地区航线	万吨公里	2543.2	2626.3	2590.4	2163.8	40.3	

16-17 邮电业务基本情况

指标	单位	2010年	2011年	2012年	2013年	2014年	2015年
邮电业务总量	亿元	1159.9	472.2	514.1	579.6	649.6	782.1
邮政业务总量	亿元	37.2	38.2	42.9	50.2	59.5	75.1
电信业务总量	亿元	1122.7	434.0	471.2	529.5	590.1	707.1
函　件	亿件	0.8	0.9	0.7	0.7	1.0	0.7
包　件	万件	223.6	219.1	243.3	243.9	203.9	160.1
快　递	万件	1400.1	6211.5	7757.4	11411.1	16656.4	24674.1
报刊期发数	万份	383.7	554.6	404.0	365.9	327.0	422.2
固定电话年末用户	万户	1428.0	1353.3	1285.1	1222.4	1151.2	1036.2
年末移动电话用户	万户	3341.8	3844.5	4291.3	4583.6	4535.5	4429.6
营业网点	处	1564.0	1554.0	1552.0	1548.0	3846.0	5301.0
邮路总长度	万公里	19.8	13.6	5.0	5.0	5.1	5.4
汽车邮路	公里	48162.0	57748.0	41729.0	42056.0	47992.0	34298.8
铁路邮路	公里	7016.0	7774.0	7774.0	7374.0	2842.0	2842.0

16-17 续表

指标	单位	2016年	2017年	2018年	2019年	2020年	2021年
邮电业务总量	亿元	1162.5	1000.2	1935.1	2925.9	3667.1	635.2
邮政业务总量	亿元	101.4	127.2	160.6	202.7	278.3	220.0
电信业务总量	亿元	1061.1	873.0	1774.5	2723.2	3388.8	415.2
函　件	亿件	0.4	0.6	0.6	0.3	0.2	0.1
包　件	万件	107.3	80.0	67.7	50.0	49.8	43.0
快　递	万件	39825.9	51434.5	65363.7	79515.7	111978.0	164328.1
报刊期发数	万份	361.5	383.8	453.8	341.1	372.4	
固定电话年末用户	万户	890.6	777.2	673.0	628.7	540.5	568.0
年末移动电话用户	万户	4427.1	4755.7	4880.7	4883.6	4873.8	4975.2
营业网点	处	5937.0	7125.0	7117.0	8124.0	10385.0	10769.0
邮路总长度	万公里	27.8	29.9	25.5	29.1	24.8	22.7
汽车邮路	公里	68978.0	59620.1	76208.5	89596.0	99370.0	120201.0
铁路邮路	公里	5871.0	5866.0	5866.0	2837.0	3758.0	3758.0

16-18 邮电业务量

年份	邮电业务总量（万元）	邮政业务总量	电信业务总量	函件（万件）	报刊期发数（万份）	快递（万件）	集邮业务（万枚）	移动电话用户（万户）	互联网用户（万户）	固定电话年末用户（万户）	城市电话用户	农村电话用户
1980	10576			14908	953					15.4	10.3	5.1
1985	17303			21002	1791					22.4	16.5	5.9
1986	18962			22048	1610	3				24.6	18.5	6.1
1987	21733			24175	1752	5				27.7	21.2	6.5
1988	26878			24464	1325	9	786			32.8	25.8	7
1989	34519			23146	705	20	1337			38	30.5	7.5
1990	83986			21964	1176	20	3586			43.1	35.2	7.9
1991	108122			19454	1123	28	5651	0.2		50.3	41.6	8.7
1992	154881			21281	903	46	7817	0.5		66.6	56.5	10.1
1993	242108			23791	1163	92	9812	1.8		98.8	85.3	13.5
1994	322406			25001	816	166	10940	7.9		155.6	135.9	19.7
1995	500819			24288	698	215	13977	19.8		229.1	194.8	34.3
1996	625297			22317	630	259	17290	36.2	0.1	319	261.7	57.3
1997	883518			21642	701	254.2	22681	67.2	0.5	394.3	309.7	84.6
1998	1322580			23450	745	261.9	24367	128.8	2.3	476.8	366.4	110.4
1999	1578635			18140	594	315.8	24179	207.7	12.2	579.2	439.3	139.9
2000	2426099	87084	2339015	17309	415	389.7	19834	429.3	61.8	699.5	519.7	179.8
2001	2130799	160002	1970796	14867	440	466.6	12014	703.8	163.4	860.7	621.5	239.2
2002	2492992	172483	2320509	13094	379	509.1	7822	846.6	335.9	1016.5	712.4	304.1
2003	2909994	190453	2719542	15985	352	619.8	4413	962.9	382.6	1278.6	907.3	371.2
2004	3651650	204598	3447052	13858	352	744.3	3714	1180.9	448.9	1492.7	1074.4	411.8
2005	4507393	235650	4271743	12466	339	804.4	4371	1394.9	331.8	1661.2	1203.4	449.9
2006	5649857	277553	5372304	9938	380	911.6	3800	1677.8	327.1	1701.8	1229.7	472.1
2007	7061352	293973	6767379	8270	330	1019.8	4465	2097.2	395.5	1728.8	1257.1	471.6
2008	8197008	331618	7865390	8330	375	1146.6	4639	2421.5	458.9	1604.3	1142.1	462.2
2009	9485359	396315	9089044	7486	356	1319.6	4160	2882.1	535.4	1529.1	1075.7	453.4
2010	11599440	372194	11227246	8463	384	1400.1	4399	3341.8	595.6	1428.0	985.8	442.2
2011	4721766	382248	4339518	8776	555	6211.5	6202	3844.5	665.1	1353.3	922.7	430.6
2012	5141147	428941	4712206	7433	404	7757.4		4291.3	707.9	1285.1	861.3	423.8
2013	5796430	501524	5294906	6899	366	11411.1		4583.6	726.9	1222.4	800.1	422.3
2014	6495529	594900	5900629	10400	327	16656.4		4535.5	772.1	1151.2		
2015	7821440	750685	7070755	6865	422	24674.1		4429.6	839.3	1036.2	616.3	419.9
2016	11625256	1014450	10610806	4421	361	39826.0		4427.1	997.2	890.6	771.9	118.7
2017	10002819	1272366	8730453	5700	384	51434.5		4755.7	1058.6	777.2	667.2	110.0
2018	19350928	1606371	17744556	6190	454	65363.7		4880.7	1180.0	673.0		
2019	29258965	2027009	27231956	3407	341	79515.7		4883.6	1274.6	628.6		
2020	36670883	2783353	33887530	2055	372	111978.0		4873.8	1377.0	540.5		
2021	6352037	2199606	4152431	1275		164328.1		4975.2	1544.0	568.0		

16-19 各地区邮电业务量

(2021年)

地区	邮电业务总量(万元)	邮政业务总量	电信业务总量	函件(万件)	报刊期发数(万份)	移动电话用户(万户)	互联网用户(万户)	固定电话年末用户(万户)
全省	**6352037.3**	**2199606.3**	**4152431.0**	**1274.5**		**4975.2**	**1544.0**	**568.0**
沈阳	1934238.5	816646.0	1117592.5	572.5		1167.2	317.0	108.4
大连	1219594.0	403258.8	816335.1	189.4		931.9	278.0	141.2
鞍山	479139.7	179520.2	299619.5	61.9		381.4	121.7	38.1
抚顺	211380.5	53719.6	157660.8	32.7		207.8	78.5	25.4
本溪	169258.4	45163.7	124094.7	26.2		156.0	53.8	14.2
丹东	261442.6	70447.9	190994.8	54.0		246.0	82.5	39.5
锦州	312318.6	88803.5	223515.0	44.5		298.3	97.5	35.2
营口	289148.9	76213.5	212935.4	40.9		253.7	83.4	25.7
阜新	167872.0	35197.5	132674.4	18.8		185.0	65.5	19.0
辽阳	207428.4	62207.6	145220.8	35.9		184.6	60.4	18.5
盘锦	277299.8	125800.9	151498.9	29.7		169.1	56.6	20.0
铁岭	245477.6	81257.0	164220.6	72.3		253.1	74.0	18.4
朝阳	300551.2	84015.0	216536.1	35.8		279.4	90.9	37.5
葫芦岛	268624.2	77355.0	191269.2	60.0		261.7	84.3	26.9

16-20 邮电通信水平

指标	单位	2010年	2011年	2012年	2013年	2014年	2015年	2016年	2017年	2018年	2019年	2020年	2021年
平均每一邮电局所服务面积	平方公里	95.0	95.2	96.9	96.9	38.5	27.9	24.9	20.8	20.8	13.8	12.3	
平均每一邮电局所服务人口	万人	2.7	2.7	2.8	2.8	1.0	0.8	0.7	0.6	0.6	0.4	0.4	
设有邮政局所的乡(镇)比重	%	87.0	85.0	86.0	88.8	100.0	100.0	100.0	100.0	100.0	100.0	100.0	100.0
已通邮的行政村比重	%	100.0	100.0	100.0	100.0	100.0	100.0	100.0	100.0	100.0	100.0	100.0	100.0
平均每人每年发函件数	件	2.0	2.1	1.8	1.6	2.0	1.6	1.0	1.3	1.4	0.8	0.5	0.3
平均每百人每年订报刊数	份	9.0	13.0	9.5	8.6	9.0	9.0	8.0	9.0	10.4	9.1	8.6	8.6
固定电话普及率	部/百人	33.6	30.9	30.2	29	26	24.5	20.3	17.8	15.4	14.4	12.4	13.3
移动电话普及率	部/百人	78.5	87.8	100.9	108	103	104.7	101.0	108.6	112.0	112.2	112.0	116.8
进入长话自动网的县(市)比重	%	100.0	100.0	100.0	100.0	100.0	100.0	100.0	100.0	100.0	100.0	100.0	100.0
已通固定电话的乡(镇)比重	%	100.0	100.0	100.0	100.0	100.0	100.0	100.0	100.0	100.0	100.0	100.0	100.0
已通固定电话的行政村比重	%	100.0	100.0	100.0	100.0	100.0	100.0	100.0	100.0	100.0	100.0	100.0	100.0

主要统计指标解释

铁路营业里程 又称营业长度，指办理客货运输业务的铁路正线总长度。凡是全线或部分建成双线及以上的线路，以第一线的实际长度计算；复线、站线、段管线、岔线和特殊用途线以及不计算运费的联络线都不计算营业里程。铁路营业里程是反映铁路运输业基础设施发展水平的重要指标，也是计算客货周转量、运输密度和机车车辆运用效率等指标的基础资料。

铁路正线延展里程 是正线第一线、第二线、第三线和其他正线建筑里程之和，不包括站线、段管线、岔线及特殊用途线的延展里程。它是作为计算铁路线上钢轨、枕木及路基砂石需要量的主要依据。

铁路电气化里程 指在全部铁路营业里程中已安装了供电线路及设备，可以供电力机车牵引列车运行的区段的总里程。电气化里程占铁路营业里程的比重。

公路里程 指在一定时期内实际达到《公路工程技术标准 JTJ01-88》规定的等级公路，并经公路主管部门正式验收交付使用的公路里程数。其计算单位为：Km。它包括大中城市的郊区公路以及通过小城镇街道部分的公路里程，也包括桥梁、渡口的长度，但不包括大中城市的街道、厂矿、林区生产用道和农业生产用道的里程。两条或多条公路共同经由同一路段，只计算一次，不得重复计算里程长度。公路里程是反映公路建设发展规模的重要指标，也是计算运输网密度等指标的基础资料。

内河航道里程 也称“内河通航里程”，是反映内河水运网规模、水平和发展情况的主要指标；是指在一定时期内，能通航运输船舶及排筏的天然河流、湖泊水库、运河及通航渠道的长度。包括全年季节性通航累计三个月以上的航道，但不包括仅供零散流放竹、木排的河道。

民用航空航线里程 指民航运输定期班机飞行的航线长度的总和。航线长度按机场之间的距离计算，通常有两种计算方法：将每条航线长度相加称为重复计算航线里程；如将两线或两条以上航线经过同一区段里程，只计算一次航线长度称为不重复计算航线里程。一般常用的是后者，它能确切反映民航运输网的规模，表明民航事业为国民经济服务和方便人民生活程度的主要指标。

输油(气)管道长度 也称“输油(气)里程”，是反映管道运输发展规模和水平的主要指标；是指油品(或天然气)的实际输送距离，一般按输油(气)管道的单线长度计算。若包括复线和备用线长度则称为输油(气)管道延展长度，是指管道铺设的实际长度。我们通常使用的是不包括复线的“输油(气)管道里程”。

货(客)运量 指在一定时期内，各运输部门实际运送的货物(旅客)数量。是反映运输业为国民经济和人民生活服务的数量指标，也是制定和检查运输生产计划，研究运输发展规模和速度的重要指标。货运按吨计算，客运按人计算。货物不论运输距离长短，货物类别，均按实际重要统计；旅客不论行程远近或票价多少，均按一人一次作为客运量统计。半价票、小孩票也按一人统计。

货(客)运密度 指在一定时期内某种运输方式运输线路的某一区段平均每公司线路通过的货物(旅客)运输周转量。计算单位是吨(人)公里/公里。计算公式为：

货(客)运密度=（货物(旅客)周转量／营业线路长度）

货(客)运密度是反映交通运输线路上货物(旅客)运输量运输繁忙程度的主要指标。是平衡运输线路运输能力和通过能力，规划线路建设及改造、配备技术设备，研究运输网布局的重要依据。

货物(旅客)周转量 指在一定时期内，由各种运输工具运送的货物(旅客)数量与其相应运输距离的乘积之总和，是反映运输生产总成果的重要指标，也是编制和检查运输生产计划，计算运输效率、劳动生产率以及核算运输单位成本的主要基础资料。通常以吨公里和人公里为计算单位。计算货物周转量通常按发出站与到达站之间的最短距离，也就是计费距离计算。

铁路货车平均静载重 指铁路货车在始发站静止状态下平均每车装载的货物重量，用以分析货车完成装车时车辆载重力的利用情况。计算单位为“吨”，计算公式为：

货车平均静载重(吨)=（货物发送吨数／装车数）

静载重的多少取决于运送货物的性质、种类、车辆的类型和装载技术的高低。根据货车的平均标记载重与静载重进行对比，可以反映货车载重能力的利用程度。计算公式为：

货车载重力利用率(%)=（货车平均静载重／货车平均标记载重）×100%

铁路货运机车日产量 指平均每台货运机车在一昼夜内所完成的总重吨公里数。它既包括载运货物的重量，也包括车辆本身的自重，它从时间和牵引能力两方面反映了机车运用效率。计算单位为“吨公里”，计算公式为：

货运机车平均日产量(吨公里)=（货运总重吨公里数／货运机车台日数)

沿海主要港口货物吞吐量 指由水运进出沿海主要港区范围，并经过装卸的货物数量，包括邮件及办理托运手续的行李、包裹以及补给运输船舶的燃、物料和淡水。其计量单位为吨。货物吞吐量的货种分类及其主要流向流量，反映了港口在国内外物资交流和对外贸易运输中的地位和作用。吞吐量可以分为进口、出口，又可以分为国内贸易和对外贸易。

邮电业务总量 指以货币表现的邮电部门用于传递信息和提供其他邮电服务的总数量。它综合反映了一定时期邮电工作的总成果，是研究邮电业务量构成和发展趋势的重要指标。根据邮电管理体制不同，分为中央国营业务总量和地方国营业务总量。它用各种邮电分类业务量，如函件件数、电报份数、长话张数、市内电话和农村电话的年均户数、订销报刊累计份数等，分别乘以相应的平均单价(不变价)，加总后再加上出租电路和设备的收入、代用户维护电话交换机和线路等设备的收入、其他业务收入求得。

市内电话 指接入县城(包括个别城镇)及县以上城市的市内电话网上，并按市内电话进行经营管理的电话。按计费办法分为包月制和计次制两种。

(1)住宅电话指话机装在居民住宅里的电话。它包括私人付费、公费和免费三个部分。

(2)私人付费电话指住宅居民自费安装并自己缴纳通话费的电话。

十七、国内贸易

Chapter 17 Domestic Trade

17-1 限额以上批发和零售业法人企业基本情况

登记注册类型	2016年		2017年		2018年		2019年		2020年		2021年	
	法人企业（个）	从业人数（人）	法人企业（个）	从业人数（人）	法人企业（个）	从业人数（人）	法人企业（个）	从业人数（人）	法人企业（个）	从业人数（人）	法人企业（个）	从业人数（人）
总　计	**4954**	**299878**	**4748**	**268139**	**4776**	**251187**	**5324**	**250744**	**5669**	**248040**	**6187**	**245359**
一、批发业	**2479**	**92388**	**2443**	**82941**	**2632**	**84574**	**3098**	**89012**	**3466**	**88244**	**4018**	**92162**
1. 按登记注册类型分组												
内资	2397	87031	2361	78345	2551	78654	3001	84802	3366	81667	3908	85868
国有	67	11191	58	11783	37	9917	39	9970	61	10737	54	10055
集体	13	598	8	424	5	378	6	309	7	281	5	60
股份合作	6	87	5	96	3	66	3	64	4	189	5	98
联营企业			1	12					1	6	2	57
国有联营											1	50
集体联营			1	12								
国有与集体联营												
其他联营									1	6	1	7
有限责任公司	743	26343	763	27619	686	27345	855	30653	563	21127	619	22776
国有独资公司	24	1596	27	1897	42	2908	44	2983	36	2267	43	2565
其他有限责任公司	719	24747	736	25722	644	24437	811	27670	527	18860	576	20211
股份有限公司	78	9181	71	8455	63	7944	68	7650	48	5665	41	4634
私营企业	1480	39462	1445	29751	1747	32813	2019	35982	2667	43376	3163	47716
私营独资	26	384	24	258	22	173	27	199	66	762	76	1224
私营合伙	2	5	2	5	2	5	2	5	3	28	4	56
私营有限责任公司	1405	29671	1375	28194	1696	32003	1957	34091	2567	41458	3051	45420
私营股份有限公司	47	9402	44	1294	27	632	33	1687	31	1128	32	1016
其他	10	169	10	205	10	191	11	174	15	286	19	472
港澳台商投资企业	19	2262	20	1957	21	2269	27	1032	30	1747	31	1200
与港澳台商合资经营	3	93	5	164	6	267	7	270	6	194	8	269
港澳台商合作经营	1	261							1	13		
港澳台商独资	15	1908	14	1788	12	1961	16	631	18	361	19	806
港澳台商独资股份有限公司					2	36	3	126	3	123	3	120
外商投资企业	63	3095	62	2639	60	3651	70	3178	70	4830	79	5094
中外合资经营	11	732	11	814	11	822	16	862	18	1526	19	1289
中外合作经营												
外资企业	48	2263	47	1800	46	2808	52	2298	51	3302	59	3759
外商投资股份有限公司	4	100	4	25	3	21	2	18				
2. 按国民经济行业分组												
农、林、牧、渔产品批发	189	3967	182	3789	199	3518	258	3865	296	4354	327	4838

注：1. 由于行业代码调整，原汽车批发业、汽车零配件批发业被整合为汽车及零配件批发业，因此，与之对应的2014年、2015年、2016年和2017年数据均为汽车及零配件批发业数据。下同。

2. 由于行业代码调整，2018年开始原家用电器批发分为家用视听设备批发和日用家电批发。汽车零售调整为汽车新车零售。机动车燃料零售业调整为机动车燃油零售。无店铺及其他零售业调整为货摊、无店铺及其他零售业。下同。

17-1 续表 1

登记注册类型	2016年		2017年		2018年		2019年		2020年		2021年	
	法人企业（个）	从业人数（人）	法人企业（个）	从业人数（人）	法人企业（个）	从业人数（人）	法人企业（个）	从业人数（人）	法人企业（个）	从业人数（人）	法人企业（个）	从业人数（人）
食品、饮料及烟草制品批发	253	18168	235	17191	222	16186	319	18723	376	18573	416	19215
米、面制品及食用油批发	63	2363	57	1795	48	1769	73	2274	88	2346	96	2040
烟草制品批发	14	7169	14	6667	14	6488	15	7172	15	6795	15	6637
纺织、服装及家庭用品批发	165	16814	159	8391	157	8351	201	8195	207	7883	210	7522
服装批发	62	3155	61	3248	61	3231	81	3297	84	3407	81	3331
家用视听设备批发	40	1282	34	1374	5	75	7	115	9	142	10	122
日用家电批发					26	1270	36	1306	37	1166	37	1048
文化、体育用品及器材批发	45	3087	51	2439	46	2568	52	2876	56	2664	59	2971
医药及医疗器材批发	213	11099	234	12475	249	14352	300	16778	323	16082	344	17318
矿产品、建材及化工产品批发	1109	25884	1081	25921	1263	27006	1343	26684	1576	26154	1972	27459
煤炭及制品批发	89	1428	81	1235	74	1096	107	1158	120	1217	142	1476
石油及制品批发	334	12966	316	14205	476	16152	329	15000	490	14323	705	13836
金属及金属矿批发	349	6182	338	5580	356	5233	445	5482	460	5178	518	5598
建材批发	100	1539	92	1224	99	1109	150	1363	170	1649	202	2137
化肥批发	30	929	27	873	23	572	24	564	19	410	28	560
机械设备、五金交电及电子产品批发	445	10515	425	10119	421	9706	497	10126	512	10295	565	10840
汽车及零配件批发	105	2901	115	2969	104	2931	131	2837	129	2614	142	2844
摩托车及零配件批发	8	131	4	87	8	88	4	51	6	104	6	73
计算机、软件及辅助设备批发	42	1116	39	959	37	806	35	602	39	570	45	669
贸易经纪与代理	12	1828	17	1704	16	1931	25	505	35	736	26	272
其他批发业	48	1026	59	912	59	956	103	1260	85	1503	99	1727
二、零售业	**2475**	**207490**	**2305**	**185198**	**2144**	**166613**	**2226**	**161732**	**2203**	**159796**	**2169**	**153197**
1. 按登记注册类型分组												
内资	2388	181594	2223	162642	2064	145095	2138	139649	2111	139937	2072	133402
国有	66	5033	61	2708	32	1233	25	1016	38	1389	32	1748
集体	41	1868	27	1212	24	1070	25	783	15	601	15	631
股份合作	6	88	6	89	7	106	7	108	7	139	5	81
联营企业	4	75	2	70	2	70	3	61	2	50	3	57
国有联营	2	25	1	13							1	10
集体联营	1	6					1	2				
国有与集体联营												
其他联营	1	44	1	57	2	70	2	59	2	50	2	47
有限责任公司	791	82813	788	77304	646	64435	657	62066	445	51740	402	45414
国有独资公司	14	2724	15	1277	14	1302	11	1046	10	1087	9	990
其他有限责任公司	777	80089	773	76027	632	63133	646	61020	435	50653	393	44424
股份有限公司	61	24425	65	22838	59	20582	64	19190	34	15138	32	15161
私营企业	1403	66564	1256	58112	1283	57416	1349	56268	1558	70615	1573	70171
私营独资	171	6187	141	5641	134	1790	154	1957	166	2520	168	2319
私营合伙	1	7	1	7	2	15	2	15	5	55	3	37

17-1 续表 2

登记注册类型	2016年		2017年		2018年		2019年		2020年		2021年	
	法人企业(个)	从业人数(人)	法人企业(个)	从业人数(人)	法人企业(个)	从业人数(人)	法人企业(个)	从业人数(人)	法人企业(个)	从业人数(人)	法人企业(个)	从业人数(人)
私营有限责任公司	1184	58620	1070	50816	1115	53887	1164	52797	1370	67382	1389	67149
私营股份有限公司	47	1750	44	1648	32	1724	29	1499	17	658	13	666
其他	16	728	18	309	11	183	8	157	12	265	10	139
港澳台商投资企业	50	12793	50	11775	50	11716	54	12360	55	11864	57	11659
与港澳台商合资经营	14	4090	14	4221	10	2857	12	2915	11	2542	11	2726
与港澳台商合作经营					1	83	1	83			1	89
港澳台商独资	33	8149	33	7222	36	8392	39	9090	43	9188	43	8615
港澳台商独资股份有限公司	3	554	3	332	1	74			1	134	1	92
外商投资企业	37	13103	32	10781	30	9802	34	9723	37	7995	40	8136
中外合资经营	14	7602	11	3393	6	1535	10	1784	8	1494	6	610
中外合作经营												
外资企业	20	4730	19	6819	22	8132	22	7766	28	6337	34	7526
外商投资股份有限公司	2	701	1	494								
2. 按国民经济行业分组												
综合零售	328	99876	286	86307	255	66132	255	60369	250	52886	250	44599
百货零售	194	63963	161	56799	132	39016	132	35102	130	29712	122	21611
超级市场零售	112	33782	107	27701	102	24570	102	21695	99	20258	111	20422
食品、饮料及烟草制品专门零售	121	3757	116	3683	98	4513	122	5952	116	5743	118	6281
纺织、服装及日用品专门零售	165	9286	147	7907	133	7057	132	7255	119	8498	108	7968
服装零售	92	6528	80	5648	75	4856	73	4350	69	5562	61	5236
文化、体育用品及器材专门零售	143	6594	123	6197	87	4795	85	4346	94	4536	85	4079
体育用品及器材零售	7	568	7	505	7	491	8	517	7	214	4	228
图书、报刊零售	54	3930	51	3793	32	2903	27	1837	32	1968	28	1501
医药及医疗器材专门零售	159	22962	165	24868	151	29493	175	32439	178	37526	191	37985
汽车、摩托车、零配件和燃料及其他动力销售	1051	44125	1046	41807	1041	42483	1074	40335	1079	41459	1040	42397
汽车新车零售	718	29321	723	29787	715	29387	708	26764	721	27352	684	27941
机动车燃油零售	289	13968	283	11404	280	12512	298	12497	286	12940	295	13421
家用电器及电子产品专门零售	314	13357	269	8729	232	7798	246	6886	241	5687	245	5412
家用视听设备零售	44	1635	32	1200	25	989	20	627	21	520	22	406
日用家电设备零售	75	4353	71	4269	69	4073	77	3555	70	2610	71	2368
计算机、软件及辅助设备零售	124	5241	100	1366	86	1156	86	1219	87	1279	87	1303
通信设备零售	49	1914	43	1511	37	1431	39	1195	37	979	45	1144
五金、家具及室内装修材料专门零售	109	4368	70	2029	64	1777	61	1496	53	1275	58	1414
货摊、无店铺及其他零售业	85	3165	83	3671	83	2565	76	2654	73	2186	74	3062
互联网零售	3	1488	8	2360	12	1479	9	1361	17	1163	28	2192
邮购及电视、电话零售	1	18	1	18								

17-2 限额以上住宿餐饮业法人企业基本情况

登记注册类型	2016年		2017年		2018年	
	法人企业（个）	从业人数（人）	法人企业（个）	从业人数（人）	法人企业（个）	从业人数（人）
总　计	**859**	**71790**	**797**	**68062**	**729**	**65234**
一、住宿业	**472**	**42983**	**452**	**38837**	**425**	**37078**
1.按登记注册类型分组						
内资	425	36343	412	32799	384	31265
国有	59	7737	53	7106	38	4646
集体	20	917	14	522	12	517
股份合作	1	35	1	35		
联营企业	2	89	1	50	1	61
国有联营	1	24				
集体联营	1	65	1	50	1	61
国有与集体联营						
其他联营						
有限责任公司	142	14834	145	13362	135	13284
国有独资公司	10	2890	9	2285	11	1870
其他有限责任公司	132	11944	136	11077	124	11414
股份有限公司	15	1051	13	917	11	1567
私营企业	182	11465	180	10634	186	11175
私营独资	33	1339	31	1009	20	734
私营合伙	3	107			1	16
私营有限责任公司	136	9449	139	8586	158	9844
私营股份有限公司	10	570	10	1039	7	581
其他	4	215	5	173	1	15
港澳台商投资企业	19	4404	16	4118	20	4317
与港澳台商合资经营	13	3210	10	2868	14	3107
与港澳台商合作经营						
港澳台商独资	6	1194	6	1250	6	1210
港澳台商独资股份有限公司						
外商投资企业	28	2236	24	1920	21	1496
中外合资经营	16	1516	14	1178	11	845
中外合作经营	1	60	1	81	1	60
外资企业	9	502	7	553	7	492
外商投资股份有限公司	1	147	1	97	1	88
2.按国民经济行业分组						
旅游饭店	331	36933	289	31676	274	30166
一般旅馆	127	5362	147	6111	135	5163
民宿服务						
露营地服务						
其他住宿业	14	688	16	1050		

注：自2018年起住宿业新增民宿服务、露营地服务两项行业中类，餐饮业新增餐饮配送及外卖送餐服务行业中类。

17-2 续表 1

登记注册类型	2016年		2017年		2018年	
	法人企业(个)	从业人数(人)	法人企业(个)	从业人数(人)	法人企业(个)	从业人数(人)
二、餐饮业	**387**	**28807**	**345**	**29225**	**304**	**28156**
1. 按登记注册类型分组						
内资	354	19146	320	19519	283	18368
国有	12	848	9	3000	6	497
集体	3	76	3	69	1	25
股份合作						
联营企业						
国有联营						
集体联营						
国有与集体联营						
其他联营						
有限责任公司	83	5160	85	5364	64	3668
国有独资公司	1	42	1	37	2	142
其他有限责任公司	82	5118	84	5327	62	3526
股份有限公司	6	526	5	379	10	3064
私营企业	242	11981	213	10369	201	10995
私营独资	90	3457	62	2263	51	1789
私营合伙	3	96	4	119	3	114
私营有限责任公司	143	8304	143	7910	143	8928
私营股份有限公司	6	124	4	77	4	164
其他	8	555	5	338	1	119
港澳台商投资企业	10	1896	10	3771	12	4564
与港澳台商合资经营	2	316	2	321	2	310
与港澳台商合作经营	1	9				
港澳台商独资	7	1571	8	3450	10	4254
港澳台商独资股份有限公司						
外商投资企业	23	7765	15	5935	9	5224
中外合资经营	7	650	4	516	1	14
中外合作经营	1	9	1	6		
外资企业	14	6995	9	5305	8	5210
外商投资股份有限公司	1	111	1	108		
2. 按国民经济行业分组						
正餐服务	350	18765	303	16151	259	14849
快餐服务	22	8183	27	11044	27	11082
饮料及冷饮服务	7	622	5	753	4	877
餐饮配送及外卖送餐服务						
其他餐饮业	8	1237	10	1277	14	1348

17-2 续表 2

登记注册类型	2019年		2020年		2021年	
	法人企业(个)	从业人数(人)	法人企业(个)	从业人数(人)	法人企业(个)	从业人数(人)
总　　计	**821**	**69277**	**833**	**66418**	**855**	**64839**
一、住宿业	**481**	**35408**	**486**	**29972**	**489**	**29082**
1. 按登记注册类型分组						
内资	442	30704	448	26000	455	25239
国有	35	3999	34	4001	31	3835
集体	10	359	7	276	6	158
股份合作						
联营企业						
国有联营						
集体联营						
国有与集体联营						
其他联营						
有限责任公司	159	13714	118	9391	102	8349
国有独资公司	12	1769	10	1535	12	1400
其他有限责任公司	147	11945	108	7856	90	6949
股份有限公司	10	802	5	319	4	54
私营企业	228	11830	283	11996	312	12843
私营独资	21	658	25	829	28	903
私营合伙	1	28	1	22	2	45
私营有限责任公司	201	10921	252	10713	279	11526
私营股份有限公司	5	223	5	432	3	369
其他			1	17		
港澳台商投资企业	20	3333	19	2931	16	2496
与港澳台商合资经营	13	2760	13	1972	10	1720
与港澳台商合作经营						
港澳台商独资	7	573	6	959	6	776
港澳台商独资股份有限公司						
外商投资企业	19	1371	19	1041	18	1347
中外合资经营	9	736	9	532	7	488
中外合作经营	1	18				
外资企业	8	546	7	466	9	838
外商投资股份有限公司	1	71				
2. 按国民经济行业分组						
旅游饭店	270	26566	265	22411	253	20944
一般旅馆	190	6119	201	5959	211	6467
民宿服务	1	13				
露营地服务						
其他住宿业	20	2710	20	1602	25	1671

17-2 续表 3

登记注册类型	2019年		2020年		2021年	
	法人企业（个）	从业人数（人）	法人企业（个）	从业人数（人）	法人企业（个）	从业人数（人）
二、餐饮业	**340**	**33869**	**347**	**36446**	**347**	**36446**
1. 按登记注册类型分组						
内资	318	16602	322	16265	322	16265
国有	4	302	5	279	5	279
集体	2	63	2	57	2	57
股份合作						
联营企业	1	52				
国有联营						
集体联营	1	52				
国有与集体联营						
其他联营						
有限责任公司	80	4569	58	3408	58	3408
国有独资公司	2	483	4	598	4	598
其他有限责任公司	78	4086	54	2810	54	2810
股份有限公司	5	1334	3	1076	3	1076
私营企业	226	10282	254	11445	254	11445
私营独资	53	1656	46	1339	46	1339
私营合伙	9	202	13	213	13	213
私营有限责任公司	161	8288	193	9762	193	9762
私营股份有限公司	3	136	2	131	2	131
其他						
港澳台商投资企业	14	11285	17	11141	17	11141
与港澳台商合资经营	4	388	4	310	4	310
与港澳台商合作经营						
港澳台商独资	10	10897	13	10831	13	10831
港澳台商独资股份有限公司						
外商投资企业	8	5982	8	9040	8	9040
中外合资经营	1	23	2	44	2	44
中外合作经营						
外资企业	7	5959	6	8996	6	8996
外商投资股份有限公司						
2. 按国民经济行业分组						
正餐服务	287	14070	280	12916	280	12916
快餐服务	28	15655	34	18893	34	18893
饮料及冷饮服务	6	1275	9	1284	9	1284
餐饮配送及外卖送餐服务	15	2625	20	3114	20	3114
其他餐饮业	4	244	4	239	4	239

17-3 社会消费品零售总额

单位：亿元

年份、地区	社会消费品零售总额	年份、地区	社会消费品零售总额
1978	71.2	2012	6439.9
1988	368.0	2013	7186.7
1989	411.7	2014	7899.5
1990	421.1	2015	8364.8
1991	467.3	2016	8597.1
1992	589.4	2017	8696.4
1993	669.6	2018	9112.8
1994	838.9	2019	9670.6
1995	1061.5	2020	8960.9
1996	1197.5	2021	9783.9
1997	1322.6		
1998	1404.1	沈　阳	3985.1
1999	1490.3	大　连	1909.7
2000	1593.7	鞍　山	774.7
2001	1723.2	抚　顺	186.3
2002	1877.4	本　溪	152.7
2003	1902.1	丹　东	287.2
2004	2126.1	锦　州	364.6
2005	2381.3	营　口	447.6
2006	2692.6	阜　新	223.1
2007	3120.3	辽　阳	286.9
2008	3762.6	盘　锦	382.8
2009	4264.5	铁　岭	192.9
2010	4956.0	朝　阳	300.9
2011	5710.5	葫芦岛	289.3

注：按国家统计局要求，根据第四次经济普查结果，对历史数据进行了修改。

17-4 限额以上批发零售业法人企业商品销售总额

(2021年) 单位：万元

登记注册类型、行业	销售总额	#批发	#零售
总 计	**198453703.7**	**165303072.8**	**31982231.1**
一、批发业	**167217901.1**	**162641869.0**	**3409472.1**
1.按登记注册类型分组			
内资企业	164266569.6	159863220.9	3237229.4
国有企业	7777265.2	7681621.8	95643.4
集体企业	339414.0	339382.2	31.8
股份合作企业	110476.4	108918.3	1558.1
联营企业	15642.7	15642.7	
国有联营企业			
集体联营企业			
国有与集体联营企业			
其他联营企业	15642.7	15642.7	
有限责任公司	48356245.7	46382069.4	1129604.9
国有独资企业	6544980.6	6518844.9	26135.7
其他有限责任公司	41811265.1	39863224.5	1103469.2
股份有限公司	38224931.4	37135596.0	1089335.4
私营企业	69338214.8	68108254.9	908412.0
私营独资企业	1357354.3	1349338.8	8005.8
私营合伙企业	18683.1	18683.1	
私营有限责任公司	67131737.8	65945387.0	872719.3
私营股份有限公司	830439.6	794846.0	27686.9
其他企业	104379.4	91735.6	12643.8
港、澳、台商投资企业	1028081.5	955979.1	72102.4
合资经营企业	140764.3	140577.5	186.8
合作经营企业	13707.2	13707.2	
独资经营企业	583772.6	557725.7	26046.9
投资股份有限公司	154080.3	154080.3	
外商投资企业	1706736.4	1633310.9	72984.8
中外合资经营企业	410994.7	352767.0	58227.7
中外合作经营企业			
外资企业	1281198.0	1266000.2	14757.1
外商投资股份有限公司	9578.5	9578.5	
2.按国民经济行业分组			
农、林、牧、渔产品批发	12548800.5	12390884.0	157916.5
食品、饮料及烟草制品批发	10272263.3	10042414.0	209285.5
米、面制品及食用油批发	2400370.3	2368150.6	32219.7
烟草制品批发	4631583.7	4631451.6	132.1
纺织、服装及家庭用品批发	2899146.8	2756335.2	142580.3
服装批发	787924.6	770291.8	17632.8
家用视听设备批发	648992.6	642186.2	6806.4
日用家电批发	600556.9	580122.1	20434.8
文化、体育用品及器材批发	807104.8	713739.0	91449.6
医药及医疗器材批发	7912479.4	7774214.8	136940.0
矿产品、建材及化工产品批发	123469428.1	120130410.3	2209818.8
煤炭及制品批发	4062849.7	3969561.6	93288.1
石油及制品批发	71393542.9	69293901.6	1219872.6
金属及金属矿批发	35216888.6	34410346.5	560383.8
建材批发	2831885.9	2806067.2	22756.1
化肥批发	587734.9	587734.9	
机械设备、五金产品及电子产品批发	6642738.4	6198965.0	437830.1
汽车及零配件批发	2305087.5	2075955.3	226790.2
摩托车及零配件批发	98582.3	98483.8	98.5
计算机、软件及辅助设备批发	231960.2	192540.9	39419.3
贸易经纪与代理	796893.5	787091.6	9291.9
其他批发业	1869046.3	1847815.1	14359.4

注：按国家统计局要求，2021年年报开始不再统计限额以上批零住餐业个体经营户经营情况，本表仅为限额以上批发和零售业法人企业数据。

17-4 续表 (2021年) 单位：万元

登记注册类型、行业	销售总额	#批发	#零售
二、零售业	**32976602.9**	**2942772.4**	**30030906.2**
1. 按登记注册类型分组			
内资企业	29468988.1	2888323.9	26577739.9
国有企业	438342.3	139900.5	298441.8
集体企业	73906.2	32504.8	41401.4
股份合作企业	19985.4		19985.4
联营企业	11219.1	482.2	10736.9
国有联营企业	5606.0		5606.0
集体联营企业			
国有与集体联营企业			
其他联营企业	5613.1	482.2	5130.9
有限责任公司	7836416.3	522787.0	7311327.4
国有独资企业	248602.4	91119.5	157482.9
其他有限责任公司	7587813.9	431667.5	7153844.5
股份有限公司	5271769.5	1433139.0	3838630.5
私营企业	15806836.6	759510.4	15046758.6
私营独资企业	437451.6	22323.2	415128.4
私营合伙企业	23956.5		23956.5
私营有限责任公司	15284899.6	735597.7	14548734.3
私营股份有限公司	60528.9	1589.5	58939.4
其他企业	10512.7		10457.9
港、澳、台商投资企业	2017194.0	15593.8	2001600.2
合资经营企业	532840.5		532840.5
合作经营企业	29642.3		29642.3
独资经营企业	1366557.8	15593.8	1350964.0
投资股份有限公司	27193.9		27193.9
外商投资企业	1490420.8	38854.7	1451566.1
中外合资经营企业	157692.7	9972.5	147720.2
中外合作经营企业			
外资企业	1332728.1	28882.2	1303845.9
外商投资股份有限公司			
2. 按国民经济行业分组			
综合零售	5541548.6	290818.5	5250730.1
百货零售	3417892.9	31080.5	3386812.4
超级市场零售	1958032.3	259152.7	1698879.6
食品、饮料及烟草制品专门零售	646706.5	58520.5	588131.2
纺织、服装及日用品专门零售	1047687.1	30586.5	1014987.1
服装零售	685232.0	6086.0	677032.5
文化、体育用品及器材专门零售	633253.5	61230.9	572005.4
体育用品及器材零售	21948.2		21948.2
图书、报刊零售	145272.9	16894.0	128378.9
医药及医疗器材专门零售	2068060.3	82907.6	1985152.7
汽车、摩托车、零配件和燃料及其他动力销售	16816280.2	1961182.1	14854359.3
汽车零售	10518225.7	165275.9	10352211.0
机动车燃料零售	6003423.0	1783778.7	4219644.3
家用电器及电子产品专门零售	1506640.8	114410.6	1392230.2
家用视听设备零售	117583.9	3438.6	114145.3
日用家电设备零售	809538.9	9246.0	800292.9
计算机、软件及辅助设备零售	226671.3	42085.2	184586.1
通信设备零售	308060.9	42866.6	265194.3
五金、家具及室内装修材料专门零售	202115.3	6474.0	195641.3
货摊、无店铺及其他零售业	4514310.6	336641.7	4177668.9
互联网零售	4316798.0	301055.8	4015742.2
邮购及电子销售			

17-5 各地区限额以上批发零售业法人企业商品销售总额

(2021年)　　　　单位：万元

登记注册类型、行业	沈阳	大连	鞍山	抚顺	本溪	丹东	锦州
总　计	**112009608.9**	**53715730.4**	**10312597.7**	**2897482.5**	**3167933.0**	**1460296.9**	**4405895.7**
一、批发业	**95455487.8**	**46839825.1**	**8414671.7**	**2534660.9**	**2858251.8**	**749889.5**	**2897086.5**
1. 按登记注册类型分组							
内资企业	94801243.2	44578300.7	8414671.7	2534660.9	2858251.8	749889.5	2851530.3
国有企业	1426308.2	3495499.7	525128.4	316286.6	166874.0	263642.8	305777.8
集体企业	59157.6			31508.7			
股份合作企业	16681.1					3962.6	
联营企业	46481.4			14559.1			
国有联营企业				14559.1			
集体联营企业							
国有与集体联营企业							
其他联营企业	46481.4						
有限责任公司	21132804.0	11268559.3	4724132.4	518870.9	2061445.9	177385.5	643729.7
国有独资企业	1031819.5	485188.8	47437.5		20927.9		62394.2
其他有限责任公司	20100984.5	10783370.5	4676694.9	518870.9	2040518.0	177385.5	581335.5
股份有限公司	56733292.5	1439128.0	8153.4	228390.1	184213.6	4636.3	5643.3
私营企业	15357996.0	28082006.1	3144491.9	1425045.5	355375.9	260084.8	1896379.5
私营独资企业	588283.6	472687.4	136179.0	16215.2	8577.7	20426.3	6128.1
私营合伙企业	21228.1						
私营有限责任公司	14351042.1	27354809.4	2990489.7	1389540.8	346798.2	233764.4	1890251.4
私营股份有限公司	397442.2	254509.3	17823.2	19289.5		5894.1	
其他企业	28522.4	293107.6	12765.6		90342.4	40177.5	
港、澳、台商投资企业	387837.8	624432.3					12689.1
合资经营企业		182866.0					
合作经营企业							
独资经营企业	235297.2	408071.3					
投资股份有限公司	152540.6	33495.0					
外商投资企业	266406.8	1637092.1					32867.1
中外合资经营企业	3808.9	245671.0					32867.1
中外合作经营企业							
外资企业	262597.9	1387825.6					
外商投资股份有限公司							
2. 按国民经济行业分组							
农、林、牧、渔产品批发	1791430.9	6036875.8	235580.9	160030.2		33540.5	1239000.1
食品、饮料及烟草制品批发	2889074.2	4655520.7	485091.4	268943.0	227806.1	328241.2	329889.8
米、面制品及食用油批发	623137.9	1989813.6	75730.7		26756.0		6101.3
烟草制品批发	1139105.7	874898.6	376644.3	216179.8	161045.9	263642.8	290421.8
纺织、服装及家庭用品批发	1022009.5	1568446.8	5738.8		5744.3	10606.5	5125.7
服装批发	105598.9	694535.3				4780.7	
家用视听设备批发	98534.9	37821.6					
日用家电批发	410124.1	373554.4				263.9	
文化、体育用品及器材批发	918879.8	92509.0					
医药及医疗器材批发	5515538.9	1732481.0	346854.4	90942.8	346957.6	66477.7	259133.8
矿产品、建材及化工产品批发	80312690.2	28205143.7	6648438.4	1892676.2	2256075.9	261397.3	815767.7
煤炭及制品批发	1055708.0	1739685.6	373867.7	202174.9	56313.3	112299.4	40116.5
石油及制品批发	60548142.1	13552557.9	260521.1	540412.9	151824.8	65250.8	197115.8
金属及金属矿批发	14566239.4	6119870.7	5440811.7	534770.6	2010818.7	82857.4	421128.9
建材批发	2314609.9	1335854.9	108894.5	212766.5	20747.5		
化肥批发	506536.0	51352.6	10542.8				110145.2
机械设备、五金产品及电子产品批发	2837227.6	2962620.7	692853.3	56514.5	4419.7	45877.1	189605.0
汽车及零配件批发	771353.4	646953.0	117662.6	13105.2		45877.1	54699.9
摩托车及零配件批发	69409.6	4648.2					
计算机、软件及辅助设备批发	260960.2	30145.0					2095.6
贸易经纪与代理	11490.1	157591.0					
其他批发业	157146.6	1428636.4	114.5	65554.2	17248.2	3749.2	58564.4

17-5 续表 1

(2021年)

单位：万元

登记注册类型、行业	沈阳	大连	鞍山	抚顺	本溪	丹东	锦州
二、零售业	**15576939.8**	**6598886.0**	**1497515.8**	**382347.1**	**321292.6**	**686164.2**	**1313135.7**
1. 按登记注册类型分组							
内资企业	13869326.7	5294654.1	1275021.6	376589.5	315603.3	583522.6	1243903.2
国有企业	63207.2	282303.9	4086.0	1166.1	11919.4	1038.0	1054.9
集体企业	29229.7	3002.8	4681.0				4896.2
股份合作企业	9625.8	6849.4				5425.1	
联营企业		3124.9					
国有联营企业							
集体联营企业							
国有与集体联营企业							
其他联营企业		3124.9					
有限责任公司	3579853.2	1942704.7	442638.9	159368.6	104774.2	145208.7	645031.2
国有独资企业	9750.8	27365.6	1906.0	564.7			
其他有限责任公司	3570102.4	1915339.1	440732.9	158803.9	104774.2	145208.7	645031.2
股份有限公司	1404198.0	1414064.9	2172.0	2824.1	528.7	195926.0	239817.3
私营企业	8783212.8	1610531.2	819179.0	213230.7	197934.9	229679.9	353103.6
私营独资企业	87827.9	15378.3	37799.7	1098.4	5492.9	18758.0	8446.9
私营合伙企业	175.3	13361.6	1121.8				
私营有限责任公司	8680795.6	1577755.9	752906.7	207186.8	190524.2	210921.9	344656.7
私营股份有限公司	14414.0	4035.4	27350.8	4945.5	1917.8		
其他企业		32072.3	2264.7		446.1	6244.9	
港、澳、台商投资企业	704386.7	817566.3	43848.7		2861.2	7948.9	45190.7
合资经营企业	918.3	498014.8	3506.8		1592.8	7948.9	
合作经营企业							
独资经营企业	682390.0	265963.5	40341.9		1268.4		45190.7
投资股份有限公司	21078.4	53588.0					
外商投资企业	835266.2	486665.6	59365.7			24033.4	
中外合资经营企业	198063.1	63171.4				24033.4	
中外合作经营企业	96197.0						
外资企业	541006.1	423494.2					
外商投资股份有限公司							
2. 按国民经济行业分组							
综合零售	2099404.2	1414003.6	241562.6	91496.6	125382.2	77358.4	507065.3
百货零售	1163487.9	948961.0	176975.8	78280.5	109042.2	65369.0	480191.5
超级市场零售	855103.1	403026.9	64335.8	12592.0	8618.9	6963.3	7558.3
食品、饮料及烟草制品专门零售	545655.6	104987.3	45025.9	28201.3	23574.3	35522.1	13474.9
纺织、服装及日用品专门零售	645613.2	299892.9	85872.3	278.4	5121.8	22695.2	14489.8
服装零售	517211.9	155116.7	24068.2	269.9	1141.4	19025.9	281.5
文化、体育用品及器材专门零售	446246.0	49579.9	44308.5	1166.1	516.1	4776.1	5787.3
体育用品及器材零售	10260.5	12904.9	2395.8				541.7
图书、报刊零售	77509.4	28819.8	4935.9	1166.1	516.1		571.5
医药及医疗器材专门零售	843731.4	347079.6	132767.0	54633.1	31996.4	32490.5	75953.0
汽车、摩托车、零配件和燃料及其他动力销售	5960979.8	3803902.1	794706.9	173048.9	120732.5	458807.9	637072.1
汽车零售	4430926.1	2346506.3	633341.5	142442.5	103918.4	215900.9	320726.4
机动车燃料零售	1385585.8	1344438.4	129659.3	30606.4	11523.5	242907.0	296581.3
家用电器及电子产品专门零售	663023.6	459369.5	124700.8	32683.7	4975.0	43231.5	51393.9
家用视听设备零售	7497.8	3166.4	38942.5		2835.5	6108.7	14007.3
日用家电设备零售	360213.2	425461.8	59501.5	21993.8	1087.3	19851.4	31268.3
计算机、软件及辅助设备零售	135264.3	20098.6	5327.6	2973.6	606.1	5378.0	1339.3
通信设备零售	120362.8	2336.9	20012.0	7716.3	446.1	932.0	4779.0
五金、家具及室内装修材料专门零售	149812.5	76351.4	2753.3	839.0	1754.7	5162.1	4824.6
货摊、无店铺及其他零售业	4222473.5	43719.7	25818.5		7239.6	6120.4	3074.8
互联网零售	4169209.3		3561.4			1525.4	751.0
邮购及电子销售							

17-5 续表 2 (2021年) 单位：万元

登记注册类型、行业	营口	阜新	辽阳	盘锦	铁岭	朝阳	葫芦岛
总　计	**11088636.5**	**2200800.1**	**5052437.2**	**8703464.4**	**1787309.2**	**5519582.7**	**4203611.4**
一、批发业	**9894398.9**	**1953497.5**	**4459315.4**	**7881804.0**	**1388230.5**	**4811283.9**	**3410380.2**
1. 按登记注册类型分组							
内资企业	9829626.1	1827688.4	4459315.4	7850174.6	1388230.5	4787662.5	3249620.1
国有企业	290964.3	171909.6	714251.5	223476.0	252114.4	274555.7	387851.8
集体企业					3520.6		
股份合作企业					4616.1		
联营企业							
国有联营企业							
集体联营企业							
国有与集体联营企业							
其他联营企业							
有限责任公司	4112316.6	918709.8	1173808.1	2098792.3	414737.3	3719505.7	417547.5
国有独资企业	76004.2	507172.0		832814.8	91706.6	3605063.6	104167.4
其他有限责任公司	4036312.4	411537.8	1173808.1	1265977.5	323030.7	114442.1	313380.1
股份有限公司	272815.6	170718.9	960484.7		230803.2	208179.3	100795.2
私营企业	5098458.7	566350.1	1610771.1	5527906.3	482438.9	585421.8	2343425.6
私营独资企业	84461.2	25687.4	6581.1	2261.2	13440.9	13662.0	13659.7
私营合伙企业					5977.5		3709.8
私营有限责任公司	5000951.2	531423.7	1557143.1	5525645.1	463020.5	571759.8	2326056.1
私营股份有限公司	13046.3	9239.0	47046.9				
其他企业	55070.9						
港、澳、台商投资企业	16936.2	10131.8		21547.8			
合资经营企业	16936.2			21547.8			
合作经营企业							
独资经营企业		10131.8					
投资股份有限公司							
外商投资企业	47836.6	115677.3		10081.6		23621.4	160760.1
中外合资经营企业	47836.6	115677.3				23621.4	160760.1
中外合作经营企业							
外资企业				10081.6			
外商投资股份有限公司							
2. 按国民经济行业分组							
农、林、牧、渔产品批发	1214113.9	206857.2	24413.3	286061.7	395408.2	217523.2	1480243.8
食品、饮料及烟草制品批发	643771.2	205884.1	247646.7	190717.6	326039.2	256377.3	250384.7
米、面制品及食用油批发	73864.3	33974.5	4930.8		20102.9	10941.3	4750.0
烟草制品批发	270128.2	171909.6	211066.0	175411.3	252114.4	241546.2	236555.3
纺织、服装及家庭用品批发	24718.0	10795.3	508953.0	10081.6			14063.3
服装批发	19436.7	5494.3					
家用视听设备批发			503185.5				
日用家电批发			5767.5				3618.0
文化、体育用品及器材批发							
医药及医疗器材批发	96556.2	29298.9	53476.2	106137.1	100361.9	93384.5	112304.6
矿产品、建材及化工产品批发	7824282.8	1065197.1	3491978.5	7175663.7	530598.9	4123299.2	1406481.8
煤炭及制品批发	148575.9	694731.7	70422.3		120504.1	5833.4	31180.6
石油及制品批发	1032784.7	304705.0	94431.8	6982387.6	383267.0	513311.5	1034825.9
金属及金属矿批发	2891261.6		2179625.0	4794.9	4542.8	3578885.9	236455.4
建材批发	470311.3		59587.2	91503.4		12606.2	7767.3
化肥批发	81763.5		9308.5	32904.2	7489.7		2274.2
机械设备、五金产品及电子产品批发	90956.8	15594.3	132847.7	93114.1	24093.0	15581.4	113167.3
汽车及零配件批发	41616.2		51866.8	71556.3	16916.0		103811.9
摩托车及零配件批发							
计算机、软件及辅助设备批发			3738.0				
货摊、无店铺及其他零售业				20028.2		2386.0	113.1
其他批发业		419870.6			11729.3	102732.3	33621.6

17-5 续表 3 (2021年) 单位：万元

登记注册类型、行业	营口	阜新	辽阳	盘锦	铁岭	朝阳	葫芦岛
二、零售业	**1194237.6**	**247302.6**	**593121.8**	**821660.4**	**399078.7**	**708298.8**	**793231.2**
1. 按登记注册类型分组							
内资企业	1136779.8	215791.3	569655.5	770596.9	388698.7	695420.1	771242.0
国有企业	304.8		23804.7	3516.7	1619.8	18856.6	1984.2
集体企业		1168.0		1129.9		761.7	
股份合作企业							
联营企业							5613.1
国有联营企业							
集体联营企业							
国有与集体联营企业							
其他联营企业							5613.1
有限责任公司	379354.7	58266.7	50781.3	175780.1	39623.0	142682.2	66811.5
国有独资企业	201467.5					500.1	
其他有限责任公司	177887.2	58266.7	50781.3	175780.1	39623.0	142182.1	66811.5
股份有限公司	1874.6		187373.9	231547.6			229147.4
私营企业	755245.7	156356.6	307695.6	358622.6	347455.9	533119.6	466405.8
私营独资企业	18205.7	6030.8	17493.9	3622.7	16033.4	8074.9	12813.9
私营合伙企业					3361.7		
私营有限责任公司	735644.3	150325.8	276665.6	353957.5	328060.8	525044.7	453591.9
私营股份有限公司	1395.7		13536.1	1042.4			
其他企业							1280.0
港、澳、台商投资企业	57457.8	27937.3	23466.3	51063.5	10380.0	12878.7	21989.2
合资经营企业							
合作经营企业							
独资经营企业	57457.8	27937.3	23466.3	51063.5	10380.0	12878.7	21989.2
投资股份有限公司							
外商投资企业		3574.0					
中外合资经营企业		3574.0					
中外合作经营企业							
外资企业							
外商投资股份有限公司							
2. 按国民经济行业分组							
综合零售	179392.1	71024.7	64236.5	83787.4	80514.0	166658.4	143489.6
百货零售	57364.9	66656.3	24329.0	61297.3	45354.4	84707.3	113189.3
超级市场零售	122027.2	4368.4	39907.5	22490.1	33677.8	81951.1	30300.3
食品、饮料及烟草制品专门零售	5560.9	3164.4		17552.6	25073.6	9857.1	16538.1
纺织、服装及日用品专门零售	39291.5		1517.3	1225.2		7466.2	8128.5
服装零售	5716.1			1225.2		3231.7	5977.9
文化、体育用品及器材专门零售	2532.3	15533.2	470.1	3472.5	3484.8	2779.2	
体育用品及器材零售							
图书、报刊零售	1493.2				1216.0	1546.2	
医药及医疗器材专门零售	76080.0	30982.1	43799.5	57561.7	38476.8	201281.3	35823.0
汽车、摩托车、零配件和燃料及其他动力销售	743438.1	89818.1	464802.1	620208.9	221142.0	286646.2	540534.9
汽车零售	406654.5	79006.4	227588.2	347394.2	196618.4	253494.4	238158.6
机动车燃料零售	284668.4	7198.8	235324.9	272814.7	18510.6	33151.8	287390.8
家用电器及电子产品专门零售	92974.2	25727.5	15348.0	20164.0	9242.6	27980.3	40358.5
家用视听设备零售	58681.7			1217.7		14541.7	
日用家电设备零售	5235.4	5007.0	12300.2	4573.1	2436.0	10525.9	6728.7
计算机、软件及辅助设备零售	786.0		3047.8	9584.6		2912.7	4854.5
通信设备零售	28271.1	20720.5		4788.6	6806.6		28775.3
五金、家具及室内装修材料专门零售	5510.5	4510.5		3412.8			
货摊、无店铺及其他零售业	49458.0	6542.1	2948.3	14275.3	21144.9	5630.1	8358.6
互联网零售	28407.8	576.2	1133.7	5521.4	568.5		1836.9
邮购及电子销售							

17-6 限额以上批发、零售贸易业商品零售类值

(2021年)　　单位：万元

指　标	零售
总　计	**33203273.1**
1. 粮油、食品类	3131027.7
(1)粮油类	836711.0
(2)肉禽蛋类	413192.6
(3)水产品类	189634.2
(4)蔬菜类	211676.9
(5)干鲜果品类	334129.6
2. 饮料类	383184.0
3. 烟酒类	525383.5
4. 服装、鞋帽、针纺织品类	3004211.5
(1)服装类	2422205.6
(2)鞋帽类	425657.9
(3)针、纺织品类	156348.0
5. 化妆品类	537764.7
6. 金银珠宝类	829152.0
7. 日用品类	1109026.3
8. 五金、电料类	62156.2
9. 体育、娱乐用品类	263490.2
10. 报杂志类	126824.1
11. 电子出版物及音像制品类	3624.1
12. 家用电器和音像器材类	1756374.5
13. 中西药品类	2231045.3
#西药类	1752235.8
中草药及中成药类	282134.0
14. 文化办公用品类	789772.5
15. 家俱类	115625.8
16. 通讯器材类	1072633.9
17. 煤炭及制品类	18746.0
18. 木材及制品类	
19. 石油及制品类	5751355.2
20. 化工材料及制品类	
#化肥类	
21. 金属材料类	
22. 建筑及装潢材料类	191460.7
23. 机电产品及设备类	77213.4
#农机类	
24. 汽车类	10370016.1
25. 种子饲料类	
26. 棉麻类	257.3
27. 其他类	852928.1

注：此表为快报数，统计范围为限上法人、产业活动单位和个体经营户。

17-7 限额以上批发零售贸易业主要财务指标

(2021年) 单位：万元

登记注册类型、行业	流动资产合计	固定资产原价	累计折旧	本年折旧	资产总计	负债合计	所有者权益合计
总计	**80236732.7**	**8847491.2**	**4084058.8**	**561759.9**	**96774087.5**	**81161504.8**	**15153743.8**
一、批发业	**66618688.5**	**4498512.9**	**2156232.4**	**247187.1**	**76339729.4**	**65391856.8**	**10589996.3**
1.按登记注册类型分							
内资企业	62456534.3	4397956.9	2113173.6	239509.5	70091473.8	61243881.9	8490630.9
国有企业	2756666.6	645093.0	298390.8	27947.8	3593820.7	1015758.8	2578192.1
集体企业	98449.4	26457.7	2747.2	1563.9	138997.3	150971.6	-11974.3
股份合作企业	18505.3	2093.0	1135.6	91.3	20096.9	18598.9	1498.0
联营企业	9539.1	168.9	139.4	113.6	9639.6	6052.3	3587.3
国有联营企业	6749.5	45.5	25.5	0.9	6840.5	3799.8	3040.7
集体联营企业							
国有与集体联营企业							
其他联营企业	2789.6	123.4	113.9	112.7	2799.1	2252.5	546.6
有限责任公司	20850770.9	1464722.1	631199.7	81276.4	24058828.5	19634120.8	4350676.0
国有独资公司	2769520.7	128936.4	52563.1	7903.7	3366983.6	2741158.5	622126.9
其他有限责任公司	18081250.2	1335785.7	578636.6	73372.7	20691844.9	16892962.3	3728549.1
股份有限公司	2802482.9	843467.5	522877.9	32955.6	3601107.0	5908015.0	-2531876.7
私营企业	35490162.3	1409118.5	655201.8	95341.3	38232056.4	34084833.1	4089146.5
私营独资企业	407805.4	15716.0	5533.9	1091.2	426414.6	358190.0	68224.6
私营合伙企业	7909.1	371.5	301.2	7.7	8155.6	7124.6	1031.0
私营有限责任公司	34503185.8	1338997.2	629025.7	91059.7	37038188.8	33240715.7	3739396.3
私营股份有限公司	571262.0	54033.8	20341.0	3182.7	759297.4	478802.8	280494.6
其他企业	429957.8	6836.2	1481.2	219.6	436927.4	425531.4	11382.0
港、澳、台商投资企业	2685362.3	47914.8	14722.4	2492.4	4434281.7	3035125.8	1399155.9
与港澳台商合资经营企业	109001.6	10611.0	3841.1	528.6	121257.9	113623.8	7634.1
与港澳台商合作经营企业							
港澳台商独资经营企业	2178848.5	35857.6	9897.5	1827.5	3909689.3	2672211.4	1237477.9
港澳台商投资股份有限公司	130167.4	1260.0	947.3	134.6	135840.0	109839.6	26000.4
其他港澳台投资企业	267344.8	186.2	36.5	1.7	267494.5	139451.0	128043.5
外商投资企业	1476791.9	52641.2	28336.4	5185.2	1813973.9	1112849.1	700209.5
中外合资经营企业	114952.6	29117.8	14662.6	2223.7	153625.9	124198.0	29427.9
中外合作经营企业							
外资企业	1361261.0	23517.1	13669.2	2960.0	1659768.0	987531.0	671321.7
外商投资股份有限公司							
其他外商投资企业	578.3	6.3	4.6	1.5	580.0	1120.1	-540.1
2.按批发行业小类分							
农、林、牧、渔产品批发	5122191.5	397063.5	140427.5	19242.9	5802540.5	5064138.2	720658.8
食品、饮料及烟草制品批发	5724610.9	665929.0	286537.2	34778.4	6721188.3	4141390.4	2589025.7
米、面制品及食用油批发	1341328.4	110540.0	47856.3	8052.1	1609585.8	1479501.3	130012.3
肉、禽、蛋、奶及水产品批发	1761291.1	130886.9	28446.0	4851.6	1974127.1	1732921.9	253085.2
酒、饮料及茶叶批发	306843.4	17312.6	9216.2	1459.6	350371.7	258698.1	91356.9
烟草制品批发	1911344.0	262123.7	175274.9	12980.9	2117725.5	124282.1	1993443.4
纺织、服装及家庭用品批发	1179233.9	106075.1	45732.1	6090.8	1332115.9	983952.2	344465.5
纺织品、针织品及原料批发	42424.7	6542.3	3433.0	343.4	49285.5	26192.0	23093.5
服装批发	311173.6	61438.0	23992.3	2945.4	397469.0	267082.9	126687.9
鞋帽批发	75267.4	12431.1	6386.0	1105.8	83953.9	54758.5	29195.4
化妆品及卫生用品批发	37099.3	7736.9	4037.5	415.0	41948.8	35465.0	6483.8

17-7 续表 1 (2021年) 单位：万元

登记注册类型、行业	流动资产合计	固定资产原价	累计折旧	本年折旧	资产总计	负债合计	所有者权益合计
厨具卫具及日用杂品批发	27812.7	1528.6	1008.5	254.2	28298.0	23931.8	4366.2
灯具、装饰物品批发	7814.7	800.9	76.1	43.0	8539.5	6665.6	1873.9
家用视听设备批发	199276.9	91.2	50.1	11.4	204337.0	200587.5	3749.5
日用家电批发	329316.1	10653.4	4224.6	443.7	340236.6	275447.5	64789.1
其他家庭用品批发	149048.5	4852.7	2524.0	528.9	178047.6	93821.4	84226.2
文化、体育用品及器材批发	299989.4	14826.8	9829.2	1315.5	314062.2	222885.0	91521.4
文具用品批发	121203.9	5360.7	3925.3	361.5	127263.4	88514.7	38748.7
体育用品及器材批发	25714.5	311.5	261.9	52.7	25856.5	25231.0	625.5
图书批发	66219.0	4619.2	2102.5	427.1	70637.5	45596.6	25385.1
首饰、工艺品及收藏品批发	72777.2	3931.4	3102.9	445.1	76058.5	52993.5	23065.0
医药及医疗器材批发	5393031.1	261450.6	91502.0	14154.0	5954629.8	4686166.4	1266297.1
西药批发	3795543.3	196866.0	59140.5	7970.5	4186242.0	3388679.5	797562.5
中药批发	7406.1	201.8	69.4	30.1	7538.5	6135.7	1402.8
医疗用品及器材批发	880342.4	26524.7	15844.9	3375.1	985034.6	593135.5	391899.1
矿产品、建材及化工产品批发	42631614.7	2749127.6	1442794.7	149281.4	47463722.4	44127937.2	3025393.8
煤炭及制品批发	1583518.3	48653.6	24731.5	6069.2	1673177.0	1457409.3	231154.6
石油及制品批发	15952818.0	2147804.3	1188540.3	105411.2	18828320.6	19474580.8	-926597.6
金属及金属矿批发	19019281.5	237562.5	114035.7	13793.5	20036691.1	17788549.2	2270246.7
建材批发	1342778.3	67353.3	31085.8	5498.1	1481266.7	1269997.9	214110.3
化肥批发	592050.4	64218.2	7812.4	3138.9	677305.7	631616.0	49499.9
农药批发	33746.3	1506.5	406.9	100.8	36190.2	28556.3	7633.9
机械设备、五金产品及电子产品批发	5493912.9	250691.8	118471.2	19077.8	7915240.0	5504966.1	2378186.5
汽车及零配件批发	2901441.4	97904.4	37422.9	7813.2	4818759.4	3398615.9	1395260.0
计算机、软件及辅助设备批发	129169.5	2914.1	2200.3	452.7	136288.8	78608.1	57680.7
通讯设备批发	113101.0	3250.6	2531.7	325.5	118568.7	81518.3	37050.4
贸易经纪与代理	111415.3	24621.4	5512.1	1380.2	136630.4	98770.5	37859.9
其他批发业	662688.8	28727.1	15426.4	1866.1	699599.9	561650.8	136587.6
二、零售业	**13618044.2**	**4348978.3**	**1927826.4**	**314572.8**	**20434358.1**	**15769648.0**	**4563747.5**
1.按登记注册类型分							
内资企业	12249774.6	3204400.8	1521394.4	265786.9	17656826.6	13949101.3	3606762.7
国有企业	112229.9	22692.5	9010.1	1091.5	188851.5	91904.7	95924.0
集体企业	16998.6	4162.2	2258.4	215.3	19238.0	14640.5	4597.5
股份合作企业	7560.8	1848.6	1270.2	123.0	8544.4	2897.6	5646.8
联营企业	1582.1	1826.6	1025.8	828.8	2424.1	177.2	2246.9
国有联营企业	84.3	396.4	167.0	22.5	313.7	22.3	291.4
集体联营企业							
国有与集体联营企业							
其他联营企业	1497.8	1430.2	858.8	806.3	2110.4	154.9	1955.5
有限责任公司	4402906.1	1086694.4	485780.5	93696.6	6887803.5	5977926.1	939554.9
国有独资公司	29341.2	13013.5	7085.9	877.5	36771.7	41807.4	-5035.7
其他有限责任公司	4373564.9	1073680.9	478694.6	92819.1	6851031.8	5936118.7	944590.6
股份有限公司	1517098.0	850904.5	463329.0	91128.2	2818237.4	1370570.1	1356420.9
私营企业	6187043.5	1234855.9	558501.1	78661.3	7724553.2	6487667.6	1199327.4
私营独资企业	122959.8	38397.9	16986.9	3642.7	165620.3	132828.1	32923.7
私营合伙企业	14212.4	626.0	394.1	27.0	14584.6	7316.6	7268.0
私营有限责任公司	6013510.1	1188414.9	538091.1	74521.2	7498986.4	6307394.9	1153901.8
私营股份有限公司	36361.2	7417.1	3029.0	470.4	45361.9	40128.0	5233.9
其他企业	4355.6	1416.1	219.3	42.2	7174.5	3317.5	3044.3

17-7 续表 2 (2021年) 单位：万元

登记注册类型、行业	流动资产合计	固定资产原价	累计折旧	本年折旧	资产总计	负债合计	所有者权益合计
港、澳、台商投资企业	721960.7	918963.4	281818.1	34742.5	1648718.8	917826.5	730892.3
与港澳台商合资经营企业	281288.8	144549.7	94642.9	2379.5	439441.6	273811.5	165630.1
与港澳台商合作经营企业	9906.0	2264.9	1797.2	69.5	10971.1	4604.0	6367.1
港澳台商独资经营企业	356606.5	763686.9	180657.6	31573.2	1117959.2	570889.4	547069.8
港澳台商投资股份有限公司	13500.8	2306.2	1039.7	152.2	14789.0	14201.9	587.1
其他港澳台投资企业	60658.6	6155.7	3680.7	568.1	65557.9	54319.7	11238.2
外商投资企业	646308.9	225614.1	124613.9	14043.4	1128812.7	902720.2	226092.5
中外合资经营企业	32309.8	16504.5	7238.9	1738.6	51177.7	23545.0	27632.7
中外合作经营企业							
外资企业	613999.1	209109.6	117375.0	12304.8	1077635.0	879175.2	198459.8
外商投资股份有限公司							
其他外商投资企业							
2.按零售行业小类分							
综合零售	5346332.7	2205720.1	920139.4	115696.6	9435510.3	6976913.4	2488503.9
百货零售	4545934.9	1718918.4	686721.9	76378.0	8018756.5	5701997.2	2346666.3
超级市场零售	709388.7	451792.7	218617.8	36045.5	1274440.0	1104934.2	169505.8
便利店零售	43750.4	18959.3	10271.2	2107.1	66067.8	91716.7	-25648.9
食品、饮料及烟草制品专门零售	285725.5	38470.0	20513.8	3154.8	370077.7	263305.2	105868.4
粮油零售	38799.5	6332.1	3044.6	309.3	43758.1	25065.8	18692.3
糕点、面包零售	37791.0	10650.0	7190.8	813.3	45448.2	39743.4	5704.8
果品、蔬菜零售	26671.3	7724.0	3517.6	991.2	40790.6	26410.8	13567.8
肉、禽、蛋、奶及水产品零售	34561.1	3891.1	1890.0	374.1	72933.9	30318.6	42615.3
酒、饮料及茶叶零售	56427.2	2355.7	1184.7	138.1	58310.0	46031.3	12186.6
烟草制品零售	20536.9	1517.2	796.5	56.4	21702.7	9693.0	12009.7
纺织、服装及日用品专门零售	570085.6	100488.3	60086.3	7590.1	668080.7	682396.3	-15339.8
服装零售	363338.3	72085.5	45033.9	5972.5	433174.2	481962.3	-49008.6
化妆品及卫生用品零售	17617.8	4940.0	3031.7	265.5	22733.1	21476.3	1256.8
钟表、眼镜零售	127976.5	21053.1	10631.3	1164.1	141669.0	113317.4	28351.6
文化、体育用品及器材专门零售	336104.5	74588.3	34787.3	3165.4	510656.6	384225.9	126199.6
文具用品零售	19335.9	455.5	277.7	45.3	19793.7	11507.8	8054.8
体育用品及器材零售	5435.1	9875.1	5290.0	139.7	20095.3	30432.3	-10337.0
图书、报刊零售	134669.7	34023.0	14135.7	1517.4	189300.2	138019.8	51280.4
音像制品、电子和数字出版物零售	32011.1	7245.2	5111.9	797.1	110574.7	83228.4	27346.3
珠宝首饰零售	90553.3	16853.8	8444.0	539.7	102126.1	78491.1	23635.0
医药及医疗器材专门零售	841685.2	84667.7	44176.0	9083.1	1033422.0	831723.4	168241.1
西药零售	812372.6	79671.4	40569.9	8813.6	999888.0	797938.4	168493.4
中药零售	14449.5	4851.2	3506.2	246.7	18031.6	23283.3	-5251.7
医疗用品及器材零售	14704.4	139.3	94.3	19.6	14784.0	10493.9	4288.8
汽车、摩托车、零配件和燃料及其他动力销售	4538755.2	1515896.9	732848.2	160926.6	6336934.4	4864620.4	1377444.4
汽车新车零售	3781965.4	875997.9	405989.2	68335.7	4885936.3	3989710.3	894730.0
机动车燃油零售	545366.8	600445.1	307447.3	89623.7	1185075.3	676796.9	416502.2
家用电器及电子产品专门零售	1049800.5	65352.0	23871.7	3199.7	1206334.9	1023829.8	182122.7
日用家电零售	753366.0	41461.1	13895.7	1662.7	882729.6	792594.8	90056.0
计算机、软件及辅助设备零售	131819.7	9916.1	5835.2	666.2	139218.5	86330.2	52828.2
通信设备零售	107772.1	2316.2	1322.9	199.0	109309.9	90765.7	18544.2
五金、家具及室内装饰材料专门零售	79167.6	103638.5	53172.7	4409.8	148537.0	161603.1	-13066.1
货摊、无店铺及其他零售业	570387.4	160156.5	38231.0	7346.7	724804.5	581030.5	143773.3
互联网零售	469656.2	33910.1	6692.4	1878.3	511540.1	456836.9	54702.5

17-7 续表 3 (2021年) 单位：万元

登记注册类型、行业	营业收入	主营业务收入	营业成本	营业税金及附加	其他业务利润	销售费用	管理费用
总　计	**205129641.2**	**201870355.1**	**195685255.4**	**848975.3**	**367186.3**	**3956215.0**	**2212936.2**
一、批发业	**176989423.4**	**174683707.6**	**170790752.9**	**735479.5**	**126672.8**	**2091821.6**	**1282458.2**
1. 按登记注册类型分							
内资企业	174134930.8	171889771.4	168366380.7	729144.3	83635.5	1889207.0	1176941.4
国有企业	9442923.3	9391728.6	8023768.3	595004.4	4556.2	177920.6	224111.6
集体企业	84938.4	84938.4	82799.5	72.9		447.0	3049.8
股份合作企业	22893.0	22893.0	20870.1	38.9		823.0	750.6
联营企业	54673.3	54673.3	52274.7	47.4		402.2	636.6
国有联营企业	13539.3	13539.3	12115.7	34.4		356.4	304.8
集体联营企业							
国有与集体联营企业							
其他联营企业	41134.0	41134.0	40159.0	13.0		45.8	331.8
有限责任公司	48405004.2	47839142.2	47256393.9	55941.1	22320.7	427217.0	243719.2
国有独资公司	6115984.0	6106719.7	5946025.2	7942.7	6477.0	41385.1	32058.8
其他有限责任公司	42289020.2	41732422.5	41310368.7	47998.4	15843.7	385831.9	211660.4
股份有限公司	54029767.7	53874119.5	53453924.9	13319.5	2155.1	219442.4	56885.4
私营企业	61621354.2	60150940.0	59021430.8	64428.6	54603.5	1055160.2	644076.5
私营独资企业	1262309.4	1262099.1	1222786.0	2980.0	47.1	25563.6	10270.2
私营合伙企业	28693.0	28693.0	27568.5	12.9		397.1	999.1
私营有限责任公司	59644852.6	58188653.4	57129105.3	60465.4	54346.2	1013917.7	617027.1
私营股份有限公司	685499.2	671494.5	641971.0	970.3	210.2	15281.8	15780.1
其他企业	473376.7	471336.4	454918.5	291.5		7794.6	3711.7
港、澳、台商投资企业	964670.3	960836.3	855960.4	2177.6	39.3	29587.4	27701.2
与港澳台商合资经营企业	199884.3	199422.8	183644.8	430.9	8.7	6047.1	4617.8
与港澳台商合作经营企业							
港澳台商独资经营企业	588672.4	585299.9	505852.8	1395.7	30.6	18976.0	18134.7
港澳台商投资股份有限公司	164644.3	164644.3	154290.4	346.0		2886.6	2262.7
其他港澳台投资企业	11469.3	11469.3	12172.4	5.0		1677.7	2686.0
外商投资企业	1889822.3	1833099.9	1568411.8	4157.6	42998.0	173027.2	77815.6
中外合资经营企业	336830.5	326563.9	281490.2	547.9	5578.6	36947.4	9181.8
中外合作经营企业							
外资企业	1549396.3	1502940.5	1283772.6	3609.7	37419.4	135816.9	68137.0
外商投资股份有限公司							
其他外商投资企业	3595.5	3595.5	3149.0			262.9	496.8
2. 按批发行业小类分							
农、林、牧、渔产品批发	12513542.2	12406696.1	12217151.1	7253.6	148.1	122103.0	64750.1
食品、饮料及烟草制品批发	10331356.3	10170808.6	8775109.2	599888.6	12004.8	272393.1	324658.0
米、面制品及食用油批发	2679821.2	2656316.7	2615645.9	5412.7	1087.9	38983.4	23416.5
肉、禽、蛋、奶及水产品批发	1857638.0	1745434.8	1753225.0	1594.3	662.3	78948.5	55116.5
酒、饮料及茶叶批发	337763.3	334910.1	290260.5	781.5	358.2	16214.0	17135.3
烟草制品批发	4344978.2	4341513.2	3107699.5	590552.0	1582.6	85106.5	191742.6
纺织、服装及家庭用品批发	2925069.1	2899062.5	2669262.8	3766.7	6746.6	130289.9	77795.5
纺织品、针织品及原料批发	172912.3	172346.2	162170.2	52.6		3983.5	5230.3
服装批发	782144.4	766391.1	700253.9	742.0	2182.4	44017.4	32617.4
鞋帽批发	121866.3	120261.3	106097.1	201.9		9083.9	10638.3
化妆品及卫生用品批发	71090.3	68606.7	64143.8	131.0	461.1	3752.7	3313.2

17-7 续表 4 (2021年) 单位：万元

登记注册类型、行业	营业收入	主营业务收入	营业成本	营业税金及附加	其他业务利润	销售费用	管理费用
厨具卫具及日用杂品批发	61662.6	58961.0	52780.5	120.0	599.8	5761.8	2480.4
灯具、装饰物品批发	13749.0	13538.6	12405.8	12.5		354.7	562.7
家用视听设备批发	566934.2	566442.9	557275.2	343.5	6.9	6486.8	1680.3
日用家电批发	732976.2	731559.8	684323.2	1091.4	3496.4	22375.0	14085.7
其他家庭用品批发	401733.8	400954.9	329813.1	1071.8		34474.1	7187.2
文化、体育用品及器材批发	920483.1	913209.1	833270.4	4669.9	152.4	41626.0	23335.1
文具用品批发	401353.4	400777.0	379550.1	538.2	152.4	10407.4	7446.3
体育用品及器材批发	36324.4	36324.4	33111.0	21.1		1961.2	754.4
图书批发	58401.2	54170.1	51545.4	30.2		4443.9	3372.1
首饰、工艺品及收藏品批发	386106.7	383640.7	332867.9	4048.7		24104.0	10436.4
医药及医疗器材批发	8083587.4	7997808.1	7263646.5	19922.6	56284.0	363588.1	176332.7
西药批发	5657103.3	5619382.3	5255315.0	12833.2	4555.8	137661.0	89815.0
中药批发	6676.0	6676.0	5512.7	13.4		266.6	513.4
医疗用品及器材批发	1338990.2	1337272.5	1086179.1	4356.2	525.7	109347.1	50804.1
矿产品、建材及化工产品批发	133362367.4	131524910.5	130772419.0	86860.2	40877.2	971148.4	434888.6
煤炭及制品批发	4149005.5	4135003.1	3958159.8	6343.3	5300.9	88415.2	42096.5
石油及制品批发	78989943.4	77757694.1	77545648.3	43761.4	23469.4	550825.0	184621.3
金属及金属矿批发	34438550.0	34340927.5	34001053.1	24767.9	7250.4	128841.8	95470.4
建材批发	4161625.5	4130059.8	4034061.4	3418.0	1302.1	47466.3	33752.1
化肥批发	769734.3	767602.1	738955.3	635.8	626.1	7859.5	7640.5
农药批发	49363.2	49317.2	46244.9	39.1	158.1	818.5	1208.9
机械设备、五金产品及电子产品批发	6617115.7	6569958.8	6127680.0	9579.7	10266.7	151970.9	151373.7
汽车及零配件批发	1758749.3	1746558.5	1647453.1	3104.1	2300.9	33891.1	37846.8
计算机、软件及辅助设备批发	265275.0	264201.3	248986.8	268.6	1133.0	3486.1	5865.2
通讯设备批发	549310.0	546140.6	518462.5	897.4		14549.7	10829.3
贸易经纪与代理	186905.3	186739.3	171500.2	426.2		7448.8	4794.8
其他批发业	2048996.9	2014514.6	1960713.7	3112.0	193.0	31253.4	24529.7
二、零售业	**28140217.8**	**27186647.5**	**24894502.5**	**113495.8**	**240513.5**	**1864393.4**	**930478.0**
1.按登记注册类型分							
内资企业	24941468.1	24210494.3	22282557.6	91525.6	145320.9	1546186.2	797105.3
国有企业	131090.4	125888.2	104005.6	646.3	1755.0	5349.2	14855.4
集体企业	66038.0	66017.5	58633.1	127.4		3599.2	1678.8
股份合作企业	17756.4	17752.6	14747.5	42.3	325.6	799.9	859.0
联营企业	10098.7	10063.2	9757.5	26.1	0.6	473.7	375.9
国有联营企业	5060.4	5030.9	4772.5	5.1	0.6	281.5	-21.1
集体联营企业							
国有与集体联营企业							
其他联营企业	5038.3	5032.3	4985.0	21.0		192.2	397.0
有限责任公司	6445564.4	6199433.5	5588155.9	26177.9	52729.3	476892.3	250619.6
国有独资公司	45425.2	40526.8	34161.8	291.8	0.9	10154.6	3508.1
其他有限责任公司	6400139.2	6158906.7	5553994.1	25886.1	52728.4	466737.7	247111.5
股份有限公司	3895931.5	3725281.8	3557627.7	15758.2	39609.0	232643.2	51258.4
私营企业	14364727.4	14058772.2	12940310.4	48744.4	50901.4	826240.1	476979.3
私营独资企业	398255.1	396750.3	359375.8	1049.5	2148.7	16584.9	14132.7
私营合伙企业	21009.7	20938.1	16957.8	1654.3	71.6	382.9	902.4
私营有限责任公司	13884305.9	13580311.4	12509639.7	45867.5	47897.2	807124.0	456855.4
私营股份有限公司	61156.7	60772.4	54337.1	173.1	783.9	2148.3	5088.8
其他企业	10261.3	7285.3	9319.9	3.0		188.6	478.9

17-7 续表 5 (2021年) 单位：万元

登记注册类型、行业	营业收入	主营业务收入	营业成本	营业税金及附加	其他业务利润	销售费用	管理费用
港、澳、台商投资企业	1722559.6	1637020.3	1455450.6	12397.4	8865.1	168189.2	71405.5
与港澳台商合资经营企业	408677.7	382258.7	344486.0	3221.3	5309.4	29057.2	13765.3
与港澳台商合作经营企业	26663.9	26232.1	24988.4	58.2		829.5	598.4
港澳台商独资经营企业	1205335.5	1147273.6	1010865.7	8877.3	3555.7	135161.4	55131.9
港澳台商投资股份有限公司	25463.0	25133.4	23652.2	57.1		1063.8	837.5
其他港澳台投资企业	56419.5	56122.5	51458.3	183.5		2077.3	1072.4
外商投资企业	1476190.1	1339132.9	1156494.3	9572.8	86327.5	150018.0	61967.2
中外合资经营企业	148410.5	144729.6	125573.3	271.5		14399.8	5318.5
中外合作经营企业							
外资企业	1327779.6	1194403.3	1030921.0	9301.3	86327.5	135618.2	56648.7
外商投资股份有限公司							
其他外商投资企业							
2. 按零售行业小类分							
综合零售	4089412.3	3626009.4	3172311.6	40973.6	81067.0	438116.9	300186.6
百货零售	2131873.0	1773540.2	1538781.1	34259.0	37323.5	166688.6	222648.0
超级市场零售	1794663.6	1703707.3	1510488.3	6189.9	41216.6	238029.2	63071.7
便利店零售	132723.4	120131.9	100086.9	231.5	2526.9	27709.4	13176.1
食品、饮料及烟草制品专门零售	619014.9	612313.7	502381.1	1181.4	1600.8	64624.8	43642.6
粮油零售	72142.2	72139.1	62557.2	305.9	132.8	1064.9	8223.5
糕点、面包零售	69017.7	68957.0	41165.2	295.6	120.7	12836.2	12791.0
果品、蔬菜零售	123362.4	122044.2	102847.7	105.3	444.3	14045.7	3083.4
肉、禽、蛋、奶及水产品零售	83044.8	82943.1	74664.5	47.7		5864.4	3355.4
酒、饮料及茶叶零售	82968.9	82861.0	70307.8	144.2	167.3	3594.4	4951.2
烟草制品零售	32126.5	32071.8	23817.2	140.0	1.5	4285.9	1655.8
纺织、服装及日用品专门零售	886478.5	862079.2	703935.4	2945.0	8380.6	120907.3	53792.4
服装零售	556396.6	537494.0	428103.2	2270.1	1078.3	84095.3	36894.2
化妆品及卫生用品零售	48418.3	46509.0	34973.6	160.8	1248.6	13466.7	2700.9
钟表、眼镜零售	207130.3	205593.5	174425.0	387.5	6053.6	17848.3	10807.0
文化、体育用品及器材专门零售	567055.8	558719.6	486506.8	3763.8	2572.5	33835.4	39863.7
文具用品零售	50625.3	50469.0	47376.0	80.0		846.7	1617.6
体育用品及器材零售	19929.0	19929.0	13420.7	259.4		5485.2	1221.0
图书、报刊零售	142713.4	138382.7	112329.0	399.1	2359.4	12140.1	11857.0
音像制品、电子和数字出版物零售	24187.2	21991.1	18009.0	82.5		4098.4	9789.6
珠宝首饰零售	193363.5	192665.3	176808.0	2727.2	137.2	7477.1	4453.0
医药及医疗器材专门零售	1913560.8	1793723.0	1508600.1	4738.0	1194.4	295384.2	99515.3
西药零售	1859846.7	1740051.5	1464358.4	4617.7	942.2	291184.4	95393.6
中药零售	22046.7	22006.3	16340.6	62.8	252.2	2712.9	3038.1
医疗用品及器材零售	31039.8	31037.6	27398.4	54.8		1408.7	1058.1
汽车、摩托车、零配件和燃料及其他动力销售	14417676.8	14112148.9	13384172.7	51373.6	141879.0	519323.8	288551.2
汽车新车零售	9761935.5	9580086.7	9057761.0	40108.1	112889.9	294326.4	240024.1
机动车燃油零售	4385672.7	4268098.3	4085771.2	9736.3	28935.8	216913.5	35336.9
家用电器及电子产品专门零售	1378545.1	1361191.4	1261451.3	1778.4	3272.7	83279.5	41884.3
日用家电零售	735721.2	733929.7	669710.9	839.1	1189.9	59356.4	18995.0
计算机、软件及辅助设备零售	210607.3	208728.4	186316.1	496.0	158.6	5196.6	12971.4
通信设备零售	284368.6	280268.4	268454.4	225.1	1834.3	8805.1	6504.7
五金、家具及室内装饰材料专门零售	189353.3	188567.4	148041.0	1576.7	76.1	16749.3	22417.3
货摊、无店铺及其他零售业	4079120.3	4071894.9	3727102.5	5165.3	470.4	292172.2	40624.6
互联网零售	3893364.2	3886951.1	3564674.5	4663.2	3.4	283913.6	30207.4

17-7 续表 6 (2021年) 单位：万元

登记注册类型、行业	财务费用	营业利润	利润总额	应交所得税	应付职工薪酬（本年贷方累计发生额）	应交增值税
总计	**1214843.3**	**1774331.8**	**1718700.4**	**504464.4**	**1974631.5**	**985917.3**
一、批发业	**1027467.4**	**1454359.2**	**1361517.8**	**406179.8**	**996805.4**	**701546.8**
1.按登记注册类型分						
内资企业	991808.5	1152924.1	1259285.4	372669.3	915291.6	653506.6
国有企业	-48476.2	527189.6	527762.4	141621.1	224020.4	168030.2
集体企业	-3199.1	1720.1	1719.7	12.7	266.1	90.2
股份合作企业	592.0	-181.9	-204.6	60.3	340.3	171.9
联营企业	493.7	793.2	793.3	167.6	428.5	56.5
国有联营企业	77.2	625.5	625.6	156.6	401.9	21.5
集体联营企业						
国有与集体联营企业						
其他联营企业	416.5	167.7	167.7	11.0	26.6	35.0
有限责任公司	596880.5	170974.3	173045.2	95966.1	263754.5	139106.7
国有独资公司	15961.7	-12856.0	-20893.8	16403.6	43547.3	14664.6
其他有限责任公司	580918.8	183830.3	193939.0	79562.5	220207.2	124442.1
股份有限公司	176069.3	98396.5	105381.5	6197.3	114595.3	50916.9
私营企业	269739.0	351913.4	448701.1	128581.4	308996.6	294076.2
私营独资企业	485.4	3822.7	3900.0	854.2	8491.8	8124.7
私营合伙企业	6.3	-291.3	-41.6	7.7	215.5	67.8
私营有限责任公司	267119.0	351681.4	448043.7	127540.0	293824.8	279148.6
私营股份有限公司	2128.3	-3299.4	-3201.0	179.5	6464.5	6735.1
其他企业	-290.7	2118.9	2086.8	62.8	2889.9	1058.0
港、澳、台商投资企业	26259.4	224602.4	167379.5	7380.2	17326.1	19766.1
与港澳台商合资经营企业	2946.0	3639.6	3741.8	1112.8	4169.8	724.2
与港澳台商合作经营企业						
港澳台商独资经营企业	18372.4	225461.4	226383.9	5534.2	11288.0	17064.5
港澳台商投资股份有限公司	2524.0	2990.2	2988.2	733.2	1839.8	1977.4
其他港澳台投资企业	2417.0	-7488.8	-65734.4		28.5	
外商投资企业	9399.5	76832.7	-65147.1	26130.3	64187.7	28274.1
中外合资经营企业	653.7	5837.3	5517.5	1086.4	6160.1	-540.2
中外合作经营企业						
外资企业	8745.4	71294.2	-70374.4	25043.9	57641.0	28814.3
外商投资股份有限公司						
其他外商投资企业	0.4	-298.8	-290.2		386.6	
2.按批发行业小类分						
农、林、牧、渔产品批发	96964.9	18389.3	32923.5	17732.0	37628.9	-2770.7
食品、饮料及烟草制品批发	-17394.5	324874.8	135941.1	135022.6	282248.8	185273.1
米、面制品及食用油批发	20694.6	-22402.3	-12454.6	893.2	13764.5	2172.6
肉、禽、蛋、奶及水产品批发	15260.7	-147218.3	-345565.1	3322.0	33044.1	9247.5
酒、饮料及茶叶批发	1107.5	14233.7	14447.7	3065.2	11455.8	4136.6
烟草制品批发	-58263.9	477525.6	476891.9	126019.1	200434.3	162827.7
纺织、服装及家庭用品批发	5877.9	49925.7	52613.3	9492.6	62477.4	28807.7
纺织品、针织品及原料批发	643.0	2799.8	2764.8	189.4	2912.6	181.1
服装批发	3384.7	2521.9	2986.4	1523.7	30334.9	12881.0
鞋帽批发	-0.7	-1273.3	-674.4	26.8	6816.4	358.3
化妆品及卫生用品批发	-24.5	-218.4	-219.0	23.4	2542.2	766.2

17-7 续表 7 (2021年) 单位：万元

登记注册类型、行业	财务费用	营业利润	利润总额	应交所得税	应付职工薪酬（本年贷方累计发生额）	应交增值税
厨具卫具及日用杂品批发	37.2	112.4	252.0	-160.3	2277.4	675.7
灯具、装饰物品批发	78.5	334.5	337.3	11.7	455.5	73.6
家用视听设备批发	525.8	624.7	620.7	39.8	1368.5	591.5
日用家电批发	1353.6	13306.3	13818.0	2320.5	9748.9	5289.0
其他家庭用品批发	-119.7	31717.8	32727.5	5517.6	6021.0	7991.3
文化、体育用品及器材批发	1260.4	9909.0	10422.4	2378.1	31719.8	7511.2
文具用品批发	1159.5	2371.9	2844.1	462.6	6733.1	2217.3
体育用品及器材批发	86.9	301.9	309.5	1.6	569.3	100.5
图书批发	-530.8	-959.7	-947.2	-126.2	3793.1	40.0
首饰、工艺品及收藏品批发	562.0	8144.1	8124.1	2038.0	19853.7	5116.8
医药及医疗器材批发	54772.3	233942.6	230871.5	58131.2	145496.3	113852.1
西药批发	42537.1	132355.3	132610.9	34573.3	75770.7	69116.5
中药批发	6.7	363.0	366.2	36.0	196.6	13.3
医疗用品及器材批发	5544.5	95496.1	96804.5	20120.0	24732.4	29879.7
矿产品、建材及化工产品批发	824083.3	473979.7	538507.7	148124.3	318038.3	304790.2
煤炭及制品批发	14958.6	37879.9	32970.2	10284.3	12691.1	22165.9
石油及制品批发	638603.2	279569.4	368204.2	85375.0	188218.2	124025.2
金属及金属矿批发	93027.2	72153.3	48821.2	27777.3	68629.1	106887.4
建材批发	41926.4	-14871.3	-15573.6	6197.0	13909.1	11004.9
化肥批发	13348.8	974.7	2421.6	549.8	3644.4	-47.4
农药批发	278.2	931.2	950.1	167.7	726.4	12.2
机械设备、五金产品及电子产品批发	43600.6	331903.7	335296.8	28812.6	102888.9	46077.2
汽车及零配件批发	23857.4	208124.2	208778.5	2875.2	24417.5	9737.8
计算机、软件及辅助设备批发	877.0	4698.1	5849.7	663.1	4268.2	1672.8
通讯设备批发	944.7	4001.1	4361.4	644.7	9834.6	3354.4
贸易经纪与代理	868.0	1854.3	3187.6	265.7	2229.6	603.4
其他批发业	17434.5	9580.1	21753.9	6220.7	14077.4	17402.6
二、零售业	**187375.9**	**319972.6**	**357182.6**	**98284.6**	**977826.1**	**284370.5**
1. 按登记注册类型分						
内资企业	168400.8	225170.4	257291.2	63528.1	829058.9	242365.3
国有企业	987.9	5909.9	6375.5	1496.1	11468.1	1833.8
集体企业	49.1	1949.2	1959.5	221.9	3145.1	633.7
股份合作企业	333.5	974.0	994.4	169.8	446.3	324.4
联营企业	15.5	125.1	112.6	-15.8	466.8	136.7
国有联营企业	5.6	16.7	16.0	0.7	76.8	24.8
集体联营企业						
国有与集体联营企业						
其他联营企业	9.9	108.4	96.6	-16.5	390.0	111.9
有限责任公司	73669.6	78058.6	92217.0	27176.6	269255.8	74752.7
国有独资公司	76.0	-2607.4	-2756.8	217.6	5882.0	767.6
其他有限责任公司	73593.6	80666.0	94973.8	26959.0	263373.8	73985.1
股份有限公司	7744.8	103352.2	105682.5	15002.6	183078.7	36288.6
私营企业	85568.9	34521.7	49809.7	19475.9	360732.6	128389.4
私营独资企业	1635.2	7107.0	7074.1	1894.1	8452.2	5308.1
私营合伙企业	294.8	817.5	810.9	173.6	148.8	605.5
私营有限责任公司	83124.2	27709.0	42772.8	17378.1	349881.8	122177.5
私营股份有限公司	514.7	-1111.8	-848.1	30.1	2249.8	298.3
其他企业	31.5	279.7	140.0	1.0	465.5	6.0

17-7 续表 8 (2021年) 单位：万元

登记注册类型、行业	财务费用	营业利润	利润总额	应交所得税	应付职工薪酬（本年贷方累计发生额）	应交增值税
港、澳、台商投资企业	5382.9	13868.8	15115.5	10255.7	81637.5	20991.2
与港澳台商合资经营企业	3326.4	14722.4	15262.9	4162.4	23948.2	5616.1
与港澳台商合作经营企业	4.9	184.5	210.2		1248.7	-3.2
港澳台商独资经营企业	1646.1	-2113.0	-1632.8	5853.1	52849.4	14931.4
港澳台商投资股份有限公司	89.2	-236.8	-191.7		1564.6	404.5
其他港澳台投资企业	316.3	1311.7	1466.9	240.2	2026.6	42.4
外商投资企业	13592.2	80933.4	84775.9	24500.8	67129.7	21014.0
中外合资经营企业	443.8	4564.8	4457.7	289.3	5212.7	1622.8
中外合作经营企业						
外资企业	13148.4	76368.6	80318.2	24211.5	61917.0	19391.2
外商投资股份有限公司						
其他外商投资企业						
2. 按零售行业小类分						
综合零售	74426.0	153920.7	159680.3	49396.9	269995.8	55861.8
百货零售	58237.0	216374.7	211249.8	43164.9	158434.7	37918.7
超级市场零售	14491.7	-51586.4	-40196.2	6207.2	96836.9	16380.9
便利店零售	1032.8	-9390.2	-9893.2	1.7	13119.8	1397.7
食品、饮料及烟草制品专门零售	1976.5	1727.1	6249.1	2360.3	39581.4	5327.5
粮油零售	-4.6	109.4	200.0	17.3	6432.7	730.0
糕点、面包零售	-116.4	2148.2	2152.2	661.3	13891.5	1872.5
果品、蔬菜零售	424.4	-356.7	540.4	24.8	6828.1	187.8
肉、禽、蛋、奶及水产品零售	265.6	-1153.3	-909.2	33.1	3522.4	418.5
酒、饮料及茶叶零售	444.7	3510.2	3594.5	833.8	1325.7	916.4
烟草制品零售	65.0	2195.2	2196.5	592.6	3800.6	659.4
纺织、服装及日用品专门零售	3454.2	5877.9	6367.2	4743.8	45470.8	12027.7
服装零售	2053.1	1826.5	2281.8	2923.7	28655.2	9286.9
化妆品及卫生用品零售	92.8	-302.9	-315.1	140.8	6254.7	1189.5
钟表、眼镜零售	846.2	5702.2	5739.9	1650.4	7621.8	851.1
文化、体育用品及器材专门零售	6070.1	1021.3	2785.8	2520.9	29175.9	6407.3
文具用品零售	91.3	586.3	700.3	49.2	1077.6	476.0
体育用品及器材零售	1135.2	-1293.7	-1413.4	100.2	1023.9	634.9
图书、报刊零售	500.2	7049.8	7526.7	1407.5	10369.2	624.9
音像制品、电子和数字出版物零售	1206.2	-8998.5	-8315.7		7017.0	616.1
珠宝首饰零售	2004.1	44.8	535.5	473.2	4975.9	2534.8
医药及医疗器材专门零售	5579.3	6971.1	11490.6	8716.8	172823.3	32382.2
西药零售	5405.0	5784.5	10248.7	8649.8	169953.0	31606.7
中药零售	73.7	52.6	136.1	20.4	2518.5	460.1
医疗用品及器材零售	100.9	1121.3	1093.1	44.4	282.1	295.1
汽车、摩托车、零配件和燃料及其他动力销售	78444.3	170377.9	186886.5	30316.5	356337.5	130088.6
汽车新车零售	66030.9	107664.9	117133.7	22332.2	214565.9	86769.7
机动车燃油零售	11197.3	57191.1	63698.0	6437.4	134700.7	42425.7
家用电器及电子产品专门零售	10166.1	-21835.9	-21442.4	-3268.8	30460.7	7645.9
日用家电零售	7698.2	-20961.8	-21008.8	-3744.8	15406.4	3339.8
计算机、软件及辅助设备零售	575.0	4356.7	4613.4	272.9	6631.6	2318.2
通信设备零售	1046.8	-325.4	-119.5	122.9	5537.2	1018.2
五金、家具及室内装饰材料专门零售	3832.7	-3819.1	-3566.4	346.2	9156.7	2949.4
货摊、无店铺及其他零售业	3426.7	5731.6	8731.9	3152.0	24824.0	31680.1
互联网零售	998.1	5156.5	7751.6	2480.3	20185.5	31889.8

17-8 限额以上住宿业和餐饮业法人企业经营情况

(2021年) 单位：万元

登记注册类型、行业	法人单位(个)	年末从业人数(人)	营业额				
				客房收入	餐费收入	商品销售收入	其他收入
总　计	**843**	**64839**	**1651002.8**	**326152.3**	**1158714.5**	**48609.6**	**117526.4**
一、住宿业	**482**	**29082**	**570025.5**	**296792.5**	**168708**	**10070.7**	**94454.1**
1. 按登记注册类型分组							
内资	448	25239	474831.5	249268.2	137200.3	6179.9	82183.1
国有	31	3835	56438.2	17220.2	22231.5	680.7	16305.8
集体	6	158	3056.0	826.5	1633.5	2.0	594.0
股份合作							
联营企业							
国有联营							
集体联营							
国有与集体联营							
其他联营							
有限责任公司	101	8349	147586.1	66748.8	51418.8	2673.4	26745.1
国有独资公司	12	1400	20806.3	7624.5	5346.6	129.1	7706.1
其他有限责任公司	89	6949	126779.8	59124.3	46072.2	2544.3	19039.0
股份有限公司	4	54	5691.9	1744.8	2469.9		1477.2
私营企业	306	12843	262059.3	162727.9	59446.6	2823.8	37061.0
私营独资	27	903	14158.2	9646.7	3320.1	21.9	1169.5
私营合伙	2	45	1068.8	972.8	42.4	28.0	25.6
私营有限责任公司	274	11526	241779.6	149478.1	55021.8	2761.1	34518.6
私营股份有限公司	3	369	5052.7	2630.3	1062.3	12.8	1347.3
港澳台商投资企业	16	2496	63975.3	28069.9	22201.0	3841.7	9862.7
与港澳台商合资经营	10	1720	39828.1	18353.8	14924.0	1970.0	4580.3
与港澳台商合作经营							
港澳台商独资	6	776	24147.2	9716.1	7277.0	1871.7	5282.4
港澳台商独资股份有限公司							
外商投资企业	18	1347	31218.7	19454.4	9306.9	49.1	2408.3
中外合资经营	7	488	10130.7	5979.4	2496.2	7.9	1647.2
中外合作经营							
外资企业	9	838	20565.0	12974.4	6807.1	23.5	760.0
外商投资股份有限公司							
2. 按国民经济行业分组							
旅游饭店	249	20944	397464.8	178923.6	131937.7	8138.7	78464.8
经济型连锁酒店	66	1793	38966.2	34812.7	2341.2	289.4	1522.9
其他一般旅馆	142	4674	93424.1	64472.6	18305.1	1032.8	9613.6
民宿服务							
露营地服务							
其他住宿业	25	1671	40170.4	18583.6	16124.2	609.8	4852.8

注：按国家统计局要求，2021年年报开始不再统计限额以上批零住餐业个体经营户经营情况，本表仅为限额以上住宿和餐饮业法人企业数据。

17-8 续表 (2021年) 单位：万元

登记注册类型、行业	法人单位(个)	年末从业人数(人)	营业额				
				客房收入	餐费收入	商品销售收入	其他收入
二、餐饮业	**361**	**35757**	**1080977.3**	**29359.8**	**990006.3**	**38538.9**	**23072.3**
1. 按登记注册类型分组							
内资	337	16565	434415.6	29171.1	370355.8	19743.5	15145.2
国有	5	269	2266.8	1002.5	788.1	95.2	381.0
集体	4	136	1573.5	89.3	1296.7		187.5
股份合作							
联营企业							
国有联营							
集体联营							
国有与集体联营							
其他联营							
有限责任公司	47	2997	83507.8	5099.3	69143.3	7839.9	1425.3
国有独资公司	4	280	3600.5	1071.3	1935.6	198.9	394.7
其他有限责任公司	43	2717	79907.3	4028.0	67207.7	7641.0	1030.6
股份有限公司	1	30	3216.9		3216.9		
私营企业	280	13133	343850.6	22980.0	295910.8	11808.4	13151.4
私营独资	46	1681	44556.0	651.6	40290.9	893.7	2719.8
私营合伙	13	332	9750.3		9732.0		18.3
私营有限责任公司	219	10970	287434.1	21372.3	245521.0	10903.9	9636.9
私营股份有限公司	2	150	2110.2	956.1	366.9	10.8	776.4
港澳台商投资企业	17	10446	228592.9	188.7	216074.1	8371.7	3958.4
与港澳台商合资经营	4	349	6004.1	188.7	5815.4		
与港澳台商合作经营							
港澳台商独资	13	10097	222588.8		210258.7	8371.7	3958.4
港澳台商独资股份有限公司							
外商投资企业	7	8746	417968.8		403576.4	10423.7	3968.7
中外合资经营	1	16	261.0		261.0		
中外合作经营							
外资企业	6	8730	417707.8		403315.4	10423.7	3968.7
外商投资股份有限公司							
2. 按国民经济行业分组							
正餐服务	277	13530	328242.6	27361.6	279789.8	9684.8	11406.4
快餐服务	34	17570	611459.9		585194.3	17335.4	8930.2
饮料及冷饮服务	11	1570	59222.7		52624.1	5718.8	879.8
餐饮配送及外卖送餐服务	31	2598	73036.2		66847.8	5081.5	1106.9
其他餐饮业	8	489	9015.9	1998.2	5550.3	718.4	749.0

17-9 限额以上住宿业和餐饮业主要财务指标

(2021年)　　　　单位：万元

登记注册类型、行业	流动资产合计	固定资产原价	累计折旧	本年折旧	资产总计	负债合计	所有者权益合计
总计	**1647708.6**	**2942431.8**	**1556793.6**	**118636.1**	**4301929.7**	**3746148.6**	**262135.7**
一、住宿业	**1174702.8**	**2372653.0**	**1268419.9**	**93625.5**	**3019152**	**2539942.3**	**187528.0**
1. 按登记注册类型分组							
内资企业	1016273.7	1545180.3	773177.4	71722.9	2471094.4	2111802.8	67610.1
国有企业	48051.1	172227.4	88267.5	4426.6	187214.5	114198.7	73015.8
集体企业	2466.1	10678.9	8525.9	382.2	4871.7	11279.7	-6921.1
股份合作企业							
联营企业							
有限责任公司	250653.6	718004.6	367278.6	22166.8	805392.3	787044.1	-10248.8
国有独资公司	16985.5	115542.1	48215.0	2620.4	108857.1	53851.0	55006.1
其他有限责任公司	233668.1	602462.5	319063.6	19546.4	696535.2	733193.1	-65254.9
股份有限公司	4701.8	18749.9	8987.0	25.5	78666.3	8274.9	-429.4
私营企业	710401.1	625519.5	300118.4	44721.8	1394949.6	1191005.4	12193.6
私营独资企业	11076.9	17751.2	5214.1	405.2	30930.7	19760.4	11170.3
私营合伙企业	956.4	51.5	18.8		2768.6	2078.4	690.2
私营有限责任公司	689611.8	584685.7	290574.3	43262.8	1329982.7	1139162.9	-930.8
私营股份有限公司	8756.0	23031.1	4311.2	1053.8	31267.6	30003.7	1263.9
其他企业							
港、澳、台商投资企业	91557.6	647785.1	396596.6	14065.2	380179.3	262976.3	117203.0
与港澳台商合资经营企业	35087.9	357293.5	206487.3	8328.4	215550.7	188757.7	26793.0
与港澳台商合作经营企业							
港澳台商独资经营企业	56469.7	290491.6	190109.3	5736.8	164628.6	74218.6	90410.0
港澳台商投资股份有限公司							
其他港澳台投资企业							
外商投资企业	66871.5	179687.6	98645.9	7837.4	167878.1	165163.2	2714.9
中外合资经营企业	40217.5	117343.0	61148.9	5193.7	100009.3	102956.5	-2947.2
中外合作经营企业							
外资企业	25195.7	61601.7	36873.0	2636.0	66267.0	61812.5	4454.5
外商投资股份有限公司							
其他外商投资企业	1458.3	742.9	624.0	7.7	1601.8	394.2	1207.6
2. 按住宿业行业小类分							
旅游饭店	912708.3	1874103.2	1040136.3	72999.3	2249482.6	1913171.8	46309.5
一般旅馆	219320.9	322240.2	150246.9	14206.5	590372.5	494279.4	94505.9
民宿服务							
露营地服务							
其他住宿业	42673.6	176309.6	78036.7	6419.7	179296.7	132491.1	46712.6

17-9 续表 1 (2021年) 单位：万元

登记注册类型、行业	流动资产合计	固定资产原价	累计折旧	本年折旧	资产总计	负债合计	所有者权益合计
二、餐饮业	**473005.8**	**569778.8**	**288373.7**	**25010.6**	**1282777.9**	**1206206.3**	**74607.7**
1. 按登记注册类型分组							
内资企业	358947.5	414120.5	193669.0	18105.2	860258.1	829085.5	29208.7
国有企业	1727.0	10845.1	5484.1	416.4	12024.8	24302.7	-12277.9
集体企业	218.8	407.2	278.2	25.8	474.9	1096.3	-387.1
股份合作企业							
联营企业							
有限责任公司	56208.1	35744.2	15614.3	1852.8	87310.8	64320.6	22990.2
国有独资公司	14592.4	4879.9	2485.6	363.8	17065.0	6162.8	10902.2
其他有限责任公司	41615.7	30864.3	13128.7	1489.0	70245.8	58157.8	12088.0
股份有限公司	67.2	1589.6	68.2	57.6	1664.9	853.0	811.9
私营企业	300726.4	365534.4	172224.2	15752.6	758782.7	738512.9	18071.6
私营独资企业	10225.5	35999.4	22817.4	1330.3	44265.1	29607.5	14191.3
私营合伙企业	1444.6	413.9	252.6	77.2	1871.3	2174.6	-303.3
私营有限责任公司	286605.9	328452.6	148870.0	14279.0	674125.2	684639.2	-12245.9
私营股份有限公司	2450.4	668.5	284.2	66.1	38521.1	22091.6	16429.5
其他企业							
港、澳、台商投资企业	99463.7	66575.2	39112.7	4383.9	223026.6	223465.1	-438.5
与港澳台商合资经营企业	3644.7	2035.6	1513.7	90.9	4793.2	4103.4	689.8
与港澳台商合作经营企业							
港澳台商独资经营企业	95819.0	64539.6	37599.0	4293.0	218233.4	219361.7	-1128.3
港澳台商投资股份有限公司							
其他港澳台投资企业							
外商投资企业	14594.6	89083.1	55592.0	2521.5	199493.2	153655.7	45837.5
中外合资经营企业	77.1	48.1	46.3		78.8	75.4	3.4
中外合作经营企业							
外资企业	14517.5	89035.0	55545.7	2521.5	199414.4	153580.3	45834.1
外商投资股份有限公司							
其他外商投资企业							
2. 按餐饮业行业小类分							
正餐服务	328452.5	396126.7	189385.0	16949.8	809922.9	799380.2	8578.8
快餐服务	80694.6	141449.2	85571.6	5339.5	376627.0	361270.4	15356.6
饮料及冷饮服务	31869.8	6325.4	4022.2	1599.8	42791.0	15046.7	27744.3
餐饮配送及外卖送餐服务	23062.5	12548.2	3641.9	735.3	35268.6	26700.9	8567.7
其他餐饮业	8926.4	13329.3	5753.0	386.2	18168.4	3808.1	14360.3

17-9 续表 2 (2021年) 单位：万元

登记注册类型、行业	营业收入	主营业务收入	营业成本	营业税金及附加	其他业务利润	销售费用	管理费用
总计	**1601958.0**	**1571733.8**	**804311.0**	**20115.0**	**15870.7**	**488314.5**	**370351.6**
一、住宿业	**570466.0**	**547384.5**	**253917.4**	**15728.2**	**11466.4**	**174623.6**	**224206.2**
1.按登记注册类型分组							
内资企业	475050.6	455020.2	213405.6	11289.7	11225.8	147641.5	179921.7
国有企业	56281.7	53780.0	23480.8	1457.1	24.3	19941.5	24015.7
集体企业	2975.5	2160.5	1468.7	33.4		1388.4	704.9
股份合作企业							
联营企业							
有限责任公司	149705.1	147063.0	75245.5	5893.6	1997.3	44809.0	57492.7
国有独资公司	23244.3	21975.1	17148.5	1213.3	894.9	2227.5	6889.0
其他有限责任公司	126460.8	125087.9	58097.0	4680.3	1102.4	42581.5	50603.7
股份有限公司	5025.1	1322.8	3405.0	168.0	92.7	89.8	1604.5
私营企业	261063.2	250693.9	109805.6	3737.6	9111.5	81412.8	96103.9
私营独资企业	13700.8	13630.3	5960.3	296.3	0.2	3579.0	4583.3
私营合伙企业	1107.4	1107.4	701.5	4.0		270.1	154.8
私营有限责任公司	241454.7	231177.9	100118.6	3166.6	9104.2	76962.9	88732.3
私营股份有限公司	4800.3	4778.3	3025.2	270.7	7.1	600.8	2633.5
其他企业							
港、澳、台商投资企业	65681.0	63092.9	30428.1	3967.0	147.4	18174.0	25490.0
与港澳台商合资经营企业	40143.8	37666.0	17986.7	2907.4	75.7	15160.5	12601.4
与港澳台商合作经营企业							
港澳台商独资经营企业	25537.2	25426.9	12441.4	1059.6	71.7	3013.5	12888.6
港澳台商投资股份有限公司							
其他港澳台投资企业							
外商投资企业	29734.4	29271.4	10083.7	471.5	93.2	8808.1	18794.5
中外合资经营企业	9602.3	9188.7	1744.9	446.6	79.0	4282.5	6745.5
中外合作经营企业							
外资企业	19612.0	19562.6	8299.4	21.6	14.2	4144.1	11914.5
外商投资股份有限公司							
其他外商投资企业	520.1	520.1	39.4	3.3		381.5	134.5
2.按住宿业行业小类分							
旅游饭店	397369.2	379823.6	173005.9	12456.0	8657.3	123654.9	167687.4
一般旅馆	134349.2	131260.3	64201.9	1743.0	2610.8	36195.6	43715.0
民宿服务							
露营地服务							
其他住宿业	38747.6	36300.6	16709.6	1529.2	198.3	14773.1	12803.8

17-9 续表 3 (2021年) 单位：万元

登记注册类型、行业	营业收入	主营业务收入	营业成本	营业税金及附加	其他业务利润	销售费用	管理费用
二、餐饮业	**1031492.0**	**1024349.3**	**550393.6**	**4386.8**	**4404.3**	**313690.9**	**146145.4**
1.按登记注册类型分组							
内资企业	423135.5	416141.6	247036.5	3948.6	4393.3	99529.1	89335.6
国有企业	2203.1	1748.5	1737.4	592.9		4.7	1154.0
集体企业	1440.9	1356.9	1244.1	7.0		134.0	258.2
股份合作企业							
联营企业							
有限责任公司	81378.3	80255.7	48053.7	300.2	826.6	19790.9	12917.3
国有独资公司	3581.4	2849.5	1913.7	66.7		624.6	2549.8
其他有限责任公司	77796.9	77406.2	46140.0	233.5	826.6	19166.3	10367.5
股份有限公司	3034.9	3034.9	1466.7	14.0		1403.0	129.0
私营企业	335078.3	329745.6	194534.6	3034.5	3566.7	78196.5	74877.1
私营独资企业	42551.5	41589.0	27932.9	390.5	26.5	6271.2	6801.7
私营合伙企业	9466.5	9433.5	4706.0	10.4		1595.5	2809.2
私营有限责任公司	281033.5	276739.4	161504.7	2586.0	3540.2	69300.8	64642.5
私营股份有限公司	2026.8	1983.7	391.0	47.6		1029.0	623.7
其他企业							
港、澳、台商投资企业	215147.7	214998.9	84372.0	92.1	11.0	110585.0	17186.9
与港澳台商合资经营企业	5578.8	5578.8	5890.8	42.5		362.0	1286.6
与港澳台商合作经营企业							
港澳台商独资经营企业	209568.9	209420.1	78481.2	49.6	11.0	110223.0	15900.3
港澳台商投资股份有限公司							
其他港澳台投资企业							
外商投资企业	393208.8	393208.8	218985.1	346.1		103576.8	39622.9
中外合资经营企业	253.4	253.4	104.4	0.1		22.4	136.9
中外合作经营企业							
外资企业	392955.4	392955.4	218880.7	346.0		103554.4	39486.0
外商投资股份有限公司							
其他外商投资企业							
2.按餐饮业行业小类分							
正餐服务	321363.1	314670.3	175500.7	3845.2	3565.4	93870.7	70062.9
快餐服务	575152.8	574878.6	294526.8	377.3		192709.1	56090.0
饮料及冷饮服务	56387.2	56287.8	24692.0	15.4	11.7	21822.2	3290.2
餐饮配送及外卖送餐服务	69897.0	69858.4	49965.3	127.4	0.6	3765.7	15247.1
其他餐饮业	8691.9	8654.2	5708.8	21.5	826.6	1523.2	1455.2

17-9 续表 4 (2021年) 单位：万元

登记注册类型、行业	财务费用	营业利润	利润总额	应交所得税	应付职工薪酬（本年贷方累计发生额）	应交增值税
总计	**63602.6**	**-135799.5**	**-107069.5**	**9037.3**	**364438.7**	**14750.4**
一、住宿业	**33905.7**	**-121987.7**	**-94993.1**	**147.7**	**146102.3**	**10802.0**
1. 按登记注册类型分组						
内资企业	26428.2	-99684.8	-94249.1	560.3	117450.3	8526.5
国有企业	473.8	-12609.8	-11008.5	14.1	25163.5	1877.3
集体企业	59.5	-679.6	-664.5	0.1	527.2	90.7
股份合作企业						
联营企业						
有限责任公司	5288.4	-37387.7	-35787.6	300.0	43823.5	2742.7
国有独资公司	167.3	-3952.3	-3608.1	-6.5	7356.3	1197.6
其他有限责任公司	5121.1	-33435.4	-32179.5	306.5	36467.2	1545.1
股份有限公司	-51.3	-63.9	-58.0	1.3	158.7	108.1
私营企业	20657.8	-48943.8	-46730.5	244.8	47777.4	3707.7
私营独资企业	966.1	-1589.6	-1530.7	107.9	3088.4	136.4
私营合伙企业	-45.7	29.0	-16.6		208.1	
私营有限责任公司	18712.5	-44715.9	-42868.1	135.2	43321.6	3546.0
私营股份有限公司	1024.9	-2667.3	-2315.1	1.7	1159.3	25.3
其他企业						
港、澳、台商投资企业	5476.8	-17436.0	3750.1		18061.9	1789.3
与港澳台商合资经营企业	4818.3	-12905.9	7673.9		11725.0	1200.2
与港澳台商合作经营企业						
港澳台商独资经营企业	658.5	-4530.1	-3923.8		6336.9	589.1
港澳台商投资股份有限公司						
其他港澳台投资企业						
外商投资企业	2000.7	-4866.9	-4494.1	-412.6	10590.1	486.2
中外合资经营企业	2057.4	-5588.6	-5415.7	8.9	2796.8	445.4
中外合作经营企业						
外资企业	-67.4	771.0	969.0	-421.8	7694.4	35.6
外商投资股份有限公司						
其他外商投资企业	10.7	-49.3	-47.4	0.3	98.9	5.2
2. 按住宿业行业小类分						
旅游饭店	26038.5	-96401.5	-90976.1	-315.7	109132.6	8336.7
一般旅馆	6742.6	-17573.9	-17946.8	273.3	28372.6	2174.1
民宿服务						
露营地服务						
其他住宿业	1124.6	-8012.3	13929.8	190.1	8597.1	291.2

17-9 续表 5 (2021年) 单位：万元

登记注册类型、行业	财务费用	营业利润	利润总额	应交所得税	应付职工薪酬（本年贷方累计发生额）	应交增值税
二、餐饮业	**29696.9**	**-13811.8**	**-12076.4**	**8889.6**	**218336.4**	**3948.4**
1. 按登记注册类型分组						
内资企业	20862.0	-39051.0	-36905.0	524.4	65383.1	3624.3
国有企业	924.8	-2206.9	-2494.0	1.1	987.3	19.6
集体企业	0.1	-197.3	-165.3		433.3	45.5
股份合作企业						
联营企业						
有限责任公司	667.7	-2298.2	-1125.1	158.4	10404.5	438.0
国有独资公司	135.7	-1705.6	-390.4	-0.3	1023.2	4.3
其他有限责任公司	532.0	-592.6	-734.7	158.7	9381.3	433.7
股份有限公司	0.6	21.6	53.7	1.2	30.9	
私营企业	19268.8	-34370.2	-33174.3	363.7	53527.1	3121.2
私营独资企业	145.6	1165.7	1757.5	62.2	7785.1	296.3
私营合伙企业	21.5	289.6	355.5	-5.9	1864.7	134.7
私营有限责任公司	18928.6	-35587.6	-35085.1	307.4	43671.6	2654.8
私营股份有限公司	173.1	-237.9	-202.2		205.7	35.4
其他企业						
港、澳、台商投资企业	3912.1	-57.6	-360.5	1978.9	60954.2	599.1
与港澳台商合资经营企业	0.8	-2008.0	-1971.2	0.4	3271.5	33.1
与港澳台商合作经营企业						
港澳台商独资经营企业	3911.3	1950.4	1610.7	1978.5	57682.7	566.0
港澳台商投资股份有限公司						
其他港澳台投资企业						
外商投资企业	4922.8	25296.8	25189.1	6386.3	91999.1	-275.0
中外合资经营企业	0.7	-11.2	-4.8		98.1	3.0
中外合作经营企业						
外资企业	4922.1	25308.0	25193.9	6386.3	91901.0	-278.0
外商投资股份有限公司						
其他外商投资企业						
2. 按餐饮业行业小类分						
正餐服务	20320.8	-42426.0	-40581.0	518.1	54313.6	3195.8
快餐服务	9145.1	22817.6	22201.1	6894.3	142557.5	-23.7
饮料及冷饮服务	-143.5	7383.4	7717.3	1429.5	10019.4	351.0
餐饮配送及外卖送餐服务	292.8	-1540.1	-1388.7	45.5	10325.8	345.7
其他餐饮业	81.7	-46.7	-25.1	2.2	1120.1	79.6

17-10 各地区限额以上批发零售贸易业企业资产、负债及所有者权益

(2021年) 单位：万元

地区	资产总计	负债合计	所有者权益合计
全省	**96774088**	**81161505**	**15153744**
沈阳	32070423	29190420	2829400
大连	34392921	27569456	6827014
鞍山	4098146	2675964	1419121
抚顺	1049070	738748	301376
本溪	3182760	2296851	862301
丹东	601906	426381	136042
锦州	1894121	1411032	428697
营口	6740386	6175236	426680
阜新	751875	573016	138546
辽阳	1750766	1370158	380608
盘锦	6292591	5463198	817230
铁岭	966284	858607	46050
朝阳	1346440	1115657	198533
葫芦岛	1636399	1296782	342146

17-11 各地区限额以上批发零售贸易业企业主要财务指标

(2021年) 单位：万元

地区	营业收入	营业成本	营业税金及附加	销售费用	管理费用	财务费用
全省	**205129641**	**195685255**	**848975**	**3956215**	**2212936**	**1214843**
沈阳	101572821	97730276	258268	1815561	938530	748326
大连	48353402	45700059	166069	1091816	625913	245299
鞍山	9525900	9093940	58156	154154	98812	33277
抚顺	2609833	2405042	31816	61767	42821	16885
本溪	2843141	2655568	24970	86074	52028	6581
丹东	1277223	1118335	31253	49921	34131	10014
锦州	3646285	3402866	40902	91739	55892	23881
营口	10018172	9614485	43353	118468	77687	63088
阜新	1833780	1700914	24005	42178	40305	2477
辽阳	4502051	4336661	30798	54280	42058	12742
盘锦	8896293	8399839	37389	140078	64173	21202
铁岭	1495280	1330711	34740	53595	44440	5537
朝阳	4906986	4747076	34987	76630	52415	9734
葫芦岛	3648475	3449484	32270	119955	43731	15801

主要统计指标解释

社会消费品零售额 指企业（单位、个体户）通过交易直接售给个人、社会集团非生产、非经营用的实物商品金额，以及提供餐饮服务所取得的收入金额。个人包括城乡居民和入境人员，社会集团包括机关、社会团体、部队、学校、企事业单位、居委会或村委会等。

商品购进额 指从本企业以外的单位和个人购进（包括从国外直接进口）作为转卖或加工后转卖的商品金额（含增值税）。本指标反映批发和零售业从国内外市场上购进商品的总价。

商品销售额 指对本单位以外的单位和个人出售的商品金额（包括售给本单位消费用的商品，含增值税）。在批发和零售业中，本指标反映在国内市场上销售商品以及出口商品的总价。

商品零售额 指售给个人用于生活消费和社会集团用于公共消费的商品金额（含增值税）。

期末商品库存额 对于批发和零售业法人单位和个体经营户，是指报告期末取得所有权的全部商品金额（含增值税）；对于批发和零售业产业活动单位，是指报告期末实际在库且归属法人具有所有权的全部商品金额（含增值税）。这个指标反映批发和零售业的商品库存情况，以及对市场商品供应的保证程度。

营业额 指住宿和餐饮业单位在经营活动中，因提供服务或销售商品等取得的全部收入（含增值税），收入主要来源于提供客房、餐费服务、商品销售和其他服务，如商务服务。不包括多产业法人企业附营的其他行业产业活动单位的餐费收入、商品销售收入等各项收入。

客房收入 指住宿和餐饮业单位在经营活动中因提供住宿服务取得的收入（含增值税）。不包括多产业法人企业附营的其他行业产业活动单位的客房收入。

餐费收入 指本单位为顾客提供就餐服务取得的收入（含增值税）。包括：经烹饪、调制加工后出售的各种食品，如主食、炒菜、凉拌菜等的收入。不包括多产业法人企业附营的其他行业产业活动单位的餐费收入。

十八、对外经济贸易

Chapter 18 Foreign Trade and Economy Cooperation

18-1 对外经济贸易基本情况

单位：户、个、亿美元

指　　标	2010年	2011年	2012年	2013年	2014年	2015年	2016年	2017年	2018年	2019年	2020年	2021年
进出口总额	**806.7**	**959.6**	**1039.9**	**1142.8**	**1139.6**	**960.8**	**865.2**	**994.2**	**1144.3**	**1052.6**	**944.6**	**1194.8**
出口额	431.2	510.4	579.5	645.4	587.6	508.4	430.7	448.8	488.0	454.4	383.3	512.5
进口额	375.5	449.2	460.4	497.4	552.0	452.4	434.6	545.5	656.3	598.2	561.3	682.3
进出口差额	55.7	61.2	119.1	148.0	35.6	56.0	-3.9	-96.7	-168.3	-143.8	-178.0	-169.8
外商直接投资合同项目	**1480**	**1050**	**745**	**565**	**478**	**475**	**424**	**512**	**548**	**576**	**529**	**638**
外商直接投资合同金额	**256.4**	**196.4**	**247.7**	**216.3**	**188.0**	**68.4**	**92.2**	**265.4**	**155.8**	**128.8**	**65.4**	**99.2**
实际外商直接投资额	**207.5**	**242.7**	**267.9**	**290.4**	**274.2**	**51.9**	**30.0**	**53.4**	**49.0**	**33.2**	**25.2**	**32.0**
外商投资企业基本情况												
年底登记户数	18377	11787	17960	17250	17091	17745	16949	16883	17028	16191	16252	16363
投资总额	1476.2	1659.7	1855.6	1832.1	1986.4	2066.4	2132.8	3158.5	3774.9	4024.9	4156.9	4602.6
注册资本	975.4	1057.7	1171.3	1135.9	1203.5	1263.5	1318.5	1754.1	2169.4	2271.3	2382.5	2598.3
#外方	801.5	864.9	962.6	927.6	986.1	1029.0	1057.4	1390.8	1763.3	1830.9	1828.9	1983.2
对外经济合作												
合同金额	19.7	20.0	22.9	27.7	28.1	29.9	16.6	20.0	23.1	24.8	27.2	22.0
#对外承包工程	17.2	17.5	19.3	23.7	19.6	27.6	14.4	17.2	20.6	21.6	25.2	20.5
对外劳务合作	2.4	2.4	3.6	3.9	8.5	2.2	2.2	2.8	2.5	3.2	1.9	1.5
完成营业额	15.1	16.1	19.5	23.8	26.4	26.6	17.6	17.2	15.8	17.3	15.1	13.3
#对外承包工程	13.2	14.0	16.3	20.6	23.7	24.4	15.6	14.6	13.7	14.3	11.4	9.3
对外劳务合作	2.2	2.0	3.2	3.1	2.7	2.2	2.0	2.6	2.1	3.0	3.7	4.0

18-2 外贸进出口总额

单位：亿美元

年 份	进出口总额				指数(上年=100)		出口额指数(1953年=100)
		出口额	进口额	差额(+、-)	出口额	进口额	
1978	15.9	15.2	0.7	14.5	130.1	190.6	1614.9
1980	40.5	39.8	0.7	39.1	152.9	104.2	4234.0
1985	53.9	50.4	3.5	46.9	101.0	280.6	5363.8
1986	34.3	30.8	3.5	27.0	61.1	100.3	3276.6
1987	42.2	37.9	4.3	33.6	123.0	132.1	4029.8
1988	44.5	38.7	5.8	32.9	102.3	124.9	4121.3
1989	53.4	44.5	8.9	35.6	114.8	154.2	4729.8
1990	63.2	56.1	7.1	49.0	126.0	78.3	5957.4
1991	67.3	57.7	9.6	48.1	103.0	138.3	6138.3
1992	76.6	61.8	14.8	37.0	106.9	153.2	6569.3
1993	84.6	62.1	22.5	39.6	100.7	151.7	6901.1
1994	97.0	68.7	28.3	40.4	110.5	125.5	7627.8
1995	109.9	82.6	27.3	55.2	120.3	96.7	9175.6
1996	112.5	83.4	29.1	54.3	100.9	106.4	9264.4
1997	129.6	88.9	40.7	48.2	106.6	139.9	9877.8
1998	127.4	80.5	46.9	37.1	87.8	75.4	8942.3
1999	137.3	82.0	55.3	26.7	101.9	117.9	9111.1
2000	190.2	108.5	81.7	26.8	132.3	147.7	12055.5
2001	199.1	111.1	88.0	23.1	102.4	107.7	12344.4
2002	217.4	123.7	93.7	30.0	111.3	106.5	13744.4
2003	265.6	146.3	119.3	27.0	118.3	127.3	16255.5
2004	344.4	189.2	155.2	34.0	129.3	130.1	21022.2
2005	410.1	234.4	175.7	58.7	123.9	113.2	26044.4
2006	483.9	283.2	200.7	82.5	120.8	114.2	31466.7
2007	594.7	353.3	241.5	111.8	124.7	120.3	39239.0
2008	724.4	420.5	303.8	116.7	119.0	125.8	46722.2
2009	629.2	334.4	294.8	39.6	79.5	97.0	37155.6
2010	806.7	431.2	375.5	55.7	128.9	127.4	47911.2
2011	959.6	510.4	449.2	61.2	118.4	119.6	56711.1
2012	1039.9	579.5	460.4	119.1	113.5	102.5	64388.9
2013	1142.8	645.4	497.4	148.0	111.4	107.8	69556.7
2014	1139.6	587.6	552.0	35.6	91.0	111.0	69361.9
2015	960.9	508.4	452.5	55.9	86.5	82.0	59997.3
2016	865.2	430.7	434.6	-3.9	84.7	96.0	50817.7
2017	994.2	448.8	545.5	-96.7	104.2	125.5	58394.5
2018	1144.3	488.0	656.3	-168.3	108.7	120.3	63474.8
2019	1052.6	454.4	598.2	-143.8	93.1	91.1	59104.4
2020	944.6	383.3	561.3	-178.0	84.4	93.8	49856.3
2021	1194.8	512.5	682.3	-169.8	133.7	121.6	66657.9

注：1998年以后为海关统计数。

18-3 按贸易性质分进出口总额

单位：万美元

分　类	2014年	2015年	2016年	2017年	2018年	2019年	2020年	2021年
进出口总额	**11395990**	**9608604**	**8652126**	**9942237**	**11442864**	**10526138**	**9445708**	**11947684**
出口额	**5875923.7**	**5084034.3**	**4306523.4**	**4487657.6**	**4879744.0**	**4543875.0**	**3833100.0**	**5125037.0**
一般贸易	3229525.4	2684446.9	2219637.5	2418619.4	2749437.0	2507631.0	2134848.0	2926638.0
国家间、国际组织无偿援助和赠送的物资	1176.8	1379.8	182.3	316.8	142.0	144.0	238.0	195.0
来料加工装配贸易	594478.6	497715.8	447882.2	398191.2	229484.0	241783.0	185331.0	197574.0
进料加工贸易	1556444.0	1306298.5	1305250.2	1335623.9	1607153.0	1529835.0	1343839.0	1716813.0
边境小额贸易	79353.8	62105.4	60154.4	51459.7	18838.0	22197.0	2940.0	16.0
对外承包工程货物	30133.7	35088.9	18436.9	16022.4	27101.0	26565.0	10747.0	14285.0
租赁贸易	407.9		622.5	456.2	909.0	67.0	81.0	26.0
出料加工贸易	53.3	1370.9	3283.8	2420.5	40.0	100.0	222.0	391.0
易货贸易	1.9	2.0	40.8	1504.9			3.0	3.0
海关特殊监管区域	381329.0	493125.6	247726.5	258953.4	241458.0	202989.0	145752.0	238270.0
保税监管场所进出境货物	244100.5	381335.8	156428.4	178495.0	142522.0	95315.0	70821.0	158470.0
海关特殊监管区域物流货物	137228.5	111789.8	91298.1	80458.3	98936.0	107674.0	74931.0	79801.0
其他贸易	3019.2	2500.5	3306.3	4089.2	5176.0	12563.0	8922.0	30826.0
进口额	**5520066.6**	**4524569.8**	**4345602.8**	**5454579.0**	**6563120.0**	**5982263.0**	**5612608.0**	**6822647.0**
一般贸易	3125033.5	2484594.7	2390265.2	2996351.6	3797187.0	3796183.0	3881202.0	5089778.0
华侨、港澳同胞、外籍华人捐赠物资								
来料加工装配贸易	550135.1	468487.5	409602.3	407503.0	328488.0	329463.0	186040.0	268066.0
进料加工贸易	970368.0	606802.0	504957.1	515346.3	540635.0	513678.0	439034.0	638382.0
边境小额贸易	21110.6	19794.3	14769.8	10843.6	2841.0	2408.0	1271.0	1324.0
来料加工装配进口的设备								
租赁贸易	10.1	40.7	12.7	0.2	12899.0	3.0		6.0
外商投资企业作为投资进口的设备、物品	34090.8	21305.2	9571.8	15168.1	12899.0	20509.0	6388.0	2513.0
出料加工贸易	68.9	1699.8	4388.6	3408.0	72.0	108.0	335.0	502.0
易货贸易			781.3	9692.1	8.0			
海关特殊监管区域	808565.0	911944.2	990523.1	1482782.2	1730948.0	1253138.0	1028593.0	748357.0
保税监管场所进出境货物	610790.1	645421.8	521883.8	937624.9	1268804.0	999928.0	779724.0	473818.0
海关特殊监管区域物流货物	193922.8	259539.8	394007.7	447774.3	462144.0	253210.0	248869.0	274539.0
其他贸易	10000.0	9274.3	20417.1	12777.6	12918.0	25370.0	27666.0	22765.0

18-3 续表 单位：万美元

分 类	2021年比上年增长%	比重(%)							
		2014年	2015年	2016年	2017年	2018年	2019年	2020年	2021年
进出口总额	**26.5**								
出口额	**33.7**	**100.0**	**100.0**	**100.0**	**100.0**	**100.0**	**100.0**	**100.0**	**100.0**
一般贸易	37.1	55.0	52.8	51.5	53.9	56.3	53.9	55.7	57.1
国家间、国际组织无偿援助和赠送的物资	-18.1								
来料加工装配贸易	6.6	10.1	9.8	10.4	8.9	4.7	8.9	4.8	3.9
进料加工贸易	27.8	26.5	25.7	30.3	29.8	32.9	29.8	35.1	33.5
边境小额贸易	-99.5	1.4	1.2	1.4	1.1	0.4	1.1	0.1	0.0003
对外承包工程货物	32.9	0.5	0.7	0.4	0.4	0.6	0.4	0.3	0.3
租赁贸易	-67.9								
出料加工贸易	76.1				0.1				
易货贸易									
海关特殊监管区域	63.5	6.5	9.7	5.8	5.8	4.9	5.8	3.8	4.6
保税监管场所进出境货物	123.8	4.2	7.5	3.6	4.0	2.9	4.0	1.8	3.1
海关特殊监管区域物流货物	6.5	2.3	2.2	2.1	1.8	2.0	1.8	2.0	1.6
其他贸易	245.5	0.1		0.1	0.1	0.1	0.1	0.2	0.6
进口额	**21.6**	**100.0**	**100.0**	**100.0**	**100.0**	**100.0**	**100.0**	**100.0**	**100.0**
一般贸易	31.1	56.6	54.9	55.0	54.9	57.9	54.9	69.2	74.6
华侨、港澳同胞、外籍华人捐赠物资									
来料加工装配贸易	44.1	10.0	10.4	9.4	7.5	5.0	7.5	3.3	3.9
进料加工贸易	45.4	17.6	13.4	11.6	9.4	8.2	9.4	7.8	9.4
边境小额贸易	4.2	0.4	0.4	0.3	0.2		0.2	0.02	0.02
来料加工装配进口的设备									
租赁贸易									
外商投资企业作为投资进口的设备、物品	-60.7	0.6	0.5	0.2	0.3	0.2	0.3	0.1	0.04
出料加工贸易	49.9			0.1	0.1				
易货贸易									
海关特殊监管区域	-27.2	14.6	20.2	22.8	27.2	26.4	27.2	13.9	11.0
保税监管场所进出境货物	-39.2	11.1	14.3	12.0	17.2	19.3	17.2	4.4	6.9
海关特殊监管区域物流货物	10.3	3.5	5.7	9.1	8.2	7.0	8.2	0.7	4.0
其他贸易	-17.7	0.2	0.2	0.5	0.2	0.2	0.2	0.5	0.3

18-4 各地区进出口总额

单位：万美元

地 区	2010年	2011年	2012年	2013年	2014年	2015年	2016年	2017年	2018年	2019年	2020年	2021年
进口额												
总 计	**3755151**	**4491674**	**4604087**	**4974412**	**5519624**	**4524151**	**4345603**	**5454579**	**6563120**	**5982263**	**5612608**	**6822647**
沈 阳	377887	579513	678313	733289	865613	729441	708457	815409	975392	1097051	1089768	1438967
大 连	2472262	2881629	2943100	3138534	3505503	2929176	2750637	3563022	4315337	3511575	3143440	3584573
鞍 山	246151	273417	173491	218296	188157	69048	97630	204999	196341	202720	251940	454361
抚 顺	50144	38189	26909	21773	23495	23893	23454	16614	11529	6410	8189	10621
本 溪	189236	218424	168557	176685	139176	82277	69474	114742	120508	117871	150775	224124
丹 东	105408	151813	172230	171002	157317	146701	148389	103187	32581	31750	26421	32662
锦 州	113938	111589	127653	143277	181538	107200	97093	144334	266624	274603	150390	69153
营 口	71567	107763	161021	232164	234141	196722	165864	232771	270623	364575	410991	411742
阜 新	2510	4662	9539	6762	4968	6357	2738	5239	3629	1302	4036	5859
辽 阳	28788	25587	31363	23541	34929	42814	37274	35289	20693	10826	10693	14213
盘 锦	11322	26219	40568	48882	25980	51673	182218	128968	224633	278636	276241	467121
铁 岭	8408	1875	8504	21814	33533	26249	24496	11486	40363	20640	26369	51983
朝 阳	8349	22538	22667	15821	18275	19725	14971	6450	15684	16856	22402	31387
葫芦岛	69181	48456	40172	22573	57885	53795	22907	72069	69183	47447	40953	25883
出口额												
总 计	**4311970**	**5104050**	**5795032**	**6454063**	**5875924**	**5084034**	**4306523**	**4487658**	**4879744**	**4543875**	**3833100**	**5125037**
沈 阳	407717	482512	596514	699581	710285	675132	424684	469172	519623	459157	395908	750491
大 连	2725909	3169350	3468242	3743743	2945693	2576825	2485825	2615965	2906510	2816759	2416638	2987896
鞍 山	144221	200499	237445	269713	272819	215132	175234	201428	237678	220939	160299	237338
抚 顺	52355	61464	70706	85628	68314	65068	54545	42007	56096	48668	44796	65319
本 溪	158375	193931	240515	269614	310164	253213	188510	262763	256887	152531	108460	138045
丹 东	187443	235980	287511	340612	301553	265738	249400	237435	192723	191847	143386	162382
锦 州	117852	149552	175144	207205	241108	135650	103508	99456	86012	66892	55370	129971
营 口	220593	325860	388176	436890	452392	461471	374850	317768	381640	322076	269092	415323
阜 新	12036	15323	18861	26580	31216	27060	20295	23126	31533	28369	20532	32252
辽 阳	96151	51192	59855	68395	66276	69328	67680	44171	52535	43158	42184	32372
盘 锦	36662	53823	70551	81780	65700	37349	32981	31644	31066	30747	19198	30842
铁 岭	46129	53190	46429	63614	69261	47673	13497	17473	21300	26536	20685	26920
朝 阳	41277	31274	39809	50423	75651	80215	64875	47948	50300	40280	35495	50158
葫芦岛	65250	80100	95273	110287	127733	106206	50640	77301	55838	95917	101058	65727

18-5 海关同主要国家(地区)进出口总额

单位：万美元

国家、地区	进出口总额						
	2015年	2016年	2017年	2018年	2019年	2020年	2021年
中国香港	219743	155212	176821	233173	133752	153165	213677
中国澳门	1666	1404	1114	2120	4959	805	1153
日　本	1265312	1273230	1453960	1634610	1427482	1217546	1433217
菲律宾	114881	86995	92500	97041	67097	58280	74867
韩　国	872153	801895	999998	969184	853422	586313	884045
泰　国	120174	117211	120833	140825	134070	108638	117773
马来西亚	162698	103004	104361	130706	323000	102644	187376
新加坡	397823	341003	274059	166724	150337	213045	286284
印度尼西亚	118928	102659	108738	122378	111632	72089	109657
土耳其	28702	23978	29695	33296	26383	28271	44318
孟加拉国	18003	15321	14808	21754	18278	10540	20027
巴基斯坦	32631	32500	35930	42413	30315	31967	47445
匈牙利	33775	31849	32855	43897	47728	65707	78029
德　国	700179	562039	553551	635002	673132	656103	855578
法　国	79981	87866	111306	137890	126191	109931	166995
意大利	113902	89762	103150	122018	117876	85229	111697
比利时	56108	35471	45406	56882	38438	37081	41663
英　国	108568	151639	175877	231650	220842	117867	169508
丹　麦	25018	25669	32257	56191	20166	19193	21398
瑞　典	23650	19929	31457	39459	24399	22101	21186
瑞　士	15464	13550	17778	21846	22589	20739	34798
奥地利	18069	30970	38322	54663	67954	58696	64402
西班牙	75851	66079	72932	88904	88212	81526	102556
荷　兰	122886	163825	152621	193115	125966	101054	135034
俄罗斯	301818	325400	412114	410890	345804	317056	443590
波　兰	43633	43838	52727	61980	69642	64704	89432
捷　克	23156	26916	43348	57874	54322	57371	84905
罗马尼亚	12937	14926	21377	31767	42485	47134	61937
保加利亚	3309	2931	3757	4697	5590	7753	11599
埃　及	18115	9862	17316	15053	16517	13977	32667
利比亚	6159	14587	61412	53380	95952	9745	74343
加拿大	135766	123674	165421	142054	124103	115353	151588
美　国	892816	788118	905482	1122759	766685	800731	1072971
巴　西	299850	324724	357126	495179	356277	451892	541010
澳大利亚	325661	346786	524722	591479	567163	556879	564218
新西兰	53558	52549	68654	44293	48113	41177	48753

18-5 续表 1

单位：万美元

国家、地区	进口额						
	2015年	2016年	2017年	2018年	2019年	2020年	2021年
中国香港	7698	5549	5353	5243	5596	7350	5012
中国澳门	194	206	83	159	126	162	417
日　本	420222	490778	567954	653381	514752	409849	513097
菲律宾	41900	24328	24553	26262	24968	17856	17715
韩　国	418586	398002	494580	491044	353356	243967	394542
泰　国	41470	37845	45207	48218	57973	36395	33925
马来西亚	34502	20814	40538	44945	125425	29976	103236
新加坡	39821	58761	55004	71093	39512	41741	63709
印度尼西亚	37715	44536	45311	59790	55767	38054	48424
土耳其	10761	9874	11850	10595	8256	9013	9000
孟加拉国	173	152	133	418	213	687	1583
巴基斯坦	2871	2054	1813	4268	2628	2438	3032
匈牙利	18485	21746	24804	35382	40639	50361	67843
德　国	545328	416399	406266	476590	526227	520954	631329
法　国	50010	61153	79023	103068	90459	73902	123176
意大利	43655	36324	43975	50590	55474	35560	41569
比利时	8988	5819	9970	14643	7706	8994	7312
英　国	31532	88340	116297	167641	156451	62820	53683
丹　麦	15461	16752	11422	8000	8592	7599	6854
瑞　典	12463	10746	21763	26860	11066	10388	9872
瑞　士	11959	10179	14429	17418	17761	14620	20087
奥地利	14460	27822	34128	48389	62380	54488	58648
西班牙	24017	29341	38801	49458	54135	51542	49057
荷　兰	13337	37873	35608	72025	26109	17420	29721
俄罗斯	208632	245818	319718	300990	230903	227226	326327
波　兰	21477	22798	29396	36058	44157	39685	55497
捷　克	19108	22243	38499	51349	48778	53739	78510
罗马尼亚	9635	12673	19079	28119	38788	43528	56976
保加利亚	2072	1492	2013	2896	4019	6407	9726
埃　及	94	200	6422	2780	3280	771	16627
利比亚	5193	13865	60915	52436	94678	9066	73494
加拿大	67575	61314	94515	72925	51693	56932	82343
美　国	316840	318007	381264	538020	320644	418083	569149
巴　西	253242	273995	303639	387350	323332	404390	491848
澳大利亚	231659	299018	469600	519085	502379	501819	487948
新西兰	41718	43461	58930	34644	39654	33191	36323

18-5 续表 2 单位：万美元

国家、地区	出口额						
	2015年	2016年	2017年	2018年	2019年	2020年	2021年
中国香港	212045	149663	171468	227930	128155	145815	208665
中国澳门	1472	1198	1031	1961	4833	643	737
日　本	845091	782452	886007	981229	912731	807697	92012
菲律宾	72981	62667	67947	70779	42129	40423	57152
韩　国	453568	403893	505418	478140	500066	342346	489502
泰　国	78704	79366	75626	92606	76097	72243	83848
马来西亚	128196	82190	63823	85761	197575	72668	84140
新加坡	358002	282241	219055	95631	110825	171304	222575
印度尼西亚	81213	58123	63427	62589	55866	34034	61232
土耳其	17941	14104	17845	22702	18127	19258	35318
孟加拉国	17829	15169	14675	95631	18065	9854	18444
巴基斯坦	29760	30446	34117	38145	27687	29529	44413
匈牙利	15290	10103	8052	8514	7088	15346	10186
德　国	154851	145640	147285	158412	146905	135149	224249
法　国	29972	26713	32283	34822	35733	36029	43819
意大利	70246	53439	59175	71428	62402	49670	70127
比利时	47119	29651	35435	42239	30732	28086	34351
英　国	77035	63299	59580	64009	64391	55047	115825
丹　麦	9557	8917	20835	48191	11575	11595	14544
瑞　典	11187	9182	9695	12599	13333	11712	11314
瑞　士	3505	3371	3349	4428	4827	6119	14710
奥地利	3609	3149	4194	6274	5573	4207	5754
西班牙	51833	36738	34131	39446	34077	29983	53500
荷　兰	109548	125952	117012	121090	99857	83634	105313
俄罗斯	93186	79582	92396	109900	114901	89830	117264
波　兰	22156	21040	23331	25923	25485	25019	33934
捷　克	4047	4673	4849	6525	5545	3632	6394
罗马尼亚	3302	2253	2298	3648	3697	3606	4961
保加利亚	1238	1439	1744	1801	1570	1346	1873
埃　及	18021	9662	10895	12273	13237	13206	16040
利比亚	966	722	497	944	1274	679	848
加拿大	68191	62361	70906	69129	72410	58421	69245
美　国	575976	470111	524218	584739	446041	382648	503822
巴　西	46608	50729	53486	107829	32945	47502	49162
澳大利亚	94003	47768	55123	72394	64784	55060	76271
新西兰	11840	9088	9724	9649	8459	7986	12430

18-6 海关主要商品出口数量

品　名	单位	2010年	2011年	2012年	2013年	2014年	2015年	2016年	2017年	2018年	2019年	2020年	2021年
冻鸡	吨	32393.8	30840.9	19416.0	31172.0	37250.5	42510.5	42741.3	52139.4	42377.5	36132.6	34557.7	45678.2
水海产品	吨	441946	572675	627047	680007	734760	690620	688057	802524	818516	803261	1690	529473
玉米	万吨	2.3	2.3	14.0	1.3	0.8	0.6	0.1	2.2	0.8	2.3	0.1	
鲜苹果	吨	61846.9	60582.1	56032.0	62798.0	53704.5	48151.9	51466.5	55089.4	50737.7	58488.0	54.0	48514.8
大豆	吨	82412.2	85979.0	171388	121952	116835	81972.7	78995.5	70471.8	201637	59639.5	47647.7	42339.1
食用植物油	吨	25521.0	23742.6	34615.0	74529.0	57377.7	34753.4	24147.0	21493.6	35732.3	45636.8	22863.9	12472.8
天然蜂蜜	吨	5831.5	3571.8	4326.0	9304.0	10453.5	11799.0	10603.8	10550.3	10340.9	9713.0	10774.8	10408.6
蘑菇罐头	吨	17171.6	16376.3	15467.0	16239.0	16647.0	10528.7	12518.5	11058.3	12556.9	11487.8	12127.7	3794.2
烤烟	吨	1818.1	2986.8	1678.0	2657.0	3079.6	1811.6	3993.9	6185.5	1691.7	2431.2	2710.7	1113.4
滑石	吨	208655	246540	260084	268570	281721	291104	315810	455680	410738	405915	344245	413810
原油	万吨	7.6	8.9	11.0		24.0	222.2	47.0	240.8	149.2	53.9	1533.1	50.3
成品油	万吨	487.1	426.3	315.0	475.6	534.9	599.2	722.0	532.2	809.2	51.4	15.3	29.3
石蜡	吨	284712	279939	293996	299684	323607	409262	396580	278835	269206	331867	416021	535347
合成有机染料	吨	8853.2	6367.9	6408.0	4672.0	5290.0	4370.5	6005.0	3264.8	3109.0	4371.3	4970.4	7118.3
纸及纸板	吨	5916.0	6963.8	15481.0	35670.0	20913.8	13676.4	11810.4	7075.2	9159.7	10084.4	120.2	81352.2
合成短纤与棉混纺机织物	万米	4131.5	4359.5	3962.0	3605.0	4008.8	3513.9	3784.9	3388.2	2357.0	1455.7	12082.7	865.6
水泥	万吨	11.8	14.5	14.0	10.0	20.6	30.0	5.8	17.0	0.2	1.0	1.7	0.1
钢材	万吨	567.1	593.0	739.0	818.0	1275.1	1320.1	1219.1	1015.2	860.8	731.4	517.6	564.3
金属加工机床	台	29339.0	28206.0	28332.0	22827.0	25427.0	12720.0	9475.0	8530.0	9279.0	8349.0	8886.0	7711.0
轴承	万套	4284.9	5092.4	5224.0	4634.0	5241.8	5834.8	5790.2	6820.1	7475.9	7405.0	6946.2	10632.0
电动机及发电机	万个	32271.6	29258.2	26232.0	20515.0	19242.0	17265.6	16914.2	18488.9	18737.7	17084.0	13615.1	17345.0
变压器	万个	11468.0	8802.8	5788.0	4844.0	6098.3	4903.7	9740.3	11866.0	9323.8	11534.0	6017.6	5610.9
电视机	万个	561.9	470.0	421.0	396.0	370.7	256.0	180.3	175.4	126.9	38.1	25.7	16.6
汽车和汽车底盘	个	16523.0	19026.0	24924.0	24653.0	38512.0	23351.0	43321.0	57837.0	41888.0	9361.0	8885.0	29978.0
船舶	个	10194.0	11433.0	18846.0	20163.0	8969.0	85.0	99.0	83.0	56.0	57.0	72.0	88.0
皮革服装	万个	61.6	60.5	85.0	53.0	43.1	44.1	21.3	26.2	25.4	17.6	4.3	6.8
鞋	万双	3503.9	3695.4	6559.0	11265.0	5835.2	2967.0	1863.8	1577.6	2066.2	2122.4	1109.0	1577.4

18-7 海关主要商品进口数量

品　名	单位	2010年	2011年	2012年	2013年	2014年	2015年
大豆	万吨	214.5	195.0	225.0	236.0	231.2	287.9
食用植物油	吨	3487.5	1514.7	2858.0	3929.0	14052.5	14037
食糖	吨	28143.1	35910.7	115558	603324	593852	1006821
天然橡胶	吨	40253.3	41909.0	34158.0	53731.0	61282.8	66582.1
纸浆	吨	19226.7	35945.4	66929.0	101957.0	105933.5	88020.5
棉花	吨	24078.9	23700.6	29169.0	19624.0	14104.4	3711.7
铁矿砂及其精矿	万吨	2920.7	3105.6	2592.0	2800.0	3136.8	2527.5
煤	万吨	643.7	794.0	952.0	1762.0	1393.4	1424.4
原油	万吨	1552.1	1166.6	1348.0	1573.0	1855.2	2524.3
成品油	万吨	87.1	121.6	159.0	154.0	175.1	161.0
纸及纸板	吨	34344.5	36916.5	30932.0	32019.0	27935.0	28971.4
棉机织物	万米	1180.4	1147.7			1189.2	1129.2
合成纤维长丝机织物	万米	6929.5	7895.4	5912.0	6246.0	4938.5	4334.9
钢坯及粗锻件	吨	37134.1	16981.5	6401.0	9327.0	18399.3	1984.7
钢材	吨	756953	932076	728949	667980	822510	803242
金属加工机床	个	16677.0	3825.0	2579.0	1796.0	2541.0	2220.0
电动机及发电机	万个	4778.9	4514.8	4733.0	3460.0	2675.3	2844.4
印刷电路	万个	60204.5	90389.5	65988.0	51329.0	43193.1	32456.3
汽车和汽车底盘	个	10788.0	6847.0	19071.0	12059.0	14905.0	7243.0

18-7 续表

品　名	单位	2016年	2017年	2018年	2019年	2020年	2021年
大豆	万吨	284.6	163.4	189.5	165.3	365.1	315.9
食用植物油	吨	77294	28774	27445	33389	45210	21007
食糖	吨	571518	493816	463027	569014	589464	550988
天然橡胶	吨	58181.0	71088.0	69534.5	67582.6	86237.2	86904.5
纸浆	吨	73497.5	87061.6	55456.6	57730.1	76497.3	82896.8
棉花	吨	699.3	604.5	1031.2	539.7	1951.9	1365.8
铁矿砂及其精矿	万吨	3688.2	4352.1	5258.3	4288.9	5001.5	4655.8
煤	万吨	1688.8	1193.1	820.8	632.9	950.8	782.4
原油	万吨	3157.8	3520.4	3289.4	3307.6	4935.0	3646.3
成品油	万吨	73.8	0.01	0.01	120.60	98.90	99.5
纸及纸板	吨	29270.9	47675.5	54241.5	50031.7	69627.9	56228.1
棉机织物	万米	1098.3	974.7		772.2	450.9	508.5
合成纤维长丝机织物	万米	4295.8	4069.0	3320.5	2730.8	1769.5	1974.0
钢坯及粗锻件	吨	394.5	1757.0	9080.5	1606.0	131669	377661
钢材	吨	810751	854548	871119	844153	846968	733902
金属加工机床	个	1321.0	1423.0	1477.0	1271.0	2148.0	1409.0
电动机及发电机	万个	2022.3	1831.5	1827.3	1567.2	1268.5	1133.4
印刷电路	万个	35501.2	35525.4	34155.7	22941.0	16351.7	19945.5
汽车和汽车底盘	个	11539.0	11100.0	11077.0	7517.0	3366.0	3766.0

18-8 利用外资概况

单位：个、万美元

年份	总计		对外借款		外商直接投资		外商其他投资	
	项目	金额	项目	金额	项目	金额	项目	金额
签订利用外资合同								
1990	550	85298	70	34403	365	46703	115	4192
1991	720	92238	40	33733	575	54006	105	4499
1992	2264	269694	39	68353	2148	197922	77	3419
1993	4147	431588	27	49074	4054	379615	66	2899
1994	2810	499888	63	50495	2677	448846	70	547
1995	2484	466820	54	60702	2406	397449	24	8669
1996	1901	502673	27	24728	1853	445601	21	32344
1997	1734	550991	17	57080	1698	438835	19	55076
1998	1740	506974	26	46747	1708	438957	6	21270
1999	1785	505987	44	51200	1736	444517	5	10270
2000	1908	555807	17	26983	1883	517775	8	11049
2001	1893	592312	14	31611	1876	546649	3	14052
2002	2132	742914	5	11194	2125	718520	2	13200
2003	2328	982243	1	12000	2327	970243		
2004	2491	866200			2491	866200		
2005	2686	1101596			2686	1101596		
2006	2336	1524039			2336	1524039		
2007	1844	2078104			1844	2078104		
2008	1319	2029661			1319	2029661		
2009	1629	2818381			1629	2818381		
2010	1480	2563510			1480	2563510		
2011	1050	1963942			1050	1963942		
2012	745	2476813			745	2476813		
2013	565	2163235			565	2163235		
2014	478	1879752			478	1879752		
2015	475	684414			475	684414		
2016	424	922046			424	922046		
2017	512	2653571			512	2653571		
2018	548	1558317			548	1558317		
2019	576	1287790			576	1287790		
2020	529	654011			529	654011		
2021	638	992167			638	992167		
实际利用外资额								
1990		78725		51749		24831		2145
1991		97157		61429		31360		4368
1992		85931		39512		43916		2503
1993		169055		43402		122731		2922
1994		198135		55230		142388		517
1995		190691		49377		140405		909
1996		237915		44637		167142		26136
1997		305876		29775		221446		54655
1998		314104		71742		220471		21891
1999		303820		85470		206366		11984
2000		301620		35472		255219		10929
2001		358627		33282		311293		14052
2002		425538		20777		391561		13200
2003		571074		12812		558262		
2004		540679				540679		
2005		359042				359042		
2006		598554				598554		
2007		909673				909673		
2008		1201925				1201925		
2009		1544390				1544390		
2010		2075010				2075010		
2011		2426739				2426739		
2012		2679315				2679315		
2013		2903996				2903996		
2014		2742335				2742335		
2015		518516				518516		
2016		299902				299902		
2017		533508				533508		
2018		489571				489571		
2019		332292				332292		
2020		251511				251511		
2021		319697				319697		

18-9 各地区实际利用外商投资额

单位：万美元

地　区	2010年	2011年	2012年	2013年	2014年	2015年	2016年	2017年	2018年	2019年	2020年	2021年
总　计	**2075010**	**2426739**	**2679315**	**2903996**	**2742335**	**518516**	**299902**	**533508**	**489571**	**332292**	**251511**	**319697**
沈　阳	505361	550247	580435	581093	452062	106116	81604	101263	143095	165053	71376	82468
大　连	1003025	1101208	1235033	1359985	1400453	270302	169877	324870	267846	86988	64790	168431
鞍　山	90496	110256	127520	138391	159010	9575	2634	4052	3959	5572	4861	1818
抚　顺	44182	20826	12635	52108	35731	2606	16	2831	1032	3120	511	315
本　溪	30100	35214	46140	51449	60084	9887	6076	1337	3057	4341	3914	4051
丹　东	70454	101688	120100	110012	72670	25077	575	15363	1369	3527	789	782
锦　州	50045	53780	100409	114009	125457	8781	2142	13034	5815	6411	1934	593
营　口	86036	110283	121330	133041	140134	5096	2414	12038	14646	13974	3608	4152
阜　新	11013	14958	18295	20506	25106	1669	677	23908	4489	2081	99	921
辽　阳	33352	39118	45093	52009	60003	36477	8390	3494	5460	6484	6360	1555
盘　锦	91335	200108	161004	150334	74895	23246	18501	19744	25922	2057	51252	48191
铁　岭	26288	30345	40217	55539	55894	16617	5337	1147	3624	9713	1210	2963
朝　阳	11039	14269	18103	21020	25032	1387	1337	6542	5886	19494	5983	2393
葫芦岛	22284	44439	53001	64500	55804	1680	322	3885	3371	2895	1229	1040

注：2021年沈阳、抚顺不含沈抚新区数据，沈抚新区为24万美元。

18-10 按国别、地区分实际利用外商投资额

单位：万美元

国家、地区	2010年	2011年	2012年	2013年	2014年	2015年	2016年	2017年	2018年	2019年	2020年	2021年
中国香港	1147685	1610711	1465255	1518436	1207781	412732	132389	225046	229106	160619	152623	166159
中国澳门	30242	12464	13720	26713	8315			468	91	260	14	100
中国台湾	90200	69762	43008	60379	28205	1714	214	6864	18094	8777	3618	1328
印度尼西亚			50	80								11
日　本	126158	144210	214451	430131	301666	23971	24643	28762	23587	23624	13456	16506
马来西亚	8064	1422	1663	8045	10761	119	72	1335	458	185		
菲律宾	660	8918	2589	2849	1612	1180		370	585	370		
新加坡	50185	13050	37755	112578	109643	24557	12272	16520	9530	7013	4653	9909
韩　国	135474	139784	146673	201222	91633	7992	6528	6222	3681	7820	3251	79084
泰　国	40	2825	4540	587	102							
比利时		1	1299	815	7371	3520	2045	16	91			
丹　麦	2	6	239	165	34		92	73				180
英　国	18597	14813	7016	18839	17751	407	55	472	500	4	95	105
德　国	7198	23975	52073	39122	44467	1029	1762	13222	5617	8414	4097	1139
法　国	1463	1906	2320	3377	1000	17	33	106	11406	7178	7157	4506
意大利	219	1780	6663	13012	1461	113	6	443	584	413	2831	179
荷　兰	5799	1222	2415	30654	45875	319	17	5262	228	33245	46555	147
西班牙	5324	443	6038	11231	6604	560	163	640	68		142	
芬　兰	42	28	17	408	83		3	2	4			
瑞　士	234	35898	11496	19824	19076	616	14968	280	5208	198	3877	7917
加拿大	19657	10580	13413	17122	23386	113	996	230	41		2	89
美　国	67450	55484	120614	78931	137945	3483	3796	4857	8029	2900	2428	1208
澳大利亚	7177	2225	15287	11221	25468	37	15	147	530	1452	100	52
新西兰	9057	2070	8590	366	303	75	114	18		16	626	71

18-11 项目、合同外资额

(按国别、地区分) 单位：个、万美元

国家、地区	2010年		2011年		2012年		2013年		2014年		2015年	
	项目	合同外资额	项目	合同外资额	项目	合同外资额	项目	合同外资额	项目	合同外资额	项目	合同外资额
中国香港	521	1444286	392	1254359	244	1267282	210	1173266	128	929530	134	519163
中国澳门	22	38708	23	13745	12	4645	2	10845	4	13151	3	265
中国台湾	145	260442	48	67519	21	63380	18	32130	15	23703	19	5777
印度尼西亚				-77				57				
日　本	221	112441	196	85834	176	232852	91	261811	70	215911	62	40701
马来西亚	8	10005	3	-1814	13	-494	3	4180	4	806		-112
菲律宾	1	315	3	10115	1	12726		1320		-6	1	1602
新加坡	25	34943	27	25182	16	99631	23	106784	23	78767	21	34444
韩　国	256	172781	126	82325	99	77653	86	142270	96	30870	118	6648
泰　国		-876	1	-152	1	5560		-2215	1	680		
比利时	1	117	2	-197	1	1589		3229			1	3594
丹　麦		-5		-358	2	196	1	66			1	90
英　国	5	18198	14	6946	1	8287	5	6546	4	-295	4	5451
德　国	18	7611	15	11022	12	35913	12	24781	19	38226	12	1363
法　国	4	1168	8	4181	3	4522	4	1074	3	1389	5	306
意大利	2	632	7	4031	4	4958	3	5966	1	631	2	133
荷　兰	1	1596	4	2087	5	7348	4	-1401	1	3106	2	817
西班牙	5	4421	2	5069	5	4524	3	7646	4	1623	1	1805
芬　兰							1	218		83		
瑞　士	2	2686	4	41510	1	3288	5	20153	3	23591		300
加拿大	28	37098	20	11552	9	16162	11	19383	10	-1287	13	3821
美　国	62	44853	37	13561	28	99654	23	39902	23	75558	17	-14736
澳大利亚	18	8931	11	17009	5	7175	8	14777	5	27145	4	628
新西兰	4	9924	2	18471	2	415		-4		-10385		

18-11 续表 (按国别、地区分) 单位：个、万美元

国家、地区	2016年		2017年		2018年		2019年		2020年		2021年	
	项目	合同外资额	项目	合同外资额	项目	合同外资额	项目	合同外资额	项目	合同外资额	项目	合同外资额
中国香港	93	502072	151	1474099	125	601879	101	1037970	123	403415	140	422724
中国澳门	1	32	1	-72	1	75	2	1111	2	1498	4	3305
中国台湾	20	8434	26	20564	35	43964	21	4197	29	34238	31	9591
印度尼西亚					1	8			1	115	1	31
日　本	62	-12302	65	62141	74	30168	80	44774	56	44796	81	39759
马来西亚	2	-285	3	4287	4	27395	7	5087	2	848	4	5745
菲律宾	2	8	1	370		585		255	4	805	3	578
新加坡	14	1794	11	14666	15	117884	19	9701	12	4057	12	14649
韩　国	112	15999	89	23885	112	136619	117	47173	125	35433	151	414153
泰　国		-288	1	77	1	-1047			3	65	2	664
比利时	3	3077	1		2	40		10		255	1	-4262
丹　麦		-48	1	521	1	40						
英　国	5	-3678	5	1899	6	6817	3	67	14	3920	8	-28
德　国	16	10808	10	-951	11	2216	14	8897	12	7386	18	7710
法　国	2	-716	2	37874	2	12806	2	7375	1	6962	1	65326
意大利	2	7	2	394	2	415	2	13	5	365	4	3134
荷　兰	3	1381	1	5492	1	15	1	-5857	3	59884	2	55
西班牙	4	1351	3	448	1	702	1	738			1	52
芬　兰	1	136			1	-539			1	5		
瑞　士	1	13833	2	429		10926		-1050	3	2176	4	-27025
加拿大	9	632	15	1885	13	4367	14	609	18	3417	16	2931
美　国	20	23231	22	32689	23	2201	22	10358	22	2497	21	7226
澳大利亚	4	60982	6	1070	12	41424	10	5605	9	834	7	-2416
新西兰	1	8	1	45	4	-507	2	706	5	4234	1	54

18-12 按行业分实际利用外商投资项目及合同额情况

行　业	2010年	2011年	2012年	2013年	2014年	2015年
一、合同项目(个)						
总　计	**1480**	**1050**	**745**	**565**	**478**	**475**
农、林、牧、渔业	26	32	13	12	17	11
采矿业	4	6	9	7	2	2
制造业	463	372	257	124	91	82
电力、热力、燃气及水生产和供应业	26	29	18	9	7	7
建筑业	28	29	28	3	7	4
批发和零售业	185	177	158	165	127	150
交通运输、仓储和邮政业	17	18	11	18	11	11
住宿和餐饮业	40	28	26	15	27	27
信息传输、软件和信息技术服务业	86	57	34	23	26	18
金融业	3	3		5	13	26
房地产业	182	75	64	58	38	18
租赁和商务服务业	148	112	81	81	73	84
科学研究和技术服务业	211	84	33	25	23	24
水利、环境和公共设施管理业	14	11	5	7	2	3
居民服务、修理和其他服务业	36	11	6	7	7	5
教育	1				1	
卫生和社会工作				2		2
文化、体育和娱乐业	10	6	2	4	6	1
公共管理、社会保障和社会组织						
国际组织						
二、合同外资额(万美元)						
总　计	**2563510**	**1963942**	**2476813**	**2163235**	**1879752**	**684414**
农、林、牧、渔业	24257	58736	54900	34462	32402	29410
采矿业	5373	1897	13639	16001	16275	32926
制造业	690925	590282	1206273	1089177	841844	217191
电力、热力、燃气及水生产和供应业	34899	96486	67258	92742	58748	3790
建筑业	68918	82021	140841	15097	-7775	231
批发和零售业	50439	79976	82493	142071	88233	76209
交通运输、仓储和邮政业	51753	18496	77602	160889	153403	19725
住宿和餐饮业	1694	13349	34719	19554	27931	3153
信息传输、软件和信息技术服务业	109805	24811	83029	56605	54026	12375
金融业	9500	16368	4366	17546	91870	37033
房地产业	701894	586127	400008	365711	229748	115134
租赁和商务服务业	116944	115743	120101	66195	171997	87383
科学研究和技术服务业	441232	114210	116458	63882	65050	16058
水利、环境和公共设施管理业	61070	24796	11695	3010	19606	21795
居民服务、修理和其他服务业	172766	113634	42448	-7152	1763	11339
教育	4				258	
卫生和社会工作		79		3983	40	521
文化、体育和娱乐业	22037	26931	20983	23462	34333	141
公共管理、社会保障和社会组织						
国际组织						

18-12 续表

行　业	2016年	2017年	2018年	2019年	2020年	2021年
一、合同项目(个)						
总　计	**424**	**512**	**548**	**576**	**529**	**638**
农、林、牧、渔业	12	18	9	10	4	5
采矿业		2	4		4	
制造业	87	94	103	97	53	52
电力、热力、燃气及水生产和供应业	6	17	4	5	10	6
建筑业	4	9	7	10	5	3
批发和零售业	144	146	169	230	180	266
交通运输、仓储和邮政业	12	5	11	7	5	6
住宿和餐饮业	18	18	7	9	10	21
信息传输、软件和信息技术服务业	22	40	38	54	24	30
金融业	14	51	31	11	2	2
房地产业	7	14	20	20	26	12
租赁和商务服务业	51	61	93	61	100	103
科学研究和技术服务业	32	20	32	36	81	99
水利、环境和公共设施管理业	2	2	1	2	1	1
居民服务、修理和其他服务业	6	5	5	9	4	7
教育		1		3	1	
卫生和社会工作	1	6	5	3	5	5
文化、体育和娱乐业	6	3	8	9	14	19
公共管理、社会保障和社会组织			1			1
国际组织						
二、合同外资额(万美元)						
总　计	**922046**	**2653571**	**1558317**	**1287790**	**654011**	**992167**
农、林、牧、渔业	44727	359783	108339	56184	1638	27732
采矿业	100	207	13332	-2500	7332	
制造业	258787	401385	592709	685936	220308	360276
电力、热力、燃气及水生产和供应业	-670	50656	3310	12310	50472	10641
建筑业	65	4876	998	23256	70	16695
批发和零售业	85066	77499	88592	85080	51534	45254
交通运输、仓储和邮政业	86614	56406	24566	9570	4638	5871
住宿和餐饮业	1888	243	1058	17857	2352	280
信息传输、软件和信息技术服务业	3388	-1234	7305	10024	13557	9760
金融业	44567	117202	26083	15769	53662	1072
房地产业	-70274	632965	265120	68568	143020	80352
租赁和商务服务业	360006	864538	322465	66588	21058	340247
科学研究和技术服务业	110182	50995	49300	18646	75432	72166
水利、环境和公共设施管理业	-3201	744	2000	4080	1346	3638
居民服务、修理和其他服务业	281	8793	50	183814	2413	-689
教育		37	8	53	706	
卫生和社会工作	13	17342	46541	30187	3256	13348
文化、体育和娱乐业	507	11134	6359	2368	1217	5478
公共管理、社会保障和社会组织			182			46
国际组织						

18-13 按行业分实际利用外商投资额情况

单位：万美元

行 业	2010年	2011年	2012年	2013年	2014年	2015年
总 计	**2075010**	**2426739**	**2679315**	**2903996**	**2742335**	**518516**
农、林、牧、渔业	18622	33769	42030	40877	39794	7316
采矿业	4137	235	8363	24290	18345	13801
制造业	761130	1132689	1245637	1468341	1301938	120913
电力、热力、燃气及水生产和供应业	38321	55448	281335	159734	92254	7733
建筑业	33075	41593	73382	63142	6316	2126
批发和零售业	35741	103071	75823	120873	97672	9056
交通运输、仓储和邮政业	31424	8658	67133	143036	211107	30018
住宿和餐饮业	8011	9683	51047	18027	45268	465
信息传输、软件和信息技术服务业	48026	27845	88680	99319	133314	4415
金融业	40344	26916	25070	25205	91912	16810
房地产业	702800	697546	458258	577257	499154	270029
租赁和商务服务业	46954	67868	50286	66124	103788	16666
科学研究和技术服务业	115323	54851	106336	40211	55681	5619
水利、环境和公共设施管理业	39741	43274	5509	6661	4345	10169
居民服务、修理和其他服务业	131414	100536	74633	29510	25988	2582
教育	1	1	2		65	
卫生和社会工作	1010	7	35	113	26	31
文化、体育和娱乐业	18936	22119	22756	21276	15368	767
公共管理、社会保障和社会组织		630				
国际组织						

18-13 续表

单位：万美元

行 业	2016年	2017年	2018年	2019年	2020年	2021年
总 计	**299902**	**533508**	**489571**	**332292**	**251511**	**319697**
农、林、牧、渔业	166	2159	1557	1483	2685	12987
采矿业	9490.5	6779	6806	14947	1253	45538
制造业	88618	289373	321359	159604	89386	141512
电力、热力、燃气及水生产和供应业	4914	12479	17406	11696	5338	5450
建筑业		260	189	59	10	27
批发和零售业	49146	87412	29588	5721	5851	5216
交通运输、仓储和邮政业	61208	62515	9086	2427	5399	3281
住宿和餐饮业	2778	338	16	19	2322	14
信息传输、软件和信息技术服务业	9837	1829	428	2313	1092	1524
金融业	1723	2743	3000		12595	3150
房地产业	53475	31159	69854	94082	49172	65929
租赁和商务服务业	9568	25902	23918	16608	44284	20927
科学研究和技术服务业	1656	531	267	8907	27749	9708
水利、环境和公共设施管理业	3703	475	880	2355	1243	4433
居民服务、修理和其他服务业	269	8641	1800	11012	2827	
教育		13			4	
卫生和社会工作		161	200	15		
文化、体育和娱乐业	3350	739	3217	1044	301	1
公共管理、社会保障和社会组织						
国际组织						

18-14 年末登记外商投资企业行业分布情况

行　业	企业数(个)					投资总额(百万美元)				
	2017年	2018年	2019年	2020年	2021年	2017年	2018年	2019年	2020年	2021年
总　计	**16883**	**17028**	**16191**	**16252**	**16363**	**315850**	**377494**	**402491**	**415689**	**460264**
农、林、牧、渔业	192	185	170	168	165	11796	20906	20828	17832	20104
采矿业	37	37	34	33	32	1288	1878	1874	1890	1890
制造业	4694	4433	4131	3951	3801	114309	126135	155598	151976	156422
电力、热力、燃气及水生产和供应业	203	202	194	200	203	11608	11884	11230	12271	12228
建筑业	277	254	243	230	226	3839	5532	5308	9228	9398
批发和零售业	1212	3310	1197	1219	3847	1322	21743	1567	1515	28116
交通运输、仓储和邮政业	3144	416	3472	3704	386	11298	9140	22617	22795	9997
住宿和餐饮业	2162	1199	2207	2204	1267	18081	1358	18378	29237	1398
信息传输、软件和信息技术服务业	417	2188	392	390	2223	9736	18087	9214	8426	29799
金融业	569	639	579	555	520	9417	19665	19667	20119	18839
房地产业	882	847	841	834	818	53385	52703	53606	55215	55871
租赁和商务服务业	2216	2357	1669	1668	1678	41810	56523	56731	58159	79122
科学研究和技术服务业	552	622	708	747	833	22972	23966	16452	17593	24413
水利、环境和公共设施管理业	45	47	47	48	46	2925	2917	2822	2869	2718
居民服务、修理和其他服务业	163	160	156	142	151	653	1156	995	878	847
教育	4	3	3	4	4	1	1	13	21	21
卫生和社会工作	9	15	21	22	27	193	2650	3527	3535	6994
文化、体育和娱乐业	105	114	125	131	135	1218	1251	2053	2118	2087
公共管理、社会保障和社会组织			2	2	1			10	10	0.5
国际组织										

18-14 续表

行　业	注册资本(百万美元)									
	2017年	2018年	2019年	2020年	2021年	#外方				
						2017年	2018年	2019年	2020年	2021年
总　计	**175407**	**216937**	**227131**	**238251**	**259831**	**139076**	**176330**	**183092**	**182885**	**198315**
农、林、牧、渔业	4911	19660	20072	17085	18537	4647	19338	19753	16764	18188
采矿业	816	811	807	809	809	699	694	691	724	724
制造业	56359	63087	74122	70968	72325	44010	51229	56988	53859	54355
电力、热力、燃气及水生产和供应业	4296	4322	4064	4680	4719	3292	3430	3219	3760	3825
建筑业	2774	4444	4283	8303	8434	2505	4173	4035	5645	5691
批发和零售业	730	12171	965	944	14534	573	8957	808	790	10954
交通运输、仓储和邮政业	7143	5256	12667	13068	6084	5304	3208	9691	9732	2537
住宿和餐饮业	6869	770	7053	18098	889	6330	616	6529	9845	745
信息传输、软件和信息技术服务业	5424	6880	5455	4733	18686	3168	6347	3255	2574	10379
金融业	8547	11693	11754	12206	11237	6406	8987	8931	9443	9052
房地产业	40814	40010	40177	39243	40356	33726	32577	32752	32573	33975
租赁和商务服务业	23512	32845	33071	34458	46834	19331	26435	26310	26546	35375
科学研究和技术服务业	10282	10864	8144	9119	11985	6479	6799	6269	6772	8816
水利、环境和公共设施管理业	1707	1680	1582	1596	1532	1526	1494	1433	1447	1381
居民服务、修理和其他服务业	352	863	702	646	637	295	752	591	558	549
教育	1	1	13	21	21			13	21	21
卫生和社会工作	189	882	1402	1409	1389	170	661	1125	1131	1108
文化、体育和娱乐业	682	697	788	853	821	617	632	689	692	639
公共管理、社会保障和社会组织			10	10	0.5			10	10	0.5
国际组织										

主要统计指标解释

货物进出口总额　包括对外贸易实际进出口货物，来料加工装配进出口货物，国家间、联合国及国际组织无偿援助物资和赠送品，华侨、港澳台同胞和外籍华人捐赠品，租赁期满归承租人所有的租赁货物，进料加工进出口货物，边境地方贸易及边境地区小额贸易进出口货物，中外合资企业、中外合作经营企业、外商独资经营企业进出口货物和公用物品，到、离岸价格在规定限额以上的进出口货样和广告品(无商业价值、无使用价值和免费提供出口的除外)，从保税仓库提取在中国境内销售的进口货物，以及其他进出口货物。

外商投资　是指国外及港澳台地区的法人和自然人在中国大陆地区以现金、实物、无形资产、股权等方式进行投资。其中，外商直接投资是指国外及港澳台地区投资者在非上市公司中的全部投资及在单个外国投资者所占股权比例不低于10%的上市公司中的投资。

对外直接投资　是境内投资者以控制国（境）外企业的经营管理权为核心的经济活动，体现在一经济体通过投资于另一经济体而实现其持久利益的目标。

对外承包工程　根据《对外承包工程管理条例》，对外承包工程是指中国的企业或者其他单位承包境外建设工程项目的活动。

对外劳务合作　指组织劳务人员赴其他国家或地区为国外的企业或机构工作的经营性活动。

十九、旅　游

Chapter 19　Tourism

19-1 旅游事业发展情况

指　标	单位	2010年	2011年	2012年	2013年	2014年	2015年	2016年	2017年	2018年	2019年	2020年
入境旅游人数	人次	**3617999**	**4103329**	**4731340**	**5031286**	**2607019**	**2640052**	**2736658**	**2788464**	**2876953**	**2941388**	**198496**
外　国　人	人次	3070097	3444122	3885864	4017005	2006223	2046388	2122140	2170523	2298427	2369261	167525
港澳台同胞	人次	547902	659207	845476	1014281	600796	593664	614518	617941	578526	572127	30971
平均逗留天数	天	3.1	3.2	3.2	2.9	2.9	2.6	2.8	2.9	2.7	3.0	4.8
国内旅游人数	万人次	**28278**	**32564**	**36282**	**40427**	**45925**	**39711**	**44873**	**50318**	**56211**	**63876**	**30150**
旅游收入												
国际旅游收入	万美元	225932.9	271314	318345	347713.6	161800	168272	174141	177806	173958	173903	11974.1
国内旅游收入	亿元	2533.4	3159.3	3742.0	4432.6	5190.2	3620.1	4122.2	4620.7	5254.8	6102.7	2712.2
星级饭店总数	个	**543**	**551**	**512**	**512**	**533**	**536**	**534**	**671**	**671**	**417**	**321**
旅行社数	个	**1170**	**1162**	**1165**	**1243**	**1296**	**1360**	**1386**	**1443**	**1489**	**1521**	**1539**

19-2 按国别分外国入境旅游人数

单位：人次

国　别	2012年	2013年	2014年	2015年	2016年	2017年	2018年	2019年	2020年
总　计	**4731340**	**5031286**	**2607019**	**2640052**	**2736658**	**2788464**	**2298427**	**2369261**	**167525**
日　本	1035389	742632	362419	531530	550926	572741	624069	656054	61550
菲律宾	28556	20541	20109	12430	12408	12822	15857	15744	2005
新加坡	95820	106024	69701	37418	46053	47308	42410	41865	4772
泰　国	15390	13966	12546	12193	8992	11742	13946	16392	1066
印度尼西亚	18005	18069	14926	16859					
美　国	117337	122329	55857	64289	67910	63375	73356	70452	10730
加拿大	33629	34437	30889	29050	21666	22223	26030	24760	2882
英　国	47153	49747	35742	31956	25109	24941	27893	26975	1984
法　国	32384	34115	20986	19810	18791	17273	18024	16210	2995
德　国	49736	57598	49022	49045	52871	53632	60039	59825	14029
意大利	20378	20158	10655	11521					
俄罗斯	276869	323372	170418	202173	224550	239821	272354	280016	8370
澳大利亚	35315	35408	28668	27969	20715	34569	33323	35184	2746
新西兰	14669	16223	16181	17337					

19-3 按地区分接待入境旅游人数

单位：人次

地　区	2010年	2011年	2012年	2013年	2014年	2015年	2016年	2017年	2018年	2019年	2020年
接待旅游人数	**3617999**	**4103329**	**4731340**	**5031286**	**2607019**	**2640052**	**2736658**	**2788464**	**2876953**	**2941388**	**198496**
沈　阳	550313	634895	750011	813067	619724	645734	680884	693821	819121	856800	34142
大　连	1166020	1170035	1284176	1190035	965615	984647	1044100	1063938	1103100	1144020	121679
鞍　山	264607	291745	383265	438511	191082	202246	202264	206106	218000	227500	7500
抚　顺	111529	138539	169685	200307	147030	149152	153321	156235	159173	162356	200
本　溪	562000	594217	578611	619822	123973	72941	74825	76120	77282	78444	3500
丹　东	326796	400540	491701	530891	116195	120853	134016	137200	139400	142184	4360
锦　州	200134	253092	308580	344131	113675	121006	94576	96000	97000	97500	9015
营　口	85708	155538	198032	241280	69461	75000	77976	79018	80018	80018	6500
阜　新	23000	25531	27225	28633	20353	21138	21420	22346	22445	22805	300
辽　阳	27864	33470	38506	44332	38763	39156	39693	40474	34603	13357	
盘　锦	180936	243895	314184	365184	105758	110018	112310	114315	20511	21104	6600
铁　岭	48061	57203	66057	70210	34495	35100	35805	36000	37000	23400	2600
朝　阳	13847	16626	19073	21268	18555	20005	20500	20891	22100	22800	1500
葫芦岛	57184	88003	102234	123615	42340	43056	44968	46000	47200	49100	600

19-4 按地区分旅游外汇收入

单位：万美元

地　区	2010年	2011年	2012年	2013年	2014年	2015年	2016年	2017年	2018年	2019年	2020年
旅游外汇收入	**225933**	**271314**	**318345**	**347714**	**161800**	**168272**	**174141**	**177806**	**173958**	**173903**	**11974**
沈　阳	40024	49980	63195	66451	32837	33081	34404	35127	37477	39800	2755
大　连	80386	80519	87349	81341	46012	51625	53948	55081	57141	59374	6314
鞍　山	22435	21614	27400	50086	14924	15035	15516	15842	16623	16065	203
抚　顺	5882	10828	12982	15123	12128	12218	12536	12799	12830	13209	57
本　溪	27095	43209	48878	48636	11485	11570	11836	12085	12294	8379	174
丹　东	16151	21310	26642	24473	8192	8252	8500	8684	8938	8618	263
锦　州	11820	14754	18506	21213	10972	11054	11319	11557	11696	11871	971
营　口	3728	6186	7187	10657	6221	6267	6442	6578	6680	6522	623
阜　新	1005	1133	1153	1243	874	881	899	918	907	913	20
辽　阳	1699	2080	1896	2869	2436	2454	2510	2563	912	473	
盘　锦	8916	11095	13327	13201	9454	9525	9773	9978	1133	1159	116
铁　岭	2698	3321	4014	4689	2718	2738	2806	2865	2960	3043	333
朝　阳	853	1026	1181	1403	1244	1253	1277	1304	1798	1870	73
葫芦岛	3241	4259	4634	6329	2302	2319	2375	2426	2569	2609	73

19-5　按地区分国内旅游人数及收入

单位：万人次、亿元

地　区	国内旅游接待人数							
	2013年	2014年	2015年	2016年	2017年	2018年	2019年	2020年
全　省	**40427.2**	**45925.3**	**39710.7**	**44872.9**	**50318.4**	**56211.4**	**63875.6**	**30150.2**
沈　阳	7574.1	8087.7	5654.5	6333.0	7164.1	8175.6	9424.4	5407.1
大　连	5230.9	5619.8	6828.1	7633.8	8410.0	9288.1	10268.3	3985.2
鞍　山	3281.8	3949.5	3514.4	3967.7	4523.2	5111.2	5884.8	3842.5
抚　顺	2987.6	3702.5	2682.2	3033.6	3458.3	3972.0	4569.0	997.4
本　溪	3216.1	3545.3	3081.3	3491.1	3822.4	4273.4	4941.4	2502.7
丹　东	2990.1	3468.5	3527.8	4014.7	4533.5	4986.9	5593.9	1745.9
锦　州	3211.0	3544.9	2070.0	2347.4	2620.7	2935.0	3375.3	1310.0
营　口	1620.0	1835.3	2104.9	2399.6	2676.0	2756.0	3086.7	2034.2
阜　新	923.6	1042.9	996.0	1140.4	1309.6	1481.2	1629.5	723.7
辽　阳	2454.2	2794.2	1945.6	2216.0	2489.7	2671.4	2992.2	1270.2
盘　锦	1911.7	2299.3	1993.1	2262.1	2624.6	3045.1	3594.9	2342.4
铁　岭	1660.7	1949.5	1591.3	1799.8	2003.1	2229.0	2433.1	689.4
朝　阳	1431.1	1631.1	1897.6	2168.9	2438.2	2836.6	3231.2	1849.3
葫芦岛	1934.3	2454.7	1824.0	2064.7	2245.0	2450.0	2851.0	1450.4

19-5　续表

单位：万人次、亿元

地　区	国内旅游收入							
	2013年	2014年	2015年	2016年	2017年	2018年	2019年	2020年
全　省	**4432.6**	**5190.2**	**3620.1**	**4122.2**	**4620.7**	**5254.8**	**6102.7**	**2712.2**
沈　阳	792.2	900.7	497.3	562.8	636.2	734.2	847.5	500.7
大　连	850.4	965.3	977.2	1105.2	1242.9	1402.2	1616.0	605.9
鞍　山	323.9	399.1	289.9	329.7	370.3	419.5	489.9	275.1
抚　顺	327.0	389.4	216.0	246.7	276.3	319.5	368.6	26.8
本　溪	289.8	360.9	228.3	260.2	284.8	320.1	383.5	205.7
丹　东	348.6	419.2	307.7	356.3	402.1	451.2	521.1	110.6
锦　州	222.5	265.5	146.4	167.8	187.2	211.2	244.8	100.1
营　口	206.4	243.0	181.3	206.7	230.6	259.0	301.0	210.4
阜　新	67.2	76.7	68.7	77.8	89.4	100.4	117.1	64.1
辽　阳	220.9	254.6	156.8	178.0	198.2	224.7	261.6	120.4
盘　锦	245.8	291.6	162.2	188.1	213.2	252.4	291.8	191.2
铁　岭	146.1	171.7	115.6	131.2	146.1	164.0	189.4	55.1
朝　阳	185.5	210.5	129.0	145.9	164.1	193.1	225.8	130.2
葫芦岛	206.1	241.9	143.6	165.9	179.3	203.3	244.6	116.0

主要统计指标解释

旅游者人数　入境游客　指报告期内来中国（大陆）观光、度假、探亲访友、就医疗养、购物、参加会议或从事经济、文化、体育、宗教活动的外国人、港澳台同胞等游客（即入境旅游人数）。统计时，入境游客按每入境一次统计 1 人次。入境游客包括入境过夜游客和入境一日游游客。

出境人数（出境游客）　指中国（大陆）居民因公或因私出境前往其他国家、中国香港特别行政区、澳门特别行政区和台湾省观光、度假、探亲访友、就医疗养、购物、参加会议或从事经济、文化、体育、宗教活动的人数（即出境游客）。统计时，出境游客按每出境一次统计 1 人次。

国内游客　指报告期内在中国（大陆）观光游览、度假、探亲访友、就医疗养、购物、参加会议或从事经济、文化、体育、宗教活动的中国（大陆）居民人数，其出游的目的不是通过所从事的活动谋取报酬。统计时，国内游客按每出游一次统计 1 人次。

国际旅游收入　指入境游客在中国（大陆）境内旅行、游览过程中用于交通、参观游览、住宿、餐饮、购物、娱乐等全部花费。

国内旅游收入(旅游总花费)　指国内游客在国内旅行、游览过程中用于交通、参观游览、住宿、餐饮、购物、娱乐等全部花费。店)。

星级饭店　指设备、设施、服务符合《旅游饭店星级的划分与评定》（GB/T14308-2010）标准，经过有关旅游管理权威部门评定（验收）后授予“星级”称号的饭店。

二十、金融业

Chapter 20 Financial Intermediation

20-1 金融机构(含外资)本外币存款、贷款余额

单位：亿元

指 标	2010年	2011年	2012年	2013年	2014年	2015年	2016年	2017年	2018年	2019年	2020年	2021年
年末存款余额	**27372.5**	**30832.4**	**35303.5**	**39418.0**	**42053.1**	**47758.2**	**51692.5**	**54249.0**	**59016.0**	**62697.4**	**67988.2**	**69995.5**
#财政存款	593.2	655.6	776.6	880.6	864.1	790.9	858.2	956.2	822.4	843.6	848.7	547.6
储蓄存款	13690.3	15529.6	17967.4	19857.9	21396.8	23995.8	25882.1	27768.1	31311.9	36133.6	42962.9	46671.3
委托存款	313.9	137.6	143.2	217.6	242.8							
年末贷款余额	**18689.8**	**22831.7**	**26306.5**	**29722.0**	**33023.5**	**36282.8**	**38685.6**	**41278.7**	**44985.0**	**49582.6**	**52209.4**	**53134.8**

注：1. 2010年为金融机构(含外资)人民币存款、贷款余额；2011年及以后年度为金融机构(含外资)本外币存款、贷款余额。下同。
2. 2015年起人民银行《金融机构(含外资)本外币信贷收支合并表》表式调整，相应指标及数据进行调整。2015年财政存款项下数据变更为财政性存款，储蓄存款项下数据变更为住户存款，与往年均不可比。

20-2 金融机构(含外资)本外币贷款余额

单位：亿元

指 标	2015年	2016年	2017年	2018年	2019年	2020年	2021年
年末贷款余额	**36282.8**	**38685.6**	**41278.7**	**44985.0**	**49582.6**	**52209.4**	**53134.8**
一、境内贷款	**36003.1**	**38363.6**	**40959.6**	**44629.4**	**49241.9**	**51905.9**	**52843.2**
(一)住户贷款	7295.6	8027.0	9089.4	9960.1	11435.9	12607.2	13478.4
1. 短期贷款	1970.0	1851.1	1891.7	1799.2	2012.0	1875.9	2052.9
#消费贷款	439.7	417.7	556.8	543.8	889.2	750.9	851.6
经营贷款	1530.3	1433.5	1334.9	1255.4	1122.8	1125.0	1201.4
2. 中长期贷款	5325.6	6175.8	7197.7	8160.9	9423.9	10731.2	11425.5
#消费贷款	4329.4	5109.1	6089.0	6982.0	8192.2	9421.2	10193.4
经营贷款	996.2	1066.8	1108.7	1178.9	1231.7	1310.0	1232.1
(二)企(事)业单位贷款	28702.4	30336.6	31870.2	34669.3	37790.0	39298.7	39358.7
1. 短期贷款	11694.2	12424.9	13924.6	13623.1	14385.9	14436.0	11846.4
2. 中长期贷款	14993.7	15399.5	16090.4	17923.0	19575.7	20791.0	22186.8
3. 票据融资	1889.2	2309.6	1601.5	2784.0	3407.4	3532.5	4728.1
4. 融资租赁	1.2	0.5	72.5	79.9	72.1	44.5	45.8
5. 各项垫款	124.1	202.1	181.2	259.2	348.8	494.7	551.6
(三)非银行业金融机构贷款	5.1	0.1	0.1	0.1	16.1	0.1	6.1
二、境外贷款	**279.7**	**322.0**	**319.1**	**355.6**	**340.7**	**303.5**	**291.6**

注：2021年人民银行指标变更，“非金融企业及机关团体贷款”对应项变更为“企(事)业单位贷款。本表为本外币口径。

20-3 各地区金融机构(含外资)本外币存款余额

单位：亿元

地区	2016年		2017年		2018年		2019年		2020年		2021年	
	金融机构存款余额	#住户存款余额	金融机构存款余额	#住户存款余额	金融机构存款余额	#住户存款余额	金融机构存款余额	#住户存款余额	金融机构存款余额	#住户存款余额	金融机构存款余额	#住户存款余额
全省	**51692.5**	**25882.1**	**54249.0**	**27768.1**	**59016.0**	**31311.9**	**62697.4**	**36133.6**	**67988.2**	**42962.9**	**69995.5**	**46671.3**
沈阳	14446.3	6260.0	15752.9	6601.3	17746.2	7394.6	18869.5	8438.9	19442.5	10430.9	19374.9	11154.2
大连	14701.7	5448.4	14142.9	5580.8	13999.1	6206.3	14633.6	7006.0	16003.8	8003.4	17081.5	8841.3
鞍山	3235.1	2141.2	3470.8	2320.2	3617.3	2622.1	4006.1	2970.3	4515.6	3398.8	4829.7	3772.2
抚顺	1615.1	1180.0	1732.2	1266.0	1868.3	1409.0	2027.7	1585.3	2349.0	1856.7	2512.5	2047.9
本溪	1284.4	797.4	1399.2	834.9	1543.5	928.7	1582.2	1042.9	1739.0	1179.2	1763.9	1354.6
丹东	1868.2	1380.5	2028.9	1572.2	2152.5	1747.0	2344.9	1966.5	2640.8	2234.7	2833.6	2460.3
锦州	2655.3	1500.0	3195.0	1806.9	3961.2	2183.2	3634.3	2441.0	3969.0	2621.1	4073.3	2910.3
营口	2598.3	1296.2	2472.7	1431.0	2889.4	1666.1	3391.6	2489.5	3916.8	3242.4	3564.5	2888.9
阜新	1009.7	662.1	1099.1	725.1	1156.0	805.6	1247.1	944.4	1491.4	1203.6	1667.3	1422.6
辽阳	2229.7	963.1	2565.2	1043.3	3077.3	1156.7	2881.6	1309.7	2991.5	1855.6	2654.2	2035.5
盘锦	1670.7	1046.8	1675.8	1089.9	1786.1	1210.2	2223.2	1361.2	2461.0	1548.6	2581.9	1740.7
铁岭	1232.2	976.2	1315.9	1066.0	1400.6	1156.4	1558.7	1327.9	1841.3	1581.1	2038.2	1781.1
朝阳	1573.8	1173.7	1703.8	1293.3	1847.5	1447.0	1998.9	1622.2	2268.1	1911.8	2509.2	2173.8
葫芦岛	1572.0	1056.5	1694.4	1137.3	1970.3	1378.5	2296.3	1626.9	2357.4	1894.4	2510.3	2087.8

20-4 各地区金融机构(含外资)本外币贷款余额

(2021年)

单位：万元

地区	金融机构贷款余额	境内贷款				境外贷款
			住户贷款	非金融企业及机关团体贷款	非银行业金融机构贷款	
全省	**531348395**	**528431992**	**134784205**	**393587041**	**60745**	**2916402**
沈阳	192301451	190850920	58881258	131969563	100	1450531
大连	135403111	134573803	39928853	94584949	60000	829308
鞍山	24421131	23790328	3950623	19839705		630803
抚顺	10590944	10590839	2756681	7834158		105
本溪	14001834	14001605	1563704	12437900		229
丹东	13460221	13460066	4274190	9185876		156
锦州	40522644	40522644	3327704	37194939		
营口	22240688	22240609	4477347	17762762	500	78
阜新	10259677	10259677	1650790	8608887		
辽阳	19315629	19315608	1882315	17433293		21
盘锦	14714889	14714833	1987697	12726991	145	56
铁岭	8115014	8115013	2612886	5502126		1
朝阳	11235372	11234872	2965602	8269270		500
葫芦岛	14765789	14761176	4524555	10236621		4613

主要统计指标解释

信贷资金 国家银行用于发放贷款的资金叫信贷资金。中国人民银行信贷资金的来源有各项存款、对国际金融机构负债、流通中货币、银行自有资金及当年结益等。信贷资金的运用有各项贷款、黄金占款、外汇占款、财政借款及在国际金融机构中的资产等。

存款 企业、机关、团体或居民根据可以收回的原则，把货币资金存入银行或其他信用机构保管并取得一定利息的一种信用活动形式。根据存款对象的不同可划分为企业存款、财政存款、机关团体存款、基本建设存款、城镇储蓄存款、农村存款等科目。它是银行信贷资金的主要来源。

贷款 银行或其他信用机构根据必须归还的原则，按一定利率，为企业、个人等提供资金的一种信用活动形式。我国银行贷款，分流动资金贷款、固定资产贷款、城乡个体工商户贷款以及农户贷款等科目。

二十一、服务业

Chapter 21 Service

21-1 分地区规模以上服务业企业主要财务指标

(2021年) 单位：万元

地区	企业单位数(个)	营业收入	营业成本	税金及附加	销售费用、管理费用、研发费用、财务费用合计
全省	**4379**	**52827514**	**45968041**	**353280**	**8283849**
沈阳	1318	19343028	17746966	117893	3085124
大连	1529	18683687	15641644	106111	2814280
鞍山	301	3736686	3271837	22318	593955
抚顺	112	638085	517324	5158	126603
本溪	59	538266	460867	23029	194513
丹东	108	726327	584054	8214	117206
锦州	159	1192734	960569	9874	214663
营口	247	3699336	3120963	28046	428373
阜新	40	338000	287266	2367	91270
辽阳	94	705945	661808	7041	106888
盘锦	131	1364302	1140918	14337	213336
铁岭	77	512344	433588	2653	72935
朝阳	113	807508	695441	3880	107243
葫芦岛	91	541265	444796	2359	117460

21-1 续表 (2021年) 单位：万元

地区	营业利润	利润总额	应付职工薪酬	应交增值税	从业人员平均人数(人)
全省	**305406**	**534450**	**11519620**	**1005395**	**998609**
沈阳	-1371757	-1311382	5725128	435363	425762
大连	834477	896756	3566381	296476	289871
鞍山	359247	516345	376903	51548	42980
抚顺	853	-16093	153953	12579	18218
本溪	-45370	-117450	156636	13900	16683
丹东	28998	35236	159557	10278	24112
锦州	11508	17903	191602	13637	21944
营口	552243	563680	372903	103952	52113
阜新	-27605	-27045	68767	4270	8394
辽阳	-62814	-63184	128911	9182	16249
盘锦	13664	14629	232522	19167	28475
铁岭	18617	18406	111205	11591	13429
朝阳	10614	17179	138854	13190	20436
葫芦岛	-17268	-10530	136299	10264	19943

21-2 按企业性质分规模以上服务业企业主要财务指标

(2021年) 单位：万元

登记注册类型	企业单位数(个)	营业收入	营业成本	税金及附加	销售费用、管理费用、研发费用、财务费用合计
总　计	**4379**	**52827514**	**45968041**	**353280**	**8283849**
内资企业	4109	47731405	42537732	308514	7155407
国有企业	263	4618854	3889533	20838	534770
集体企业	33	88973	58661	1020	25415
股份合作企业	10	45491	39821	433	5779
联营企业	3	23077	18777	164	767
有限责任公司	1272	25456776	24271401	198529	3907210
国有独资公司	239	2913760	2626636	47675	857781
其他有限责任公司	1033	22543017	21644765	150854	3049429
股份有限公司	105	3148634	2455736	18225	481678
私营企业	2367	14066202	11585301	69045	2137826
私营独资企业	61	283498	238611	577	41188
私营合伙企业	32	126453	38651	1425	72522
私营有限责任公司	2221	13189955	10963473	63396	1926667
私营股份有限公司	53	466297	344565	3647	97449
其他企业	56	283397	218503	259	61963
港、澳、台商投资企业	110	2209480	1621128	28174	392129
#与港澳台商合资经营企业	39	570595	458260	5652	78393
港澳台商独资经营企业	63	1598712	1131987	20158	298243
外商投资企业	160	2886629	1809182	16593	736312
#中外合资经营企业	41	408091	263398	5489	89781
外资企业	111	2273465	1344310	10318	615359

21-2 续表 (2021年) 单位：万元

登记注册类型	营业利润	利润总额	应付职工薪酬	应交增值税	从业人员平均人数(人)
总　计	**305406**	**534450**	**11519620**	**1005395**	**998609**
内资企业	-228531	-47005	10181126	928182	905502
国有企业	386997	410261	778313	68307	65375
集体企业	4124	6781	33951	1832	5326
股份合作企业	-284	-162	13207	766	1213
联营企业	3396	3394	16958	1891	1338
有限责任公司	-1259700	-1165516	6764584	557493	503847
国有独资公司	98459	274419	902916	44572	87007
其他有限责任公司	-1358159	-1439935	5861668	512921	416840
股份有限公司	282170	288004	593939	53005	50070
私营企业	351390	406796	1881427	242891	268088
私营独资企业	3584	4037	40811	2979	6550
私营合伙企业	13970	14211	30626	5972	2957
私营有限责任公司	306813	358926	1703712	216264	248602
私营股份有限公司	27023	29622	106279	17676	9979
其他企业	3376	3437	98748	1997	10245
港、澳、台商投资企业	201284	254668	415770	30068	31267
#与港澳台商合资经营企业	22218	22615	82276	7493	7650
港澳台商独资经营企业	187241	239219	317861	21324	18017
外商投资企业	332654	326788	922724	47145	61840
#中外合资经营企业	65667	67228	90647	8827	6772
外资企业	296999	295951	777542	33024	51960

21-3 按行业分规模以上服务业企业主要财务指标

(2021年) 单位:万元

行业	企业单位数(个)	营业收入	营业成本	税金及附加	销售费用、管理费用、研发费用、财务费用合计
总计	**4379**	**52827514**	**45968041**	**353280**	**8283849**
铁路运输业	10	6682903	8322839	7042	462536
道路运输业	623	5598255	4913512	29483	1067137
水上运输业	54	3306651	2825134	35636	500843
航空运输业	14	372358	427339	6596	62554
管道运输业	1	13680	8781	136	3828
多式联运和运输代理业	332	6541943	6299115	6467	228274
装卸搬运和仓储业	192	2687187	2165040	29976	354734
邮政业	31	1004069	893617	3967	78241
电信、广播电视和卫星传输服务	105	4873890	3578037	15799	584051
互联网和相关服务	44	558705	472238	1694	71482
软件和信息技术服务业	264	3492924	2243874	14539	958859
房地产业	467	2231779	1551358	52601	627512
#物业管理	303	1240297	919835	9305	263886
地产中介服务	35	254884	208225	1119	47229
房地产租赁经营	126	674130	368223	41734	305332
其他房地产业	3	62468	55075	444	11065
租赁业	43	194088	193027	2478	41644
商务服务业	955	6312005	5220463	91965	1488645
研究和试验发展	38	233766	144185	2251	68937
专业技术服务业	421	4228795	3390800	19854	605731
科技推广和应用服务业	44	298525	222181	1203	49871
水利管理业	11	231707	130658	8175	47009
生态保护和环境治理业	18	115656	86459	1154	28434
公共设施管理业	88	508982	371226	3309	142599
土地管理业	2	31383	37361	1512	5143
居民服务业	117	453577	310190	3343	122417
机动车、电子产品和日用产品修理业	41	73372	55345	398	14242
其他服务业	17	26324	19460	166	6804
教育	56	202925	134033	793	74142
卫生	170	1851629	1447901	1492	299440
社会工作	7	5709	4841	4	3528
新闻和出版业	43	246886	164361	2151	78261
广播、电视、电影和影视录音制作业	76	236103	146525	2920	101923
文化艺术业	27	48194	27732	1216	23444
体育	12	38892	61982	702	12982
娱乐业	56	124651	98428	4262	68600

注：自2017年起,铁路运输业包括中国铁路沈阳局集团有限公司(原沈阳铁路局)数据。

21-3 续表 (2021年) 单位: 万元

行 业	营业利润	利润总额	应付职工薪酬	应交增值税	从业人员平均人数(人)
总 计	**305406**	**534450**	**11519620**	**1005395**	**998609**
铁路运输业	-1982034	-2008998	3445699	169915	184116
道路运输业	-128793	-38876	863513	83830	105713
水上运输业	450424	420791	335953	74925	18267
航空运输业	-106362	-102822	171090	9218	9909
管道运输业	828	-22082	2578	169	135
多式联运和运输代理业	55230	58294	230718	13902	14701
装卸搬运和仓储业	291443	305895	298043	45940	35827
邮政业	33191	31701	200272	5064	18923
电信、广播电视和卫星传输服务	681817	666434	640183	74724	43871
互联网和相关服务	23929	28408	36960	23745	4111
软件和信息技术服务业	328513	348437	1369570	87315	94151
房地产业	73558	131090	568272	92848	87911
#物业管理	50349	48066	391180	53661	73473
地产中介服务	-2830	-2551	86679	10640	7259
房地产租赁经营	30008	89529	78693	26171	5857
其他房地产业	-3970	-3954	11720	2375	1322
租赁业	-33468	-36022	24833	7431	2551
商务服务业	248436	346831	1288725	153621	185010
研究和试验发展	38579	45633	43182	4242	2760
专业技术服务业	233777	240908	811594	99188	53483
科技推广和应用服务业	26356	28543	30964	8259	3550
水利管理业	54383	48523	26246	1139	1638
生态保护和环境治理业	-6720	-11471	25029	2889	1996
公共设施管理业	-4323	758	187690	15274	40082
土地管理业	-12502	-12561	532	67	148
居民服务业	18771	20112	88638	7687	9931
机动车、电子产品和日用产品修理业	3403	2800	7506	1780	1440
其他服务业	-1	348	8643	914	1556
教育	-4395	-6204	87739	4120	8627
卫生	103181	100373	528987	2482	52059
社会工作	-2663	-2057	2761	9	561
新闻和出版业	8904	24838	55614	6714	3487
广播、电视、电影和录音制作业	-13887	-12002	62346	3150	5574
文化艺术业	667	776	12997	1111	1521
体育	-31849	-31866	36290	1101	1006
娱乐业	-42985	-32079	26456	2625	3994

主要统计指标解释

规模以上服务业 指年营业收入达到一定规模标准的法人单位。其中，交通运输、仓储和邮政业，信息传输、软件和信息技术服务业，水利、环境和公共设施管理业三个门类和卫生行业大类为年营业收入 2000 万元及以上；租赁和商务服务业，科学研究和技术服务业，教育三个门类，以及物业管理、房地产中介服务、房地产租赁经营和其他房地产业四个行业小类为年营业收入 1000 万元及以上；居民服务、修理和其他服务业，文化、体育和娱乐业两个门类，以及社会工作行业大类为年营业收入 500 万元及以上。

二十二、教育和科技

Chapter 22 Education, Science and Technology

22-1 教育事业基本情况

指　　标	2011年	2012年	2013年	2014年	2015年	2016年	2017年	2018年	2019年	2020年	2021年
学 校 数(所)	**16399**	**16009**	**16414**	**16474**	**16201**	**16526**	**16274**	**15807**	**15310**	**14733**	**14325**
一、高等教育	148	148	149	144	144	144	142	142	141	140	140
研究生培养机构	47(14)	50(14)	51(14)	45(8)	45(8)	45(8)	45(8)	45(8)	45(8)	45(8)	45(8)
普通、职业高等学校	112	112	115	116	116	116	115	115	115	114	114
成人高等学校	22	22	20	20	20	20	19	19	18	18	18
二、高中阶段教育	761	734	727	855	702	699	706	694	689	692	697
普通高中	422	417	416	415	412	412	418	414	420	425	431
中等职业学校											266
三、义务教育	6829	6460	6277	6036	5824	5550	5231	4881	4577	4,431	4215
普通初中	1637	1607	1572	1533	1517	1521	1522	1522	1518	1518	1528
小学	5118	4779	4631	4429	4234	3954	3634	3280	2976	2827	2601
特殊教育学校	74	74	74	74	73	75	75	79	83	86	86
四、学前教育	8661	8667	9261	9439	9531	10133	10195	10090	9903	9470	9273
幼儿园	8661	8667	9261	9439	9531	10133	10195	10090	9903	9470	9273
专 任 教 师(人)	**418452**	**425081**	**427101**	**441753**	**439674**	**445538**	**447756**	**446029**	**450723**	**451336**	**452621**
一、高等教育	61334	62972	65127	66604	67478	66711	64515	63882	64346	65209	63557
普通、职业高等学校	58742	60502	62706	64246	65179	64946	63157	62535	63149	64045	62612
成人高等学校	2592	2470	2421	2358	2299	1765	1358	1347	1197	1164	945
二、高中阶段教育	67766	68933	69070	78204	70465	71196	71928	71622	71531	71323	73206
普通高中	45965	47276	48320	48924	50054	50630	51346	51811	52378	52434	53745
中等职业教育											19461
三、义务教育	248905	247683	244038	241986	240882	241469	241736	238016	239198	238885	242845
普通初中	101483	101083	99362	98888	98838	98960	99482	98947	99648	98857	99927
小学	145457	144633	142656	141049	140002	140400	140206	136984	137349	137743	140647
特殊教育	1965	1967	2020	2049	2042	2109	2048	2085	2201	2285	2271
四、学前教育	40447	45493	48866	54959	60849	66162	69577	72509	75648	75919	73013
幼儿园	40447	45493	48866	54959	60849	66162	69577	72509	75648	75919	73013
招 生 数(人)	**1856324**	**1791557**	**1797707**	**1748137**	**1665053**	**1640326**	**1649815**	**1623717**	**1757568**	**1778623**	**1680546**
一、高等教育	382750	395836	405010	388058	368659	363597	364651	385522	483704	526526	486930
研究生	30615	31917	32824	31240	32970	33704	39439	41424	44359	53727	56495
博士	2863	2930	2959	2656	2699	2762	2929	3185	3491	3772	4128
硕士	27752	28987	29865	28584	30271	30942	36510	38239	40868	49955	52367
普通、职业高等教育	263843	275676	282103	284838	274148	266074	261115	268034	344051	362687	306351
本科	165587	174209	180758	185716	171243	171363	171995	174056	175395	187834	191474
专科	98256	101467	101345	99122	102905	94711	89120	93978	168656	174853	114877
成人高等教育	88292	88243	90083	71980	61541	63819	64097	76064	95294	110112	124084
本科	33395	32839	31338	33175	29777	31246	29923	38802	46182	59723	73824
专科	54897	55404	58745	38805	31764	32573	34174	37262	49112	50389	50260
二、高中阶段教育	370734	349713	340925	339647	320971	324081	317065	271634	289195	299517	298324
普通高中	236157	228358	222938	208916	209790	212049	213683	191108	203043	205370	205136
中等职业教育											93188
三、义务教育	748139	723319	709662	689434	631206	634073	643476	672845	686778	677365	652588
普通初中	376932	369357	358177	356709	304681	319219	341100	329132	345116	327531	321558
小学	370138	353057	350633	331754	325478	313496	300722	342134	339683	347196	330008
特殊教育	1069	905	852	971	1047	1358	1654	1579	1979	2638	2280

注：研究生培养机构分为高校和科研机构两部分，括号内表示的是科研机构数，可培养研究生的高校在普通高校里已经统计过，因此加总时不再计算。

22-1 续表

指　　标	2011年	2012年	2013年	2014年	2015年	2016年	2017年	2018年	2019年	2020年	2021年
四、学前教育	354701	322689	342110	330998	344217	318575	324623	293716	297891	275215	242704
幼儿园	354701	322689	342110	330998	344217	318575	324623	293716	297891	275215	242704
在校学生(人)	**6541458**	**6440842**	**6271306**	**6260553**	**6154904**	**6079558**	**6055099**	**6002118**	**6120517**	**6208809**	**6317024**
一、高等教育	1186282	1231943	1274264	1287377	1262975	1246612	1236493	1242077	1360446	1512937	1592210
研究生	87078	90061	93189	92575	94387	99083	107524	116520	126864	141959	156925
博士	12917	13253	13848	13305	13748	14545	15366	15853	16831	17296	17838
硕士	74161	76808	79341	79270	80639	84538	92158	100667	110033	124663	139087
普通、职业高等教育	902231	934078	968034	998281	1005650	998719	980995	963208	1041144	1140799	1178402
本科	624546	645816	675819	705124	710863	710581	702417	692619	696797	712090	731065
专科	277685	288262	292215	293157	294787	288138	278578	270589	344347	428709	447337
成人高等教育	196973	207804	213041	196521	162938	148810	147974	162349	192438	230179	256883
本科	77196	80737	81634	82035	78577	77151	75384	84902	99953	124994	152319
专科	119777	127067	131407	114486	84361	71659	72590	77447	92485	105185	104564
二、高中阶段教育	1120209	1076534	1031372	1050631	960098	943951	944008	894649	866632	850754	877328
普通高中	712632	695933	681460	652613	634787	625066	629623	608554	601543	594265	609690
中等职业教育											267638
三、义务教育	3373006	3272873	3109523	3048614	3021001	2976275	2920651	2951977	2978374	2985032	2975848
普通初中	1195997	1134585	1057488	1055661	1012944	978298	963450	985317	1014597	1002283	993434
小学	2168074	2129695	2044058	1984633	1999564	1988681	1945975	1954825	1950513	1967439	1973326
特殊教育	8935	8593	7977	8320	8493	9296	11226	11835	13264	15310	16242
四、学前教育	861961	859492	856147	873931	910830	912720	953947	913415	915065	860086	871638
幼儿园	861961	859492	856147	873931	910830	912720	953947	913415	915065	860086	871638
毕业生数(人)	**1794656**	**1776321**	**1751284**	**1710419**	**1641408**	**1644858**	**1643567**	**1609513**	**1627738**	**1663786**	**1588485**
一、高等教育	337244	334979	348911	359205	377262	365037	360322	366297	353103	361628	391116
研究生	24178	27110	28780	28815	30011	27760	29767	31039	33111	36925	39634
博士	1990	2075	2243	1853	1729	1845	1787	2022	2240	2396	2420
硕士	22188	25035	26537	26962	28282	25915	27980	29017	30871	34529	37214
普通、职业高等教育	236341	235984	241049	247510	258296	263530	268767	275875	257106	255997	258326
本科	140017	147471	146687	152303	160236	165815	174113	177461	165262	168423	166638
专科	96324	88513	94362	95207	98060	97679	94654	98414	91844	87574	91688
成人高等教育	76725	71885	79082	82880	88955	73747	61788	59383	62886	68706	93156
本科	30912	26711	28631	31039	31132	31080	30451	28281	30377	33152	44711
专科	45813	45174	50451	51841	57823	42667	31337	31102	32509	35554	48445
二、高中阶段教育	376031	369270	359393	370325	331017	322747	298550	305100	306673	306673	262901
普通高中	233805	237962	231626	231520	223546	216098	202502	206402	206749	208722	187630
中等职业教育											75271
三、义务教育	814048	782898	752689	693601	643376	667996	694288	633769	663013	669554	653265
普通初中	435895	410708	386556	335469	337313	347100	351861	302287	315612	339121	328864
小学	377227	371386	365054	357346	305116	319861	341438	329880	345630	328314	323173
特殊教育	926	804	1079	786	947	1035	989	1602	1771	2119	2249
四、学前教育	267333	289174	290291	287288	289753	289078	290407	304347	304949	325931	281203
幼儿园	267333	289174	290291	287288	289753	289078	290407	304347	304949	325931	281203
每一教师负担学生数(人)											
普通、职业高等学校	17.7	17.2	17.7	17.7	17.8	17.5	17.7	17.5	18.8	19.9	19.7
小 学	14.9	14.7	14.3	14.1	14.2824	14.2	13.8794	14.27046	14.2	14.3	14

22-2 各级各类学校情况

年份	普通高等学校	中等职业学校	中等专业学校	#中等师范学校	普通中学	农业中学职业中学	小学	幼儿园	特殊教育
一、学校个数(个)									
1986	64		160	31	2507	750	15762	7177	35
1987	64		163	31	2517	734	15729	6672	38
1988	63		169	32	2509	681	15732	11416	46
1989	63		167	31	2499	653	15679	8633	48
1990	63		166	31	2489	618	15630	9714	51
1991	62		167	31	2478	613	15540	9300	53
1992	61		165	30	2457	598	15230	9372	52
1993	61		166	30	2433	608	14805	12536	53
1994	61		165	30	2448	606	14655	10923	52
1995	61		171	30	2459	594	14594	11220	50
1996	61		173	29	2447	561	14464	9945	51
1997	62		174	30	2434	537	14386	10176	53
1998	61		170	26	2444	523	14084	9899	52
1999	64		151	12	2429	450	13748	9935	52
2000	58		133	9	2401	383	13356	9990	50
2001	61		119	5	2376	333	12739	6913	73
2002	66		137	5	2362	340	12161	6639	75
2003	69		130	5	2341	298	11339	7033	75
2004	70		127	4	2317	309	10281	6891	75
2005	75		125	4	2274	285	9311	7069	74
2006	77		127	4	2237	274	8434	7071	74
2007	78		133	4	2181	252	7670	7229	75
2008	83		128	4	2142	237	6987	7492	75
2009	107		125	4	2112	224	6037	7374	75
2010	112		125	4	2076	214	5523	8613	74
2011	112		121	4	2059	217	5118	8661	74
2012	112		124	4	2024	192	4779	8667	74
2013	115		120	2	1988	190	4631	9261	74
2014	116		112	2	1948	183	4429	9439	74
2015	116		108	2	1929	181	4234	9531	73
2016	116		106	2	1933	180	3954	10133	75
2017	115		105	3	1940	182	3634	10195	75
2018	115		105	3	1936	175	3280	10090	79
2019	115		103	3	1938	166	2976	9903	83
2020	114		102	3	1943	165	2827	9470	86
2021	114	266		3	1959		2601	9273	86
二、教职工数(人)									
1986	52404		22437	4052	170815	18218	233434	64637	1169
1987	54572		23448	4577	176662	20075	235433	69138	1208
1988	56047		24981	4656	181151	20998	241978	88908	1364
1989	58438		24885	4926	182481	20918	246153	81554	1431
1990	57825		25143	5049	184851	20920	249322	77645	1551
1991	58277		24832	4869	187373	21253	248415	78709	1686
1992	59008		25295	4904	189663	20774	248454	82566	1775
1993	59138		25492	4973	186545	21518	239700	83082	1876
1994	58687		25429	5029	184758	21266	237673	71633	2056
1995	58455		25757	5044	189553	22979	237981	69346	1847
1996	57727		25935	4785	189329	21597	235189	64877	1907
1997	57359		25368	4424	188057	22068	233770	62089	1882
1998	58078		24387	3681	175632	20291	224535	56463	2012
1999	59590		22602	1984	175820	19443	222460	54582	1891
2000	61707		18651	1457	175455	17858	216677	52422	1911
2001	65237		16211	719	178162	16974	211684	39271	2375
2002	69667		16560	622	177547	17104	205229	39592	2457

22-2 续表 1

年 份	普通高等学校	中等职业学校	中等专业学校	#中等师范学校	普通中学	农业中学职业中学	小 学	幼儿园	特殊教育
2003	75632		15615	627	179521	20123	199829	42852	2474
2004	79093		15062	423	180225	20480	194973	45983	2563
2005	82816		15052	422	180016	20833	190548	48558	2565
2006	84535		15658	639	177916	20683	180474	50258	2589
2007	87215		16789	536	177652	18464	176929	52539	2598
2008	89848		16437	541	178899	17746	173159	56110	2646
2009	91974		16935	535	180483	16740	170584	59595	2658
2010	93183		16096	560	180343	16080	167199	78647	2682
2011	94834		15664	525	182269	15896	164991	64742	2642
2012	96584		15840	501	182553	14903	163205	71829	2648
2013	97536		14847	304	180436	14119	162234	77888	2657
2014	97927		14299	294	179522	13911	160104	88145	2764
2015	97924		14551	283	179642	13111	158311	98455	2741
2016	98546		14285	268	178577	13105	157058	108441	2797
2017	97806		14046	398	177856	12919	155761	114466	2717
2018	97176		14085	364	177813	12429	152656	120634	2775
2019	98099		13402	350	179195	12202	152714	127938	2903
2020	97912		13098	337	178378	12059	152990	129559	3022
2021	97034	25364		353	207975		129495	137739	3098
三、教师数(人)									
1986	21196		9586	2060	117852	11417	195086	33925	742
1987	21963		10114	2264	123376	12645	197593	34294	790
1988	22640		11466	2495	129309	13195	206399	37070	884
1989	23933		11587	2545	130884	13091	209873	44427	964
1990	23292		11633	2665	132769	13067	212196	42776	1061
1991	23384		11703	2642	135487	13464	211353	43835	1152
1992	23503		11856	2686	137044	13045	210141	49473	1257
1993	23575		12003	2661	135397	13336	201664	48909	1254
1994	23530		12129	2735	135499	13429	202349	43828	1378
1995	23400		12378	2730	137185	13765	198815	44598	1326
1996	23079		12502	2592	139660	13561	198408	43103	1369
1997	23109		12435	2367	140643	13915	197347	42274	1334
1998	23394		12282	2059	138546	13983	192539	38981	1398
1999	25179		11286	1103	139497	13691	191011	37881	1357
2000	27508		9285	795	139731	12517	185884	36383	1399
2001	30364		8441	391	142503	11875	181444	22801	1743
2002	33819		8742	337	142232	11798	175549	23521	1829
2003	38086		8521	349	144016	13453	170947	24946	1854
2004	40697		8472	257	144608	13718	167203	26937	1927
2005	43960		8728	259	144647	14031	163589	28594	1903
2006	46816		9230	401	143219	13932	155848	29818	1948
2007	50344		10492	354	143532	12432	153693	31217	2012
2008	53495		10407	360	143922	12057	151039	33604	2064
2009	55835		10916	359	145118	11279	149711	35901	2095
2010	57404		10546	381	145358	10983	146922	45437	2147
2011	58742		10390	362	147448	11021	145457	40447	1965
2012	60502		10864	391	148359	10387	144633	45493	1967
2013	62706		10397	236	147682	9954	142656	48866	2020
2014	64246		10280	232	147812	9910	141049	54959	2049
2015	65179		10541	207	148892	9473	140002	60849	2042
2016	64946		10480	202	149590	9671	140400	66162	2109
2017	63157		10480	300	150828	9707	140206	69577	2048
2018	62535		10434	291	150758	9377	136984	72509	2085
2019	63149		10123	266	152026	9030	137349	75648	2201
2020	64045		9956	261	151291	8933	137743	75919	2285
2021	62612	19641		280	153672		140647	73013	2271

22-2 续表 2

年份	普通高等学校	中等职业学校	中等专业学校	#中等师范学校	普通中学	农业中学职业中学	小学	幼儿园	特殊教育
四、在校学生数(人)									
1986	107434		81860	26526	2014999	149910	4189324	928257	3446
1987	112652		89384	30526	2048761	137783	4107393	937057	3617
1988	120510		97540	31018	1962214	146140	4082650	1270266	3958
1989	122543		102879	28894	1830394	147422	4126831	976651	4065
1990	123314		103902	28442	1810876	149780	4073374	936852	4468
1991	124777		104269	28888	1887654	151572	3915360	1037576	4769
1992	134671		110011	29447	1969532	155112	3736363	1134184	5089
1993	155554		124707	32019	1911632	155231	3686796	1257278	5100
1994	171284		133067	33162	1922132	167876	3750611	1090474	5186
1995	179412		140870	32182	2008338	182984	3751941	1021123	5050
1996	182684		143911	27537	2029776	185244	3790718	936111	4815
1997	188159		149730	24426	1950241	195742	3886760	879987	4870
1998	199223		155459	23723	1884915	207315	3829655	853886	4882
1999	235819		156847	18872	1961673	194860	3666131	838133	4837
2000	297710		148905	16845	2167017	170517	3444172	835542	4933
2001	372336		143044	7949	2323395	154398	3230517	726634	8590
2002	450536		151810	2857	2398928	164241	3061398	667930	8926
2003	514191		173347	4006	2410745	186817	2891925	675118	8429
2004	583465		208597	4233	2360549	197555	2794330	673088	8539
2005	659351		220233	4438	2314498	201774	2666155	685587	8296
2006	720548		209940	4596	2268575	218446	2546811	715301	8300
2007	777758		202506	3921	2220860	227583	2452598	725300	8742
2008	820374		206802	3464	2161725	230088	2367350	740804	8972
2009	852354		204307	3178	2077827	216180	2255977	779370	8776
2010	880247		203438	3105	1987738	197993	2182522	834469	8921
2011	902231		193828	2727	1908629	184869	2168074	861961	8935
2012	934078		194753	2415	1830518	157402	2129695	859492	8593
2013	968034		183128	1706	1738948	138493	2044058	856147	7977
2014	998281		173253	1396	1708274	130478	1984633	873931	8320
2015	1005650		169151	1256	1647731	126234	1999564	910830	8493
2016	998719		163959	1208	1603364	124360	1988681	912720	9296
2017	980995		160249	2963	1593073	128586	1945975	953947	11226
2018	963208		151843	3089	1593871	118664	1954825	913415	11835
2019	1041144		146811	3289	1616140	112344	1950513	915065	13264
2020	1140799		144528	3309	1596548	111486	1967439	860086	15310
2021	1178402	267638		3274	1603124		1973326	871638	16242
五、招生数(人)									
1986	32827		33191	11544	715455	69237	748948		690
1987	34756		34311	10929	683593	57539	669707		757
1988	38398		36156	10388	657379	59625	674101		1012
1989	35149		31655	8539	610627	59407	710199		635
1990	35102		30047	8911	629468	55550	596030		975
1991	36094		33803	9101	696406	58782	523096	498215	836
1992	45129		39517	10232	721178	60251	559753	596844	768
1993	55071		44226	10398	653170	60781	652210	689042	705
1994	52183		43849	9637	690513	68753	750424		750
1995	53310		43821	7957	756666	67881	703538	607336	715
1996	55048		41930	6385	660620	61469	643884	564749	766
1997	56373		47282	7732	600728	74485	611404	527969	721
1998	60302		45681	7290	668295	75897	512002	502367	693
1999	87851		42839	3523	755550	56341	503795	481840	609
2000	110211		30399	3743	830026	50470	508907	483092	576
2001	127577		37222	2303	817663	52691	484661	440299	913
2002	151116		56814	1376	812406	63208	463091	394029	1082

22-2 续表 3

年 份	普通高等学校	中等职业学校	中等专业学校	#中等师范学校	普通中学	农业中学职业中学	小 学	幼儿园	特殊教育
2003	163802		73948	1708	820180	72508	432650	376388	803
2004	184473		78223	1582	766071	66032	416143	358325	738
2005	210495		83121	1446	761646	73151	379941	344990	698
2006	220608		70802	1341	763321	94223	388660	344455	753
2007	234466		67808	1152	711588	88520	395108	339963	986
2008	252385		74434	1049	702791	78835	393197	333416	746
2009	245312		72651	1073	676153	72557	337183	340807	846
2010	252234		68279	1069	637545	64558	348465	352199	688
2011	263843		61592	848	613089	62942	370138	354701	1069
2012	275676		62561	726	597895	48218	353057	322689	905
2013	282103		60734	459	581115	47008	350633	342110	852
2014	284838		58438	451	565625	39381	331754	330998	971
2015	274148		59560	383	514471	41723	325478	344217	1047
2016	266074		57107	404	531268	45023	313496	318575	1358
2017	261115		53810	1183	554783	44101	300722	324623	1654
2018	268034		46312	1102	520240	33734	342134	293716	1579
2019	344051		48202	1128	548159	37950	339683	297891	1979
2020	362687		51143	1169	532901	43004	347196	275215	2638
2021	306351	93188		1074	526694		330008	242704	2280
六、毕业生数(人)									
1986	20583		22752	6138	494658	43709	704016		459
1987	29394		26932	7019	522777	54614	680861		405
1988	31552		28004	9724	587835	42195	637753		471
1989	32708		26326	10882	572508	47204	593257		429
1990	33768		29716	9400	550359	45627	591654		377
1991	33530		33223	8484	538346	49550	660343	415665	419
1992	35208		33377	9564	540132	50882	685996	516460	439
1993	33615		30449	7821	542163	50122	630759	650232	330
1994	35923		30362	8588	575786	49965	636786		478
1995	44072		33966	9304	601421	51246	672482		522
1996	51068		37503	11093	573876	57709	576164		543
1997	49591		40340	10497	626046	63502	500252		513
1998	47557		37850	7721	686541	66788	555892		527
1999	49964		40100	7158	618065	60060	644042		551
2000	49834		35843	5921	551157	70175	722325		467
2001	60271		42499	4825	581476	66852	679852	379010	883
2002	72791		42856	559	666377	53324	622536	366891	871
2003	98908		47479	1964	740994	48605	595278	350428	790
2004	115889		39344	715	752884	50831	511757	324423	878
2005	144984		58457	1045	757448	61219	499069	299493	971
2006	154970		60828	1451	766410	62835	506789	307386	853
2007	169576		67809	1739	717773	60167	480567	308819	799
2008	202312		61674	1175	720992	63311	459368	306091	770
2009	206211		68063	995	724286	72545	428542	270357	889
2010	219564		61075	971	681478	76029	397516	250929	906
2011	236341		66918	918	669700	69010	377227	267333	926
2012	235984		65725	909	648670	57464	371386	289174	804
2013	241049		68035	620	618182	52033	365054	290291	1079
2014	247510		63361	742	566989	44915	357346	287288	786
2015	258296		57036	500	560859	43681	305116	289753	947
2016	263530		55356	419	563198	44441	319861	289078	1035
2017	268767		51468	445	554363	37440	341438	290407	989
2018	275875		50889	921	508689	40942	329880	304347	1602
2019	257106		50443	834	522361	41753	345630	304949	1771
2020	255997		51077	1091	547843	42415	328314	325931	2119
2021	258326	75271		1023	516494		323173	281203	2249

22-3 研究生数

单位：人

年 份	招生数	在校学生数			毕业生数		
		小计	攻读硕士学位	攻读博士学位	小计	攻读硕士学位	攻读博士学位
1985	2091	3687	3170	155	584	578	6
1986	1989	5009	4146	208	670	639	13
1987	1771	5570	4857	317	1193	838	17
1988	1575	5160	4668	379	1929	1604	24
1989	1322	4637	4180	417	1763	1599	86
1990	1404	4343	3858	462	1677	1558	84
1991	1320	4144	3581	563	1500	1401	75
1992	1415	4290	3671	619	1245	1159	85
1993	2016	4955	4185	770	1307	1222	85
1994	2602	6274	5298	976	1273	1138	135
1995	2367	7236	5972	1264	1425	1272	153
1996	2647	7787	6313	1474	1962	1753	209
1997	2978	8304	6621	1683	2316	2106	210
1998	3197	9164	7292	1872	2126	1852	274
1999	4005	10574	8203	2371	2426	2101	325
2000	5804	13655	10726	2929	2910	2532	378
2001	7898	18446	14637	3809	2971	2589	382
2002	9569	23949	19131	4818	3674	3135	539
2003	13242	31796	25694	6102	5027	4395	632
2004	16254	40678	33392	7286	6726	5914	812
2005	18901	49772	41340	8432	9342	8315	1027
2006	20998	58424	49283	9141	11516	10249	1267
2007	22407	65025	55403	9622	15177	13530	1647
2008	24490	67806	57622	10184	21010	19446	1564
2009	27104	73997	63345	10652	20160	18432	1728
2010	29031	82019	69613	12406	21676	19700	1976
2011	30615	87078	74161	12917	24178	22188	1990
2012	31917	90061	76808	13253	27110	25035	2075
2013	32824	93189	79341	13848	28780	26537	2243
2014	31240	92575	79270	13305	28815	26962	1853
2015	32970	94387	80639	13748	30011	28282	1729
2016	33704	99083	84538	14545	27760	25915	1845
2017	39439	107524	92158	15366	29767	27980	1787
2018	41424	116520	100667	15853	31039	29017	2022
2019	44359	126864	110033	16831	33111	30871	2240
2020	53727	141959	124663	17296	36925	34529	2396
2021	56495	156925	139087	17838	39634	37214	2420

22-4 分学科研究生情况

(2021年)

单位：人

项目	招生数	博士	硕士	在校学生数	博士	硕士	毕业生数	博士	硕士
总计	**56495**	**4128**	**52367**	**156925**	**17838**	**139087**	**39634**	**2420**	**37214**
哲学	157	30	127	572	182	390	139	13	126
经济学	2223	163	2060	5741	914	4827	1840	116	1724
法学	2962	123	2839	8210	628	7582	2050	68	1982
教育学	3110	74	3036	7819	209	7610	2378	19	2359
文学	2139	27	2112	5276	136	5140	1772	34	1738
历史学	192	10	182	569	40	529	152	1	151
理学	3044	328	2716	8676	1422	7254	2314	243	2071
工学	23404	2268	21136	65747	9923	55824	14889	1145	13744
农学	2341	133	2208	6410	584	5826	1297	70	1227
医学	8121	707	7414	22211	2316	19895	5851	536	5315
军事学									
管理学	7143	258	6885	20917	1458	19459	5636	175	5461
艺术学	1659	7	1652	4777	26	4751	1316		1316
普通高校	**56428**	**4122**	**52306**	**156728**	**17810**	**138918**	**39590**	**2417**	**37173**
哲学	157	30	127	572	182	390	139	13	126
经济学	2223	163	2060	5741	914	4827	1840	116	1724
法学	2942	123	2819	8160	628	7532	2042	68	1974
教育学	3110	74	3036	7819	209	7610	2378	19	2359
文学	2139	27	2112	5276	136	5140	1772	34	1738
历史学	192	10	182	569	40	529	152	1	151
理学	3044	328	2716	8676	1422	7254	2314	243	2071
工学	23357	2262	21095	65600	9895	55705	14853	1142	13711
农学	2341	133	2208	6410	584	5826	1297	70	1227
医学	8121	707	7414	22211	2316	19895	5851	536	5315
军事学									
管理学	7143	258	6885	20917	1458	19459	5636	175	5461
艺术学	1659	7	1652	4777	26	4751	1316		1316
科研院所	**67**	**6**	**61**	**197**	**28**	**169**	**44**	**3**	**41**
哲学									
经济学									
法学	20		20	50		50	8		8
教育学									
文学									
历史学									
理学									
工学	47	6	41	147	28	119	36	3	33
农学									
医学									
军事学									
管理学									
艺术学									

22-5 普通、职业高等学校基本情况

单位：人

项　目	2018年					
	学校数（所）	招生数	在校学生数	毕业生数	教职工数	#专任教师
总　计	**115**	**268034**	**963208**	**275875**	**97176**	**62535**
综合大学	13	40540	139602	41901	14687	9433
理工院校	51	126552	455390	131180	43951	28830
农林院校	5	13709	46282	14409	4485	3059
医药院校	13	21767	90998	21903	10121	6196
师范院校	10	22717	77080	23604	8204	5490
语文院校	3	5591	20846	4818	1607	1024
财经院校	10	17918	63779	19588	5654	3632
政法院校	3	4218	13876	3528	1633	888
体育院校	2	1838	7314	2021	875	520
艺术院校	4	8900	30965	8857	4703	2548
民族院校	1	4284	17076	4066	1256	915

22-5 续表 1

单位：人

项　目	2019年					
	学校数（所）	招生数	在校学生数	毕业生数	教职工数	#专任教师
总　计	**115**	**344051**	**1041144**	**257106**	**98099**	**63149**
综合大学	13	51100	150274	39293	14849	9437
理工院校	50	155691	483019	120136	44420	29476
农林院校	5	24041	59843	13183	4744	3339
医药院校	13	26745	95250	21939	10080	6009
师范院校	11	30962	85761	21771	8419	5556
语文院校	3	6244	21865	4980	1598	1015
财经院校	10	29238	73578	18721	5529	3468
政法院校	3	3051	13262	3621	1600	863
体育院校	2	1733	7187	1772	866	523
艺术院校	4	10936	33826	7633	4721	2535
民族院校	1	4310	17279	4057	1273	928

22-5 续表 2

单位：人

项　目	2020年					
	学校数(所)	招生数	在校学生数	毕业生数	教职工数	#专任教师
总　计	**115**	**261115**	**980995**	**268767**	**97806**	**63157**
综合大学	13	37855	135346	38352	14114	9181
理工院校	51	122148	465986	126630	44032	29037
农林院校	5	13347	47651	13650	4353	2962
医药院校	13	22538	91407	22211	10064	6183
师范院校	10	22207	78463	22340	8347	5573
语文院校	3	5594	20264	4941	1580	1054
财经院校	10	19250	72985	21246	6853	4300
政法院校	3	4008	13211	4328	1669	913
体育院校	2	1834	7567	1969	884	513
艺术院校	4	8058	31186	9040	4629	2543
民族院校	1	4276	16929	4060	1281	898

22-5 续表 3

单位：人

项　目	2021年					
	学校数(所)	招生数	在校学生数	毕业生数	教职工数	#专任教师
总　计	**114**	**306351**	**1178402**	**258326**	**97034**	**62612**
综合大学	14	48115	172580	39573	15087	9173
理工院校	49	145521	563471	119207	43833	29632
农林院校	5	17760	68568	15154	4807	3227
医药院校	12	26373	104068	22026	10092	6108
师范院校	11	26130	94470	21997	8424	5440
语文院校	3	6170	23244	5186	1714	1056
财经院校	10	18397	79511	17365	5118	3246
政法院校	3	3068	11774	3724	1231	668
体育院校	2	1192	6207	1683	731	535
艺术院校	4	8785	36531	8284	4698	2552
民族院校	1	4840	17978	4127	1299	975

22-6 高等教育学校(机构)学生数

单位：人

项目	2017年				2018年				2019年	
	招生数	在校学生数	毕(结)业生数	授予学位数	招生数	在校学生数	毕(结)业生数	授予学位数	招生数	在校学生数
研究生数	39439	107524	29767	29403	41424	116520	31039	30622	44359	126864
博士	2929	15366	1787	1661	3185	15853	2022	1887	3491	16831
硕士	36510	92158	27980	27742	38239	100667	29017	28735	40868	110033
普通、职业本专科生	261115	980995	268767	172505	268034	963208	275875	176259	344051	1041144
本科	171995	702417	174113	172505	174056	692619	177461	176259	175395	696797
专科	89120	278578	94654		93978	270589	98414		168656	344347
成人本专科生	64097	147974	61788	4204	76064	162349	59383	3921	95294	192438
本科	29923	75384	30451	4204	38802	84902	28281	3921	46182	99953
专科	34174	72590	31337		37262	77447	31102		49112	92485
网络本专科生	139163	320961	84413	5917	172594	387655	88794	6198	149081	426181
本科	71230	174110	46051	5917	83018	202246	46615	6198	78809	224046
专科	67933	146851	38362		89576	185409	42179		70272	202135
国际学生	7269	17730	5610	2171	7982	18821	7109	2327	8032	19304

22-6 续表

单位：人

项目	2019年		2020年				2021年			
	毕(结)业生数	授予学位数	招生数	在校学生数	毕(结)业生数	授予学位数	招生数	在校学生数	毕(结)业生数	授予学位数
研究生数	33111	32735	53727	141959	36925	36166	56495	156925	39634	39148
博士	2240	2355	3772	17296	2396	2298	4128	17838	2420	2571
硕士	30871	30380	49955	124663	34529	33868	52367	139087	37214	36577
普通、职业本专科生	257106	164001	362687	1140799	255997	167767	306351	1178402	258326	166041
本科	165262	164001	187834	712090	168423	167767	191474	731065	166638	166041
专科	91844		174853	428709	87574		114877	447337	91688	
成人本专科生	62886	4546	110112	230179	68706	4921	124084	256883	93156	6178
本科	30377	4546	59723	124994	33152	4921	73824	152319	44711	6178
专科	32509		50389	105185	35554		50260	104564	48445	
网络本专科生	101202	4951	120006	396616	137175	6096	89381	344403	133112	6925
本科	52577	4951	91144	247616	61079	6096	82288	257487	67436	6925
专科	48625		28862	149000	76096		7093	86916	65676	
国际学生	6918	2713	5031	16133	4964	2559	7828	17753	7756	1970

22-7 普通本科分学科学生数

单位：人

项目	2017年			2018年			2019年		
	招生数	在校学生数	毕业生数	招生数	在校学生数	毕业生数	招生数	在校学生数	毕业生数
总　计	**171995**	**702417**	**174113**	**174056**	**692619**	**177461**	**175395**	**696797**	**165262**
#师范	6727	27002	7529	7601	27176	7666	8677	29581	6466
哲　学	108	307	69	52	253	66	51	262	60
经济学	8544	35133	8870	7718	33871	9068	7690	32998	8539
法　学	3859	15810	4268	3894	15738	4093	4018	15969	3940
教育学	5033	19095	4744	5138	19190	4838	5432	20003	4392
文　学	12412	49871	12843	12309	49311	12954	12340	49687	11726
历史学	296	1292	356	365	1302	343	455	1426	304
理　学	7457	30884	7590	7677	29878	8165	8010	30756	6937
工　学	71997	286136	69299	77218	287438	71959	77653	295078	67130
农　学	2108	8277	2106	2259	8242	2146	2210	8398	1894
医　学	14357	65594	14711	13842	65557	13701	14303	65880	13797
军事学									
管理学	28557	116512	30319	26280	111012	30727	26125	106777	28808
艺术学	17267	73506	18938	17304	70827	19401	17108	69563	17735

22-7 续表

单位：人

项目	2020年			2021年		
	招生数	在校学生数	毕业生数	招生数	在校学生数	毕业生数
总　计	**187834**	**712090**	**168423**	**190686**	**728339**	**166638**
#师范	9793	33119	6589	9023	34104	6919
哲　学	27	237	68	38	246	70
经济学	8214	32255	9030	8001	31292	8800
法　学	4329	16487	3885	4886	17489	4059
教育学	5923	21039	4580	4701	20697	4868
文　学	13125	50551	12278	13832	51812	12343
历史学	558	1660	324	645	2009	280
理　学	8215	31613	7154	8432	32555	7156
工　学	82756	306797	68779	88415	323219	68807
农　学	2371	8668	2007	2917	9451	2013
医　学	16260	67679	14368	16873	70277	14244
军事学						
管理学	27296	104671	28694	26623	102610	27406
艺术学	16810	68483	17256	15323	66682	16592
职业本科						

22-8　高职(专科)分学科学生数

单位：人

项　目	2017年			2018年			2019年		
	招生数	在校学生数	毕业生数	招生数	在校学生数	毕业生数	招生数	在校学生数	毕业生数
总　计	**89120**	**278578**	**94654**	**93978**	**270589**	**98414**	**168656**	**344347**	**91844**
农林牧渔大类	2895	8411	2629	2956	8438	2821	5492	11127	2660
资源环境与安全大类	1321	4812	2292	1393	4142	1962	2077	4681	1435
能源动力与材料大类	838	2846	1209	803	2511	1103	1288	2947	814
土木建筑大类	5484	20092	8349	5874	17630	7578	11597	22843	6248
水利大类	285	1064	300	317	972	380	246	842	373
装备制造大类	14956	48370	17177	16132	45860	18641	31892	61732	15410
生物与化工大类	1678	5780	2143	1664	5049	2302	1816	4951	1830
轻工纺织大类	353	1029	244	355	1068	365	553	1277	383
食品药品与粮食大类	1417	4377	1223	1316	4221	1385	2236	4918	1555
交通运输大类	7571	22276	6806	7869	22409	7114	10664	25387	7255
电子信息大类	9406	27523	7592	10646	28953	8966	20569	40125	9025
医药卫生大类	6855	18860	5486	6932	19637	6114	11478	23948	7007
财经商贸大类	15475	51526	17428	15785	48293	18138	38907	69541	17307
旅游大类	3570	11197	3523	3972	11275	3628	6640	14001	3739
文化艺术大类	2764	10615	4526	3146	9202	4443	3863	9389	3259
新闻传播大类	344	1011	543	408	1074	336	289	1036	339
教育与体育大类	12303	34285	11239	12945	35333	11663	17354	40774	11618
公安与司法大类	674	1630	912	599	1682	559		1104	563
公共管理与服务大类	931	2874	1033	866	2840	916	1695	3724	1024

22-8　续表

单位：人

项　目	2020年			2021年		
	招生数	在校学生数	毕业生数	招生数	在校学生数	毕业生数
总　计	**174853**	**428709**	**87574**	**114877**	**447337**	**91688**
总计中：师范生	4574	12823	2814	3984	13702	2659
农林牧渔大类	3068	6401	1215	1429	6411	1464
资源环境与安全大类	1094	3177	834	847	3056	716
能源动力与材料大类	12654	29909	5309	7745	31363	5739
土木建筑大类	288	851	274	225	758	292
水利大类	33548	79967	14804	18689	79850	14814
装备制造大类	2811	6224	1547	1949	6547	1590
生物与化工大类	541	1440	352	358	1373	383
轻工纺织大类	1820	5261	1385	1424	5060	1240
食品药品与粮食大类	13290	31098	7631	9428	35754	9040
交通运输大类	22931	53376	9269	15047	57319	10373
电子信息大类	13834	30751	7071	11640	36614	7106
医药卫生大类	34060	88025	14998	17479	87846	14766
财经商贸大类	5297	15569	3407	3751	15092	3852
旅游大类	4179	10891	2550	3338	11300	2816
文化艺术大类	488	1152	339	715	2284	653
新闻传播大类	18083	46423	12221	15509	47893	12513
教育与体育大类		515	608			577
公安与司法大类	2293	4856	946	1320	5115	1095
公共管理与服务大类	1695	3724	1024	2293	4856	946

22-9 成人本科分学科学生数

单位：人

项 目	2017年			2018年			2019年		
	招生数	在校学生数	毕业生数	招生数	在校学生数	毕业生数	招生数	在校学生数	毕业生数
总 计	**29923**	**75384**	**30451**	**38802**	**84902**	**28281**	**46182**	**99953**	**30377**
哲 学		73	26		48	25		34	13
经济学	303	674	358	751	1120	294	1006	1818	294
法 学	1571	3211	1411	1821	3705	1322	1989	4182	1449
教育学	2429	4902	1801	3137	6108	1816	3879	7685	2215
文 学	1308	3038	1299	1859	3498	1359	1970	4045	1392
历史学	22	91	17	21	85	27	43	82	45
理 学	267	789	265	457	963	278	667	1229	398
工 学	6518	17219	10108	8644	17549	7905	12172	22704	6779
农 学	810	1532	531	651	1475	675	721	1386	790
医 学	10831	30484	8634	12992	34299	8815	12260	35413	10856
管理学	5280	12229	5516	7816	14714	5387	10757	19927	5597
艺术学	584	1142	485	653	1338	378	718	1448	549

22-9 续表

单位：人

项 目	2020年			2021年		
	招生数	在校学生数	毕业生数	招生数	在校学生数	毕业生数
总 计	**59723**	**124994**	**33152**	**73824**	**152319**	**44711**
哲 学		22	9			15
经济学	1332	2699	454	1888	3314	1170
法 学	2685	5059	1779	3448	6404	2056
教育学	4899	9175	3256	6117	11310	3973
文 学	2408	4737	1636	3132	5748	2043
历史学	67	126	22	96	161	55
理 学	739	1496	447	719	1500	698
工 学	18684	33323	7787	24258	44932	11739
农 学	852	1632	615	1052	1981	695
医 学	13073	37471	10424	12420	38410	11301
管理学	14288	27681	6293	19987	36689	10399
艺术学	696	1573	430	707	1870	567

22-10 成人专科分学科学生数

单位：人

项 目	2017年			2018年			2019年		
	招生数	在校学生数	毕业生数	招生数	在校学生数	毕业生数	招生数	在校学生数	毕业生数
总 计	**34174**	**72590**	**31337**	**37262**	**77447**	**31102**	**49112**	**92485**	**32509**
农林牧渔大类	573	1072	622	530	1153	429	659	1189	567
资源环境与安全大类	117	470	710	206	347	308	400	623	113
能源动力与材料大类	89	226	262	128	218	120	212	340	89
土木建筑大类	1248	2797	2334	1515	2923	1367	2394	4046	1186
水利大类	68	128	61	59	127	60	84	143	62
装备制造大类	4116	9309	5152	4993	9723	4421	6806	12342	3984
生物与化工大类	111	235	202	183	293	124	268	470	88
轻工纺织大类	2	9			2	5		1	3
食品药品与粮食大类	178	336	102	46	274	111	36	149	160
交通运输大类	1564	3493	1269	1547	3487	1532	1788	3918	1358
电子信息大类	3682	6924	2596	4099	7980	2965	5185	9680	3371
医药卫生大类	5918	13316	5204	3919	11906	4780	4815	10854	5683
财经商贸大类	8044	16833	6958	12147	21396	7535	13861	26847	7868
旅游大类	1102	2567	632	916	2189	1289	1687	2835	1013
文化艺术大类	1003	2164	740	693	1809	943	979	1875	892
新闻传播大类	101	179	67	82	177	70	71	125	75
教育与体育大类	4631	9079	2851	4761	10178	3463	7462	13039	4429
公安与司法大类	364	789	345	469	890	356	1008	1557	334
公共管理与服务大类	1263	2664	1230	969	2375	1224	1397	2452	1234

22-10 续表

单位：人

项 目	2020年			2021年		
	招生数	在校学生数	毕业生数	招生数	在校学生数	毕业生数
总 计	**50389**	**105185**	**35554**	**50260**	**104564**	**48445**
农林牧渔大类	534	1196	522	810	1347	649
资源环境与安全大类	488	898	188	458	981	348
能源动力与材料大类	110	342	125	216	325	228
土木建筑大类	3956	6509	1426	4186	8140	2305
水利大类	38	125	58	32	71	83
装备制造大类	6967	14058	4948	6059	12325	5921
生物与化工大类	377	643	180	778	1152	278
轻工纺织大类	2	2	1		2	
食品药品与粮食大类	39	75	111	28	69	30
交通运输大类	1652	3585	1771	2433	4847	2466
电子信息大类	5644	11088	3952	6138	11884	5143
医药卫生大类	4702	11993	3126	3784	11668	4045
财经商贸大类	12847	28564	10663	13786	26875	14703
旅游大类	2150	3987	929	1168	3324	1771
文化艺术大类	834	1822	857	828	1684	917
新闻传播大类	4	74	54	23	27	65
教育与体育大类	7211	14813	5269	6339	13733	6924
公安与司法大类	596	1756	379	688	1269	1126
公共管理与服务大类	2238	3655	995	2506	4841	1443

22-11 网络本科分学科学生数

单位：人

项目	2017年			2018年			2019年		
	招生数	在校学生数	毕业生数	招生数	在校学生数	毕业生数	招生数	在校学生数	毕业生数
总 计	**71230**	**174110**	**46051**	**83018**	**202246**	**46615**	**78809**	**224046**	**52577**
哲 学									
经济学	2220	5782	1729	2284	5895	1999	1951	5655	2033
法 学	1888	4393	1177	3328	6128	1488	3139	7428	1691
教育学									
文 学									
历史学									
理 学		6			3			2	
工 学	25030	59758	16173	28175	71302	14735	27767	79831	17360
农 学									
医 学	15842	43558	9398	18912	47465	10505	19723	55120	11775
管理学	26250	60613	17574	30319	71453	17888	26229	76010	19718
艺术学									

22-11 续表

单位：人

项目	2020年			2021年		
	招生数	在校学生数	毕业生数	招生数	在校学生数	毕业生数
总 计	**91144**	**247616**	**61079**	**82288**	**257487**	**67436**
哲 学						
经济学	1580	4788	2076	1390	4833	1161
法 学	3599	8446	2237	3713	9778	2204
教育学						
文 学						
历史学						
理 学		2			2	
工 学	33571	91678	19612	25912	88433	26898
农 学						
医 学	23841	64899	13657	26124	75289	15348
管理学	28553	77803	23497	25149	79152	21825
艺术学						

22-12 网络专科分学科学生数

单位：人

项目	2017年			2018年			2019年		
	招生数	在校学生数	毕业生数	招生数	在校学生数	毕业生数	招生数	在校学生数	毕业生数
总　　计	**67933**	**146851**	**38362**	**89576**	**185409**	**42179**	**70272**	**202135**	**48625**
农林牧渔大类									
资源环境与安全大类	1102	3929	1738	2430	4892	818	2309	5831	884
能源动力与材料大类	2619	8059	2103	2278	6936	3060	2223	6654	2211
土木建筑大类	11906	27497	8649	15717	33875	8172	12216	36793	8687
水利大类	1067	2512	662	1005	2682	735	993	2884	727
装备制造大类	6219	13984	3412	8244	17949	3810	6185	19323	4384
生物与化工大类									
轻工纺织大类									
食品药品与粮食大类									
交通运输大类	1139	2701	708	1037	2826	843	612	2518	846
电子信息大类	3383	6496	896	2823	7672	1425	1815	7378	1872
医药卫生大类	10069	23097	5693	12245	25767	6088	14669	33397	6583
财经商贸大类	20319	38913	9744	22977	47086	11077	15081	46973	13767
旅游大类	209	489	135	171	444	182		237	191
文化艺术大类									
新闻传播大类									
教育与体育大类									
公安与司法大类	847	1740	441	1387	2439	613	1152	2722	772
公共管理与服务大类	9054	17434	4181	19262	32841	5356	13017	37425	7701

22-12 续表

单位：人

项目	2020年			2021年		
	招生数	在校学生数	毕业生数	招生数	在校学生数	毕业生数
总　　计	**28862**	**149000**	**76096**	**7093**	**86916**	**65676**
农林牧渔大类						
资源环境与安全大类		3932	1607		1773	1999
能源动力与材料大类	1101	5359	2151	199	3401	1925
土木建筑大类	5364	27112	13880	1882	16365	11846
水利大类		1772	1036		981	717
装备制造大类	460	12221	6938	174	5722	6287
生物与化工大类						
轻工纺织大类						
食品药品与粮食大类						
交通运输大类		1446	1012		591	799
电子信息大类		4542	2612		2165	2215
医药卫生大类	9050	32213	10037	1114	22069	11210
财经商贸大类	9086	33891	20432	2195	20173	14962
旅游大类		33	168		21	2
文化艺术大类						
新闻传播大类						
教育与体育大类						
公安与司法大类	430	1785	1241		775	950
公共管理与服务大类	3371	24694	14982	1529	12880	12764

22-13 各类中等职业学校(机构)基本情况

(2021年) 单位：人

项 目	学校数(所)	毕业生数	招生数	在校学生数	教职工数	
						#专任教师
中等职业教育学校	**266**	**75271**	**93188**	**267638**	**25364**	**19461**
1、调整后中职						
2、普通中等专业学校						
#中等师范学校						
3、成人中专						
4、职业高中						

22-14 中等职业学校(机构)学生分科类情况

(2021年) 单位：人

项 目	招生数			在校学生数	毕业生数	
		#应届毕业生				#职业类证书
			#初中毕业生			
总 计	**93188**	**85758**	**81800**	**267638**	**75271**	**24094**
其中：女	40924			119222	32668	10859
农林牧渔类	5777			14445	6726	1244
资源环境类	335			724	94	89
能源与新能源类	126			357	92	37
土木水利类	1064			3099	963	65
加工制造类						
石油化工类	15558			42020	11545	4736
轻纺食品类	1140			2979	543	91
交通运输类	429			968	603	43
信息技术类	151			315	67	10
医药卫生类	9153			27262	8908	3313
休闲保健类	14126			40266	9356	2515
财经商贸类	11442			33190	9353	4842
旅游服务类	6388			17369	4476	1377
文化艺术类	4977			16226	4762	1292
体育与健身	9514			28392	5694	1131
教育类	1046			2630	497	110
司法服务类	11608			36607	11303	3192
公共管理与服务类	38			76	36	
其他	316			713	253	7

22-15 普通高中学校和学生情况

(2021年) 单位：人

项　目	学校数(所)	高级中学	完全中学	十二年一贯制学校	招生数	在校学生数	毕业生数
总　计	**431**	**346**	**52**	**33**	**205136**	**609690**	**187630**
教育部门	313	280	26	7	170256	504567	161311
其他部门办							
地方企业							
民办	116	65	25	26	34437	103507	25746
中外合作办	2	1	1		443	1616	573
城区	**328**	**258**	**44**	**26**	**146559**	**435112**	**131646**
教育部门	229	203	22	4	118222	349027	110539
其他部门办							
地方企业							
民办	97	54	21	22	27894	84469	20534
中外合作办	2	1	1		443	1616	573
镇区	**91**	**80**	**6**	**5**	**53511**	**159496**	**51449**
教育部门	79	73	4	2	49520	148025	48161
其他部门办							
地方企业							
民办	12	7	2	3	3991	11471	3288
中外合作办							
乡村	**12**	**8**	**2**	**2**	**5066**	**15082**	**4535**
教育部门	5	4		1	2514	7515	2611
其他部门办							
地方企业							
民办	7	4	2	1	2552	7567	1924
中外合作办							

22-16 普通初中学校和学生情况

(2021年)

单位：人

项　目	学校数(所)	初级中学	九年一贯制	招生数	在校学生数	毕业生数
总　计	**1528**	**984**	**544**	**321558**	**993434**	**328864**
教育部门	1482	966	516	299286	923205	304375
其他部门办	2	2		27	224	159
地方企业						
民办	44	16	28	22045	69262	24138
中外合作办				200	743	192
城区	**659**	**494**	**165**	**199778**	**604481**	**186052**
教育部门	625	479	146	181784	547505	166370
其他部门办	2	2		27	224	159
地方企业						
民办	32	13	19	17767	56009	19331
中外合作办				200	743	192
镇区	**580**	**339**	**241**	**94896**	**302123**	**110811**
教育部门	572	337	235	91295	291104	106774
其他部门办						
地方企业						
民办	8	2	6	3601	11019	4037
中外合作办						
乡村	**289**	**151**	**138**	**26884**	**86830**	**32001**
教育部门	285	150	135	26207	84596	31231
其他部门办						
地方企业						
民办	4	1	3	677	2234	770
中外合作办						

22-17 普通小学学校和学生情况

(2021年) 单位：人

项 目	学校数(所)	招生数	在校学生数	毕业生数
总 计	**2601**	**330008**	**1973326**	**323173**
教育部门	2571	320335	1912699	312514
其他部门办				
地方企业				
民办	30	9673	60627	10659
城区	**1087**	**231347**	**1332825**	**196975**
教育部门	1065	223605	1285538	189204
其他部门办				
地方企业				
民办	22	7742	47287	7771
镇区	**554**	**71388**	**442751**	**83783**
教育部门	547	69702	430998	81331
其他部门办				
地方企业				
民办	7	1686	11753	2452
乡村	**960**	**27273**	**197750**	**42415**
教育部门	959	27028	196163	41979
其他部门办				
地方企业				
民办	1	245	1587	436

22-18 各级普通学校毕业生升学率和学龄儿童入学率

单位：%

年　份	学龄儿童入学率	小学升初中	初中升高级中学
1991	99.0	92.5	37.1
1992	99.0	92.6	38.7
1993	99.0	90.3	39.1
1994	99.1	93.4	40.9
1995	99.4	93.0	41.7
1996	99.3	96.0	41.9
1997	99.4	96.1	44.7
1998	99.4	95.7	48.2
1999	99.3	95.2	50.0
2000	99.3	93.9	57.4
2001	99.7	95.6	57.4
2002	99.4	98.1	66.3
2003	99.7	98.7	68.1
2004	99.7	99.2	74.7
2005	99.7	99.3	82.7
2006	99.8	99.6	85.4
2007	99.9	99.4	94.4
2008	99.9	99.8	97.7
2009	99.9	99.8	97.7
2010	99.9	99.9	97.3
2011	99.9	99.9	93.4
2012	99.9	99.5	92.9
2013	99.9	98.1	94.9
2014	99.9	99.8	96.2
2015	99.9	99.9	94.8
2016	99.9	99.8	94.8
2017	99.9	99.9	94.8
2018	99.9	99.8	95.1
2019	99.9	99.9	95.2
2020		99.8	93.4
2021		99.5	95.4

注：初中升高级中学包含升入技工学校(2020年数据)。

22-19 教育发展水平

年份	各类学校在校生占全省人口(%)	平均每万人口中有(人)			大中小学生各占学生总数(%)		
		大学生	中学生	小学生	大学生	中学生	小学生
1985	17.4	25.9	549.1	1150.6	1.5	31.5	65.9
1986	17.6	29.0	584.1	1130.4	1.6	33.1	64.0
1987	17.2	30.0	582.8	1094.8	1.7	33.7	63.2
1988	16.8	31.7	554.6	1074.0	1.9	32.9	63.7
1989	16.3	31.8	513.6	1071.7	1.9	31.2	65.2
1990	15.6	31.6	464.7	1045.3	2.0	29.6	66.7
1991	15.7	31.8	519.2	996.8	2.0	33.0	63.3
1992	15.1	34.1	598.8	946.3	2.3	33.1	62.8
1993	17.9	38.7	470.6	918.0	2.2	26.6	51.2
1994	18.2	44.7	524.7	941.7	2.5	28.8	51.7
1995	18.0	46.0	538.8	922.5	2.6	30.0	51.4
1996	15.8	46.8	604.6	927.7	3.0	38.3	58.7
1997	15.9	48.4	584.6	953.3	3.0	36.9	60.1
1998	15.1	50.3	540.7	921.3	3.3	35.8	60.9
1999	17.2	60.2	563.8	893.5	3.9	38.2	58.9
2000	21.5	71.4	596.2	825.7	4.8	39.9	55.3
2001	22.3	87.9	618.4	762.3	6.0	42.1	51.9
2002	22.5	107.4	647.3	730.0	7.2	43.6	49.2
2003	19.3	123.7	666.8	695.9	8.3	44.9	46.8
2004	18.0	140.2	664.8	671.5	9.5	45.0	45.5
2005	17.5	158.0	655.8	638.9	10.9	45.1	44.0
2006	18.7	172.0	643.8	607.9	12.1	45.2	42.7
2007	16.5	184.7	629.6	582.5	13.2	45.1	41.7
2008	16.4	193.9	614.1	559.4	14.2	44.9	40.9
2009	15.8	200.8	588.4	531.3	15.2	44.6	40.2
2010	15.5	206.8	561.4	512.8	16.1	43.8	40.0
2011	15.6	279.0	569.2	509.9	20.5	41.9	37.5
2012	15.1	289.5	544.0	500.5	21.7	40.8	37.5
2013	15.0	300.2	512.2	481.5	23.2	39.6	37.2
2014	14.8	303.8	501.3	468.3	23.9	39.4	36.8
2015	14.7	297.6	480.1	471.1	23.8	38.4	37.7
2016	14.5	294.7	469.3	470.2	23.9	38.0	38.1
2017	14.0	282.4	449.9	444.5	24.0	38.2	37.8
2018	14.5	296.0	463.3	465.8	24.2	37.8	38.0
2019	14.8	324.7	464.2	465.5	25.9	37.0	37.1
2020	15.0	361.1	457.2	469.5	28.0	35.5	36.5
2021	15.3	382.2	465.1	473.7	28.9	35.2	35.9

注：2011-2021年大学生包含研究生、普通本专科及成人本专科在校生。

22-20 各地区普通、职业高等学校基本情况

(2021年)

单位：人

地　区	学校数(所)	招生数	在校学生数	毕业生数	教职工数	#专任教师
总　计	**114**	**258326**	**306351**	**1178402**	**97034**	**62612**
沈　阳	45	100475	115807	451490	41841	26079
大　连	31	72802	84038	333825	27623	18560
鞍　山	3	7990	11847	39081	3251	2150
抚　顺	4	10550	12593	45250	3062	1987
本　溪	2	3550	4804	16857	1334	782
丹　东	3	7417	9218	34924	2352	1462
锦　州	9	20329	23226	91530	7224	4717
营　口	3	6837	9902	32264	1696	1209
阜　新	2	7037	8483	32378	2622	1903
辽　阳	3	5645	6731	25622	1257	870
盘　锦	2	2464	3314	9366	735	532
铁　岭	4	5906	7874	33777	1931	994
朝　阳	1	2113	2538	10583	667	429
葫芦岛	2	5211	5976	21455	1439	938

22-21 各地区中等职业学校基本情况

(2021年)

单位：人

地　区	学校数(所)	招生数	在校学生数	毕业生数	教职工数	#专任教师
总　计	**266**	**93188**	**267638**	**75271**	**25364**	**19461**
沈　阳	78	28167	82310	21121	7392	5416
大　连	48	13948	37917	9946	4112	2769
鞍　山	14	4006	10971	3415	1340	1003
抚　顺	13	2197	7834	2609	1276	1005
本　溪	9	1425	4189	1674	1054	815
丹　东	17	5108	16137	5692	1287	997
锦　州	9	5865	15821	5799	1352	1142
营　口	11	5847	15364	3667	1260	1095
阜　新	12	3053	8676	2837	892	726
辽　阳	7	3987	12656	3409	737	648
盘　锦	7	4612	11543	2331	638	539
铁　岭	16	3612	11126	3521	963	933
朝　阳	13	6666	18867	5344	2034	1596
葫芦岛	12	4695	14227	3906	1027	777

22-22 各地区普通高中基本情况

(2021年)

单位：人

地区	学校数(所)	招生数	在校学生数	毕业生数	教职工数	#专任教师
总计	**431**	**205136**	**609690**	**187630**	**69266**	**53745**
沈阳	88	38701	112947	32520	14791	10579
大连	80	30526	90980	26665	9747	8093
鞍山	34	14245	42772	13723	4831	3721
抚顺	23	8193	24441	7400	3184	2375
本溪	16	5814	18212	6256	2345	1772
丹东	23	11308	34501	11944	3484	2837
锦州	28	14040	42900	13242	4187	3231
营口	16	9462	28329	8570	3424	2945
阜新	23	9736	28662	9311	2965	2215
辽阳	14	6967	21014	6470	2516	1960
盘锦	12	7821	22840	7034	3514	2351
铁岭	24	13978	41371	12342	3684	3108
朝阳	30	20425	59258	19051	6718	5256
葫芦岛	20	13920	41463	13102	3876	3302

22-23 各地区普通初中基本情况

(2021年)

单位：人

地区	学校数(所)	招生数	在校学生数	毕业生数	教职工数	#专任教师
总计	**1528**	**321558**	**993434**	**328864**	**138709**	**99927**
沈阳	225	62887	192773	59591	25649	17316
大连	229	53504	157927	45926	18136	14536
鞍山	126	24558	78677	26177	11573	8248
抚顺	81	12006	37268	12096	6783	4471
本溪	44	8401	26209	8652	4050	3075
丹东	102	14352	43290	16199	7702	5600
锦州	100	18593	58369	21157	8055	5846
营口	84	18816	56539	18250	7824	5451
阜新	67	12481	39556	14411	7554	4493
辽阳	63	11371	36039	11936	5495	4018
盘锦	56	12652	39620	13945	6232	3908
铁岭	104	18477	58867	21825	8845	7088
朝阳	136	30449	94424	32487	11684	8738
葫芦岛	111	23011	73876	26212	9127	7139

22-24 各地区普通小学基本情况

(2021年) 单位：人

地　区	学校数(所)	招生数	在校学生数	毕业生数	教职工数	#专任教师
总　计	**2601**	**330008**	**1973326**	**323173**	**129495**	**140647**
沈　阳	283	73230	434026	63156	23163	26768
大　连	396	66832	379483	53727	20835	20968
鞍　山	239	24608	148694	25530	10059	10360
抚　顺	96	11292	70724	12036	4643	5840
本　溪	61	8962	50616	8389	4677	4330
丹　东	223	15321	86929	14262	7294	7837
锦　州	217	15368	102537	19237	9131	9510
营　口	97	18595	115187	19265	5237	6914
阜　新	64	12610	69821	12430	4891	5753
辽　阳	78	9391	61511	11495	4831	5062
盘　锦	34	10803	66153	11275	3026	4879
铁　岭	148	13393	90897	18718	8861	9187
朝　阳	397	29043	167739	30406	13309	13005
葫芦岛	268	20560	129009	23247	9538	10234

22-25 各地区特殊教育基本情况

(2021年) 单位：人

地　区	学校数(所)	招生数	在校学生数	毕业生数	教职工数	#专任教师
总　计	**86**	**2280**	**16242**	**2249**	**3098**	**2271**
沈　阳	18	449	3021	432	754	467
大　连	11	427	2674	358	464	372
鞍　山	8	129	905	84	294	193
抚　顺	3	76	655	103	106	93
本　溪	3	63	474	85	94	66
丹　东	6	131	995	83	226	187
锦　州	7	131	763	138	189	152
营　口	5	95	753	86	190	154
阜　新	5	112	818	111	140	103
辽　阳	4	79	569	111	118	94
盘　锦	1	56	516	56	37	33
铁　岭	4	127	955	167	138	114
朝　阳	6	287	1940	278	215	155
葫芦岛	5	118	1204	157	133	88

22-26 各类学校基本情况

单位：人

地　区	学校数(所)		毕业生数		招生数		在校学生数		教职工数		专任教师数	
	2020年	2021年	2020年	2021年	2020年	2021年	2020年	2021年	2020年	2021年	2020年	2021年
普通、职业本专科	114	114	255997	258326	362687	306351	1140799	1178402	97912	97034	64045	62612
中等职业教育		266		75271		93188		267638	13098	25364	9956	19461
普通初中	1518	1528	339121	328864	327531	321558	1002283	993434				
小学	2827	2601	328314	323173	347196	330008	1967439	1973326	152990	129495	137743	140647
特殊教育	86	86	2119	2249	2638	2280	15310	16242	3022	3098	2285	2271

22-27 科技活动基本情况

指　标	单位	2010年	2011年	2012年	2013年	2014年	2015年	2016年	2017年	2018年	2019年	2020年	2021年
科技活动人员	万人	21.9	23.8	25.5	27.6	28.2	25.6	25.1					
研究与试验发展折合全时	万人年	8.5	8.1	8.7	9.5	10.0	8.5	8.8	8.9	9.5	10	11.2	11.7
研究与试验发展经费支出	亿元	287.5	363.8	390.9	445.9	435.2	363.4	372.7	429.9	460.1	508.5	594	600.4
#基础研究	亿元	7.3	11.6	14.8	15.7	20.1	26.7	23.8	30.6	27.7	32.1	35.3	41.1
应用研究	亿元	36.2	52.7	60.9	55.6	62.3	61.1	64.8	66.5	85.4	97.5	105.1	87.2
试验发展	亿元	244.0	299.5	315.2	374.6	352.9	275.6	284.2	332.9	347	378.9	408.6	472.1
研究与试验发展经费支出	%	1.6	1.6	1.6	1.6467	1.5	1.3	1.7	1.8	1.82	2.04	2.19	2.18
技术市场成交额	亿元	130.7	159.7	230.7	180.0	250.9	292.0	340.8	409.0	499.9	571.2	645.1	778.6
专利申请受理数	件	34218	37123	39490	45996	37860	42153	52603	49871	65686	69732	91038	
专利申请授权数	件	17093	19176	21216	21656	19525	25182	25104	26495	35149	40037	60185	80191

主要统计指标解释

普通高等学校 指按照国家规定的设置标准和审批程序批准举办的，通过全国普通高等学校统一招生考试，招收高中毕业生为主要培养对象，实施高等教育的全日制大学、独立设置的学院和高等专科学校、高等职业学校和其他机构。

大学、独立设置的学院主要实施本科层次以上教育，高等专科学校、高等职业学校实施专科层次教育，其他机构是承担国家普通招生计划任务不计校数的机构。包括普通高等学校分校和批准筹建的普通高等学校等。

成人高等学校 指按照国家规定的设置标准和审批程序批准举办的，通过全国成人高等学校统一招生考试，招收具有高中毕业或同等学历的在职从业人员为主要培养对象，利用函授、业余、脱产等多种形式对其实施高等学历教育的学校。包括职工高等学校、农民高等学校、管理干部学院、教育学院、独立函授学院、广播电视大学、其他机构等。其他机构是承担国家成人招生计划任务不计校数的机构。

小学学龄儿童净入学率 指调查范围内已入小学学习的学龄儿童占校内外学龄儿童总数(包括弱智儿童，不包括盲聋哑儿童)的比重。计算公式为:

小学学龄儿童净入学率=已入学的小学学龄儿童数/校内外小学学龄儿童总数 × 100%

国家财政性教育经费 包括国家财政预算内教育经费，各级政府征收用于教育的税费，企业办学校教育经费，校办产业、勤工俭学和社会服务收入用于教育的经费。

财政预算内教育经费 指中央、地方各级财政或上级主管部门在年度内安排，并计划拨到教育部门和其他部门主办的各级各类学校、教育事业单位，列入国家预算支出科目的教育经费，包括教育事业拨款、科研经费拨款、基建拨款和其他经费拨款。

科技活动 指在自然科学、农业科学、医药科学、工程与技术科学、人文与社会科学领域(简称科学技术领域)中，与科技知识的产生、发展、传播和应用密切相关的有组织的活动。可分为研究与试验发展(R&D)、研究与试验发展成果应用及相关的科技服务三类活动。该定义是联合国教科文组织考虑成员国特别是发展中国家开展科技统计工作的需要，而对科技活动所作的统计界定。

科技活动人员 指直接从事科技活动、以及专门从事科技活动管理和为科技活动提供直接服务，累计的实际工作时间占全年制度工作时间 10%及以上的人员。(1)直接从事科技活动的人员包括：在独立核算的科学研究与技术开发机构、高等学校、各类企业及其他事业单位内设的研究室、实验室、技术开发中心及中试车间(基地)等机构中从事科技活动的研究人员、工程技术人员、技术工人及其它人员；虽不在上述机构工作，但编入科技活动项目(课题)组的人员；科技信息与文献机构中的专业技术人员；从事论文设计的研究生等。(2)专门从事科技活动管理和为科技活动提供直接服务的人员，包括：独立核算的科学研究与技术开发机构、科技信息与文献机构、高等学校、各类企业及其他事业单位主管科技工作的负责人，专门从事科技活动的计划、行政、人事、财务、物资供应、设备维护、图书资料管理等工作的各类人员，但不包括保卫、医疗保健人员、司机、食堂人员、茶炉工、水暖工、清洁工等为科技活动提供间接服务的人员。该指标用来反映投入科技活动人力的规模。

研究与试验发展（R&D） 指在科学技术领域，为增加知识总量，以及运用这些知识去创造新的应用进行的系统的创造性的活动，包括基础研究、应用研究、试验发展三类活动。

基础研究 指为了获得关于现象和可观察事实的基本原理的新知识(揭示客观事物的本质、运动规律，获得新发现、新学说)而进行的实验性或理论性研究，它不以任何专门或特定的应用或使用为目的。其成果以科学论文和科学著作为主要形式。用来反映知识的原始创新能力。

应用研究 指为获得新知识而进行的创造性研究，主要针对某一特定的目的或目标。应用研究是为了确定基础研究成果可能的用途，或是为达到预定的目标探索应采取的新方法(原理性)或新途径。其成果形式以科学论文、专著、原理性模型或发明专利为主。用来反映对基础研究成果应用途径的探索。

试验发展 指利用从基础研究、应用研究和实际经验所获得的现有知识，为产生新的产品、材料和装置，建立新的工艺、系统和服务，以及对已产生和建立的上述各项作实质性的改进而进行的系统性工作。其成果形式主要是专利、专有技术、具有新产品基本特征的产品原型或具有新装置基本特征的原始样机等。在社会科学领域，试验发展是指把通过基础研究、应用研究获得的知识转变成可以实施的计划(包括为进行检验和评估实施示范项目)的过程。人文科学领域没有对应的试验发展活动。主要反映将科研成果转化为技术和产品的能力，是科技推动经济社会发展的物化成果。

研究与试验发展人员 指参与研究与试验发展项目研究、管理和辅助工作的人员， 包括项目(课题)组人员，企业科技行政管理人员和直接为项目(课题)活动提供服务的辅助人员。反映投入从事拥有自主知识产权的研究开发活动的人力规模。

研究与试验发展人员全时当量 指全时人员数加非全时人员按工作量折算为全时人员数的总和。例如:有两个全时人员和三个非全时人员(工作时间分别为 20%、30%和 70%)，则全时当量为 2+0.2+0.3+0.7=3.2 人年。为国际上比较科技人力投入而制定的可比指标。

研究与试验发展经费内部支出 指报告年内用于科技活动的实际支出，包括劳务费、科研业务费、科研管理费，非基建投资购建的固定资产、科研基建支出以及其他用于科技活动的支出。不包括生产性活动支出、归还贷款支出及转拨外单位支出。反映科技投入实际完成情况。

二十三、文化、体育和卫生

Chapter 23 Culture, Sports and Public Health

23-1 文化事业基本情况

项　　目	2010年	2011年	2012年	2013年	2014年	2015年	2016年	2017年	2018年	2019年	2020年	2021年
一、文化事业机构数(个)	**14690**	**13563**	**13054**	**12910**	**12915**	**11741**	**11798**	**10599**	**9084**	**8797**	**8057**	**7479**
文化部门	2130	2106	2093	2074	2075	2062	2043	2096	2057	2033	1948	2025
其他部门	12560	11457	10961	10836	10840	9679	9755	8503	7027	6764	6109	5454
二、文化事业人员数(人)	**75215**	**70313**	**67659**	**71622**	**71620**	**66014**	**62190**	**56532**	**50954**	**77813**	**71022**	**66041**
文化部门	19044	19307	19731	20009	20008	19197	16914	18017	17252	16964	16597	19376
其他部门	56171	51006	47928	51613	51612	46817	45276	38515	33702	60909	54425	46665
三、各类文化艺术事业单位数(个)												
文化馆、艺术馆	122	122	123	123	122	124	125	125	125	124	123	123
公 共 图 书 馆	128	128	129	129	128	129	130	130	130	130	129	129
博物馆	61	61	62	63	63	64	65	65	65	65	65	65
电影院												
艺术表演场所	38	38	30	26	28	26	26	23	22	21	30	30
艺术表演团体	52	38	23	23	24	23	21	18	18	14	14	14
电影放映单位												

23-2 广播电视事业

项　　目	单位	2011年	2012年	2013年	2014年	2015年	2016年	2017年	2018年	2019年	2020年	2021年
一、职 工 人 数	人	**27332**	**28531**	**28436**	**28700**	**28165**	**27725**	**32524**	**27411**	**25109**	**24935**	**24284**
二、广播事业情况												
广 播 电 台	座	4	4	4			79	77	81	81	82	82
发射台及转播台	座	35	34	34	35	37	37	36	36	36	35	35
发射机功率	千瓦	1200	1225	1225	1171	1141	1141	1151	1172	1168.4	1188	1112
平均每天播音时间	小时	83	80	80	1842	1861	1885	1939	1887	1884	1860	1878
广播人口综合覆盖率	%	98.51	98.59	98.63	98.81	99.00	99.05	99.07	99.09	99.24	99.44	99.48
年广播节目制作时间	小时	442709	432646	393806	389989	384687	387654	402316	392474	404023	394168	415278
新闻	小时	59338	60348		51608	53296	54337	53925	53838	54961	57077	62188
综艺	小时	136956	133584		125417	119364	112757	119126	111847	114012	106099	106903
专题	小时	148479	135010		125651	123633	128695	136356	130498	135215	131903	136963
广播剧	小时	2176	7652		6049	6231	8707	9731	9366	10920	11451	17491
广告	小时	58229	56210		44174	43600	44709	44319	40105	41974	35745	34845
其他	小时	37529	39839		37089	38562	38447	38859	46818	46941	51893	56888
三、电视事业情况												
电 视 台	座	5	5	5			79	77	81	81	82	82
电视发射及转播台	座	368	368	369	359	209	208	183	183	177	172	143
发射机功率	千瓦	583	581	579	497	572	577	614	618	608	395	282
平均每周播出时间	小时	14017	14065	14120	14183	14283	14304	15013	14912	15209	15522	14821
电视人口综合覆盖率	%	98.64	98.68	98.72	98.96	99.07	99.13	99.15	99.17	99.27	99.41	99.46
电视节目制作时间	小时	184320	176710	184836	178639	173285	180179	169720	164430	153944	142183	136064
新闻	小时	30247	28514		28712	29943	32319	33086	34873	31525	32226	34920
综艺	小时	53809	50333		50705	49112	46972	35795	30258	28117	20426	16371
专题	小时	30122	37961		36516	39549	46268	39979	39932	33956	27108	25486
影视剧	小时	1080	1335		1414	1504	429	31	83	185	1490	85
广告	小时	42997	35758		33521	30170	31449	31531	31575	30615	32501	30387
其他	小时	26064	22806		27771	23003	22741	29298	27708	29546	28432	28815

注：1.2016年起广播电台、电视台数为广播电视台数。
2.2017年职工人数包含影院机构人员。

23-3 图书、杂志和报纸出版情况

年 份	图书				杂志			报纸		
	种数(种)	#新出版	总印数(万册)	总印张数(万印张)	种数(种)	总印数(万册)	总印张数(万印张)	种数(种)	总印数(万份)	总印张数(万印张)
1991	3603	2799	22000	94000	242	15000	33000	67	99000	71000
1992	3203	2336	21000	90000	255	16000	30000	70	94000	70000
1993	3602		23000	120000	289	16000	38000	84	87000	88000
1994	4419	2986	24000	108000						
1995	3585	1975	18000	79000	295	15000	34000	88	90000	88000
1996	4419	2228	23000	107000	288	14000	31000	97	88000	117000
1997	4979	2678	22000	104000	286	14000	31000	89	99000	124000
1998	5251	2838	24000	114000	274	13000	31000	85	105000	175000
1999	5256	2711	23000	106000	277	13000	32000	85	110000	206000
2000	5008	2752	17082	108047	289	8634	22369	87	125845	319018
2001	5117	2719	18176	123953	306	14043	33907	97	124584	1097498
2002	6632	3026	16374	106225	321	12896	31246	17	52989	110635
2003	6519	2826	15428	92405	322	10881	30241	17	50631	150874
2004	5511	2899	11666	83959	234	6891	25647	81	145408	510101
2005	6598		12394	88222	325	10890	30251	81	145800	510235
2006	7370		12355	91425	324	8025	30537	123	159117	720835
2007	5533	3043	6686	51332	326	10793	39720	122	268855	743621
2008	7216	3592	13588	85791	322	10033	39777	81	179132	830147
2009					317	8424	37759	113	144362	702087
2010	9060	4925	14705	115552	317	4507	40073	75	156800	820203
2011	9883	5208	15148	120937	316	10003	41657	73	161277	998342
2012	9994	5596	11680	95977	312	9840	41715	69	165968	989664
2013	10737	6772	11788	96271	315	9185	39698	70	163232	814552
2014	11942	7405	12713	103992	315	8965	38377	70	151009.9	848948
2015	10964	5806	12557	98363	312	8847	37294	70	132935	617000
2016	10385	4993	14758	117616	313	8767	36434	68	103862	380836
2017	10863	4776	17063	145301	313	7834	32551	66	85938	260183
2018	11519	5421	18891	161876	313	7158	31298	66	73111	187346
2019	12017	5412	18675	145050	309	7156	35045	98	66753	135472
2020	10557	4829	15226	136560	312	6372	28254	88	58092	109108
2021	11433	5195	19423	175480	313	5906	26645	90	54203	111408

注：2002年报纸为省级报纸统计数。

23-4 运动员近年获得世界冠军情况

年 份	项数(项)	#女子	人数(人)	#女子	次数(次)	#女子
1986	6	4	8	4	8	4
1987	4	3	6	4	8	6
1988	2	1	4	3	10	8
1989	11	10	5	4	11	10
1990	11	7	7	4	12	8
1991	15	13	7	5	16	14
1992	6	5	8	7	13	12
1993	24	24	18	18	24	24
1994	4	4	7	5	12	8
1995	7	3	9	5	8	4
1996	6	6	5	5	8	8
1997	7	7	4	4	7	7
1998	14	8	11	9	15	8
1999	14	12	9	8	15	13
2000	9	7	6	5	9	7
2001	9	9	4	4	9	9
2002	12	10	10	8	12	10
2003	18		12		19	
2004	11	10	11	10	12	11
2005	6	6	6	6	6	6
2006	11	10	11	10	11	10
2007	14	14	12	12	20	20
2008	13	13	10	10	15	15
2009	7	7	4	4	7	7
2010	6	6	12	12	13	13
2011	7	9	11	23	26	23
2012	7	5	9	7	8	6
2013	13	11	12	10	15	13
2014	7	7	5	5	7	7
2015	8	6	6	5	10	8
2016	4	4	7	6	10	9
2017	9	6	12	9	10	7
2018	4	3	4	3	8	6
2019	16	12	11	8	16	12
2020						
2021	2	1	3	1	3	1

23-5 卫生机构、床数、人员数

(2021年)

机构分类	机构个数(个)	实有床位数(张)	在岗职工(人)				
			合计	卫生技术人员			
				小计	执业(助理)医师	执业医师	注册护士
总计	**33051**	**323288**	**417681**	**334026**	**132022**	**119022**	**152697**
一、医院	**1444**	**278149**	**289057**	**239143**	**84828**	**81643**	**120506**
综合医院	758	179119	198663	167428	60225	58352	85074
中医医院	207	31864	32724	26849	9910	9337	11888
中西医结合医院	14	2690	3049	2621	993	950	1218
民族医院	2	320	542	416	175	156	142
专科医院	444	62546	53521	41466	13418	12752	21970
口腔医院	33	541	2854	2451	1169	1115	1095
眼科医院	79	3188	5492	3243	1013	969	1547
耳鼻喉科医院	1	80	101	64	23	23	37
肿瘤医院	5	4369	4719	4070	1316	1311	2119
心血管病医院	8	500	254	200	74	59	83
胸科医院							
血液病医院	1		11	11	1	1	10
妇产(科)医院	36	4184	7440	5728	2073	2009	2913
儿童医院	5	997	1283	1102	325	317	508
精神病医院	86	27391	11076	8489	1904	1754	5659
传染病医院	17	5689	4974	3949	1303	1255	2021
皮肤病医院	7	386	633	454	141	140	229
结核病医院	5	1612	1098	839	221	204	481
骨科医院	29	3826	3144	2710	1014	901	1211
康复医院	25	2802	1568	1260	409	381	485
整形外科医院	3	65	231	116	34	30	77
美容医院	17	313	926	620	250	232	331
其他专科医院	87	6603	7717	6160	2148	2051	3164
护理院	19	1610	558	363	107	96	214
二.基层医疗卫生机构	**30919**	**38862**	**106568**	**78954**	**41007**	**31836**	**28768**
社区卫生服务中心(站)	1387	7211	20693	17580	7396	6694	7771
社区卫生服务中心	393	6308	14534	12086	4768	4275	5282
社区卫生服务站	994	903	6159	5494	2628	2419	2489
卫生院	1039	30262	24308	18451	8760	5852	5816
街道卫生院	14	184	183	132	66	54	49
乡镇卫生院	1025	30078	24125	18319	8694	5798	5767
中心卫生院	260	10315	8877	6893	3291	2313	2157
乡卫生院	765	19763	15248	11426	5403	3485	3610
村卫生室	16235		21172	5174	4659	1314	482
门诊部	1182	770	13430	11833	5686	4971	5248
综合门诊部	287	297	4941	4300	2091	1945	1715
中医门诊部	115	84	1055	892	483	433	277
中西医结合门诊部	5		43	42	23	22	15
专科门诊部	775	389	7391	6599	3089	2571	3241
诊所.卫生所.医务室	11076	619	26965	25916	14506	13005	9451
诊所	10462	607	25369	24441	13747	12351	8990
卫生所、医务室	611	9	1581	1463	759	654	449
护理站	3	3	15	12			12

23-5 续表 1 (2021年)

机构分类	机构个数(个)	实有床位数(张)	在岗职工(人) 合计	卫生技术人员 小计	执业(助理)医师	执业医师	注册护士
三. 专业公共卫生机构	**539**	**2977**	**18362**	**13560**	**5246**	**4726**	**2828**
疾病预防控制中心	109		6606	4703	2313	2052	467
省属	1		410	320	166	164	12
省辖市(地区)属	13		1967	1475	743	725	94
地辖市属	62		2706	1927	920	781	240
县属	23		1152	736	383	296	55
其他	10		371	245	101	86	66
专科疾病防治院(所、站)	51	1044	1478	1124	528	463	380
专科疾病防治院	4	503	334	263	90	85	129
职业病防治院	3	502	329	261	88	84	129
其他	1	1	5	2	2	1	
专科疾病防治所(站、中心)	47	541	1144	861	438	378	251
口腔病防治所(站、中心)	7		295	254	151	144	90
精神病防治所(站、中心)	1	80	34	22	7	7	13
结核病防治所(站、中心)	32	424	705	510	242	193	134
职业病防治所(站、中心)	4	37	70	48	22	20	9
地方病防治所(站、中心)	2		30	20	11	9	3
药物戒毒所(中心)	1		10	7	5	5	2
其他							
健康教育所(站、中心)	4		56	26	14	13	6
妇幼保健院(所、站)	86	1795	4672	3640	1740	1604	1248
省属	1	132	315	266	110	110	110
省辖市(地区)属	8	220	520	410	188	188	151
地辖市属	51	733	2287	1810	896	822	612
县属	21	590	1330	975	442	381	339
其他	5	120	220	179	104	103	36
妇幼保健院	35	1708	3310	2647	1185	1099	1010
妇幼保健所	30	39	709	514	273	243	133
妇幼保健站	19	48	570	417	242	223	95
急救中心(站)	16	138	1076	700	356	350	312
采供血机构	18		1162	820	172	158	386
卫生监督所(中心)	107		2787	2334			
省属	1		94	80			
省辖市(地区)属	11		478	413			
地辖市属	13		473	443			
县属	57		1221	949			
其他	25		521	449			
计划生育技术服务机构	148		525	213	123	86	29
四. 其他卫生机构	**149**	**3300**	**3694**	**2369**	**941**	**817**	**595**
康复医疗机构	8	3300	949	682	253	226	288
卫生监督检验(监测、检测)所(站)							
医学科学研究机构	2		19	16	16	16	
医学在职培训机构							
临床检验中心(所、站)	34		702	482	101	97	72
健康体检中心	2		74	61	31	30	25
其他	103		1950	1128	540	448	210

23-5 续表 2 (2021年)

机构分类							
	药师(士)	技师(士)	检验师	其他	其他技术人员	管理人员	工勤技能人员
总　计	**13907**	**19577**	**11699**	**13626**	**19381**	**25382**	**33047**
一、医院	**10442**	**15024**	**8412**	**8343**	**13925**	**18058**	**25271**
综合医院	6510	10395	5802	5224	8295	10815	16441
中医医院	1989	1791	890	1271	1968	2492	2752
中西医结合医院	163	166	102	81	196	168	163
民族医院	33	17	11	49	66	31	29
专科医院	1730	2634	1598	1714	3392	4508	5724
口腔医院	26	54	17	107	107	184	153
眼科医院	142	176	94	365	671	920	911
耳鼻喉科医院	2	2	2			6	34
肿瘤医院	162	215	123	258	249	186	281
心血管病医院	10	19	7	14	9	11	39
胸科医院							
血液病医院						1	
妇产(科)医院	201	407	322	134	536	456	894
儿童医院	54	67	50	148	17	91	84
精神病医院	283	325	197	318	730	774	1401
传染病医院	235	333	253	57	287	444	426
皮肤病医院	42	31	23	11	40	57	99
结核病医院	41	61	45	35	51	160	143
骨科医院	159	251	110	75	164	148	187
康复医院	48	210	27	108	86	226	142
整形外科医院	3	2	2		59	43	29
美容医院	19	12	12	8	143	121	65
其他专科医院	303	469	314	76	243	680	836
护理院	17	21	9	4	8	44	162
二.基层医疗卫生机构	**3140**	**2492**	**1495**	**3547**	**3373**	**4101**	**5920**
社区卫生服务中心(站)	988	866	583	559	1003	1265	1388
社区卫生服务中心	832	726	482	478	777	928	1163
社区卫生服务站	156	140	101	81	226	337	225
卫生院	1147	1067	609	1661	1820	1554	3212
街道卫生院	9	3	1	5	16	33	6
乡镇卫生院	1138	1064	608	1656	1804	1521	3206
中心卫生院	421	407	233	617	598	457	1142
乡卫生院	717	657	375	1039	1206	1064	2064
村卫生室	33						
门诊部	303	449	262	147	349	768	841
综合门诊部	137	306	185	51	91	270	403
中医门诊部	86	34	20	12	24	106	70
中西医结合门诊部		2		2		1	1
专科门诊部	80	107	57	82	234	391	367
诊所.卫生所.医务室	669	110	41	1180	201	514	479
诊所	645	87	25	972	175	457	447
卫生所、医务室	24	23	16	208	25	56	30
护理站					1	1	2

23-5 续表 3

(2021年)

机构分类	药师(士)	技师(士)	检验师	其他	其他技术人员	管理人员	工勤技能人员
三. 专业公共卫生机构	**263**	**1712**	**1535**	**1319**	**1753**	**2534**	**1431**
疾病预防控制中心	70	1077	1020	721	725	1036	422
省属	1	129	129	12	48	20	29
省辖市(地区)属	12	423	418	203	249	295	81
地辖市属	38	365	330	333	253	444	160
县属	14	119	108	142	130	202	119
其他	5	41	35	31	45	75	33
专科疾病防治院(所、站)	55	84	58	77	128	177	116
专科疾病防治院	18	24	17	2	39	27	20
职业病防治院	18	24	17	2	38	27	18
其他					1		2
专科疾病防治所(站、中心)	37	60	41	75	89	150	96
口腔病防治所(站、中心)		1		12	23	26	13
精神病防治所(站、中心)	2				2		10
结核病防治所(站、中心)	28	55	39	51	50	105	60
职业病防治所(站、中心)	4	2	1	11	11	7	11
地方病防治所(站、中心)	3	2	1	1		8	2
药物戒毒所(中心)					3	4	
其他							
健康教育所(站、中心)	3	1	1	2	8	16	6
妇幼保健院(所、站)	109	336	268	207	418	521	286
省属	8	31	24	7	20	19	20
省辖市(地区)属	13	48	39	10	64	61	20
地辖市属	53	159	131	90	165	229	127
县属	33	75	54	86	159	188	108
其他	2	23	20	14	10	24	11
妇幼保健院	85	245	197	122	271	279	217
妇幼保健所	11	47	33	50	71	158	39
妇幼保健站	11	38	32	31	68	73	27
急救中心(站)	12	12	4	8	90	58	236
采供血机构	5	188	176	69	125	122	120
卫生监督所(中心)				200	76	517	173
省属						16	2
省辖市(地区)属				32	8	87	34
地辖市属				69	8	65	12
县属				67	53	270	87
其他				32	7	79	38
计划生育技术服务机构	9	14	8	35	183	87	72
四. 其他卫生机构	**62**	**349**	**257**	**417**	**330**	**689**	**425**
康复医疗机构	21	47	16	73	61	85	161
卫生监督检验(监测、检测)所(站)							
医学科学研究机构					3		
医学在职培训机构							
临床检验中心(所、站)	8	245	195	56	34	128	82
健康体检中心		5	4				13
其他	33	52	42	288	232	476	169

23-6 各地区卫生机构、床位数

(2021年)

地区	卫生机构数(个)	#医院	#乡镇卫生院	#门诊部	#疾病预防控制中心(防疫站)	#妇幼保健院(所站)	医疗机构实有床位数(张)	每千人口医疗机构床位数(张)
总计	**33051**	**1444**	**1025**	**1182**	**109**	**86**	**323288**	**7.6**
沈阳	5219	303	114	473	14	7	76843	8.4
大连	4280	225	92	205	11	10	50542	6.7
鞍山	2142	104	68	154	8	8	24588	7.5
抚顺	1361	51	49	70	9	8	13445	7.4
本溪	828	42	34	38	7	3	11518	8.9
丹东	1737	63	81	50	7	4	18670	8.7
锦州	1689	74	72	38	7	7	18084	6.8
营口	2381	118	41	15	7	5	16201	7.0
阜新	1286	51	65	13	7	6	12403	7.7
辽阳	1548	55	33	22	8	7	14555	9.2
盘锦	1154	58	34	53	4	2	10091	7.3
铁岭	2752	78	105	17	8	6	17229	7.4
朝阳	4165	115	142	17	8	8	20948	7.4
葫芦岛	2509	107	95	17	4	5	18171	7.6

23-7 各地区卫生机构人员数

(2021年)

单位：人

地区	卫生机构人员合计	#卫生技术人员	#执业(助理)医师	#注册护士	每千人口执业(助理)医师数	每千人口注册护士数
总计	**417681**	**334026**	**132022**	**152697**	**3.12**	**3.61**
沈阳	108079	91287	35737	42697	3.92	4.68
大连	75423	61651	24331	29428	3.25	3.93
鞍山	27311	21909	8219	10288	2.50	3.13
抚顺	16505	13593	5214	6319	2.87	3.47
本溪	14047	11592	3976	5851	3.07	4.51
丹东	20974	16726	6835	7245	3.17	3.37
锦州	19985	15419	6709	6288	2.51	2.36
营口	21057	15901	6674	6977	2.89	3.02
阜新	16307	12402	4690	5716	2.90	3.53
辽阳	16461	13084	5269	5885	3.34	3.73
盘锦	14411	11329	4527	5107	3.26	3.67
铁岭	20116	14302	5834	6094	2.50	2.62
朝阳	27718	20557	8358	8548	2.94	3.01
葫芦岛	19287	14274	5649	6254	2.35	2.60

主要统计指标解释

文化事业机构 指从事专业文化工作和为专业文化工作服务的独立建制的单位。不包括这些单位另外举办独立核算的其他机构和各部门的业余文化组织。该指标主要反映文化事业机构发展规模水平。

艺术表演团体 指从事戏曲、音乐、舞蹈、杂技等专业艺术表演，有独立账户的单位，不包括半工半艺、半农半艺和民间职业剧团。该指标主要反映全国专业艺术表演团体发展规模水平。

艺术表演观众人数(人次) 指售票、包场演出或民族地区免费演出的艺术表演观众人次数，不包括彩排审查和内部观摩演出的观看人次数。该指标主要反映全国观看专业艺术表演团体演出的效益规模。

卫生机构 包括医疗机构、疾病预防控制中心(防疫站)、采供血机构、卫生监督及监测(检验)机构、医学科研和在职培训机构、健康教育所等。

医疗机构 包括医院、社区卫生服务中心(站)、疗养院、卫生院、门诊部、诊所(卫生所、医务室)、妇幼保健院(所、站)、专科疾病防治院(所、站)、急救中心(站)和临床检验中心。医疗机构分为非赢利性医疗机构和赢利性医疗机构。

医院 包括综合医院、中医医院、中西医结合医院、民族医院、各类专科医院和护理院。

卫生技术人员 指卫生机构中医生、护理人员、药剂人员、检验人员等卫生技术人员。

医生 指在医疗、预防保健机构工作且取得《执业医师证书》的执业医师和执业助理医师。

卫生服务总费用 反映全国当年用于医疗卫生保健服务所消耗的资金总额，用筹资来源法测算。政府预算卫生支出指各级政府用于卫生事业的财政预算拨款。社会卫生支出指政府预算外的卫生资金投入，主要表现为社会医疗保险。其中包括如企事业单位和乡村集体经济单位举办的医疗卫生机构的设施建设费，企业职工医疗卫生费，行政事业单位负担的职工公费医疗超支部分等。居民个人卫生支出指城乡居民用自己可支配的经济收入支付的各项医疗卫生费用和医疗保险费用。

二十四、其他社会活动

Chapter 24 Others Social Activities

24-1 历届省人民代表大会的代表人数

届 别	年份	代表总数			占代表总数比重(%)	
			#女代表	#少数民族代表	#女代表	#少数民族代表
一 届	1954	588		100		17.0
二 届	1959	566	107	39	18.9	6.9
三 届	1964	795				
四 届	1975					
五 届	1978	1200	292	160	24.3	13.3
六 届	1983	900	219	146	24.3	16.2
七 届	1988	725	142	118	19.6	16.3
八 届	1993	745	159	115	21.3	15.4
九 届	1998	622	123	97	19.8	15.6
十 届	2003	619	108	102	17.5	16.5
十一届	2008	616	115	87	18.7	14.1
十二届	2013	619	140		22.6	
十三届	2018	610			15.1	13.6

24-2 历届省政治协商会议的委员人数

届 别	年份	委员总数			占委员总数比重(%)	
			#中国共产党委员	#少数民族委员	#中国共产党委员	#少数民族委员
一 届	1954	122	28	16	23.0	13.1
二 届	1959	376	123	32	32.7	8.5
三 届	1963	403	125	31	31.0	7.7
四 届	1977	586	245	57	41.8	9.7
五 届	1983	595	220	65	37.0	10.9
六 届	1988	696	245	83	35.2	11.9
七 届	1993	695	242	81	34.8	11.7
八 届	1998	723	283	97	39.1	13.4
九 届	2003	750	284	98	37.9	13.1
十 届	2008	796	285	119	35.8	15.0
十一届	2013	845	321	129	38.0	15.3
十二届	2018	604	220	125	36.4	20.7

24-3 律师、公证、调解工作基本情况

项　　目	单位	2010年	2011年	2012年	2013年	2014年	2015年	2016年	2017年	2018年	2019年	2020年	2021年
一、律师工作													
律师事务所	个	644	685	719	741	820	883	930	996	1062	1142	1216	1289
律师	人	6648	7430	7925	8540	9130	9667	10765	11965	12797	15033	16269	18105
专职律师	人	5985	6771	7204	7762	8210	8820	9515	10349	11175	11934	12966	14061
兼职律师	人	339	349	337	339	379	387	397	421	425	457	487	497
聘请担任常年法律顾问的单位	处	8243	7963	8745	9221	10800	9958	10022	11336	12297	11829	13678	14289
民事诉讼代理	件	43807	41708	48999	52395	56301	56982	68136	79054	87866	103710	124070	150399
经济诉讼代理	件												
行政诉讼代理	件	1535	1486	1769	1868	1848	2012	3401	4729	4013	4178	4984	6580
刑事 辨 护	件	19336	21584	20660	22402	25473	24990	19137	23699	14163	16805	46529	50093
非诉讼法律事务	件	14339	17649	13095	12999	17986	12252	12228	14756	20016	24813	37841	35686
二、公证工作													
公证处	个	106	106	108	108	105	103	103	94	93	93	93	93
公证人员	人	1118	1219	1260	1356	1390	1399	1408	1483	1371	1317	1350	1384
#公证员	人	510	523	516	521	519	509	487	422	424	397	400	414
公证员助理	人	252	342	342	451	528	525	542	623	646	631	622	645
办理公证文书	万件	74.8	74.7	71.6	77.0	64.7	28.8	66.1	59.9	49.1	47.7	32.9	33.2
三、人民调解工作													
司法所工作人员	人	3449	3824	4744	3603	4842	5024	4777	4688	4184	4526	4885	5013
人民调解委员会	个	20267	20008	20118	20289	19523	19516	19470	19399	18926	18590	18420	18361
调 解 人 员	万人	17.2	15.2	15.1	15.4	13.6	13.4	13.2	11.6	9.7	9.0	8.1	8.2
调解案件数	万件	15.3	17.7	16.1	18.5	23.1	21.9	14.1	10.3	9.0	11.6	16.1	19.5

24-4 公证文书分类

(2021年)

分　类	办证件数(件)	比重(%)
合　计	**344003**	
合同(协议)	11970	0.03
继承	105809	0.31
委托	38528	0.11
声明	22855	0.07
赠与	1592	0.005
遗嘱	3840	0.01
现场监督	548	0.002
婚姻状况、亲属关系、收养关系	10003	0.03
出生、生存、死亡	11682	0.03
身份、经历、学历、学位、职务、职称	8112	0.02
有无违法犯罪记录	12530	0.04
公司章程	6	0.00002
保全证据	10174	0.03
证书、执照	29263	0.09
签名、印鉴	6269	0.02
文本相符	25044	0.07
赋予强制执行效力	16255	0.05
执行证书	1103	0.003
抵押登记	13	0.00004
提存	219	0.001
保管	10	0.00003
司法辅助事务	11495	0.03
其他	16683	0.05

24-5 结婚登记和离婚情况

年 份	准予登记结婚(对)			准予登记离婚(对)	离婚率(‰)
		初婚(人)	再婚(人)		
1984	387829	748957	26701	8810	0.24
1985	419729	811197	28261	8963	0.24
1986	440722	845008	36436	14416	0.39
1987	472011	900299	43723	19006	0.51
1988	415219	785176	45262	22379	0.59
1989	395049	739189	43448	22530	0.59
1990	383976	710383	57569	24459	0.63
1991	340245	628962	51528	23541	0.60
1992	411425	772983	49867	24565	0.62
1993	330506	612579	48433	26825	0.68
1994	294877	539149	50605	29890	0.75
1995	304103	553927	54279	29554	0.74
1996	308500	560821	56179	30279	0.75
1997	275310	496601	54019	32828	0.81
1998	264684	473115	56253	34772	0.85
1999	257598	462363	52833	34657	0.85
2000	272644	482897	62391	35300	0.86
2001	253586	448154	59018	40376	0.97
2002	235007	402638	67376	40731	0.98
2003	250933	427360	74506	49299	1.18
2004	290391	496718	84064	74093	1.78
2005	257021	426672	92552	79680	1.90
2006	308815	516992	106182	77273	1.84
2007	288947	481636	101872	86000	2.03
2008	321107	519911	128017	92354	2.18
2009	381661	624029	139293	101452	2.37
2010	321965	504961	138969	99762	2.39
2011	372640	610054	135226	111152	2.45
2012	372862	669605	76119	113198	2.46
2013	369619	671778	67460	123743	2.47
2014	345097	627524	62670	126197	2.90
2015	316977	575281	58673	126826	2.88
2016	312562	554958	70166	136114	3.40
2017	291851	519388	64314	144081	3.20
2018	280773	456354	105192	152080	3.48
2019	255586	322348	188824	157509	3.62
2020	224299	327052	121546	134491	3.16
2021	214440	333974	94906	76285	1.84

24-6 各地区结婚登记和离婚情况

(2021年)

地区	准予登记结婚(对)	初婚(人)	再婚(人)	准予登记离婚(对)
全省	**214440**	**333974**	**94906**	**76285**
沈阳	49242	78715	19769	20492
大连	33299	52813	13785	10724
鞍山	16689	25964	7414	5810
抚顺	8484	12445	4523	3565
本溪	5593	8180	3006	2136
丹东	11428	17454	5402	3531
锦州	12150	17484	6816	4120
营口	12509	19883	5135	4245
阜新	8091	11978	4204	3124
辽阳	9192	15558	2826	3073
盘锦	7275	11103	3447	2782
铁岭	13793	21161	6425	4782
朝阳	14139	22084	6194	3722
葫芦岛	12010	18320	5700	3925
沈抚示范区	546	832	260	254

24-7 基本养老保险参保人员情况

年份、地区	城镇职工基本养老保险(万人)				城乡居民社会养老保险(万人)	城镇企业职工基本养老保险(亿元)		城乡居民基本养老保险(亿元)	
	合计	在职职工	#企业(含其他)	离退休人数		基金收入	基金支出	基金收入	基金支出
2000	1029.9	748.9	679.7	281.0		181.4	166.3		
2001	1022.8	733.9	666.7	288.9		192.1	179.5		
2002	1039.2	737.0	669.6	302.2		250.1	201.1		
2003	1070.4	754.9	688.6	315.5		262.7	217.7		
2004	1101.0	767.2	695.1	333.8		301.5	246.4		
2005	1193.6	832.8	760.5	360.8		354.9	288.2		
2006	1248.8	865.8	790.2	383.0		425.9	352.7		
2007	1299.7	891.6	825.8	408.1		511.9	428.6		
2008	1406.3	976.4	910.6	429.9		664.8	529.9		
2009	1457.4	1008.0	943.8	449.4		739.1	647.0		
2010	1496.9	1024.2	961.5	472.7		837.6	759.3		
2011	1556.6	1070.1	1008.2	486.5		1039.4	883.6	29.4	16.6
2012	1609.2	1098.8	1036.9	510.4		1212.3	1052.6	41.0	26.6
2013	1729.5	1171.7	1109.5	557.8		1327.0	1150.8	42.8	31.1
2014	1769.2	1167.3	1107.3	601.9	1032.0	1431.9	1372.3	45.8	37.4
2015	1780.2	1139.7	1079.3	640.5	1034.7	1498.7	1604.1	63.1	56.3
2016	1800.2	1120.5	1056.7	679.7	1039.6	1526.8	1781.2	59.0	53.5
2017	1949.8	1195.5	1063.9	754.4	1036.2	1614.7	1967.7	61.2	54.2
2018	1994.8	1205.2	1080.4	789.6	1040.8	1927.1	2182.9	71.7	67.6
2019	2026.2	1210.3	1085.0	816.0	1057.7	2534.0	2377.0	77.7	71.4
2020	2049.0	1209.3	1085.6	839.7	1058.4	2470.7	2548.1	84.8	76.5
2021	2084.6	1227.6	1103.2	857.0	1040.9	2651.8	2732.2	82.9	78.2
沈 阳	443.8	293.0	275.7	150.8	119.6		505.1	13.6	12.4
大 连	349.7	226.9	212.5	122.8	126.0		432.2	19.9	17.2
鞍 山	130.5	78.2	69.3	52.3	80.5		151.8	4.5	4.9
抚 顺	97.3	46.0	41.0	51.4	43.2		163.9	2.9	2.7
本 溪	75.8	39.3	35.1	36.4	30.0		118.4	2.1	1.7
丹 东	112.7	56.4	50.3	56.3	40.6		148.4	3.4	3.3
锦 州	102.3	58.0	50.1	44.3	100.5		122.4	5.3	6.1
营 口	109.9	67.8	62.1	42.1	58.0		118.4	4.2	3.7
阜 新	64.3	35.0	30.1	29.3	47.1		75.6	2.4	3.1
辽 阳	80.5	44.2	39.6	36.3	31.7		102.9	3.1	2.8
盘 锦	70.0	40.6	36.1	29.4	23.7		67.1	1.1	0.8
铁 岭	78.7	44.3	37.1	34.4	94.6		88.6	5.4	5.9
朝 阳	80.1	51.2	42.8	28.9	140.4		76.7	8.8	7.7
葫芦岛	76.4	47.6	41.2	28.7	105.0		81.2	6.3	5.9
省本级	212.5	99.1	80.3	113.4			479.5		

24-8 各地区失业保险情况

单位：万人

年份、地区	参保人数	企业	国有企业	集体企业	其他企业	事业单位	领取失业保险金人数
2000	694.0	638.4	415.6	164.2	24.8	54.5	18.2
2001	648.0	590.0	364.6	158.4	34.2	66.5	20.3
2002	591.1	517.2	315.7	128.4	37.7	73.9	82.0
2003	622.2	486.3	248.4	124.6	77.4	102.5	67.0
2004	616.2	467.3	214.0	120.7	94.2	108.8	81.7
2005	607.7	454.6	204.4	119.2	93.9	108.9	46.5
2006	614.1	456.3	209.2	116.1	92.8	109.0	25.9
2007	622.1	458.9	209.3	115.9	93.9	106.2	19.6
2008	622.7	472.1	199.9	117.1	111.0	99.4	15.7
2009	625.3	473.8	207.3	112.5	125.5	97.0	13.4
2010	626.9	489.8	202.3	85.9	134.6	95.9	11.4
2011	632.3	495.7	194.6	94.8	143.5	97.4	9.7
2012	660.7	517.6	209.7	83.9	158.0	97.0	7.4
2013	663.2	520.1	202.0	85.9	232.1	92.6	7.5
2014	664.3	522.4	203.9	83.7	234.8	88.7	8.5
2015	665.3	521.9	197.1	76.2	171.5	89.1	9.7
2016	665.4	527.5	197.5	76.6	173.2	88.2	10.7
2017	679.9	540.8	206.7	74.3	177.3	88.4	10.7
2018	679.6	537.0	205.0	72.3	173.4	85.5	11.2
2019	668.2	533.8	184.1	68.5	196.9	80.0	12.6
2020	677.0	554.8	167.6	167.6	62.3	258.1	18.4
2021	690.9	600.4	140.1	51.0	365.9	72.5	19.2
沈 阳	155.2	137.9	45.1	24.7	57.7	13.1	5.3
大 连	171.7	152.4	18.1	2.1	110.8	16.0	5.1
鞍 山	53.1	48.7	7.2	1.7	37.7	4.4	1.3
抚 顺	42.0	39.7	7.8	2.4	28.8	2.3	1.1
本 溪	36.4	32.0	18.1	8.2	4.9	3.1	0.5
丹 东	22.0	20.6	4.3	2.8	13.2	1.1	0.5
锦 州	31.1	24.1	10.5	5.3	7.1	7.0	0.4
营 口	23.9	20.9	3.0	0.4	14.3	1.5	1.0
阜 新	16.7	10.5	4.1	0.2	5.9	3.6	1.3
辽 阳	22.4	18.7	4.6	1.5	10.8	3.4	0.6
盘 锦	35.3	29.2	1.5	0.1	27.4	3.4	0.6
铁 岭	26.4	24.6	4.6	0.5	18.9	1.8	0.5
朝 阳	22.0	15.6	3.1	0.4	12.0	5.2	0.4
葫芦岛	22.6	17.4	4.5	0.8	12.1	4.6	0.7

注：表中数据来自人社厅(2012年铁岭不含昌图、葫芦岛不含绥中)。铁岭含昌图，葫芦岛含绥中。各市之和与全省总数之间的差值为省本级数据。

24-9 城镇基本医疗保险情况

单位：万人、亿元

年份、地区	参保人数				基金收支情况	
	合计	在职职工	退休人员	城镇居民	基金收入	基金支出
2000	108.1	71.5	36.6		7.5	5.2
2001	304.3	216.9	87.4		11.6	7.0
2002	619.0	430.3	188.7		27.1	15.5
2003	697.6	480.4	217.2		38.0	26.3
2004	783.7	536.4	247.3		53.7	39.8
2005	864.2	584.2	280.0		68.6	55.2
2006	959.3	651.9	307.4		91.5	66.6
2007	1200.2	741.3	346.5	112.4	116.2	84.3
2008	1507.4	822.8	386.5	298.1	153.7	109.9
2009	1895.7	902.6	444.5	548.6	202.5	146.9
2010	2056.2	944.6	464.1	647.5	215.7	181.8
2011	2120.1	1005.3	494.1	620.7	257.4	227.9
2012	2251.9	1062.1	524.8	664.9	301.8	272.1
2013	2333.3	1077.9	546.9	708.5	348.3	312.2
2014	2387.2	1072.5	576.7	738.0	377.7	349.4
2015	2396.2	1053.7	597.7	744.8	414.9	394.2
2016	2376.0	1022.7	612.9	740.4	440.5	410.8
2017	2277.5	967.5	608.4	701.6	496.9	464.0
2018	2258.3	945.1	622.8	690.4	538.9	497.8
2019	3894.6	911.1	641.0	2342.5	735.4	676.9
2020	3867.5	937.2	651.1	2279.1	757.7	626.9
2021	3808.3	902.4	668.6	2237.3	818.9	707.3
沈　阳	751.8	209.2	144.9	397.6	223.6	189.6
大　连	628.7	236.4	122.7	269.6	197.3	165.2
鞍　山	299.3	46.9	54.3	198.1	49.0	39.2
抚　顺	174.5	32.7	52.4	89.4	32.5	26.9
本　溪	121.3	29.9	34.6	56.8	22.0	18.1
丹　东	214.3	44.7	36.3	133.3	34.6	31.8
锦　州	241.7	38.7	40.3	162.7	34.9	29.7
营　口	195.6	62.4	30.3	102.9	37.3	35.2
阜　新	152.8	28.2	27.9	96.7	17.3	21.6
辽　阳	159.8	39.7	27.5	92.6	28.1	26.1
盘　锦	120.8	36.3	18.3	66.1	29.0	25.7
铁　岭	241.1	28.0	25.5	187.6	30.1	28.2
朝　阳	273.7	29.8	23.3	220.6	37.1	33.3
葫芦岛	222.1	32.8	26.2	163.1	36.5	30.4
省本级	10.8	6.7	4.1		9.5	6.1

注：1.2019年起原城镇居民医疗与农村合作医疗合并，称为城乡居民医疗保险。
2.基金收支情况含生育。

主要统计指标解释

离婚率 指当年离婚人数占年平均人口的比重，计算公式为：

离婚率=当年离婚对数×2/年平均人口数×1000‰

律师 指依法取得律师执业证书，担任法律顾问，民事(刑事、行政)案件代理人、刑事案件辩护人、办理非诉讼业务，解答法律询问，代写法律事务文书等，为社会提供法律服务的人员。

公证人员 指在公证处工作的人员总称，包括公证处主任、副主任、公证员、公证员助理(助理公证员)和其他从事辅助性工作的人员。

公证文书 指公证处根据当事人申请，依照事实和法律，按照法定程序制作的，具有法律效力的司法证明文书。根据公证书用途和使用地，公证书分为国内公证书、国内经济公证书、涉外民事公证书、涉外经济公证书四类。

基本养老保险

1.（参保）职工人数：指报告期末按照国家法律、法规和有关政策规定参加基本养老保险并在社保经办机构已建立缴费记录档案的职工人数，包括中断缴费但未终止养老保险关系的职工人数，不包括只登记未建立缴费记录档案的人数。

2.（参保）离退休人员人数：指报告期末参加基本养老保险的离休、退休和退职人员的人数。

3.基本养老保险基金收入：指根据国家有关规定，由纳入基本养老保险范围的缴费单位和个人按国家规定的缴费基数和缴费比例缴纳的养老保险基金，以及通过其他方式取得的形成基金来源的收入。包括单位和职工个人缴纳的基本养老保险费、基本养老保险基金利息收入、上级补助收入、下级上解收入、转移收入、财政补贴和其他收入。

4.基本养老保险基金支出：指按照国家政策规定的开支范围和开支标准从养老保险基金中支付给参加基本养老保险的离休、通休、退职人员个人的养老金、丧葬抚恤补助，以及由于保险关系转移、上下级之间调剂资金等原因而发生的支出。包括离休金、退休金、退职金、各种补贴、医疗费、死亡丧葬补助费、抚恤救济费、社会保险经办机构管理费、补助下级支出、上解上级支出、转移支出、其他支出等。

5.基本养老保险基金累计结余：指截止报告期末基本养老保险基金收支相抵后的累计余额。

离休、退休、退职人员 指正式办理了离休、退休、退职手续，并享受相应的离休、退休、退职待遇的人员。

基本医疗保险

1.参保人数：指报告期末按国家有关规定参加基本医疗保险的人数。包括参加保险的职工人数和退休人员人数。

2.基金收入：指根据国家有关规定，由纳入基本医疗保险范围的缴费单位和个人，按国家规定的缴费基数和缴费比例缴纳的基金，以及通过其他方式取得的形成基金来源的款项，包括：单位缴纳的社会统筹基金收入、个人缴纳的个人账户基金收入、财政补贴收入、利息收入、其他收入。

3.基金支出：指按照国家政策规定的开支范围和开支标准从社会统筹基金中支付给参加基本医疗保险的职工和退休人员的医疗保险待遇支出，和从个人账户基金中支付给参加基本医疗保险的职工和退休人员的医疗费用支出，以及其他支出。包括：住院医疗费用支出、门急诊医疗费用支出、个人账户基金支出、其他支出。

4.基金累计结余：指截止报告期末基本医疗保险的社会统筹和个人账户基金累计结余金额。包括银行存款、财政专户、债券投资和其他。

失业保险

1.参保人数：指报告期末按照国家法律、法规和有关政策规定参加了失业保险的城镇企业事业单位的职工及地方政府规定参加失业保险的其他人员的人数。

2.失业保险基金收入：指按照规定从企业、事业及其他单位筹集的失业保险费及其他并入失业保险基金收入的总额。包括单位和个人缴纳的失业保险费、失业保险基金利息收入、上级补助收入、下级上解收入、转移收入、财政补贴和其他收入。

3.失业保险基金支出：指报告期内为保障失业人员和下岗职工基本生活、促进其再就业等支出的基金总额。包括失业救济金、医疗费、死亡丧葬补助费、抚恤救济费、转业训练费支出、失业保险经办机构管理费、补助下级支出、上解上级支出、转移支出和其他支出。

4.基金累计结余：指截止报告期末失业保险基金收支相抵后的累计余额。

工伤保险

1.参加保险人数：指报告期末依据国家有关规定参加工伤保险的职工人数。

2.享受保险待遇人数：指劳动者因工负伤致残、死亡或因患职业病致残，根据有关规定享受工伤保险待遇职工或供养直系亲属人数。包括伤残人数、职业病人数、因工死亡人数、供养直系亲属人数。

3.基金收入：指根据国家有关规定，由参加工伤保险的单位按国家规定的缴费基数和缴费比例缴纳的工伤保险基金，以及通过其他形式取得的形成基金来源的款项。包括：单位缴纳的社会统筹基金收入、财政补贴收入、利息收入、其他收入。

4.基金支出：指按照国家政策规定的开支范围和开支标准从工伤保险基金中支付给参加工伤保险的人员及供养直系亲属工伤保险待遇支出及其他支出。包括工伤医疗费、伤残补助金、工亡补助金、护理费、丧葬补助费、工伤预防费用、职业康复费用和其他支出。

5.基金累计结余：指截止报告期末工伤保险基金累计结余金额。包括银行存款、财政专户、债券投资和其他。

生育保险

1.参保人数：指报告期末依据有关规定参加生育保险的职工人数。

2.基金收入：指根据国家有关规定，由参加生育保险的单位按照国家规定的缴费基数和缴费比例缴纳的生育保险基金，以及通过其他方式取得的形成基金来源的款项，包括：单位缴纳的基金收入、利息收入和其他收入。

3.基金支出：指按照国家政策规定的开支范围和开支标准，从生育保险基金中支付给参加生育保险的职工，因妊娠、分娩和计划生育手术而享受的待遇及其他支出。包括：生育津贴、医疗费用支出及其他支出。

4.基金累计结余：指截止报告期末生育保险基金累计结余金额。包括银行存款、财政专户、债券投资和其他。

离休、退休、退职人员保险福利费用 指离休、退休、退职人员实际得到的生活费用总额，包括从社会保险经办机构和单位得到的费用。

1.离休金：指按规定支付给离休人员的生活费用。

2.退休金：指按规定支付给退休人员的生活费用。

3.退职生活费：指按规定支付给退职人员的生活费用。

4.医疗卫生费：指单位直接支付给离休、退休、退职人员的医疗费、住院费以及住院伙食补助等费用。

5.其他：指离休金、退休金、退职生活费和医疗卫生费以外的其他保险福利费用，如丧葬抚恤救济费、生活补贴、物价补贴、冬季取暖补贴等。

附　录

Appendix

附录1　2021年各省(市、区)

地区	地区生产总值				第一产业增加值		第二产业增加值	
	绝对值(亿元)	位次	比上年增长(%)	位次	绝对值(亿元)	位次	绝对值(亿元)	位次
全　国	**1143669.7**		**8.1**		**83085.5**		**450904.5**	
北　京	40269.6	13	8.5	6	111.3	30	7268.6	21
天　津	15695.0	24	6.6	23	225.4	28	5854.3	24
河　北	40391.3	12	6.5	25	4030.3	8	16364.2	11
山　西	22590.2	20	9.1	3	1286.9	24	11213.1	15
内蒙古	20514.2	21	6.3	27	2225.2	19	9374.2	19
辽　宁	**27584.1**	**17**	**5.8**	**30**	**2461.8**	**15**	**10875.2**	**17**
吉　林	13235.5	26	6.6	23	1553.8	22	4768.3	25
黑龙江	14879.2	25	6.1	29	3463.0	11	3975.3	26
上　海	43214.9	10	8.1	12	100.0	31	11449.3	14
江　苏	116364.2	2	8.6	5	4722.4	5	51775.4	1
浙　江	73515.8	4	8.5	6	2209.1	20	31188.6	4
安　徽	42959.2	11	8.3	8	3360.6	12	17613.2	10
福　建	48810.4	8	8.0	14	2897.7	13	22866.3	6
江　西	29619.7	15	8.8	4	2334.3	18	13183.2	13
山　东	83095.9	3	8.3	8	6029.0	1	33187.2	3
河　南	58887.4	5	6.3	27	5620.8	3	24331.6	5
湖　北	50012.9	7	12.9	1	4661.7	6	18952.9	8
湖　南	46063.1	9	7.7	16	4322.9	7	18126.1	9
广　东	124369.7	1	8.0	14	5003.7	4	50219.2	2
广　西	24740.9	19	7.5	17	4015.5	9	8187.9	20
海　南	6475.2	28	11.2	2	1254.4	25	1238.8	30
重　庆	27894.0	16	8.3	8	1922.0	21	11184.9	16
四　川	53850.8	6	8.2	11	5661.9	2	19901.4	7
贵　州	19586.4	22	8.1	12	2730.9	14	6984.7	22
云　南	27146.8	18	7.3	18	3870.2	10	9589.4	18
西　藏	2080.2	31	6.7	21	164.1	29	757.3	31
陕　西	29801.0	14	6.5	25	2409.4	16	13802.5	12
甘　肃	10243.3	27	6.9	20	1364.7	23	3466.6	27
青　海	3346.6	30	5.7	31	352.7	27	1332.6	29
宁　夏	4522.3	29	6.7	21	364.5	26	2021.6	28
新　疆	15983.6	23	7.0	19	2356.1	17	5967.4	23

注：1. 地区生产总值绝对值按现价计算，速度按不变价计算。
2. 工业增加值统计范围是全部国有及规模以上非国有工业企业。
3. 本部分数据为各地(含辽宁省)快报数，与年报略有出入。
4. 不包括港澳台数据，以下各表同。

主要经济指标

第三产业增加值		人均地区生产总值				全社会固定资产投资		商品房销售面积		商品房销售额	
绝对值(亿元)	位次	绝对值(元)	位次	比上年增长(%)	位次	比上年增长(%)	位次	绝对值(万平方米)	位次	绝对值(亿元)	位次
609679.7		**80975.8**		**8**		**4.9**		**179433.4**		**181929.9**	
32889.6	5	183980.0	1	8.5	5	4.9	21	1107.1	27	4486.5	15
9615.4	22	113732.0	5	7.0	21	4.8	22	1435.4	25	2322.8	21
19996.7	13	54172.0	27	6.5	24	3.0	25	6133.1	14	5052.9	14
10090.2	20	64821.0	17	9.4	3	8.7	10	3204.4	19	2170.9	22
8914.8	23	85422.0	10	6.6	23	9.8	8	1858.9	23	1214.8	27
14247.1	**15**	**65026.0**	**16**	**6.4**	**26**	**2.6**	**26**	**3433.9**	**18**	**3066.4**	**19**
6913.4	26	55450.0	26	8.3	7	11.0	4	1836.3	24	1291.0	26
7440.9	25	47266.0	30	8.2	8	6.4	14	1348.1	26	858.1	28
31665.6	6	173630.0	2	7.9	13	8.0	11	1880.5	22	6788.7	10
59866.4	2	137039.0	3	8.3	6	5.8	20	16551.8	1	21361.3	2
40118.1	4	113032.0	6	7.1	20	10.8	5	9990.6	7	19052.2	3
21985.4	12	70321.0	13	8.1	9	9.4	9	10460.9	6	8143.2	8
23046.3	11	116939.0	4	7.3	18	6.0	17	6976.4	11	8217.3	7
14102.2	16	65560.0	15	8.8	4	10.8	5	7676.2	10	5894.1	12
43879.7	3	81727.0	11	7.9	12	6.0	17	14272.8	2	12155.6	4
28934.9	7	59410.0	22	6.4	25	4.5	23	13277.2	5	8657.7	6
26398.4	9	86416.0	9	13.8	1	20.4	1	7940.8	9	7250.3	9
23614.1	10	69440.0	14	7.8	15	8.0	11	9188.8	8	6040.5	11
69146.8	1	98285.0	7	7.1	19	6.3	15	14011.3	3	22320.3	1
12537.5	19	49206.0	29	6.9	22	7.6	13	6178.3	13	3672.5	17
3982.0	28	63707.0	19	9.8	2	10.2	7	888.9	29	1559.2	23
14787.1	14	86879.0	8	7.8	14	6.1	16	6197.7	12	5391.3	13
28287.6	8	64326.0	18	8.0	10	5.9	19	13692.9	4	10796.7	5
9870.8	21	50808.0	28	8.0	11	-3.1	30	5586.0	15	3243.9	18
13687.2	17	57686.0	23	7.5	16	4.0	24	3880.8	17	2962.5	20
1158.8	31	56831.0	24	6.1	29	-14.2	31	140.8	31	121.7	31
13589.1	18	75360.0	12	6.3	28	-3.0	29	4260.1	16	4146.3	16
5412.0	27	41046.0	31	7.3	17	11.1	3	2224.1	21	1344.9	25
1661.4	30	56398.0	25	5.4	31	-2.9	28	386.2	30	294.4	30
2136.3	29	62549.0	20	6.1	30	2.2	27	1014.4	28	675.1	29
7660.2	24	61725.0	21	6.3	27	15.0	2	2398.6	20	1376.9	24

附录1 续表 1

地 区	居民消费价格指数(上年＝100)				农林牧渔业总产值			
	绝对值	位次	比上年增长(%)	位次	绝对值(亿元)	位次	比上年增长(%)	位次
全 国	**100.9**		**0.9**		**147013.4**		**7.9**	
北 京	101.1	21	1.1	21	269.5	29	2.8	29
天 津	101.3	26	1.3	26	509.3	28	2.1	30
河 北	101.0	19	1.0	19	7018.7	8	7.1	16
山 西	101.0	19	1.0	19	2134.0	24	9.9	5
内蒙古	100.9	12	0.9	12	3815.1	19	5.1	23
辽 宁	**101.1**	**21**	**1.1**	**21**	**4927.7**	**15**	**5.7**	**20**
吉 林	100.6	8	0.6	8	2972.3	21	7.5	13
黑龙江	100.6	8	0.6	8	6460.0	10	7.1	18
上 海	101.2	23	1.2	23	268.9	30	-6.7	31
江 苏	101.6	31	1.6	31	8279.7	6	4.3	27
浙 江	101.5	29	1.5	29	3579.2	20	3.0	28
安 徽	100.9	12	0.9	12	6004.3	12	9.3	6
福 建	100.7	10	0.7	10	5201.0	13	5.1	22
江 西	100.9	12	0.9	12	3998.1	18	8.9	10
山 东	101.2	23	1.2	23	11468.0	1	8.6	12
河 南	100.9	12	0.9	12	10501.2	2	7.1	17
湖 北	100.3	3	0.3	3	8296.4	5	14.3	1
湖 南	100.5	7	0.5	7	7662.4	7	10.4	4
广 东	100.8	11	0.8	11	8305.8	4	7.1	15
广 西	100.9	12	0.9	12	6524.4	9	9.2	8
海 南	100.3	3	0.3	3	2014.8	25	5.1	24
重 庆	100.3	3	0.3	3	2935.6	22	9.2	7
四 川	100.3	3	0.3	3	9383.3	3	7.5	14
贵 州	100.1	1	0.1	1	4692.0	16	9.2	9
云 南	100.2	2	0.2	2	6351.8	11	10.4	3
西 藏	100.9	12	0.9	12	255.3	31	5.6	21
陕 西	101.5	29	1.5	29	4313.4	17	6.7	19
甘 肃	100.9	12	0.9	12	2439.5	23	11.3	2
青 海	101.3	26	1.3	26	528.5	27	4.5	26
宁 夏	101.4	28	1.4	28	759.8	26	4.8	25
新 疆	101.2	23	1.2	23	5143.1	14	8.8	11

粮食		肉类		猪肉		牛肉		羊肉		原油		天然气	
绝对量(万吨)	位次	绝对量(万吨)	位次	绝对量(万吨)	位次	绝对量(万吨)	位次	绝对量(万吨)	位次	绝对量(万吨)	位次	绝对量(亿立方米)	位次
68284.7		**8990.0**		**5295.9**		**697.5**		**514.1**		**19888.1**		**2075.8**	
37.8	31	4.4	31	2.6	30	0.4	30	0.2	31			4.3	18
249.9	26	30.5	28	17.1	26	2.8	26	1.0	29	3407.0	1	39.0	10
3825.1	7	464.3	6	265.7	7	55.8	3	33.9	3	544.6	9	5.3	16
1421.2	16	135.4	21	88.4	20	9.0	21	10.4	14			123.4	6
3840.3	6	277.3	16	67.4	21	68.7	1	113.7	1	42.1	18	289.7	4
2538.7	**12**	**435.4**	**10**	**238.8**	**10**	**31.5**	**10**	**6.9**	**19**	**1054.2**	**7**	**7.9**	**14**
4039.2	5	274.6	17	142.4	16	40.8	7	7.6	17	414.2	10	21.4	11
7867.7	1	300.4	14	184.8	13	50.7	4	15.0	11	2945.5	3	50.5	9
94.0	30	9.1	30	7.1	28	0.2	31	0.3	30	50.9	16	17.2	12
3746.1	8	306.5	13	175.2	14	2.8	25	6.6	20	151.3	13	0.9	23
620.9	23	103.6	24	65.2	22	1.7	29	2.4	25				
4087.6	4	456.3	8	238.7	11	11.2	20	21.9	8			2.3	21
506.4	24	286.5	15	124.3	18	2.6	27	2.3	26				
2192.3	13	345.0	12	238.5	12	16.7	16	2.9	24				
5500.7	3	819.3	1	355.9	5	61.3	2	33.0	5	2210.7	5	6.2	15
6544.2	2	646.8	3	426.8	3	35.5	9	28.9	6	234.7	11	2.9	20
2764.3	11	425.5	11	318.0	6	15.8	17	9.7	16	53.2	15	1.3	22
3074.4	10	562.0	4	443.1	2	21.3	13	17.5	10			0.0	26
1279.9	18	457.4	7	263.2	8	4.4	24	2.0	27	1744.7	6	132.5	5
1386.5	17	441.0	9	245.2	9	14.0	18	4.0	23	46.8	17	0.2	24
146.0	27	66.9	25	30.5	25	2.1	28	1.1	28	37.3	19	8.0	13
1092.8	22	196.6	20	142.0	17	7.6	23	6.9	18			87.1	7
3582.1	9	664.0	2	460.5	1	36.9	8	27.1	7	9.2	20	522.2	1
1094.9	21	228.2	18	166.2	15	23.6	12	4.9	22			5.2	17
1930.3	14	488.1	5	360.4	4	42.0	6	21.1	9				
106.2	29	27.4	29	1.3	31	20.5	15	5.1	21				
1270.4	19	128.0	23	97.6	19	9.0	22	10.2	15	2552.8	4	294.1	3
1231.5	20	135.3	22	64.1	23	27.0	11	33.5	4	1029.1	8	4.2	19
109.1	28	40.0	26	6.0	29	21.2	14	12.3	12	234.0	12	62.0	8
368.4	25	35.3	27	9.1	27	11.8	19	11.5	13	135.3	14	0.2	25
1735.8	15	198.7	19	49.9	24	48.5	5	60.4	2	2990.4	2	387.6	2

附录1 续表 2

地区	生铁		粗钢		钢材		水泥		农用化肥	
	绝对量（万吨）	位次	绝对量（万吨）	位次	绝对量（万吨）	位次	绝对量（万吨）	位次	绝对量（万吨）	位次
全　国	**86856.8**		**103524.3**		**133666.8**		**237810.8**		**5543.6**	
北　京					203.4	28	258.1	31		
天　津	1818.4	15	1825.3	17	5991.7	6	632.0	29	56.0	23
河　北	20203.0	1	22496.5	1	29559.4	1	11354.6	11	201.6	12
山　西	5988.4	5	6740.7	5	6173.9	5	5688.6	18	383.3	5
内蒙古	2347.4	10	3117.9	11	2957.6	17	3667.9	22	395.0	4
辽　宁	**7024.7**	**4**	**7502.4**	**4**	**7759.1**	**4**	**4938.9**	**19**	**37.1**	**25**
吉　林	1366.0	18	1538.9	19	1790.6	21	2125.3	24	28.8	26
黑龙江	846.5	22	960.6	24	951.4	25	2188.6	23	73.6	18
上　海	1391.0	17	1577.1	18	1941.4	20	444.0	30	1.1	29
江　苏	10023.9	2	11925.0	2	15701.9	2	15402.1	3	178.7	13
浙　江	794.8	23	1455.6	21	3451.8	15	13638.0	6	80.8	17
安　徽	2911.6	7	3891.6	6	3820.3	12	15001.0	4	210.2	11
福　建	1145.2	20	2535.5	15	3980.5	10	10131.0	14	66.7	20
江　西	2315.6	11	2711.0	13	3480.9	14	10403.8	13	98.6	16
山　东	7524.4	3	7649.3	3	10667.6	3	16617.5	2	403.7	3
河　南	2746.7	8	3316.1	9	4336.0	9	11385.9	10	359.0	7
湖　北	2624.4	9	3656.1	8	3852.1	11	11872.8	7	582.2	1
湖　南	2177.4	12	2612.7	14	2979.7	16	10513.3	12	66.0	21
广　东	2053.6	14	3178.3	10	5111.2	8	17084.3	1	7.7	28
广　西	3015.3	6	3660.9	7	5282.1	7	11432.9	9	41.2	24
海　南							1937.5	25	67.0	19
重　庆	674.5	25	899.3	25	1310.5	23	6238.1	17	162.1	15
四　川	2092.0	13	2787.9	12	3496.2	13	14171.5	5	343.0	8
贵　州	375.4	27	461.9	27	811.2	26	9332.8	15	336.7	9
云　南	1711.6	16	2361.0	16	2646.4	18	11511.5	8	248.4	10
西　藏							991.6	28		
陕　西	1136.3	21	1520.8	20	2097.4	19	6698.5	16	166.4	14
甘　肃	789.2	24	1059.0	23	1080.6	24	4478.2	21	27.0	27
青　海	154.2	28	186.7	28	182.0	29	1107.1	27	494.3	2
宁　夏	457.6	26	596.3	26	582.3	27	1870.1	26	62.7	22
新　疆	1147.6	19	1299.9	22	1467.7	22	4693.4	20	365.1	6

汽车		营业收入		营业成本		利润总额		资产总计		负债合计	
绝对量（万辆）	位次	绝对值（亿元）	位次	绝对值（亿元）	位次	绝对值（亿元）	位次	绝对值（亿元）	位次	绝对值（亿元）	位次
2652.8		**1279226.5**		**1071247.1**		**87092.1**		**1412880.0**		**792289.9**	
135.5	8	28054.0	17	21710.0	18	3664.9	7	60393.9	5	26096.8	11
74.0	15	22571.2	20	19334.6	19	1456.9	21	22897.8	22	12386.3	23
110.0	9	52125.4	8	45918.9	7	2294.3	16	55395.6	7	33720.3	6
11.9	21	32396.2	15	25561.5	15	2949.9	13	55386.7	8	39431.9	5
5.5	24	23947.1	19	18271.5	21	3380.8	9	37260.6	16	21219.2	16
80.9	**12**	**36765.4**	**14**	**31070.5**	**14**	**1842.0**	**20**	**45261.1**	**14**	**27756.5**	**9**
242.4	3	14058.0	24	11608.6	24	1073.8	24	18846.1	24	10258.0	26
7.6	23	11253.1	25	9336.7	25	515.2	27	17732.9	25	10653.1	24
283.3	2	44173.0	11	36026.8	12	3032.0	12	51746.2	10	24912.9	12
77.6	14	149920.7	2	126829.6	2	9358.1	2	149340.8	2	79833.6	2
99.4	11	97967.6	4	81918.3	4	6788.7	3	110368.5	3	60931.7	4
150.3	7	44775.9	10	38191.0	10	2669.9	14	48960.0	11	27430.0	10
34.3	19	64743.0	5	55815.5	5	4353.3	6	46172.9	13	23859.7	14
43.6	18	43976.7	12	37969.9	11	3122.4	11	30357.9	18	16234.6	17
107.3	10	102271.5	3	88711.2	3	5268.8	4	109712.9	4	66996.9	3
52.8	17	54006.4	6	47301.5	6	2581.2	15	54479.5	9	31194.6	8
209.9	4	49215.7	9	41300.3	9	3189.5	10	46565.5	12	24289.5	13
31.9	20	42763.3	13	35350.4	13	2060.0	17	32485.2	17	16219.6	18
338.5	1	169785.1	1	141095.1	1	10927.6	1	169766.7	1	95018.8	1
190.1	6	21911.1	21	19081.5	20	1131.3	23	22802.3	23	14509.5	20
1.5	27	2625.7	30	2052.8	30	212.1	30	4281.6	30	2472.1	30
199.8	5	27118.9	18	22920.4	16	1877.5	19	24310.8	21	13685.9	22
72.7	16	52583.4	7	43160.9	8	4359.2	5	57922.3	6	31904.3	7
8.8	22	9712.5	26	7563.3	27	1063.5	25	16452.9	26	10291.4	25
1.8	25	17359.5	22	13735.8	22	1211.0	22	24804.5	20	13793.4	21
		401.7	31	291.3	31	48.9	31	2139.1	31	1139.0	31
80.1	13	29585.6	16	22821.7	17	3605.1	8	40875.3	15	22258.2	15
		9601.7	27	8075.2	26	516.5	26	12876.3	27	7457.9	28
		3186.7	29	2512.6	29	301.6	29	6481.8	29	4671.8	29
		6491.2	28	5389.8	28	462.6	28	11930.2	28	7695.6	27
1.6	26	15430.4	23	11718.5	23	1916.1	18	27860.3	19	15844.5	19

附录1 续表 3

地区	客运量		货运量		社会消费品零售总额		进出口总额			
	绝对量（万人）	位次	绝对量（万吨）	位次	绝对值（亿元）	位次	绝对值（亿元）	位次	比上年增长（%）	位次
全 国	**830256.6**		**5298499.1**		**440823.2**		**391008.5**		**21.4**	
北 京	36665.8	7	23424.8	29	14867.7	12	30438.4	5	30.6	8
天 津	12391.2	24	56435.4	24	3769.8	26	8567.4	9	16.3	30
河 北	15009.4	21	261208.4	6	13509.9	14	5415.6	16	21.5	20
山 西	11810.2	25	217622.9	9	7747.3	21	2230.3	21	48.3	4
内蒙古	6283.2	28	215975.3	11	5060.3	23	1235.6	26	17.2	25
辽 宁	**28289.5**	**11**	**189856.8**	**14**	**9783.9**	**18**	**7724.0**	**12**	**17.6**	**22**
吉 林	13470.3	23	53587.3	26	4216.6	24	1503.8	24	17.3	24
黑龙江	13479.5	22	55116.3	25	5542.9	22	1995.0	22	29.6	9
上 海	11125.1	26	154792.7	18	18079.3	11	40610.4	4	16.5	29
江 苏	67295.5	1	294678.0	5	42702.6	2	52130.6	2	17.1	26
浙 江	46355.0	6	328040.9	4	29210.5	4	41429.1	3	22.4	18
安 徽	27563.4	13	401415.3	1	21471.2	8	6920.2	13	26.9	11
福 建	19614.2	18	166113.1	16	20373.1	9	18449.6	7	30.9	7
江 西	24304.2	15	198685.1	13	12206.7	15	4980.4	18	23.7	14
山 东	29975.3	10	342728.1	3	33714.5	3	29304.1	6	32.4	6
河 南	50717.2	4	255551.2	7	24381.7	5	8208.1	10	22.9	15
湖 北	33039.9	8	214762.4	12	21561.4	7	5374.4	17	24.8	13
湖 南	50659.9	5	224465.5	8	18596.9	10	5988.6	14	22.6	17
广 东	53598.6	3	386540.0	2	44187.7	1	82680.3	1	16.7	28
广 西	27917.8	12	216168.3	10	8538.5	20	5930.6	15	21.8	19
海 南	8943.6	27	27990.7	28	2497.6	28	1476.8	25	57.7	3
重 庆	32754.1	9	144592.6	19	13967.7	13	8000.6	11	22.8	16
四 川	60287.2	2	184312.4	15	24133.2	6	9513.6	8	17.6	22
贵 州	25855.5	14	96989.3	21	8904.3	19	654.2	27	19.7	21
云 南	20582.4	17	135007.2	20	10731.8	16	3143.8	20	16.8	27
西 藏	939.5	31	4583.0	31	810.3	31	40.2	30	88.3	1
陕 西	20587.2	16	160694.8	17	10250.5	17	4757.8	19	25.9	12
甘 肃	15493.5	20	76108.8	22	4037.1	25	490.9	28	28.4	10
青 海	2474.2	30	17817.3	30	947.8	30	31.3	31	36.4	5
宁 夏	3574.7	29	46928.5	27	1335.1	29	214.0	29	73.4	2
新 疆	16025.6	19	73507.6	23	3584.6	27	1569.1	23	5.8	31

出口总额				城镇常住居民人均可支配收入				农村常住居民人均可支配收入			
绝对值(亿元)	位次	比上年增长(%)	位次	绝对值(元)	位次	比上年增长(%)	位次	绝对值(元)	位次	比上年增长(%)	位次
217347.6		**21.2**		**47412**		**8.2**		**18931**		**10.5**	
6118.5	7	31.2	8	81518	2	7.8	18	33303	3	10.5	14
3875.6	13	26.1	13	51486	6	8.0	16	27955	4	8.8	31
3029.8	17	20.2	21	39791	21	6.7	29	18179	15	10.4	20
1365.9	21	56.3	3	37433	27	7.6	21	15308	26	10.3	25
478.4	24	37.1	5	44377	11	7.3	24	18337	12	10.7	10
3312.6	**16**	**24.9**	**15**	**43051**	**13**	**6.6**	**30**	**19217**	**9**	**10.1**	**27**
353.5	26	21.5	20	35646	30	6.7	28	17642	19	9.8	29
447.7	25	24.4	16	33646	31	8.1	13	17889	18	10.6	11
15718.7	5	14.6	28	82429	1	7.8	17	38521	1	10.3	22
32532.3	2	18.6	24	57743	4	8.7	7	26791	5	10.7	9
30121.3	3	19.7	23	68487	3	9.2	3	35247	2	10.4	21
4094.8	12	29.5	10	43009	14	9.0	6	18372	11	10.5	16
10816.5	6	27.7	11	51140	7	8.4	10	23229	6	11.2	3
3671.8	14	25.8	14	41684	15	8.1	14	18684	10	10.0	28
17582.7	4	34.8	6	47066	8	7.6	19	20794	8	10.9	5
5024.1	10	23.3	18	37095	28	6.7	27	17533	21	8.8	30
3509.3	15	29.9	9	40278	19	9.7	2	18259	14	12.0	2
4212.7	11	27.5	12	44866	10	7.6	20	18295	13	10.3	24
50528.7	1	16.2	26	54854	5	9.1	4	22306	7	10.7	7
2939.1	18	8.6	31	38530	23	7.4	23	16363	23	10.4	17
332.6	27	20.1	22	40213	20	8.4	11	18076	17	11.0	4
5168.3	9	23.4	17	43502	12	8.7	8	18100	16	10.6	12
5708.7	8	22.7	19	41444	16	8.3	12	17575	20	10.3	23
487.1	23	13.0	30	39211	22	8.6	9	12856	30	10.4	18
1766.7	20	16.3	25	40905	17	9.1	5	14197	28	10.6	13
22.5	30	74.1	2	46503	9	13.0	1	16932	22	16.0	1
2566.1	19	33.0	7	40713	18	7.5	22	14745	27	10.7	8
96.9	29	13.2	29	36187	29	7.0	26	11433	31	10.5	15
17.1	31	38.9	4	37745	25	6.3	31	13604	29	10.2	26
174.8	28	101.7	1	38291	24	7.2	25	15337	25	10.4	19
1272.8	22	15.9	27	37642	26	8.0	15	15575	24	10.8	6

附录2 2021年省辖市

指标名称	单位	沈阳		大连		鞍山	
		全市	市辖区	全市	市辖区	全市	市辖区
一、行政区划							
所辖行政区数	个	10		7		4	
所辖行政县(旗)数	个	2		1		2	
所辖行政县级市数	个	1		2		1	
二、人口规模							
(一)常住人口							
常住人口	万人	912		749		328	
常住人口城镇化率	%	85		83		75	
(二)户籍人口							
年平均人口	万人	764	623	603	412	335	144
年出生人口	人	46260	39870	32721	24233	14515	5166
年死亡人口	人	71680	54620	48544	32884	32779	15259
年末总户数	万户	294	245	226	162	121	58
三、资源环境							
(一)土地							
本年征用土地面积	平方公里	15	14	7	3	2	
绿化覆盖面积	公顷	25511	23187	20167	20167	9339	7375
建成区绿化覆盖率	%	41	41	45	45	37	42
绿地面积	公顷	24209	22155	19584	19584	8870	7093
建成区绿地率	%	39	39	44	44	36	40
公园绿地面积	公顷	8152	6855	4439	4439	2487	1976
公园面积	公顷	5248	4737	3407	3407	1364	933
(二)水资源							
水资源总量	亿立方米	35		58		52	
降水量	毫米	751		836		1152	
用水总量	亿立方米	27	20	16	10	9	2
(三)环境							
工业化学需氧量排放量	吨	1227		2862		1478	
工业氨氮排放量	吨	61		64		67	
工业二氧化硫排放量	吨	8643		9267		15108	
工业氮氧化物排放量	吨	16805		23750		36326	
工业颗粒物排放量	吨	3584		7610		22077	
污水处理厂集中处理率	%	99		98		97	
生活垃圾无害化处理率	%	100		100		100	
空气质量优良天数比例	%	86		88		87	
细颗粒物($PM_{2.5}$)年平均浓度	$\mu g/m^3$	38		28		39	
四、经济发展							
(一)地区生产总值							
地区生产总值(当年价格)	亿元	7249	6636	7826	6224	1888	1015

注：部分数据为快报数

基本情况(地区数)

抚顺		本溪		丹东		锦州	
全市	市辖区	全市	市辖区	全市	市辖区	全市	市辖区
4		4		3		5	
3		2		1		2	
				2		2	
182		130		215		267	
79		80		69		60	
202	132	142	86	230	77	288	95
6704	4119	4816	2336	9841	3165	11300	4047
40548	7223	8856	5966	20239	7410	18681	5007
84	58	56	36	84	31	103	37
		2	0.3	2	0.3		
6698	6362	88293	87178	5599	3032	6025	3993
39	44	49	53	40	40	34	40
5056	4779	24258	23246	5010	2934	5666	3989
34	39	47	51	37	39	32	40
1462	1315	1335	1016	1434	837	1934	1417
892	803	893	661	1151	685	741	434
35		47		126		28	
922		1120		1335		934	
6	3	3	2	9	1	8	2
555		420		266		607	
13		11		15		22	
5672		11143		2125		5945	
8701		26888		4089		6701	
7579		11639		2774		6322	
93		99		78		98	
96		100		75		97	
86		94		95		84	
40		30		28		42	
870	727	894	645	854	325	1148	645

附录2 续表 1

指标名称	单位	沈阳		大连		鞍山	
		全市	市辖区	全市	市辖区	全市	市辖区
第一产业增加值	亿元	326	149	513	203	120	8
第二产业增加值	亿元	2570	2423	3302	2589	789	519
#工业增加值	亿元	2045	1930	2775	2220	653	408
第三产业增加值	亿元	4353	4064	4011	3432	978	487
人均地区生产总值	元	79706	83806	104751		57188	
地区生产总值(2020年价格)	亿元	7028	6436	7571	6068	1796	926
地区生产总值增长率	%	7	7	8	8	5	12
(二)财政							
地方一般公共预算收入	万元	7730201	6443465	7375978	6146799	1700188	1153217
#税收收入	万元	6124273	5847806	5088278	4470519	1316254	923908
地方一般公共预算支出	万元	10323095	4868277	9800549	8004447	2911314	1575116
#一般公共服务支出	万元	803637	495712	795647	640949	295468	165945
科学技术支出	万元	234322	95864	212689	210170	6619	5838
教育支出	万元	1130135	757844	1251675	957112	382793	204214
文化旅游体育与传媒支出	万元	210258	54719	122309	84239	28056	17025
卫生健康支出	万元	839178	347920	798452	686005	239634	172956
节能环保支出	万元	133469	37100	209379	196611	60405	23213
城乡社区支出	万元	1118063	685102	1401927	1172159	299373	113567
交通运输支出	万元	151110	43189	311691	269286	59342	22169
社会保障和就业支出	万元	1817931	1048590	1953338	1948194	618181	383367
住房保障支出	万元	415053	155517	403778	347780	180697	83576
(三)金融							
年末金融机构人民币各项存款余额	万元	191973917	191973917	165374355	148289927	48067079	30420784
#住户存款余额	万元	110572697	110572697	86860667	71611474	37592234	21862367
年末金融机构人民币各项贷款余额	万元	190454711	190454711	132846667	122865910	23397702	16274202
(四)固定资产投资							
房地产开发投资	万元	12226107	12095092	7289512	6838535	1126316	607373
#住宅	万元	9998479	9890910	5472842	5147138	919230	519228
(五)房地产							
商品房销售面积	万平方米	1093	1061	688	623	265	157
#住宅	万平方米	985	955	627	567	241	145
商品房销售额	万元	12665707	12540338	9453162	9008491	1356378	877515
#住宅	万元	11818444	11702803	8831343	8427594	1218217	805480
待售面积	万平方米	390	351	535	422	249	97
(六)对外贸易							
货物进口额(海关数)	万元	9311215		23167915		1533000	
货物出口额(海关数)	万元	4848964		19316837		2940000	
新设立外商直接投资企业数	家	156		329	320	17	9
实际使用外资额	万元	525340	464201	1081142	995823	11080	6300
(七)规模以上工业							
工业企业数	个	1642	1413	2073	1696	714	302

抚顺		本溪		丹东		锦州	
全市	市辖区	全市	市辖区	全市	市辖区	全市	市辖区
61	13	55	14	171	18	213	17
415	381	437	360	221	83	296	221
382	356	404	336	187	71	247	189
394	333	402	271	462	224	639	407
47338	55736	68340	75591	39402	40050	42809	57392
831	690	857	617	828	316	1128	623
1	1	6	6	6	6	6	6
769501	591631	736123	607008	817738	473187	1093979	714568
562242	436535	634906	526244	526902	302691	695155	464099
1641310	1100187	1326422	950026	1983961	959184	2144666	1063181
163855	116148	165356	115040	215591	105018	214792	101117
3882	3781	2498	1855	2404	2275	9958	9565
202168	128620	178490	120985	286400	94270	271442	102987
16777	13073	24770	21914	24262	15302	21237	10119
154734	117024	100016	73511	151406	106906	178493	120208
36982	23998	6589	3448	17814	12443	19671	8295
107050	90276	100959	76338	221523	105561	347184	218154
33117	18277	29718	16482	49584	24185	83354	32908
420918	290386	332284	235033	398353	204196	457244	206002
85650	62235	46145	42799	66440	36190	24443	20698
24941914	21125357	17498406	13519043	28169444	14209493	40623627	28326833
20339907	16883303	13495610	9964913	24508993	11752906	29030903	17309905
10580091	9190994	13489014	11777476	13456241	7560307	40515263	36879912
470740	239694	312476	217857	1228535	838881	765608	522305
402945	202508	247059	179984	980155	657741	610294	409557
117	53	61	29	166	65	124	74
112	51	55	28	161	64	117	72
695427	290399	351471	186021	1015330	481690	674772	638644
663500	276521	306360	181884	975559	466020	638644	484319
141	79	55	44	228	95	106	73
422000		1447800		211034		448009	
68000		892900		1048932		839934	
2	1	4	2	24	19	10	6
2108	1907	26135	20645	5088	1718	3969	2724
281	226	229	170	412	157	358	173

附录2 续表 2

指标名称	单位	沈阳		大连		鞍山	
		全市	市辖区	全市	市辖区	全市	市辖区
#内资企业	个	1368	1152	1518	1182	666	276
#国有企业	个	13	10	11	7	17	13
私营企业	个	963	775	1094	834	478	160
港、澳、台商投资企业	个	60	56	104	92	19	11
外商投资企业	个	214	205	451	422	29	15
资产总计	万元	83331687	79567417	109760226	76023288	50292081	39739458
流动资产合计	万元	49343802	47707227	60438104	48675546	18123464	11747097
营业收入	万元	61552907	58666665	87190856	61422162	33068082	23734239
营业成本	万元	47617993	45063793	72225033	49705840	29166591	20772512
利润总额	万元	5175640	5096457	5937501	4448446	2260322	1948084
(八)贸易							
社会消费品零售总额	万元	39850787	37732789	19097192	16866973	7746850	3357269
限额以上批发零售业法人企业数	个	1989	1866	1925	1495	480	273
#零售业	个	758	706	320	286	188	120
限额以上批发零售业商品销售额	万元	108552033	107084003	53715730	44955498	10312598	8688715
限额以上住宿餐饮业法人企业数	个	293	287	235	202	40	31
限额以上住宿餐饮业营业额	万元	966828	954989	478960	446836	36638	32519
五、科技创新							
(一)科创投入							
R&D人员(规模以上企业)	人	32711		55993		5573	
R&D人员全时当量(规模以上企业)	人年	21773		33357		3690	
R&D经费支出(规模以上企业)	万元	1103526		1638308		218857	
(二)科创成果							
专利授权数	件	29252		23508		4594	
#发明	件	4569		4162		530	
六、人民生活							
(一)就业							
从业人员期末人数(城镇非私营单位)	人	1199416		1003099		298812	
(二)收入							
在岗职工平均人数(城镇非私营单位)	万人	115		94		29	
在岗职工工资总额(城镇非私营单位)	万元	11632688		10036224		2205323	
在岗职工平均工资(城镇非私营单位)	元	101554		107390		76692	
城镇居民人均可支配收入	元	50566		50531		41018	
(三)消费							
城镇居民人均消费支出	元	36834		34678		24750	
(四)生活质量							
城镇居民人均住房建筑面积	平方米	34		31		33	
七、公共服务							
(一)教育							
普通高等学校数	所	45		31		3	
中等职业教育学校数	所	78	73	48	40	24	17

抚顺		本溪		丹东		锦州	
全市	市辖区	全市	市辖区	全市	市辖区	全市	市辖区
258	206	208	155	388	139	321	144
12	8	4	3	5	3	3	
176	134	121	87	317	106	233	96
11	11	11	9	10	7	15	11
12	9	10	6	14	11	22	18
12452402	10822206	21086666	19463263	7822037	4006520	9332387	6443340
5657178	4693400	10366636	9557015	4562790	2306532	4903942	3147170
12373661	11288611	24510464	23159452	6011695	2379279	10245156	7077878
10096013	9332412	22182919	21213755	5128674	2020575	8443699	5588417
508384	339565	458826	230439	241700	81347	281817	342688
1863000	1713000	1527154	1178385	2871557	1654439	3646355	2620504
117	103	114	85	140	74	224	162
48	44	68	51	93	48	117	77
2897483	2670567	3167933	3017616	1418857	1140357	4405896	3959908
14	12	36	21	48	34	29	21
13930	13112	32669	17588	145648	28636	17498	13148
3407		1782		2020		1815	
2081		1070		1508		1118	
140142		87038		53740		62884	
2457		1118		2504		2347	
155		89		89		196	
198868		185513		174018		207523	
20		17		16		20	
1486549		1262279		1146957		1463464	
75893		73754		69622		72345	
37512		39004		34804		37329	
25583		27541		22881		22795	
30		27				78	
6		7		3		9	
13	10	9	7	17	14	9	5

附录2 续表 3

指标名称	单位	沈阳		大连		鞍山	
		全市	市辖区	全市	市辖区	全市	市辖区
普通中学学校数	所	313	237	309	223	160	66
普通小学学校数	所	283	239	396	291	239	63
幼儿园数	所	1559	1353	1319	1023	866	337
普通高等学校专任教师数	人	26182		18583		2150	
中等职业教育专任教师数	人	5236	4776	2823	2371	1219	871
普通中学专任教师数	人	34543	26986	22629	16733	11969	5533
普通小学专任教师数	人	20120	17388	20968	16003	10360	3480
幼儿园专任教师数	人	16620	15276	13755	11089	5482	2724
普通本专科在校学生数	人	451490		333825		39081	
中等职业教育在校学生数	人	77837	67975	36417	33446	11826	8595
普通中学在校学生数	万人	31	26	25	19	12	5
普通小学在校学生数	万人	43	38	38	30	15	6
幼儿园在园幼儿数	人	180899	155309	160066	131394	72096	32183
(二)文体							
公共图书馆数	个	21	18	13	10	8	5
公共图书馆图书藏量	万册	1704	1660	1256	1145	383	325
博物馆数	个	13	13	29	26	7	3
(三)医疗							
医疗卫生机构数	个	5218	2856	3561	2814	395	241
#医院数	个	303	273	225	176	104	58
医疗卫生机构床位数	张	77596	69827	50542	37109	24588	14714
#医院床位数	张	71327	66744	46875	35315	19219	12025
卫生技术人员数	人	91037	83818	61201	50713	20121	12205
#执业(助理)医师数	人	35661	32364	23894	19882	7190	4322
注册护士数	人	42619	39952	29415	24410	9699	6102
(四)社会保障							
城镇职工基本养老保险参保人数	人	4439209		3507954	2887684	1305216	733084
城乡居民基本养老保险参保人数	人	1196029	386735	1260033	513412	804531	77314
职工基本医疗保险参保人数	人	3541539	3468373	3590970	3048317	1011721	776867
城乡居民基本医疗保险参保人数	人	3976251	2985935	2696085	1642086	1981450	590620
失业保险参保人数	人	1551576	1483513	1716693		531193	252536
工伤保险参保人数	人	2112412		2198031	2038793	495999	302900
提供住宿的社会工作机构数	个	278	209	360	303	226	130
#养老机构数	个	218	192	350	297	225	129
提供住宿的社会工作机构床位数	张	40837	31349	40515	29423	20176	11509
#养老机构床位数	张	30770	28752	40000	29033	20076	11409
不提供住宿的社会工作机构和设施总数	个	2483	1690	743	612	771	362
#社区服务机构和设施数	个	2482	1689	743	612	517	313
城市居民最低生活保障人数	人	35636	24998	17941	12922	21126	17996

抚顺		本溪		丹东		锦州	
全市	市辖区	全市	市辖区	全市	市辖区	全市	市辖区
104	61	60	39	125	39	128	41
96	54	61	32	223	68	217	46
438	312	272	174	431	186	578	253
2044		2352		1509		4772	
992	835	815	667	950	619	1087	750
8574	5358	5260	3277	8437	2690	9077	3310
4099	2846	3917	2483	7837	2020	9510	3110
2764	2304	1914	1194	3486	1633	3420	1957
47626		36877		39238		91530	
7834	5816	4189	3276	15478	12331	15821	8979
6	4	4	3	8	3	10	4
7	5	5	3	9	3	10	5
35154	23778	23223	12791	44627	18281	45431	24308
7	1	7	5	7	4	9	5
125	106	173	147	103	74	181	126
5	3	6	3	5	2	8	3
1361	754	828	433	1737	438	1689	511
51	41	42	29	63	33	74	41
13445	11007	11315	8326	18670	7812	18057	9588
10334	8714	10624	8029	14678	7028	15417	9118
13593	11040	11592	8313	16637	7797	15419	10357
5214	4117	3976	2910	6819	3069	6709	4226
6319	5315	5851	4234	7240	3622	6288	4669
876321	729398	757933	612509	1127822	535981	884722	486276
431620	108348	300486	59225	405964	49721	1004845	71317
851282	755625	645486	545162	809232	538028	789984	512499
893996	405469	567653	228949	1333420	268399	1627258	295707
420466		364055	319279	219000	167000	311057	196879
315524		324840	254119	235810	139593	411088	292131
176	132	149	125	158	81	190	86
172	130	144	123	158	81	185	85
14200	10900	10523	8301	12063	6005	10753	3586
13900	10600	10376	8196	12063	6005	10368	3386
1199	500	476	164	211	204	832	362
882	383	464	153	221	204	798	287
39405	35438	16635	11716	17207	7425	13214	6704

附录2 续表 4

指标名称	单位	沈阳		大连		鞍山	
		全市	市辖区	全市	市辖区	全市	市辖区
八、基础设施							
(一)交通运输							
年末实有城市道路面积	万平方米		10446		7117		3151
境内公路总里程	公里	13189		13491		7757	
#高速公路里程	公里	672		529		229	
民用汽车拥有量	辆	2806414		1893314		735438	
#私人汽车拥有量	辆	2511326		1668957		642244	
年末实有公共汽(电)车营运车辆数	辆		6262		5494		1935
公共汽(电)车客运总量	万人次		60426		64429		17855
年末实有巡游出租汽车运营车数	辆		21055		11630		5375
年末轨道交通线路长度(建成)	公里	181	181	224	224		
轨道交通客运总量	万人次	39150	39150	16905	16905		
公路客运量	万人	5496		3612		2393	
公路货运量	万吨	19216		18406		16885	
水运货运量	万吨			2789			
民用航空客运量	万人	480		486		18	
民用航空货邮运量	吨	47945		37152			
沿海港口货物吞吐量	万吨			31553			
(二)邮电通信							
邮政行业业务收入	万元	852102		459242		123254	
#快递业务收入	万元	729838		368029		83520	68782
电信业务收入	万元	1142710		872395		296683	
移动电话年末用户数	万户	1167		932		381	
互联网宽带接入用户数	万户	317		278		122	
(三)能源电力							
全社会用电量	万千瓦时	3984115		4419452		3198422	
#工业用电	万千瓦时	1765843		2858449		2654894	
城乡居民生活用电	万千瓦时	779599		620128		257193	
#城镇居民生活用电	万千瓦时	608907		419442		179915	
(四)生活设施							
年末排水管道长度	公里		7040		3315		1096
年末公共供水管道长度	公里		4833		6925		3305
公共供水综合生产能力	万立方米/日		347		222		53
公共供水总量	万立方米	71998	68325	60541	54791	18255	14124
供气总量(人工煤气、天然气)	万立方米		94357		66424		20910
#居民家庭用量	万立方米		24740		19683		9297
液化石油气供气总量	吨		65270		301581		25934
#居民家庭用量	吨		19832		12980		2022

抚顺		本溪		丹东		锦州	
全市	市辖区	全市	市辖区	全市	市辖区	全市	市辖区
	1863		2038		1174		1032
6688		4762		10323		10145	
326		233		359		234	
325447		205308		547000		566107	
280167		180270		521000		536477	
	867		659		687		797
	14800		12953		7288		6253
	4091		2834		1932		4018
1052		667		861		713	
5436		4184		4938		17916	
				352		82	
				4161		10384	
57866		46929		81001		81158	
39345		27486	23273	56208		6649	
159076		123574		202669		209581	
208		156		246		298	
78		54		83		98	
1139304		1461509		1110518		984437	
862807		1256433		755917		528362	
143323		102004		163276		200192	
114137		87560		106755		81096	
	1000		545		547		747
	2426		1100		981		1816
	85		42		32		58
15547	13942	8598	6607	10541	5975	12154	10492
	43606		10570		6232		15057
	3142		2630		3974		6027
	23522		4335		5507		
	13544		1967		1438		

附录2 续表 5

指标名称	单位	营口		阜新		辽阳	
		全市	市辖区	全市	市辖区	全市	市辖区
一、行政区划							
所辖行政区数	个	4		5		5	
所辖行政县(旗)数	个			2		1	
所辖行政县级市数	个	2				1	
二、人口规模							
(一)常住人口							
常住人口	万人	231		162		158	
常住人口城镇化率	%	68		62		68	
(二)户籍人口							
年平均人口	万人	229	94	181	72	172	84
年出生人口	人	10919	4879	7816	2700	6985	3378
年死亡人口	人	17017	6269	15434	6859	12952	6802
年末总户数	万户	89	39	68	31	68	34
三、资源环境							
(一)土地							
本年征用土地面积	平方公里	4	3			2	2
绿化覆盖面积	公顷	9620	7480	3755	3446	5597	4588
建成区绿化覆盖率	%	37	41	33	43	40	45
绿地面积	公顷	8949	6990	3577	3311	5241	4302
建成区绿地率	%	35	38	29	39	37	43
公园绿地面积	公顷	1601	1159	1024	922	1162	926
公园面积	公顷	1913	1503	674	615	492	280
(二)水资源							
水资源总量	亿立方米	21		15		19	
降水量	毫米	981		753		1130	
用水总量	亿立方米	8	3	2	1	10	2
(三)环境							
工业化学需氧量排放量	吨	435					
工业氨氮排放量	吨	21					
工业二氧化硫排放量	吨	15740					
工业氮氧化物排放量	吨	29658					
工业颗粒物排放量	吨	16983					
污水处理厂集中处理率	%	97		100		98	
生活垃圾无害化处理率	%	100		100		100	
空气质量优良天数比例	%	84		85		88	
细颗粒物($PM_{2.5}$)年平均浓度	$\mu g/m^3$	37		34		37	
四、经济发展							
(一)地区生产总值							
地区生产总值(当年价格)	亿元	1403	936	545	260	860	559

盘锦		铁岭		朝阳		葫芦岛	
全市	市辖区	全市	市辖区	全市	市辖区	全市	市辖区
3		2		2		3	
1		3		3		2	
		2		2		1	
139		233		284		240	
78		56		51		56	
129	102	284	41	330	61	272	95
7207	5663	10111	1377	18277	3741	14136	4155
5930	4464	21805	2701	32363	5406	15385	3685
48	39	103	16	111	21	99	37
1		9	0.1			4	3
5170	4689	7403	3589			5965	3929
41	44	38	40			38	42
4731	4276	5802	2810			5536	3804
38	40	36	37			36	40
1358	1221	1497	634			1392	923
856	707	1830	891			888	592
8		28		16		28	
769		786		693		924	
13	8	8	1	5	1	4	2
938				135		625	
23				18		28	
1932				10533		3452	
8308				16410		6695	
1662				16083		3153	
99						96	
100						100	
87		89		90		86	
34		34		31		38	
1383	1199	716	163	945	243	842	394

附录2 续表 6

指标名称	单位	营口		阜新		辽阳	
		全市	市辖区	全市	市辖区	全市	市辖区
第一产业增加值	亿元	118	25	123	4	96	19
第二产业增加值	亿元	635	464	146	90	385	299
#工业增加值	亿元	578	422	120	69	351	272
第三产业增加值	亿元	651	447	276	167	379	241
人均地区生产总值	元	60484	80665	33376	33376	54105	64146
地区生产总值(2020年价格)	亿元	1339	895	537	252	829	538
地区生产总值增长率	%	2	1	6	5	1	1
(二)财政							
地方一般公共预算收入	万元	1414176	1011383	473348	318913	986642	421479
#税收收入	万元	1123958	884328	281834	179382	703364	329025
地方一般公共预算支出	万元	2556402	1660439	1425710	750102	1609106	523397
#一般公共服务支出	万元	228447	162734	158540	79809	195743	61415
科学技术支出	万元	7867	7617	2944	2857	9632	6807
教育支出	万元	267406	161402	222120	98346	201729	49524
文化旅游体育与传媒支出	万元	51310	40975	13266	9221	16953	3465
卫生健康支出	万元	186371	143695	99169	79912	151036	24646
节能环保支出	万元	63765	40204	41823	10226	20715	9501
城乡社区支出	万元	301507	173507	83721	59689	130067	58053
交通运输支出	万元	52073	34153	28369	9189	41092	9216
社会保障和就业支出	万元	474124	258608	304061	178433	307000	106606
住房保障支出	万元	112073	66696	68071	49417	95340	55236
(三)金融							
年末金融机构人民币各项存款余额	万元	35463930	24946525	16628691	12159953	26542296	19965388
#住户存款余额	万元	28823946	19348830	14199030	10146826	20355014	14685026
年末金融机构人民币各项贷款余额	万元	21985040	15662864	10254635	8456784	19315629	16178226
(四)固定资产投资							
房地产开发投资	万元	1386411	1076814	251286	195835	525105	356294
#住宅	万元	1121804	904722	214315	166924	445544	303888
(五)房地产							
商品房销售面积	万平方米	226	169	74	53	81	48
#住宅	万平方米	204	156	67	48	79	47
商品房销售额	万元	1164728	900412	282117	212115	414417	266632
#住宅	万元	1041550	821412	257955	198035	398717	256715
待售面积	万平方米	190	123	5937	5464	60	20
(六)对外贸易							
货物进口额(海关数)	万元	2663221		37864		91878	
货物出口额(海关数)	万元	2682373		208203		209125	
新设立外商直接投资企业数	家	55	54	13	6		
实际使用外资额	万元	26785	26147	145	134	9910	
(七)规模以上工业							
工业企业数	个	661	322	221	104	268	145

盘锦		铁岭		朝阳		葫芦岛	
全市	市辖区	全市	市辖区	全市	市辖区	全市	市辖区
117	67	173	5	228	20	148	22
731	649	203	43	275	77	309	196
751	671	172	35	238	64	278	180
535	483	340	115	442	146	385	177
99443	102783	30389	36035	33086	35441	34823	42055
1290	1120	703	159	924	238	812	375
1	3	6	7	6	6	6	7
1585561	1403309	504358	119662	843260	345290	642334	239853
1066605	924128	353175	108181	637274	258559	442663	201755
1964266	1724695	1952561	194306	2807735	889388	2346696	478262
159650	131700	222841	33766	267085	91930	239502	57245
18120	18081	7093	1623	4571	1829	3876	341
170650	142532	301870	24169	440862	118565	335216	92097
19584	17466	19583	1448	39682	15331	18336	2602
112603	98610	141713	13708	269422	161728	218869	25962
31313	28069	28857	634	59500	35513	23029	2610
482767	466403	120825	27468	263987	78915	221335	69463
32025	25969	52402	2265	91409	27018	59675	8747
283978	235578	376852	43546	518379	148335	504524	110991
81057	72113	49156	6669	134667	32457	89985	14479
25715970	23920313	20313730	9125427	25058528	11827526	25039931	14164171
17347340	15710801	17757179	7563196	21711029	8440445	20842450	10660527
14694325	13785046	8113398	3902489	11228265	6390103	14715516	9025409
817999	799296	310544	117519	1083718	409388	1212868	482271
608574	596315	267621	107166	924015	364073	997077	394673
117	115	92	21	174	62	156	61
105	102	87	21	167	60	141	57
576448	568001	393618	90607	804326	357669	815876	340509
492427	484132	365277	87195	764005	342798	720831	312324
133	131	174	40	119	46	123	61
3020919		393618		202639		167664	
199534		365277		323871		425824	
3	2			5	3	5	3
		19833		16033	610	1040	
313	235	331	87	373	93	291	112

附录2 续表 7

指标名称	单位	营口		阜新		辽阳	
		全市	市辖区	全市	市辖区	全市	市辖区
#内资企业	个	579	268	212	101	252	133
#国有企业	个			26	13		
私营企业	个	499	214	179	82	197	96
港、澳、台商投资企业	个	26	17	5		8	5
外商投资企业	个	56	37	4	3	8	7
资产总计	万元	31617740	23818045	7311460	4088677	25660026	16820411
流动资产合计	万元	18007115	13276136	3775247	2010780	14288812	9227327
营业收入	万元	25523196	17360093	4142840	2161919	13840888	9090318
营业成本	万元	22567063	15296501	3572148	1933286	11245353	7122695
利润总额	万元	1358317	1099864	75047	43353	741402	428629
(八)贸易							
社会消费品零售总额	万元	4476120	2977806	2231218	1665661	2869247	1661194
限额以上批发零售业法人企业数	个	285	192	89	63	141	105
#零售业	个	121	92	43	34	66	57
限额以上批发零售业商品销售额	万元	11088637	9025450	2257696	1893640	5052437	3700804
限额以上住宿餐饮业法人企业数	个	38	28	15	11	19	18
限额以上住宿餐饮业营业额	万元	45291	36858	18419	13592	16811	16338
五、科技创新							
(一)科创投入							
R&D人员(规模以上企业)	人	5304		1410		3634	
R&D人员全时当量(规模以上企业)	人年	3505		899		1720	
R&D经费支出(规模以上企业)	万元	250756		26233		67941	
(二)科创成果							
专利授权数	件	2984		1588		2097	
#发明	件	148		164		66	
六、人民生活							
(一)就业							
从业人员期末人数(城镇非私营单位)	人	188628		120506		165070	
(二)收入							
在岗职工平均人数(城镇非私营单位)	万人	18		11		16	
在岗职工工资总额(城镇非私营单位)	万元	1408693		791612		1404150	
在岗职工平均工资(城镇非私营单位)	元	77244		69143		86059	
城镇居民人均可支配收入	元	42300		32842		36868	
(三)消费							
城镇居民人均消费支出	元	23802		22070		24526	
(四)生活质量							
城镇居民人均住房建筑面积	平方米	33		31		34	
七、公共服务							
(一)教育							
普通高等学校数	所	3		2		3	
中等职业教育学校数	所	12	10	12	11	8	8

盘锦		铁岭		朝阳		葫芦岛	
全市	市辖区	全市	市辖区	全市	市辖区	全市	市辖区
294	218	309	78	351	90	282	108
1	1	7	1	2	1	7	2
218	148	228	56	278	66	218	84
5	4	11	3	10	3	2	1
14	13	11	6	12		7	3
35403127	27356681	9896683	1870620	11254131	3229120	13174876	4166811
20822987	14518019	4926243	778307	4718786	1483956	7280881	1769547
39260357	29303121	6912930	1275408	10432925	3015046	11449269	7513452
33529623	24126283	6260565	1157397	9123396	2636254	9831309	6181198
238099	678796	106939	5012	583966	185137	251495	290135
3827672	3530612	1929370	931475	3009214	1295456	2893486	1404771
180	154	131	39	135	52	189	92
88	81	60	27	84	38	98	46
8703464	3995903	1787309	1009546	4239200	1224545	4203611	1599875
28	24	14	6	15	9	31	16
30325	28361	15883	9177	57892	34683	62244	28192
4230		1023		2041		1862	
2941		598		1246		1313	
303032		28566		74822		45956	
2046		1764		2524		1408	
195		14		28		75	
303998		170573		205018		158924	
29		17		21		15	
2125672		1230874		1411950		1067756	
73940		72746		70786		71082	
45398		29955		30041		34852	
28204		19770		20015		20836	
37		31		34		30	
2		4		1		1	
7	5	16	10	13	13	12	3

附录2 续表 8

指标名称	单位	营口		阜新		辽阳	
		全市	市辖区	全市	市辖区	全市	市辖区
普通中学学校数	所	100	45	90	39	77	38
普通小学学校数	所	97	49	64	33	78	34
幼儿园数	所	590	266	400	232	462	248
普通高等学校专任教师数	人	1281		1924		1257	
中等职业教育专任教师数	人	1270	1011	703	584	737	557
普通中学专任教师数	人	8396	3943	6708	2817	8009	4041
普通小学专任教师数	人	6914	3053	5753	1958	4831	2340
幼儿园专任教师数	人	4229	2351	2654	1672	4735	3292
普通本专科在校学生数	人	32382		43915		25622	
中等职业教育在校学生数	人	18183	15991	8676	7201	11176	9610
普通中学在校学生数	万人	8	4	7	3	6	3
普通小学在校学生数	万人	12	6	7	2	6	3
幼儿园在园幼儿数	人	44916	24769	35232	17960	32321	18448
(二)文体							
公共图书馆数	个	8	5	2	1	9	7
公共图书馆图书藏量	万册	177		57	44	122	116
博物馆数	个	5	2	5	3	4	4
(三)医疗							
医疗卫生机构数	个	2381	899	1286	512	1548	770
#医院数	个	118	73	51	39	55	42
医疗卫生机构床位数	张	16201	9002	12403	8344	14555	11216
#医院床位数	张	14569	8597	10292	7829	12740	10279
卫生技术人员数	人	15901	9758	12402	7790	13084	9759
#执业(助理)医师数	人	6674	4141	4690	2643	5269	3757
注册护士数	人	6977	4444	5716	4108	5885	4591
(四)社会保障							
城镇职工基本养老保险参保人数	人	998632	600978	554770	396897	804359	280848
城乡居民基本养老保险参保人数	人	580190	47846	470649	42675	316728	
职工基本医疗保险参保人数	人	926769	590940	561313	463767	599819	485853
城乡居民基本医疗保险参保人数	人	1029396	336988	966952	202314	926238	
失业保险参保人数	人	239413	171910	167106	73138	224315	77445
工伤保险参保人数	人	340088	230833	180395	124176	245390	99201
提供住宿的社会工作机构数	个	150	80	109	67	97	63
#养老机构数	个	146	79	109	67	97	63
提供住宿的社会工作机构床位数	张	13602	8153	8089	5801	9042	5520
#养老机构床位数	张	13184	7944	8089	5801	8792	4740
不提供住宿的社会工作机构和设施总数	个	1484	532	752	183	756	365
#社区服务机构和设施数	个	1474	522	752	183	756	365
城市居民最低生活保障人数	人	17103	10049	92760	47506	15939	13261

盘锦		铁岭		朝阳		葫芦岛	
全市	市辖区	全市	市辖区	全市	市辖区	全市	市辖区
68	52	128	25	166	32	131	30
34	31	148	25	397	80	268	30
313	264	603	151	893	225	549	210
532		1230		506		618	
539	320	725	275	1509	1509	1027	407
6259	5218	10196	2421	13994	3147	10441	3692
4879	3966	9187	1375	13005	2681	10234	2633
3133	2750	3764	1189	4873	1633	3901	1995
9366		38229		10553		12086	
11543	3764	10861	6698	18867	18867	14227	4026
6	5	10	3	15	4	12	4
7	6	9	2	17	4	13	5
31851	27717	46841	11307	69519	18218	49462	20385
6	5	10	5	8	3	7	3
110	85	65	41	101	46	125	26
1	1	2	1	15	6	3	2
1154	889	2752	429	4165	550	2495	1083
58	50	78	38	115	37	107	65
10084	8576	17229	5087	20490	6675	18231	9725
8811	7647	12598	4922	16344	6113	13894	8096
11328	10365	14300	4544	20553	7074	13879	8014
4507	4072	5834	1756	8358	2833	5564	3106
5107	4749	6094	2145	8548	3262	6217	3887
699846	554618	222082	105538	665102	254824	662234	199871
237090	126593	945885	38805	1404466	149556	1050378	219522
546781	485475	534887	247144	530846	233900	589536	132891
661043	478512	1875801	157475	2206403	319100	1631051	402197
352148	325471	264320	146433	220184	101209	226007	62183
295301	260568	261118	91506	229725	100487	340762	
57	44	98	33	141	26	106	27
57	44	91	32	130	26	96	23
4595	3126	11510	2619	12357	1586	8452	2451
4595	3126	11085	2569	11930	1586	7949	2202
533	376	1686	194	3276	417	572	355
533	376	1442	149	3276	417	247	175
11644	6550	15604	5302	24369	8216	19949	5936

附录2 续表 9

指标名称	单位	营口		阜新		辽阳	
		全市	市辖区	全市	市辖区	全市	市辖区
八、基础设施							
(一)交通运输							
年末实有城市道路面积	万平方米		3196		1733		1560
境内公路总里程	公里	4677		9285		4097	
#高速公路里程	公里	189		311		159	
民用汽车拥有量	辆	562188		335371		314835	
#私人汽车拥有量	辆	477933		310769		271856	
年末实有公共汽(电)车营运车辆数	辆		825		311		594
公共汽(电)车客运总量	万人次		6227		3066		5735
年末实有巡游出租汽车运营车数	辆		3093		2867		2611
年末轨道交通线路长度(建成)	公里						
轨道交通客运总量	万人次						
公路客运量	万人	630		256		716	
公路货运量	万吨	21493		4511		5285	
水运货运量	万吨	177					
民用航空客运量	万人						
民用航空货邮运量	吨						
沿海港口货物吞吐量	万吨	22997					
(二)邮电通信							
邮政行业业务收入	万元	83716		35592		62778	
#快递业务收入	万元	60514		21969		35472	
电信业务收入	万元	220252		129367		142270	
移动电话年末用户数	万户	254		185		185	
互联网宽带接入用户数	万户	83		61		60	
(三)能源电力							
全社会用电量	万千瓦时	2842055		618352		1296544	
#工业用电	万千瓦时	2410450		374531		1032469	
城乡居民生活用电	万千瓦时	172654		123550		120691	
#城镇居民生活用电	万千瓦时	100500		71631		72281	
(四)生活设施							
年末排水管道长度	公里		1901		975		1031
年末公共供水管道长度	公里		3073		1932		1068
公共供水综合生产能力	万立方米/日		52		43		18
公共供水总量	万立方米	16064	11929	8482	7237	10832	8194
供气总量(人工煤气、天然气)	万立方米		19558		4326		13152
#居民家庭用量	万立方米		3070		656		1947
液化石油气供气总量	吨		4562		2326		6300
#居民家庭用量	吨		3271		2256		5263

盘锦		铁岭		朝阳		葫芦岛	
全市	市辖区	全市	市辖区	全市	市辖区	全市	市辖区
	1899		641				1923
4083		12356		18615		10285	
141		346		386		235	
412287		489295		618908		539691	
368357		439326		580590		482377	
	855		300		270		591
	4489		2294		2471		3676
	3281		2372		1968		3079
476		1023		691		775	
9161		6794		5926		12426	
30						62	
5592						4081	
122204		78416		78956		74762	
90701		35086		32630		41600	
142649		166852		208668		177931	
169		253		279		262	
		74		91		84	
1234497		870478		1321249		1083849	
977317		531685		974764		703038	
92294		152924		154487		143689	
54636		78775		77435		68614	
	1269		423				568
	1442		968				991
	54		22				18
10038	9540	8494	3199			7181	5693
	11132		12156				18186
	4414		1541				4110
	8220		2653				21074
	1028		1090				4156